W0251769

Der größte Teil des Wortschatzes besteht aus Namen.
Sie »gehen« jeden Menschen persönlich »an«, sind ihm quasi auf den Leib geschriebene Geschichte und entwickeln als Kennzeichen des Individuums faszinierende Bedeutsamkeit.
Ihre Erforschung unter theoretischen sowie sprach-, siedlungs-, kultur- und mentalitätsgeschichtlichen Aspekten ist eine eigene wissenschaftliche Disziplin und eine bedeutende Hilfsdisziplin anderer Wissenschaften.
Dieser Atlas führt einerseits systematisch in die Namenkunde ein, indem er einen Überblick über Entstehung, Geschichte und Bedeutung der Vor- und Familiennamen im deutschen Sprachgebiet, über ihren Gebrauch im Alltag und ihre Auswertung in verschiedenen Wissenschaften sowie über die mit all dem verbundenen Probleme und Methoden vermittelt.
Andererseits kommt er dem persönlichen Interesse an einzelnen Namen durch eine Fülle von Beispielen entgegen. Das Register erschließt die ca. 9000 besprochenen Namen und ermöglicht die Benutzung als Namenlexikon.
Der bewährte Aufbau der dtv-Atlanten aus Tafel-Text-Einheiten gab Anlaß dazu, die bisher vernachlässigte Personennamen-Geographie besonders zu berücksichtigen. Zahlreiche Familiennamen-Karten wurden erstmals für diesen Atlas erarbeitet.

Prof. Dr. Konrad Kunze, geb. 1939 in Neustadt/Schwarzwald, lehrt deutsche Sprache und ältere deutsche Literatur an der Universität Freiburg i. Br. Zahlreiche Publikationen zur mittelalterlichen Literatur und Kunst, zur Sprachgeschichte, Dialektologie und Namenkunde.
Hans-Joachim Paul, geb. 1943, ist Dipl. Ing. für Kartographie und arbeitet am Institut für Hydrologie der Universität Freiburg i. Br. Als Graphiker hat er u. a. den ›dtv-Atlas Deutsche Sprache‹ gestaltet und diverse wissenschaftliche Karten und Atlanten.

In der Reihe ›dtv-Atlas‹ sind bisher erschienen:

Akupunktur, 3232
Anatomie, 3 Bände, 3017, 3018, 3019
Astronomie, 3006
Atomphysik, 3009
Baukunst, 2 Bände, 3020, 3021
Biologie, 3 Bände, 3221, 3222, 3223
Chemie, 2 Bände, 3217, 3218
Deutsche Literatur, 3219
Deutsche Sprache, 3025
Ernährung, 3237
Erste Hilfe, 3238
Informatik, 3230
Mathematik, 2 Bände, 3007, 3008
Musik, 2 Bände, 3022, 3023
Namenkunde, 3234
Ökologie, 3228
Pathophysiologie, 3236
Philosophie, 3229
Physik, 2 Bände, 3226, 3227
Physiologie, 3182
Psychologie, 2 Bände, 3224, 3225
Stadt, 3231
Weltgeschichte, 2 Bände, 3001, 3002

Weitere dtv-Atlanten sind in Vorbereitung

Konrad Kunze

dtv-Atlas Namenkunde

Vor- und Familiennamen im deutschen Sprachgebiet

Mit 115 Abbildungsseiten in Farbe

Graphiker Hans-Joachim Paul

Deutscher Taschenbuch Verlag

Originalausgabe
1. Auflage März 1998
2., vollständig überarbeitete und erweiterte Auflage Juni 1999
3. Auflage April 2000
© 1998 Deutscher Taschenbuch Verlag GmbH & Co. KG, München
www.dtv.de
Das Werk ist urheberrechtlich geschützt. Sämtliche,
auch auszugsweise Verwertungen bleiben vorbehalten.
Umschlagkonzept: Balk & Brumshagen
Gesamtherstellung: C. H. Beck'sche Buchdruckerei,
Nördlingen
Offsetreproduktionen: Menrath, Weilheim/Obb.
Printed in Germany · ISBN 3-423-03234-0

Vorwort

Wie man vom Wort*schatz* spricht, so kann man mit gutem Grund auch vom Namen*schatz* sprechen. Das vorliegende Buch möchte dazu beitragen, daß viele, und nicht nur Fachkundige, diesen großen Reichtum besser kennen und schätzen lernen.
Zu diesem Ziel können verschiedene Wege führen: z.B. eine Einführung in die Namenkunde, welche anhand aufschlußreicher Beispiele auf die historischen, geographischen, soziologischen und philologischen Aspekte der Namenwelt eingeht; oder eine möglichst komplette, alphabetische Ausfaltung des Namenschatzes mit Erläuterung der einzelnen Namen in einem Lexikon, das aber die Einbettung des jeweiligen Einzelfalls in umfassendere Zusammenhänge nicht leisten kann.
Dieser Atlas versucht beide Wege zu verbinden, indem er möglichst viele Einzelfälle in eine systematische Darstellung einordnet. So kann der Benutzer sich über bestimmte einzelne Namen informieren, zugleich aber wird ihm dabei der Blick auf die Zusammenhänge mit anderen Namen und auf allgemeine Aspekte der Namenkunde geöffnet.
Natürlich kann hier nur ein Bruchteil der fünf- bis sechshunderttausend einschlägigen Vor- und Familiennamen im deutschen Sprachgebiet erläutert werden. Für weitere deutsch- und fremdsprachliche Namen sei auf die S. 12–15 angeführten Lexika verwiesen, für umfassendere Information zur allgemeinen Namenkunde auf die mehrbändigen Handbücher von BACH 1978 und EICHLER/HILTY (u. a.) 1995/96.
Erfahrungsgemäß werden Bücher über Namen vorwiegend dazu benutzt, die »Bedeutung« eines Namens kennenzulernen. Nun sind besonders bei *Familien*namen oft mehrere Deutungen möglich. Diese können jedoch im vorliegenden Atlas verständlicherweise nicht immer alle an jeder Stelle angeführt werden, sondern nur die im jeweiligen Zusammenhang besonders einschlägigen. Damit sollen *andere Deutungsmöglichkeiten keinesfalls ausgeschlossen* werden. Im Einzelfall können hier die S. 12–15 genannten Hilfsmittel weiterführen.

Mein herzlicher Dank gilt für anregende und angenehme Zusammenarbeit dem Graphiker Hans-Joachim Paul; für fachlichen Rat Friedhelm Debus, Werner König, Kurt Martin Laabs, Heinz Miklas, Robert Peters, Frank Reinhold, Wilfried Seibicke; für die Erstellung des Namenregisters Johanna Kunze; für Korrekturarbeiten Mathias Gotschy und Rita Heuser; für akribische Durchsicht des Manuskripts, viele Verbesserungsvorschläge und verlegerische Betreuung Anna Coseriu, Winfried Groth und Elisabeth Guhl; schließlich allen, die die langwierige Entstehung des Atlas mit Rat, Hilfe und Geduld gefördert haben.

Freiburg im Breisgau, Oktober 1997 — Konrad Kunze

Zur zweiten und dritten Auflage

Für die zweite Auflage sind zahlreiche Einzelheiten in Karten und Text ergänzt und das Kapitel ›Telefonanschlüsse als namenkundliche Quelle‹ neu hinzugefügt worden. Für die Aufbereitung der entsprechenden Datenbank danke ich Richard Kunze. Die dritte Auflage wurde durch einige Korrekturen und Nachträge ergänzt.

Wertvolle Korrekturhinweise und Hilfen verdanke ich Václav Bok, Jan Goossens, Volkmar Hellfritzsch, Dieter Kremer, Ann Marynissen, Thaddäus Steiner, Walter Wenzel und Peter Wiesinger.

Freiburg im Breisgau, März 2000 Konrad Kunze

Inhalt

Vorwort ... 5

Abkürzungs- und Symbolverzeichnis 9

Einführung
Eigenart und Einteilung der Namen ... 10
Lexika I: Vornamen. Fremdsprachliche Familiennamen ... 12
Lexika II: Einheimische Familiennamen. Beratungsstellen ... 14

Rufnamen germanischer Herkunft
Quellen germanischer und altdeutscher Rufnamen ... 16
Prinzipien germanischer Rufnamenbildung ... 18
Kurzformen. Suffigierung ... 20
Das *i*- und das *z*-Suffix ... 22
Fortleben in Familiennamen ... 23
Etymologische Bedeutung ... 24
Theophore und theriophore Rufnamen . 26
Entwicklung bis zum Spätmittelalter I.. 28
Entwicklung bis zum Spätmittelalter II 30

Rufnamen fremdsprachlicher Herkunft
Christianisierung und Fremdnamen ... 32
Eindeutschung der Fremdnamen I ... 34
Eindeutschung der Fremdnamen II ... 36
Etymologische Bedeutung I ... 38
Etymologische Bedeutung II ... 39
Mittelalterliche Deutung. Ausbreitung der Heiligennamen I ... 40

Geschichte der Rufnamen vom Spätmittelalter bis zum 19. Jahrhundert
Ausbreitung der Heiligennamen II ... 42
Spätmittelalter. Reformation und Gegenreformation I ... 44
Reformation und Gegenreformation II . 46
Neuerungen vom 16. bis zum 19. Jh. ... 48

Vornamengebung im 19. und 20. Jahrhundert
Vornamenregionen um 1800 ... 50
Entwicklungstendenzen I ... 52
Entwicklungstendenzen II. Motivationen bei der Namenwahl I ... 54
Motivationen bei der Namenwahl II. Vornamenmoden ... 56

Entstehung der Familiennamen
Vom Bei- zum Familiennamen ... 58
Ursachen und Ausbreitung der Zweinamigkeit ... 60
Einschätzung und Durchsetzung der Familiennamen. Hauptgruppen ... 62

Gruppen, Häufigkeit, Bildung der Familiennamen
Verteilung der Familiennamen-Gruppen 64
Die häufigsten Familiennamen ... 66
Bildungsweisen ... 68
Familiennamen auf *-mann*. Verkleinerungsformen ... 70

Familiennamen aus Rufnamen
Patronymika in europäischen Sprachen 72
Verhältnis zu den Rufnamen ... 74
Familiennamen aus weiblichen Rufnamen ... 76
Bildungsweisen ... 78
Familiennamen aus *Nikolaus* ... 80
Verbreitung einzelner Patronymika ... 82

Familiennamen nach der Herkunft
Gruppen. Anzahl. Erfassungsprobleme. 84
Bildungsweisen ... 86
Ethnische Herkunft. Herkunftsnamen aus Ortsnamen I ... 88
Herkunftsnamen aus Ortsnamen II ... 90
Herkunftsnamen aus Ortsnamen III ... 92

Familiennamen nach der Wohnstätte
Entstehungsphasen. Bildungsweisen ... 94
Oberflächengestalt der Landschaft I. ... 96
Oberflächengestalt der Landschaft II. Gewässer, Sümpfe ... 98
Lage, Form, Qualität des Geländes. Baumbestand ... 100
Äcker und Wiesen. Zäune, Wege, Bauten ... 102
Städtische Wohnstättennamen. Häusernamen ... 104

Familiennamen aus Berufsbezeichnungen
Typen. Entwicklung. Gruppen I ... 106
Gruppen II. Bildungsweisen ... 108
Landwirtschaft. Nahrungsmittelgewerbe I ... 110
Nahrungsmittelgewerbe II ... 112
Nahrungsmittelgewerbe III. Tonverarbeitende Gewerbe ... 114
Metallverarbeitende Gewerbe I ... 116
Metallverarbeitende Gewerbe II ... 118
Holzverarbeitende Gewerbe I ... 120
Holzverarbeitende Gewerbe II ... 122
Leder- und Pelzgewerbe ... 124
Dienstleistungsgewerbe ... 126
Heilkundliche Gewerbe ... 128
Ämter I ... 130
Ämter II ... 132
Ämter III. Unterhaltungsgewerbe ... 134
Indirekte Berufsnamen ... 136

Familiennamen aus Übernamen
Bildungsweisen. Gruppen. Motivation.. 138
Körpergröße und -form. Haare ... 140
Der Kopf und seine Teile ... 142
Körperteile, -auffälligkeiten ... 144
Charakter und Verhalten ... 146
Essen, Trinken. Kleidung ... 148

Lebensgeschichte 150
Satznamen. Echonamen 152

Bedeutungsvielfalt der Familiennamen
Motivationsvielfalt. Bedeutungskonkurrenzen 154

Lautliche Vielfalt der Familiennamen
Sprach- und Schreiblandschaften I 156
Sprach- und Schreiblandschaften II 158
Variantengeographie am Beispiel *Ruh, Rau* 160
Varianten infolge der ahd. Lautverschiebung.. 162
Varianten infolge des mhd. Umlauts..... 164
Varianten infolge der nhd. Diphthongierung 166

Jüdische und fremdsprachliche Familiennamen
Jüdische Familiennamen 168
Fremdsprachliche Familiennamen 170

Personennamengebrauch im Alltag
Schreibung.. 172
Namenrecht 174
Namenwechsel, Nebennamen 176
Pseudonyme. Kosenamen..................... 177
Schüler- und Lehrerspitznamen 178
Kollektive Übernamen. Umgangssprachlicher Namengebrauch 180
Mißdeutung von Namen. Namenscherze 182
Personennamen in Verwaltung und Wirtschaft 184

Personennamenauswertung in der Wissenschaft
Geschichtswissenschaft........................ 186
Genealogie. Humangenetik 188
Sprachgeschichte.................................. 190
Volkskunde 192
Psychologie 194
Literaturwissenschaft 196

Telefonanschlüsse als namenkundliche Quelle
Namenhäufigkeit. Namenkomposition.. 198
Verbreitung von Namentypen............... 200
Verbreitung einheimischer Namen........ 202
Verbreitung ausländischer Namen......... 204
Namenvarianz....................................... 206

Literaturverzeichnis........................... 208
Abbildungsnachweis........................... 213
Sachregister... 214
Personenregister 216
Register der Namen und wichtiger Namenglieder...................................... 217

Abkürzungs- und Symbolverzeichnis

Abb.	Abbildung
ahd.	althochdeutsch
alem.	alemannisch
bes.	besonders
betr.	betreffend
bzw.	beziehungsweise
d. h.	das heißt
Diss.	Dissertation
dt.	deutsch
Dtl.	Deutschland
engl.	englisch
entspr.	entsprechend
etc.	etcetera
europ.	europäisch
ev.	evangelisch
f.	feminin
fries.	friesisch
frz.	französisch
germ.	germanisch
griech.	griechisch
hebr.	hebräisch
Hg.	Herausgeber
hg.	herausgegeben
hl.	heilig
hist., histor.	historisch
i. a.	im allgemeinen
i. d. R.	in der Regel
i. e. S.	im engeren Sinne
insges.	insgesamt
ital.	italienisch
i. w. S.	im weiteren Sinne
Jh.	Jahrhundert(s)
kath.	katholisch
lat.	lateinisch
m.	maskulin
MA.	Mittelalter
masch.	maschinenschriftlich
mhd.	mittelhochdeutsch
mnd.	mittelniederdeutsch
n.	nach
ndl.	niederländisch
nhd.	neuhochdeutsch
nord.	nordisch
poln.	polnisch
prot.	protestantisch
rel.	relativ
rhein.	rheinisch
rom.	romanisch
röm.	römisch
S.	Seite
s.	siehe
schwäb.	schwäbisch
slaw.	slawisch
sog.	sogenannt
Telef.	Telefonanschlüsse
tschech.	tschechisch
typ.	typisch
u. a.	unter anderem
u. ä.	und ähnlich(es)
ungar.	ungarisch
urspr.	ursprünglich
usw.	und so weiter
v. a.	vor allem
versch.	verschiedene
vgl.	vergleiche
z. B.	zum Beispiel
Zs.	Zeitschrift
z. T.	zum Teil

( ) bei Namen wie *Grot(h)(e)*:	*Grot, Groth, Grote, Grothe*
[ ] bei Namen wie *Ger*[*trud*]:	*Gertrud* oder andere Namen mit *Ger-*, z. B. *Gerlinde, Gerhard, Gerbert*
Bert-:	Anfangsteil eines Namens, z. B. in *Bertold*
-bert:	Schlußteil eines Namens, z. B. in *Herbert*
– über Vokal, z. B. ā:	langer Vokal
^ über Vokal, z. B. â:	mittelhochdt. langer Vokal
> 20 :	20 und mehr
< 20 :	20 und weniger
' ', z. B. *kluto* 'berühmt':	Bedeutung des vorausgehenden Wortes/Namens
MÜLLER 1979:	siehe den entsprechenden Titel im Literaturverzeichnis

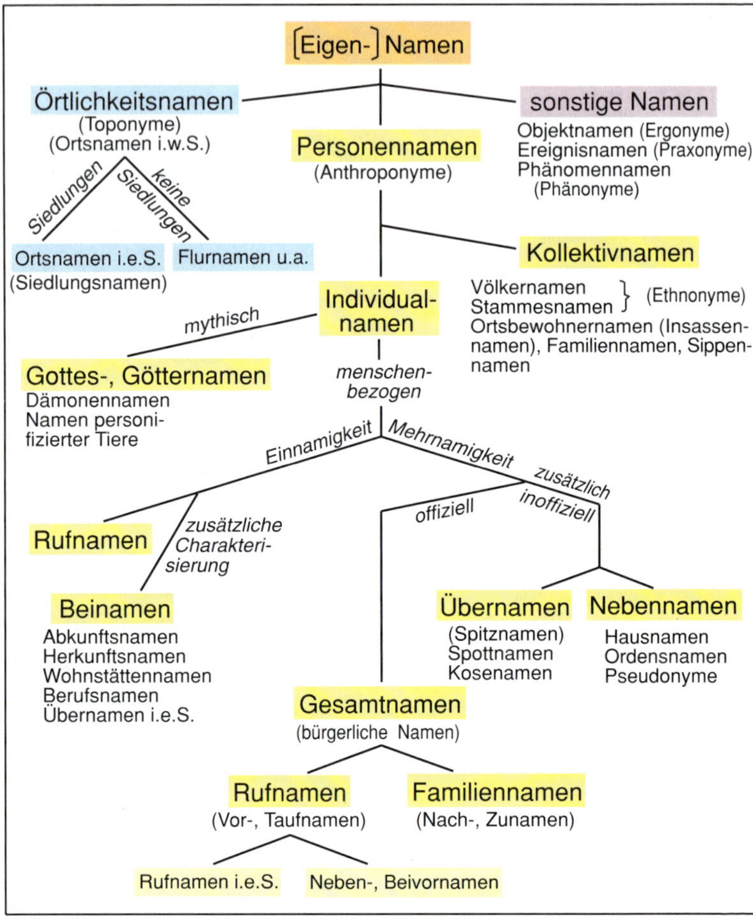

A Einteilung und Bezeichnung der Namen

Namensträger:	Frauen-, Heiligen-, Adels-, literarische Namen	*Namenswirkung:*	redende Namen, Ekel-, Suggestivnamen
Motivation bei der Namensgebung:	Vater-, Berufs-, Mode-, Wunsch-, theophore Namen, Phantasienamen	*Verhältnis zu angestammten Namen:*	Über-, Ehe-, Deck-, Haus-, Ordensnamen
sprachliche Herkunft der Namen:	Fremd-, Übersetzungs-, Misch-, Lehn-, Erbnamen	*Besonderheiten der Namensbildung:*	Voll-, Kurz-, Lall-, Satz-, Bindestrich-, Doppelnamen

B Kriterien zur weiteren Untergruppierung von Personennamen

Eigenart der Namen

Adam benennt in der Bibel seine Frau zweimal. Als Gott sie aus Adams Rippe geschaffen hat und ihm vorstellt, sagt er:

»*Frau* soll sie heißen.«

Nach dem Sündenfall und der Verurteilung zur Sterblichkeit heißt es:

»Adam nannte seine Frau *Eva* (Leben), denn sie wurde die Mutter aller Lebendigen.«

Zunächst legt er ihr einen Gattungsnamen zu (nomen appellativum), danach einen Eigennamen (nomen proprium).

Gattungsnamen (Appellative) wie *Frau, Baum, Tisch* dienen hauptsächlich dazu, eine Vielzahl gleichartiger Objekte bzw. Sachverhalte als Angehörige einer Gattung zu erfassen und entweder diese Gattung als solche oder Einzelobjekte bzw. Sachverhalte **als Angehörige dieser Gattung zu bezeichnen.**

Eigennamen (Propria), kurz **Namen** wie *Eva* dienen dagegen dazu, Einzelwesen bzw. Einzelobjekte innerhalb einer Vielzahl gleichartiger Wesen bzw. Objekte gerade in ihrer Einmaligkeit unverwechselbar zu **identifizieren und unmittelbar zu bezeichnen.**

Derselbe Gattungsname (z. B. Tisch) kann sich daher auf **wechselnde** Objekte beziehen, derselbe Eigenname aber immer nur auf **denselben** Namensträger.

Weitere Merkmale der Namen werden in der Namentheorie kontrovers diskutiert (Bauer 1985; Hansack 1990; Wolf 1993):

1. Namen haben **keine (lexikalische) Bedeutung,** d. h. keinen begrifflichen Inhalt, kein Denotat.

Der Eigenname *Müller* hat nichts mit der Bedeutung des Appellativs Müller zu tun, sofern er als Name gebraucht wird.

Gewiß **hatten** fast alle Namen urspr. eine Bedeutung, weil sie aus Appellativen entstanden sind. Aber **nachdem** sie zu Namen geworden sind, funktionieren sie – im »synchronischen« Gebrauch – zur **Bezeichnung** ihrer Träger, ohne daß dabei ihre – »diachronisch« aufschlüsselbare – Bedeutung noch eine Rolle spielt.

Namen sind i. d. R. nicht übersetzbar, etwa *Churchill* in *Kirchhügel* oder *Casanova* in *Neuhaus,* weil dadurch von der Bezeichnung auf die Bedeutung abgelenkt würde.

So fragt man auch nicht: »Verstehen Sie diesen Namen?«, sondern »Kennen Sie diesen Namen?«. Denn »verstehen« setzt Bedeutung voraus, »kennen« nicht.

Namen können, wie *Zeppelin,* selbst wieder **Bedeutung erlangen;** damit werden sie zu neuen Appellativen (S. 183, 185).

2. Namen haben eine Wertigkeit, eine Ausstrahlung, eine **Bedeutsamkeit**; darunter versteht man die Summe der mit einem Namen verbundenen Assoziationen, Vorstellungen und Gefühle.

Namen erschöpfen sich also nicht, wie Nummern, in der Bezeichnungsfunktion. Das Unbehagen, einen Namen durch eine Nummer zu ersetzen, kommt daher, daß dadurch seine Bedeutsamkeit verloren geht.

Die **motivische** Bedeutsamkeit ergibt sich aus den Gründen bei der **Namengebung.**

Die **aktuelle** Bedeutsamkeit setzt sich aus Eindrücken beim **Namengebrauch** zusammen; sie können von Namen selbst (etwa seinem Klang oder seiner evtl. noch ersichtl. urspr. Bedeutung), von Trägern dieses Namens und von Vorstellungen seiner Benutzer ausgehen.

Damit geht die Bedeutsamkeit über das hinaus, was auch bei Appellativen neben dem Denotat als Konnotat mitschwingt.

3. Auch **grammatisch** haben Namen eine Sonderstellung, z. B. durch abweichende **Orthographie** (*Becker* neben *Bäcker;* S. 165), durch eingeschränkten Gebrauch des **Artikels** (weil dessen Hauptfunktionen im Namen als solchem schon enthalten sind; vgl. S. 181) oder des **Plurals** (wegen der Individualisierungsfunktion).

Einteilung der Namen

Eine Gliederung der Namen kann unter sehr versch., sich vielfach überkreuzenden Gesichtspunkten erfolgen. Trotz mancher Einteilungsvorschläge hat sich keiner allgemein durchgesetzt. Unbestritten ist die Einteilung in Örtlichkeitsnamen und Personennamen, aber nicht mehr die Zuordnung der sonstigen Namen wie *Sputnik, Dreigroschenoper, Oktoberrevolution, UNO.*

Die nebenstehende Tafel bietet keine strikte **Klassifikation** der Namen, sondern nur eine grobe Orientierung über die gebräuchlichsten Bezeichnungen; sie zeigt eher klassifikatorische und terminologische **Probleme** auf, als sie zu lösen; z. B.

- versch. Ausdrücke bezeichnen dasselbe, nur unter wechselndem Aspekt (z. B. **Familiennamen, Nachnamen, Zunamen);**
- manchmal wird derselbe Ausdruck unterschiedl. gebraucht: z. B. **Übernamen** historisch für die 5. Untergruppe der Beinamen, heute meist als Oberbegriff für inoffizielle Namen;
- **Beinamen** und **Übernamen** werden hier unterschieden, aber oft auch gleichbedeutend verwendet;
- **Familiennamen** sind an sich Kollektivnamen, fungieren aber meist als (Teil von) Individualnamen;
- von **Rufnamen** wird normalerweise in der Epoche der Einnamigkeit gesprochen, danach auch von **Vornamen**;
- **Nebennamen** können manchmal auch offiziellen Status erhalten (vgl. S. 177, Pseudonyme).

Larissa (f.) Russian: of uncertain origin. It is the name of a Greek martyr venerated in the Eastern Curch, and may perhaps be derived from the ancient Thessalian town of Larissa.
Variant: **Larisa**.

Larry (m.) English: pet form of LAURENCE or LAWRENCE:
Informal modern variant: **Laz.**

Lars (m.) Scandinavian form of LAURENCE. This was the second commonest male name in Denmark in 1965 and the third commonest in Sweden in 1973.

Lassarina (m.) Irish: Anglicized form of the Gaelic name **Lasairíona**, composed of the elements *lasair* flame + *fion* wine.

Lasse (m.) Finnish form of LAURENCE, derived from a Scandinavian pet form of the name. It has been borne, for example, by the Finnish runner Lasse Viren (b.1949).
Variant: **Lassi**.

László (m.) Hungarian form of WŁADYSŁAW. The name is still very popular in Hungary: its popularity was originally due to St.László (1040-95), King of Hungary (1077-95), who is honoured by the Hungarians as a model of chivalry, courage, and Christian virtue, as well as a patriot and lawgiver.

Latasha (f.) English (esp. U.S.): a recent coinage, possibly representing a cross between LATISHA and NATASHA. It was the twenty-second most common female name among American Blacks in 1982.

A Aus einem europäischen Vornamenlexikon (Hanks/Hodges 1990)

Helmuth Graf von Moltke

Helmut, (auch:) Helmuth; Hellmuth: männl. Vorn., vermutlich Nebenform von→Heilmut oder → Hildemut. Die Geschichte des Namens läßt sich erst seit Beginn der Neuzeit verfolgen. Bis zum 19. Jh. war er wenig gebräuchlich, im wesentlichen nur in Mecklenburg. Er wurde erst durch Helmuth von Moltke (19.Jh.) allgemein bekannt und volkstümlich. Bekannte Namensträger: Helmut Käutner, deutscher Regisseur (20.Jh.); Helmut Krebs, deutscher Opernsänger (20.Jh.); Helmut Schön, deutscher Fußballbundestrainer (20.Jh.); Helmut Schmidt, deutscher Politiker (20.Jh.); Helmut Heissenbüttel, deutscher Lyriker (20.Jh.); Helmut Lange, deutscher Schauspieler (20.Jh.).

Helmward, (auch:) Helmwart: alter deutscher männl. Vorn. (ahd. *helm* "Helm" + ahd. *wart* "Hüter, Schützer"). Der Vorname spielt heute kaum noch eine Rolle in der Namengebung.

B Aus einem deutschen Vornamenlexikon (Drosdowski 1974)

Kf = Kurzformen

Gaid s. gaid [gaid: altfriesisch gâd = Lanze]
-bert: Jabbert Jabbe(o) Jabbine Jebbe(o)
-hard: Gaddert Jaddine(a)
-wart: Geduard
-wolf: Gadolf
Kf: Jade Gede(a, o, ea) Gedine(a) Geede(a,o) Gehde(o) Geetje Getje

Gail s. gail (vgl. gelt) [gail: altfriesisch gâl, gêl = üppig, übermütig]
-mar: Gelmer Gelma
-hard: Gelhard
-tet: Geiltet Gaalt Galt Galtje Gjalt Gyalt Geltet Gelt Geldt Geelt Geeltje Gehlt Gehltine Gilta Jeltje(o) Jelte(a, o) Jelth
Kf: Gaalke Galke Galline Jaailkelina Gelke(o, ea) Gela Geline Geela Geelke(o, ea) Geeko Jelke Jeelka

C Aus einem ostfriesischen Vornamenlexikon (Raveling 1985)

Entstehung der Vornamenbücher

Die ersten Vornamenbücher im dt. Sprachgebiet entstanden im 16. Jh. vor allem aus **konfessionellen** Gründen. Sie sollten protestantische Eltern zur Wahl von deutschsprachlichen und katholische zur Wahl von Heiligennamen anregen, vgl. Abb. 46 A.

Aus **sprachpuristischen** oder **nationalistischen** Motiven kamen Vornamenbücher bes. nach den napoleonischen Kriegen, in der Gründerzeit und während des Nationalsozialismus heraus. Sie präsentierten vorwiegend »deutsche« Vornamen, um den Eltern ihre Wahl nahezulegen, vgl. Abb. 52 B.

Seit Ende des 19. Jh. wächst die **Freiheit bei der Wahl der Namen** für die Kinder und damit auch der Bedarf, sich in Büchern wie in einem Katalog über das Inventar an Vornamen, ihre Bedeutung, ihre Aktualität, Verbreitung usw. zu informieren.

Seitdem zählen Vornamenlexika zu den Dauerbestsellern. Seit 1800 sind weit über 100 verschiedene dt. Vornamenlexika erschienen. 1996 waren über 20 entsprechende Titel auf dem Markt, darunter z. B. WASSERZIEHER, jetzt in 19. Auflage, schon seit über 70 Jahren.

Deutsche Vornamenlexika

Das wissenschaftliche **Standardwerk** ist das ›Historische deutsche Vornamenbuch‹ von SEIBICKE 1996 ff. Es informiert anhand zahlreicher Quellen über Bedeutung, Aussprache, Schreibweise, Aufkommen, Verbreitung usw. fast aller im dt. Sprachgebiet seit 1400 vergebenen Vornamen.

Die zahlreichen **kleineren** Vornamenlexika enthalten zwischen 1500 und 10000 Namen. Registriert wird vor allem der aktuell gebräuchliche, oft aber auch der ältere Vornamenschatz, wie er im deutschen Sprachgebiet aus vielen verschiedenen Sprachen zusammengeflossen ist.

Die Lexika geben zunächst an, aus welcher Sprache der Name stammt und was er etymologisch bedeutet, dies aber nicht immer zuverlässig. Wissenschaftlich verläßlich sind z. B. DROSDOWSKI 1974 (Abb. B), NAUMANN u. a. 1988, MACKENSEN 1990, SEIBICKE 1991, WEITERSHAUS 1992, KOHLHEIM 1998.

Darüber hinaus finden sich in unterschiedl. Maße Angaben zu Geschichte und Häufigkeit der Namen, zum Namenstag, zu berühmten Namensvettern usw.

Fremdsprachliche Vornamenlexika

Bulgarisch: ILČEV 1969; dänisch: PEDERSEN/WEISE 1990; englisch: WITHYCOMBE 1985, BROWN 1990; finnisch: VILKUNA u. a. 1988; französisch: BARBÉ 1994; irisch: COGHLAN 1987; isländisch: PÁLSSON 1960; italienisch: DE FELICE 1992; niederländisch ›Spectrum Vornamenboek‹ 1992; norwegisch: STEMSHAUG 1995; polnisch: RYMUT 1995; russisch: PETROWSKIJ 1984; schwedisch: ALLEN/WÅLIN 1995; slowenisch: KEBER 1988; spanisch: BAS I VIDAL 1988, TUAN 1994; tschechisch: KNAPPOVÁ 1996; türkisch: AYŞAN/TUNCAY 1987; ungarisch: LADÓ 1992. Weitere bei HANKS/HODGES 1990, SEIBICKE 1996.

Internationale Vornamenlexika

HANKS/HODGES 1990 (Abb. A) stellen den (stets aus vielen Sprachen zusammengeflossenen) Vornamen-Schatz nicht nur **eines** Sprachgebietes oder Landes, sondern **verschiedener** europ. Länder alphabet. dar, dazu in zwei Anhängen die gebräuchlichsten Vornamen der **arabischen** und der **indischen** Welt.

Weit umfassender, aber ohne jede Erklärung ist das ›Internationale Handbuch der Vornamen‹ 1986. Es registriert 66711 Vornamen(formen) aus 54 Vornamenbüchern versch. Länder/Sprachen; es informiert **Standesbeamte** über Nachweisbarkeit, sprachliche Herkunft, Orthographie und Geschlecht eines Vornamens. Ähnlichen Zwekken dient ›Vornamen in der Schweiz‹ 1986.

Regionale Vornamenlexika

Die Vornamengebung wird immer internationaler. Demgegenüber heben diese Lexika **einheimische Traditionen** ins Bewußtsein, z. B. RAVELING 1985 für Ostfriesland (Abb. C) oder MERKLE 1981 für Bayern.

Zu **Dialektformen** von Vornamen s. die S. 36 genannten Dialektwörterbücher.

Lexika fremdsprachlicher Familiennamen

Ein erstes **internationales** Lexikon mit über 70000 geläufigen Familiennamen europ. Sprachen legten HANKS/HODGES 1988 vor. Lexika **jüd.** Familiennamen aus versch. Sprachen: KAGANOFF 1977; GUGGENHEIMER 1996.

HANKS/HODGES 1988 lassen noch manchen Wunsch offen; zusätzlich zu Rate ziehen kann man folgende Werke:

Armenisch: ADJARIAN 1942/62; bulgarisch: ILCEV 1969; englisch: SMITH 1973 (USA), COTTLE 1978, REANEY 1991; finnisch: VILKUNA u. a. 1988; französisch: MORLET 1991; irisch: BREFFNY 1982, MACLYSAGHT 1978; italienisch: DE FELICE 1986; katalanisch: MOLL 1982; kroatisch: PUTANEC/ŠIMUNOVIĆ 1976; niederländisch/flämisch: DEBRABANDERE 1993; polnisch: RYMUT 1992/94; portugiesisch: LEITE DE VASCONCELLOS 1928 (namenkundliche Darstellung mit vielen Beispielen); rumänisch: CONSTANTINESCU 1963, IORDAN 1983; russisch: NIKONOV 1993, UNBEGAUN 1972 (Darstellung mit vielen Beispielen); spanisch: ÁLVAREZ-ALTMANN/WOODS 1978; tschechisch: MOLDANOVÁ 1983; türkisch: JASTROW 1985; ukrainisch: BOGDAN 1974, RADION 1981.

regionale und kleinregionale Namenbücher

- - - - Grenzabschnitt des geschlossenen german. Sprachgebiets (1940)

1 - 33 lokale Namenbücher (siehe unten)

[ ] nur bis 13./14. Jh.

( ) nur bis 15./16. Jh.

1 Bremen: CARSTENS 1906
2 Kreis Harburg: RIECKMANN 1954
3 Hamburg: MAHNKEN 1925
4 Lübeck: REIMPELL 1929
5 Barth: MÜLLER 1934
6 Greifswald: NÜSKE 1929
7 Braunschweig: SCHARF 1960
8 Gladbach: TRUPP 1936
9 Aachen: JANSEN 1940
10 Köln: HAGSTRÖM 1949/80
10a Coesfeld: KEWITZ 1999
11 Hattingen: JEANBLANC 1980
11a Limburg: SCHÖFFL 1993
12 Gießen: LERCH 1948
13 Grünberg: KNAUSS 1940
14 Arnsburg: MULCH 1974
15 Friedberg: AREND 1934
15a Leipzig: SOLLUNTSCH 1991
15b Rettendorf: RÖSEL 1995
16 Liegnitz: BAHLOW 1975
17 Breslau: REICHERT 1908
18 Worms: DIEHL 1950
19 Darmstadt: VON HAHN 1939
20 Beutelsbach: KLUMPP 1938
21 Esslingen: BERGER/ETTER 1961
22 Ansbach: SCHÄFER 1952
23 Nürnberg: SCHEFFLER-ERHARD 1959
24 Regensburg: KOHLHEIM 1990
25 Freiburg/Br.: DZIUBA 1966
26 Ravensburg: SAUER 1956
27 München: EITLER 1956
28 Salzburg: ZILLER 1986
29 Linz: FEIGL 1966
29a Wolkersdorf: ERNST-ZYMA 1995
30 Ödenburg: MOLLAY 1938
31 Freiburg/Ü.: STUDERUS 1926
32 Baden/Aargau: SURLÄULY 1929
33 Zürich: [BAUMGARTNER 1983], SCHOBINGER 1994

Regionale und lokale Familiennamenbücher

Zu umfassenderer Information über einzelne Familiennamen, als sie in diesem Atlas möglich ist, sei auf folgende Lexika verwiesen:

Überregionale Familiennamenlexika

BAHLOW 1967: Schwerpunkt im niederdt.-mitteldt. Raum. Ca. 30000 Familiennamen, viele histor. Belege.

BRECHENMACHER 1957/63: Schwerpunkt im oberdt. Raum. Ca. 40000 Familiennamen und 100000 histor. Belege. Zu vielen Einträgen Häufigkeitsangaben aus Einwohnerbüchern um 1920/30.

GOTTSCHALD 1982: Ca. 50000 Familiennamen, nach Ausgangswörtern gruppiert, s. die Bsp. *Brunn* S. 98, *Burg* S. 76. Keine histor. Belege.

HEINTZE/CASCORBI 1933: Ca. 40000 Familiennamen, nach Ausgangswörtern gruppiert, s. das Bsp. *Bartholomäus* S. 76. Histor. Belege.

LINNARTZ 1958: Band I nur Familiennamen aus Berufsbezeichnungen, Band II nur Familiennamen aus Rufnamen, s. die Bsp. *Gregorius* S. 76, Berufsnamen mit *Q*- S. 106. Schwerpunkt im Rheinland. Keine histor. Belege.

NAUMANN 1994: Ca. 9500 Familiennamen (+ 5000 Varianten). Anhang mit 2300 Ortsnamen, die einem Familiennamen zugrundeliegen. Viele histor. Belege.

Zu Lexika fremdsprachlicher Familiennamen im dt. Sprachgebiet s. auch GUGGENHEIMER 1996 (jüd. Namen), NEUMANN 1977 (tschech. Namen in Wien), WENZEL 1987/94 (sorbische Namen), WENZEL 1999 (Namen slaw. Ursprungs), ZAMORA 1992 (Hugenottennamen).

Regionale Familiennamenbücher

sind auf der nebenstehenden Karte eingetragen. Sie gehen in der Regel von histor. Belegen aus, und zwar je kleinräumiger, desto kompletter. Damit sichern sie die Grundlage einer zuverlässigen Namendeutung. Manche werten das dargebotene Namenmaterial auch eingehend sprach-, siedlungs-, bevölkerungs-, sozial- und kulturhistor. aus (z. B. NEUMANN 1970/81).

Um diese Auswertung zu erleichtern, werden die Namen bisweilen nach den auf S. 63 dargestellten fünf Hauptgruppen der Familiennamen sortiert und erst innerhalb dieser Gruppen jeweils alphabetisch angeordnet (z. B. BICKEL 1978).

Den Typ des volkstümlichen Lexikons vertritt HORNUNG 1989 mit einer knappen Auswahl von ca. 2500 österreichischen Familiennamen, ohne histor. Belege.

Einen weiteren Typ vertritt EBELING 1979/84: ein komplettes Repertorium der Familiennamen im Landkreis Leer um 1940 und eine musterhafte Auswertung dieses Bestandes.

MORLET 1991 ist ein überregionales frz. Lexikon. Es informiert auch zuverlässig über elsäss.-lothring. Familiennamen dt. Herkunft, stets mit Angabe der betreffenden Region.

Im belgischen Familiennamenlexikon von DEBRABANDERE 1993 findet man viele Namen erklärt, die auch in den angrenzenden dt. Gebieten vorkommen.

Auf der Karte nicht aufgeführt ist das mhd. Namenbuch von SOCIN 1903, weil es nur Namen bis zum 13. Jh. aufarbeitet, vornehmlich aus oberrheinischen Quellen.

Lokale Familiennamen-Untersuchungen

sind auf der Karte mit Nummern eingetragen. Sie stellen die Basis für die regionalen und überregionalen Lexika bereit. Sie beschränken sich in der Regel, je nach der Menge des überlieferten Materials, auf die Aufarbeitung mittelalterlicher bis frühneuzeitlicher Quellen eines Ortes. In ihnen steht die histor. und sprachhistor. Auswertung der Namen im Vordergrund.

Die meisten neueren Arbeiten geben ihr Material in Form eines alphabet. Namenbuches mit (z. B. DZIUBA 1966). Ältere Arbeiten enthalten meist kein alphabet. Namenbuch, sondern führen das Namengut in die systemat. Darstellung einbezogen auf.

Die Karte kann die Fülle entsprechender Untersuchungen nicht erfassen. Sie verzeichnet nur einige Beispiele, welche regionale Lükken füllen und als Monographien verfaßt wurden (also keine Aufsätze). Sie sind, wie auch die regionalen Namenbücher, von sehr unterschiedlichem Umfang und wissenschaftlichem Gewicht.

Weitere lokale Namenuntersuchungen finden sich in den Bibliographien bei GOTTSCHALD 1982, HELLFRITZSCH 1992, EICHLER 1996 und H. KLEES/R. FICHTER: Bibliographia onomastica luxemburgensis 1850–1995, Luxemburg 1997.

Beratungsstellen

In Dtl. gibt es 2 Beratungsstellen für namenkundliche Fragen, z. B. für die Wahl, die Schreibweise und die Bedeutung von Vornamen oder die Bedeutung von Familiennamen:

- Gesellschaft für deutsche Sprache e. V., Spiegelgasse 13, D-65183 Wiesbaden und
- Gesellschaft für Namenkunde e. V., Augustusplatz 9, D-04109 Leipzig.

A Quellen germanischer Rufnamen

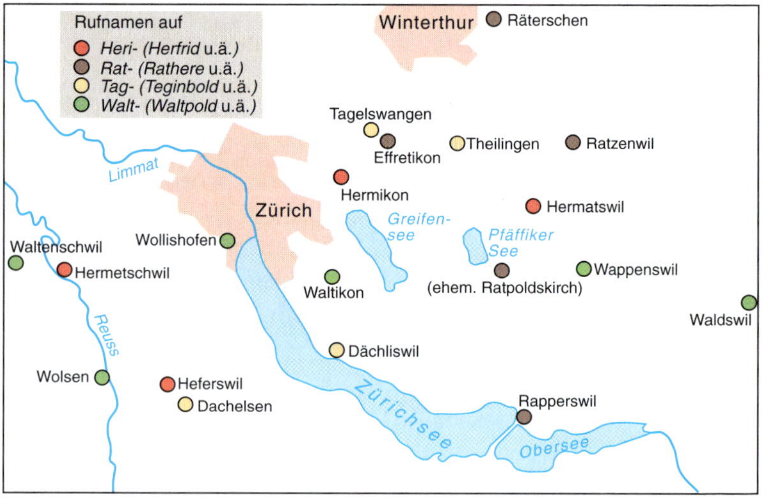

B Rufnamengruppen in Ortsnamen des Zürichgaus

Antike Autoren

Die ersten Belege für germ. Namen finden sich bei antiken griech. und röm. Autoren. Der Historiker TACITUS erwähnt z.B. um 100 n.Chr. Germanen namens *Catumer, Catvald, Segimund* u.a. Alle sind im ›Lexikon der altgermanischen Namen‹ (REICHERT 1987) gesammelt.

Runeninschriften

Es sind etwa 5000 germ. Runeninschriften erhalten; die ältesten stammen aus dem 2. Jh. n.Chr.

Im dt. Sprachraum wurden ca. 60 gefunden; sie überliefern zahlreiche Namen.

Berühmt ist das goldene Horn, das 1734 bei Gallehus in Schleswig entdeckt, aber 80 Jahre später gestohlen und eingeschmolzen wurde; auf ihm stand der älteste germ. Stabreimvers (um 400): »ek HlewagastiR HoltijaR horna tawido« (Ich, *Leugast,* Nachkomme des *Holte,* machte das Horn). In Neudingen/Donau fand man 1978 auf einem Webstuhlteil des 6. Jh. eingeritzt: »lbi Imuba Hamale Blithguth urait runa« (Liebes für *Imuba* von *Hamal. Blidgu(n)d* ritzte die Rune(n); Abb. A).

Münzen

Auf merowingischen, um 580–680 in Frankreich geprägten **Münzen** finden sich viele Namen german. Münzmeister. Hinter den Namen auf den Münzen Abb. A steht die Abkürzung **MO** oder **MON** = *monetarius* 'Münzmeister'.

Schrifttum

Wichtig sind sodann **Urkunden, Chroniken** und **Germanische Dichtungen**, die viele Namen überliefern.

Tausende von Namen verdanken wir dem Brauch, sich im Gebet zu gegenseitiger Fürbitte, auch für Verstorbene, zu verpflichten. Er prägte sich wohl im angelsächs. Mönchtum des 6./7. Jh. aus und verbreitete sich über ganz Europa.

Mit Kloster Reichenau/Bodensee standen z.B. ca. 100 europ. Klöster und andere geistliche Gemeinschaften sowie Tausende von Laien in Gebetsverbrüderung.

Die ins Gebet aufgenommenen Personen notierte man zunächst auf **Diptychen**, aufklappbaren Holz-, Elfenbein- oder Metalltafeln, später in Büchern mit Texten für den Gottesdienst, schließlich in eigens dafür angelegten **Verbrüderungs-** und **Totenbüchern.**

Auf einem Elfenbein-Diptychon des 6. Jh. aus Trier sind noch 127 Namen vollständig lesbar, darunter die der ersten Bischöfe von Trier. Nur 14 davon sind sicher germ., einige kelt., der Rest rom., erste Anhaltspunkte für die damaligen Bevölkerungsanteile in dieser Stadt.

Die umfangreichsten Verbrüderungsbücher mit insges. knapp 100000 Namen stammen aus St. Peter in Salzburg (um 789, Abb. A), Reichenau, St. Gallen, Pfäfers, Remiremont, Brescia (9. Jh.) und Corvey (820–12. Jh.).

Ortsnamen

Viele Personennamen sind aus Ortsnamen zu erschließen.

Am weitesten zurück führen die Orte auf *-ingen,* die meistenteils aus Personennamen entwickelt sind. Wenn das Oberhaupt einer Siedlergruppe etwa *Gundolf* hieß, nannte man seine Leute *Gundolfinge* und ihre Siedlung *bei den Gundolfingen* ('bei den Leuten des *Gundolf*'), woraus die heutigen Ortsnamen *Gundelfingen* in Baden-Württemberg und Bayern entstanden sind.

Auch in anderen Ortsnamentypen ist ein gewaltiger Schatz germ. Rufnamen bewahrt. Allein im Zürichgau finden sich in der alten Ortsnamenschicht auf *-ingen, -ikon, -heim* und *-wil* aus der ersten Landnahmezeit vom 5.–9. Jh. 93 Personennamen-Gruppen (vgl. Abb. B).

Orte wie *Bamberg, Branden-, Quedlinburg, Berchtesgaden, Braunschweig, Darmstadt, Hersfeld, Hildesheim, Lüden-, Wattenscheid, Recklinghausen, Uelzen, Wolfenbüttel* beziehen sich auf Personen namens *Babo, Brando, Quitilo, Perchtger, Bruno, Darmunt, Hariulf, Hildin, Liudolf, Watto, Rikold, Uli* (*Ulrich*), *Wolfher.*

Namensammlungen

Die Berliner Akademie der Wissenschaften schrieb auf Anregung von Jacob Grimm 1846 einen Preis für eine Sammlung altdt. Namen aus.

Einziger Bewerber war ERNST FÖRSTEMANN. »Der ungeahnte reichtum an gebilden [=Namenformen], die noch kein mensch besprochen hatte, stellte sich als ein geradezu unglaublicher dar.« 1854–59 gab er sein ›Altdeutsches Namenbuch‹ heraus, das in Bd. 1 Personen-, in Bd. 2 Ortsnamen aus Quellen bis zum Jahre 1100 registriert. Als Vorstand der Königl. Bibliothek zu Dresden machte er sich später nicht nur um die Erforschung der mexikan. Mayakultur verdient, sondern auch um stetige Verbesserung seines Namenbuchs für die 2. Auflage (Bd. 1, 1901).

Im Sonderforschungsbereich ›Mittelalterforschung‹ der Universität Münster wurde seit 1968 ein Projekt ›Personen und Gemeinschaften‹ durchgeführt, das u.a. der Personennamen-Forschung völlig neue Quellengrundlagen schuf. So wurden z.B. für das dreibändige Werk ›Die Klostergemeinschaft von Fulda im frühen Mittelalter‹ 38871 fuldische Namenbelege aus Verbrüderungsbüchern usw. mit Hilfe des Computers gespeichert, ediert und in versch. Hinsicht erforscht.

altindisch	altgriechisch	keltisch	altslavisch	althochdeutsch
Vásu-dattaḥ 'gut'+'gegeben'	*Demo-sthenes* 'Volk'+'mächtig'	*Touto-rix* 'Volk'+'mächtig'	*Vladi-mir* 'herrschen'+'Frieden'	*Thiot-rich* 'Volk'+'mächtig'
Candrá-guptaḥ 'Mond(gott)'+ 'beschützt'	*Thrasy-boulos* 'kühn'+'Rat'	*Catu-rix* 'Kampf'+'mächtig'	*Bogu-mil* 'Gott'+'lieb'	*Kuon-rat* 'kühn'+'Rat'

indogermanisch **kluto* 'berühmt' findet sich in:

altindisch	*Śhrutamaghaḥ*	altslavisch	*Miroslav*	angelsächsisch	*Hloþhere*
altgriechisch	*Klythomethes*	keltisch	*Clutorix*	althochdeutsch	*Lothari*

A Zweigliedrige Rufnamen in indogermanischen Sprachen

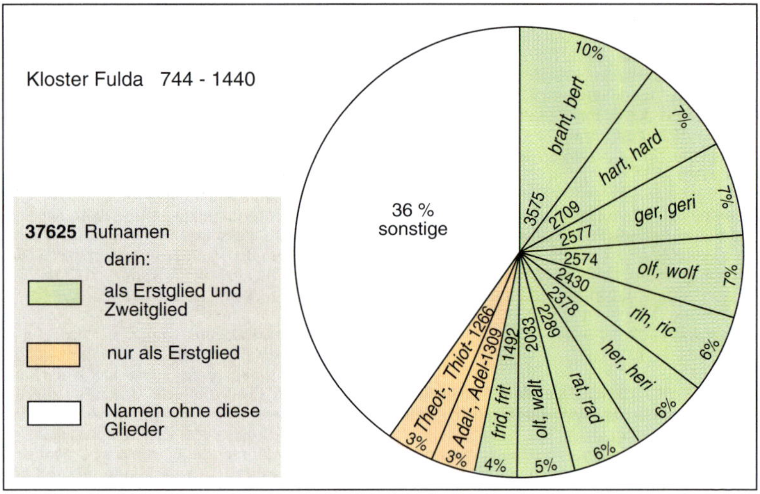

B Häufigste Glieder in Rufnamen der Klostergemeinschaft Fulda im 8. bis 15. Jh.

	heutige Formen:	**männlich**			**weiblich**	
Substantive	*-brod*	'Gebieter, Bote'	*-mund*	'Schützer'	*-borg, -burg*	'Schutz, Zuflucht'
	-brand	'Feuer, Schwert'	*-ram*	'Rabe'		
	-fr(i)ed	'Friede'	*-(w)ald,-old*	'Waltender'	*-gard*	'Zaun, Schützerin'
	-gar, -ger	'Speer'	*-ward*	'Hüter'	*-gund(e)*	'Kampf'
	-helm	'Helm,Schutz'	*-wig*	'Kampf'	*-heid*	'Art, Wesen'
	-(h)er	'Heer'	*-win*	'Freund'	*-hild(e)*	'Kampf'
	-mann	'Mann, Mensch'	*-(w)olf,-ulf*	'Wolf'	*-run*	'Zauber,Geheimnis'
Adjektive	*-bald*	'kühn'	*-mar*	'berühmt'	*-lind(e)*	'sanft'
	-bert, -brecht	'glänzend'	*-nand*	'mutig'	*-rid*	'schön'
			-rich	'mächtig, Herrscher'	*-swind*	'stark, recht'
	-hard,-t	'stark, fest'			*-traud, -trud*	zu *trūt* 'lieb' oder *drūd* 'Macht'
	-lieb, -lef	'lieb'				

C Männliche und weibliche Zweitglieder germanischer Rufnamen (heutige Formen)

Zweigliedrigkeit

Germ. Rufnamen sind meist zweigliedrig (dithematisch): *Sieg+fried, Ger+linde.*

Alte eingliedrige (monothematische) Rufnamen sind selten, manche wohl erst aus Bei- zu Rufnamen geworden: *Karl* 'freier Mann', *Ernst* 'entschlossen', *Wigant* 'der Kämpfende', *Frank(o)* 'der Franke/Freie'.

Das Prinzip der Zweigliedrigkeit ist schon indogerman. und kennzeichnet z.B. auch ind., griech. und slaw. Namen (Abb. A).

Vielleicht sind die zwei Namenglieder urspr. auf Wünsche zurückzuführen, die man dem Kind ins Leben mitgeben wollte. Doch treten später auch andere Motive dazu, etwa Familienbeziehungen anzuzeigen, wodurch schwer zu rekonstruieren ist, welche Motive am Anfang der zweigliedrigen Namenbildung standen.

Die beiden Glieder waren bei den Germanen bis etwa zum 4. Jh. wohl sinnvoll aufeinander bezogen (S. 25), wurden aber später oft rein mechan. miteinander kombiniert. Es empfiehlt sich daher, bei Bedeutungsangaben die Glieder beziehungsneutral nebeneinander zu setzen (*Regiswinde = ragin* 'Rat' + *swind* 'stark, recht'), nicht wie bei Komposita wie *Haustüre*, wo das hintere Glied (Grundwort) durch das vordere genauer bestimmt wird (Bestimmungswort).

Zusammensetzung

Die beiden Glieder können bestehen aus:
- Substantiv + Substantiv:
  Williram = 'Wille'+*hraban* 'Rabe'
- Substantiv + Adjektiv:
  Dietlinde = diot 'Volk'+*lind* 'sanft'
- Adjektiv + Substantiv:
  Balduin = baldo 'kühn'+*wini* 'Freund'
- Adjektiv + Adjektiv:
  Frodebert = frōt 'klug'+*beraht* 'glänzend'.

Bei der Zusammensetzung geltende **Regeln**:
- Mit gleichem Laut beginnende Glieder, etwa *Brun+burg, Mann+mut,* werden selten zusammengesetzt (*Roderich* begann urspr. mit *h-: hrōt* 'Ruhm'+*rīhhi* 'mächtig'!).
- Die Glieder reimen sich nicht, etwa *Wald+bald, Rat+flat* kommen nicht vor.
- Wörter, die mit Vokal beginnen, treten nicht als Zweitglied auf, also *Eberhart,* aber nicht *Harteber, Ortfrid,* aber nicht *Fridort.*
  In *Ortolf, Harald* begann das Zweitglied urspr. mit *w-: ort* '(Waffen)spitze'+ *wolf, hari* 'Heer' + *walt* 'Waltender'.

Das **Geschlecht** richtet sich bei Zusammensetzungen nach dem Zweitglied: *die* Haus*türe, der* Haus*hund.* Das gilt auch bei den germ. Namen. Daraus folgt:

1. Bei Männer- und Frauennamen können dieselben Substantive als Erstglied auftreten (*Siegwart, Sieglinde*), als Zweitglied begegnen bei Männern aber immer andere Substantive als bei Frauen (Abb. C).
2. Neutra traten urspr. nur als Erstglieder auf, z.B. 'Land' in *Lantfrid, Landolf.*
   Roland (*hrōt* 'Ruhm' + 'Land') ist eine Bildung aus jüngerer Zeit, in der die urspr. Regel nicht mehr beachtet wurde.
3. *Mut* und *Rat* schwankten im Geschlecht, vgl. heute *der* Mut/*die* Sanftmut, *der* Hausrat/*die* Heirat. Daher können sie Zweitglied bei Männer- und Frauennamen sein:
   Hartmut, Helmut, Freimut, Fromut bzw. *Almut, Hadumod, Hildemut.*
   In Köln betrug im 12. Jh. das Verhältnis männl. und weibl. Namen mit *-muot* 2:14, mit *-rat* 14:14.
   Der Unsicherheit über das Geschlecht wird in neuerer Zeit manchmal vorgebeugt, indem man ein »weibl.« *-e* anhängt:
   Herrade, Guntrade, Erdmut(h)e.
   Erdmut und *Herrad* sind in Dtl. für Mädchen und Jungen belegt.
   Das Wort *wih* 'heilig' bei Frauen (*Hadu-wih* 'Kampf'+'heilig') glich sich lautlich dem männl. *wig* 'Kampf' an, daher
   Hedwig (= *Haduwih*), *Heilwig* neben *Ludwig, Hartwig, Gerwig.*
4. Auch bei den Adjektiven ist im Zweitglied eine geschlechtsspezifische Verteilung zu beobachten (Abb. C).
   Aus dem Dänischen entlehntes *Dag-mar* 'Tag'+'berühmt' war urspr. auch männl.
   Wie weit diese Verteilung durch die Bedeutung der entsprechenden Adjektive oder durch andere Gründe veranlaßt wurde, ist im einzelnen nicht geklärt. Als Erstglied können dieselben Adjektive bei Männern und Frauen auftreten:
   Ber(h)tram, Ber(h)thild; Liobhart, Liubswind.

Diese Regeln sind aus den **ältesten** Belegen erschlossen. Sie wurden durch spätere Entwicklungen vielfach überdeckt.

Häufigkeit der Namenglieder

Die Regeln hatten zur Folge, daß sich in germ. Rufnamen weit mehr verschiedene Erst- als Zweitglieder finden.

In Kölner Rufnamen des 12. Jh. stehen 134 versch. Wörter als erstes Glied, nur 62 als zweites, 38 in beiden Stellungen.

Das Prinzip, zwei Glieder zusammenzufügen, ergab eine gewaltige **Namenmenge.** FÖRSTEMANN weist allein 159 Frauennamen nach, die mit *-berga* 'Schutz' zusammengesetzt sind:

Ans-, Erd-, Hai-, Ita-, Ros-, Witberga usw.

Ebenda finden sich 199 Männernamen mit *-bald/bold,* 250 mit *-ric(h),* 347 mit *-(w)ald/old,* 372 mit *-har(i)/her(i),* 408 mit *-ber(h)t,* 464 mit *-wolf*; dazu jeweils ca. 50–80 Formen mit diesen Wörtern als Erstglied (*Bald-, Ric(h)-* usw.). Allein diese Zusammensetzungen ergeben ca. 2500 versch. Rufnamen!

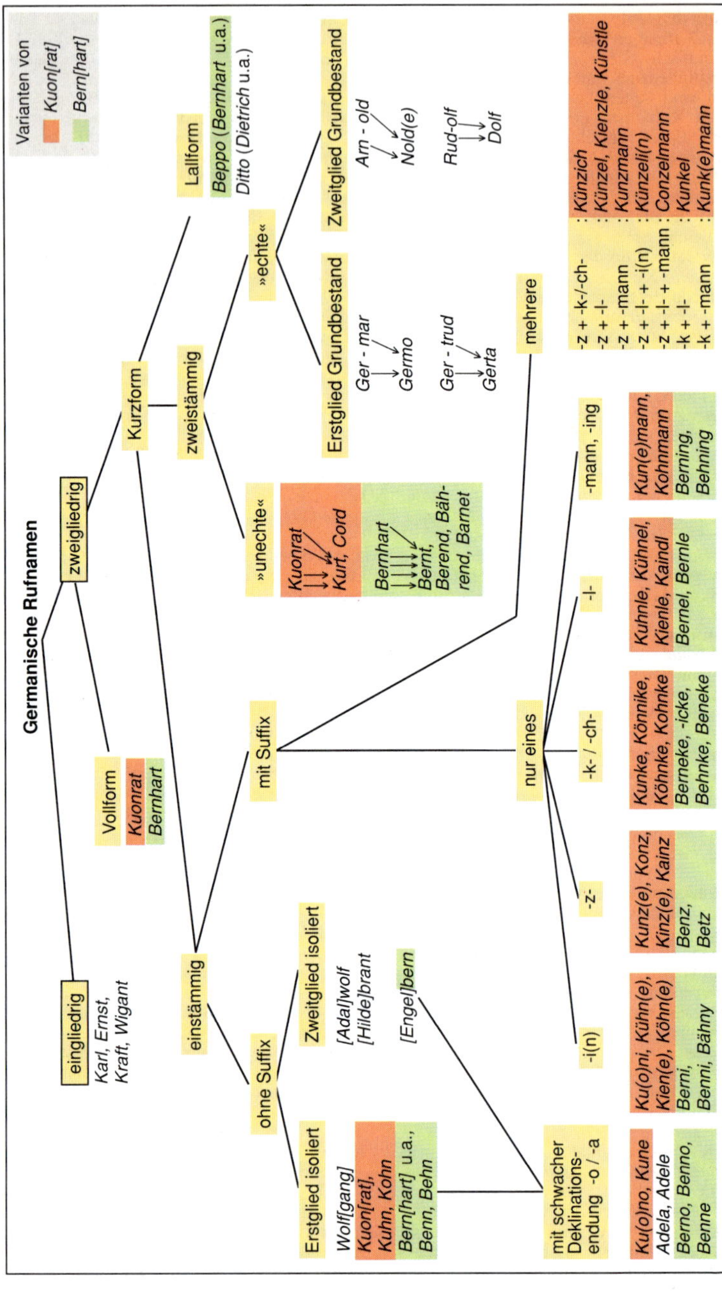

Kürzungs- und Suffigierungsmöglichkeiten altdeutscher Rufnamen

Kurzformen

Neben den unverkürzten zweigliedrigen Vollformen treten vielfältige Kurzformen auf. Zur Verkürzung gab es drei Möglichkeiten, die noch heute spontan praktiziert werden:

1. **Einstämmige Kurzformen** entstehen dann, wenn eines der beiden Glieder weggelassen wird:

statt *Folcheri* oder *Folcrad* nur *Folc.*

Meist entfällt das unbetonte Zweitglied; aber auch das Erstglied kann wegfallen:

für *Hildebrand, Gisprand* ist *Brand* bezeugt, für *Kunigunde Gunda.*

Bald kann also für *Bald*[*olf*] oder [*Willi*]*bald* stehen.

Diese Kurzformen können **stark dekliniert** werden, also der *Brun,* des *Brunes* zu *Brun*[*walt, -hart*], aber auch **schwach,** und dann erhalten die männl. Formen im Ahd. die Endung *-o,* die weibl. *-a:* der *Otto,* des *Otten* zu *Ot*[*frid, -mar*], die *Adela,* der *Adelen* zu *Adel*[*heit*].

Später schwächten sich diese Endungen teils zu *-e* ab oder entfielen ganz; teils hielten sie sich, unter Einfluß lat. Gebrauchs der Namen, so daß nebeneinander stehen:

Hugo, Huge, Hug; Otto, Otte, Ott.

2. **Zweistämmige Kurzformen** entstehen durch Zusammenziehung (Kontraktion) beider Namenglieder:

Adelheit zu *Aleit/Aleth*(*e*), *Adalwolf* zu *Alf, Gerhart* zu *Gert, Rudolf* zu *Rolf.*

Diesen **unechten Kurzformen** begegnet man häufiger erst ab dem 13. Jh.

Bei den wesentlich älteren **echten Kurzformen** bleibt

a) das erste Glied ganz oder größtenteils erhalten, vom zweiten nur der Anfangslaut; daran wird männl. *-o,* weibl. *-a* angehängt:

Thiot-burg wird zu *Thio-b+a, Sigi-beraht* zu *Si-b+o* (später *Sieb*(*e*)), *Thiot-mar* zu *Thie-m+o* (später *Thiem*(*e*) oder *Diem*(*e*));

b) seltener bleibt das Zweitglied mit dem letzten Laut des Erstglieds erhalten:

Bert-old wird zu *T-old+o* (später *Dold*(*e*)), *Eginhard* zu *N-ard+o.*

3. **Lallformen** wie *Beppo* zu *Bernhart* wiederholen bestimmte Konsonanten und vermeiden Laute wie *r* oder *l,* wie es für die Kindersprache typisch ist. Vgl. heutige Lallformen wie:

Bibi für *Brigitte, Titti/Christine, Pepi/Josef;* frz. *Loulou/Louise, Gogo/Margot;* engl. *Bob/Robert, Maggie/Margaret;* span. *Paco/Franzisco, Pepita/Josefa* usw.

Histor. Lallformen sind u. a.:

Babo, Titto, Toto, Lol(o), Nana, Zazo.

Ähnlich klingen Kontraktionen, die zur Steigerung des Ausdrucks oder durch Assimilation der Konsonanten diese verdoppeln; sie sind keine Lallformen:

Imma zu *Irmingard, Itta* zu *Iduberga, Otto* zu *Otbert, Sicco* zu *Sigbert.*

Suffigierung

Um Kurzformen **verkleinernd** oder **kosend** zu färben, konnten folgende **Suffixe** angefügt werden:

1. *-i*(*n*)*: Kuon-i* für *Kuon*[*rat*].
2. *-z-*, ahd. *-*(*i*)*zo/-*(*i*)*za,* heute *-z*(*e*)*:*

Hed[*wig*] wird *Hed-za* oder *Hezza.*

Unter 2567 in Geuenichs Quellen bezeugten Kurzformen mit Suffix kommt dieses mit 23 % am häufigsten vor:

Lanzo, Gunzo, Richinza.

Metze für *Mechthild* war so häufig, daß es als Begriff für eine gewöhnliche Frau eintrat und dann zum Schimpfwort verkam.

Heute begegnet das Suffix nur noch in wenigen männl. Rufnamen (*Dietz, Fritz, Heinz, Lutz*), aber in zahlreichen Familiennamen.

In ostmitteldt. und westoberdt. Dialekten wurde es zu *-tsch*(*e*) weiterentwickelt (*Dietsche, Fritsch*).

3. *-k-*, ahd. *-*(*i*)*ko/-*(*i*)*ka,* vgl. *Hild-ico,* die germ. Nebenfrau Attilas.

In der hochdt. Lautverschiebung wird *k* zu *ch,* daher steht *Rein-icho* neben *Rein-iko,* später *Reinich* neben *Reineke* (aus *Rein*[*hart*]).

Abgeschwächtes niederdt. *-ke* ist noch in vielen Vornamen üblich:

Alke/Elke f. zu *Adel*[*gund*], *Amke/Emke* f. zu *Amal*[*gard*], *Eike* m. f. zu *Eg*[*in*]- oder *Eck*[*bert*], *Heike* m. f. /*Henke* m. zu *Hein*[*rich*], *Hauke* m. (f.) zu *Hug*[*bald*], *Wiebke* f. zu *Wig*[*burg*]. Vgl. Familiennamen wie *Helmke, Wilke* zu *Helmut, Wilhelm.*

In niederdt.-fries. Dialekten wird *-ke* zu *-je* weiterentwickelt:

Hiltje/Hilke, Geertje/Gerke, Swaantje aus *Swan*[*hilt*].

4. *-l-*, ahd. *-*(*i*)*lo/-*(*i*)*la:*

Wulf-ila, Gund-ila, später abgeschwächt zu *Wolfel, Gundel.* In Familiennamen häufig.

5. *-ing/-ung:*

Dieses bis zum 10. Jh. sehr häufige (S. 22, Abb. B) Zugehörigkeitssuffix konnte später auch kosende Funktion haben:

Bald-ung, Brun-ing, Bern-ing;

ebenso die Suffixe *-man, -wip, -kint:*

Fried(*e*)*mann, Gerwif, Widukind.*

Suffixkombination

Wie heute in *Gabileinchen,* so wurden schon im Ahd. die Suffixe vielfach kombiniert:

Gun+z+ilo aus *Gundolf, Lando+l+in* aus *Landolf;* oder mhd.

He(*i*)*n+k+el+man, Kord+el+ing.*

In Verbindung mit dem *-in*-Suffix ergeben sich aus dem *-k*-Suffix nhd. *-chen,* aus dem *-l*-Suffix *-lein,* in süddt. Dialekten *-li/-le.*

Anders als bei Familiennamen (*Kuhnlein, Helmle*) sind diese Endungen bei Vornamen nur noch im privaten Umgang üblich, um ihren Träger nicht lebenslang zu »verkleinern«:

Ilselein, Fritzle, Wernerchen.

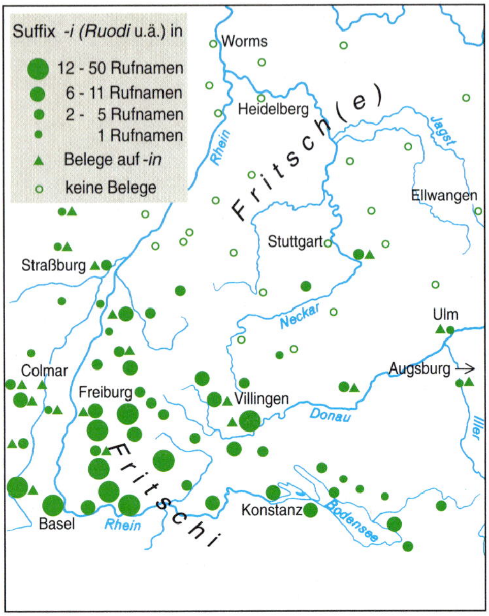

A Kurznamen auf -*i* in Besitzverzeichnissen (Urbaren) des 14./15. Jh.

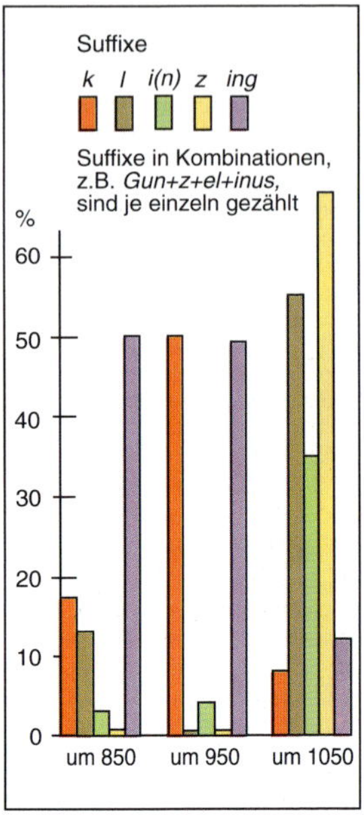

B Namensuffixe in suffigierten Kurzformen, Fulda 9.-11. Jh.

Das i-Suffix

Koseformen auf *-i* sind heute bes. häufig: *Anni, Kathi, Nicki, Willi.* Das hat u.a. folgende histor. Gründe.

Den ältesten Rufnamen auf *-i* liegen die germ. Suffixe *-ja* und *-īn* zugrunde.

Auf letzteres, etwa in *Rolin* (*Roland*), *Lammin* (*Lambrecht*), *Woitin* (*Walter*) gehen viele niederländ. Familiennamen auf *-en* wie *Ro(e)len, Lammen, Wuyten* zurück.

Im Südwesten entwickelte sich *-īn,* meist schon ohne *-n,* seit dem 13. Jh. zur Mode.

Abb. A zeigt das Auftreten von Formen wie *Üli* für *Ulrich, Geri* für *Gerhart, Bürgi* für *Burkhart* um 1400. Bes. häufig sind sie in der Schweiz.

In Schillers ›Tell‹ heißen der Hirt *Kuoni,* der Jäger *Werni,* der Fischer *Ruodi.*

Durch das *-ī(n)* wird der vorhergehende Vokal meist umgelautet:

Hubi (*Hubert*) zu *Hübi, Walter* zu *Wälti, Welte, Arnold* zu *Ärni, Erni, Erne.*

Die Beliebtheit des *-i* wurde seit dem 14. Jh. auch durch lat. Namen gefördert, die im Dt. zu Formen auf *-i* verkürzt wurden:

Zilli aus *Caecilia, Bläsi* aus *Blasius, Brosi* aus *Ambrosius.*

Zuletzt kamen Namen aus dem Englischen hinzu (*Betty, Eddy, Harry*), in Österreich auch aus dem Italienischen angeregte Kurzformen: *Schanni, Pepi.*

Das z-Suffix

In den folgenden Beispielen für das *z*-Suffix steht in [ ] immer nur eines von mehreren möglichen Zweitgliedern: *Lanz* kann nämlich nicht nur von *Landolf,* sondern auch von *Landbert, Landfrid* usw. stammen.

Auch sind wechselnde Zuordnungen bezeugt, z.B. *Benz* zu *Bern[hard]* oder zu *Bert[old]* oder zu *Benedikt.* Die Beispiele können in vielen Dialektvarianten auftreten, z.B. *Rud[olf]* als *Ruoz, Rutze, Ruß, Rutsch, Rüsch, Rüez, Rietsche* usw.

Anz, Enz: And [ulf]	*Konz: Kon[rad]*
Arntz: Arn[old]	*Kotz: Gott[fried]*
Balz, Pölz: Bald[win]	*Lotz: Lot[har]*
Butz: Burk[hart]	*Lutz: Lud[wig]*
Dietz: Diet [rich]	*Manz: Man[gold]*
Götz: Gott[fried]	*Nanz: Nant[wig]*
Gunz: Gund[ram]	*Re(i)nz: Rein[old]*
Hatz: Hadu[mar]	*Seitz: Sieg[fried]*
He(i)nz: Hein[rich]	*Utz, Olz: Ul[rich]*
Hetz: Hadu[mar]	*Walz, Weltz: Walt[er]*
Hutz: Hug[bert]	*We(r)nz: Wern[er]*

Die Endung *-z* kann aber auch entsprechend den S. 35 genannten Eindeutschungsregeln in Namen auftreten, die aus dem Hebr., Griech. oder Lat. stammen:

Balz: Balthasar	*Matz: Matthäus, -ias*
Bartz: Bartholomäus	*Lortz: Laurentius*
Faatz: Bonifatius	*Renz: Laurentius*
Kratz: Pancratius	*Zenz: Vincentius*

Aufgrund der S. 20–22 genannten Regeln entwickelte sich aus der Vollform germ. Rufnamen jeweils eine Fülle weiterer Namenformen. Die meisten davon sind schon längst nicht mehr als Rufnamen gebräuchlich, leben aber als **Familiennamen** weiter, weil viele Familiennamen aus mittelalterl. Rufnamen entstanden sind.

In ihrer jahrhundertelangen Überlieferung traten sprachgeschichtl. und dialektale Entwicklungen ein, welche die Anzahl versch. Formen weiter vervielfältigten, z. B.:

– die »nhd. Diphthongierung« von mhd. *ī, ū, ǖ* zu *ei, au, eu* (S. 167), wodurch neben *Wigrich, Wierich* (ahd. *wīg+rīhhi*) *Weigrecht, Weirich* entstand, neben *Bruhn* (zu *Bruno*) *Braun, Bräuning, Breindel* usw.;

– bairisch wird *b-* oft zu *p-*, so daß neben *Balmer* (zu ahd. *baldo+māri*) *Palmer, Pollmer* auftritt;

– niederdt. erscheint *i*(*e*) oft als *e*, also *Fredrichs, Fredeke* statt *Fried-*, *Lefarth* statt *Liebhart, Liebert* usw.

Zu den Endungen *-s, -en, -er* s. S. 69.

Zweistämmige Ausgangsform

ekka+hart: *Eckert, Eherdt, Echerer, Eichert, Eigert, Egts,* fries. *Edzard.*
ekka+beraht: *Eggebrecht, Ehbets, Eiber.*
ekka+heri: *Eckers, Eggerer, Eyring.*
gēr+brand: *Garbrands, Garben, Garfs, Carbe, Gerblich, Gerpe, Kerff, Görbing.*
gēr+hart: *Gerard, Geras, Gerriets, Geritzer, Gehret, Gehrtz, Gierth, Gördes.*
gēr+lach: *Gerlich, Görlach, Gürlich.*
gīs(al)+beraht: *Giesebrecht, Gisbier, Gießenbier, Giesbrich, Küspert, Gilbert.*
gīs+walt: *Keishold, Kißwald, Gisewell.*
gīsal+heri: *Giesler, Geißler, Geßler.*
hadu+beraht: *Haprecht, Habert, Habrichter, Häbrich, Hebert, Häberle, Heberling, Heppermann, Hepting, Hepprich, Haabe, Happle, Hapke, Hebbel, Hebing.*
hadu+bald: *Hadeball, Happolt, Habel(t), Hebold, Hevelke, Hewel, Happmann.*
hiltja+brand: *Hillenbrand, Hilbrans, Hilberns, Hilbrink, Hilbe, Hilpl, Hielbig, Hiepel, Hiebsch, Hibbeler, Hippe, Hippke, Hippmann, Ippich, Ibbeken.*
hiltja+māri: *Hillmer, Hillmering, Hellmers.*
hiltja+gard: *Hiltgart, Hülgert, Helkert, Höllgartner, Hitgert, Hickertz.*
hruod+beraht: *Ruprecht, Raupert, Reuberling, Rotbrodt, Robert, Rovers, Röber, Krubert, Krautbrecht, Rube, Rupp, Rupke, Raub, Reupke, Rübens,Rübel, Rüpping, Ripp, Rieple, Robe, Röben, Röpke, Röpskes, Krupp, Kraubs, Gropp, Gröpel.*
hruod+wolf: *Rudolf, Rud(e)lof(f), Ro(h)loff, Rothlauf, Ro(h)lf(s), Ruof, Ruf(f), Rüffel, Riefle, Roof.*
hugu+beraht: *Hubert, Hubrich(t), Huprich, Haubort, Haubrichs, Hobrack, Hobbert, Hoppermann, Hüpper, Hyprath, Höppert, Hupe, Huppke, Haubl, Hobbje, Hopp, Hübges.*
hugu+fridu: *Huffert, Hüfken, Haufe.*
muot+hart: *Motard, Mutert.*
muot+rīhhi: *Mudrich, Miedreich, Muttray.*
nōt+beraht: *Nobert, Noobat, Nopper, Nöbrich, Nopp, Nobel, Nöbbe, Nöbel, Nube.*
ōt+beraht: *Aubarth, Auberlin, Obricht, Oberle, Oppitz, Opel, Opp, Übele, Öbe (auch von* **adal** *-)*
ōt+māri: *Othmer, Umar, Öhmchen, Ummen.*
wīg+bald: *Wieboldt, Wiebelt, Wippel, Wieb(c)ke.*
wīg+hraban: *Wychgram, Wickram, Wigram.*
wīg+māri: *Wiemer, Wehmer, Weimert.*

Einstämmige Ausgangsform

ekka: *Eck, Eckes, Egginger, Ech, Eying, Einck, Eckel, Egel, Egle, Eggly, Echle, Ähle, Ehlgen, Aichele, Eigels, Eilke, Eicke, Exler, Eitz.*
gēr: *Gehr, Gehrke, Geers, Gerling, Ger(t)z, Gersch, Jehring, Jerung, Järchel, Göhring, Görtz, Görl, Gierke, Kier, Girl, Giersch, Gierig, Kirdel, Girtzig, Kehr, Kehrle, Kerzing, Garke, Gesse.*
gīs(al): *Giese, Giehsmann, Giesgen, Giß, Gisy, Kissel, Kiese, Kiesinger, Giesch, Gysing, Geißner, Gisselmann, Kiesling, Geisl, Gielens, Kieslich.*
hadu: *Had, Hadel, Hadinger, Hatje, Hatt, Hattung, Hattler, Hädicke, Hettich, Hedchen, Hedt, Hedel, Hedke, Hedden, Heddelke, Hatz, Hatzig, Hatzmann, Hasse, Hässig, Hessel, Hetzler, Hätscher, Hetsch, Hetsching.*
hiltja: *Hild, Hildl, Hildmann, Hilti, Hilz, Iltgen, Heldmann, Hill(e), Hillig, Hillsch, Hilling, Hilse, Hilke, Hill(e)mann, Hilzmann, Ille, Illig, Iltz, Ilke, Hell, Hellings, Helck, Helken, Hölck, Hidde, Hitzel, Hitzig, Hitsch, Hischke, Hischert.*
hruod: *Rudde, Ruhde, Rüdi, Riede, Rüttjes, Rauth, Reuding, Rod, Rhode, Roth, Röthe, Kruth, Grüttgen, Krohde, Rudel, Ruhlmann, Rühl, Riedel, Riehl, Rauls, Räutel, Rottler, Rolligmann, Rödling, Röhl, Rölleke, Grötl, Rudek, Kruttge, Rugel, Ruegg, Rutz, Ruß, Ritschel, Rietsch, Räuzel, Rosing.*
hugu: *Hug, Hugl, Hugle, Huege, Huggler, Huhle, Hügli, Hüggelmann, Hiegel, Hucke, Hücklein, Hickel, Huch, Huchel, Hoge, Höcklin, Haug, Hauckel, Haul, Heuken, Hutzel, Husch, Hotz, Hößl.*
muot: *Muth, Mutz, Mied, Mödl, Mühling, Mottig, Mötje, Maute, Muhle, Mauz.*
nōt: *Noth, Noting, Nöthe, Nötel, Nudl, Nödgen, Nock, Nokel, Notz, Nözelmann.*
ōt: *Odo, Ode, Auth, Aude, Ohde, Otte, Ottmann, Othling, Öde, Öinck, Öddel, Oettel, Ötker, Öhlke, Oetjen, Ockle, Ötzmann, Ausken.*
wīg: *Wiegele, Wiegelmann, Wiechens, Wieken, Wigel, Wigge, Wick, Wicklein, Weigele, Waigel, Weik, Weiche, Weyh.*

Die Bedeutung der Namenglieder s. Abb. S. 26 B.

Familiennamen aus ahd. Rufnamengliedern

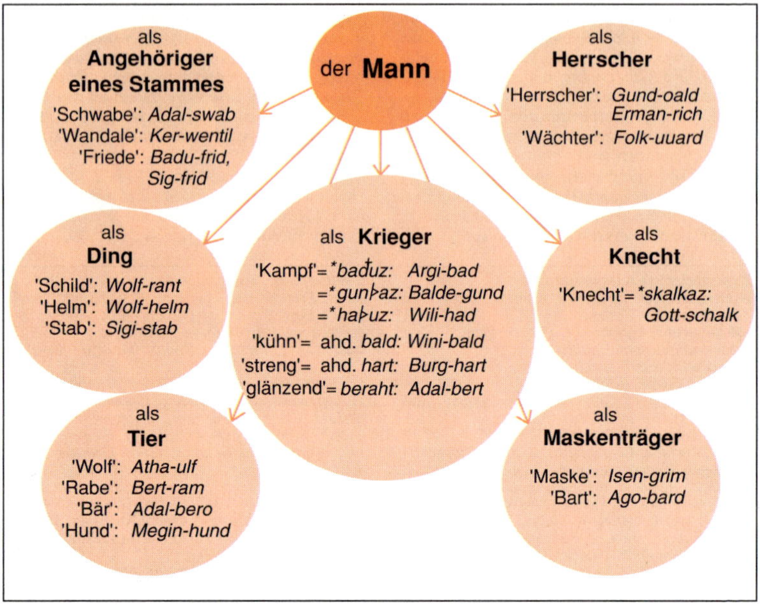

A Das Bild des Mannes in Zweitgliedern primärer Namenbildungen

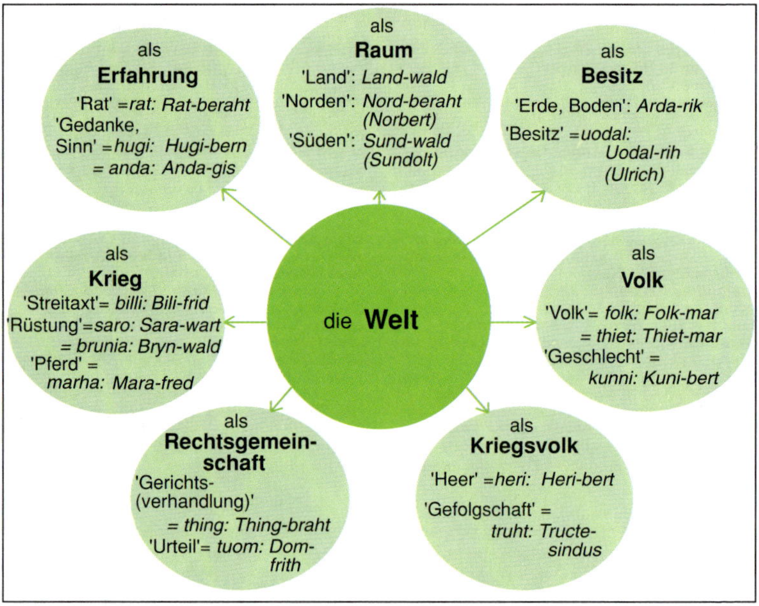

B Das Bild der Welt des Mannes in Erstgliedern primärer Namenbildungen

Motivierung germ. Rufnamen

In germ. Rufnamen sind bestimmte semantische Bereiche wie Kampf oder Tierwelt stark vertreten. Dagegen treten andere Bereiche zurück, etwa Güte und Milde oder die Pflanzenwelt, aus denen andere Völker gern ihre Namen schöpfen.

Germ. Frauennamen unterscheiden sich hinsichtlich der bevorzugten semant. Bereiche nicht wesentlich von den Männernamen.

Die Kenntnis oder Beachtung der Bedeutung des Namens oder seiner einzelnen Glieder spielte bei der Namengebung schon in ahd. Zeit eine ähnlich untergeordnete Rolle wie heute, wo selten jemand *Reinhard* oder *Christiane* benannt wird, weil dies 'Rat' + 'stark' bzw. 'die Christin' bedeutet.

Manche Namenglieder waren schon ahd. unverständlich, jedenfalls nicht mehr im normalen Sprachgebrauch vorhanden; so war das übliche Wort für 'Ruhm' schon *ruom,* nicht mehr germ. *hrōth,* das nur in Namen wie *Ruod*[*olf*] weiterlebte.

Doch zur Zeit der **Schöpfung** dieser Namen (v. a. in der Zeit der germ. Völkerwanderung) haben die Inhalte und der poetisch-erhabene Gebrauch dieser Wörter – sie waren großteils in der Dichtersprache beheimatet – zu ihrer Wahl beigetragen. Es ist aufschlußreich, welche Auffassung vom Menschen und seiner Welt sich dabei auswirkte und die Namengebung motivierte.

Die älteste Namenschicht nennt man **Primärbildungen.** In ihnen läßt sich noch von der Bedeutung der Einzelglieder und von der Gesamtkomposition des Rufnamens her eine sinnvolle Motivierung erkennen.

Davon abgesetzt wird die jüngere Schicht der **Sekundärbildungen,** bei denen eine solche Motivierung nicht mehr deutlich ist. Namen dieser Schicht sind durch neue, oft mechan. Zusammensetzungen von Erst- und Zweitgliedern entstanden.

Bedeutung der Zweit- und Erstglieder

Den **Zweitgliedern** kommt als Grundwörtern der Zusammensetzungen bes. Gewicht zu.

Diese Zweitglieder dienen vor allem dazu, **den Mann** zu bezeichnen. Nicht aber direkt und auf alltägliche Weise als Mann, Sohn, Held oder Krieger, sondern indirekt, sozusagen poetisch umschreibend, in bildhafter Ausdrucksweise (durch Metaphern), wie man etwa einen Mann als *Löwen* bezeichnen kann, der sich mannhaft für etwas einsetzt.

Diese Bezeichnungen für den Mann decken vor allem folgende Aspekte ab:

- Der Mann als *Krieger.* Abb. A bringt einige Wörter für 'Kampf' in ihrer erschlossenen germ. Form (*).
  Sie treten bereits im Ahd. nur noch in Namen auf. Dazu kommen Wörter für Mut, Stolz, Erhabenheit und Glanz des Helden. Sie ordnen sich alle den Namenwörtern aus dem Bereich des Kampfes zu.
- Auf den Mann als *Angehörigen eines Stammes* kann sich auch das Namenwort *-fridu* beziehen, indem es ihn als Hüter von Frieden, d. h. Recht und gegenseitiger Hilfe *inner*halb seines Stammes darstellt, während er als Kämpfer nach *außen* agiert.
- Der Mann als *Herrscher.* Die betreffenden Zweitglieder in Abb. A beruhen auf *waltan* 'herrschen', *rīhhi* 'Herrscher, Macht', *wart* 'Wächter'; auch Namen auf *-heri* 'Heer' (nhd. *Walther, Günther*) meinen eher den Führer, nicht nur den Angehörigen des Heeres.
- Der Mann als *Knecht* steht nicht im Widerspruch zum Bisherigen, da er als Knecht nur gegenüber Gott, Göttern oder gottähnlichen Mächten bezeichnet wird.
- Zum Mann als *Maskenträger* vgl. altengl. *grīm* 'Maske', zu den Namen auf *-bart* den Volksnamen *Langobarden,* von denen berichtet wird, daß sie sich die Haare vor den Ohren lang wachsen ließen, damit es wie ein Bart aussähe.
- Der Mann als *Tier:* s. S. 27.
- Als *Ding* wird der Mann meist mit Bezug auf seine Kampf- und Schutzfähigkeit bezeichnet. Er erscheint als 'Schild' (*rant*), 'Schwert' (poetisch durch *brant* umschrieben) oder 'Stab, Keule' der Seinen.

Die **Erstglieder** liefern als Bestimmungswörter nähere Ergänzungen; mit ihnen wird bes. die **Welt des Mannes** stilisiert. Sie erscheint vornehmlich in der Perspektive des Herrschers und Kriegers (Abb. B).

So zeigt sich in der ältesten Schicht germ. Rufnamen der Idealtyp des Mannes in einer kriegerischen Welt. Dies wird aus den historischen Umständen der **Völkerwanderungszeit** verständlich. Der Entfaltung der germ. Namenwelt liegen aber auch sehr viel ältere Vorstufen zugrunde, die bis ins Indogermanische zurückreichen könnten.

Diese Skizze der Bedeutungsfelder germ. Namen beruht auf GOTTSCHALD/SCHÜTZEICHEL. Sie läßt sich wohl um manche Aspekte ergänzen, schwerlich aber so prinzipiell verändern, wie es SIEBS versucht hat. Nach ihm spricht aus den germ. Namen »die erwerbende bzw. besitzende Tätigkeit der männl. Namenträger, die hervorbringende bzw. behütende der weibl.« Die Namenwörter gruppiert er um friedliche **bäuerliche Wunschvorstellungen** wie Gedeihen, Fruchtbarkeit, Ertrag, Vermögen. Dazu muß er freilich Kriegerisches oft gewaltsam in Friedliches ändern, etwa *gēr* nicht von 'Speer', sondern von 'Begehren' ableiten, oder *wolf* nicht vom Raubtier, sondern von 'schwer arbeiten' (vgl. niederdt. *wulfen*).

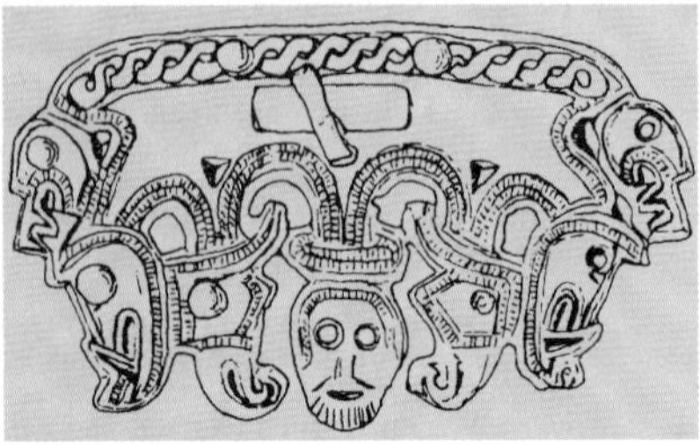

A Tiermotive in germanischem Schmuck

adal ,edel, adlig; Geschlecht, Abstammung', **agil* ,Schrecken', *alt* ,alt', *asck* ,Speer', *bald* ,kühn, mutig, stark', *beraht* ,hell, strahlend, glänzend', *boto/bodo* ,Bote, Gesandter, Abgesandter', *degan* ,Krieger, Gefolgsmann', *eber/ebur* ,Eber', *ekka* ,Schneide, Spitze, Ecke', *ēra* ,Ehre, Ansehen', *folk* ,Volk', *frī* ,frei', *fridu* ,Friede, Schutz', *frōt/fruot* ,klug, weise, erfahren', *fruma* ,Nutzen, Vorteil, Segen', *gang* ,Gang, Gehen, Bewegung, Lauf, Schritt', *garda* ,Rute, Stab, Zepter', *gēr* ,Speer', *gīsal* ,Geisel', *got* ,Gott', *hadu* ,Kampf', *hagen* ,umfriedeter Ort', *hart* ,hart, streng', *heidan* ,der Heide', *heil* ,heil, gesund; ganz, vollkommen, unversehrt', *heim-* ,Heim-', *helfa* ,Hilfe, Beistand, Schutz', *helm* ,Helm', *hēr* ,alt, ehrwürdig, von hohem Rang', *heri* ,Heer', *hiltja* ,Kampf', **hruod* ,Ruhm', *hugu* ,Geist, Sinn, Gesinnung, Mut', *hūn* ,Hunne', *hunto/hunno* ,Hauptmann', *chnuat* ,Wesenheit, Natur', *kuoni* ,kühn, tapfer, stark', [*lāh*/got. *laikan* ,springen', ahd. *leih* ,Melodie, Gesang, Spiel'], *lan(t)* ,Land, Gegend; Gebiet; Erde; Feld, Ufer', *leiba* ,Rest', *le(wo)* ,Löwe', *liob* ,lieb, geliebt, teuer, angenehm', *liut* ,Volk, Leute, Menschen', *(h)lūt* ,laut, bekannt', *magan* ,Kraft, Stärke', *man* ,Mensch, Mann', *managi* ,Menge, Schar', *marca* ,Grenze, Land', *māri* ,bekannt, berühmt, angesehen; herrlich, hervorragend, vortrefflich', *menden* ,sich freuen', *mund* ,Mund, Maul, Rede, Beredsamkeit', *munt* ,Schutz', *muot* ,Sinn, Verstand, Geist, Gesinnung, Mut', *nand* ,wagend, kühn', *nīd* ,Feindschaft, Haß, Bosheit, Neid', *nīt* ,Verlangen, Begierde, Sehnsucht', *raben* ,Rabe', **ragin*/asä. *regin* ,Schicksal', *rāt* ,Rat, Ratschlag', *rāzi* ,Wut', *rīhhi* ,Herrschaft, Herrscher, Macht, Gewalt; Reich; reich, mächtig; hoch', *ruom* ,Ruhm, Ehre', *scalk* ,Knecht, Sklave, Diener', *sēo* ,See', *sigu* ,Sieg', *stark* ,stark, mächtig; streng', *stein* ,Stein', *thank* ,Dank, Gnade, Lohn', *thiot/diot* ,Volk, Menschen', *trūt* ,vertraut, lieb; Vertrauter, Geliebter, Freund', *walt* ,Gewalt, Macht', *waltan* ,walten, herrschen', *wart* ,Wächter', *was* ,scharf, streng', *werin* Volksname der Warnen, *wīg* ,Kampf, Streit, Krieg', *willo* ,Wille, Wunsch', *wini* ,Freund, Geliebter', *witu* ,Holz'.

B Bedeutung der häufigsten Einzelglieder germanischer Rufnamen (NAUMANN 1994)

Theophor nennt man Namen, die einen Gottes- oder Götternamen als Bestandteil enthalten. Sie begegnen bei vielen Völkern.

In **griech.** *Diogenes, Herodotos* stecken *Zeus* und *Hera; Apollonios, Dionysios* bedeuten 'dem *Apoll* bzw. *Dionysos* geweiht'.

Jo- (*Je-, Ja-*) und *El-, -el* in **hebr.** Namen beziehen sich auf die Gottesbezeichnungen *Jahwe* und *El*(*ohim*), vgl:

Jonathan und *Nathanael* 'Jahwe/Gott hat gegeben', *Jojakim* (*Joachim*) 'Jahwe/Gott richte(t) auf', *Jochanan* (griech. *Johannes*) 'Jahwe hat sich erbarmt', *Joseph* 'Jahwe möge (weitere Kinder) hinzufügen'; *Elija/Elias* 'mein Gott ist Jahwe', *Elisabeth* 'Gott hat geschworen' oder 'Gott ist Vollkommenheit', *Daniel* 'Gott richtet', *Gabriel* 'Gott hat sich stark gezeigt, Stärke Gottes, Mann Gottes', *Michael* 'wer ist wie Gott', *Raphael* 'Gott hat geheilt', *Samuel* 'der (ungenannte) Gott ist El', *Uriel* 'Gott ist mein Licht'. (S. auch S. 39)

Bei den **Germanen** begegnen einzelne Götter in Rufnamen erst etwa seit dem 10. Jh. n. Chr., vor allem im Norden. *Thor* findet sich in der Wikingerzeit in ca. 70 Rufnamen (*Thor-sten* 'Stein', *-leif* 'Erbe', *-hild* 'Kampf', *-wald* 'Gebieter'), *Freyr* in 10, *Odin* in 3. Wahrscheinlich waren, als die älteren Rufnamen entstanden, die germ. Göttergestalten noch nicht so als Personen ausgeprägt. Jedenfalls finden sich in germ. Rufnamen vor dem 10. Jh. nur allgemeine Bezeichnungen für göttliche(s) Wesen:

ans (Ase; zur Göttergruppe der Asen gehören Odin, Thor usw.) in *Ans*(*h*)*elm, -gar; alb* (mythisches Wesen, Elf(e)) in *Alberich* ('Alb'+'mächtig'), *Alfred* (+'Rat'), *Alboin* (+'Freund'), *Elftraud* (aber *Elfriede: adal* 'edel'+'Friede');

got (etymolog. von gießen, wohl 'Wesen, dem man Opfer gießt'). Das Wort *got* war vor der Christianisierung Neutrum und tritt daher nur als Erstglied auf: *Gotfrid, -hart, -lind, -hild, -bert.*

Die germ. Kultverbände der Ingväonen und Irminonen sind nach den Gottheiten *Inguaz* und *Irmin* benannt. Beide Götternamen finden sich in Rufnamen wie

Ing(*e*)*bert, -brand, -frid, -borg, -gerd, -tr*(*a*)*ud* bzw. *Irma, Irm*(*en*)-, *Erm-, Ehrentr*(*a*)*ud, Armgard, Emma.*

Aus solchen Rufnamen entstanden Familiennamen wie *Engberding, Ingram, Ingerl*(*e*), *Enger*(*s*), *Ing-, Eng*(*e*)*wald* bzw. *Irmert, Emmert, Armending, Irmer, Emrath, E*(*r*)*mrich, Irm*(*i*)*sch*(*er*), *Erm*(*e*)*ke.*

In den religiösen Bereich führen auch die Namen mit *run* 'Rune, Zauber': *Runfrid, Hild-, Sig-, Ortrun.* Dies ist evtl. auch der Fall bei *ragin-* (*rein-*) 'Ratschluß (des Schicksals?)' in *Rei*(*n*)*mar, -hart, -frid, -hold, -mund* usw., woraus über 300 Familiennamen stammen: *Reimer*(*s*), *Reiner*(*s*), *Reimann, Rembrandt* ...

Theriophor nennt man Namen, die eine Tierbezeichnung als Bestandteil enthalten. Sie waren bei den Germ. bes. beliebt, vgl.:

Arnhild 'Adler'+'Kampf', *Rambod* 'Rabe'+'Bote, Gebieter', *Wolfgang/Gang*(*w*)*olf* 'Wolf'+'(Waffen)gang', *Bernhard* 'Bär'+'stark'. FÖRSTEMANN belegt über 140 Rufnamen mit '-Rabe', 70 mit 'Eber-'.

Insgesamt begegnen in germ. Rufnamen folgende **Tiere:** Adler, Bär, Bock, Eber, Falke (Habicht), Hirsch, Hund, Krähe, Marder, Rabe, Roß, Schwan, Stier, Widder, Wolf, Wurm (= Lindwurm, Schlange, Drache).

Viele dieser Tiere sind stark, aggressiv usw.; daher dürften solche Namen in Verbindung mit der Vorstellung vom Mann als Krieger zu sehen sein. Dieser wird auch von Dichtern metaphorisch als Kampfbär, Schwertwolf usw. umschrieben, Vorstellungen, die auch in Namen wie *Guntbern* ('Kampf'+'Bär') oder *Hiltulf* ('Kampf'+'Wolf') wiederkehren.

Ein lat. Evangelienkommentar des 5./6. Jh. bemerkt: »Die Barbaren pflegen ihren Söhnen aggressive Namen von Bestien, wilden Tieren, Raubvögeln zu geben, weil sie es für ruhmvoll halten, kampftüchtige Söhne zu haben.«

Dieselben Tiere wurden auch als **Bildmotiv** auf germ. Waffen, Schmuck- und Gebrauchsgegenständen gewählt.

Abb. A zeigt eine vergoldete Bronzeschnalle des 7. Jh. aus Seeland, auf der eine Männermaske symmetr. von Adler-, Eber- und Wolfsköpfen gerahmt wird; daneben einen Helmbeschlag aus Torslunda, auf dem Krieger mit Ebern auf dem Helm zu sehen sind.

Diese Tiere spielen auch in den **religiösen** Vorstellungen der Germanen eine Rolle. Die Bedeutung tierhaltiger Rufnamen führt daher über diejenige bloßer Metaphern für kriegerische Fähigkeiten wie Schnelligkeit, Kraft usw. hinaus. Versuche, bestimmte Tiernamen direkt mit einzelnen Gottheiten in Beziehung setzen zu wollen, etwa die Wolf- und Rabennamen mit Wodan, die Ebernamen mit Fro-Freyr usw., engen allerdings die Vielfalt möglicher symbol. Bezüge solcher Namen und Tiere zu sehr ein.

Theriophore Namen erklären sich vielmehr generell aus der Verehrung archaischer Kulturen für das menschliche Fähigkeiten überragende Wesen bestimmter Tiere, die bis zu ihrer Imitation in Form der Maskierung als Tier oder autosuggestiver »Verwandlung« in dieses gehen und so in die religiöse Sphäre hineinreichen kann.

Zeitlich gesehen zählen die Wolfsnamen zur ältesten Schicht, die bis in indogerm. Ursprünge zurückreicht, während etwa die Adlernamen erst bei den Germanen aufgekommen oder zu größerer Bedeutung gelangt sind.

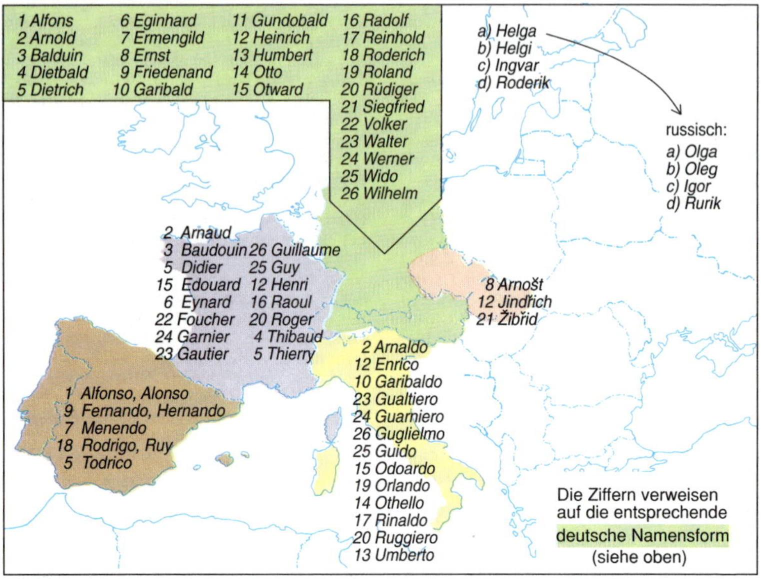

A Germanische Rufnamen in Europa

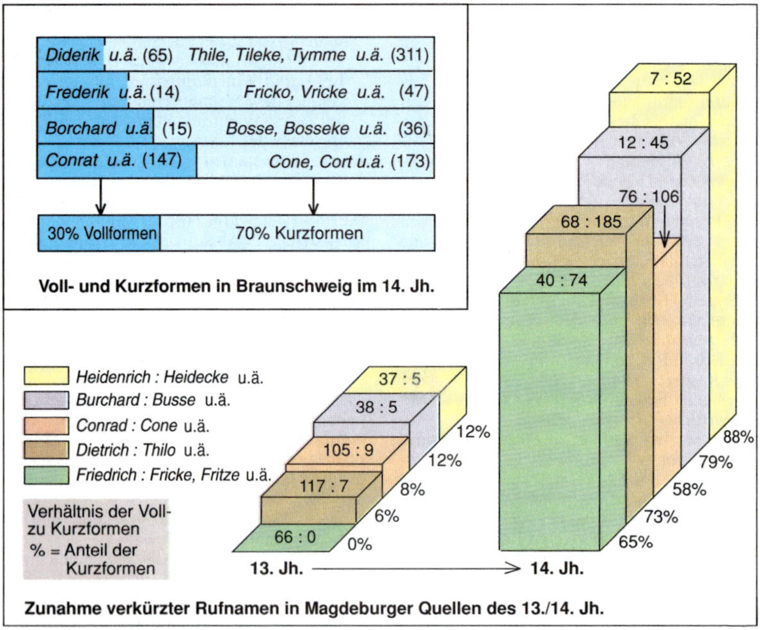

B Verkürzung germanischer Rufnamen

Ausbreitung in Europa
Durch die Völkerwanderung, das Frankenreich, kulturelle Beziehungen usw. hat sich der germ. Namenschatz weit über Europa ausgebreitet.

Spanische Familiennamen wie *Alvarez, González, Ramírez* gehen letztlich auf germ. Rufnamen zurück, die u. a. mit den Westgoten im 5. Jh. nach Spanien kamen.

In Frankreich schätzt man den Anteil germ. Rufnamen im 6. Jh. auf 50%.

Manche dieser Rufnamen wurden später in ihrer fremdsprachlichen Form wieder nach Deutschland importiert.

Radolf ('Rat' + 'Wolf') kam als *Raoul* aus Frankreich zurück, *Giluuira* ('Speer' + 'wahr') als *Elvira* aus Spanien, *Wido* ('Wald', 'Holz') als *Guido* aus Italien.

Entwicklungstendenzen im Mittelalter
In der Entwicklung der germ. Rufnamen zeichnen sich folgende Tendenzen ab:

1. Die Möglichkeit, zahlreiche Namenglieder mechan. zu kombinieren (**Sekundärbildungen**, S. 25) führt zunächst zu einer enormen Menge von Namen.

Die Kombinationsfreude wird u. a. dadurch gefördert, daß man damit **Verwandtschaft anzeigen** konnte.

Allein aus den Gliedern der Elternnamen *Hildebrand* und *Gertrud* können z. B. für die Söhne die Namen *Gerbrand, Trudbrand, Hildger, Brandger, Trudger* und für die Töchter *Hiltrud, Brandtrud, Gerhild, Brandhild, Trudhild* kombiniert werden.

Doch gibt es für eine entsprechende Kombination *beider* Namenglieder nur in ältester Zeit einige Belege: ein Sohn des thüring. Königs *Herminefrid* († vor 526) und seiner Frau *Amalaberg* hieß z. B. *Amalafrid.*

Häufig und über einen längeren Zeitraum belegt ist dagegen die Weitergabe nur *eines* Namengliedes, vgl. die Burgunderkönige *Gundahar, Gundowech* und dessen Sohn *Gundobad,* oder im ›Hildebrandslied‹ die Namen *Heribrant, Hildebrant, Hadubrant* für Großvater, Vater und Sohn.

Auch durch gleichen Anlaut wie hier oder bei den Nibelungengeschwistern *Gunther, Gernot, Giselher, Grimhilt* konnte Verwandtschaft angezeigt werden (wie Züchter heute etwa die Jungen eines Hundewurfes durch Namen mit denselben Anfangsbuchstaben kennzeichnen).

2. Immer mehr wird die urspr. **Bedeutung der Rufnamen vergessen.** Schon karoling. Gelehrte deuten sie falsch, etwa *Ratmund* als 'Rat des Mundes' statt 'Rat' + 'Schutz, Schützer'.

3. Um so leichter konnten die Namen, vor allem im zweiten, unbetonten Glied, **lautlich verschliffen** werden. *Erhart* zu *Ehre(r)t, Erat, Eret, Sigfrit* zu *Sivert.* Das Zweitglied *-wolf* wird zu *-olf,* z. B. in *Adolf, Gundolf.*

Das Zweitglied *-beraht* 'glänzend', etwa in *Adalberaht,* erscheint in Fuldaer Urkunden 744–802 zwar noch so in 67 Rufnamen, daneben steht aber schon 151x *-bracht,* das heutige *-brecht,* z. B. in *Albrecht,* und 4x *-bert,* vgl. heute *Albert.*

Aus *-wald* 'Gebieter' und *-bald* 'kühn' wurde *-ald, -old,* z. B. in *Reinald, Bertold,* was später in Anlehnung an das Wort 'hold' mit neuem Sinn gefüllt wurde: *Reinhold, Frommhold* usw.

4. Durch die Verschleifung verlieren manche Zweitglieder ihren Status als Namenglieder und werden als **Suffixe** aufgefaßt, mit denen man aus einem Wort einen neuen Namen bilden kann, z. B.:

Swabold 'der Schwabe', *Betolf* 'der Beter', *Zierolf* 'der Schöne'; ähnlich wurden erst in neuester Zeit *Sonnhild, Sonngard, Sonntraud* 'die Sonnige' gebildet.

5. Immer häufiger treten **Kurz- und Koseformen** hervor. Sie machen in St. Galler Urkunden des 8. Jh. oder in Kölner Urkunden des 12. Jh. etwa ein Drittel des Namenbestandes aus, in Magdeburger oder Braunschweiger Urkunden des 14. Jh. bereits fast drei Viertel (Abb. B).

Kurzformen sind vor allem bei den sozial niederen Schichten gebräuchlich. Das wird um so deutlicher, je breiter das **soziolog. Spektrum** der Bevölkerung ist, das von den Quellen erfaßt wird. In St. Galler Urkunden von 720–920 finden sich die Namen von 510 verschenkbaren, also hörigen Personen, und von 1250 Schenkern, also freien Personen. Die Schenker werden deutlich weniger mit Kurzformen genannt als die Verschenkten. Dabei sind für die Hörigen Formen mit Doppelkonsonant wie *Appo, Totta, Lolla* (expressive Gemination, S. 21) und die Verkleinerungsform mit *-l-* häufig: *Hegilo, Liubila* (S. 21).

6. Im **lautlichen Bereich** nimmt die Vielfalt der Namen ebenfalls zu. Durch Lautveränderungen in den einzelnen Dialekten treten neue Namenvarianten auf. Beispiele:

Seit dem 12. Jh. verbreitet sich vom Bairischen aus die Diphthongierung, in der die langen Vokale *i, u, ü (iu)* zu *ei, au, eu* werden (S. 167). Dadurch wird aus *Richard* mancherorts *Reichard;* neben *Trutwin, Richwin, Liutwin* entstehen *Trautwein, Reichwein, Leutwein* usw.

Seit dem 12. Jh. geht vom Mittelrheinischen, Hessischen und Thüringischen die Senkung von *u* zu *o* vor *n* und *m* aus. Sie hat dazu geführt, daß aus mhd. *sunne, summer, sun* heute *Sonne, Sommer, Sohn* geworden sind. Dadurch sind neben Namen wie *Wunrig* (aus *Wunnirich*) auch *Wondrich,* neben *Sunhart, Sunwald, Sunke* auch *Sonn(h)art, Sonhold, Sonke*

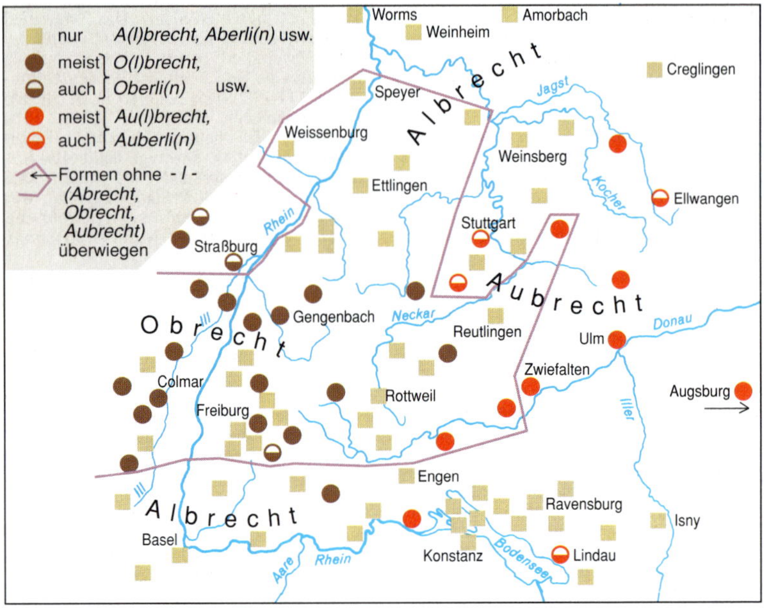

A Dialektvielfalt im Rufnamen *Albrecht* im 14./15. Jh.

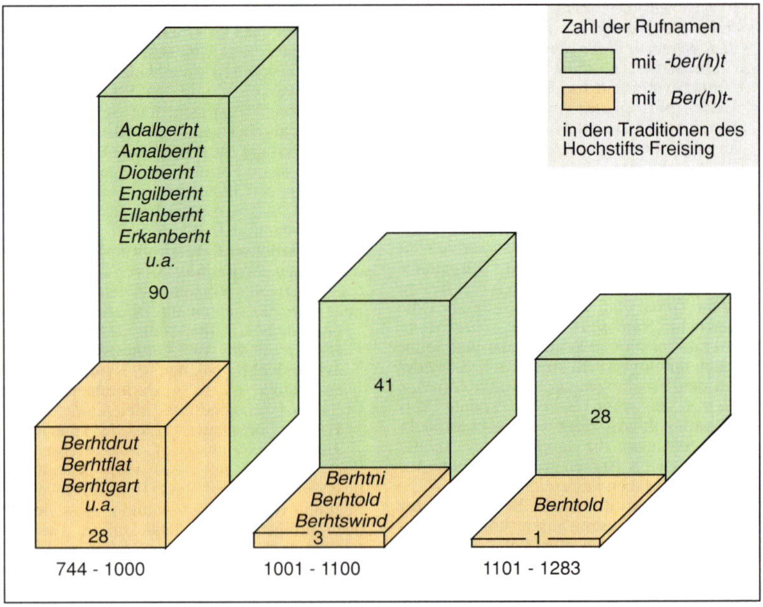

B Abnahme des Grundbestandes germanischer Rufnamen

getreten, neben Namen mit *Gund-* ('Kampf') wie *Gunther, Guntram, Gundolf, Gumprecht* auch *Gontard, Gondrom, Gondolf, Gombrich, Komprecht, Gombert, Kompert* usw.

KLEIBER/KUNZE/LÖFFLER haben am Beispiel *Albrecht* für ein größeres Gebiet genau registriert, wie vielfältig ein Rufname im späten MA. geschrieben und wohl auch gesprochen wurde. Als Quelle dienten Güter- und Abgabenverzeichnisse des 14./15. Jh. Abb. A zeigt deutlich, wie das *A-* in *Albrecht* mancherorts zu *O-* verdumpft, mancherorts zu *Au-* diphthongiert wurde. Dies sind typ. Erscheinungen des oberrheinischen bzw. schwäb. Dialekts.

Verdumpfung und Diphthongierung sind aus diesen Rufnamen in die Familiennamen übergegangen. Diese spiegeln bis heute die Lautgeographie der mittelalterl. Rufnamen. So gilt z. B. bei Familiennamen aus der Verkleinerungsform von *Albrecht* in Straßburg fast zu 100% die Form *Oberle* (*Oberlé, Oberlin*), und in Stuttgart machen die *Auberle* gegenüber *Aberle* 60% aus.

Verdumpfte Formen haben sich auch im Ostmitteldt. entwickelt, z. B. *Olbert, Olbricht, Olbrisch, Obert(h), Opel, Oppelt, Opetz, Opitz.* Hier hat sich das *O-* manchmal noch zu *U-* weiterentwickelt: *Ulbert, Ulbrecht, Ulbrich(t), Ullwer.*

7. Diesen Vervielfältigungstendenzen steht seit dem ausgehenden Frühmittelalter eine ganz einschneidende **Abnahme des Grundbestandes** german. Rufnamen gegenüber. In den Traditionsbüchern (eine Art Urkundensammlung) des Hochstifts Brixen treten in der Zeit von 900–1000 noch 60 versch. Zusammensetzungen mit den Erstgliedern *Adal-, Ger-, Gund-, Lud- (Liut-), Regin-* und *Sigi-* auf, in der Zeit von 1100–1363 nur noch 17.

Abb. B zeigt eine entspr. Abnahme der Zusammensetzungen mit *bert* in Freising.

Tausende germ. Rufnamen sterben aus.

8. Dafür findet eine **Rufnamen-Konzentration** statt, d. h. einige wenige Namen werden immer beliebter. In Lübeck teilt sich z. B. ein Sechstel der 6700 bis etwa zum Jahr 1350 urkundenden Personen folgende 8 Rufnamen: 323 *Hermann,* 190 *Heinrich,* 177 *Gerhard,* 157 *Thidemann*, 143 *Konrad;* 163 *Adelheid,* 26 *Mechthild,* 22 *Gertrud.*

Diese Rufnamen-Konzentration läßt sich auch in anderen Ländern beobachten. Auf einem Fest König Heinrichs von England in Bayeux/Normandie 1171 schlugen die Verwalter der Normandie und der Bretagne, beide namens *Wilhelm,* vor, alle Teilnehmer außer ihren Namensvettern müßten den Saal verlassen. Es blieben noch 117 Ritter da, die *Wilhelm* hießen.

Gründe für die unter 7. und 8. genannten Erscheinungen sind:

a) Die **Nachbenennung.** Seit dem frühen MA. wird es vor allem beim Adel üblich, als Ausdruck der Familienbindung den **Rufnamen** als *Ganzes* **weiterzuvererben,** während bei den Hörigen die Weitergabe nur einzelner Namen*glieder* (vgl. S. 29) noch ein wenig länger üblich gewesen zu sein scheint. Hatte letzteres zu ständiger **Namenschöpfung** und -vermehrung beigetragen, so trägt ersteres jetzt zur Namenverminderung bei.

Bekannt ist die Weitergabe sog. **Leitnamen** bei hochadligen Geschlechtern: *Karl* und *Ludwig* bei den Karolingern, *Otto* bei den Sachsenkaisern, *Poppo* bei den Hennebergern, *Balduin* bei den Grafen von Flandern.

GOETZ 1985 rechnet hoch, daß bei rund ¾ aller Familien mit Grundbesitz im Schwaben des 8./9. Jh. mindestens *eine* Nachbenennung irgendeiner Art vorkam, meist nach dem Vater, Großvater oder Oheim, und daß wahrscheinlich mehr als ⅔ aller Kinder nachbenannt wurden, wobei in immerhin 30% aller Fälle Nachbenennung mit dem ganzen Rufnamen erfolgte, in 22,5% mit dem ersten Namenglied und in 47,5% mit dem zweiten. In anderen Gegenden, etwa Bayern oder Sachsen, war in dieser frühen Zeit die Vererbung ganzer Rufnamen anscheinend noch nicht so verbreitet.

Später übernahmen auch andere Schichten diese Sitte. Bekanntes Beispiel ist die Verserzählung des Dichters Wernher der Gartenaere vom Bauern *Helmbrecht,* der Ritter werden wollte, in der Großvater, Vater und Sohn *Helmbrecht* heißen.

b) Nachbenennung erfolgt nicht nur innerhalb der Familie. Auch Untertanen übernahmen die Rufnamen ihrer Herrscher.

In diesem Zusammenhang wird oft auf die Beliebtheit von *Heinrich* und *Konrad* verwiesen, die zur Redewendung von *Hinz* und *Kunz* für 'jedermann' geführt hat (S. 45). Doch müssen hier noch andere Faktoren eine Rolle gespielt haben, weil z. B. die sächsischen oder staufischen Leitnamen *Otto* oder *Friedrich* nicht diese Beliebtheit erreichten.

c) Gewiß spielt bei der Rufnamen-Konzentration auch das Phänomen der **Namen-Mode** eine Rolle, wie es sich auch heute beobachten, aber damals wie heute nicht eindeutig erklären läßt (s. S. 57).

d) Die Verarmung im Grundbestand verschiedener Rufnamen wird durch die oben (5., 6.) gezeigte **Bereicherung im Variantenbestand** einzelner Rufnamen in gewisser Weise ausgeglichen.

e) Die Abnahme germ. Rufnamen ist schließlich im Zusammenhang mit der Aufnahme der neuen, aus fremden Sprachen stammenden **christlichen Rufnamen** zu sehen.

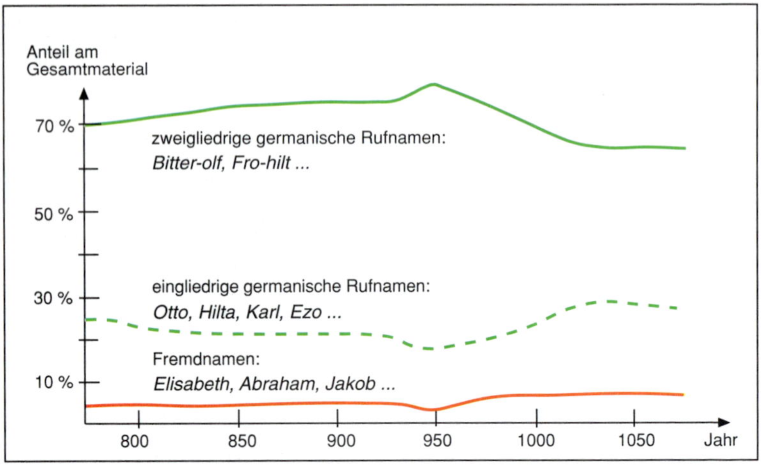

A Anteile germanischer und fremdsprachlicher Rufnamen in Fulda 800 - 1080

Aneignung fremdsprachlicher Rufnamen	**Neuer Umgang mit eigensprachlichen Namenselementen**
sprachliche Eingliederung christlicher Fremdnamen in der Art von Fremd- und Lehnwörtern	neue, christlich empfundene Zusammensetzungen
Daniel → *Dan(n)el, Tenil* *Christianus* → *Kristan, Kerstien*	*Gotwini* Gott + Freund *Gotesdegan* Gottesstreiter *Diomuot* Demut
Erklärung des Sinngehalts durch Kommentare	Umdeutung des Sinngehalts alter german. Namenselemente
Johannes → d.h. *huldi gotes,* Johannes, d.h. Gnade Gottes	*Fridurich, Gotfrid : fridu* = Schutz, Schirm → christl. Frieden, Heil

B Christianisierung des Rufnamenschatzes im Frühmittelalter

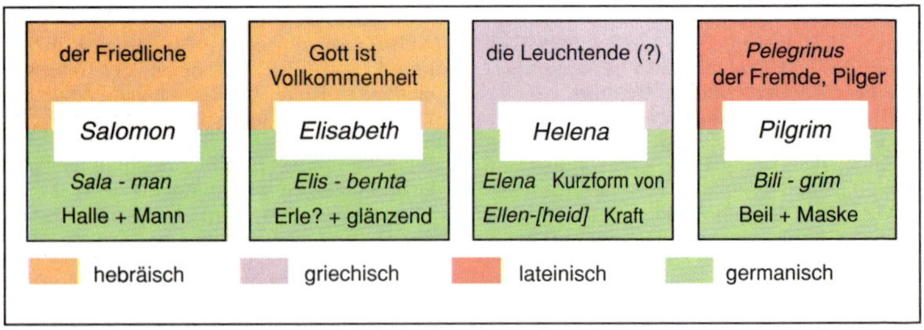

C Kontaktmöglichkeiten germanischer und fremdsprachlicher Rufnamen

Christliche und heidnische Namen

Im 3. Jh. ist bezeugt, daß Christen während einer Christenverfolgung vor ihrer Hinrichtung ihre **heidnischen Namen abgelegt** und sich die biblischen Namen *Elias, Isaias, Samuel* zugelegt haben; und daß neubekehrte Christen die Namen der Apostel annahmen.

Als sich der Brauch durchsetzte, Christen nicht erst im Erwachsenenalter, sondern schon als Säuglinge zu taufen, bürgerte sich langsam auch die **Namengebung bei der Taufe** ein, wobei z. B. Bischof AMBROSIUS von Mailand († 397) riet, Namen von Märtyrern und anderen Heiligen zu wählen, um die Kinder dadurch dem Schutz dieser Heiligen zu empfehlen.

Aufnahme der Fremdnamen im dt. Gebiet

Durch die Christianisierung kam auch unser Raum mit solchen Bräuchen und einer ganzen Welt von **Fremdnamen** intensiv in Berührung: mit hebr., griech. und lat. Namen aus der Bibel und von antiken Personen.

Dennoch dauerte es ein halbes Jahrtausend, bis die Fremdnamen neben den germ. **Erbnamen** einen nennenswerten Anteil am dt. Rufnamen-Schatz einzunehmen begannen.

In Echternacher Urkunden von 693–1000 erscheinen 154 Rufnamen, darunter kein halbes Dutzend nichtgerm. (Abb. A).

Unter den wenigen Fremdnamen der Karolingerzeit werden solche **aus dem Alten Testament** wie *Daniel, Samuel, Elisabeth, Judith* bevorzugt. Das hängt mit der Vorliebe der Iren und Angelsachsen für entsprechende Bücher und Personen des Alten Testaments zusammen, die man in Dtl. übernahm. KARL D. GR. wurde in seiner Akademie *David* genannt, sein Biograph EINHARD *Beseleel.*

Neutestamentliche und Heiligennamen spielten zunächst kaum eine Rolle, außer *Stephan.* Seit einem Besuch Papst STEPHANS II. 753 in Frankreich wurde der Name beim westfränk. Adel beliebt und griff von da auch ins benachbarte dt. Sprachgebiet über.

Träger der Fremdnamen waren im Frühmittelalter v. a. Geistliche, die beim Eintritt ins Kloster einen christl. Namen annahmen. Bei Mönchen ist der Name des Ordensgründers *Benedikt* relativ häufig. Der hohe Klerus, der meist dem Adel entstammte, behielt allerdings seine germ. Namen gerne bei.

Unter den 49 Äbten von Corvey von 822–1504 führte keiner einen Fremdnamen.

Christian/Christina

Bewußte innere Hinwendung zum Christentum drückt sich in der Wahl des **programmatischen Rufnamens Christian** 'der Christ' aus. Als Kollektivbezeichnung für die Anhänger Jesu taucht *Christianus* laut Apostelgeschichte 11,26 erstmals in Antiochien auf und wird als Rufname durch Missionierungs- und Reformierungswellen immer wieder neu belebt.

Christian(us) und *Christi(a)na* sind unter den Fremdnamen in Quellen aus Fulda vom 8.–11. Jh. mit Abstand am häufigsten. Im Köln des 12. Jh. ist *Christina* der sechsthäufigste Frauenname, *Christian* in Brixen noch im 13. Jh. der zweithäufigste Männername.

Die Beliebtheit läßt dann nach, steigt aber in der Reformation wieder stark an, um – auch in Reaktion auf die kath. Heiligennamen – durch die Wahl dieses Rufnamens die Menschen bewußt wieder auf die Nachfolge Christi zu verpflichten. Eine erneute Belebung erfolgt dann im Pietismus. In Schleswig-Holstein läßt sich eine ununterbrochene Spitzenstellung des Namens seit 1760 verfolgen, hier wohl auch durch die Leitnamen des dän. Königshauses gestützt.

Der letzte Boom, jetzt aber nicht mehr aufgrund inhaltl. Bedeutung, sondern äußerl. Faktoren wie Wohlklang und Mode, setzte in den 60er Jahren des 20. Jh. ein, als sich *Christian/Karsten* und *Christiane/ Christ(in)a/Kirsten/Kerstin* lange als Spitzenreiter auf der Liste beliebter Vornamen hielten (S. 56).

Andere Arten der Christianisierung des germ. Namenschatzes (Abb. B):

- Es entstehen neue dt. Zusammensetzungen wie *Gotwalt* 'Gott' + 'Gebieter', *Gotesskalk (Gottschalk)* 'Knecht Gottes', *Gotesthiu* 'Magd Gottes'.
  Die westfränk. und langobard. Kombination fremder und germ. Namenglieder, z. B. in *Paul-hart, Petri-bert, Christ-hild,* wurde im dt. Sprachraum nicht üblich.
- Germ. Namenglieder verändern nach und nach ihre Bedeutung, z. B. 'Buße' in *Buazfrit, Buozrat.* Die ursprüngl. germ. Bedeutung des Wortes, nämlich 'Ausbesserung, Reparatur', die noch in Lückenbüßer enthalten ist, wurde mehr und mehr durch die abstraktere, christl. Bedeutung 'reumütige Gesinnung' verdrängt.

Namen aus dem Neuen Testament und von Heiligen werden erst seit dem 12. Jh. häufiger. Im Rheinland sind außer *Thaddäus* bis 1200 schon alle Apostel als Rufnamen nachzuweisen.

Dabei fällt auf, daß die unbekannteren Apostel *Philippus* und *Simon* 13x häufiger auftreten als die bekannten Apostel *Paulus* und *Matthäus.* LITTGER 1975 erklärt das damit, daß Varianten dieser Namen mit denen germ. Rufnamen zusammenfallen können, z. B. mit *Filipo* aus *Filibert* bzw. *Simon* aus *Si(ge)mund.* Solche Kontaktmöglichkeiten sind bei vielen Namen gegeben (s. Abb. C). Hier fördern gleitende **Übergänge von der heimischen zur fremden Namenwelt** die Aneignung der Fremdnamen.

Rufname	↙ Verlagerung der Betonung	↘ Bewahrung der Betonung
Ägídius	Egid, Egede	Gedis, Gilli
Alexánder	Alex	Sander, Sanner
Ambrósius	Ambros	Brosi(g), Brose
Antónius	Anton, Ant(h)es	Toni, Thöne, Tünnes
Andréas	Andres, Anders(ch)	Drewes, Drees
Augustínus	Augst, Au(g)st(e)in	Stinus, Stinnes
Benedíctus	Bendix, Bendit	Dicks, Dittes, Dix
Bonifátius	Bonifaz, Bo(h)nes	Faatz, Fätz
Christóphorus	Christoph	Stoff(el), Toff(e)l(s)
Cornélius	Cornel, Gornell	Nell(es), Nehl, Niel(s)
Dionýsius	Dinge(ni)s, Din(n)s(e)	Nies, Nisse, Neiß
Domínicus	Dom(i)nick	Minig, Minkus, Münk
Erásmus	Er(r)as	(R)asmus, Asam
Eustáchius	Estges	Stach(es), Stagg
Ignátius	Ignaz	Nazi, Naatz
Jacóbus	Jakob, Jack(es)	Kobes, Koep, Kopp
Johánnes	Joh(a)nn, Jahn	Hans, Henne, Hänisch
Lauréntius	Lorenz, Lafrenz, Lortz	Renz, Renzius
Martínus	Mart(e)i(n), Mörte	T(h)innes, Tinsch
Matérnus	Ma(t)tern	T(h)ern, Toernes
Matthä́us	Matthä, Matt(h)es	Theuß, The(w)es, Debus
Pancrátius	Bankroth, Pongratz	Kra(a)tz, Kretz
Philíppus	Philipp, Billep, Filb	Lips, Leps, Lipp
Remígius	Remig, Remmes	Mieg, Migge(s)
Sebástian	Sebast, Seebaß	Bast(ein), Ba(a)sch
Silvéster	Silvest	Vester, Vehst(er)
Vincéntius	Vinzent, Wintz	Sen(t)z, Zentes
Zacharías	Sacher, Sarges, Zäch	Ries, Reis(ch)

ˈ Betonung ↙ Verlagerung der Betonung ↘ Bewahrung der Betonung

Eindeutschung männlicher Fremdnamen durch Anfangsbetonung (nach dem Zeugnis heutiger Familiennamen)

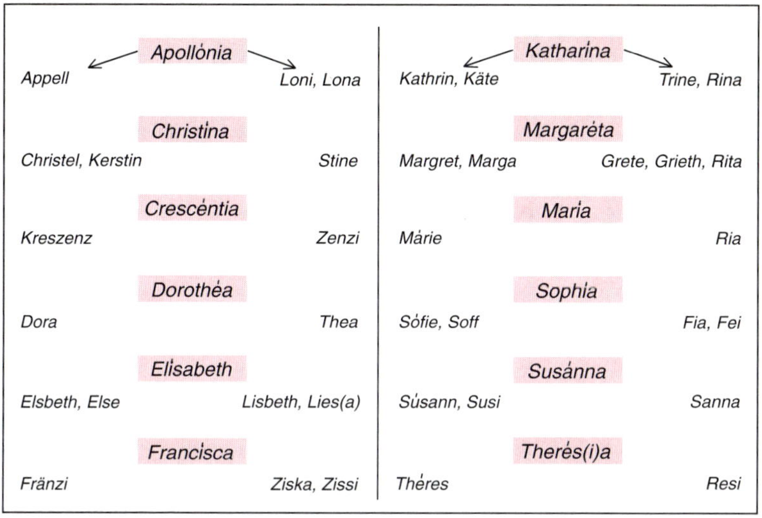

Eindeutschung weiblicher Fremdnamen durch Anfangsbetonung (n. dem Zeugnis heutiger Dialekte)

Anpassung durch deutsche Betonung

Alle europ. Völker machten sich die hebr., griech. und lat. Fremdnamen zu eigen, indem sie sie der eigenen Sprache **anpaßten.**

Stephanus wird engl. *Steven,* frz. *Etienne,* span. *Esteban,* poln. *Szczepan,* ungar. *István.*

Der grundlegendste Vorgang bei der Anpassung fremder Wörter und Namen an die dt. Sprache ist die **Änderung der Betonung.** Sie liegt im Dt. am Anfang des Wortes (die Vorsilben ausgenommen). So werden frz. *café* zu dt. Káffee, lat. *fenéstra* zu Fénster, röm. Ortsnamen wie *Confluéntes* zu Kóblenz.

Bei der Eindeutschung fremder Rufnamen, die den Ton nicht auf der ersten Silbe trugen, wurden zwei Möglichkeiten genutzt:

1. Die Betonung wird **auf die erste Silbe verlegt,** was eine Abschwächung, Zusammenziehung oder Tilgung der hinteren Silben zur Folge hat. *Magdaléna* wird zu *Mágda, Johánnes* zu *Jóhann, John;* so auch bei Familiennamen wie *Pantle(n), Bantle* aus *Pantáleon* oder *Prock* aus *Procópius.*

2. Die Betonung **bleibt auf der gleichen Silbe** wie im Fremdwort, doch fallen die vorausgehenden Silben weg, so daß das deutsche Wort mit der betonten Silbe anfängt. *Magdaléna* wird zu *Léna, Johánnes* zu *Hán(ne)s.*

Vgl. die heutigen Frauennamen *Silja, Silke* aus *Caecília, Nora* aus *Eleonóra, Sandra* aus *Alexándra* oder Familiennamen wie *(P)lönnies* aus *Apollónius, Narjes, Nor(r)es* aus *Apollináris.*

Indem oft beide Möglichkeiten genutzt wurden, haben sich die Formen ein- und desselben Namens enorm vervielfältigt.

Das unter 2. genannte Verfahren wurde auch auf einige Fremdnamen übertragen, die den Ton schon immer auf der ersten Silbe trugen. Neben *Ágnes* entstand *Nese,* neben *Thómas* entstand *Ma(a)s,* woraus sich dann Familiennamen wie *Maassen, Maser, Mäske, Mäßle, Massmann, Messing, Mösges* erklären.

Die Möglichkeiten 1 und 2 wurden oft **landschaftlich unterschiedlich** bevorzugt. Bei *Matthias* lassen sich z.B. grob folgende Tendenzen beobachten:

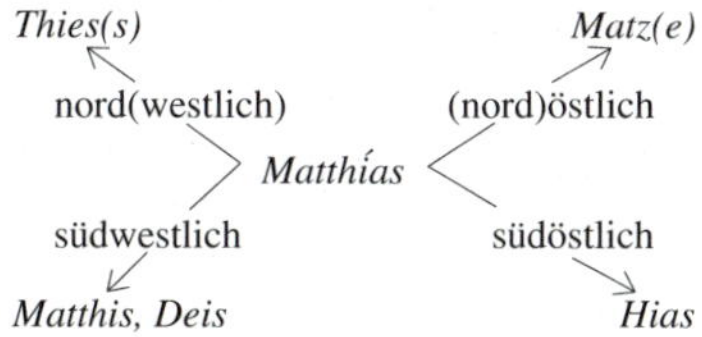

Rufnamen lebten (und leben) in der **gesprochenen** Sprache; gelangten sie aufs Papier, wurden sie nicht selten mehr oder weniger auf ihre Ausgangsform, oft in lat. Gewande, zurückgeführt: *Tünnes* gesprochen, aber *Antonius* geschrieben. In **Familiennamen** sind mundartl. Formen jedoch in großer Zahl erhalten geblieben und zu amtlichen Namen geworden; freilich fast nur die Männernamen (Abb.), denn aus Frauennamen sind nur wenige Familiennamen entstanden.

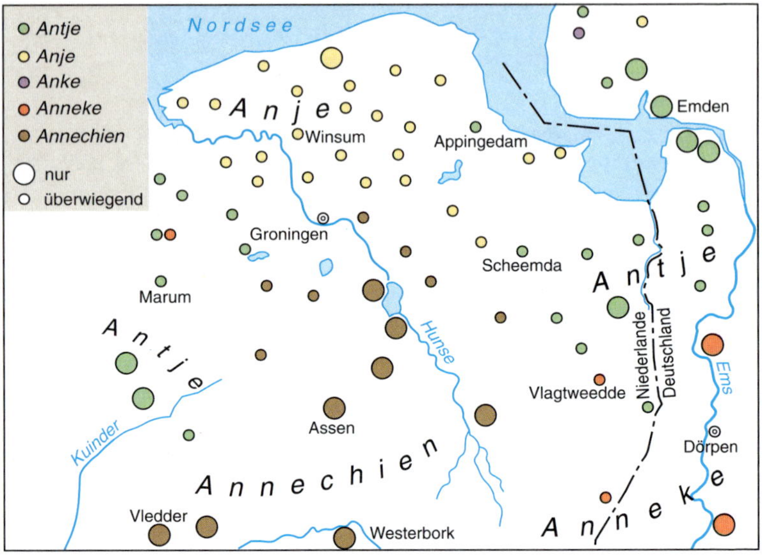

A Verkleinerungsformen des Fremdnamens *Anna* in Taufbüchern des 18. Jh.

B Berücksichtigung von Rufnamen in Dialektwörterbüchern

Anpassung durch Kürzung
Infolge der dt. Betonung wurden die oft vielsilbigen Fremdnamen wie *Hieronymus, Emerentiana* meist verkürzt und damit auch in der Länge den meist nur zweisilbigen heim. Rufnamen angepaßt.

Die Neigung zu Zusammenziehungen (Kontraktionen) ist zu allen Zeiten zu beobachten. Belegt sind im MA *Marks (Marx)* für *Markus, Knelles* für *Cornelius, Threes* für *Theresia, Kyne* für *Katharina.* Vgl. später die Kontraktionen von Doppelnamen wie *Hambast* aus *Johann Sebastian, Anstin* aus *Anna Christina.*

Anpassung durch Suffigierung
Eine weitere Möglichkeit sprachlicher Aneignung von Fremdnamen ist durch Suffixe gegeben. Den Fremdnamen wurden dieselben Kose- und Verkleinerungssilben angehängt wie den Rufnamen germ. Herkunft (Abb. A). Allerdings ist die Vielfalt der Suffixe bereits geschmälert, denn als die Fremdnamen übernommen wurden, waren einige dieser Suffixe schon außer Gebrauch.

Für das 14./15. Jh. sind belegt:
In Bremen nur das Suffix *-(e)ke: Ilseke, Liseke, Leneke, Greteke, Hanseke;* im Altenburgischen meist *-el: Stachel (Eustachius), Christoffel, Brösel (Ambrosius), Thomel;* in Nürnberg meist *-lein* und *-el: Hensel(ein), Mertel (Martin), Veitlein, Enderlein (Andreas);* in Freiburg nur *-li(n)* und *-i(n): Enderli(n), Hens(l)i, Köbi(li)* und *Jäckli (Jakob), Clewli(n)* und *Clewi (Nikolaus), Kunstlin (Konstantin).*
Zur geographischen Verteilung s. S. 70 f.

Daneben finden sich an andern Orten auch weitere Suffixe, etwa *-z(e)* und *-tsch* in *Petz, Petsch* für *Peter, Nitz, Nitsch(ke)* für *Nikolaus, Bartsch* für *Bartholomäus.*

Infolge dieser Suffigierung ergaben sich sogar Überschneidungen der Fremdnamen mit Namen germ. Herkunft. *Henne(c)ke, Hen(t)sch(ke), Hen(t)schel, Henni(n)g* können, vor allem im Niederdt., als Verkleinerungsformen sowohl für *Heinrich* wie für den Fremdnamen *Johannes* auftreten; *Benz* im Oberdt. für die Erbnamen *Berthold, Bernhard* und für den Fremdnamen *Benedikt.*

Anpassung durch Lautung
Schließlich passen sich die Fremdnamen auch **lautlich** den dt. Dialekten an. *Margareta* erscheint meist als *Grete,* in manchen Gegenden, etwa friesisch, auch als *Griet(e),* bairisch auch als *Greith. Lukas* wird oft zusammengezogen zu *Lux,* das in manchen Gegenden kurz, in andern lang gesprochen und hier manchmal zu *Laux, Lauks* diphthongiert wurde. Das Verhältnis der Familiennamen *Lux : Laux* betrug um 1930 in Berlin 160:26, aber in Stuttgart 3:40, in Frankfurt/M. 12:32.

Formenreichtum
All diese Eindeutschungsvorgänge führten zu einem **gewaltigen Formenreichtum** der Fremdnamen. Er tritt zwar in mittelalterlichen Aufzeichnungen von Rufnamen nur zögernd zutage, weil man offiziell gern die Fremdform schrieb, lebt aber in heutigen Familiennamen eindrucksvoll fort.

Der mittelalterlichen Formenfülle ist diejenige vergleichbar, die heute in den **Dialekten** herrscht. Sie wird von manchen Dialektwörterbüchern verzeichnet (Abb. B). Als Beispiele siehe unten einige Dialektformen von *Barbara.*

Manche dieser Wörterbücher sind abgeschlossen, manche erscheinen in Fortsetzungen. Noch in Vorbereitung befindet sich das Ostfränkische Wörterbuch.

Einige Wörterbücher verzeichnen nur »Appellativnamen«, d. h. Personennamen, aus denen Gattungsbezeichnungen, also Begriffe, Schimpfwörter u. ä. entstanden sind, z. B. »Urschel« *(Ursula)* oder holstein. »Dötje« *(Dorothea)* oder frankfurter. »Andein« *(Anna-Christina)* für 'dumme Frau'; bair. »Stoffel« *(Christoph),* österr. »Bloosl« *(Blasius)* oder pfälz. »Staches« *(Eustachius)* für 'ungeschickter Kerl'; mecklenburg. »Dösmarten« *(Martin)* oder »Dösbartel« *(Bartholomäus)* für 'schläfriger Mensch'.

Preußisches Wb.	Rheinisches Wb.	Pfälzisches Wb.	Schweizerdt. Wb.	Wb. ... Österreich
Barb	*Baawel*	*Baw(e)l*	*Barbere(n)*	*Warwe*
Barbchen	*Berbel, Berwel*	*Bä(r)w(e)l*	*Barbele(n)*	*Warbe(l)*
Barbgen	*Berep(che/-ke)*	*Bää(r)w(e)l*	*Barblen*	*Baarvo*
lettisch:	*Bep(che)*	*Bäw(e)l*	*Barbil(l)a*	*Wa(b)m*
Bahrbule	*Bapchen*	*Bärbl* (seit	*Barfle(n)*	*Waab, Woob*
Barbe	*Bebi, Bebe*	etwa 1930)	*Barbel*	*Worb*
Babbe	*Beef*	*Bä(r)wlche*	*Barbi*	*Woowl*
Barbusch(ke)	*Bibi, Biwi*	*Bäwele*	*Barfeli*	*Warwile*
Busch	*Bel, Bal*		*Bärbeli*	*Waawai*
Buschke	*Bawett(che)*			*Wetti* u. a

Dialektformen von *Barbara*

Etymologische Bedeutung der Fremdnamen

Die Bedeutung einzelner Vornamen läßt sich leicht in einem der vielen Vornamen-Bücher nachschlagen. Im folgenden sollen nur wenige Beispiele angeführt werden, um einige Gemeinsamkeiten und Unterschiede der germ. und der griech., lat. und hebr. Namenwelten anzudeuten.

Griechische Namen

Die **altgriech.** Namen stehen mit ihrer Bildung aus zwei Gliedern wie mit ihren Bedeutungen den germ. relativ nahe. Viele germ. Namenglieder finden in griech. Namen eine Entsprechung. Die Namenglieder betreffen vor allem folgende Bereiche:

- Ruhm: *Klei-/-kles* und *Timo-/-timos* 'Ehre, Ruhm', *-onymos* 'berühmt', *Stephano-* 'Kranz' u. ä. in etwa 350 Namen: *Kleisthenes, Sophokles, Theokles* (vgl. *Thekla* 'Gott'+'Ruhm'), *Timotheos, Ergotimos, Hieronymos, Stephanos* etc.
- Tapferkeit: *Andr-/-andros* 'Mann', *Alex-* 'Abwehr', *Krat-/-krates* und *-sthenes* 'Kraft', *Men-/-menes* 'Mut' u. ä. in etwa 250 Namen: *Andromache, Andreas, Leandros, Alexandros, Kratylos, Polykrates, Pankrates, Menelaos, Eumenes* etc.
- Kampf und Sieg: *-machos* 'Kampf', *Strat-/-stratos* 'Heer', *Nik-/-nikes* 'Sieg' u. ä. in etwa 250 Namen: *Telemachos, Stratophanes, Lysistratos, Nikanor, Nikolaos, Nikodemos, Berenike* (= lat. *Veronica*) etc.
- Umgang mit Pferden: *Hippo-/-ippos* 'Pferd, Reiterei' in etwa 160 Namen: *Hippokrates, Lysippos, Philippos* etc.
- Führung und Herrschaft: *Demos-/-demos* und *Le-/-laos* 'Volk', *Arch-/-archos* 'Herrscher', *-agora* 'Volksversammlung' u. ä. in etwa 250 Namen: *Demosthenes, Nikodemos, Leonidas, Leandros, Menelaos, Nikolaos, Archimedes, Klearchos, Protagoras, Pythagoras* etc.
- Religion: *Theo-/-theos* 'Gott' in etwa 100 Namen: *Theodoros, Theophilos, Timotheos, Dorothea;* vgl. *Isidoros* 'Geschenk der (Göttin) Isis', *Demetrios* 'Sohn der (Erdgöttin) Demeter' und S. 27.
- Schönheit, Klugheit, Vorzüge: *Kall-* 'schön', *Soph-* 'weise' (vgl. *Sophia* 'Weisheit'), *Eu-* und *Agath-* 'gut' (vgl. *Agatha* 'die Gute'), *Arist-* 'der Beste' u. ä.: *Kallimachos, Kallisthenes, Sophokles, Agathenor, Eugenes, Eulalia, Euphemia, Euphrosyne, Aristoteles, Aristophanes* etc.

Die bei uns übernommenen griech. Namen stammen jedoch selten aus dieser alten Namenschicht, sondern großenteils von Christen, also aus **späterer Zeit.** Meist haben sie sich über die röm.-christl. Kultur und daher in lat. Form bei uns eingebürgert. Einige davon haben ausgesprochen christl. Bedeutung:

- *Ambrosius* und *Athanasius* 'der Unsterbliche', *Anastasius, -a* 'der Auferstehende, Auferstandene', *Angelika* 'die Engelgleiche', *Christoph(orus)* 'der Christusträger', *Cyriak(us)* 'der zum Herrn gehörige' (= lat. *Dominikus*), *Eusebius* 'der Fromme', *Gregor(ius)* 'der Wachsame', *Katharina* 'die Reine' (urspr. *Aikat(h)erine,* vgl. russ. *Jekaterina,* mit ungeklärter Bedeutung).

Weitere heute als Vornamen gebräuchliche griechische Namen sind:

- *Ägidius* 'der Schildhalter', *Barbara* 'die Fremde', *Erasmus* 'der Liebenswerte', *Georg* 'der Bauer', *Gereon* 'der Älteste' (?), *Helena* 'die Leuchtende' (?), *Irene, Irenäus* 'die/der Friedliche', *Lydia* 'die aus Lydien', *Margaret(h)a* 'die Perle', *Melanie* 'die Schwarze', *Sebastian* 'der Erhabene', *Sibylle* (ungeklärt), *Theres(i)a* 'die von (der Insel) Thera'.

Lateinische Namen

Die lat. Namenwelt ist vor allem dadurch von der griech. und germ. unterschieden, daß die Römer nicht nur einen, sondern drei Namen trugen: *Publius Ovidius Naso* 'der Volkstümliche, aus dem Geschlecht der Ovidier, mit der großen Nase': Rufname + Sippenname + Beiname. Lat. Fremdnamen konnten bei uns nun aus jeder dieser drei Gruppen entlehnt werden.

So wurden z. B. folgende röm. Sippennamen (Gentilnamen) bei uns als Rufnamen gebräuchlich:

- *Antonius, -a, Aurelius, -a, Emil, -ia, Caecilia, Claudius, -a, Cornelius, -a, Fabius, Fabian, Hortensia, Julius, -a(na), Livia, Lucretia, Marius, Maximilianus, -e, Olivia, Octavius, -a, Valerius, -a, Virginia:* 'aus dem Geschlecht der Antonier, Aurelier, Aemilier, Caecilier, Claudier, Cornelier, Fabier' usw.

Die Gentilnamen ihrerseits sind nach ihrer urspr. Bedeutung wie Beinamen entstanden. Hinter den Caeciliern steht z. B. *caecus* 'blind', hinter den Claudiern *claudus* 'lahm', hinter den Fabiern *faba* 'die Bohne'.

Manche der Vor- und Beinamen zeugen noch von der schlichten bäuerlichen Art der alten Römer, wenn sie etwa Zahlen als Vornamen für die Kinder wählten: *Primus, Secundus, Quintus* 'der Erste, Zweite, Fünfte'.

- Häufig sind Namen nach der Herkunft: *Albanus* 'aus Alba', *Caetanus (Kajetan)* 'aus Caeta', *Cyprianus* 'aus Cypern', *(H)adrianus* 'aus Hadria', *Laurentius (Lorenz)* 'aus Laurentum' (später umgedeutet zu 'der Lorbeerbekränzte'), *Marina* 'am Meer lebend', *Maurus, Mauritius (Moritz)* 'der Maure', *Sabina* 'die Sabinerin', *Silvia* und *Silvester* 'aus dem Wald', *Urbanus* 'aus der Stadt' etc.
- Namen nach Tieren: *Lupus* 'Wolf', *Leo* 'Löwe', *Ursus* und *Ursula* 'Bär', *Columba* 'Taube' etc.

- Theophore Namen: In *Martinus,* wohl auch in *Marc(ell)us* steckt der Kriegsgott Mars, in *Saturninus* der Gott Saturn etc.
- Namen nach körperl. Merkmalen: *Crispus* 'der Kraushaarige', *Calvus* 'der Kahle', *Cato* 'der Schlaue', *Paulus* 'der Kleine', *Magnus* 'der Große' etc.
- Eine große Gruppe bilden Namen, die Wünsche für Glück und Ruhm beinhalten: *Faustus, Felix, Felicitas, Fortunatus, Beatus, -a, Beatrix* bedeuten alle 'der/die Glückliche', *Florentinus, Florianus* 'der Blühende', *Valentinus* 'der Gesunde, Kräftige', *Augustus* 'der Erhabene', *Clarus, -a* 'der/die Berühmte', *Crescentia* 'die Wachsende', *Maximus* 'der Größte', *Victor, Victoria, Vincentius* 'der/die Sieger(in)', *Lucia* 'die Leuchtende' (oder 'die bei Tagesanbruch Geborene').

Viele Namen betreffen **charakterl. Eigenschaften, Tugenden** usw. Hier ist die lat. Namenwelt wohl am stärksten durch das Christentum in Bewegung geraten, indem manche altröm. Werte christlich umgedeutet und neue hinzugestellt wurden:

- *Amandus, -a* 'der/die Liebenswerte', *Benedictus, -a* 'der/die Gesegnete', *Bonifatius* 'der gutes Schicksal Verheißende', *Clemens* 'der Gütige', *Constantius, -a (Konstanze), Constantinus* 'der/die Beharrliche', *Fidelis* 'der Treue', *Hilarius, -a* 'der/die Heitere', *Innocentius* 'der Unschuldige', *Justus, Justinus* 'der Gerechte', *Pius, -a* 'der/die Fromme', *Placidus* 'der Sanfte', *Sever(in)us* 'der Strenge', *Verena* 'die Verehrenswerte' etc.
- Als eindeutig christliche Namen treten hinzu: *Eligius* 'der Auserwählte', *Dominicus* 'der dem Herrn Gehörige', *Natalia* 'die an Weihnachten Geborene', *Renata* 'die Wiedergeborene' etc.

Weitere, heute noch gebräuchliche Vornamen lat. Ursprungs sind:

- *Cordula* 'das Herzchen', *Patrizia* 'die Edelgeborene', *Regina* 'die Königin', *Rosa* 'die Rose', *Stella* 'der Stern'.

 Unklar ist die Bedeutung von *Blasius, Monica, Vitus (Veit).*

Hebräische Namen

Die hebr. Namenwelt ist wiederum völlig anders geartet. Der Großteil der bei uns üblichen hebr. Namen ist aus der Bibel übernommen. Viele von ihnen sind dort eng in den Erzählzusammenhang eingebunden und werden ausdrücklich aus ihm heraus erklärt, wobei sich freilich auch manche Volksetymologien (S. 183) finden lassen. Die meisten Beispiele für solche Verknüpfung von Namen und Erzählung bietet die ›Genesis‹:

- *Adam* ist – wie der erste Mensch selbst – von *adama* 'Ackerboden' gebildet. Adam hat den Adama zu bebauen und muß zu ihm zurückkehren (3,19).
- Als die ersten Menschen wegen des Sündenfalls ihre Unsterblichkeit verloren, ist die erste Reaktion Adams, daß er seine Frau *Eva,* 'Leben(sspenderin)', nennt. Sie garantiert als »Mutter aller Lebendigen« über den Tod des einzelnen hinaus den Fortbestand der Menschheit (3,20).
- Eva freut sich über ihren ersten Sohn *Kain:* »Ich habe einen Mann vom Herrn erworben«; der Namen *Kain* wird hier mit *qana* 'erwerben' verbunden (4,1). Dagegen bedeutet *Abel* 'Hauch', eine Anspielung auf sein nur kurzes Leben.
- Evas nächster Sohn heißt *Set,* 'Setzling', »denn sie sagte: Gott setzte mir anderen Nachwuchs ein für Abel, weil ihn Kain erschlug« (4,25).
- *Noach* heißt 'Ruhe(bringer)', weil sein Vater hofft, »er wird uns aufatmen lassen von unserer Arbeit und von der Mühe unserer Hände um den Ackerboden« (5,29).
- Der Name des Patriarchen *Abram* 'erhabener Vater' wird nach der Verheißung, daß er Stammvater einer Menge von Völkern werde, zu *Abraham* 'Vater der Menge' geändert (17,5).
- Auch seine Frau *Sarai* wird dann umbenannt zu *Sara,* 'Fürstin', was als »Mutter von Völkern und Königen« interpretiert wird (17,16). Ihr Sohn wird auf Gottes Geheiß *Isaak* 'Gott lacht (= ist gnädig)' genannt, wobei auch auf das verwunderte Lachen seiner Eltern angespielt wird, daß die alte Sara noch ein Kind bekommen soll (18, 12–15).
- Die Rivalität der beiden Schwestern *Lea* ('Wildkuh'?) und *Rachel* ('Mutterschaf') um Jakob schlägt sich in den Namen ihrer Söhne nieder (29,31 ff.): *Ruben* heißt 'seht, ein Sohn!', *Simeon* 'der Herr hat erhört', *Ascher* 'Glückskind', *Joseph* 'Gott fügt (noch einen Sohn) hinzu' usw.

Am stärksten ausgeprägt ist die Gruppe theophorer Namen. Zu den auf S. 27 genannten Beispielen kommen noch hinzu:

 Ismael 'Gott hört', *Jakob* 'Er (Gott) möge beschützen', *Joel* 'Jahwe ist Gott', *Josua* 'Gott ist Hilfe', *Matthäus* und *Matthias* 'Geschenk Jahwes', *Tobias* 'Jahwe ist gut', *Zacharias* 'Jahwe erinnert(e) sich' u. a.

Weitere, heute noch gebräuchliche Vornamen hebräischen Ursprungs sind:

- *Anna* 'die Begnadete', *Benjamin* 'Sohn des Südens', in ›Genesis‹ 35,18 gedeutet als 'Sohn der Freude', *David* 'Liebling (Gottes)' (?), *Debora* 'Biene', *Jonas* 'Taube', *Judith* 'die aus Jehud, Jüdin', *Magdalena* 'die aus Magdala', *Maria* (aramäisch *Mirjam,* ungeklärt), *Martha* 'Herrin', *Noëmi* 'meine Wonne', *Rebekka* 'die Bestrickende' (?), *Ruth* 'Freundschaft, Gefährtin' (?), *Salomon, Salome* 'der/die Friedliche', *Susanne* 'Lilie'.

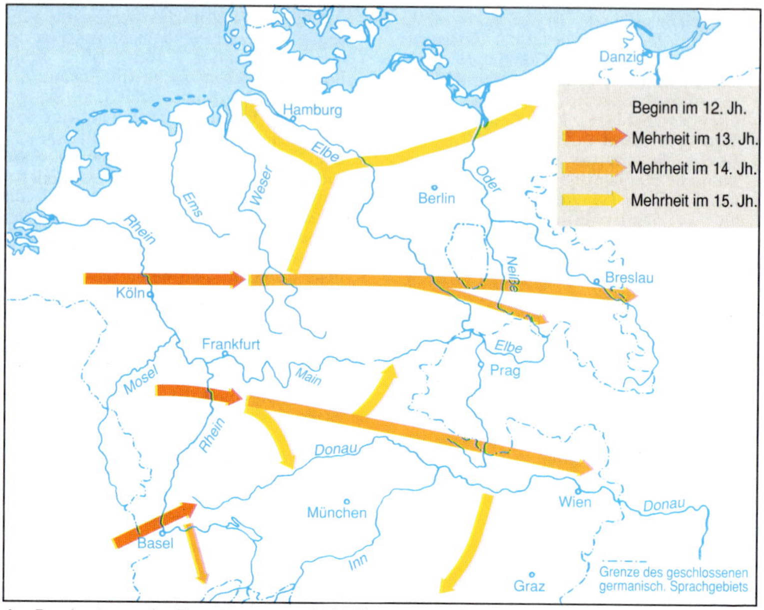

A Durchsetzung der Fremdnamen, meist Heiligennamen, im deutschen Sprachgebiet

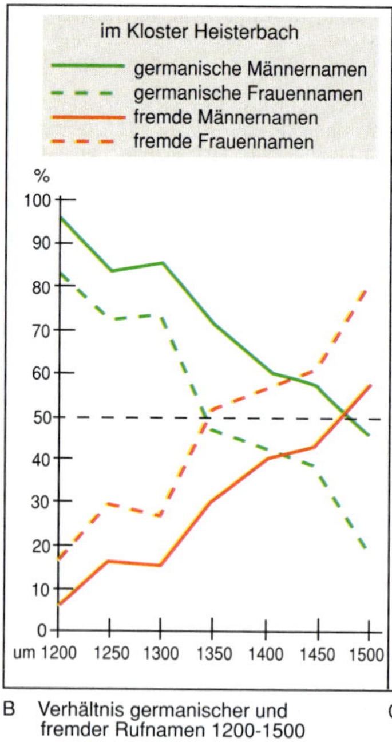

B Verhältnis germanischer und fremder Rufnamen 1200-1500

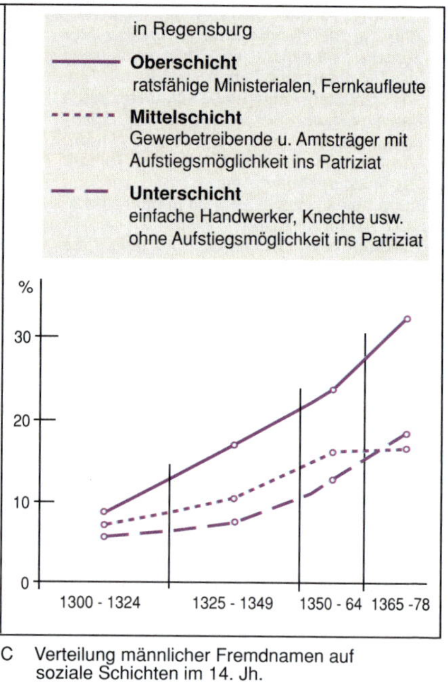

C Verteilung männlicher Fremdnamen auf soziale Schichten im 14. Jh.

Mittelalterliche Onomastica

Seit dem 3. Jh. sind Lexika überliefert, in denen zum besseren Verständnis der Bibel alle darin vorkommenden Orts- und Personennamen zusammengestellt sind und ihr Sinn erklärt wird (›Onomastica sacra‹). Sie wurden auch im MA. viel benutzt. Das berühmte ›Book of Kells‹ beginnt mit einem solchen Lexikon.

»*Eva* bedeutet 'Leben', denn sie wurde die Mutter aller Lebenden.«

»*Abel* bedeutet 'Hauch, Nichtigkeit', weil er schnell hinweggerafft wurde.«

Diese Deutungen sind in der Regel philologisch kompetent.

Im Laufe der Zeit wurden immer mehr Namen hinzugenommen, bes. die von Heiligen. Dabei führt das Bedürfnis, mit dem Namen das Wesen oder Schicksal der betreffenden Person zu erfassen, nach modernen Maßstäben zu manchen Fehldeutungen:

»*Agnes* ist soviel wie *agna* und bedeutet 'Lamm', denn sie war sanft und demütig wie ein Lamm.« (›Legenda aurea‹)

Wegen dieser Deutung wird die hl. Agnes oft mit einem Lamm abgebildet. Doch urspr. kommt der Name von griech. *(h)agnós* 'rein, geweiht'.

Expositio-Etymologien

Seit Ende des 12. Jh. griff die Methode um sich, **die einzelnen Silben der Namen** mit ähnlich klingenden Wörtern in Verbindung zu bringen, um dadurch die Sinnfülle der Namen zu vergrößern (*expositio*-Etymologie):

»***Thomas*** bedeutet ***totus means***, 'einer der ganz wandelt, nämlich in der Liebe Gottes'; oder ***theos meus*** 'mein Gott', denn so redete er Jesus an, als er sah, daß dieser von den Toten auferstanden war.«

Bes. verbreitet wurden die alten und die neuen Deutungen durch die vielgelesene ›Legenda aurea‹ des JACOBUS A VORAGINE († 1298), eine Sammlung von Heiligenlegenden, die meist mit einer Erklärung des betreffenden Namens beginnen:

»*Stephan* ist griechisch und heißt 'Krone' . . ., denn er war eine Krone der Märtyrer . . .; oder es bedeutet *strenue **fans*** 'der mit Eifer redet', denn das tat er in seiner Predigt . . .«

Volksetymologien

Neben diese gelehrten Bemühungen, den Fremdnamen einen Sinn abzugewinnen, traten **volkstümliche.**

Valentin, das eigentlich von lat. *valens* 'kräftig, gesund' kommt, wurde mit *fallen* verbunden, und so wurde er Patron gegen *Fall*sucht (Epilepsie). *Bonifatius* ('der gutes Schicksal verheißt') verband man mit *Bohnen,* die man deswegen erst nach dem Fest des hl. Bonifatius von Rom am 14. Mai stecken soll. Vgl. S. 183.

Ausbreitung der Heiligennamen

Seit dem späten 12. Jh. steigen Zahl und Vergabe der Fremdnamen merklich an. Dabei handelt es sich vorwiegend um **Heiligennamen.**

Auch unter den germ. Rufnamen werden jetzt solche favorisiert, die von Heiligen wie *Bernhard* von Clairvaux, dem Kaiserpaar *Heinrich* und *Kunigunde,* den Bischöfen *Ulrich* von Augsburg, *Wolfgang* von Regensburg oder *Lambert* von Maastricht getragen wurden. Dazu gehören auch *Gertrud, Hedwig, Mathilde/Mechthild, Albrecht, Burkhard, Erhard, Konrad, Leonhard.*

Mit den Heiligennamen schwillt die Menge der Fremdnamen im 13. Jh. lawinenartig an (Abb. B), um bald **die germ. Rufnamen zu überflügeln,** ein **entscheidender Umbruch** in der Namengeschichte. Die Fremdnamen stellen dann im 15./16. Jh. vielerorts über 90% des Rufnamen-Schatzes. Nicht umsonst heißen in England, wo sich der Umbruch noch schneller zwischen 1200/1250 vollzog, die Vornamen *christian names.*

Abb. A zeigt in groben Zügen, wie sich dieser Prozeß, von Frankreich ausgehend, von Westen nach Osten ausbreitete.

Der allgemeine Befund läßt sich durch Einzeluntersuchungen differenzieren:

– Mädchen wurden zunächst häufiger mit Fremdnamen getauft als Jungen, vor allem weil man in der männlichen Linie stärker an der familiären Nachbenennung festhielt.

Im Bamberger Gerichtsbuch von 1403–1415 tragen schon 55,7% der Frauen, aber erst 22% der Männer Fremdnamen.

– Die Stadtbewohner und unter ihnen die sozial hochstehende Führungsschicht zeigten sich der neuen Sitte gegenüber bes. aufgeschlossen (Abb. C). Von den Städten griff die Neuerung dann aufs Land über.

– Der Anteil der Fremdnamen am gesamten Namenschatz und der Anteil der Träger von Fremdnamen an der gesamten Bevölkerung können sehr unterschiedlich sein; z. B. sind in Lübeck bis 1350 noch insgesamt 85% des Rufnamen-Bestandes Erbnamen, aber nur noch 73% der Einwohner tragen diese Erbnamen.

Hauptgrund für den Umbruch ist die enorme Intensivierung der Heiligenverehrung seit dem hohen MA, die bes. durch die Orden der Franziskaner und Dominikaner gefördert wurde. Im Zuge der Umwälzungen im sozialen und polit. Gefüge jener Zeit schrieb man Heiligen vielfältige Hilfs- und Schutzfunktionen (**Patronate**) zu. Im Kalender, auf Bildern in den Kirchen, in den massenhaft verbreiteten Legenden, in Litaneien, bei Wallfahrten und im Reliquienkult waren die Heiligen und ihre Patronate allgegenwärtig und ihre Namen in aller Munde.

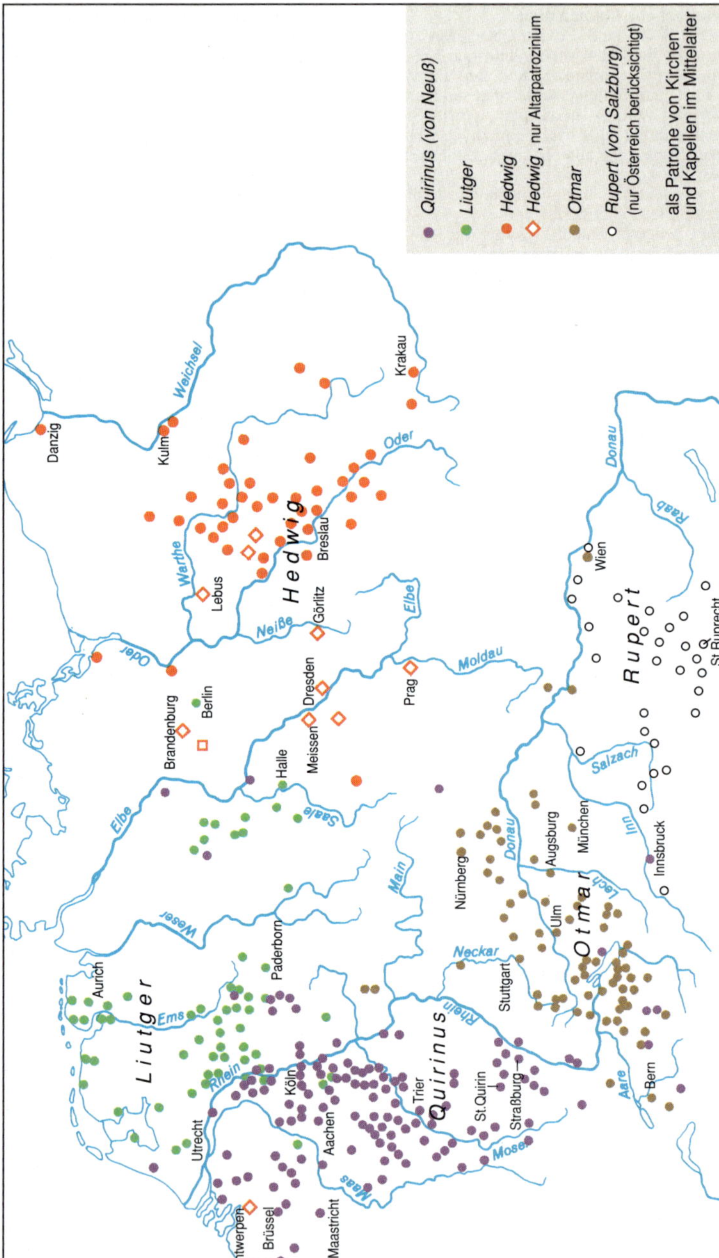

Verehrungsregionen einiger Heiliger

Motivation
Mit der Bevorzugung von Heiligennamen tritt bei der Namengebung eine **neue Motivation** in den Vordergrund. Nach der poetischen Motivation bei den germ. Primärbildungen, neben der Motivation familiärer oder herrschaftlicher Nachbenennung tritt jetzt das Bedürfnis auf, die Kinder dem Schutz und Vorbild von Heiligen anzuvertrauen.

CAESARIUS VON HEISTERBACH erzählt um 1220 von einer Nonne, die als große Verehrerin *Johannes'* des Täufers immer wieder dazu mahnte, Kinder nach diesem zu benennen oder nach seinen Eltern *Zacharias* und *Elisabeth.*

Doch spielten auch weltliche Motive eine Rolle. Denn bei der mittelalterlichen Namengebung ging es weniger um die individuelle Wahl eines persönlichen Schutzpatrons als um Anschluß an einen überindividuellen Standespatron als Ausweis der Zugehörigkeit zu bestimmten soz. Verbänden.

Internationalisierung. Differenzierung
Die Verbreitung der Heiligennamen trug einerseits zur **Internationalisierung des Rufnamen-Schatzes** bei. Namen wie *Katharina* oder *Petrus* gelten von Portugal bis Rußland,

vgl. *Juan, Giovanni, Jean, John, Jack, Jan, Hans, Janis, Janos, Iwan* für *Johannes* oder *Jago, Diego, Jacques, James, Jakob, Jakub* für *Jacobus.*

Andererseits förderte sie die **Differenzierung des Rufnamen-Schatzes,** denn in unterschiedlichen Zeiten, Bevölkerungsgruppen und Räumen werden verschiedene Heilige bevorzugt.

Durch ihre **Spezialpatronate** hatten einzelne Heilige für verschiedene **Bevölkerungsgruppen** generell eine für uns kaum mehr vorstellbare Bedeutung: *Georg* oder *Martin* für die Ritter, *Nikolaus* für die Seefahrer und Kaufleute, *Katharina* für die Müller und Bäcker, *Kosmas, Damian* und *Pantaleon* für die Heilberufe usw.

Doch ist die Frage, wieweit speziell die Namenwahl etwa bei den Winzern oder Schmieden durch ihre Schutzheiligen *Urban* bzw. *Eligius* oder bei den Bauern durch *Leonhard* oder *Wendelin* beeinflußt wurde, in histor. Zeit statist. schwer abzusichern.

Die Bevorzugung bestimmter Heiligennamen unterliegt auch **zeitlichen Schwankungen.** Im Münsterland konnten z. B. die im 12. Jh. eingedrungenen Namen *Andreas, Florentius, Jordanus, Simon* u. a. sich einen dauernden Platz sichern, während von den später hinzukommenden wie *Bonifatius, Florinus, Clementia, Gallus* u. a. ein erheblicher Teil schnell wieder in Vergessenheit geriet.

Erst seit der 2. Hälfte des 13. Jh. wurden die Rufnamen *Franz* (*Franciscus* 'das Französchen'), *Clara, Bonaventura* nach den franziskanischen Heiligen gebräuchlich.

Vgl. daraus die Familiennamen *Franzen, Frenzel, Frenske, Fran(n)ek, Zischg; Bon(a)wandt, Wenthur.*

Heiligenverehrung und Namenräume
Die Verbreitung der Heiligennamen ist entspr. den **Verehrungsgebieten** der betr. Heiligen auch **räumlich** differenziert.

Eduard und *Thomas* sind in England bes. häufig wegen der dortigen Nationalheiligen König Edward d. Bekenner und Thomas Becket; *Stanislav* in Polen wegen des Landespatrons, des Bischofs und Märtyrers in Krakau.

Regionale Heiligenverehrung ließ um Paderborn die Namen *Liborius (Börries, Ber(r)es, Borges)* aufblühen, im Rheinland, in Westfalen, um Freising, in der Steiermark *Lambert (Lammer(t), Lämmer(t), Lamprecht, Lamp(e)(l), Lämmle, Lan(t)z(e), Lommer(t), Limpert),* in Mainfranken *Kilian (Kill(e), Killy, Kilius),* in der Pfalz *Pirmin (Bermen, Berman, Pir(r)mann),* in Oberösterreich *Florian (Flore, Fluri, Fliri, Flurg);* s. auch S. 54, 82 f.

Der Satiriker JOHANN FISCHART macht sich 1575 darüber lustig, daß »alle Lubekker *Till,* Noernberger *Sebald* (Stadtpatron Nürnbergs), Augsburger *Urli* (hl. *Ulrich*), . . . Behmen *Wenzel,* Polen *Stenzel* (hl. *Wenzeslaus/Václav* von Böhmen, *Stanislaus* von Krakau), Ungarn *Stephan,* Pommern *Ott* (*Otto* von Bamberg, Apostel der Pommern), Preußen *Albrecht* (*Adalbert* von Prag, Apostel der Preußen) . . . heissen«.

Die Karte zeigt das mittelalterliche Verehrungsgebiet einiger Heiliger, das anhand ihrer Kirchen- und Altarpatrozinien rekonstruiert ist. Über entsprechende regionale Rufnamen entwickelten sich auch regionale Familiennamen (S. 83), z. B. zu

- *Quirinus* von Neuß, Märtyrer (2. Jh.): *Quirein, Quernes, Quer(en), Kiri, Gwier, Kehre(i)n, Kehri, Küri, Kury, Krines, Krings, Krien(s), Krein(s), Krainz, Kreiner.* In Bayern gehen solche Familiennamen meist auf den Märtyrer *Quirin* von Tegernsee (3. Jh.) zurück.
- *Liutger, Lutger,* Bischof von Münster († 809), Missionar Frieslands und Westfalens: *Lüt(t)ger, Lück(g)er, Lütgering, Lüdecker, Littger(s), Leutiger, Lucker, Licker;*
  Namen wie *Lüer(s), Lühr(mann), Lü(d)d(e)(c)ke(n)(s)* können auch von anderen Rufnamen auf *Liut-* stammen.

Zu *Otmar,* Abt von St. Gallen († 759) und *Rupert,* Bischof von Salzburg († um 720) vgl. S. 23.

Viele Familiennamen aus *Liutger, Otmar* oder *Rupert* gehen natürlich, bes. außerhalb der betreffenden Kultgebiete, auf diese auch sonst verbreiteten germ. Rufnamen zurück.

Männernamen

	Bamberg 1323/48		Bamberg 1481/97		Münsterland 1498	
1	*Heinrich*	22,2	*Johannes*	29,0	*Johannes*	29,3
2	*Konrad*	20,3	*Konrad*	12,6	*Heinrich*	14,1
3	*Hermann*	10,0	*Heinrich*	6,0	*Hermann*	11,2
4	*Otto*	4,8	*Friedrich*	5,2	*Bernhard*	9,1
5	*Friedrich*	4,5	*Nikolaus*	5,1	*Gerhard*	6,8
6	*Walther*	4,4	*Georg*	4,4	*Dietrich*	2,4
7	*Eberhard*	4,2	*Peter*	2,8	*Eberhard*	2,2
8	*Ulrich*	3,3	*Michael*	2,7	*Albert*	1,8
9	*Albert*	2,1	*Ulrich*	2,2	*Arnold*	1,7
10	*Berthold*	1,6	*Hermann*	2,1	*Lambert*	1,4
	73,9% von 1999 Männern		72,1% von 1153 Männern		80,0% von ca. 12000 M.	

Frauennamen

Bamberg 1323/48		Bamberg 1481/97	
Jutta	26x	*Margarete*	151x/18,1
Kunigunde	14x	*Kunigunde*	141x/16,9
Adelheid	6x	*Elisabeth*	112x/13,4
Irmel	4x	*Anna*	95x/11,3
Christine	4x	*Katharina*	65x/ 7,8
Hedwig	3x	*Barbara*	51x/ 6,1
Hilde	2x	*Gerhaus*	36x/ 4,4
Katharina	2x	*Adelheid*	28x/ 3,3
Gerhaus	2x	*Agnes*	25x/ 2,9
Agnes	2x	*Christine*	24x/ 2,8
76,4% von 117 Frauen		87% von 834 Frauen	

Münsterland 1498

Elisabeth	17,4	*Mechtild*	4,4
Gertrud	17,4	*Katharina*	4,0
Adelheid	12,9	*Kunigunde*	2,5
Margarete	11,3	*Fenne*	1,9
Christine	5,6	*Hilde[gund]*	1,7
79,1% von 2850 Frauen			

germanische Rufnamen
fremde Rufnamen
22,2 % aller männl./weibl. Rufnamen
18x Anzahl der Belege

A Häufigkeit beliebter Rufnamen im Spätmittelalter

B Die häufigsten männlichen Rufnamen des 14. Jh. im Südwesten

Tendenzen der spätmittelalterlichen Rufnamen-Geschichte lassen sich gut aus nebenstehenden Tabellen ablesen (Abb. A):

Die Fremdnamen erobern sich schnell, bes. bei den Frauen, einen Platz unter den beliebtesten Rufnamen. Je überregionaler die Verehrung, je vielfältiger und populärer die Patronate der Heiligen, desto häufiger werden ihre Namen vergeben. Am beliebtesten unter den nicht-germ. Männernamen werden im ganzen dt. Sprachgebiet *Johannes, Nikolaus, Peter* und *Jakob,* unter den Frauennamen *Margareta, Katharina, Elisabeth, Anna* und *Agnes.*

Neben die sprichwörtlich häufigen *Hinz* und *Kunz* (*Heinrich* und *Konrad*) treten nun ebenso sprichwörtlich häufig *Hans* und *Grete* (*Johannes* und *Margarete*).

Die Rufnamen-Konzentration (S. 31) setzt sich fort und ergreift auch die Fremdnamen. Im Münsterland deckten Ende des 12. Jh. nach Ausweis des ›Freckenhorster Heberegisters‹ die 10 häufigsten Rufnamen gerade ein Viertel der Männernamen ab, Ende des 15. Jh. aber über drei Viertel. Verteilten sich dort Ende des 12. Jh. die drei führenden Namen (*Acilin, Thiezo, Hezil*) auf ganze 11,7% der genannten Männer, so Ende des 15. Jh. (*Johannes, Heinrich, Hermann*) auf 54,6%.

Die Abstände der Spitzenreiter zu den übrigen häufigen Rufnamen werden immer größer. Im spätmittelalterlichen Zerbst erreicht *Margareta* 23% aller Frauennamen, gefolgt von *Katharina* mit 18% und, weit zurück, *Elisabeth* mit 4,7%. *Johannes* wird so populär, daß vielerorts jeder dritte Mann so heißt. Aber nicht überall ist er der Spitzenreiter: In Breslau steht *Nikolaus* 1361–1400 mit 26,4% vor *Johannes* mit 20%, vielleicht wegen der großen Nikolausverehrung im slawischen Umkreis. Die Hälfte aller südwestdt. Männer heißt im 14. Jh. *Johannes, Heinrich* oder *Konrad* (Abb. B), die Hälfte aller Frauen in Frankfurt/Main um 1385 *Else, Katharina, Gude (Guta)* und *Metze (Mechthild).*

Diese Rufnamenkonzentration ist einer der Gründe für die **Entstehung der Familiennamen** und ein **gesamteurop.** Prozeß. In Genua machen um 1166/81 *Guillielmus, Johannes, Obertus* und *Petrus,* in Florenz um 1260 *Jacobus, Johannes, Guido, Bencivene* und *Ugo* ein Fünftel der Männernamen aus. Von 1385 Nennungen in einem span. Lehenbuch entfallen sogar schon in den Jahren 1067–1179 48,4% auf nur drei Rufnamen, *Pere (Peter), Guillem (Wilhelm)* und *Raimon (Reimund).* Zu England S. 74.

Der Verlauf der Konzentration läßt sich räumlich und soziolog. genau orten. Abb. B beruht auf der Auswertung von ca. 16000 Rufnamen aus Güter- und Zinsverzeichnissen, die vorwiegend Bauern betreffen. Das ganze 14. Jh. zusammengefaßt herrschen im Osten noch germ. Rufnamen, im Westen ausschließlich *Johannes* (wobei *Heinrich* und *Konrad* sich fast immer Platz 2 und 3 teilen). *Johannes* hat sich am Oberrhein schon seit 1300 durchgesetzt, im Schwäbischen erst zwei Generationen später. Alle schwäb. Quellen auf Abb. B, in denen *Johannes* vorherrscht, datieren nach 1385. Der Prozeß ging vom Adel und Stadtbürgertum aus und griff dann auf die Bauern über.

Bei den übrigen häufigen Namen treten auf Abb. A **regionale Vorlieben** deutlicher zutage. *Konrad, Friedrich* z. B. sind mehr im Süden, *Gerhard, Dietrich* u. a. mehr im Norden zu Hause. Natürlich ragt *Kunigunde* in ihrem Heimatgebiet Bamberg bes. hervor. *Fenne* (aus *Aleferna*) ist beschränkt auf Münster-, Fries-, Emsland und Niederrhein. Eine lokale Spezialität ist *Gerhaus* (Variante zu *Gertrud*?), die sich seit 1300, später sehr häufig, in Bamberg und Umgebung findet.

Die einzelnen Namen treten jeweils in zahlreichen Varianten auf (S. 75). Was in Abb. A z. B. unter *Adelheid* zusammengefaßt ist, erscheint im Münsterland als *Aleke, Alke, Aleyt, Dage,* in Bamberg als *Alheit; Christine* hier als *Styne,* dort als *Christein; Gertrud* hier als *Gese, Drude,* dort als *Traut.* Sogar dieselbe Person urkundet oft verschieden, z. B. als *Elysabeth, Lizabeth, Elze.*

Die Reformation

Die Kritik der Reformatoren an der übertriebenen Heiligenverehrung ließ in protestant. Gegenden die Benennung nach nichtbibl. **Heiligen zurückgehen.** In luther. Gegenden geschah dies zunächst nur langsam. Luther selbst benannte von seinen 6 Kindern 4 mit Namen biblischer Herkunft *(Hans, Elisabeth, Magdalena, Paul),* scheute aber bei *Martin* und *Margaretha* vor Heiligennamen nicht zurück.

Die **Ausrichtung nach der Heiligen Schrift** auch in der Namengebung wurde am entschiedendsten durch die Reformierten gefördert. Im Genfer Rat setzten die Kalvinisten den Beschluß durch, daß Täuflingen nur biblische Namen zu geben seien.

Im Protestantismus lebten v. a. die weitgehend außer Gebrauch gekommenen **alttestamentarischen Namen** wieder auf. In der Steiermark begegnen im 16. Jh. Rufnamen wie *Holofernes, Enoch, Jonas, Abraham, Rebekka, Esther, Lea, Salome* usw. Der hier beginnenden Tradition verdanken auch spätere Berühmtheiten wie *Samuel* von Pufendorf, *Daniel Gabriel* Fahrenheit, G. *Ephraim* Lessing, *Immanuel* Kant ihre Vornamen.

Bes. beliebt wurden diese Namen im puritan. England und Amerika, man denke an *Abraham* Lincoln, *Isaak* Newton, *Adam* Smith, *Benjamin* Franklin. Hier hat die Redewendung von »Onkel *Sam*« (*Samuel*) und »Bruder *Jonathan*« ihren Ursprung.

Als Motto wird Lukas 1,62f. zitiert, wo der stumme Zacharias seinem Sohn den Namen gibt:
"Da fragten sie seinen Vater durch Zeichen, welchen Namen das Kind haben sollte. Er verlangte eine Schreibtafel und schrieb zum Erstaunen aller darauf: sein Name ist Johannes".

ONOMASTI
CON ECCLE-
SIAE.
Die Tauffnamen der
Christen/deudsch vñ
Christlich aus-
gelegt
Durch GEORGIVM
VVICELIVM.
Lucæ Cap.1.
Innuebant autem patri eius, quid
uellet uocari eum &c.
Cum gratia & Priuilegio Cæsareo.
M. D. XLI.

A >Namenbuch der Kirche< von Georg Witzel: Titelblatt (1541)

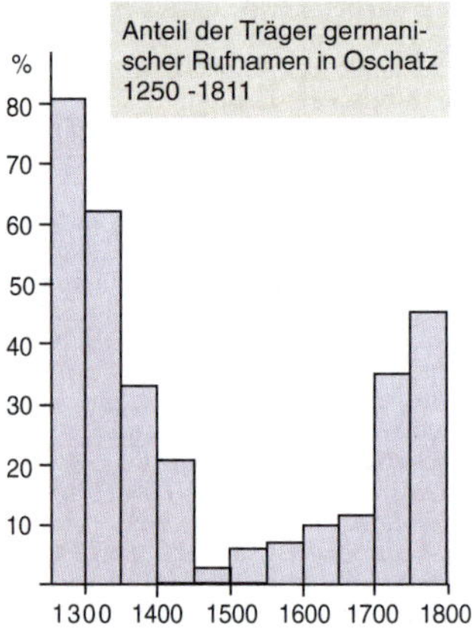

Absinken und Ansteigen von Rufnamen germanischer Herkunft vor und nach der Reformation

bis zur Reformation		danach bis 1700	
1. Hans	*22%*	*1. Hans*	*23%*
2. Peter	*6%*	*2. Christen/-ian*	*15%*
3. Christen/-ian	*6%*	*3. Peter*	*6%*
4. Martin	*6%*	*4. Andres/Enderli*	*5%*
5. Claus/Nigg	*4%*	*5. Jöri*	*5%*
6. Jacob	*4%*	*6. Caspar*	*4%*
7. Jöry/-ig	*3%*	*7. Jacob*	*3%*
8. Caspar	*3%*	*8. Conrad*	*3%*
9. Uoli	*3%*	*9. U(o)l(d)rich*	*3%*
10. Heini/Heintz	*3%*	*10. Claus/Nigg(o)*	*3%*
11. Jos	*3%*	*11. Paul*	*3%*
12. Symon	*3%*	*12. Martin*	*3%*
(%von 715 Männern)		(%von 4008 Männern)	

Die häufigsten männlichen Rufnamen in Davos vor und nach der Reformation

B Einfluß der Reformation auf die Namengebung

Heiligennamen und germ. Namen

Aus dem Kreis um Martin Luther erscheint 1537 ein lat. Büchlein ›Eigennamen der Germanen in ihrer urspr. Bedeutung‹, das seit 1554 Luther selbst zugeschrieben wird. Es ist ein Beisp. für reformator. Bestrebungen, die in Reaktion auf die kathol. Heiligennamen einen **Wiederanstieg der germ. Rufnamen** – nach jahrhundertelangem Rückgang – einleiten (Abb. B).

Mit einem ›Namen-Buch der Kirche‹ tritt der kathol. Theologe GEORG WITZEL 1541 den Protestanten entgegen (Abb. A). Auch wenn dt. Namen wie *Wolf, Ebert, Utz, Gele, Metz* »nach der heidnischen Barbarei schmekken«, verwirft er sie nicht ganz, empfiehlt aber fremdsprachliche Heiligennamen wie *Anastasius, Cyprianus, Agnes* als feine und der Frömmigkeit dienliche Namen.

Gegen ihn wendet sich wiederum der Satiriker JOHANN FISCHART um 1582 in seiner ›Geschichtsklitterung‹. Wenn man lat. und überhaupt fremde Namen so schätze, warum die Kinder nicht gleich auch auf »Tuerckisch vnd Sclavisch *Baiazet, Zisca* vnd *Rockenzan*« taufen? Doch verstehe es ein »Kabisbauer in seinem Kabiskopf« (Kohlkopf) besser, wenn man ihn *Wolfhart, Hildebrand, Sigfrid* nennt; die »teutschen ererbten« Namen wie *Eisenbart, Kerle, Hartdegen, Schartdegen* würden für »mannliche Leute« lustvoller als die fremden klingen.

Offizielle **kathol. Verlautbarungen** wurden vom Konzil von Trient 1545/63 initiiert. »Der Pfarrer möge dafür sorgen, daß den Kindern keine anstößigen, sagenhaften, lächerlichen Namen oder solche von Götzen oder Heiden gegeben werden, sondern, soweit möglich, von Heiligen« (›Rituale Romanum‹). Daher wurde nun auch die Feier des **Namenstages** statt des Geburtstages von den Seelsorgern mit Erfolg propagiert.

In diesem Sinne faßt später, bes. unter dem Einfluß der Jesuiten, noch eine Reihe **neuer Heiligennamen** Fuß: 1622 wurden *Ignatius* von Loyola, *Franziscus Xaverius, Theresia* von Avila und der Bauer *Isidor* von Madrid heilig gesprochen, 1726 *Aloysius* von Gonzaga, 1729 *Johann Nepomuk,* 1839 *Alfons* von Liguori.

Solche Kontroversen dürfen aber nicht darüber hinwegtäuschen, daß sich **in der Praxis bei der Masse der Bevölkerung** die bisherigen Rufnamen-Traditionen durch Reformation und Gegenreformation nur langsam verändert haben.

Im reformierten Davos und Langwies (Abb. B) steigen bis 1700 *Christian,* die Apostelnamen *Andreas* und *Paulus* und der dt. (Heiligen)Name *Conrad* merklich an, aber auch der Heiligenname *Georg (Jöri),* während der dt. (Heiligen)Name *Heinrich* und der Apostelname *Simon* absinken. Unter den Frauennamen stieg hier nach der Reformation biblisches *Maria,* aber ebenso nichtbiblisches *Katharina* enorm an: von unter 3% auf 15 bzw. 12%.

Im Gegensatz zu den prot. Geistlichen wurden die kath. dazu angehalten, beim Eintrag ins Taufregister **verkürzte Rufnamen auf die volle Namenform** der heiligen Namenspatrone zurückzuführen. In Taufbüchern der Gegend um Groningen kommt z.B. im 18. Jh. die Form *Johanna* fast nur im kath. Emsland vor, während die ev. Gemeinden *Janneke, Janke* und *Jantje* schreiben. Dadurch blieben in kath. Gegenden die Vollformen lebendiger, wohl mit ein Grund dafür, daß hier bis heute die Vornamen durchschnittlich länger sind als in protestant. Gegenden.

Bildung neuer Namen

Seit dem 17. Jh. gingen, bes. von pietist. Kreisen, neugebildete Rufnamen aus, deren Sinn jedermann verständlich sein und zur rechten Lebensführung mahnen sollte: *Traugott, Gotthelf, Gotthold, Christlieb, Glaubrecht* usw. Manche sind Übersetzungen von Fremdnamen, z.B. *Thimotheus* zu *Fürchtegott, Adam* zu *Erdmann, Amadeus* zu *Gottlieb.* Andere sind in christlichem Sinne umgestaltete altdt. Namen, z.B. Formen von *Liutbrecht, Liebrecht* zu *Leberecht, Frodemut* zu *Frohmut.*

Fast 200 Jahre bestimmen diese Neuschöpfungen die prot. Rufnamengebung mit, treten aber um 1800 stark zurück. Ihr Sinn wird nun als zu aufdringlich empfunden.

Benennung nach den Taufpaten

Die rel. Impulse der Reformation führten auch zu einer neuen **Motivation** bei der Namengebung: Man nennt die Kinder nach den Taufpaten, um das Band einer geistlichen Verantwortung zwischen Pate und Täufling deutlich zum Ausdruck zu bringen.

Das Wort Pate stammt von lat. *pater* und bedeutet '(geistlicher) Vater'; auch in dem Wort Gevatter steckt das Wort Vater, es bedeutet 'Mitvater'. So wird hier das Prinzip der Nachbenennung vom leiblichen auf den geistlichen Verwandten übertragen.

Manche Kirchenordnungen bestimmen ausdrücklich, daß den Kindern die Namen der Paten zu erteilen seien, etwa in Hessen unter dem prot. engagierten Landgraf PHILIPP DEM GROSSMÜTIGEN († 1567).

In Frankfurt/M. werden um 1540 etwa die Hälfte der Täuflinge nach den Paten benannt, in Greifswald um 1625 erst ein Fünftel, um 1700 ebenfalls etwa die Hälfte. Es waren durchaus nicht nur, aber überwiegend prot. Gebiete, die sich diesem Brauch anschlossen; kath. Gebiete im Osten und Süden, etwa in Ostpreußen, Österreich, Bayern und Baden kannten ihn zunächst weniger.

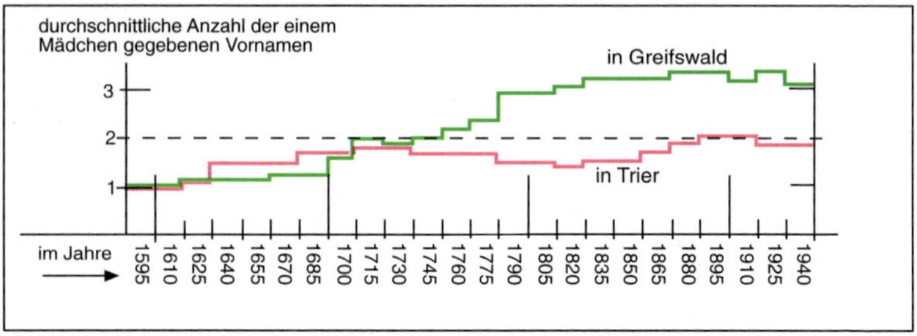

A Entwicklung der Mehrnamigkeit bei Mädchen 1595 - 1940

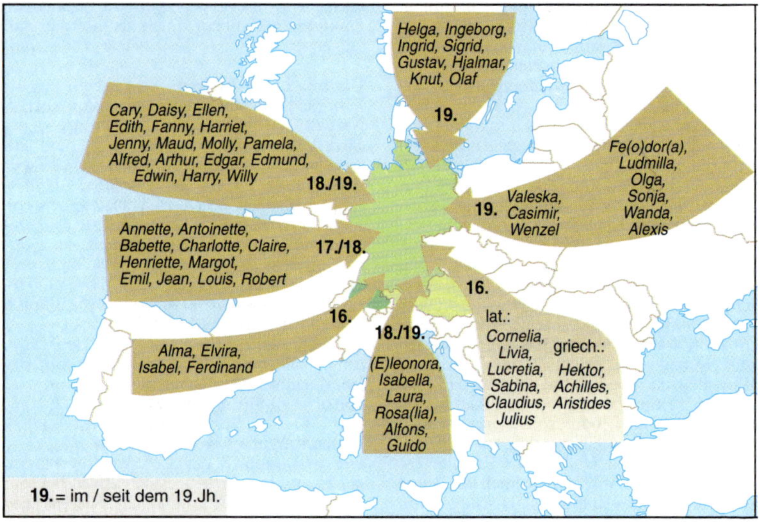

B Einströmen neuer Fremdnamen im 16.-19. Jh.

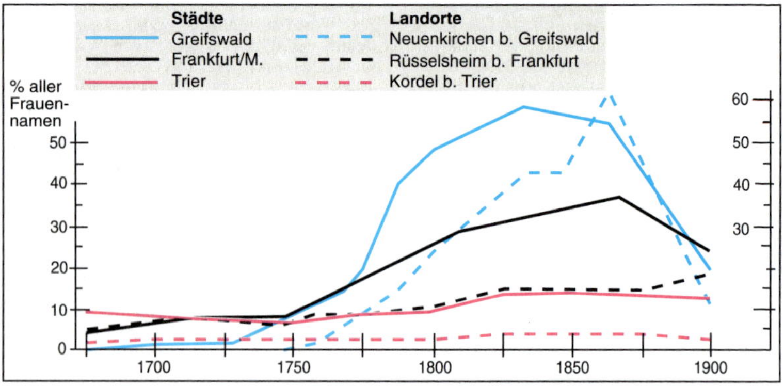

C Anteil der aus Männernamen gebildeten Frauennamen (*Wilhelmine* usw.) im 18./19. Jh.

Vergabe mehrerer Vornamen
Im späteren MA. wird beim Adel der Brauch üblich, Kindern zwei oder mehr Vornamen zu geben. Er breitet sich ab 1500 im Süden auch im Stadtbürgertum und von da weiter aus. Damit beginnt nach den Epochen der Einnamigkeit (nur *ein* Rufname) und der Zweinamigkeit (*ein* Rufname + *ein* Familienname) die **Epoche der Mehrnamigkeit.**

In Mittel- und Norddeutschland überwiegen noch Anfang des 17. Jh. einfache Vornamen, danach aber wird gerade hier die Mehrnamigkeit zur Regel, vgl. *Gottfried Wilhelm* Leibniz, *Christian Fürchtegott* Gellert u. a. m.

Bei Jungen verläuft die Kurve der Mehrnamigkeit prinzipiell wie bei den Mädchen (Abb. A), nur liegt sie im Durchschnitt etwa um ein Zehntel niedriger.

Mögliche **Gründe** der Mehrnamigkeit:
- das Bedürfnis nach Prestige und Nachbenennung nach mehreren Vorfahren oder Heiligen;
- die Notwendigkeit, häufige Rufnamen wie *Johannes, Anna, Maria* zu differenzieren, vgl. *Johann Sebastian Bach, Johann Christian Bach;*
- vielleicht auch barocke Freude an einer gewissen Namenfülle;
- später die Einbeziehung der Paten in das Vornamen-Gefüge.

Auch heute ist der zweite oder dritte Vorname die Stelle im Gesamtnamen, die sich zur Erfüllung derartiger Rücksichten anbietet.

Während heute meist nur einer der Vornamen als **Rufname** dient, wurden urspr. häufiger zwei Vornamen zusammen als Rufnamen gebraucht. Daraus entstanden **Zusammensetzungen** wie *Lieselotte (Elisabeth Charlotte), Amrei (Anna Maria), Annekätter (Anna Katharina), Hannjost (Johannes Jodokus).*

Neue Fremdnamen strömen im 16.–19. Jh. ein, als Angehörige der gehobenen Stände sich in der Namengebung von kirchlichen Traditionen zu lösen und nach wechselnden kulturellen und literar. Vorbildern auszurichten beginnen.

Allein von *Elisabeth* bürgern sich folgende Fremdformen ein: engl. *Lizzi, Betty, Alice* (urspr. zu *Adelheid*), frz. *Elise, Lisette,* span./it. *Isabel(la).*

Die **Humanisten** des 15./16. Jh. griffen antike Namen wie *Marius, Hektor, Vespasian* auf. Von diesen hielten sich aber nur wenige, bes. wenn sie durch Leitnamen von Herrscherdynastien gestützt waren wie *Julius* oder *August(us)* in Braunschweig bzw. Sachsen, *Max(imilianus)* in Bayern etc.

Die **Schäferpoesie** des Rokoko brachte *Damon, Phyllis, Lucinde* u. a. auf, wovon sich aber nur *Doris* 'aus der griech. Landschaft Doris' hielt, wohl weil es auch als Kurzform zu *Dorothea* aufgefaßt wurde.

Über die **Habsburger** floß seit dem 16. Jh. *Ferdinand,* über den ›Don Juan‹ *Elvira,* über Opern ROMBERGS und später FLOTOWS *Alma* aus Spanien ein. Über Österreich, auch durch Opern gefördert, kamen ital. Namen.

Mit der hochgeschätzten **frz. Kultur** des Sonnenkönigs LOUIS XIV. (1643–1715) werden frz. Rufnamen Mode; auch in der Aussprache, wovon noch heute *Schorsch* und österr. *Schani, Schachel (= Georg, Johann, Jakob)* zeugen. ROUSSEAUS vielgelesener Roman ›Emile‹ (1762) förderte *Emil* und *Eduard.* GOTTFRIED KELLERS ›Grüner Heinrich‹ (1854) spöttelt über die »städtisch verwelschten« Namen seiner Basen *Lisette, Caton* und *Margot* (frz. Kurzform zu *Margarethe*).

Im 18. Jh. brachte die Begeisterung für SHAKESPEARE und die zeitgenössischen **engl. Schriftsteller** viele engl. Namen aufs Festland. *Edgar* und *Edmund* wurden durch ›König Lear‹ gefördert, *Fanny* (zu *Franziska*) durch FIELDINGS ›Geschichte von den Abenteuern Joseph Andrews‹ (1742). Die pseudo-ossianischen Heldenlieder des Schotten MACPHERSON, eine literar. Sensation um 1760, verbreiteten *Malvine, Selma, Oskar.*

NAPOLEON z. B. wählte 1799 als Pate für den nachmaligen Schwedenkönig (1844–59) den Namen *Oskar.*

Die **Russenbegeisterung** nach 1813, später dynast. und literar. Vorbilder, bereiteten slawischen Namen den Weg.

Gustav wird durch den zum 200. Todestag des schwed. Königs in der Schlacht bei Lützen (1632) gegründeten ›Gustav-Adolf-Verein‹ in protestant. Gegenden **propagiert.** Im späten 19. Jh. folgen weitere skandinav. Namen.

Neue Frauennamen
Seit dem 17. Jh. werden durch Ableitung von Männernamen neue Frauennamen gebildet:

Albertine, Alwine, Antonie, Augustine, Ern(e)stine, Florentine, Friederike, Gustave, Hartmute, Hendrike, Hermanna, Hermandine, Hermine, Jakob(e)a, Joachime, Josephine, Klementine, Ludgera, Pauline, Philippine, Philippa, Ulrike, Wilhelmine, Viktorine usw.

Sie treten vor allem in prot. Gegenden auf, wo sie in der ersten Hälfte des 18. Jh. einen enormen Anteil der Frauennamen ausmachen (Abb. C).

Den Anstoß zu dieser Mode gaben frz. Vorbilder, vgl. *Henriette, Louise, Antoinette.* Sie breitete sich in Deutschland vor allem dadurch aus, weil auf diese Weise Mädchen nach ihrem Patenonkel benannt werden konnten (vgl. S. 47).

Wollte man Jungen nach einer Patentante benennen, wählte man dazu ähnlich klingende Männernamen, z. B. *Martin* für *Maria, Theodor* für *Dorothea* usw.

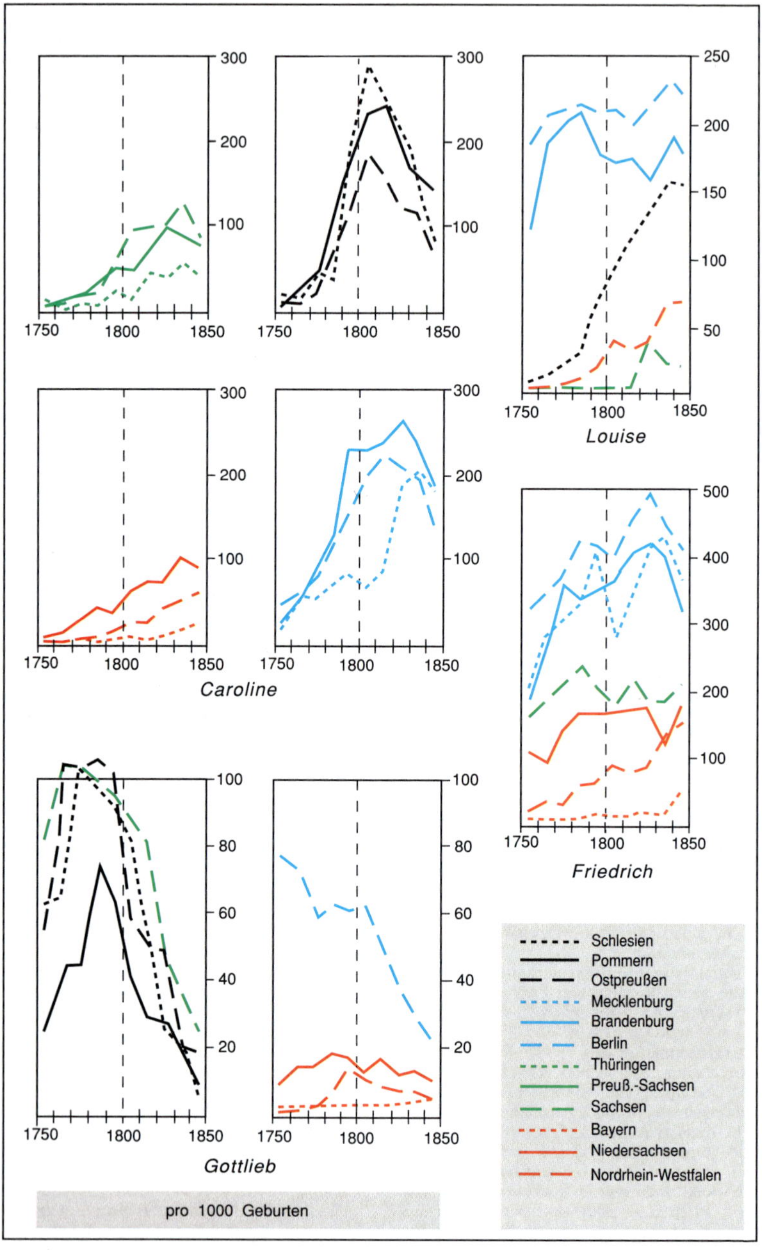

Häufigkeit einiger Vornamen 1750 -1850

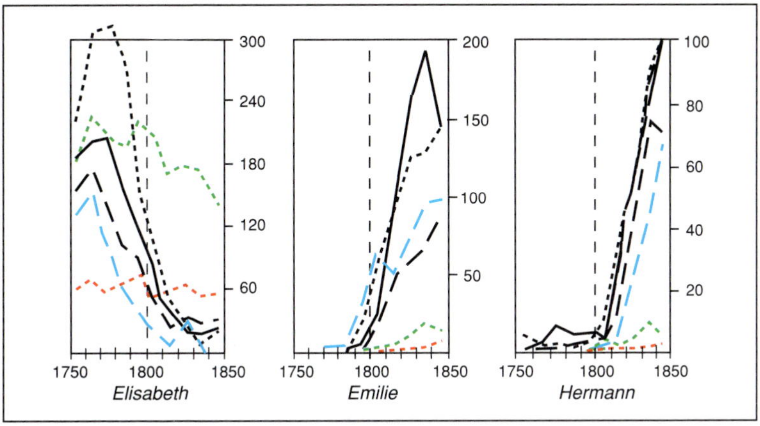

Häufigkeit einiger Vornamen 1750-1850

Vornamenregionen
Die Beliebtheit einiger 1750–1850 häufig gewählter Vornamen wurde durch GLEITZE 1963 statist. ausgewertet. Er vergleicht dabei **versch. Regionen** und wie oft in ihnen pro 1000 Geburten jeweils folgende Namen vergeben worden sind (auch als Zweitname): *Anna, August(in)e, Caroline, Elisabeth, Emilie, Maria, L(o)uise, Wilhelmine; August(us), Carl, Christian, Eduard, Friedrich, Gottlieb, Hermann.*

GLEITZE wollte vor allem herausfinden, ob sich an einer gemeinsamen Bevorzugung gewisser Vornamen ablesen läßt, wieweit Ostpreußen, Pommern und Schlesien schon seit 1750 zu einem **geschlossenen Kulturgebiet** zusammengewachsen waren (»kulturelle Integration«).

Caroline
Das Beispiel *Caroline* (ähnl. *August*) zeigt, daß die drei Ostprovinzen im Ablauf der Beliebtheitskurven untereinander und zusammen mit den preußischen Stammgebieten eine weit höhere Übereinstimmung zeigen, als sie sonst unter den dt. Ländern oder Regionen im 18. Jh. zu beobachten ist.

Als Preußen »seine volle politische Entfaltung erfuhr, war es bereits eine gewachsene kulturelle Einheit«. (GLEITZE, S. 150)

L(o)uise, Dorothea
Der **Einfluß Berlins** tritt bei *Louise* (ähnlich bei *Dorothea*) bes. deutlich hervor. Dieser Name, den auch 2 Schwestern FRIEDRICHS II. und die populäre Königin LUISE von Preußen (1776–1810) trugen, wird in Berlin über 100 Jahre an 20–23% aller Mädchen vergeben. Etwas abgeschwächt gilt diese Beliebtheit auch in Brandenburg und Ostpreußen. Nach der preuß. Einverleibung Schlesiens steigt der Name auch dort rapide an. Abgeschwächt läßt sich dieser Expansionsprozeß bis ins Gebiet von Nordrhein-Westfalen beobachten. In Sachsen erfolgt nach den Befreiungskriegen ein Anstieg.

Friedrich
Friedrich, um 1750 mit Ausnahme Bayerns in ganz Dtl. relativ häufig, steigt in der Regierungszeit des Alten Fritz (1740–86), meist als Zweitname, im Preußischen enorm an und erreicht als **beliebtester Rufname** zwischen 1790/1830 Spitzenwerte von 40–50%.

Gottlieb
Der protestantische Name *Gottlieb* ist um 1750 in **Sachsen** relativ beliebt, steigt an und strahlt von hier aus. Mit je einem Jahrzehnt Abstand schließen sich Ostpreußen, Schlesien, Pommern und Preußisch-Sachsen dem Trend an.
Doch in Berlin zeigt sich schon früh gegenüber diesem Namen ein gewisser Überdruß, der um die Jh.-Wende auch die anderen Gebiete erfaßt.

Viele **Heiligennamen verlieren** sehr an Ansehen, z. B. sinkt in Pommern zwischen 1770/1840 *Maria* von 38 auf 12%, *Anna* von 26 auf 4%, *Christian* von 18 auf 3%. *Elisabeth* widersteht diesem Trend nur in der thüring. Heimat dieser Heiligen.
Den **steilsten Anstieg** verzeichnen *Emilie* und *Eduard, Wilhelmine* (von 2% auf ca. 30%) und *Hermann,* letzterer wohl aufgrund nationaler Selbstbesinnung; wird doch der germ. Held, der 9 n. Chr. im Teutoburger Wald die Römer schlug, seit KLOPSTOCKS ›Hermanns Schlacht‹ 1769 in zahlreichen Dichtungen gefeiert.

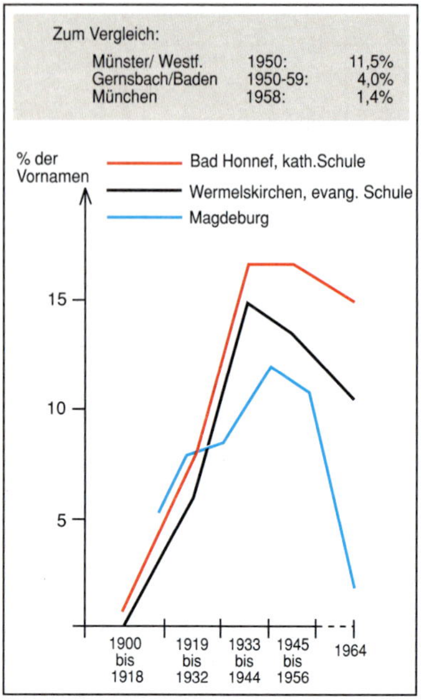

A Anstieg der Bindestrich-Vornamen

Einleitung des Vornamenbuchs von Khull-Kholwald (1939)

Das Wesen deutscher Namen

Das Entstehen, die Bildung und Entwicklung unseres Namenschatzes geht in uralte, vorgeschichtliche Zeiten unseres Stammes, der nordischen Germanen, zurück. Diesem Urvolke verdanken alle jene Stämme, die heute Deutschland besiedeln, die Baiern, Alemannen, Schwaben, Sachsen, Hessen, Thüringer, Friesen, Franken, ihr Dasein. Sie sind überall deren bester Teil.

B Empfehlung deutscher Namen in der NS-Zeit

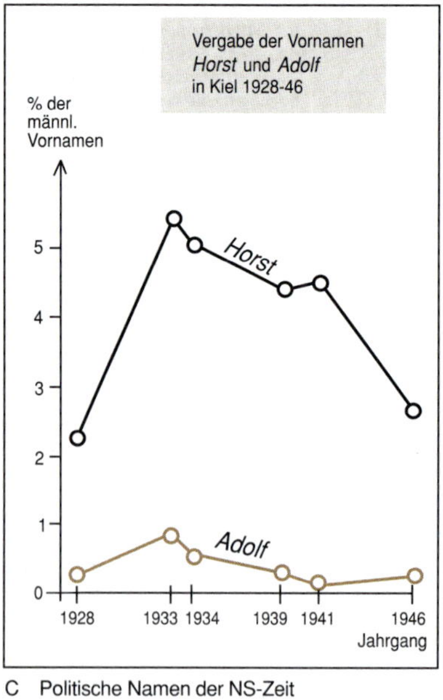

C Politische Namen der NS-Zeit

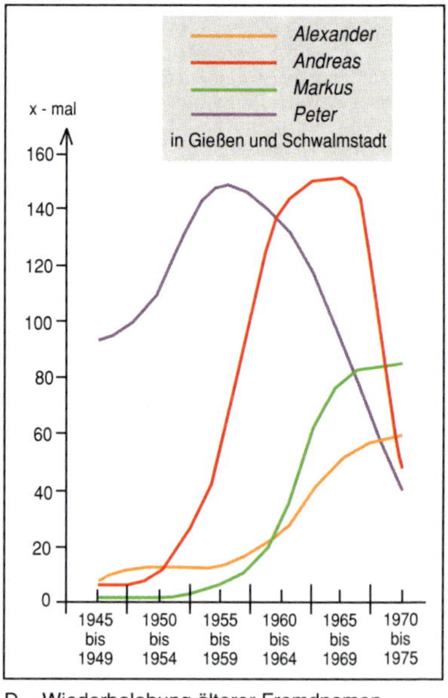

D Wiederbelebung älterer Fremdnamen

Vornamen im Wechsel der Moden

Schon JOH. CHR. DOLZ beobachtete 1825 ›Die Moden in den Taufnamen‹, als *Christian, Gottfried, Friederike* etc. durch *Emil, Gustav, Emma* etc. abgelöst wurden. Solche Wechsel laufen seitdem in immer kürzeren Rhythmen ab. Generell zeigen sich dabei folgende Tendenzen:

1. Erst Ende 19. Jh. wird es üblich, daß auch **Kurzformen** im Standesregister eingetragen werden: *Elsa, Dora, Frieda, Lotte, Trude, Fritz, Heinz, Max, Willi;* später *Heidi, Bernd, Dieter, Gerd, Jochen, Klaus, Udo* usw.

2. Parallel zu den Kurzformen wächst seit Ende 19. Jh. die Zahl von **Doppelformen** wie *Hannelore, Hansjürgen, Karlheinz* an. Sie erreichen mit vielen neuen Kombinationen *(Heidemarie, Hansgerd),* vor allem aber durch die bes. für Jungen zur Mode werdenden **»Bindestrichnamen«** *Hans-Peter, Hans-Joachim, Klaus-Dieter, Kai-Uwe, Eva-Maria* etc. (Abb. A) in den 30er bis 50er Jahren des 20. Jh. große Beliebtheit.

3. Schon 1828 hatte der Romantiker JEAN PAUL einen ›Rath zu **urdeutschen Taufnamen**‹ veröffentlicht. Doch erst langsam, gefördert durch erstarkendes Nationalbewußtsein bes. nach der Reichsgründung 1871, durch entsprechende pädagogische Bemühungen um eine »reine« dt. Sprache, dann durch die Situation in und nach dem Ersten Weltkrieg, gewannen germ. Namen wie *Helmut, Reinhold, Eberhard, Wolfgang, Hildegard, Gertrud* wieder an Beliebtheit.

Kaiserslauterer Schüler trugen um 1920 zu 75% Vornamen germ. Herkunft, ihre Väter nur zu 50%, ihre Großväter zu 25%.

Ein Erlaß der **Nationalsozialisten** vom 14. 3. 1937 bestimmte: »Die Kinder deutscher Volksgenossen sollen grundsätzlich nur deutsche Vornamen erhalten.« Entsprechende Namenbücher führen nur Namen germ. Herkunft an, doch in der Praxis wurden auch die längst eingebürgerten Vornamen aus anderen Sprachen weiterhin vergeben, so daß diese Zeit keinen tiefergreifenden Einschnitt in der Namengebung hinterließ.

Interessanterweise nehmen *Adolf* und *Horst* z.B. in Kiel schon nach 1933 ab (Abb. C). *Horst* (ein mittelalterl. Pferdename) war nach dem Tod (1930) des zum nationalsoz. Märtyrer stilisierten SA-Führers HORST WESSEL angestiegen. Ähnlich *Uta, Ute* durch die zum dt. Idol stilisierte Stifterfigur im Naumburger Dom.

4. Schon während des Zweiten Weltkriegs bahnt sich eine Entwicklung an, die nach 1945 durchbricht und bis heute in immer neuen Schüben die Namengebung beherrscht: die **Wiederbelebung biblischer und antiker** Vornamen.

Zunächst *Andreas, Michael, Thomas, Christine, Petra, Sabine*; dann (Abb. D) *Markus, Sebastian, Daniel, Julia, Stefanie*; seit Mitte der 80er: *Tobias, Philipp, Anna*; in den 90ern: *Felix, Lukas, Paul, Franziska, Maria, Sophie* (s. S. 56 f.).

5. In der 2. Hälfte des 20. Jh. nimmt die Aufnahme von Namen aus **Sprachen von Nachbarländern** enorm zu.

Nordische (und niederdt.) Namen dringen auch nach Mittel- und Süddtl. vor: *Björn, Jan, Ni(e)ls, Sven, Antje, Heike, Silke.*

Seit den 60ern werden **slaw.** Namen wie *Boris, Sascha, Nadja, Tanja* beliebt.

Dasselbe gilt für **franz.** Namen wie *André, Nadine, Nicole, Yvonne,* in den 90ern bes. *Marcel, Pascal, Désirée, Michèle.*

Der **angloamerikanische** Einfluß, im allgemeinen dt. Wortschatz seit 1945 eminent, setzt bei den Namen etwas verzögert ein: in den 50ern mit *Oliver,* es folgen ab den 60/70ern *Mike (Meik, Maik), Patrick, Steven, Carolyn, Sabrina.* 1985–92 gelangt *Jennifer* unter die 10 häufigsten Namen der BRD, ab 1990 *Kevin* (urspr. irisch; 'schön, anmutig geboren') und *Vanessa* (1726 von J. SWIFT aus den Namen **Es**ther **Van**homrigh gebildet), ab 1993 *Jessica* (Abb. S. 56 f.).

6. **Namenvarianten** werden immer häufiger als **verschiedene Namen** aufgefaßt und verwendet: *Markus, Mark, Marco; Maria, Marie; Brigitte, Birgit, Birt(h)e, Britta, Berit; Katharina, Katrin, Karin(a), Karen, Katja.*

Modernere Varianten lösen ältere ab. In der ehem. DDR wurden z.B. zwischen 1954 und 1964 *Jürgen* von *Jörg* und *Stephan* von *Steffen* überholt. Nach Abb. 56 A hat die Kurzform *Kat(h)rin* 1977–83 altes *Katharina* überflügelt, doch kehrt sich das Verhältnis seit 1984 wieder um.

7. Die **Mehrnamigkeit nimmt ab,** vor allem in Norddeutschland. Im Kreis Bad Segeberg (Schleswig-Holstein) bekamen um 1940 69% der Neugeborenen nur noch *einen* Vornamen, 1970 waren es schon 87%; in Hamburg 1978 69%, dagegen in Heidelberg im gleichen Jahr nur 43%, 1994 aber schon 56%. 1994 registrierten die Standesämter in Bayern, Baden-W., Rheinland-Pfalz und Saarland zwischen 50–70% Einnamigkeit, in den anderen Bundesländern (z.T. weit) über 70%.

8. Die **Verteilung** der Vornamen wird durch die freie Namenwahl (S. 55) **individueller.** In manchen Orten und Zeiten trug früher jedes dritte Kind denselben Vornamen (S. 45), heute selten mehr als jedes zwölfte. 1995 bekamen 80% der Neugeborenen in München einen Namen, der hier höchstens 4 x vergeben wurde.

9. Die **Zahl** der Vornamen **nimmt stetig zu.** In der Schweiz wurden 1950–75 über 3000 verschiedene Vornamen geführt, im ganzen dt. Sprachgebiet dürften es (ohne Ausländer) heute über 20 000 sein.

In Schweden kamen am 1. 1. 1995 10 179 Vornamen mehr als 19 x vor.

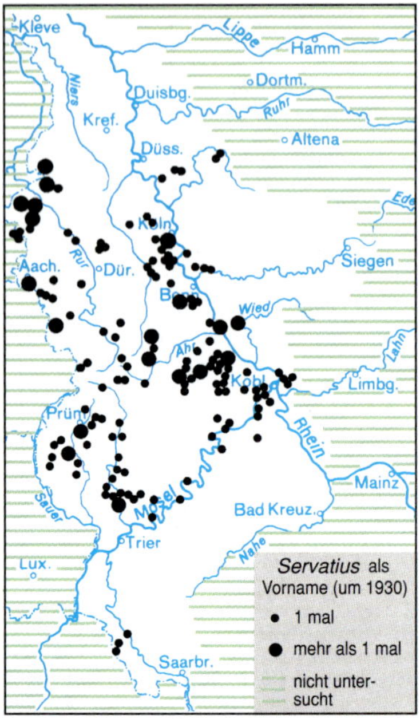

A Einfluß regionaler Heiligenverehrung

Modenamen in München 1974

bei den **Selbständigen**			bei den **Arbeitern**		
I. *Christian*	5,8		I. *Thomas*	9,7	
Florian	5,8		II. *Markus*	8,2	
Stefan	5,8	27,0	*Michael*	8,2	40,6
II. *Alexander*	5,0		III. *Christian*	7,9	
III. *Andreas*	4,6		IV. *Andreas*	6,6	
IV. *Thomas*	4,2	43,2	V. *Stefan*	4,8	58,5
V. *Michael*	3,5		VI. *Alexander*	4,5	
VI. *Christoph*	3,1		VII. *Robert*	3,4	
VII. *Markus*	2,7		VIII. *Jürgen, Jörg*	2,9	
Martin	2,7				
Matthias	2,7		IX. *Peter*	2,3	
Philipp	2,7				
Sebastian	2,7				

Ziffern = % der 1974 in München in dieser Schicht vergebenen Jungennamen

B Unterschiede in den Gesellschaftsschichten

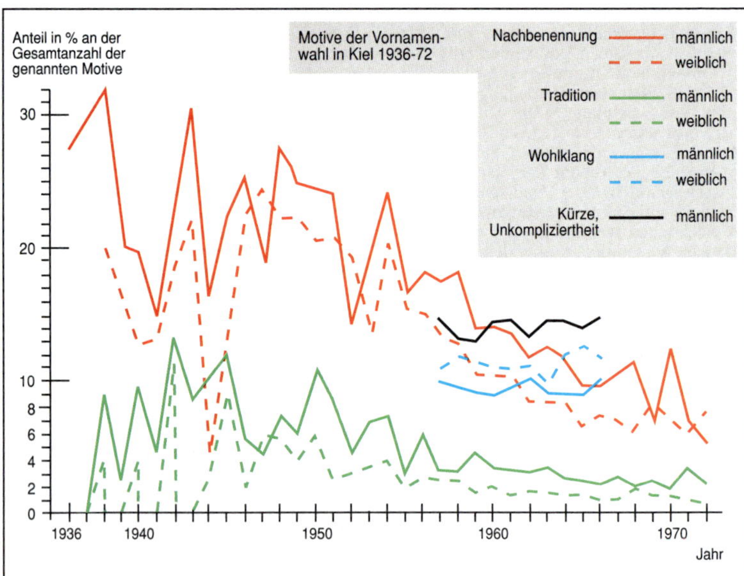

C Abnahme traditioneller Motive der Vornamenwahl

10. **Regionale Unterschiede verwischen** bei **häufigen** Namen zunehmend, vgl. die Tabellen S. 56. Doch bestehen großräumig noch deutliche Differenzen. Mitte der 80er rangierten *Sebastian, Benjamin, Jan* in der BRD unter den 10 am häufigsten vergebenen Namen, in Österreich aber auf den Rängen 37, 51, 116; statt *Anna* und *Sara* wurden dort *Barbara, Elisabeth* und *Martina* favorisiert.
Auch bei **weniger häufigen** Namen nimmt das regional geprägte Namengut ab.

Auf Abb. A spiegelt der Vorname *Servatius* das Kultgebiet des im Rhein- und Maasland verehrten Heiligen noch um 1930 deutlich wider; heute ließe sich die Karte nicht mehr mit solcher Belegdichte zeichnen.

Auch die wohl eigenständigste, fries. geprägte Namen-Landschaft an der Nordsee lockert sich auf, obwohl viele Familien darauf um so bewußter mit der Wahl einheim. Namen reagieren. Die »Namenmanscherei« ist unaufhaltsam, gegen die Th. FONTANE den Titelhelden im ›Stechlin‹ (1899) sich verwahren läßt: »Was ein Märkischer ist, der muß *Joachim* heißen oder *Woldemar*. Bleib im Lande und taufe dich redlich.«

11. **Schichten- und gruppenspezifische Unterschiede** werden zunehmend **nivelliert.** Kaum jemand kann sich heute noch wie ein Satiriker im ›Anhaltischen Magazin‹ 1828 darüber lustig machen, daß selbst Landarbeiter bürgerliche Vornamen tragen:

Jetzt dreschen *Gustav's* unsern Weitzen
und *Eduarde* schobern Heu.
Indeß *Mathilden* Stuben heitzen . . .

Am Vornamen merkt man kaum mehr, ob jemand aus der Stadt oder vom Land, aus der Unter- oder Oberschicht, von kath. oder ev. Eltern stammt.

Kurzformen wie *Heinz, Dieter* waren 1973 bei Heidelberger Protestanten in der Vätergeneration noch 9% häufiger als bei Katholiken, bei den Söhnen nur noch 3%.

Gewiß lassen sich schichtenspezif. Unterschiede in Vornamenschatz, -länge, -vielfalt, -anzahl und -motivation auch heute noch deutlich quantifizieren.

Nach einer Statistik von 1974 (Abb. B) konzentrierten sich in München die Arbeiter auf weniger Namen und hielten länger an trad. Jungennamen wie *Robert, Jürgen, Peter* fest. Gleichzeitig brachten die Selbständigen althergebrachte Mädchennamen wie *Anna, Maria, Barbara* wieder in Mode.

Doch der Austausch zwischen den Schichten erfolgt heute sehr schnell.

Motivationen bei der Namenwahl

Viele der genannten Tendenzen finden ihren Grund darin, daß sich seit den letzten 3–4 Generationen ein **Umbruch in der Motivation** von »gebundener« zu »freier« Namenwahl, von »Traditionsnamen« zu »Geschmacksnamen« vollzog, der mit seinen Folgen den tiefgreifendsten Einschnitt in der Geschichte der Vornamen seit der Einführung der mittelalterl. Fremdnamen markiert.

Gebundene Namenwahl

Die Bindung an Traditionen bei der Namenwahl nimmt ab. Dazu gehört vor allem die **Nachbenennung** nach Großeltern, Eltern, Paten; vgl. für die Stadt Kiel Abb. C, die ca. 7500 Fragebögen auswertet.

Ein Beispiel aus dem äußersten Süden: in Gossensaß und Pflersch/Südtirol erhielten 1880–1900 25% der Kinder den Namen ihres Paten, 1946–75 nur noch 12%, obwohl zwischen den Kriegen dieser Brauch als Gegenreaktion auf die Italianisierungspolitik stark zugenommen hatte.

Auch bei der Benennung nach familiärem, religiösem oder regionalem Brauch ist die Tendenz fallend. Diese Motive sind Abb. C unter ›Tradition‹ zusammengefaßt.
Solche Traditionen leben natürlich je nach Gegend, Bevölkerungsgruppe, Familiensituation unterschiedlich fort. Z. B. treten Nachbenennungen in Familien mit mehreren Kindern häufiger auf, betreffen Jungen mehr als Mädchen, liegen bei Akademikern um 25% höher als bei Arbeitern.
Eine typische **Übergangserscheinung** ist, daß traditionelle Rücksichten, je stärker sie beim **ersten** Vornamen zurücktreten, desto mehr bei der Wahl des **zweiten** oder weiterer Vornamen eine Rolle spielen.

Freie Namenwahl

Bei der freien Namenwahl können sich die Eltern einerseits an einem beliebigen Spektrum sympathischer Personen orientieren, andererseits an einem schier unbegrenzten Nameninventar.
Bezeichnend für die freie **Orientierung am Inventar** ist, daß viele Eltern dazu auch Vornamenbücher durchsehen. Entschieden wird dann vor allem nach persönlichen Geschmackskriterien, so nach der Einschätzung »modern/altmodisch« oder »schön« in Hinsicht auf lautlichen Wohlklang, Vokalreichtum, Betonung, Harmonie mit dem Familiennamen.

Vokalwiederholungen (*Helene Jehle*) oder Reime (*Herrmann Lehmann*) gelten z. B. nicht als wohllautend.

Viele achten auch darauf, daß sich der Name später möglichst nicht zum Spitznamen verstümmeln läßt.
»Geschmack« ist freilich schwer zu fassen und regional und sozial verschieden. In Kiel gaben 1973 14% – die meisten – der Befragten an, ein Jungenname gefalle ihnen in erster Linie dann, wenn er »schlicht, unkompliziert« sei (bei Mädchennamen 11%); 7%, wenn er »wohlklingend« sei (Mädchen: 9%).

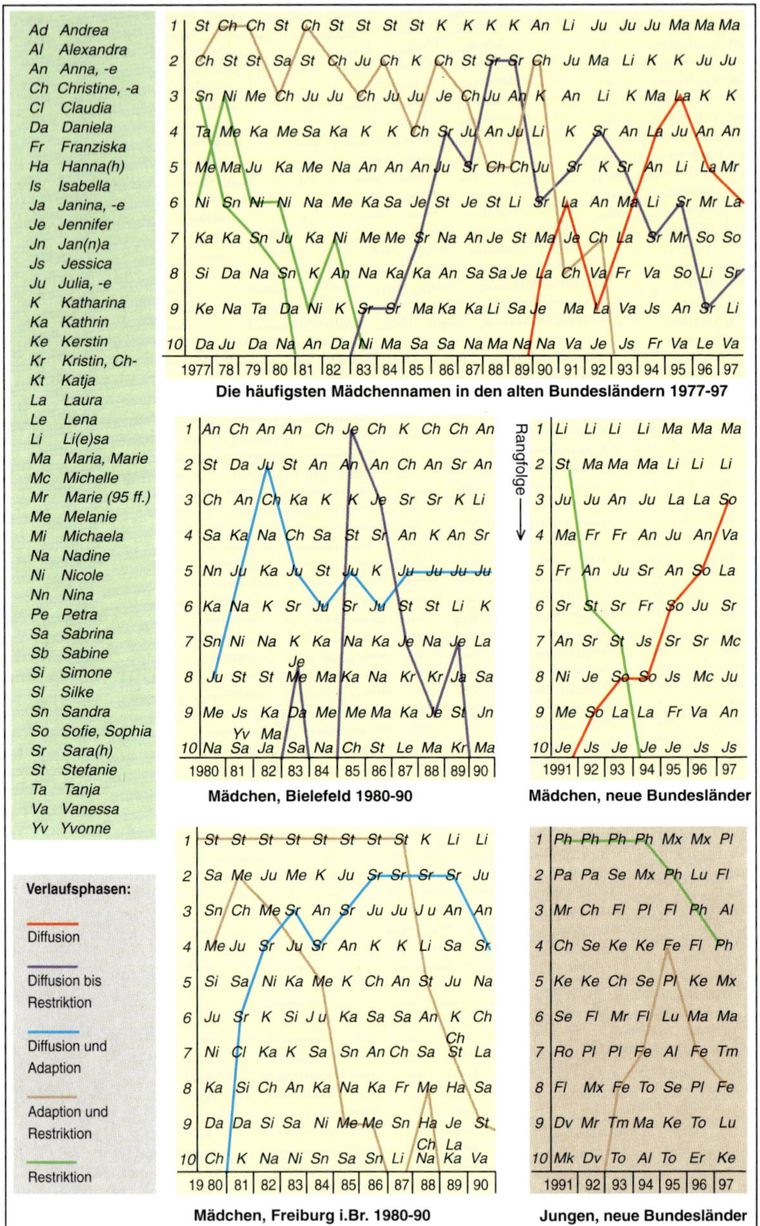

Die häufigsten Vornamen in Deutschland seit 1977

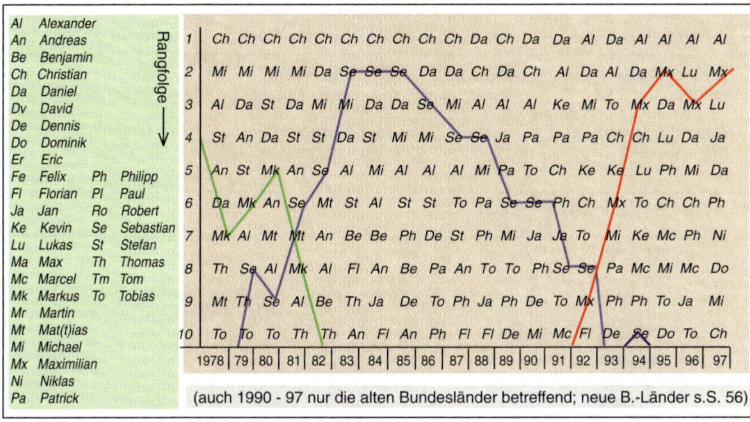

Die häufigsten Jungennamen in der Bundesrepublik Deutschland 1978-97

Eine **Orientierung nach Personen** wird z.B. aus der Rangfolge von Beweggründen (ab Rang 7) deutlich, die 3341 Eltern in der ehem. DDR für die Namen ihrer 1960–90 geborenen Kinder angaben:

(Haupt)motiv	Anzahl	%
1. Wohlklang	867	26,9
2. Harmonie mit dem Familiennamen	388	11,6
3. Kürze	188	5,6
4. Bezug zu den Vornamen der Familie	186	5,6
5. Seltenheit	162	4,8
6. dt. (d.h. nicht fremdländ.)	137	4,1
7. nach Schauspielern	123	3,7
12. nach persönlich Bekannten	80	2,4
17. nach Musikstars	43	1,3
18. nach Romanfiguren	41	1,3
23. nach historischen Gestalten	28	0,8
24. nach Sportler(inne)n	27	0,8
25. nach Künstler(inne)n	25	0,7

Liegen Namen im allgemeinen Trend, können Stars diesen verstärken. *Nicole* stieg seit 1960 stark an. Die Heldin der vielgesehenen Fernsehserie ›Ein Sommer mit *Nicole*‹ 1964 bekam aufgrund dieses Trends diesen Namen, dies förderte seinerseits wieder den Trend, der sich dann in den 70ern in Kinderbüchern, Porzellandecors, Zeitschriftentiteln etc. niederschlug; seit Ende der 70er nimmt der Name wieder ab (Abb.).

Mehr oder weniger unbewußt spielen auch **psycholog. und soziolog. Faktoren** mit, z.B. Erfahrungen mit dem eigenen Namen, mit anderen Namenträgern sowie Anpassungs- oder Profilierungsbedürfnis.

Letzteres führt manchmal zu unpassenden Fügungen wie *Desdemona Stümpfle.*

Eltern, die ihre Anschauungen allzu demonstrativ mit *Gneisenauette* (um 1815), *Lasalline* (um 1900), *Bringefriede* (1945) oder ihre Gefühle mit *Pumuckl* (1986) ausdrücken, belasten ihre Kinder; in Extremfällen greift das Standesamt ein (S. 175).

Vornamenmoden der Gegenwart

Die freie Namenwahl führt einerseits dazu, daß **immer mehr aparte Namen** gewählt und geschaffen werden. Bei der Gesellschaft für Deutsche Sprache (S. 15) gingen z.B. 1994 Anfragen ein, ob *Lineira, Maru, Seraina, Shawnee, Shereena, Tashina* usw. als Vornamen vergeben werden könnten. Der Trend zu aparten Namen betrifft bes. Mädchen.

In Flintbeck (Schleswig-Holstein) wurden 1972–84 73% der 370 Mädchennamen, aber nur 32% der 425 Jungennamen nur 1x vergeben.

Andererseits zeigen die Statistiken immer wieder **Konzentrationen auf einzelne Namen** oder Namengruppen, seit 1981 z.B. auf *Anna* und in ihrem Gefolge auf weitere Zweisilbler mit *-a:* ab 1987 *Li(e)sa* und *Lena,* ab 1990 *Laura* (Abb.).

Tabellen der beliebtesten Namen erscheinen seit 1977 jährlich in der Zeitschrift ›Der Sprachdienst‹.

Die Kurven der beliebtesten Namen zeigen oft den typ. **Phasenverlauf einer Mode:** langsamer Anstieg (Innovation) → rapider Anstieg (Diffusion) → größte Verbreitung (Adaptation) → Rückgang (Restriktion).

Modenamen liegen gleichsam in der Luft. Kaum haben Eltern ihrem Kind einen ihrer Ansicht nach schönen und nicht sehr häufigen Namen gegeben, hören sie überraschend oft, daß in ihrer Umgebung sehr viele andere Kinder genauso heißen. Was Auftreten und Wechsel von Modenamen bewirkt, ist noch weitgehend offen. **Beratungsstellen** s. S. 15.

Verwandtschaft	Herkunft	Beruf / Stand	persönliche Merkmale
Sîvrit der Sige-mundes sun (333)	*Sîvrit von Niderlant* (258)	*der herre Sîvrit* (770)	*Sîvrit der recke* (221)
Dancwart Hagenen bruoder (173)		*Dancwart der marschalch* (1922)	*Dancwart der vil snelle* (9)

Ziffern = Strophennummer des Nibelungenlieds

A Namenzusätze im Nibelungenlied

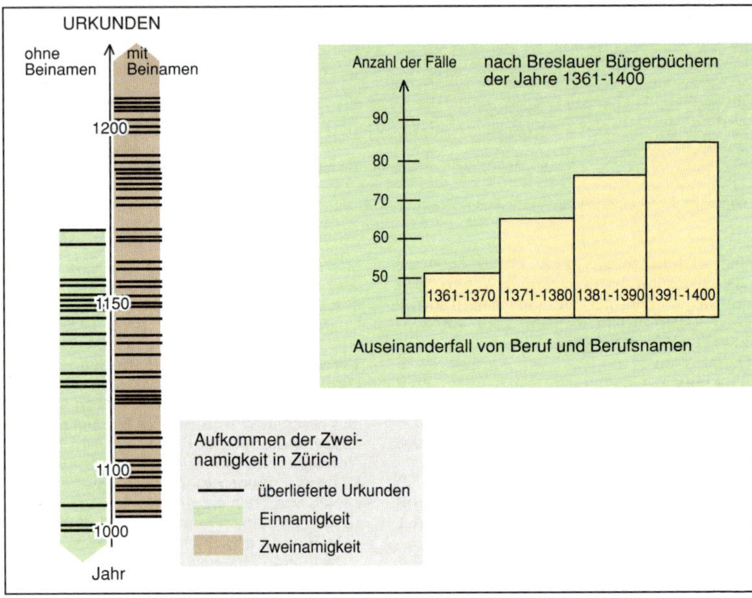

B Anfänge der Zweinamigkeit

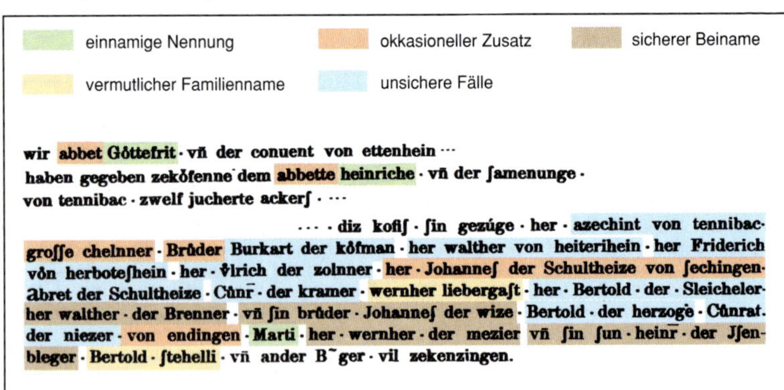

C Benennungstypen in einem Kaufvertrag von 1269

Namenzusätze, Beinamen

Heute ist es in fast allen Ländern Vorschrift, wenigstens zwei Namen zu tragen: Vor- und Familiennamen. In Japan wurde dies erst 1875, in Bulgarien 1878, in der Türkei 1934, in Ägypten in den 50er Jahren Gesetz.

Jahrtausende aber trug man bei den Germanen und anderen Völkern **nur einen** Namen: *Wulfila, Moses, Platon.*

Ausnahme sind die Römer mit ihrem Drei-Namen-System: *Quintus Horatius Flaccus* ('der Fünfte, aus der Sippe der Horatier, der Blonde') = Rufname + Sippenname + Beiname.

In manchen Situationen wurden einnamige Personen freilich schon immer durch **Zusätze** bes. gekennzeichnet, etwa zur Auszeichnung *(Karl der Große)*, zur Unterscheidung *(Pippin der Ältere/Jüngere)*, zur Charakterisierung *(Ludwig der Fromme)*, um Verbundenheit mit anderen Personen auszudrücken (*Hrabanus Maurus* nach seinem Vorbild, dem heiligen *Maurus*). Solche Zusätze können je nach Anlaß wechseln (vgl. Abb. A).

Wenn ein solcher Zusatz nicht nur gelegentlich (okkasioneller Zusatz), sondern mehr oder weniger regelmäßig zur Kennzeichnung einer Person verwendet wird, bezeichnet man ihn als **Beinamen.**

Übergang zur Zweinamigkeit

In Urkunden und anderen Quellen läßt sich seit Anfang des 12. Jh. eine verstärkte, dann zunehmend regelmäßige Personenbezeichnung mit Ruf- **und** Beinamen beobachten. Dabei wird oft der Beiname ausdrücklich als solcher gekennzeichnet: *Giselher genant Obst* ('Obstbauer'), statt »genannt« oft auch »heisset/dictus/cognomine« u. ä.

Damit beginnt der entscheidendste Einschnitt unserer Namengeschichte: der Übergang **von der Einnamigkeit zur Zweinamigkeit.**

Natürlich waren Beinamen schon vorher beliebt. Viele altüberlieferte Namen lassen sich nur als Beinamen verstehen: *Burgio* 'der Bürge', *Krispo* 'der Krauskopf' oder in einer röm. Inschrift des 2. Jh. n. Chr. der Frauenname *Strubil* und auf Keramikscherben der Töpfer *Strobil* ('Strubelkopf', vgl. Familiennamen wie *Strobel, Straub, Struve*). Sie verdrängten den urspr. Rufnamen, etwa wenn ein *Dietmar* wegen seiner Herkunft nur noch *Friso* '(der) Friese' gerufen wurde.

Solange der Beiname aber nicht zusätzlich, sondern anstatt des Rufnamens auftritt, befinden wir uns noch in der Epoche der Einnamigkeit.

Abb. B zeigt den Übergang an Urkunden der Stadt Zürich. Ab dem Jahr 1000 setzen vereinzelt zweinamige Einträge ein, daneben halten sich einnamige bis 1150/70, danach finden sich nur noch zweinamige.

Nach 1350 war Zweinamigkeit in den Städten so üblich, daß das Fehlen eines Beinamens selbst zum Beinamen werden konnte: *Heinrich ane czunamen* 'H. ohne Beinamen' 1361 Breslau.

Entstehung der Familiennamen

Die Entwicklung führt nun aus dem Nebeneinander versch. okkasioneller Zusätze über rel. beständige Beinamen schließlich zu den Familiennamen.

Ein **Familienname** entsteht, wenn der Beiname einer Person auf deren Nachkommen vererbt wird.

Im meistbenutzten lat.-dt. Wörterbuch des MA, dem ›Vokabularius Ex quo‹, wird der Beiname quasi als »gemeinsamer Name der ganzen Verwandtschaft« definiert (»cognomen: zuname, quasi commune nomen totius parentelae«).

Die **wichtigsten Kriterien** für die Feststellung, ob in einer mittelalterlichen Quelle noch ein Beiname oder schon ein Familienname vorliegt, sind:

1. Die Vererbung ist mehrere Generationen nachweisbar. Unsicherheit besteht hier v. a., weil auch Berufe oder Wohnstätten vererbbar sind und entsprechende Beinamen bei Vater und Sohn jeweils neu entstehen können.
2. Geschwister tragen denselben Namen: *Hermann und Joseph genant Keyser.*
3. Der Name paßt inhaltlich nicht zur betreffenden Person:

   Thewes Einarm hat zwei Arme, *Fritsche genant Hamburger* war nie in Hamburg.

   In Bürgerbüchern, die meist den Beruf mit angeben, kann man verfolgen, wie Namen nach Berufen und die tatsächlichen Berufe der Betreffenden immer häufiger voneinander abweichen, z. B. *Herman Pfannensmit der garnzuger* ('Garnzieher') (Abb. B). In vielen dieser Fälle müssen ererbte Familiennamen vorliegen.
4. Sehr unsicher, aber je nach Quellenbeschaffenheit mitzuberücksichtigen, sind sprachliche Kriterien, so der Wegfall von Verbindungsgliedern zwischen Rufnamen und Beinamen:

   Hennich Kotzhusen statt *H. von K., Witche Schenke* statt *W. der/genant Sch., Johan Dietrich* statt *J. Dietrichs sun* ('Sohn'); aber oft tritt derselbe Name mal mit, mal ohne Bindeglied auf.

Wie schwierig es in der **Praxis** ist, die Entwicklungsstadien auseinanderzuhalten, zeigt Abb. C. Von 3 einnamigen Einträgen sind 2, die Äbte, Spezialfälle der Kirchensprache. Durch Verwandtschaftsangabe erweisen sich 4 Fälle als bloße Beinamen, 5 durch die Wortstellung als gelegentliche Zusätze. Zweimal kann, muß aber nicht ein Familienname vorliegen, weil nur hier kein *der* steht. 50% der Fälle bleiben ohne zusätzliche Quellen unsicher.

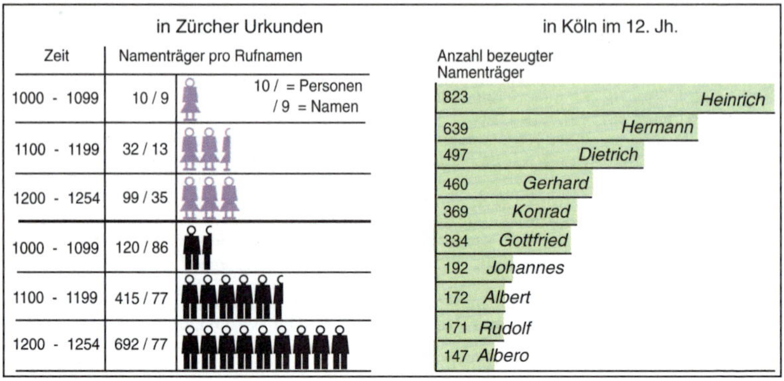

A Anstieg der Zahl gleichnamiger Personen im 11. / 12. Jh.

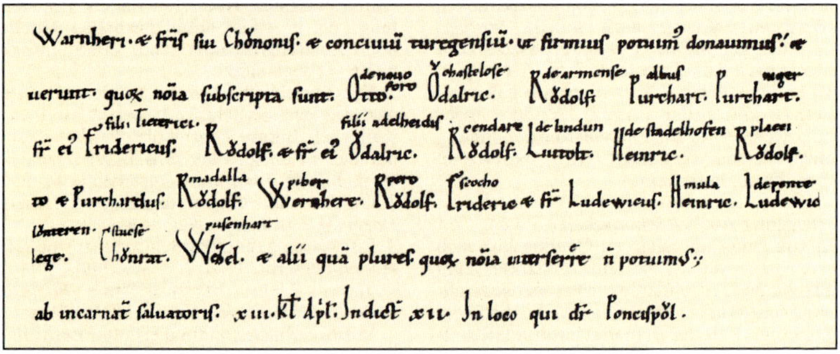

Warnheri · et fris sui Chononis · et conciuiu turegensiu · ut firmius potuim donauimus · et
de nouo foro · chastelose · de armense · albus · niger
uerunt · quo nõia subscripta sunt · Otto · Odalric · Rvdolf · Purchart · Purchart ·
filii Tieterici · filii adelheidis · cendare · de landun · de stadelhofen · plaen
fr ei Fridericus · Rvdolf · et fr ei Odalric · Rvdolf · Luitolt · Heinric · Rvdolf ·
madalla · piber · roro · scocho · mula · de porta
to et Purchardus · Rvdolf · Wernhere · Rvdolf · Friderie et fr Ludewicus · Heinric · Ludewic
Unteren · stuese · rusenhart
lege · Chonrat · Wezel · et alii quã plures quo nõia interserere n potuimus ·
ab incarnat saluatoris · xiii · kl Apl · Indict · xii · In loco qui dr Poncespol ·

B Übergeschriebene Beinamen in einer Zürcher Urkunde von 1149

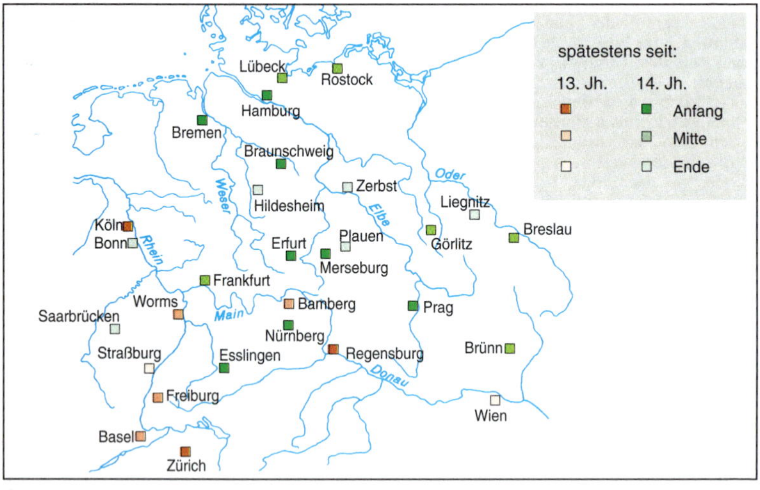

C Zweinamigkeit wird Regel in städtischen Quellen

Die Zweinamigkeit wurde zur genaueren Kennzeichnung der Individuen nötig.
1. Immer mehr Menschen trugen denselben Rufnamen (Abb. A), da sich die Bandbreite der germ. Rufnamen verringert hatte und die christl. Namen als Ersatz nicht ausreichten (S. 31). Auch der Brauch der Nachbenennung erhöhte die Zahl gleichnamiger Personen.

In einer Zürcher Urkunde treten z. B. 9 verschiedene Personen namens *Rudolf* auf, die durch nachträglich übergeschriebene Beinamen unterschieden werden mußten (Abb. B).

2. In den Städten konzentrierten sich immer mehr Einwohner auf engem Raum; um 1400 haben Lübeck, Hamburg, Frankfurt/M., Nürnberg, Regensburg, Augsburg, Ulm, Straßburg, Zürich ca. 20 000 Einwohner, Köln 30 000. Dies und auch die zunehmende Mobilität, bes. im Handel, erforderte klare Unterscheidung gleichnamiger Personen.
3. Die im Spätmittelalter rapide zunehmende schriftliche Verwaltung mit Bürgerverzeichnissen, Urkunden usw. erforderte exakte Personenidentifizierung: »*Es klaget Heiny Huber der pfister* ('Bäcker') *zum Holder* (Hausname) *uff Hansen Koffel genant Beck der Pfister* . . .«

Die Familiennamen haben sich aus der allgemein nötig gewordenen Zweinamigkeit speziell aus folgenden Gründen entwickelt:
1. Erbansprüche auf Besitz, Beruf usw. lassen sich durch einen vererbten Namen ausdrücken. Dies war für den Adel vorrangig, seit 1037 KONRAD II. die Erblichkeit der Lehen zugestanden hatte. So finden sich erste dt. Familiennamen gegen Ende des 10. Jh. beim Adel. Auch bei Bürgern beinhaltete der Familienname soziales Prestige, indem er die Zugehörigkeit zur Schicht der Besitzenden anzeigte und sie von Knechten und anderen, die nur Rufnamen trugen, abgrenzte.
2. Die Entwicklung dürfte auch, wie eine Mode, von den roman. Nachbarländern mitbeeinflußt worden sein.

Beinamen/Familiennamen kommen im 9. Jh. zuerst in Venedig auf, dessen pol. Struktur die Registrierung vieler amtierender Personen verlangte; sie verbreiten sich dann im 10. Jh. in Norditalien und Südfrankreich, im 11. Jh. in Katalonien, Nordfrankreich (von hier aus im 12. Jh. in England) und der roman. Schweiz und seit dem 12. Jh. in west- und süddt. Städten.

3. Familiennamen sind bestens geeignet, genealog. Zusammenhänge bes. zu Verwaltungszwecken durchschaubar zu machen. Daher wurden sie später behördlich vorgeschrieben.

Weil durch die Kombination von Ruf- und Familiennamen in einem Gesamtnamen die Möglichkeit potenziert wurde, Menschen zu unterscheiden und gleichzeitig die familiäre Zusammengehörigkeit anzuzeigen, hat sich diese höchst rationelle Kombination weltweit durchgesetzt.

Ausbreitung der Zweinamigkeit
Aus den auf S. 59 genannten Gründen lassen sich anfangs feste Beinamen und Familiennamen schwer unterscheiden. Daher kann man keine präzisen Angaben über die zeitliche und räumliche Ausbreitung der Familiennamen, wohl aber über die der Zweinamigkeit geben.

In Zürich urkunden ab 1170 fast keine Personen mehr mit bloßem Rufnamen (Abb. 58B), in Wien ab 1288; in Frankfurt/Main um 1312 aber noch 66%, um 1351 34%. In Bremen ist einnamige Nennung seit Anfang des 14. Jh. unüblich.

Trotz vieler Unsicherheiten läßt sich insgesamt sagen, daß die Zweinamigkeit (und in ihrer Folge der Brauch, Familiennamen zu führen) im Schrifttum süd- und westdt. Städte Anfang 12. Jh. sichtbar wird, dort im 13. Jh. zur Massenerscheinung anwächst, nach Norden und Osten fortschreitet und Anfang 15. Jh. im wesentlichen vollzogen ist (Abb. C).
Natürlich verlaufen solche Entwicklungen nicht einsträngig. Kaiserslautern und Saarbrücken z. B. folgen 2–3 Generationen nach Worms oder Speyer. Unterschiedlich verläuft der Prozeß auch in großen und kleinen Städten oder gar auf dem Lande.

In Neuß urkunden im 13. Jh. nur wenige Beinamen, während dies im benachbarten Köln schon die Regel ist. Am Oberrhein führen schon im 14. Jh. viele Bauern Familiennamen, andere ländliche Gegenden schließen die Familiennamen-Gebung erst im 17./18. Jh. ab, Friesland im 19. Jh.

Auch die sozialen Gruppen verhalten sich unterschiedlich. Vorreiter ist seit dem 10. Jh. der Adel, es folgen Ministerialen, Patrizier, Kleinbürger, Bauern.

»In der ländlichen Umgebung von Hildesheim sind zu Beginn des 14. Jh. noch 50% der Einwohner einnamig, in der Stadt um 1400 immerhin noch viele Handwerker, während die Ratsmitglieder schon im 13. Jh. Beinamen tragen«. (FLEISCHER 1964, 86)

Zu unterscheiden sind schließlich Zweinamigkeit im täglichen Leben und zweinamige Aufzeichnung in den Quellen.

Das Einbürgerungsverzeichnis von Biedenkopf/Hessen führt 1395–1445 von 23 Bürgermeistern 21 regelmäßig zweinamig auf, von 34 Boten 10 nur einnamig. Von diesen 10 werden 7 aber nicht mit Rufnamen, sondern nur mit Beinamen genannt. Dieser muß also auch bei ihnen fester Bestandteil eines Gesamtnamens mit Ruf- und Beinamen gewesen sein.

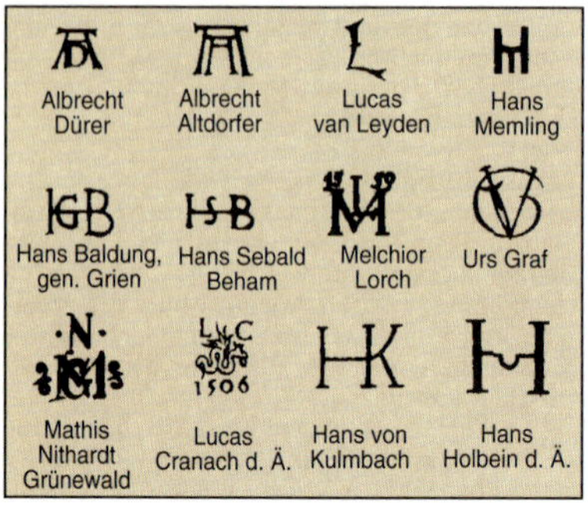

A Mehrnamigkeit in Künstlermonogrammen des 15./16. Jh.

alter Fam.-Name	Herkunftsort	neuer Fam.-Name
Maler	Kronach/Oberfrank.	*Lucas Cranach*
Maier	Egg a.d.Günz	Dr. *Joh. Eck*
Haemerken	Kempen b. Krefeld	*Thomas a Kempis*
Krebs	Kues a.d.Mosel	*Nicolaus Cusanus*
Bodenstein	Karlstadt a.Main	*Andreas Karlstadt*
Friedland	Trotzend. b.Görlitz	*Valentin Trotzendorf*

B Berühmte Namenwechsler im 15./16. Jh.

Erlasse zur Führung fester Familiennamen durch jüdische Bürger

1787 Österreich	1813 Bayern
1807 Frankfurt/Main	1816 Kurhessen
1808 Frankreich	1822 Anhalt
1808 Hessen-Darmstadt	1823 Sachsen-Weimar
1809 Baden	1828 Württemberg
1812 Preußen	1834 Sachsen

Erlasse zur Unterbindung des Namenwechsels

1556 Frankreich	1677 Bayern
1776 Österreich	1794 Preußen

1771 Dänemark: Feste Familiennamen vorgeschrieben

1811 Dekret Napoleons: Familiennamen in friesischen Gebieten vorgeschrieben

1826 Die Hannoversche Regierung ordnet für Ostfriesland die Aufstellung von Familiennamenlisten an

1828 Westfalen: Der Oberpräsident verfügt, daß Hofbesitzer ihren Familiennamen nicht durch den Hofnamen ersetzen, sondern diesen nur zufügen dürfen, z.B. *Friedrich Nobbeling (genannt) Osterhof*

1874 Mit Einführung der Standesämter ist die Entwicklung im wesentlichen abgeschlossen

C Einige Verordnungen zur Führung fester Familiennamen

Vaternamen	Herkunftsnamen	Wohnstättennamen	Berufsnamen	Übernamen
Benn: *Bern[hart]* *Brecht:* *[Al]brecht* *Dehmel:* *Thomas* (oder: *Nicodemus*) *Frisch:* *Fried[rich]* *Goethe:* *Gott[fried]* *Handke:* *Johannes* *Härtling:* *Hart[man]* *Hebbel:* *Hadubald* *Heyse:* *Hei[de]nrich* *Huch, Huchel:* *Hug[bert]* *Koeppen:* *Jakob* *Löns:* *Apollonius* *Nietzsche:* *Nikolaus* *Rilke:* *Rud[olf]* (oder: *Rid[hart]*) *Trakl:* *Drag[bert]* *Uhland:* *Uolant* *Wedekind:* *Widukind* *Wiechert:* *Wighart* *Wieland*	*Aichinger* *Arnim:* A. bei Stendal *Barlach:* Barlohe *Bodmer:* Bodman a. Bodensee / am, auf dem Boden *Eichendorff* *Feuchtwanger* *Gottsched:* Göttschied *Grillparzer:* Grillparz i. Oberösterreich *Grimmelshausen* *Harsdörffer:* H. bei Bayreuth *Hildesheimer* *Sachs:* Niederdeutscher *Wackenroder:* W., Wüstung in Nord-Thüringen *Walser:* aus dem Wallis / aus Waldsee	*Bachmann:* am Bach *Böll:* am/aus Boll (Hügel)/ zum Rufnamen *Bald[win]* *Broch:* am Bruch, Moor *Döblin:* im kleinen Tobel (Tal) *Dürrenmatt:* an der dürren Wiese *Fontane:* frz. 'an der Quelle' *Gryphius:* aus dem Haus zum Greifen / wie ein Greif *Hölderlin:* am Holderbusch *Langgässer:* in der Langen Gasse *Lessing:* slav. lešnik 'Waldbewohner' *Rinser:* am Runs (Rinnsal) *Sudermann:* der südwärts wohnt	*Droste:* Truchseß *Fischart:* Fischer + Rufnamenglied *-hart* *Hauptmann:* oberster Mann in Bezirk, Verwaltung u.ä. *Kästner:* Verwalter des Kornspeichers *Keller:* Verwalter der Vorräte *Meyer:* grundherrschaftlicher Verwalter *Stifter:* Stiftsgut bewirtschaftend *Wassermann:* Wasserträger / Bewässerungsaufseher/ Schiffer *Weinheber:* sorgt für Verladen/Ablassen des Weins *Werfel:* Würfeldrechsler, (-spieler)	*Doderer:* Stotterer *Geiler:* froher Mensch *Gleim:* Glühwürmchen *Grass:* wütend/ z. Rufnamen *Grado* *Kafka:* tschech.: 'Dohle' *Raabe:* wie ein R./ Rufname *Raban* *Rühmkorf:* räum den Korb aus (Dieb o.ä.) *Schiller:* der Schielende *Schlegel:* Schlagwerkzeug (nach dem Aussehen/ Benehmen/ Beruf)/ auch Ortsnamen *Storm:* Sturm

D Die fünf Gruppen von Familiennamen am Beispiel der Namen deutschsprachiger Literaten

Einschätzung der Familiennamen

Lange Zeit wurde den Familiennamen geringeres Gewicht beigemessen als den Rufnamen. Dafür sprechen folgende Indizien:

– Bezeichnungen wie »Zuname, Nachname« zeigen, daß man sie lediglich als Zusatz zum Rufnamen empfand.

– Am Beginn von Urkunden werden Personen oft zweinamig, nachher nur noch mit Rufnamen angeführt.

– Grammatiker, etwa HANS FABRITIUS 1532, empfehlen bis Mitte 17. Jh., den Rufnamen groß, den Familiennamen klein zu schreiben: *Agnes pfeifferin.*

– Künstler wie DÜRER oder MARTIN OPITZ heben in ihren Monogrammen den Rufnamen hervor, nicht den Familiennamen (Abb. A).

– Personenverzeichnisse wurden oft, noch bis ins 18. Jh., nach dem Alphabet der Rufnamen, nicht nach Familiennamen geordnet, z. B. die Prager Matrikel bis 1776.

– In kirchlichem Gebrauch (»wir beten für unseren Bruder *Karl*«) ist der Familienname zweitrangig.

Amtliche Durchsetzung

Die Familiennamen besaßen lange Zeit nur eine relative Festigkeit; sie haben oft bei einer Familie **gewechselt**.

Adlige konnten nach ihren Besitzungen unterschiedlich heißen, z. B. *Zeno von Bühl/Zeno von Bottingen;* die Grafen *von Wittelsbach* hießen vorher *von Scheyern.*

Auch Bürgerliche trugen manchmal konkurrierende Namen (»*Hainrich Jäger,* den man nennt *Spät*«) oder nannten sich um.

Der Erfinder des Buchdrucks, *Henne Gensfleisch,* hat sich nach dem Haus seiner Mutter zu *Gutenberg* umbenannt.

Bei Bauern wechselte der Familienname oft mit dem bewirtschafteten Hof:

»*Cord Merlhusen,* der jetzt des Hofes wegen *Cord Hesse* heißt«.

Heirat oder ein neuer Beruf konnten zu einem Namenwechsel führen.

Ein Dresdner Ratsmitglied urkundet 1513 als *Georg Eyssenmenger* ('Eisenhändler'), 1514 *Georg Seidenhefter,* 1525 *Seydensticker,* 1531 *Georg Czolner* ('Zöllner')!

Künstler und Gelehrte wählten neue Familiennamen nach ihrem Herkunftsort (Abb. B).

Seit dem 17. Jh. erfolgen **behördliche Verordnungen,** um

1. den Wechsel des Familiennamens zu unterbinden (Abb. C),
2. die Zweinamigkeit durchzusetzen,
3. die Schreibweise der Familiennamen zu sichern (S. 173).

Die fünf Gruppen der Familiennamen

Familiennamen wurden aus fünf Bereichen geschöpft (Abb. D):

1. **Patronyme, -nymika** (Vaternamen). Personen wurden nach dem Rufnamen ihres Vaters benannt:

Hans *Petersohn,* Karl *Friedrich(s).*

Metronyme, -nymika, d. h. von der Mutter abgeleitete Familiennamen, sind seltener:

Meiensohn 'Sohn der Maria'.

Manchmal können sich Familiennamen aus Rufnamen von anderen Verwandten, Dienstherren, Klosterpatronen usw. entwickeln.

Kölner Familiennamen wie *Quentin, Pantlen* können z. B. auf Zugehörige der Klöster St. Quintin oder St. Pantaleon zurückgehen.

Sekundäre Patronymika sind Familiennamen, die nicht aus dem Rufnamen, sondern aus einer anderen Kennzeichnung des Vaters entstanden sind: wenn z. B. »Kurt, der Sohn des Bäckers« zu *Kurt Beckers* wurde.

2. **Herkunftsnamen.** Zugezogene wurden nach ihrem Herkunftsort benannt:

van Beethoven 'aus Betuwe' (in Belgisch-Limburg).

Auch Namen nach der Herkunft aus einer bestimmten Landschaft, einem Land, einem Volk bzw. Stamm fallen in diese Kategorie:

Allgaier 'der aus dem Allgäu', *Unger* 'der Ungar', *Böhm/Bea/Beheim* 'der Böhme'.

3. **Wohnstättennamen.** Einheimische wurden oft nach der Stätte benannt, an der sie wohnten:

Dorer 'der am Tor'.

Eine Untergruppe bilden die Familiennamen, die aus Häusernamen abgeleitet sind:

Lilje 'der im Haus zur Lilie'.

Gruppe 2 und 3 sind oft schwer zu trennen. Ein *Althaus* oder *Berg* kann in einem alten Haus bzw. am Berg wohnen, aber auch aus einem der vielen Orte namens Althaus bzw. Berg zugezogen sein. Daher werden die Wohnstättennamen oft als Untergruppe der Herkunftsnamen behandelt.

4. **Berufsnamen.** Personen wurden nach ihrer gesellschaftlichen Stellung benannt, bes. nach Stand und Beruf:

Silcher 'der Fleischräucherer'.

Direkte Berufsnamen wie *Wagner* bezeichnen den Beruf unmittelbar, **indirekte** nur mittelbar, z. B. nach einem charakterist. Werkzeug oder Merkmal dieses Berufes:

Mehlhose den Müller, *Hebel* 'Sauerteig' den Bäcker, *Hammer* den Schmied.

Indirekte Berufsnamen beziehen sich zwar auf den Beruf, aber in der Art von Übernamen. Oft sind sie von diesen nicht zu trennen und daher problemloser unter die nächste Gruppe einzuordnen,

z. B. *Kapp,* was Übername für den Träger einer Mütze/eines Kapuzenkleides sein kann, aber auch indirekter Berufsname für deren Hersteller.

5. **Übernamen.** Der Träger wird nach körperlichen, charakterlichen oder biographischen Eigenheiten benannt:

Dörr 'der Dürre', *Frahm* 'der Tüchtige'.

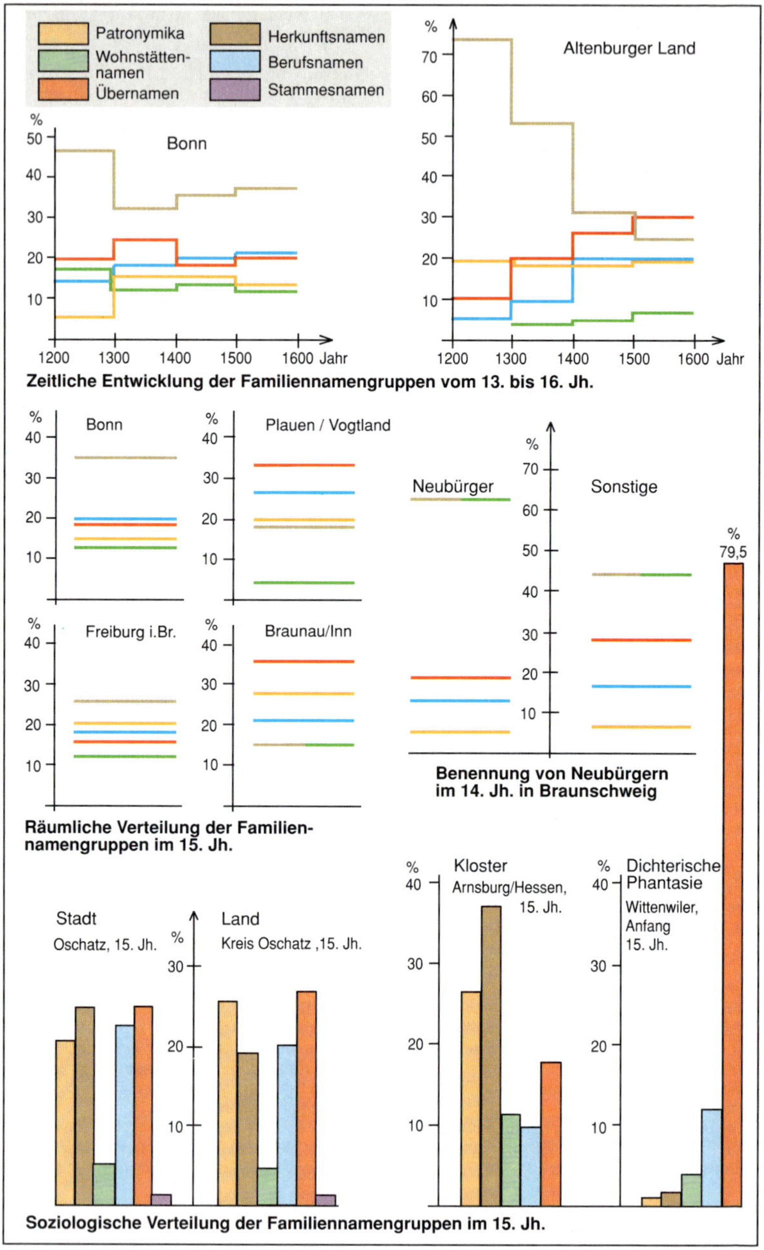

Familiennamengruppen im 13. bis 16. Jh.

Zeitliche Verteilung
Die einzelnen Gruppen von Familiennamen entwickeln sich in zeitlicher, räumlicher und soziolog. Hinsicht sehr unterschiedlich.
Bei der **zeitlichen** Entwicklung fällt vor allem auf, wie hoch anfangs in vielen Städten der Anteil der Herkunftsnamen war. Darin spiegelt sich, wie sehr die aufblühenden Städte die Menschen vom Lande anzogen. Das Beispiel aus Braunschweig (Abb.) belegt, daß bei solchen Neubürgern die Herkunft als hervorstechendstes Merkmal bes. gern zur Benennung herangezogen wurde.
Der spätere Rückgang der Herkunftsnamen geht darauf zurück, daß sich nur ein Teil davon als Familienname etablierte, ein großer Teil aber in den nächsten, jetzt ortsansässigen Generationen durch Namen aus anderen Gruppen ersetzt wurde; vgl. auch S. 85. Im Altenburgischen entwickelten sich die Übernamen zur stärksten Gruppe, während in Bonn die Herkunftsnamen früh fest wurden und daher vorherrschend blieben, was für den westmitteldeutschen Raum weitgehend bis heute gilt.

Räumliche Verteilung
Das quantitative Verhältnis der Namengruppen untereinander ist in weit auseinanderliegenden Städten sehr unterschiedlich (Abb.).
Ein Vergleich hat aber viele Unsicherheitsfaktoren zu berücksichtigen: unterschiedlich ist der jeweils in den Quellen erfaßte Bevölkerungsanteil, unsicher die Trennung von Herkunfts- und Wohnstättennamen, die Einordnung der Stammesnamen, die Entscheidung bei Deutungskonkurrenzen (s. S. 155).
Die Verhältnisse dürfen auch nicht vorschnell verallgemeinert werden, etwa daß im Osten Übernamen, im Westen Herkunftsnamen im 15. Jh. vorherrschen. Wenn z. B. in Plauen oder Braunau die Herkunftsnamen die kleinste Gruppe sind, ist das für ostmittel- bzw. ostoberdt. Städte nicht repräsentativ: in Oschatz stellten sie damals 25%, in Zerbst sogar 44%, auch in Regensburg ist ihr Anteil sehr hoch. Niedrige Zahlen zeigen wohl an, welche Städte damals für Zuzügler unattraktiv waren.

Soziologische Verteilung
Unterschiedliche Verhältnisse herrschen auch in der **Stadt** und auf dem **Land** (Abb.).
Häufigere Herkunfts- und Berufsnamen in der Stadt spiegeln den Zuzug vom Land und die zunehmende Spezialisierung städt. Handwerkszweige gegenüber dem ländlichen Gewerbe. Auf dem Land begegnen mehr Patronymika und Übernamen.
Einige Dörfer bei Harburg zeigen 1450–1628 für Berufs- (19%) und Herkunftsnamen (21%) dasselbe Bild wie die Dörfer bei Oschatz (Abb.), in den anderen Gruppen aber völlig andere Werte: auffallend wenige Übernamen (8%), viele Patronymika (52%), wie es an der Niederelbe und in anderen nördlichen Gebieten bis heute typ. ist.

Aber auch woanders, etwa im ländlichen Graubünden, stellen die Patronymika die bei weitem stärkste Gruppe.

In den Urkunden des **Klosters** Arnsburg/Wetterau (Abb.) geht der relativ hohe Anteil an Wohnstättennamen wohl darauf zurück, daß unter den urkundenden Personen Adlige überrepräsentiert sind. Vom Adel war die Benennung nach der Wohnstätte (als Stammsitz u. ä.) seit dem 10. Jh. ausgegangen und in diesem Stand bes. üblich geworden.
In bäuerlichen **Hofsiedlungsgebieten** haben sich ebenfalls die Wohnstättennamen zur stärksten Gruppe entwickelt, etwa in Westfalen oder im Alpenraum. In Tirol geht z. B. die Hälfte aller Familiennamen auf Hofnamen zurück.
Sogar innerhalb **städtischer Bevölkerungsschichten** treten unterschiedliche Verhältnisse hervor. Ein Vergleich der Namen von 1465 Angeklagten und 969 Klägern der Braunschweiger Verfestungs- und Vehmgerichtslisten bis 1402 ergibt folgendes Bild:

Bei-/Familiennamen	Kläger	Angeklagte
nach Rufnamen	7,1%	6,0%
Herkunfts- und Wohnstättennamen	44,0%	42,4%
Berufsnamen	**20,5**%	13,0%
Übernamen	24,5%	**29,5**%
(Rest = nur einnamige Nennungen		

Die Kläger zählen überwiegend zum Patriziat und zu den Handwerkern, die Angeklagten großenteils zu besitzlosen Schichten (Kleingewerbe, Knechte, Hörige, Bandenmitglieder). Die soz. niedrigere Schicht trägt deutlich mehr Übernamen, die soz. höhere mehr Berufsnamen.
Wie mächtig die Lust an Übernamen war, zeigt sich am ehesten im Phantasieraum der **Dichtung**. Heinrich Wittenwiler schrieb um 1410 in Konstanz das satir. Lehrgedicht ›Der Ring‹. Fast alle Figuren darin sind Bauern; 80% tragen Übernamen wie *Triefnas, Fleugenschaiss* 'Fliegendreck', *Rüerenzumph* 'Faß den Penis' usw. Hier schlägt sich, wie auch in anderer Literatur, spätmittelalterl. Namenfreude ungehemmt nieder.
Mit diesen historischen Beispielen sind einige der Tendenzen aufgewiesen, aus denen sich die sehr differenzierten **heutigen Verhältnisse** der Familiennamen-Gruppen entwickelt haben. Über diese liegen für den dt. Sprachraum insgesamt keine Angaben vor.

Schätzungen für England/Italien: Familiennamen nach Rufnamen 30–40%/40%, nach Herkunft/Wohnstätten 40–50%/20%, nach Beruf 12–20%/20%, nach Übernamen 6–10%/20%.

	Name	Anzahl	‰		Name	Anzahl	‰		Name	Anzahl	‰
1	*Müller, -ue-*	603 000	10,36	20	*Meier*	98 000	1,68	39	*Möller, -oe-*	72 000	1,24
2	*Schmidt*	389 000	6,68	21	*Neumann*	97 000	1,67	40	*König, -oe-*	71 000	1,22
3	*Schneider*	251 000	4,31	22	*Schmid*	95 000	1,63	41	*Lang*	70 000	1,21
4	*Fischer*	227 000	3,90	23	*Braun*	92 000	1,58	42	*Köhler, -oe-*	64 000	1,10
5	*Meyer*	213 000	3,66	24	*Zimmermann*	88 000	1,51	43	*Kaiser*	63 000	1,09
6	*Weber*	194 000	3,33	25	*Hofmann*	88 000	1,51	44	*Jung*	63 000	1,07
7	*Becker*	175 000	3,01	26	*Huber*	87 000	1,49	45	*Scholz*	61 000	1,05
8	*Wagner*	175 000	3,00	27	*Hartmann*	87 000	1,49	46	*Keller*	61 000	1,04
9	*Schäfer, -ae-*	151 000	2,60	28	*Weiss*	85 000	1,46	47	*Herrmann*	60 000	1,04
10	*Schulz*	146 000	2,50	29	*Richter*	83 000	1,43				
11	*Hoffmann*	141 000	2,43	30	*Mayer*	83 000	1,42				
12	*Bauer*	140 000	2,41	31	*Lange*	80 000	1,37				
13	*Koch*	131 000	2,26	32	*Krause*	80 000	1,37				
14	*Klein*	126 000	2,17	33	*Krüger, -ue-*	79 000	1,36				
15	*Schröder, -oe-*	123 000	2,12	34	*Maier*	77 000	1,31				
16	*Schmitz*	110 000	1,90	35	*Werner*	76 000	1,31				
17	*Schmitt*	107 000	1,85	36	*Peters*	74 000	1,28				
18	*Schwarz*	103 000	1,77	37	*Walter*	74 000	1,27				
19	*Wolf*	101 000	1,74	38	*Fuchs*	73 000	1,26				

Familiennamen nach
- Berufen
- Übernamen
- Rufnamen

Anzahl = Zahl der Namenträger
‰ = ‰ der Bevölkerung

A Die häufigsten Familiennamen in der Bundesrepublik Deutschland um 1970

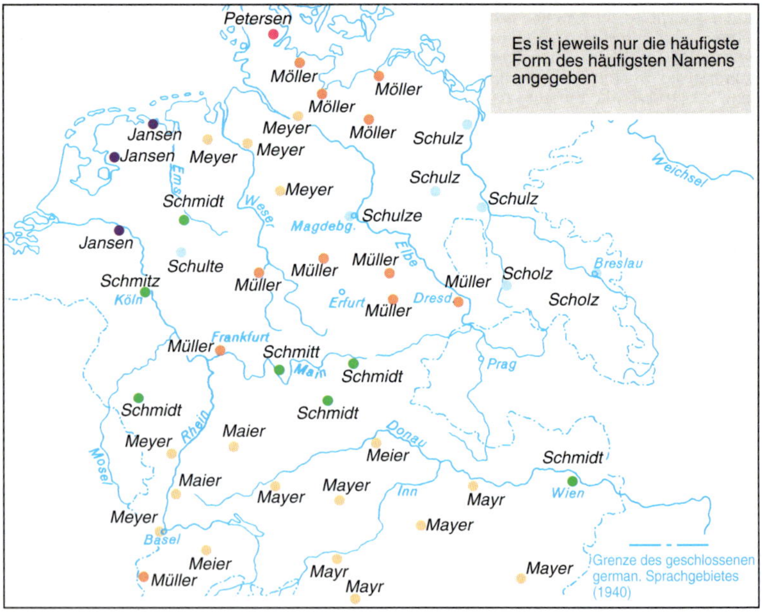

B Die häufigsten Familiennamen in einigen Städten um 1938

Die häufigsten dt. Familiennamen stammen aus der **Gruppe der Berufsnamen:** *Müller, Schmidt* usw. Sogar *Koch* (niederdt. *Ko(o)ck, Kaack*) rangiert in der Spitzengruppe. Das spricht für die Häufigkeit dieses Gewerbes vor allem in den Garküchen mittelalterlicher Städte.
Als zweitstärkste Gruppe folgen **Übernamen** nach Körpergröße (Nr. 14, 31, 41) und Haarfarbe bzw. -beschaffenheit (Nr. 18, 28, 32; z.T. 23, 38 [Rothaarige]).

Abb. A fußt auf einer Hochrechnung des Statistischen Bundesamtes für die BRD nach der Volkszählung von 1970; für 1995 s. S. 198. Dabei wurden außer ä/ae, ö/oe und ü/ue alle verschiedenen **Schreibweisen getrennt** aufgeführt.
Faßt man jedoch die Schreibweisen zusammen, soweit die Namen gleich **lauten,** ändert sich die Reihenfolge:

1. *Müller+Mueller*	603000/10,36‰
2. *Schmidt + Schmitt + Schmid*	591000/10,16‰
3. *Meyer + Meier + Mayer + Maier*	470000/ 8,07‰
4. *Schneider*	251000/ 4,31‰
5. *Hoffmann + Hofmann*	229000/ 3,93‰
6. *Fischer*	227000/ 3,90‰

Die Werte ändern sich nochmals, wenn man auch lautliche und morphologische **Varianten desselben Namens zusammenfaßt**, etwa zu den *Schmidt* etc. noch die *Schmitz*, zu den *Meyer* etc. noch die *Mayr*, zu den *Lange* die *Lang(er)* usw. zählt. Auf diese Weise hat DIBELIUS 1941 als die vier häufigsten dt. Familiennamen im Jahre 1938 *Müller, Schmidt, Meier, Schulz* (je mit ihren Varianten) ermittelt. Erst mit großem Abstand folgt an 5. Stelle *Schneider.*
Diese vier häufigsten Familiennamen sind **geografisch unterschiedlich** verteilt: Abb. B. Hier wurden pro Ort jeweils alle Varianten eines Namens zusammengezählt (*Schulz* + *Schulte* + *Scholten* etc.), aber nur die jeweils vorherrschende Variante des häufigsten Namens eingetragen.
Wenn *Meier* in Niedersachsen und im ganzen Süden vorherrscht, hat das agrargeschichtliche Gründe (S. 133). Warum *Schmidt* mehr im Westen, *Müller* mehr im Osten Spitzenreiter ist, ist schwer zu sagen. *Schulz* dominiert vor allem östlich der Elbe; deswegen rangiert es in Abb. A, die nur die alten Bundesländer erfaßt, relativ weit hinten (*Schulz* + *Scholz* = 207 000); s. aber S. 199.
Weil *Meier* und *Schulz* stärker landschaftlich gebunden sind, treten sie **insgesamt** hinter *Müller* und *Schmidt* zurück, die als einzige je knapp über 10‰ der Familiennamen ausmachen, so daß etwa jeder 50ste im dt. Sprachgebiet *Müller* oder *Schmidt* heißt.
Im Norden sind **Patronymika** häufiger als anderswo. Hier überflügeln mancherorts Patronymika wie *Petersen* und *Jansen* sogar die Berufsnamen (Abb. B).
Das setzt sich **in den Nachbarländern** fort. In Dänemark sind Patronymika wie *Jensen, Nielsen* am häufigsten (S. 205), in der niederländ. Provinz Limburg *Jans(s)en, Pe(e)ters, Jacobs, Hermans, Hendriks* usw., nur *Smeets (Smits)* steht als einziger Berufsname in der Spitzengruppe. In London rangieren *Davi(e)s, Jones* und *Williams* neben dem Übernamen *Brown(e)* und den Berufsnamen *Smith, Clark(e)* und *Taylor* unter den ersten Sieben.
Herkunfts- und Wohnstättennamen finden sich nicht unter den häufigsten Namen, weil sie zwar aufs ganze gesehen zahlreicher als die anderen Gruppen, im einzelnen aber am vielfältigsten sind (S. 85). Doch können auch sie in einzelnen Orten an die Spitze rücken, etwa in Bozen, wo *Pichler* 'auf dem Hügel' und *Gasser* 'in der Gasse' nach *Ferrari, Mayr* und *Rossi* Platz 4 und 5 einnehmen.

Häufigste Familiennamen im Ausland
An erster Stelle stehen
Patronymika in: Moskau, Kiew *(Ivanov)*, Belgrad *(Jovanović)*, Bukarest *(Ionescu)*, Chicago *(Johnson)*, Oslo *(Hansen)*, alle von *Johannes* abgeleitet; Paris *(Martin)*, Madrid, Mexico City *(García)*, Buenos Aires *(Fernández)*, Bogotá *(Rodríguez)*.
Herkunftsnamen in: Amsterdam (*de Vries)*.
Wohnstättennamen in: Lissabon, Rio de Janeiro, São Paolo (*Silva* 'am/im Wald'), Osaka (*Tanaka* 'am Reisfeld').
Berufsnamen in: Warschau *(Kowalski)*, London, Toronto, Los Angeles, San Francisco, New York, Sydney *(Smith)*, Brüssel *(de Sme(d)t)*, Turin *(Ferrero)*, alle 'Schmied'.
Übernamen in: Budapest (*Nagy* 'groß'), Prag (*Novák* 'Neuankömmling'), Marseille (*Blanc* 'hell, weiß'), Mailand, Rom (*Rossi;* S. 141), Neapel (*Esposito* 'Findling'), Boston (*Sullivan* 'schwarzäugig'), Bombay (*Shah* 'König'), Tokyo (*Suzuki* 'Baum mit Glokken'), Seoul (*Kim* 'Gold'), Manila (*Santos* 'an Allerheiligen geboren'). S. auch S. 205.

Anzahl heutiger Familiennamen
Die Telef. in **Dtl.** enthielten 1995 über 900 000 versch. Familiennamen. Wieviele davon genuin dt. sind, ist schwer zu ermitteln; sicher über ½ Mill.

In Luxemburg kamen 1930 auf 255 171 Einwohner 11 519 Namen.

Zum Vergleich: Die Zahl der aus vielen Sprachen stammenden Familiennamen der USA wird auf 1,5–2 Mill. geschätzt; Frankreich 800 000. – Dagegen teilen sich über 1 Milliarde Chinesen nur ca. 3600 Familiennamen. Deren häufigster, *Li* (*Lie, Lee* 'Verwalter'; mit anderem Schriftzeichen: 'Pflaumenbaum'), ist mit über 90 Mill. Trägern der gebräuchlichste Familienname der Welt.

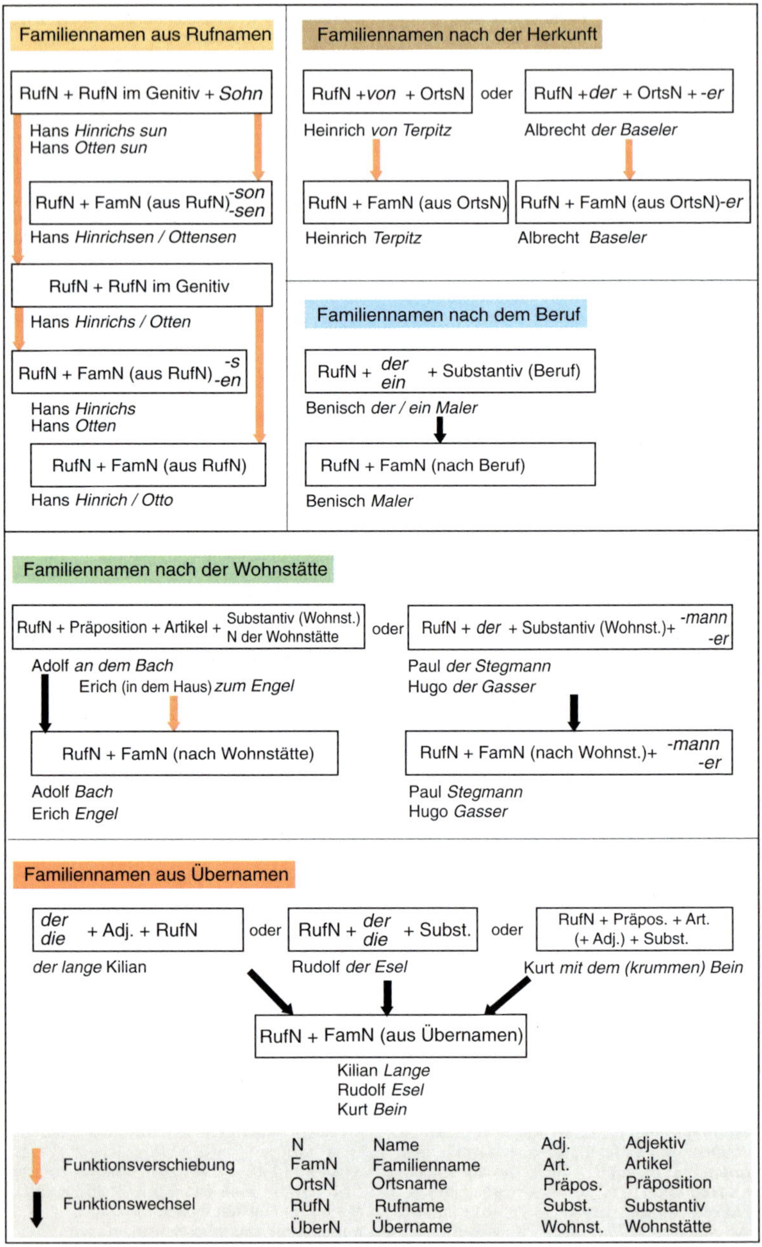

Modelle des Bildungsprozesses von Familiennamen

Bildungsmodelle
Sprachlich verlief der Vorgang der Familiennamen-Bildung hauptsächlich so, wie es auf der Abb. skizziert ist.
Übergänge von einer Entwicklungsstufe zur andern mögen Beispiele aus Oschatz demonstrieren:
- Rufnamen: *Conrad Danielis, auch Daniel* (1330);
- Herkunft: *Franz Dahme, auch von der Dahme* (1455);
- Wohnstätte: *Hans am Strelischen Thore* (1494) = *Strelische Hanns* (1508) = *Strel Hans* (1516);
- Beruf: *Andres der Thorknechtt* (1516) = *Andreas Thorknechtt* (1519);
- Übernamen: *der schwarze Merten* (1539) = *Schwartze Merten* (1541).

Schwarze Pfeile in der Abb. kennzeichnen die Fälle, in denen Familiennamen aus Appellativen entstanden sind; diese wechseln ihre Funktion, indem sie vom Wort- in den Namenschatz übertreten. Rote Pfeile kennzeichnen Prozesse innerhalb des Namenschatzes, wo Ruf- oder Ortsnamen ihre Funktion verschieben, indem sie zu Familiennamen werden.

Familiennamen auf -mann
5,6% aller Dt., d.h. 4,4 Mill., tragen einen Familiennamen auf *-mann.* Diese Endung begegnet in allen Namengruppen (Abb. S. 70A; S. 71). Ihre Häufigkeit hat folgende Gründe:
1. *-mann* trat von alters her als Bestandteil zweigliedriger german. **Rufnamen** auf *(Hartmann, Hermann),* wurde dann auch als Kose- oder Verkleinerungssuffix an eingliedrige Rufnamen *(Karlmann)* oder Kurzformen angehängt (*Ullmann* zu *Ulrich)* und konnte von da in Familiennamen übergehen.
2. In der **Wortbildung** wurde und wird *-mann* oft zur Bezeichnung von Berufen u. ä. verwendet: Dienstmann, Gasmann. Das ›Wörterbuch der dt. Gegenwartssprache‹ enthält 110 solche Zusammensetzungen.
Auch Träger bes. Eigenschaften wurden so bezeichnet (*Jung-, Alt-, Kurzmann;* vgl. heute Blödmann). Solche Bezeichnungen konnten dann Familiennamen werden.
3. An Ortsnamen und Wohnstättenbezeichnungen konnte *-mann* angefügt werden, um daraus einen Familiennamen zu bilden, vgl. *Dietrich uf dem Sande = Dietrich Sandmann* (S. 87).
Nur hier ist *-mann* ein echtes **Familiennamen-Bildungssuffix** und daher in der Abb. nur in dieser Gruppe angeführt.

Familiennamen auf -er (-ner, -ler)
Diese in oberdt. Familiennamen bes. häufige Endung kann ebenfalls in anderen Gruppen, nicht nur in Herkunfts- und Wohnstättennamen auftreten. Dann trägt sie oft die Bedeutung 'Sohn des . . .':
- Rufnamen: *Anderler (Andreas), Hanser, Heinricher, Ketterer (Katharina), Neser (Agnes), Wastler (Sebastian);* S. 79.
- Beruf: *Pfisterer* (Pfister 'Bäcker'), *Sutterer* (Sutter 'Schuster'), *Schulzer.*
- Übernamen: *Winterer* (zu *Winter*/ Rufname *Winither), Königer.*

Die Genitivendungen -(e)s, -en, -ens
Genitive sind bes. im Nordwesten häufig. Sie treten oft in Familiennamen aus Rufnamen auf (Abb.), aber auch in anderen Fällen, hier als sekundäre Patronymika (S. 63):
- Herkunft: *Brabants, Cochems, Hillenkamps, Hollenders, Lenneps.*
- Wohnstätte: *Bongarts* (Baumgarten), *Hövels* (Hügel), *Kerckhoffs, Steenackers, Brockmanns* ('der am Sumpf').
- Beruf: *Deckers* (Dachdecker), *Meesters, Papen* (Genitiv von *Pape* 'Geistlicher'), *Pferdmenges* (Händler), *Schmitz, Schrö(d)ers* (*Schröder* 'Schneider'), *Wirtz.*
- Übernamen: *Bischofs, Hahnen, Koenigs, Krausen, Korten* (Gen. zu *Kurt* oder zu *Korte* 'der Kurze'), *Riesen.*

Zusammenrückungen und -setzungen
Nach der Art ihrer Bildung kann man Namen wie die auf *-mann* oder *-er* als **Suffixnamen,** die mit Genitivendung als **Flexionsnamen** bezeichnen. Eine dritte Gruppe, die **Kompositionsnamen,** entstand durch:
a) **Zusammenrückung.** »Eberhards Sohn« wird zum Familiennamen *Eberhardsen* zusammengerückt, »von der Scheuer« zu *Verschuren,* »van der Heiden« zu *Verheyen,*
vgl. *Vermeeren* (*meer* 'See'), *Austermühle* ('aus der M.'), *Amrain, Zumsteg, Anegordel* ('ohne Gürtel');
»vorne feist« zu *Fornfeist,*
vgl. *Butenschön* ('(nur) außen schön'), *Gernhübsch.*
Zu Satznamen wie *Zuckschwerdt* ('zieh das Schwert') s. S. 153.
b) **Zusammensetzung.** Ähnlich wie der Spitzname *Zappelphilipp* oder der Geschäftsname *Auto-Schulze* wurden Familiennamen auch aus Zusammensetzungen von Namen mit Adjektiven, Verben und Substantiven, die sie näher bestimmen, gebildet:
Althenn (alt+*Johannes), Jungnickel* (j. + *Nikolaus), Großpietsch (Peter), Strackerjan* (strack 'unbeugsam');
Lachgeorg, Stammerjohann (stammern 'stottern');
Schmidtkonz (Schmied + *Konrad*), *Schniederjann, Schneiderha(h)n* (Sch. + *Johannes*); *Beierwaltes* (B. + *Balthasar*), *Kalbhenn* (K. + *Johannes), Heinevetter;*
»Hans der Schuster am Bach« wird *Hans Bachschuster,*
vgl. *Lindenschmitt, Brüggemeier, Kirchmayer, Kampschulte, Eichbauer.*

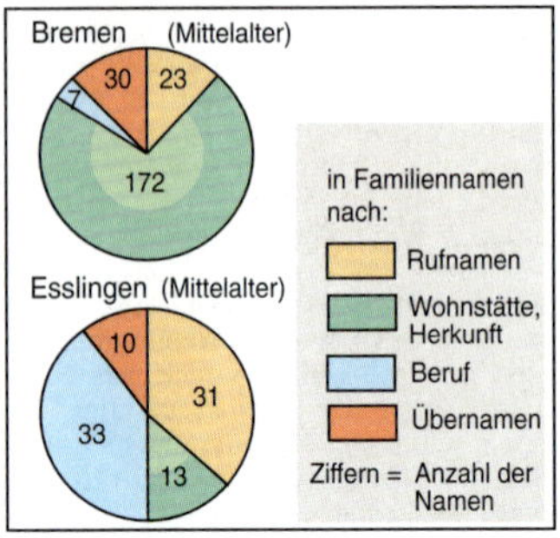

A Die Endung *-mann*

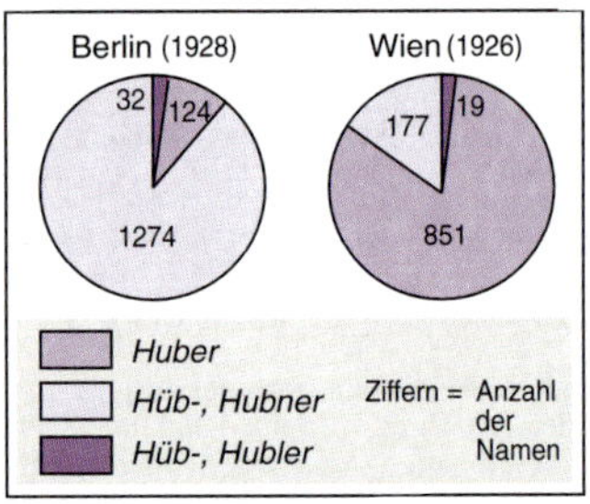

B Die Endungen *-er, -ner, -ler*

C Aufkommen von *-ken* und *-chen* in Rufnamen

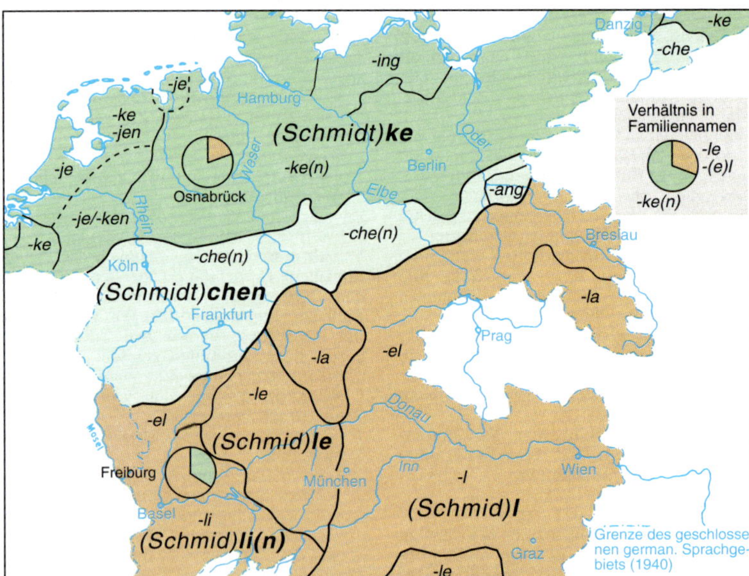

D Verkleinerungssilben in heutigen Dialekten und in Familiennamen (1990)

1. Aus Rufnamen:
a) Germanische: *Bellmann* (zu *Balde[win]), Buß- (Burkhart), Engel- (Engel[hart]), Ever- (Eber[hart]), Ge(h)r-, Götz-, Heine-, Kull- (Konrad), Lietz-/Lüde- (Liut[ger]), Till- (Diet[rich]), Volk-/Voll- (Volk[mar]), Weig-/Wi(e)ch- (Wig[man]).*
b) Christliche: *Bertel(s)mann (Bartholomäus), Drees- (Andreas), Hanne-, (Johannes), Klaus-, Christ-/Krisch- (Christian), Pietsch- (Peter).*
2. Nach Herkunft (v. a. im Nordwesten und Norden):
a) Völker, Stämme: *Deutschmann, Bem-* (Böhme), *Prüß-* (Preuße), *Unger-* (Ungar).
b) Orte: *Casselmann, Dütz-* (Deutz), *Geller-* (Geldern), *Hamel-, Münster-, Rintel-, Schnee-* (Schneen b. Göttingen), *Stah-* (Stade), *Uffel-* (Uffeln b. Vlotho).
c) Flüsse: *Allermann, Hunte-* (b. Oldenburg), *Leine-, Lipp-, Necker-* (Neckar), *Ryn-/Rin-* (Rhein), *Tanger-, Wipper-, Wupper-.*
3. Nach Wohnstätten:
Angermann, Beck-/Böck- (Bach), *Birk-, Blatt-* (Platte), *Brunn-/Born-, Boll-* (Hügel), *Brach-/Broke-* (Brachland), *Brink-/Bring-* (hochliegender Grasanger), *Brück-/Brügge-, Bult-* (niederdt. 'Hügel'), *Busch-, Driesch-* (unangebauter Weideacker), *Eich-, Ester-* (Weidegatter), *Falter-* (Falltor), *Heide-, Hinter-, Holz-/Holt-* (Wald), *Horst-* (Dickicht), *Kuhl-* (Kuhle), *Loh-/Lau-* (Gehölz), *Marsch-/Masch-/Mersch-/Mers-* (niedriges Land am Wasser), *Moor-, Oster-* (Osten), *Pfütz-/Putt-, Pfuhl-/Pohl-, Speck-* (niederdt. 'Knüppeldamm'), *Suder-* (Süden), *Teich-, Vorth-/Furt-, Werth-* (Wört 'Halbinsel'), *Wester-* (Westen), *Winkel-.*
4. Nach Berufen u. ä.:
a) Händler: *Biermann, Butt-/Stör-* (Fischhändler), *Fleisch-, Grütze-, Haber-/Haver-* (Hafergrütze), *Kauf-/Kop-, Kopper-/Kopfer-* (Kupfer), *Mehl-, Schuh-, Wei(n)-, Weiß-* (Weizen).
b) Sonstige Berufe: *Ackes-/Axt-* (Zimmermann), *Floß-, Fuhr-, Haus-/Huse-* (Hausbewohner, -besorger; Burgwart), *Mahl-/Mühl-, Opper-/Opfer-* (Küster), *Reis-* (Krieger), *Stack-* (zu Staake 'Stange').
c) Zugehörigkeit, Aufsicht: *Hof-/Hoff-/Hove-* (zum Hof gehöriger / ihn bewohnender / mit einem Hof belehnter Bauer; Diener am Adelshof), *Kloster-, Leh-* (Inhaber eines bäuerlichen Lehngutes), *Scheune-/Schüne-, Scheuer-/Schür-.*
5. Aus Übernamen:
Altmann, Bange-, Bieder-(tüchtig), *Dünne-, From-* (tüchtig), *Grau-, Klug-, Lieber-/Lever-, Lütt-, Neu-/Nau-/Nie-* (Zugezogener), *Schöne-.*
6. Mehrdeutige:
Butzmann: Rufname *Burk[hart]* / Übername (Poltergeist). *Ha(h)-/Hammann:* Rufname *Johannes* / niederdt. Variante zu *Hofmann* / Herkunft aus Hamm / Wohnstätte am Hamm 'eingefriedetes Land'. *Ortmann:* Rufname *Ort[win]* / Herkunft aus Ort(h) / Wohnstätte am Ort 'Ende' / Amt des Schiedsrichters. *Riemann:* Rufname *Rich[art]* / Herkunft vom Rhein, aus Riga / niederdt. Wohnstätte an der *ride* 'Bächlein'.

Familiennamen auf *-mann* (in Dtl. insges. 10459 verschiedene, s. dazu S. 69)

Verkleinerungsformen

Familiennamen begegnen oft im Diminutiv: *Schmidtke, Schmittchen, Schmiedle, Schmidlin, Schmiedel, Schmiedl.* Das Diminutiv kann urspr. a) so aus dem Wortschatz übernommen worden sein: *Bächle* 'der am Bächlein'; b) zur Variation eines Namens in vertraulicher, herabsetzender oder unterscheidender Absicht gedient haben: *Matzke* neben *Matz* für dieselbe Person oder zur Unterscheidung von Senior und Junior; c) als Mittel, um aus Appellativen einen Namen zu bilden: *Klüglein* 'der Feine, Kluge', *Trenkle* 'der Trinker', *Zörnlein.*

Zur Entstehung der heutigen Verkleinerungsendungen *-chen* und *-lein* s. S. 21. In der Schriftsprache werden beide nebeneinander verwendet, Häuschen etc. eher in gehobenen Texten, Häuslein etc. eher in volkstümlichem Stil.

Viele der in den dt. **Dialekten** heute noch üblichen Verkleinerungsformen begegnen auch in Familiennamen (Abb. D). In den Namen haben sich außerdem alte Formen erhalten wie *Hölderlin* (Holderbüschlein) oder *Märklin (Markwart).* In und um Nürnberg konzentrieren sich Namen mit *-lein: Schäufelein, Hämmerlein.*

In manchen **Regionen** werden Diminutive weniger gebraucht, z. B. in Niedersachsen und Schleswig-Holstein, in anderen häufig, z. B. am Niederrhein und im Süden, was sich auch auf ihre Häufigkeit in Familiennamen auswirkte.

Schwäb. Familiennamen wie *Häberle, Nägele, Vögele* sind so typ., daß HOLZWARTH 1985 eine Erzählung verfaßte, wie in Baden-Württemberg zur Entlastung der Verwaltung verfügt wurde, das »höchst überflüssige« *-le* der Familiennamen in Zukunft wegzulassen und nur noch *Häber, Näge, Vöge* zu schreiben.

Stichproben ergeben, daß die **Verbreitung der Suffixe** in heutigen Familiennamen teils mit der Verbreitung dieser Suffixe in den Dialekten übereinstimmt, teils aber erheblich davon abweicht (Abb. D).

Die Familiennamen auf *-ke(n)* in Freiburg erklären sich vor allem durch starken Zuzug aus dem Norden, u. a. Ende 19. Jh. aus den cholerabedrohten Hafenstädten.

Die Familiennamen auf *-el* (nur wenige *-le*) in Osnabrück gehen z. T. auf Flüchtlinge von 1945 zurück, z. T. darauf, daß das *-l*-Suffix urspr. in Rufnamen im ganzen dt. Sprachgebiet beliebt war, während *-kin* (später *-ken/-chen*) erst seit dem 9./10. Jh. vom Westen her langsam in den mittel- und niederdt. Raum eindrang (Abb. C). Dann existierten dort in Rufnamen beide Suffixtypen nebeneinander und konnten von da in die Familiennamen übergehen, während das *-l*-Suffix in den dortigen Dialekten nicht üblich wurde.

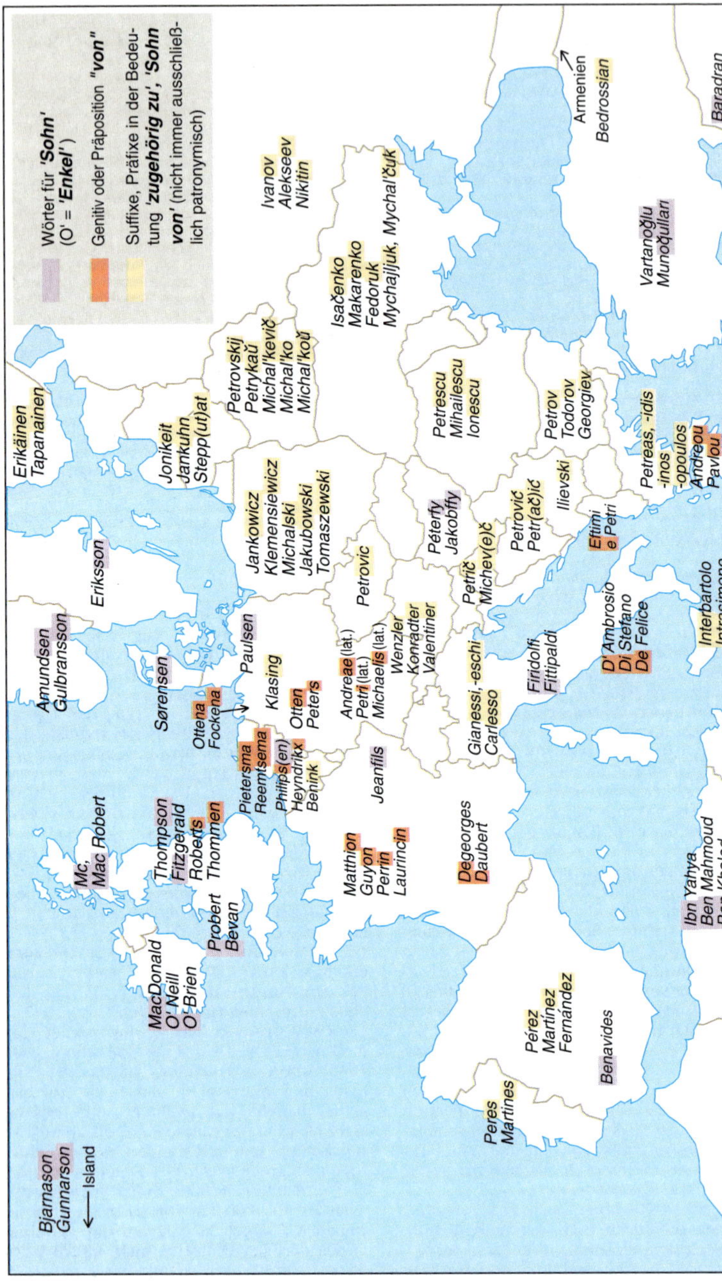

Typen europäischer Patronymenbildung

Familiennamen aus Rufnamen (Patronymika) sind aus der Kennzeichnung des Verhältnisses einer Person zu einer anderen entstanden.

Dies ist meist der **Vater** (daher Patro-), es kann aber auch eine **andere Person** sein:

»*Hans Detmer,* welcher etlich iahr bei *Timotheus Heidfeldt* gewesen undt darumb *Hans Timotheus* ist genennet worden«. (1599, BACH § 445)

In Braunschweiger Quellen des 14. Jh. werden etwa 5% aller Genannten durch Zufügung von Namen anderer Personen näher gekennzeichnet, unter 157 Fällen 140 nach dem Vater, je 5 nach der Mutter oder Gattin, je 3 nach dem Schwiegervater oder Bruder, 1 nach dem Onkel.

In Rußland führte die Kennzeichnung nach dem Vater zum Drei-Namen-System: *Aleksandr Sergejewitsch* (Sohn des *Sergej*) *Puschkin, Aleksandra Michailowna* (Tochter des *M.*) *Dostojewskaja.* Jeder Bürger der UDSSR mußte im Paß Rufnamen + Vaternamen + Familiennamen angeben, gleich ob er Russe, Aware, Lette usw. war.

Die Ostfriesen führen gern den Vaternamen im Genitiv mit: *Almut Ulferts* (Tochter des *U.*) *Buurmann.*

Die Isländer führen nur Vaternamen (oder Mutternamen) statt Familiennamen.

Kinder von *Gunnar Bjarnason* und *Ingibjörg Larusdottir* (-tochter) heißen *Finnbogi Gunnarsson* (oder *Ingibjörgson), Helga Gunnarsdottir* usw.

Die **Bildung von Patronymika** erfolgt in europäischen Sprachen:

1. **Durch Zusammensetzung mit Wörtern für 'Sohn/Tochter'.** Am deutlichsten ist dies bei isländ. Namen auf *-son* und *-dottir.* Mehr als zwei Drittel der Dänen tragen Namen auf *-sen,* das aus *-son* entstanden ist: *Nielsen, Madsen, Andersen* 'Sohn des *Nikolaus, Matthäus, Andreas*'.

In der Türkei, wo erst 1934 Familiennamen angenommen werden mußten, entschieden sich nur etwa 5% der Bevölkerung für Patronymika.

Die Wörter für 'Sohn' sind oft mit dem Namen verschmolzen und nicht mehr deutlich erkennbar. Ital. *figlio* erscheint zu *Fi-* verkürzt; irisch/schottisch *Mac Phail* 'Sohn des Paul' kann sich entwickeln zu *Quail, Mac-Austin* zu *Costain.* Walisisch *ap* 'Sohn' erscheint als *B-* oder *P-* am Anfang von Namen wie *Bedvard, Pugh, Bevan* ('Sohn des *Edward, Hugh, Johannes*').

2. **Durch Genitiv,** indem statt *Otto, Hinrichs Sohn* kurz *Otto Hinrichs* gesagt wurde (zumal der Name bei Weitervererbung ja nicht mehr nur *Hinrichs* Sohn, sondern auch seine Enkel, Urenkel usw. betrifft). Dieser Typ ist im Englischen bes. häufig. Dabei treten wie im Dt. starke Genitivendungen mit *-s* und schwache mit *-en* auf: *Roberts, Davis, Philipps* bzw. *Thommen, Dawn, Hobben* (des *Thomas, David, Robert*).

3. **Durch Präpositionen** in der Bedeutung 'von/Genitiv'. Sie übernehmen patronymische Funktion in Namen wie franz. *Daubert* 'von Albert', ital. *Di Giorgio,* span. *De Francesco,* alban. *e Pal* 'von Paul'.

4. **Durch Suffixe** (Endungen), die die Bedeutung 'zugehörig zu' haben, oft im Sinne von 'Sohn/Tochter des . . .'.

In dieser Bedeutung ist z. B. span. *-ez* seit dem 10. Jh. bezeugt.

Bes. in slaw. Sprachen treten solche Suffixe auf. Im Russischen werden die Vaternamen auf *-owitsch/-ewitsch* und *-itsch* gebildet. Auf die patronym. Suffixe *-in* und *-ov/-ev* (*Petrov* [syn] = '*Peters* Sohn') enden ca. 90% der russ. Familiennamen.

Tschech. *-ský,* poln. *-ski,* oft zusammen mit anderen Suffixen *(-owski, -ewski, -inski),* meinte urspr. 'zugehörig zu' und erscheint meist an Ortsnamen angehängt, aber auch an Rufnamen: *Baranowski* zum Ort Baranów, *Dománski* zum Rufnamen *Doman.* Schließlich wurde das Suffix derart üblich, daß es die Funktion annahm, schlechthin Familiennamen anzuzeigen.

Auch mit Suffixen wie dt. *-er, -ing, -mann,* frz. *-ard* usw. konnten Familiennamen von Rufnamen abgeleitet werden (*Baldwiner* aus *Balduin; Martinard, Jacquard*). Doch solche Suffixe treten häufiger in anderen Funktionen, Namen- und Wortgruppen auf. Sie wurden daher auf der Abb. nur in Ausnahmefällen berücksichtigt, z. B. finnisch *-ainen* 'aus dem Haus, der Familie des . . .', das nicht nur, aber oft auch bei Rufnamen erscheint: *Tapanainen* 'aus dem Haus des *Stephan*'; ähnlich die litauischen Suffixe in *Baltruweit, Baltr(us)at(is), Baldzuhn* (zu *Balthasar*).

5. **Durch Verkleinerungssuffixe.** Mit ihnen werden oft Koseformen von Rufnamen gebildet. Sie bieten sich aber auch dazu an, einen Junior nach einem Senior zu benennen: *Hein und das junge Heinle, Fritz und das Fritzeken.* So konnten mit Diminutivsuffixen auch Patronymika gebildet werden.

Diminutivsuffixe finden sich bes. in ital. Familiennamen: *Gian-ello, -elli, -etto, -etti, -ino, -ini, -oni, -otto, -otti.*

Vgl. engl. *Per-kin(s),* niederl. *Rein-ken(s), -tjen(s),* frz. *Pierr-et, -ot,* griech. *Petr-akis, -idis,* kroat. *Din-ko,* tschech. *Janusch-ek, Kobyl-ka.*

6. **Durch einfache Addition.** Rufname des Sohns/der Tochter + Rufname des Vaters: *Käte Hermann.* Im Deutschen hat sich dies zum häufigsten Typ entwickelt; er ist aber auch in anderen Sprachen sehr verbreitet:

Maurice André, Gérard Philippe, Juan Alfonso, Joan Henry, Ann Richard.

	Name	*John*	*William*	*Thomas*	*Richard*	*Robert*	*Henry*	*David*
Rufnamen in England im 14. Jh.	Position in der Häufigkeit	1	2	3	4	5	6	7
Familiennamen in London nach Telefonbuch (1961/62)	Position	1	2	7	5	4	6	3
	Zahl der erfaßten Namenvarianten	18	17	17	29	24	9	13
	Zahl der Namenträger	7730	6580	3600	4250	4860	4030	5400
Familiennamen in USA nach Registern der Social Security (1964)	Position	1	2	3	6	4	7	5
	Zahl der erfaßten Namenvarianten	14	13	5	19	13	4	7
	Zahl der Namenträger	4.486.000	2.608.000	1.302.000	1.114.000	1.274.000	1.046.000	1.247.000

A Die häufigsten Familiennamen aus Rufnamen in London und in den USA

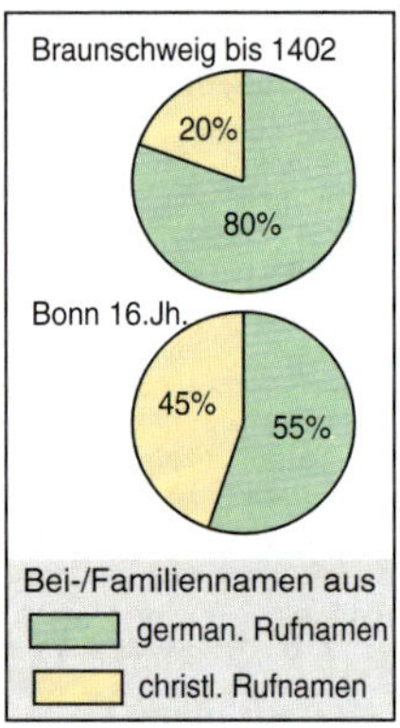

B Germanische Anteile

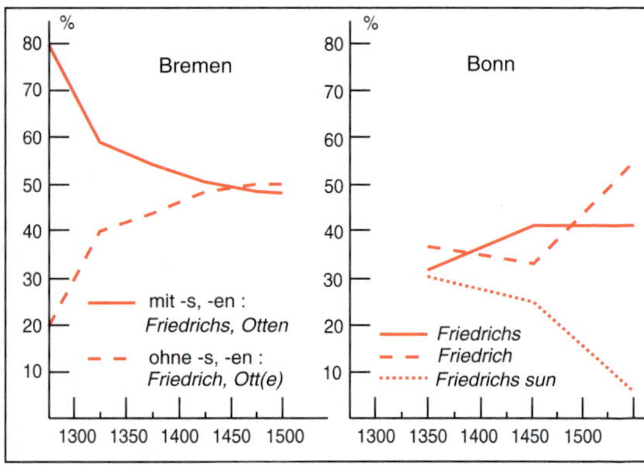

C Entwicklung einiger Patronymika-Typen bis 1600

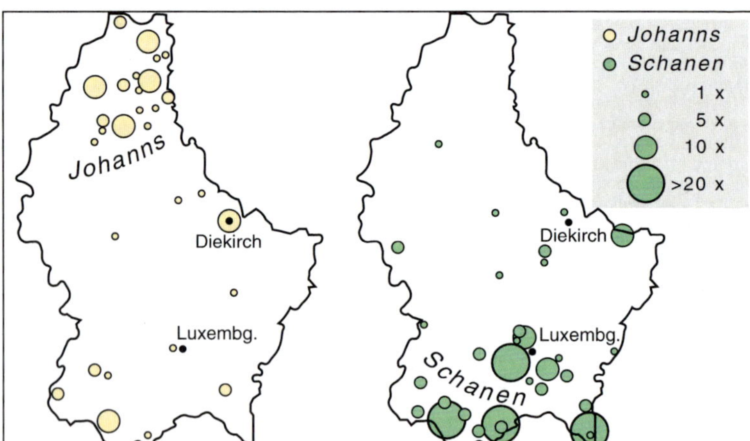

D Familiennamen aus dem Rufnamen *Johannes* in Luxemburg um 1930

Die Familiennamen, die aus Rufnamen entstanden sind, sind noch heute ein **Spiegel der spätmittelalterlichen Rufnamengeschichte.**

Je **seltener** ein Rufname damals schon geworden war, desto besser eignete er sich dazu, einen Menschen zusätzlich zu kennzeichnen, indem man ihm den seltenen Rufnamen des Vaters als Beinamen zufügte.

Daher sind in heutigen Familiennamen viele alte Rufnamen erhalten:

Amelung, Diethoch, Ehmke (aus *Agin-[mar]*), *Eglolf, Frommelt* (aus *Frumolt*), *Gerlach, Gerndt/Gernentz* (aus *Gernand*), *Geißlauf* (aus *Gisalolf*), *Gerwolf, Gumpfer/Gompf* (aus *Gundfrid*), *Gumprecht, Hellwig, Helrat, Kaupert/Geupert* (aus *Gawibert*), *Lempfert/Landfahrt* (aus *Landfrid*), *Niepold, Schweibold/Schwiebelt* (aus *Swidbold*), *Thamsen* (aus *Thank-[mar]*).

Rufnamen, die zur Zeit der Entstehung der Zweinamigkeit sehr **häufig** waren, wie *Konrad, Heinrich, Ulrich, Hans,* wurden weniger als Beinamen benutzt.

Die letztgenannte Beobachtung stimmt allerdings nur relativ und pro Ort. Absolut gesehen sind nämlich aus *Konrad, Heinrich* usw. abgeleitete Familiennamen wie *Kunze, Hinz, Heinemann, Heinze* usw. heute recht häufig, weil sich die wenigen Fälle pro Ort auf's ganze Sprachgebiet gesehen doch ansammelten. So hat also auch die starke Bevorzugung einiger weniger Rufnamen im Spätmittelalter ihre Spuren im heutigen Familiennamen-Schatz hinterlassen.

Aus *Johannes,* dem beliebtesten damaligen Rufnamen, sind über 300 dt. Familiennamen entstanden:

Jansen, Jantz, Jahn, Jehn, Jentzen, Jentz, Jähn, Johanns (Abb. D), *John(e), Jöndl, Jehn, Jentgens, Jenn, Jenninger, Jaenig, Jänichen, Jan(c)ke, Jan(d)tke, Jaensch, Jen(t)sch, Gensch, Jaenicke, Jennek, Guderian, Hansel, Hensel, Henn, Hennssler, Hannert, Hanke, Handtke, Hannemann, Hahnemann, Hamann, Hanken, Hänni, Hänggi, Hanig, Hänig, Hansche, Hantschke, Hänisch, Schan(en)* (Abb. D), *Hanschmann* usw.

In **England** teilten sich im 14. Jh. mehr als zwei Drittel aller Männer 7 Rufnamen (Abb. A). Familiennamen, die sich daraus entwickelt haben, stellen heute mit Abstand die umfangreichste Gruppe aller engl. Patronymika.

In den **USA** bilden Familiennamen aus *John* und *William* nach *Smith* die zweit- und dritthäufigsten Familiennamen überhaupt. Die ebenfalls zahlreichen aus *David* abgeleiteten Familiennamen gehen u. a. auf Zuwanderung aus Wales zurück, wo David Landespatron und daher als Name bes. beliebt ist.

In den Familiennamen ist eine **Fülle von Kurz-, Kose- und Verkleinerungsformen** mittelalterlicher Rufnamen mit all ihren mundartlichen Abwandlungen aus dem alltäglichen damaligen Sprachgebrauch konserviert worden.

So kommt es, daß den heutigen Vornamen-Formen *Nikolaus, Klaus* nebst einigen wenigen umgangssprachlichen Varianten wie *Niko, Claas, Klausi* usw. über 400 dt. Familiennamen gegenüberstehen, die aus dem Rufnamen *Nikolaus* entstanden sind (s. S. 80).

Am übersichtlichsten ist die Fülle der aus Rufnamen entstandenen Familiennamen-Formen bei HEINZE/CASCORBI 1933 (Abb. 76B), GOTTSCHALD 1982 und LINNARTZ 1958 (Abb. 76A) einzusehen.

Auch das **Verhältnis der germ. gegenüber den christl.** Rufnamen spiegelt sich in den Familiennamen. Im Südwesten überwiegen Familiennamen aus germ. weit vor denen aus christl. Rufnamen.

Ihr Verhältnis beträgt in Freiburg/Br. im 13.–15. Jh. 84:16%, in Esslingen 88:12%.

Hier war, als die christl. Rufnamen Ende des 13. Jh. in Mode kamen, die Ausbildung der Familiennamen so weit abgeschlossen, daß die christl. Rufnamen nur noch selten in Familiennamen eingehen konnten.

Östl. der Elbe dagegen überwiegen Familiennamen aus christl. Rufnamen, weil sich hier die Familiennamen erst später verfestigten.

In obersächs. Städten beträgt das Verhältnis germ.:christl.:slaw. Patronymika 41:54:5%.

Am Mittel- und Niederrhein wiederum waren die christl. Rufnamen schon früher als anderswo üblich geworden und konnten so schon früh zu einem beträchtlichen Teil in Familiennamen übergehen (Abb. B).

Kurzformen werden bei christl. Patronymika mehr als doppelt so oft bevorzugt wie bei germ. Das hängt damit zusammen, daß die gewohnten zweigliedrigen germ. Rufnamen glatter von der Zunge gingen. Sie bedurften der Kürzung weniger als die oft drei- oder viersilbigen christl. Namen, die aus fremden Sprachen stammten und ungewohnte Betonungen und Lautverbindungen aufwiesen.

Daher sind rel. viele germ. Rufnamen ungekürzt zu Familiennamen geworden:

Herrmann, Hartmann, Günther, Markwart, Trautwein (Trutwin),

während ungekürzte christl. Rufnamen wie

Augustin(us), Benedikt(us), Balthasar oder *Hieronymus*

als Familiennamen selten sind.

Sie treten in Kurzformen auf wie *Augste(i)n, Au(g)st, Austen, Bendix, Balzer, O(h)nemus, Grollmus* usw.

Gregorius, griech. = der Wachsame, lat. Vigilius, deutsch Wacker.

Für die von G. abgeleiteten FN kommt fast ausschließlich Papst Gregor I., der Große, Fest 12. März, † 604, der Patron der Sänger („Gregorianischer Kirchengesang"), der Gelehrten und Schulen in Frage. Das hohe Ansehen Gregors I. geht schon daraus hervor, daß 15 Päpste nach ihm sich diesen Namen zulegten. Fast bei allen Kf spielt der VN Georg hinein.

FN: Gregor, -ius, -i, -y (engl.), *Gregorovius*, Gre(e)ger, (auch dänisch), -s, -ius, -sen, -chen (nd.); Greggers, Gregson (engl.) Grégoire (frz.); Grögor, Grög(g)er(chen), Grägor, Gräger, Grög(e)l; *Kraiger* (auch nd. ÜN Schreier, Schwätzer); *Grieger* (schles.), Krier, Kregel, Krög(g)el; rh. *Krichel*, Kreichel;

zu Gregórius: *Gorius*, Gories, Go(h)re(s), Gorris, Gorrissen (ostfries.), Görissen, Jorissen, Järissen, Jürissen, Gorr(e), Gor(r)mann, Gore, *Gorges*, Gorgen, Gorris, Guhr, Gör(e)s, Göhre, Gohry; Goer, Gareis, Jahreis(s), *Jarres* (nd., auch Georg), Garr, Jormanns, *Greis* (auch schwed. Kf und ÜN = der Graue).

Görries, *Görres*, Göres ist rh. Georg, fries. Gregor, ebenso ist es mit Joris, *Juris*, Jöris; Kräger (Thür.), Kreger, *Krieger*, *Kröger*, Krüger, *Grüger* können Gregor, aber auch den Krüger, Gastwirt bedeuten, *Kriegel*(mann) ostd. auch den Krugmacher, Kräger nd. auch den Panzerkragenmacher usw. (s. Bd. I);

slaw.-ostd.: Gr(z)egorz, Gr(z)egor-asz, -owicz, -owisch, -e(t)z, -itsch, Grega, Gregus(ch), Grzeschik, Grzes-i(a)k, -k(i), Grzeszczak, Goretzki, *Grzesinski(y)*, Grigoricz, Groga, Grogec, Grella, Grelik, Grelka; wend.-tschech. werden aus Hrjehor, Rjehor die FN Rehor, Riha, Rehak, Rehek, Rehacek, Rehucek; lit.: Gri-gat, -goleit, -guleit, -gull-, -gutsch, Grygat.

(LINNARTZ 1958)

A Familiennamen aus dem Rufnamen *Gregorius*

BURG: zu ahd. burg, nd. borg „Burg", „Schutz". Das r kann ausfallen oder vor den Vokal treten; das g oder k kann in ch, sch, ss übergehen

Burghard: Burg|(h)ard, ath, ert(er), kart, harz (× ON. Burckhards, Hessen), Burghartswieser, Burgardsmaier, (Hessen), Burgardsmaier, Burgertsmaier, Burkhardsmaier, Burgis (häufig in Bamberg), Burkert, Burckhardt, Purkert; Burch|ardi, artz, ert, gart, Bürkert, Borg|hard, erd, gart, Borch|(h)art, ert(s), erding, Börgerding, Porkert. —

Ausfall des ersten r: Buckard(smaier), Bugars, Buck|ardt, at (vgl. BÜK), Buchardt, Bückart, Pükkert, Bockardt, Bockhardt, Puchert, Boc(c)atius, Boch|ard, at, ert, Pochert, Pocka(r)t, Pökkert; Buckting, Bockting. — Übergang des g in einen Zischlaut: (× frz. Bouchard u. sl. N., s. Buch), Busch(h)ard, Buttsch|ardt, ert, Bußhart, Pussard, Borsche(r)t, Boßhard, Bossart, Bossert, Posche(r)t, Poss|art, ert, Butzert, Puschert. Mischform.: Putzen–, Bot(z)enhardt. — Umstellung des r: Bru(c)kard, Bruchhard(t); doch vgl. Broco. — Dissimiliert: Bolkart, verlitauert Borchertas

Burghar: Burger, Bürgerle, Borger, Porger, Borcher(s), Börchers, Bürker, Bücker

(GOTTSCHALD 1982)

Bartholomäus (···)

Bartholmes; Bartelmaeus; Bart(el)mus; Barthelmeß; Bartelmex; Bardelmes. Gen. *Bartholomä; Bartholomaei; Bartholmey*; *Bartholmae; Bartlme.*

Gewöhnl. wegen seiner Länge in zwei Hälften zerschnitten: 1. *Barthol; Barthell*; *Bartel* (vgl. schweiz. Bartli, bair. Bartl); *Bardey* (Mecklenb., Bordey 1479, Burdey 1453 zu obotr. Bortaj). Patr. A. *Bording*. *Bart* (Bart Pulster 1365 Schliengen). Zss. *Barteldrees*. Vklf. *Bartke; Bortke* (slaw.); *Barke*. Vgl. Bartsch b. 2. *Meuß; Mees; Mies; Mewes* (mit eingeschobenem w, vgl. niederd. Bartelmeews, Meewsdag: 24. Aug., up ollen Bartelmeiwes, 5. Sept. nach dem alten julianischen Kal.), *Mews; Möw(e)s; Mieves; M(e)iwes; Mewies; Miesges* — das w in b verhärtet: *Mebus; Mebes; Möbus*; *Möbes; Miebs; Miebe; Meub; Mobes; Mobis; Mobus.* Vklf. (l): *Möbel; Mebel.* Latinis.: *Merius; Möbius.* Patr. A. *Meving.*

(HEINTZE/ CASCORBI 1933)

B Familiennamen aus den Rufnamen *Burghard, Burghar* und *Bartholomäus*

Mit der geringen rechtl. und soz. Stellung der Frau in der mittelalterlichen Gesellschaft hängt es zusammen, daß aus **weibl. Rufnamen** entstandene Familiennamen wie *Heinrich Greten(kint)* nicht häufig sind.
Das Verhältnis zu aus männl. Rufnamen abgeleiteten Bei- oder Familiennamen beträgt in Magdeburg im 14. Jh. 32:349, in Braunschweig bis 1402 16:122.
Mögliche Gründe für die Entstehung von Familiennamen aus weibl. Vornamen:

1. Benennung nach der Mutter, **Metronymika,** oder der Ehefrau, **Gynäkonymika**, weil diese den Vater bzw. Gatten an Abstammung, Vermögen oder Ansehen übertraf.

In einer Quelle von 1581 heißt es: »Manche verzichten auf den Zunamen ihres Vaters, weil er geringer Herkunft ist, und nennen sich mit dem Geschlechtsnamen ihrer Mutter oder Ehefrau«. (Naumann 1994, 52)

Der Mystiker Heinrich Seuse (1295–1366) benannte sich nach dem Namen des mütterl. Geschlechts (urspr. *Süs/Sus*), weil er seine fromme Mutter sehr verehrte.

2. Benennung von **unehelich Geborenen** (selten) oder von Kindern von Witwen.

3. Benennung von Abhängigen nach ihrer **Herrin.**

In niederdt. Familiennamen ist manchmal die ehrende Anrede *vrouwe* ('Frau, Herrin') in der abgeschwächten Form *ver(n)* mit den Familiennamen verschmolzen: *Vernaleken* ('der Frau *Adelheid*'), *Verwiebe* ('*Wigburg*').

4. Benennung nach einer **Institution** oder **Örtlichkeit,** die den Namen einer Schutzpatronin trägt.

Madlener, Kathreiner nach einem Kloster oder Ort St. Magdalena, St. Katharina.

Histor. Beispiele für die Herkunft von Familiennamen aus weibl. Rufnamen s. Abb. u.
Daneben ist in Einzelfällen auch andere Herkunft möglich. *Alisch(er)* kann auf *Adelheid,* aber auch auf slaw. Kurzformen von *Alexander* zurückgehen, *Elsner* auch auf Ortsnamen wie Elsen usw.

Landschaftliche Unterschiede beruhen einerseits auf der regionalen Verbreitung bestimmter Rufnamen: So finden sich Familiennamen wie *Öhlgart* (zu *Olegard*), *Vroburg, Leifheit* (zu *Liebheid*) nur im Norden.
Andererseits werden versch. Bildungsweisen bevorzugt: Im Norden herrschen Formen mit dem Diminutivsuffix *-ke* wie *Heileke (Heilwig), Modeke (Almut), Tibbeke (Dietburg)* vor oder fries. Kurzformen wie *Abele (Adelburg), Hobele (Hoburg), Wobbe (Walburg),* im Süden Formen mit dem Ableitungssuffix *-er: Mergerter (Mergard), Jüttner (Jutta), Tilg(n)er, Dilger (Ottilie).*

	heutige Rufnamen	Belege als Bei- oder Familiennamen im 14.-16. Jh.	heutige Familiennamen
germanische Rufnamen	*Adelheid*	*Alheid, Alheydes, Aleken, Vernalik, Alusch, Aluscher, Alischer*	*Alken, Vernaleken, Al(i)scher, Alschner*
	Eilburg	*Eylburgis, Eileke, vor Eliken*	*Eilken, Ehliken*
	Gertrud	*Drude(n), Drudeken, Drudensone, Gesensun, Gheseke, Gelen*	*Drude(n), Drüen, Drüner, Gese(n), Gehlen*
	Hedwig	*Hadewich, Hedwiger, Heseken, Hasceke*	*Hedwiger, Heesche*
	Hildegund	*Hildegundis, Hilleken, Hillen, Vornhiller*	*Hille, Hilcke, Hiller*
	Kunigunde	*Künne(n), Künischer, Küngunder, Hans Kunigund* mit Vater *Hans Könngott* u.Sohn *Hans Kenngott* (Reutlingen 1547-95)	*Künne, Künscher, Küngot, Köngeter*
	Lutgard	*Lutgardis, vern Luckarde, Luckhart, Leucharter, Leikart, Lucke*	*Luckhardt, Lauckhardt, Leuckart, Lückert, Lucke*
	Mechthild	*Mechtildis, Machtilden, Meteken, Vermetten, Metzen(sun), (Ver)Meckel*	*Mechteldt, Mette, Mett(e)ke, Metz, Metzener, Meckel*
	Walburga	*Wolberghes, Wobbe, Wobbenman, Wobbeken*	*Wobbe(n), Wolper, Walb*
christliche Rufnamen	*Agathe*	*Agthen, Ayten, Aytener, Eythener*	*Agahd, Agethen, Eitner*
	Agnes	*Agneser, Agneter, Nesen(sun)*	*A(n)genet(er), Neeser, Neske*
	Cäcilia	*Cilie(n), Czilgner, Czilger*	*Zilg, Zilg(n)er, Zillgen*
	Elisabeth	*Elsenbeten, Lysbe, Elseman, Belenkint*	*Els(e)ner, Ellisen, Bethge*
	Katharina	*Kathrinerin, Ketherlin, Ketterer, Kinen, Kineken*	*Kathreiner, Ketter(er), Trienen, Trinnes, Drindl*
	Sophia	*Soffeken, Söffke, Soffen(er), Fygen*	*Soffner, Fige(ner), Fei(gen)*

Familiennamen aus weiblichen Rufnamen

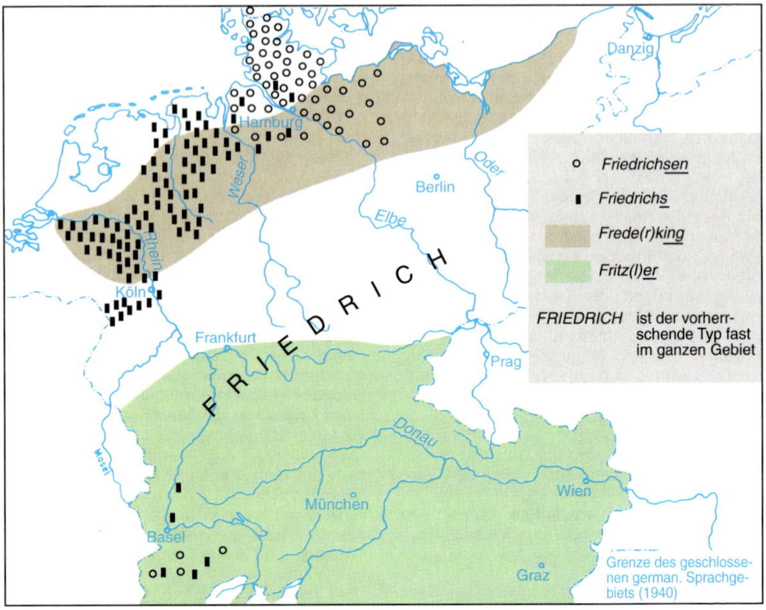

A Verbreitung wichtiger Bildungstypen

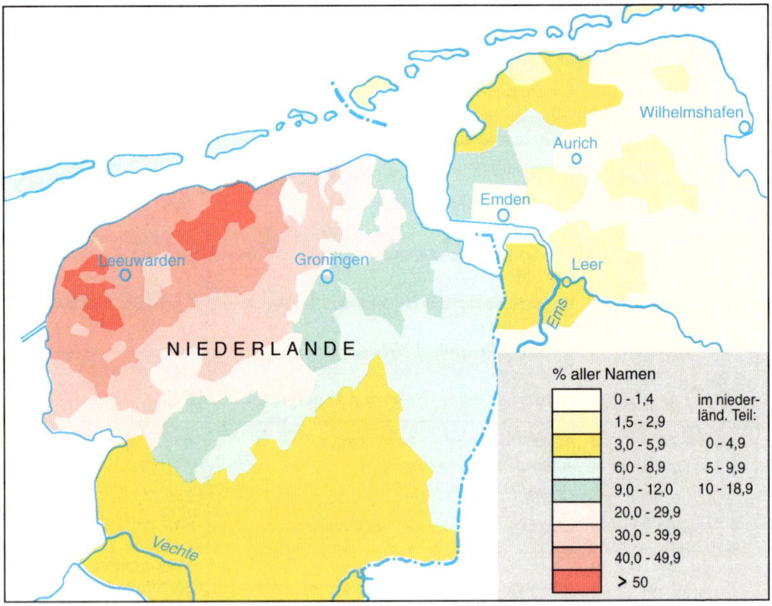

B Verbreitung friesischer Familiennamen auf *-a (Fockena, Reemtsma* u.a.)

Die verschiedenen Möglichkeiten, aus Rufnamen Familiennamen zu bilden, wurden nicht nur in Europa (S. 73), sondern auch innerhalb des dt. Sprachraums in verschiedenen Zeiten (Abb. 74C) und Regionen jeweils sehr unterschiedlich genutzt.

Namen auf -sen. Eine der ältesten Familiennamen-Karten betrifft u. a. die Verbreitung der Namen mit *-sen* 'Sohn' (SCHWARZ 1949, Abb. A). Sie bedarf im einzelnen der Differenzierung. So sind z. B. im Südwesten die Belege sehr selten. In Schleswig ist *-sen* durch dänischen Einfluß etwa 3 x häufiger als in Holstein.

Wenn in Flensburg drei Personen beisammenstehn, sagt man, heißt mindestens eine von ihnen *Petersen.*

In Holstein überwiegen Namen auf *-s* weit vor denen auf *-sen.* In Hamburg betrug das Verhältnis 1925 5:2.

Familiennamen mit *-sen* können auch zurückgehen auf

- Genitive vom Typ *des Claasen (Sohn),* so bei *Andres-en, Gilles-en* (zu *Ägidius*);
- niedersächsische Ortsnamen auf *-husen: Mackensen* (früher *Mackenhusen* bei Hannover), *Mengersen (Mengershusen), Bensen (Benenhusen), Üpsen (Uphusen).*

Patronymika im Genitiv sind als solche aufgrund mißverständlicher Schreibung heute oft nicht mehr zu erkennen, bes. wenn sie von Rufnamen auf *-old* und *-hart* abgeleitet sind: *Arnholz* (für *Arnold-s*), *Warmholz (Warinold-s), Helmholz (Helmold-s), Bierholz, -hals (Berold-s), Frommherz (Frommhard-s), Liebherz (Liebhard-s), Reinharz.*

Das Verbreitungsgebiet der Familiennamen mit starkem Genitiv auf *-s* deckt sich etwa mit dem der Namen mit schwachem Genitiv auf *-en.*

Dieser wurde bei Rufnamen verwendet, die auf Vokal oder *-s, -z* enden: *Otten* (aus *Otto*), *Jutten (Jutta), Kuhnen (Kuno), Heyken (Heiko), Lorentzen, Hansen.*

Nicht selten werden, bes. im Niederdt., beide Genitive kombiniert:

Kun-en-s (zu *Kuno*), *Hobbens* (zu *Habbo* aus *Hadu[brand]*), *Lüthens* (zu *Liuto* aus *Liut[ger]*).

Latinisierte Familiennamen (s. S. 171) im Genitiv enden auf *-i, -is, -ae:*

Caspari, Henrici, Petri, Stephani; Danielis, Michaelis, Simonis; Andreae, Thomä.

Fries. Genitivbildungen sind *Fockena, Albertsma, Ludinga* 'einer von den Nachkommen des *Focko, Albert, Ludo*'.

Abb. B zeigt ihre Verbreitung, allerdings zusammen mit den anderen typ. fries. Familiennamen auf *-a,* z. B. den Wohnstätten- und Herkunftsnamen auf *-stra (Eekstra* 'einer von denen an der Eiche', *Heegstra* 'aus *Heeg*').

Als patronymische Suffixe dienten v. a. *-ing, -er* (S. 69), manchmal auch *-man* (vgl. S. 69) und die Verkleinerungsformen (S. 71). Familiennamen auf *-er* sind vorwiegend südlich des Mains zu Hause:

Arnolder, Dreiser (zu *Andreas*), *Eck(e)ler (Ekkehard, Egilo), Künzler, Kienzler* (zu *Kunz* aus *Konrad*), *Kläuser, Kleiser, Gleiser (Nikolaus), Lexer (Alexius), Lörtzer (Lorenz), Seppler, Thieser (Matthias), Wenzler (Werner, Wenzel), Waltzer (Walter), Wastler (Sebastian).*

Das Suffix *-ing* bedeutet 'zugehörig zu' und war urspr. weit verbreitet, wie die Ortsnamen auf *-ingen* beweisen (S. 17). Während es im Süden schon in ahd. Zeit außer Gebrauch kam, hielt es sich bes. in den Niederlanden, in Westfalen, im Oldenburgischen, Hannoverschen, Mecklenburg und Pommern, wo es reichlich zur Ableitung von Familiennamen aus Rufnamen genutzt wurde: *Brüning* 'Sohn des *Brun[ward]*'. Vgl.:

Arn(d)ing, Nölting, Nolting (Arn[old]); Berning, Benning, Behning (Bern[hard]); Ebeling (Albrecht, Eber[hard]); Everding (Eber[hard]); Harting, Hertling, Herdinck (Hart[mann]); Humperdinck (Humbert); Janning, Jenning (Johannes); Lortzing (Lorenz); Lüdeking, Lücking, Leiting (Lud[ger]); Liebing (Lieb[recht]); Noting, Nötting, Nüssing (Not[ger]); Reineking (Rein[hard]); Röhling, Rölling (Roland, Rudolf); Rolfink, Rolwink (Rudolf); Röthering, Rühring (Rot[her]); Rüpping, Röpking (Ruprecht); Siever(d)ing, Sieferling, Sieveking (Sieg[fried]); Warning, Warring, Wern(s)ing, Wessing (Wern[her]); Willink, Wilking (Wil[helm]).

Das Suffix *-ing* kann als sekundäres Patronymikon aber auch in anderen Namengruppen auftreten, z. B. in Familiennamen

- nach der Wohnstätte: *Büsching* (zu Busch), *Specking* (zu niederdt. Speck 'Knüppeldamm'), *Bruggink* (Brücke), *Dijkink* (Deich), *Hölting* (Holz, Wald);
- nach dem Beruf: *Bü(h)ring* (Bauer), *Köstering* (Küster), *Vischering* (Fischer);
- aus Übernamen: *Höffding* (Haupt), *Schwarting* (schwarz), *Schmeling* (schmal), *Stölting* (stolz), *Vössing* (Fuchs).

Die **Konkurrenz** verschiedener Bildungsmöglichkeiten wird sichtbar, wenn dieselbe Person in Lippe 1595 *Jürgen Hermeling,* 1597 aber *Jürgen Hermeler* geschrieben wird (zu *Herman*), oder in Meppen 1435/43 erst mit *-ing*-Suffix *Godeke Rolvinck,* dann mit Genitiv *Goedeke Rolves,* dann nur noch *Goddike Roleff* (= *Rolf*).

Im größten Teil des dt. Sprachgebiets hat sich der Typus **bloßer Rufname als Familienname** durchgesetzt:
Maria Eberhard, Otto Kunze, Kurt Bastian.

Nicolaus
Nicholaus
Nikolausen
Nicolaisen
Nicolaysen
Nicolai
Nicolay
Nicoley
Nicolas
Nicolassen
Nicolovius
Niggeloh

Niklaus
Grossniklaus
Nücklaus
Niclaisen
Nicklas
Niclaes
Nicklassen
Niklass
Nicklasch
Nieglas
Nickles
Niglis
Nicklisch

Nicola
Nikola
Nicole
Nicol

Nikol
Altnikol
Nicolmann
Nicholl
Nichols

Nickelaus
Nickel
Nickele
Nickelmann
Nückel
Niegel
Niggeler
Nickelsen
Nickels
Nickl
Nicladoni
Nickling
Niggli
Niggl
Nigl

Altnickel
Jungnickel
Grasnickel
Heinickel
Honickel
Kunznickel
Langnickel
Lehrnickel
Liebernickel

Nikolaus
Niko
Nicke
Nick
Fränznick
Nickchen
Nickerl
Nigg

Nitz
Jungnitz
Nitsch
Jungnitsch
Nitschke

Nikolaus
Kohlhaus

Nicolas
Colas
Kohlas
Kolhas
Kohlhaas
Kolaas
Collas
Gollas
Collasch
Collasius
Colles

Nikelaus
Kelaus

Nikelas
Kelas
Gehlhaas
Köhlhas
Kölla

Niklaus, Nikolaus
Klaus
Brunklaus
Eitelklaus
Grossklaus
Jungclaus
Jungclaussen
Kleinklaus
Lienenklaus

Claus
Glaus
Clauss
Glauss
Klausmann
Klaussmaier
Clausius
Klausen
Clausen
Klause
Glause
Clausse
Claussen, Klausel
Klausing, -ung
Klauser
Clauser
Lauser
Cläus, Kläusli
Kläuser
Kleuss
Leuser
Leus, Läuseli
Klais
Klaiss
Lais
Glais
Kleeis
Kleis, Kleisle
Kleisl, Kleissl
Gleiser, Gleissle
Kleiser, Kleissler
Leis, Leissler
Laus
Lausmann
Junglaus
Lauss
Lausen
Lause

Niklas
Klas, Klask
Farklas
Langklas
Jungklas
Klasmeyer
Clas
Clasohm
Glas, Glasel
Glasmeyer
Las
Junglas
Klasen
Clasen

Glasen
Classen
Lassen
Klaas
Claas
Glaas
Laas
Claes
Claesgen
Clais
Claasen
Claasens
Klaassen
Claassen
Class
Klasing, Classing
Glass
Lass, Lasske
Klassmann
Classmann
Lassmann
Classen
Classens
Glase
Klasse
Classe
Lasse
Claesy
Claes
Kläs, Kläslin
Gläsel, Kläsgen
Kläsing, Kläsig
Kles, Klesel
Klesen
Clesius
Klees
Glees
Clees
Lees
Kleese
Kläss
Klässing
Klässig
Lässig, Lässing
Gläss
Kless, Klessing
Lessing, Lessig
Cless
Jungles
Gles
Lessmann, Lessel
Lessle
Klesse

Familiennamenvarianten von *Nikolaus* (1)

Niclos	Nikla	Klafgen	Klaj, Kleu
Klos, Closel	Gla	Klafke	Kleuel, Gleuel
Kloske	Klamann	Klaffs	Gleye, Kleie, Klei
Grossklos		Laves	Kley, Kleylein, Klaile
Lautenklos	Clawus	Clabes	Klail, Klailer
Glos	Glabus	Klabes, Klabe	Leule, Laile
Los, Loselein	Klobus	Glabe, Glab, Glaab	Klews
Loske	Globus	Clabs	Klebes
Clossen	Klobes	Glabsch	Kleb, Kleeb
Lossen		Klapps, Klapsing	Klebl
Kloos	Niclaves	Labes	Klebser
Cloos	Clawes, Klawe	Laabs	Kleps
Loos	Glawe	Klages, Klage	
Lohs	Lawis	Klagemann, Glage	Kloes, Kloe
Kloss	Claws	Klahe, Glahe	Gloe, Gloel
Klossmann	Laws	Klags	Klohe, Glohe
Gloss	Glauwis	Grotklags	Klomann
Clossius	Klaue, Glaue,	Lages, Kleinlagel	Loes
Loss, Lossl	Klau, Klaule		
Klose	Laule, Laul	Clewis , Clewin	Klus
Lose, Lohse	Clavius	Klewe, Gläwe	Klusen
Kloser	Claves	Kleweli(n)	Clusen
Klös, Klösel	Claven, Klavehn	Klewinghaus	Klusmann
Lösel, lösl	Clavel	Klähe, Klehe	Kluss
Lösgen	Klafs	Klee, Glee	Klussmann

Familiennamenvarianten von *Nikolaus* (2)

Vielfalt der Patronymika
In der Zeit, als die Familiennamen entstanden, war *Nikolaus* nach *Johannes* der zweithäufigste Rufname. Die Abb. gibt an seinem Beispiel einen Eindruck davon, wie viele Familiennamen aus einem einzigen Rufnamen entstehen konnten. Die Liste ist nicht vollständig und könnte z. B. noch mit vielen Zusammensetzungen wie *Poggenklas* (niederdt. '*Klaus* am Froschteich'), *Reinglas* (*Rein[hart]* + *Klaus*) erweitert werden.

Einige slaw. Formen von *Nikolaus* treten im Osten häufig auf: *Klau(k)e* (niederdt. auch 'der Kluge'), *Klausch, Klawisch, Mickan, Mickli(s)ch, Mik(u)sch, Miklas(ch).*

Nicht alle der angeführten Familiennamen *müssen* von *Nikolaus* stammen. *Nitz* kann auch von *Nit[hart]* abgeleitet sein, *Kohlhaas* kann mancherorts 'Heuschrecke' bedeuten oder jemanden bezeichnen, der aus dem Ort Collase stammt, *Lessing* kann im Osten auch von slaw. *lěsnik* 'Waldbewohner' stammen, *Kleinlagel* bedeutet im Südwesten 'kleines Faß', *Klus(s)mann* kann sich auf Ortsnamen wie Kluse, Kluß beziehen usw.

Landschaftlich sind die Formen unterschiedlich verteilt. Nach Einwohnerbüchern konzentrierten sich um 1930 z. B. die *Klaw(e)(s)* im Nordosten, die *Kla(e)s, Kläs, Klas(s)en, Klaßmann* im Rheinischen (Köln 92 x), die *Klaue, Klaumann* in der Lausitz (Cottbus 19 x), die *Klo(h)mann, Klomen* in der Pfalz, die *Klais* in Schwaben (Stuttgart 17 x), die *Nigg(li)* in der Schweiz (Zürich 40 x), die *Nig(g)l, Ni(g)gel* in Bayern (München 63 x).

Ähnlich variieren die Namen des hl. Nikolaus, der nach altem Brauch in der Nacht zum 6. 12. die Kinder beschenkt: Ruh*klas* in Mecklenburg, *Klas*bur in der Altmark, Aschen*klas* zwischen Weser und Aller, Sünner*kla(u)s* u. ä. im Rheinland und Westfalen, *Niggel* im Hessischen, Pelz*nickel* in der Pfalz, Sami*klaus* u. ä. im Südwesten, *Nikolo* in Niederösterreich, *Nikolo*bartel in der Steiermark.

Gründe für diese Vielfalt sind v. a.:

1. Der Fremdname *Nikolaus* konnte bei seiner Eindeutschung auf versch. Weise zerlegt oder zusammengezogen werden: *Niko, Kolaus, Niklas, Klas* usw.

2. Diese Formen konnten jeweils in den Dialekten unterschiedl. geschrieben und gelautet werden: *Nick, Nigg, Klas, Klos* usw.

3. An diese Formen konnten unterschiedl. Verkleinerungssuffixe angehängt werden: *Niggli, Nitz, Kloske, Klosel, Clösle* usw.

4. Aus den unter 1–3 entwickelten Rufnamen konnten wiederum durch versch. Suffixe usw. Familiennamen gebildet werden: *Nicklassen, Nicolai, Klausmann, Kläsing, Klauser* usw.

	Berlin 1934	Hamburg 1934	Köln 1932	Karlsruhe 1927	Stuttgart 1936	München 1936	Wien 1937
Köppen (Jakob)	ca. 450	ca. 90	19	2	-	3	1
Frings (Severin)	8	4	ca. 210	-	1	1	-
Petersen (Peter)	ca. 190	ca. 1300	21	3	11	29	7

A Verbreitung der Familiennamen *Köppen, Frings, Petersen* (nach Adreßbüchern)

Die Verbreitung einzelner Patronymika weist starke landschaftl. Unterschiede auf.
Eine Reihe von Familiennamen wie *Adike* (zu *Adolf*), *Bohls (Balduin), Didde (Dietrich), Fedden (Friedrich), Hiddings (Hilde[brand]), Joleff (Gottlieb), Lubbe (Liut[bert]), Memme (Meimbert), Nonnen ([Wig]nand), Wöhlken (Walter)* wird man unschwer in Norddeutschland, genauer in Ostfriesland suchen, andere wie *Alprecher (Albrecht), Gatt (Gottfried), Handl (Johannes), Hauger (Hugo), Kainz (Konrad), Krainer (Quirinus), Menghin (Dominikus), Rampold (Reginbald), Riedl (Rudolf), Penz (Bernhard), Schweiggl (Swidger), Zischg (Franziskus)* in Bayern und Österreich, genauer in Tirol.
Einige **Gründe** dafür:
1. Schon bei den Germanen wurden einzelne Rufnamen in versch. Stämmen und Gebieten unterschiedl. bevorzugt;
2. die regionale Vielfalt des Rufnamen-Gutes differenzierte sich dann durch die Entwicklung versch. Kurzformen und Suffixe weiter aus;
3. viele christl. Rufnamen verbreiteten sich entsprechend den Kultgebieten der jeweiligen Heiligen;
4. ihre Eindeutschung erfolgte wiederum den einzelnen Dialekten gemäß;
5. schließlich wurden bei der Umbildung von Rufnamen zu Bei-, später Familiennamen regional versch. Bildungsmöglichkeiten bevorzugt.
In Stichproben aus Einwohnerbüchern 1927–1937 tritt die regionale Konzentration einzelner Patronymika deutlich zutage (Abb. A).

Asmus(sen), von *Erasmus*, einem Schutzpatron der Seeleute, ist z.B. in Hamburg (163x), Kiel (63x) und Flensburg (153x) wesentlich häufiger als anderswo.
Die meisten *Jauss* (aus *Joos* = *Jodokus*) finden sich in Stuttgart, weil im Schwäb. *oo* zu *au* diphthongiert wurde.
Die meisten *Mens(ch)ing* (von *Menso* aus *Mein[hard]*) gibt es in Hannover und Magdeburg, mitten im Geltungsbereich des *-ing*-Suffixes.

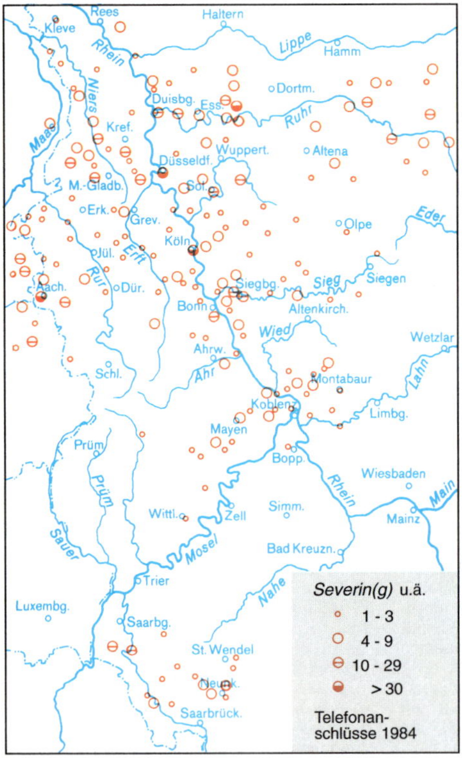

B Verbreitung der Familiennamen *Severin, Siffrin*

Ausbreitung eines germ. Patronymikums. Der Familienname *Bellmann* hat sich als typ. sächs. Form aus dem Rufnamen *Balduin* entwickelt: *Baldwin* → *Belwin* → *Belben* → *Bel(l)mann.*

Im 16./17. Jh. um Frauenstein im Erzgebirge konzentriert, breitet er sich von da in Sachsen aus. 1918–39 wohnten in Dresden 679 *Bellmann.* In west- und süddt. Großstädten waren sie vor 1914 kaum vertreten, doch steigt die Zahl zwischen den Kriegen stetig an und verdoppelt sich nach 1945, bes. durch Zuzug aus Sachsen, auf ca. 300 Familien.

Auch um Scheeßel bei Lüneburg wohnen einige alte Familien *Bellmann.* Hier ist es aber ein Herkunftsname nach dem Ort Belle bei Rotenburg/Hannover.

Ausbreitung eines christl. Patronymikums. *Severinus* war im 4. Jh. einer der ersten Bischöfe von Köln und wird bes. in den Rheinlanden als Heiliger verehrt. Das führte dort zur häufigen Vergabe des Rufnamens *Severin,* woraus dann auch Familiennamen entstanden sind.

In den 31 Telefonbüchern des aus Abb. B ersichtlichen Gebietes fanden sich 1984 790x die Familiennamen *Severin(s)* u. ä., 97x *Severing,* 83x *Siffrin,* so vor allem im Saarland. *Seuren* (162x; selten: *Soiron*) verrät in der Lautentwicklung roman. Einfluß. Bei *Siebring* (94x) ist die Herkunft von *Severin* nicht eindeutig.

Aus lat. *Severinus* wurde im Dt. einerseits der Typus *Severin* (Abb. S. 82 B), andererseits und häufiger der Typus *Verinus, Vrines, Frins,* das der rhein. Dialekt dort, wo man 'Wein' *(Win)* als *Wing* ausspricht, zu *Frings* velarisiert hat (1897x) (Abb.). Daneben findet sich, bes. um Grevenbroich, 623x *Brings* mit nicht ungewöhnlichem Wechsel von *Fr-* zu *Br-*.

Diese volkstümlichen Namenformen füllen auch den Raum zwischen Aar und Erftmündung aus, der auf der Karte ›*Severin*‹ (Abb. S. 82 B) fast leer ist.

Wenn diese Formen über die Dialektgrenze *Win/Wing* hinausgreifen, so deshalb, weil sich in diesen Namen seit dem 18. Jh. überall die zentrale Kölner Schriftform durchsetzte. In Aachen hat *Frings* z. B. die alte Schreibung *Frins* fast ganz verdrängt. Ins Ruhrgebiet sind die meisten *Frings* (Duisburg 66x, Essen 11x) wohl erst in den letzten 150 Jahren vom Süden hingezogen.

Auch in den südl. **Niederlanden** war die Severinsverehrung verbreitet. Dementsprechend finden sich in den 111 Gemeinden der an die Abb. westl. anschließenden Provinz Limburg über 1000 *Severens, Sevriens, Seuren* und 299 *Frin(g)s,* in Nordbrabant jedoch nur noch 303, in Gelderland 252, in Overijssel 142, in Drente und Zeeland keine Belege mehr.

Dänemark war bis zur Reformation ein weiteres Zentrum der Verehrung des hl. Severin von Köln. Bis 1540 sind 248 Dänen mit Rufnamen *Severin, Sewren* bezeugt. Daraus entstand der Familienname *Sörensen,* der so häufig wurde, daß »Herr Sörensen« als Personifikation des Durchschnittsdänen gilt wie in Dtl. »Lieschen Müller« (Kopenhagen: über 13 000 *Sören(sen)*).

Die Verehrung eines anderen Severin, des Apostels von Noricum, in Bayern und Österr. hat sich weniger auf die Familiennamen ausgewirkt.

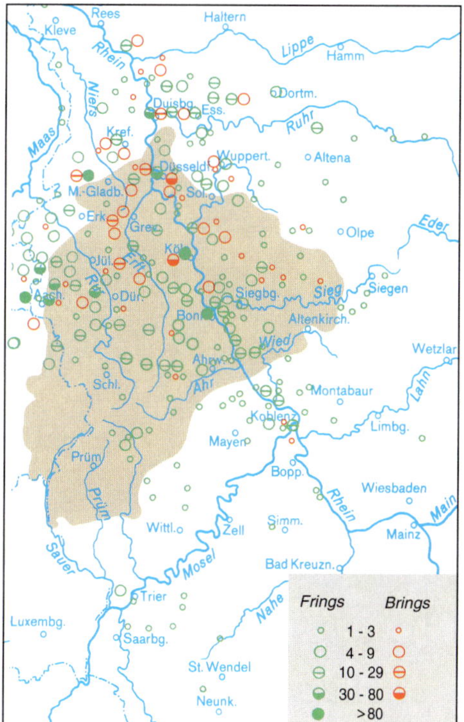

Verbreitung der Familiennamen *Frings, Brings*

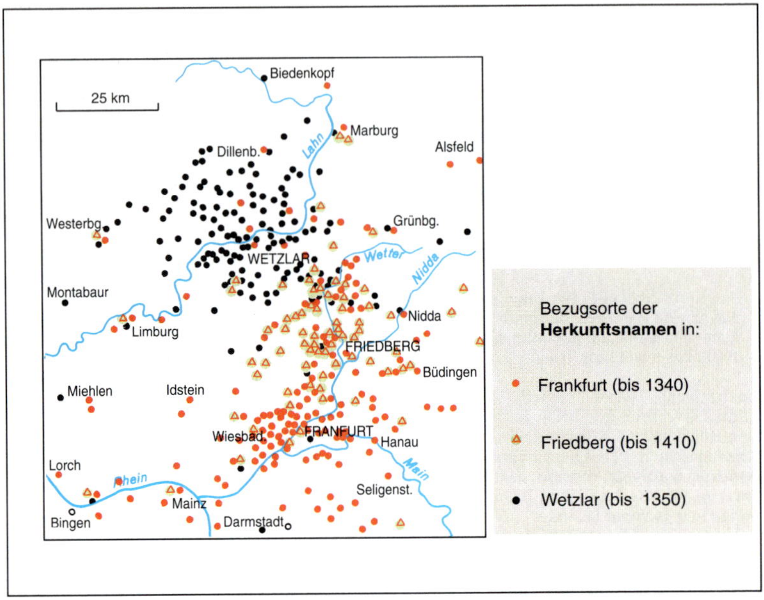

A Einzugsgebiet dreier Städte im 13./14. Jh. aufgrund von Herkunftsnamen

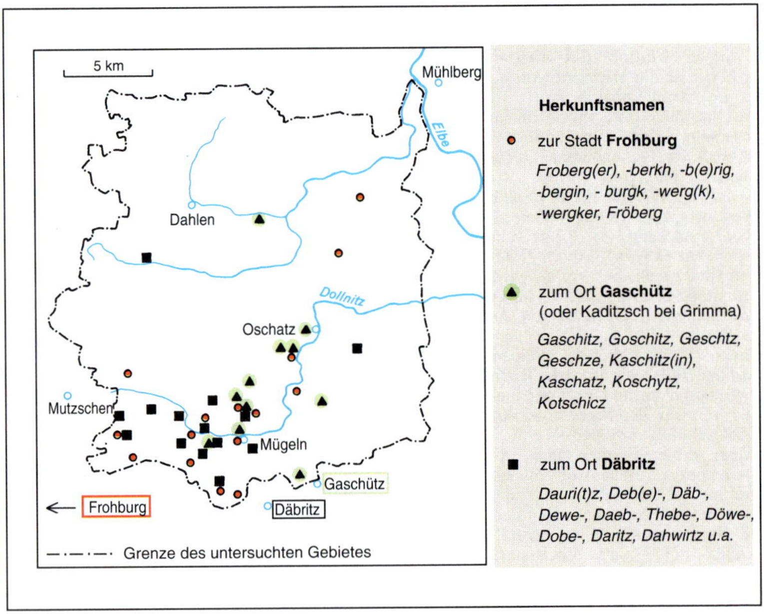

B Auszugsgebiet dreier Orte bis 1600 aufgrund von Herkunftsnamen

Familiennamen nach der Herkunft
Die Familiennamen entstanden in einer Zeit starker **Binnenwanderungen.** Die Städte blühten auf und zogen die Landbevölkerung an. Die Zugezogenen benannte man gern nach ihrer Herkunft: *Peter (aus) Mecklenburg.*
Die daraus entstandenen **Herkunftsnamen gliedern** sich
a) nach Völkern/Ländern (*Unger(mann)* 'Ungar'), Stämmen *(Bayer)* und Regionen *(Bergsträßer),*
b) nach Orten *(Basler, Köl(l)n).*
Nicht nur Herkunfts-, auch sonstige auszeichnende Aufenthaltsorte konnten namengebend sein.
Kaufleute, die in Brabant Handel trieben oder die Nürnberger Straße zogen, Pilger nach Santiago di Compostela oder Rom hießen *Brabender, Nürnberg(er), Kumsteller, Römer.*
Zu jüdischen Namen wie *Oppenheimer, Lasker* (Lask bei Lodz) s. S. 169.
Die Herkunftsnamen bilden eine **zahlenmäßig starke** Gruppe der Familiennamen, bes. in den Städten:
Im mittelalterl. Hamburg ca. 40%, in Dörfern um Hamburg 10–20%.
Dabei treten nicht wie bei *Schmitt* oder *Meyer* dieselben Namen sehr häufig auf, sondern eine gewaltige **Menge verschiedener** Namen.
Theoret. konnten so viele Herkunftsnamen entstehen, wie es Ortsnamen gibt, und dazu je mehrere Varianten: *Köllner, von Cölln, Kölsch, Kölling, Cölnermann.*
Aber sie sind die **instabilste Gruppe.**
Im Altenburgischen waren von den vielen um 1600 noch nachweisbaren Herkunftsnamen 200 Jahre später nur noch 15% vorhanden, von den Patronymika dagegen noch 40%.
Das liegt daran, daß derselbe Herkunftsname jeweils nur in rel. beschränkter Menge und an die nähere Umgebung gebunden auftrat, während andere Namen häufiger und überregionaler waren. *Schmidt* heißen viele Familien in vielen Regionen, weil der Name aus einem überall verbreiteten Beruf stammt; *Kröpelin* heißen aber nur wenige Familien, da der entsprechende Ortsname einmalig und nur in Mecklenburg vorhanden ist. Wenn also eine Familie *Kröpelin* ausstirbt bzw. den Namen wechselt, gefährdet das schon den Familiennamen, bei *Schmidt* dagegen nicht.

Aus den Herkunftsnamen lassen sich **Ein-** (Abb. A) **und Auszugsgebiete** mittelalterlicher Orte rekonstruieren (Abb. B). Der betr. Radius ist beschränkt. In Frankfurt weisen 1311–1350 90% der Herkunftsnamen auf Orte im Umkreis von bis zu 75 km, davon die Hälfte unter 15 km.
Auch im 20. Jh. sind entsprechende Namenfelder durch die Bevölkerungsmobilität noch nicht tiefgreifend gestört.
Um 1934 fanden sich in Köln 23 Familien *Mos(e)ler,* 31 *Eif(f)ler,* 20 Namen verwiesen auf *Eupen* (75 km entfernt), 26 auf *Euskirchen* (33 km), ca. 130 auf *Paffrath* (13 km), ca. 300 auf *Odenthal* (16 km). Berlin bot gleichzeitig je 50 *Mosler* und *Eifler,* München 7/1, Wien 9/5. Die anderen 4 Namen kamen in diesen Städten und in Hamburg, Stuttgart, Karlsruhe, also bei 8,5 Millionen Einwohnern, insgesamt nur 29mal vor.
Anders ist die Lage, wenn sich die Herkunftsnamen auf **große** mittelalterl. Städte beziehen. *Nürnberg(er)* fand sich z. B. in Telefonbüchern 1989 in Hamburg 83x, Berlin(W) 106, Köln 48, Frankfurt/M. 21, Nürnberg 33, München 40. Das hängt u. a. mit den weiträumigen Beziehungen der Kaufleute und Patrizier zusammen. Ihre größere Mobilität wird an den Herkunftsnamen der Dresdner Ratsmitglieder bis 1500 deutlich: ein Drittel weist in z. T. sehr weit, jedenfalls über 50 km entfernte Städte.

Probleme beim Erfassen von Herkunftsnamen ergeben sich daraus, daß
1. anscheinend eindeutige Fälle auch zu anderen Gruppen gehören können:
Hamburger, Heimberger auch zu *Heimbürger* 'Dorfschulze', *Wiener* auch zu slaw. *viniar* 'Winzer';
2. eine Trennung von den Wohnstättennamen schwierig ist, bes. in Fällen, wo Ortsnamen aus Flurnamen hervorgegangen sind.
Die in mittelalterlichen Quellen oft noch getrennten Typen *Heinz* ***von*** *Bühl* und *H.* ***am*** *Bühl* (Hügel) fallen später in *H. Bühl* zusammen. *Harder* kann 'der in/an der Hardt ('Wald')' oder der 'aus Hardt' sein, *Nettelbeck* 'aus Nettelbeck' oder 'am Nessel-Bach';
3. lautliche Differenzen zwischen Ortsnamen und daraus abgeleiteten Herkunftsnamen bestehen. Einerseits kann in den Herkunftsnamen der Ortsname in einer alten/mundartlichen Form konserviert sein, die von der heute amtlichen Form abweicht:
Baudissin 'aus Bautzen', *Behe(i)m* 'der Böhme', *Brunswik* 'aus Braunschweig', *Natorp* 'aus Natrup', *Leibnitz* 'aus Leubnitz', *Soltwedel* 'aus Salzwedel'.
Andererseits kann sich der Herkunftsname durch lautliche Entwicklungen vom zugrunde liegenden Ortsnamen entfernt haben:
Neuneier 'aus Neuenau'; *Gewehr, Hö(h)ner* 'aus St. Goar, Höfen'; *Murner, Flettner* 'aus Murnau, Flettnau'; *Jener, Fulder* 'aus Jena, Fulda'; *Pramerer, Kranzerer* 'aus Pramau, Kranzach'; *Hüttig, Weddig* 'aus Hüttigen, Weddingen'; *Nötger, Villiger* 'aus Nöttingen, Villingen'; *Besler, Gletzer* 'aus Basel, Glatz'; *Niethammer* 'aus Nietheim'; *Neuenhahn* 'aus Neuenhagen'.

A Wichtige Bildungstypen

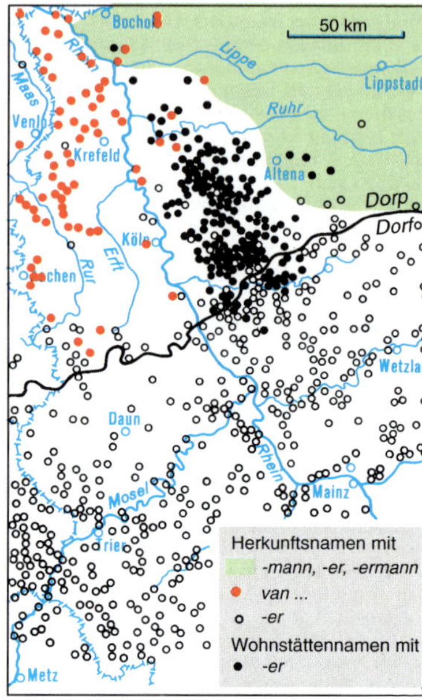

B Bildungstypen im Rheinland

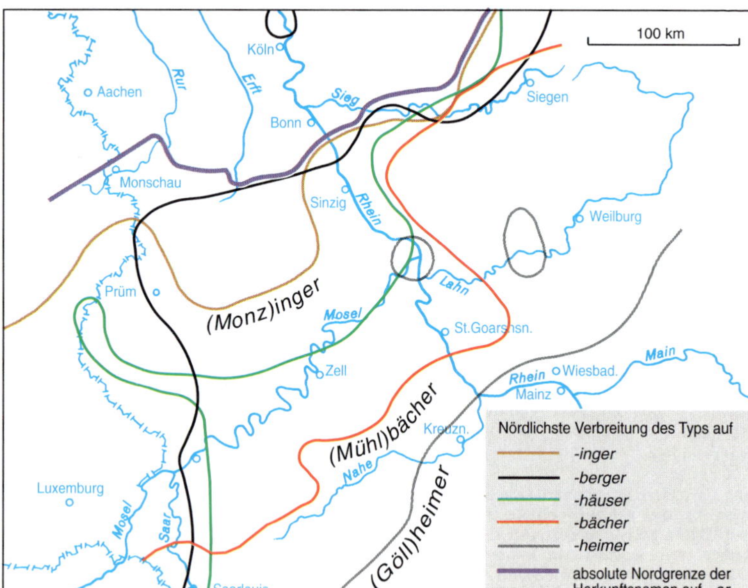

C Staffelung von Herkunftsnamen auf *-er* an ihrer Nordgrenze

Ausbildung der Haupttypen
Die Herkunft einer Person wurde urspr. mit Formulierungen wie *Reinardus de* (aus) *Holzheim, Wigant von Langistorf, Hermann ut* (aus) *Nordine* oder *Heinrich der Baseler* angegeben. Sie konkurrierten manchmal bei denselben Personen miteinander, vgl. in Plauen 1432 *Joh. Rodersdorff,* 1440 *Joh. Rodersdorffer,* 1460 *Joh. von Rodirsdorffe.*
Im Spätmittelalter, als solche Angaben zu Familiennamen wurden, wurden die Präpositionen und Artikel *von, ut, der, die* immer mehr vernachlässigt (S. 59, 68).

Das *von* hat sich in herkömmlichen Wendungen wie »Jesus *von* Nazareth« gehalten, während man sonst »Rolf Müller *aus* Kiel« sagt.

Im Oberdeutschen begann etwa ab 1400 der artikellose Typus auf *-er* zu überwiegen (auch *-ler, -ner: Furtwängler, Wiesentner*).

Er wird heute ganz allgemein zur Bezeichnung von Einwohnern verwendet: »er ist (ein) Berliner, Schweizer«.

Im Mitteldeutschen ist gegen Ende des 15. Jh. das *von* so gut wie verschwunden und hat den Typ ›bloßer Ortsname‹ hinterlassen: *Auerbach, Bodelschwingh, Cöln, Scharnhorst, Steinhagen, Römhild* (Abb. u.).

Im Niederdeutschen geschah dasselbe; doch hielt sich hier teilw. auch der Typus *-mann,* der etwa in Rostock um 1300 als Übersetzung von lat. *de* bezeugt ist: *Joh. de Riga = Joh. Rigamann.*

Innerhalb des *-mann*-Typus fallen im Nordwesten die vielen Bildungen zu Flußnamen auf: *Aller-, Ems-, Leine-, Lipp-, Necker-, Ruhr-, Sauer-, Wuppermann.*

Hier sind Herkunfts- und Wohnstättennamen kaum zu trennen.

Das *von* hat sich bei Nicht-Adligen nur an den Rändern im Nordwesten (mit Anschluß an das Niederländische) und in der Schweiz halten können:

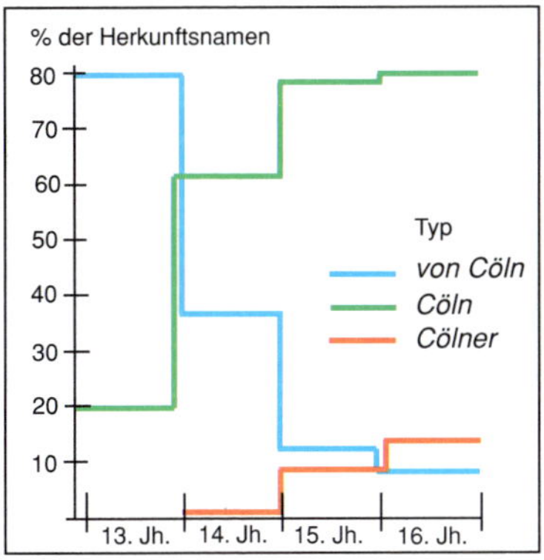

Bildungstypen in Oschatz

van Beethoven, van Düsseldorp, van Lennep, von Greyerz, von Siebenthal (Abb. A).
Beim **Adel** hielt sich das *von* und gewann seit dem 17. Jh. den Wert einer bes. Kennzeichnung. Diese Adelsnamen sind meist zu den Wohnstättennamen zu rechnen.
Der *-er*-Typus drang seit dem 15. Jh. vom Oberdeutschen ins Mitteldeutsche vor, gewann aber dort neben dem Typus ›bloßer Ortsname‹ nicht viel Raum.
Innerhalb des *-er*-Typus sind einzelne Gruppen ungleich vertreten.
Am seltensten findet sich *-er* bei Ortsnamen auf -ich *(Biebricher, Merzicher),* -rod *(Eschenröder, Overader),* -hagen *(Winterhager, Kirchhainer),* -dorf *(Wiersdorfer, Wörsdörfer),* kaum bei solchen, die schon auf *-er* enden *(Duttweilerer, Mühlackerer).*
Am häufigsten ist *-er* bei -ingen, -heim, -hausen, -bach, -berg und nichtzusammengesetzten Ortsnamen *(Ulmer, Konstanzer).*
Diese Gruppen sind wiederum unterschiedlich verbreitet. Am weitesten nach Norden reichen die *-inger* und *-berger,* am wenigsten weit die *-heimer* (Abb. C).

Die Verteilung der Haupttypen hat erstmals Schwarz 1949 grob skizziert (Abb. A). Dittmaier 1952 hat sie mit Adressbüchern für den mittleren westdt. Sprachraum wesentlich verfeinert (Abb. B). Auch in seinem Untersuchungsgebiet herrscht überall der Typus ›bloßer Ortsname‹, ist aber auf Abb. B nicht eigens kartiert, nur die Typen *van . . .* und *-er,* die daneben reich vertreten sind. Sie grenzen sich an der ›Ahrlinie‹, die auch dialektales *Dorp* von *Dorf* trennt, voneinander ab. Um Köln herrscht fast nur der Typ ›bloßer Ortsname‹.

Die vielen bergisch-sauerländ. *Wicküler, Gronauer, Hirtsiefer, Heidkämper* etc. sind Wohnstättennamen (S. 95).

Die Verteilung der Haupttypen läßt sich selbst bei histor. bes. mobilen Namen und in Großstädten noch aus Telefonbüchern ablesen. Sie registrierten 1989 in Hamburg 48 *Hamburger, Nürnberger, Straßburger,* aber 102 *Hamburg, Nürnberg, Straßburg.* Ähnlich ist das Verhältnis in Berlin, Köln, Frankfurt/M. In Straßburg, Zürich, Wien, Salzburg treten dieselben Namen insgesamt auffällig seltener auf als im Norden, und zwar 28× mit und nur 2× ohne *-er.*
Weitere Typen neben *von Köln, Kölner, Köln, Kölnmann* sind im Nordwesten *Köll(i)sch* und *Kölling.* Das eine enthält die Adjektivendung *-isch: Rheinsch* 'rheinisch', *Flemisch* 'flämisch', *Böhmisch, Preusch, Bönsch* 'aus Bonn', *Klebsch, Kle(e)fisch* 'aus Kleve'. Das andere war eine Einwohnerbezeichnung: *Steding* 'der aus Stade', *Fe(h)merling* 'der von der Insel Fehmarn'. Erwähnt sei noch das fries. **-stra**: *Heegstra* 'der aus Heeg', *Kootstra* 'der aus Koten'.

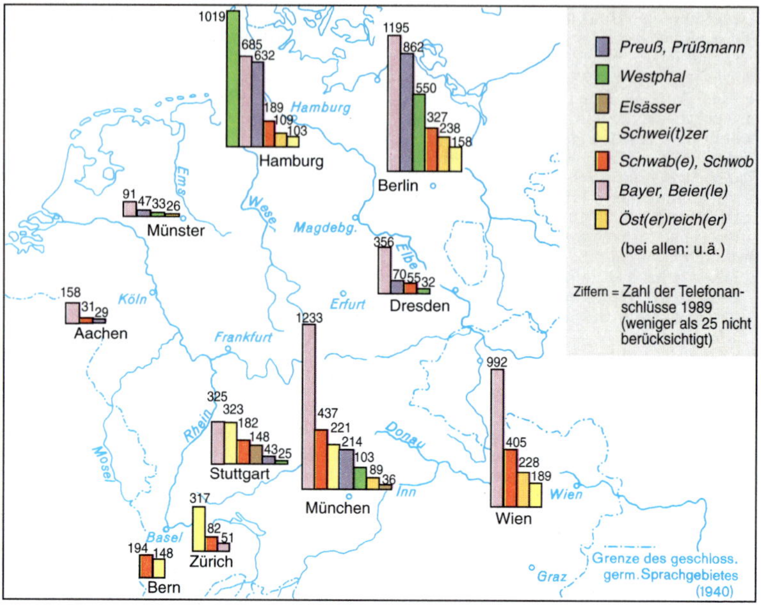

A Verbreitung einiger Familiennamen nach landsmannschaftlicher Herkunft

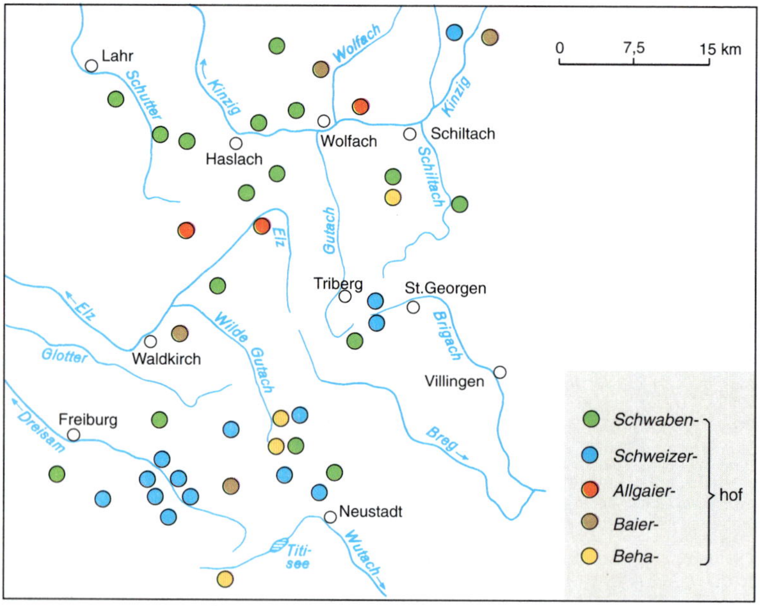

B Herkunftsnamen in Hofnamen des Schwarzwalds

Herkunftsnamen nach Völkern und Stämmen

Die häufigsten dt. Familiennamen, welche die Herkunft von oder eine bes. Beziehung zu **Nachbarvölkern** ausdrücken, sind

1. *Wend(e), Windisch, Wintsch(e), Wind(el), Wintgen(s), Winsche, Wünsch(er)* u. ä.

Mittelhochdt. *wint,* mittelniederdt. *wend(e)* war die gebräuchlichste Bezeichnung für die Slawen. Sie schlug sich auch in Landschafts- und Ortsnamen nieder: Wendland, Windischeschenbach.

Das Verhältnis *Wend(t)(e):Windisch(mann)* betrug 1926/28 in

Hamburg	**508**: 8	Nürnberg	4: **46**
Berlin	**1112**:30	München	10: **30**
Leipzig	**201**:33	Wien	30:**107**

2. *Welsch, Welches, Wälsch, Walech, Walch, Wahl(e), Wahlen(s), Walich, Wälke* u. ä.

Walch und *Welscher* waren gängige Bezeichnungen für Romanen, sowohl Franzosen wie Italiener; vgl. Ortsnamen wie Welschensteinach, Walchshofen.

Viele dieser Familiennamen werden aber von Rufnamen wie *Windo, Walcho* stammen, die ihrerseits urspr. 'Slawe' bzw. 'Romane' bedeuteten.

Von den Nachbarn gegebene Bezeichnungen für die Deutschen finden sich in Familiennamen wie *Dutschke* (sorb. *Dučk(a)*), *Nemetz, Niem(i)etz* (poln. *Niemiec,* tschech. *Němec*), *Lallemand, Dallemagne, Saxe* (frz.), *Denduitsche, De Zwaab, De Pruis, Proesmans* (ndl.).

Auch an **Stammesnamen** anknüpfende Familiennamen wie *Fries (Freese;* S. 203*), Fahl (Fähle, Fehling* 'der Ost-/Westfale'), *Sachs (Sasse, Saß), Hesse (Heß, Höss), Thüring (Düring, Döhring), Schwab (Schwoob, Schwaub, Schwaf)* sind oft nicht direkt von der Herkunft, sondern von Rufnamen wie *Saxo, Durinc* usw. abgeleitet.

Man erwartet, daß Herkunftsnamen den Personen nicht zu Hause, sondern in der Fremde gegeben werden, vgl. die vielen *Westphal* in Hamburg. Doch nicht selten treten sie ausgerechnet in ihrer Heimat gehäuft auf, vgl. die *Österreicher* in Wien, die *Bayer* in München, die *Schwab* in Schwaben (Abb. A). Das läßt sich z. T. damit erklären, daß man so die Bauern benannt hat, die aus dem Umland in die Städte gezogen kamen. Anders in West- und Ostfriesland. Hier wählten viele Einwohner 1811 (S. 62) aus patriot. Motiven Familiennamen wie *(de) Vries.*

Auch der mittelalterliche Landesausbau förderte Namen dieser Art. Die Bauern, die den Schwarzwald besiedelten, nannte man gern nach ihrer Herkunft *Schwab, Beha* ('Böhme') usw., was sich dann in den Hofnamen festsetzte *(Schwabenhof),* an denen man noch heute die Herkunftsbereiche der mittelalterl. Siedler ablesen kann (Abb. B).

Herkunftsnamen aus Ortsnamen

In der Benennung nach Ortschaften spiegelt sich die siedlungsgeschichtlich bedingte **Verteilung der Ortsnamen** wider. Das kann bes. gut an einigen typ. Grundwörtern zusammengesetzter Namen vor Augen geführt werden.

Manche der im folgenden angeführten Familiennamen mit Endungen wie *-stätter* oder *-rod* können im Einzelfall auch Wohnstättennamen sein.

Überregional verbreitet sind Siedlungsnamen auf -au, -berg, -burg, -dorf usw. Entsprechend häufig sind daraus abgeleitete Familiennamen.

Familiennamen mit **-au** 'wasserreiches Land': *Grunau, Gneisenau, Kronau, Lindenau, Adenauer, Berg-, Dotz-, Frosch-, Grein-, Matzen-, Weitenauer, Höfelsauer, Ramsauer.*

Ostdt. aber oft aus slaw. -ow (S. 93) abgeleitet, so in *Spandau(er), Rathenau.*

Wegen des Umlauts schwerer zu erkennen sind Namen wie *Euwer, Adeneuer, Sommereier, Haseneier, Horneyer.*

Manchmal werden -g- oder -b- als Gleitlaut eingeschoben: *Kronauge(r), Gansauge;* tirolisch *Fischhaber, Merhaber, Wildhaber, Oberlindober, Schinober* (= *Schönauer*).

Familiennamen mit **-berg** können oft auch auf Ortsnamen mit -burg zurückgehen und umgekehrt, so *Eschenberg/-burg, Straßburger/-berger.* Niederdt. erscheint -berg auch als -barg *(Uhlenbarg, Kobarg),* obersächs. als -brig *(Klebrig, Roßbrig, Sohlbrig),* bairisch mit -p- *(Abensperger, Reichensperger).*

Burg bedeutete ahd. und mhd. sowohl '(befestigte) Stadt' als auch 'Burg'. Erst im 13. Jh. wurde es auf letztere Bedeutung eingeschränkt, die erstere wurde von dem neu aufkommenden Wort *Stadt* übernommen. Daher findet sich -burg in vielen Städtenamen und geht von da in Familiennamen ein:

Blanken-, Naum-, Neuen-, Oldenburg, Marpurg, Wasserburger, Poppenbürger, Regenspurger, niederdt. *Kreyen-, Sparen-, Klingenborg, Tecklenbörg.*

In Familiennamen wie *Karstadt, Dingelstädt, Hagenstede, Brandstätter, Oberstetter* bezieht sich mhd. **-stat** meist auf eine 'Stätte', nicht auf eine 'Stadt'.

Sehr verbreitet – im Nordosten und Südwesten etwas weniger – sind Ortsnamen auf **-dorf**, niederdt. **-dorp**. Allein in Westfalen gibt es über 800. Entsprechend finden sich Tausende von Familiennamen wie:

Dorfner, Kochendörfer, Oberndorfer, Natorp, Ohlendorp, Oostendorp, Quistorp. Mit Umstellung (Metathese) des *r:* niederdt. *Daldrop, Entrop, Hentrop, Ribbentrop, Suntrop, Brandrup, Hostrup, Stentrup, Nortrup, Suttrup, Westrup, Westarp, Wilstrupp,* mitteldt. auch *Wilsdruff, Ohrdruf, Rudroff, Ruhthrof.*

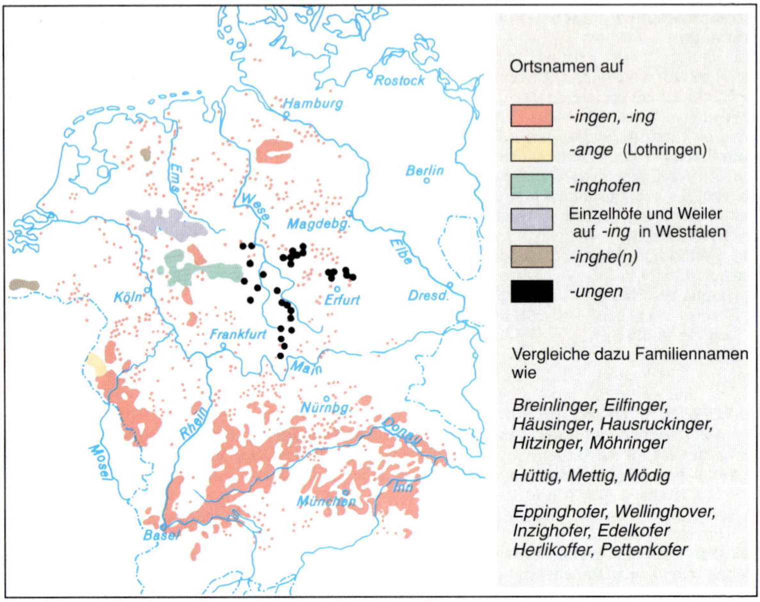

A Herkunftsbereiche der Familiennamen auf *-ing(er), -inghof(er)* u.ä.

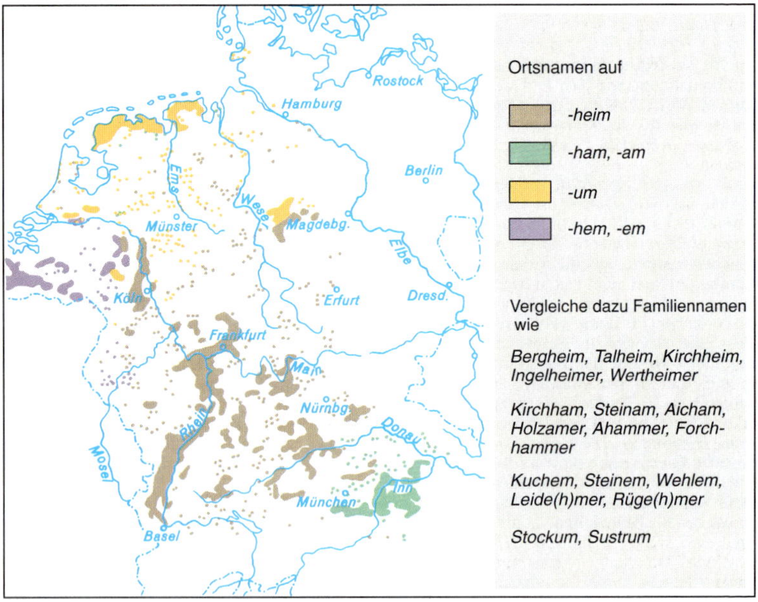

B Herkunftsbereiche der Familiennamen auf *-heim(er), -ham(m)(er), -um* u.ä.

Regionale Verteilung weisen die sehr **alten Ortsnamen** auf **-ingen,** bair. **-ing,** auf (Abb. A). In Südbaden sind sie so häufig, daß von den in Freiburg/Br. bis zum Jahre 1500 urkundenden Personen jede fünfte einen Herkunftsnamen auf *-inger* trägt.
Aus schweiz. Orten auf **-inghofen**, verkürzt **-ikon** (Dädlikon, Gattikon) entstanden Familiennamen wie *Zollikofer, Oppikofer, Dändliker, Gattiker, Kölliker.*
Ebenfalls alt und im Westen und Süden konzentriert sind Ortsnamen auf **-heim**. Im Bairischen (und Englischen) erscheint es oft als **-ham** oder **-kam** (Piesenkam), im Nordwesten und Norden als **-um** (Bochum, Wilsum) und **-(h)em** (Bachem, Dahlem) (Abb. B).

Vgl. Familiennamen wie *Kirchheim(er), Talheim(er), Blind-, Frosch-, Hund-, Mos-, Rosenham(m)er, Greilsamer* (zu Crailsheim), *Riedlkamer, Volkam(m)er* (s. S. 200f.). – *Bargum, Camerum, Sottrum, Westrum.* – *Bachem, Berghem, Berchem, Bell(e)m, Liessem* (Lindesheim), *Mühlem, Kochem, Weinem, Bullehmer, Herxehmer, Rüge(h)mer.* – Vgl. auch *Herkom(m)er* (zu Herkheim), *Krauthahn* (Krautheim), *Arnim* (Arnheim).

In (Alt-)Thüringen konzentrieren sich Ortsnamen auf **-leben** (Abb. 92B), was 'erhebliche Hinterlassenschaft' bedeutet: Güntersleben 'erbl. Hinterlassenschaft des *Gunderich*'. Ihnen entsprechen die vielen dän. und schwed. Ortsnamen auf **-lev.**

Vgl. Familiennamen wie *von Alvensleben, von Fallersleben, Als-, Erx-, Hallens-, Tott-, Wandersleben; Au-, Brieg-, Elch-, Mem-, Wieg-, Witzleb; Hirschleber.*

Zu den ältesten Ortsnamen gehören auch die im Nordwesten massierten Namen auf **-lar** '(Vieh-)Hürde': Goslar 'Viehhürde am Fluß Gose'.

Vgl. Familiennamen *wie Fritzlar, von Uslar, Buttla(e)r, Breukelaar, Gossler* (zu Goslar), *Wetzler* (zu Wetzlar).

Ortsnamen auf altsächs. **-wik** 'Siedlung' (vgl. engl. Greenwich) spiegeln sich in Familiennamen wie *Östrick* (zu Osterwick), *Suerick* (Suderwick), *Lowick, Holtwick, -wich, Bollschwig, Braunschweig, Winterschweig, Erkenzweig.*

Das Wort **-bur** 'kleines Haus' (S. 100) erscheint in Ortsnamen auf -büren, -beuren, häufiger in Friesland, Hessen, Thüringen und im Oberdeutschen.

Vgl. Familiennamen wie *Bürer, Bü(h)re(n), Bürmann, Vonbühren, Gottesbühren, Blaubeurer, Kaufbeurer.*

Das ahd. *wilari* 'Gehöft' erscheint in Ortsnamen auf **-weil(er)** und **-wil(er)**. Sie konzentrieren sich auf im 7.–9. Jh. ausgebaute Siedlungsflächen im Westen und Südwesten (Abb. 92C).

Vgl. *Rothweiler, Weilerspacher, Weil, Wieler, Eckenschwiller, Leutwyler* (S. 200f.).

Allgemein verbreitet, relativ selten jedoch in Österreich und östl. der Elbe, sind Orte auf **-hausen** 'bei den Häusern'.

Vgl. Familiennamen wie *von Hausen, Belling-, Münchhausen, Kohlhauser, Schwanhäuser, Dalheiser, Honheißer* (Hohenhausen), *Feldhusen, Nienhuisen, Schmidthuysen, Rode-, Steinhüser.*

Jünger ist **-haus, -hus,** das sehr oft in westfälischen Hofnamen erscheint.

Vgl. Familiennamen wie *Althaus, Dörping-, Gell-, Holt-, Meier-, Nieh(a)us, Windus, Kamphues, Gildhuis.*

Familiennamen mit *-haus* entsprechen aber auch oft einem Ortsnamen mit -hausen: *Ebbinghaus* (Ort Ebbenh(a)usen), *Brockhaus* (Ort Brockh(a)usen).

In niedersächs. Ortsnamen wurde urspr. -husen oft zu -sen verkürzt: Mackenhusen zu Mackensen. Entsprechende Familiennamen wie *Bennigsen, Ottensen, von Amelunxen* sind auf den ersten Blick schwer von Patronymika auf *-sen* zu trennen (S. 79).

Zwischen Eder und Lippe bes. häufiges **-inghausen** (Abb. 92C; urspr. Endung von 2000 Ortsnamen) erscheint verkürzt in Familiennamen wie *Dietzenkausen, Lütterkusen.* Familiennamen auf *-ingh(a)us(en)* s. S. 201.

Die etwa 220 Orte auf **-büttel** 'Anwesen, Wohnsitz' von Wolfenbüttel bis Koldenbüttel (Abb. 92C) sind vorwiegend im 10.–12. Jh. entstanden.

Dazu heute ca. 70 Familiennamen wie *Eddel-, Heißen-, Olden-, Sieß(en)büttel.*

Die Endung **-bo(r)stel** (Abb. 92B) geht auf *bur* 'Haus' + *stal* 'Stelle' zurück.

Aus den über 100 betr. Ortsnamen entstanden Familiennamen wie *Borstel(l), Bostel, Bo(r)stelmann, Bosselmann, Tempostel, Besten-, Deln-, Duden-, Hein-, Hornbostel, Oberbossel.*

Zu den Orten auf **-wedel** 'Furt' um Salzwedel (Abb. 92C) vgl. heute ca. 50 Familiennamen wie *Bleck-, Mar-, Solt-, Steinwedel.*

Nördlich und östlich des Wiehengebirges gruppieren sich viele Orte auf **-lage** 'freie Fläche zwischen Wäldern' (Abb. 92C).

Vgl. *Amlage, Babbe-, Bur-, Bent-, Dink-, Harp-, Hett-, Roth-, Sneth-, Wittlage.*

Etwa im gleichen Gebiet wie die Ortsnamen auf -scheid (Abb. 92A) häufen sich auch Ortsnamen auf **-seifen, -siefen,** niederdt. **-siepen,** was wohl 'Sickerwasser, sumpfiges Gelände mit Bach' bedeutet (anders die ostdt. Seif(fen)-, z.B. im Erzgebirge: 'Erzwäscherei').

Vgl. *van der Zypen, von der Seipen, Siep(er)mann, Wollseif(er), Diepen-, Dornseif(fen), Schöne-, Steinseiffer, Kurt-, Müllen-, Schlingensiefen, Born-, Möllen-, Webel-, Wevelsiep, Brock-, Bruch-, Langsieb, Boven-, Langen-, Mühlensiepen, Feld-, Steinsieper, Kottzieper.*

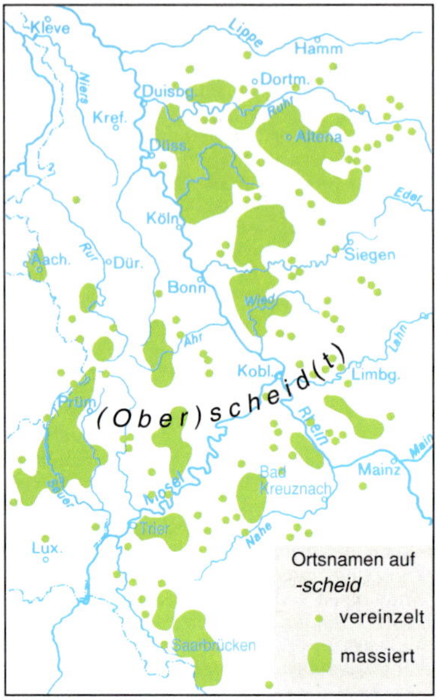

A Herkunftsbereiche von *-scheid(t)(er)*

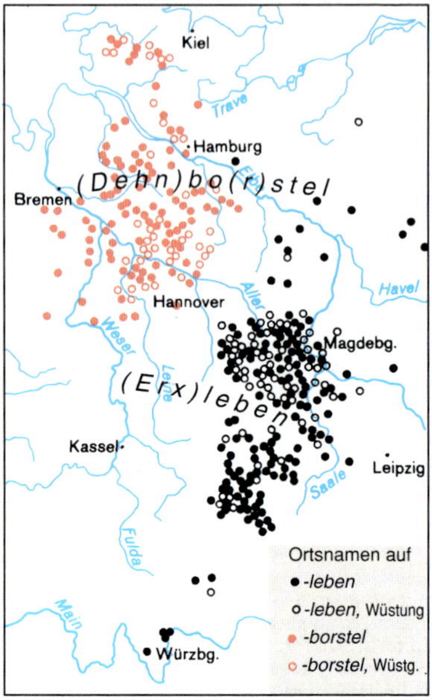

B Herkunftsbereiche von *-leben* u. *-bo(r)stel*

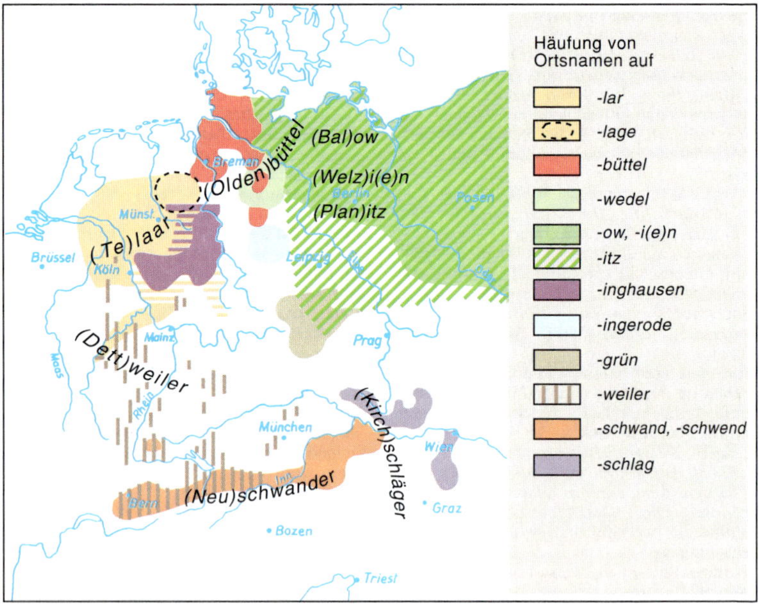

C Herkunftsbereiche weiterer Familiennamen aus regionalen Ortsnamentypen

Herkunftsnamen nach Rodungsorten
Eine **jüngere Schicht** von Ortsnamen geht auf die Urbarmachung durch Rodung zurück. Das betreffende Wort heißt oberdt. *reuten,* mittel- und niederdt. *roden.* Ortsnamen auf **-rod(e), -rot** sind daher vor allem nördlich des Mains häufig.

Vgl. Familiennamen wie *Bilgenrod, Bill-, Bleich-, Eicken-, Gelm-, Oldenrod(t), Pfaffenrott, Herchenröder, Steinrötter, Ro(h)de, Terrode, Röd(d)er, Röderer, Rothländer, Rodmann.* Sie sind von Wohnstättennamen kaum zu trennen.

Kleine Rodungsorte sind später oft wieder ausgestorben. So existieren in Hessen heute nur noch etwa 1/3 der urspr. Orte auf -rode. Doch die Namen leben in Herkunftsnamen bis heute fort.

Ortsnamen mit der Dialektform **-rad(e)** konzentrieren sich zwischen Mosel, Rhein und Maas, finden sich verstreut aber bis Holstein und Mecklenburg.

Vgl. Familiennamen wie *Herkerad, Schönrade, Overäder, Gerk-, Hasten-, Herzogen-, Hof-, Pfaff-, Reif(en)-, Wülfrat(h).*

Orts- und Familiennamen auf **-i(n)gerode** konzentrieren sich am Harz um Wernigerode (Abb. C).

Namen auf **-reut(e)** (und **-ried** in der Bedeutung 'Rodung') sind in erster Linie oberdt.; stark konzentrieren sie sich beim Fichtelgebirge und Bayerischen Wald.

Vgl. *Reut(n)er, von Kalkreuth, Hutschenreuter, Hoch-, Mit-, Ober-, Nieder-, Hinter-, Neu-, Kotschenreuter, Überrüter.*

Häufig erscheinen sie »entrundet« als *Geiselreither, Abstreiter* (zu Abtsreute), *Winterreitner, Alten-, Bern-, Breiten-, Dankes-, Mühl-, Ochsen-, Stuhl-, Poppelreiter,* in Tirol auch *Rauter, Neurauter.*

Bei den *Frau-, Hasel-, Neu-, Westenrieder* ist die Entscheidung, ob sie auf -ried 'Schilfgegend' oder 'Rodung' zurückgehen, nur durch örtliche Untersuchung möglich.

Von der Kollektivbildung **Gereut** 'gerodete Stelle' stammen Familiennamen wie *Greiter, Kreith(er), Kroidl, Kraitlein.*

Ortsnamen auf **-hagen** (kontrahiert **-hain, -hahn**) 'Einfriedung', meist aus dem 12./13. Jh., finden sich bes. in Niedersachsen, Ostholstein, Brandenburg, Mecklenburg, Pommern. Südlich des Mains fehlen sie fast ganz. Vgl.

Bugenhagen, Falken-, Greifen-, Hundes-, Kreuz-, Mauels-, Rollen-, See-, Staven-, Uchtenhagen, Winterhager, Berg-, Steinhäger, Richten-, Krehain, Wildenhayn, Falkenhayner, Geis(s)enhainer, Liebeneiner, Dauten-, Kirch-, Kotten-, Krä-, Kraut-, Rosen-, Schmacht-, Speck-, Wehr-, Wilden-, Ziegenhahn, Gräfen-, Langen-, Schlehan.

Die ca. 800 westdt. Ortsnamen auf **-scheid** 'Scheide, Berg- oder Waldriegel', evtl. 'zur Siedlung ausgesondertes Land' (Abb. A) lieferten Familiennamen wie

Langenscheidt, Lorscheid(er), Lorscheter, Dür-, Dörr-, Ell-, Land-, Manderscheid(t), Schwein-, Wahlschieder.

In über 300 Ortsnamen auf **-grün** 'dem Wald abgerungene grüne Flur' läßt sich seit dem 13. Jh. in und um Vogt- und Egerland eine Namenmode fassen (Abb. C).

Vgl. Familiennamen wie *Geroldsgrün, Franken-, Rausen-, Stangen-, Stutzengrün(er),* häufiger kurz *Grün(er).*

Ortsnamen auf **-schlag** 'gerodete Waldstätte' häufen sich im nördl. Oberösterreich (Abb. C).

Vgl. *Kirchschläger, Grün-, Hannes-, Hofschläger, Ger-, Gey-, Weidenschlager.*

Orte mit Namen auf **-schwand, -schwend(e),** kollektiv **-g(e)schwend,** liegen auf Stellen, wo der Wald durch Brandrodung *verschwendet,* d. h. zum Verschwinden gebracht wurde. Sie konzentrieren sich im Südschwarzwald, in der Schweiz und im westl. Österreich (Abb. C).

Vgl. *Schwander, Schwantner, Schwanner, Schwandegger, Eppen-, Neuen-, Oberschwander, Schwend(e)ner, Schwendel(er), Schwenner, Schwendimann, Erb-, Mittel-, Rindischwender, G(e)schwandtner, Gschwändler, Geschwend(er), Straßgschwandtner, Hochgeschwender.*

Herkunftsnamen östlich der Elbe
Die sich östl. der Elbe ansiedelnden Deutschen übertrugen manche der zu Hause üblichen Ortsnamentypen in ihre neue Heimat, so -burg, -dorf, -feld(e), -hagen, -rod(e), -wald(e). Bes. charakterisiert aber wird das ostdt. Namenbild durch Ortsnamen und Suffixe slaw. Herkunft, vor allem auf **-in, -itz, -witz** und **-ow** (Abb. C).

So schildert TH. FONTANE das Havelland:
Linow, Lindow,
Rhinow, Glindow, . . .
Petzow, Retzow, Ferch am Schielow,
Zachow, Wachow und Groß-Bänitz . . .

-ow und -in sind v. a. im Norden erhalten, in Thüringen und Sachsen wird **-ow** zu **-au** oder **-a** (Milkov zu Mölkau, Buckow zu Bocka) und **-in** zu **-en** (vgl. Tessin zu Teschen).

Vgl. Familiennamen wie *Benthien, Bentzien; Bonin, Schwerin(er), Tauenzien; Weltzien, Zeppelin; Buchwitz, D(r)ewitz, Görlitz, Kollwitz, Kot(t)witz, Leibnitz, Leuteritz, Nostiz, Prittwitz, Zedlitz; Delitzsch, Pönitzsch; Basedow, Bülow, Gutzkow, Leistikow, Lützow, Masow, Pastrow, Schadow, Virchow;* s. S. 200 f.

Vgl. mit slaw. *-ski*-Suffix: *Grabowski* (aus Grabow), *Karowski* (aus Karow), *Jablonski* (aus Jabłon; oder 'Apfelbaum').

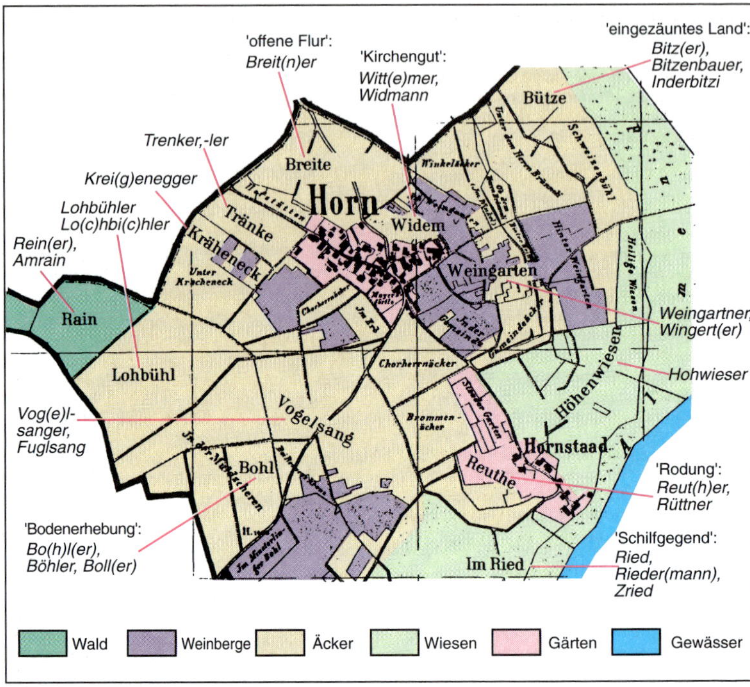

A Flurnamen als Ausgangspunkt für Familiennamen

B Europäische Familiennamen in der Bedeutung 'der am / im Wald wohnt'

Familiennamen nach der Wohnstätte

Wohnstättennamen kennzeichnen die Menschen durch Angabe der Stelle, an der sie wohnen: der *Mo(o)ser* am Moos (Sumpf), der *Ried(er)* am/im Ried (Abb. A), der *Holzer* am/im Gehölz (Abb. B), der *Steger/Stegmann* am Steg, der *Kron* im Haus ›zur Krone‹. Wohnstättennamen müssen prinzipiell von den Herkunftsnamen getrennt werden, da sie den **Sitz von Einheimischen,** nicht die Herkunft von Fremden bezeichnen. In der Praxis ist diese Trennung ohne lokalhistor. Forschung in den vielen Fällen nicht durchführbar, in denen aus Berg-, Gewässer-, Flurnamen usw. (= Örtlichkeitsnamen) auch Ortsnamen entstanden sind.

Neuhaus heißt 'der im neuen Haus' und 'der aus Neuhaus', *Kirchhofer* 'der am Friedhof' und 'der aus Kirchhofen', *Horn* 'der am Berg-, Wald-, Ufervorsprung', 'der im Haus zum Horn' oder 'der aus Horn'.

Wohnstättenbezeichnungen wurden **zuerst beim Adel** zu Familiennamen, als repräsentativer Hinweis auf den Stamm(be)sitz.

Sodann haben sie sich im 14.–16. Jh. vor allem **auf dem Lande** und hier wieder bes. in Gebieten mit Einzelhofsiedlung entwikkelt, etwa in Westfalen oder in den Alpen. Im Salzburgischen sind etwa 2/3 der Familiennamen Wohnstättennamen.

Heute noch werden, z. B. im Schwarzwald, die Bauern im alltäglichen Umgang kaum mit ihrem offiziellen Familiennamen, sondern mit dem Hofnamen identifiziert: der *Reute(hof)bauer,* nicht der Herr *Schmidt.*

Im westfäl.-niedersächs. Raum läßt sich seit dem 15. Jh. beobachten, daß bei Erwerb eines Hofes sogar der alte Familienname abgelegt und der Hofname als neuer Familienname geführt wurde. Weil solche Umbenennungen große rechtliche und verwaltungstechn. Probleme mit sich bringen, läuft die Gesetzgebung seit dem 19. Jh. darauf hinaus, daß der alte Familienname beibehalten werden muß, dazu aber auch der Hofname geführt werden darf: *Biest geborener Mittelfeld; Kiepe (genannt) Holstein.*

Hofnamen sind ihrerseits teilw. aus Geländebezeichnungen oder -namen gewonnen (Waldhof, Mooshof), teilw. von Personennamen.

So siedelte ein Bauer aus Mittenwald namens *Brenner* ('der durch Brand rodet') um 1280 auf einem Hof am Paß nach Südtirol, der nach ihm Brennerhof genannt wurde und dem Paß den Namen gab.

Von solchen Hofnamen können wieder Familiennamen gewonnen werden: *Brennerhof(bau)er.*

Als jüngste Wohnstättennamen entstanden **in den Städten** die Familiennamen aus Häusernamen (S. 105).

Bildungsweisen

Wohnstättennamen werden nach denselben Mustern gebildet wie Herkunftsnamen.

In Breslau urkundet 1367/85 derselbe Mann als *Peter of dem Berge, P. Berger* und *P. Berkmann,* in Tirol im 13. Jh. ein *Heinrich auf dem Eck,* Nachkommen im 15. Jh. heißen *Ekker,* später *Eggmann.*

Doch gibt es einige Unterschiede:

1. Es treten neben *von* noch andere Präpositionen auf: *Kunz bei der Linden, im Keller, ab der Platten, vor dem Tor . . .*

2. Die Präpositionen verschwinden in der Regel später als bei den Herkunftsnamen, sind aber heute wie bei diesen nur noch im Nord- und äußersten Südwesten (Schweiz) häufiger erhalten, allerdings meist mit dem Substantiv zusammengerückt und daher nicht immer leicht zu erkennen, zumal auch die Betonung jetzt oft an den Anfang tritt:

Niederdt. **achter** 'hinter': *Achterkerken, -busch, -rath* 'Rodung', *Agternkamp;* **boven** 'oberhalb': *Bovensiepen, Bovenut* 'oben hinaus', *Bavendamm, Babendererde;* **buten** 'außerhalb': *Butendiek, Butenandt* 'außen an'; **over** 'über': *Overmann,* 'der jenseits Wohnende', *Overbeck* 'überm Bach'; **am:** *Amend(t)* 'am Ende', *Amrein;* **ab:** *Abderhalden;* **auf:** *Aufderklamm* 'Schlucht', *Aufmolk* 'Wasserloch', *Aufmorde* und *Opgeno(o)rt* 'auf der Spitze, am Ende', *Oppenkamp, Ophüls, -hils* und *Imhölsen* 'wo Stechpalmen wachsen', *Opterweid;* **bei:** *Beinfleeth* 'beim Bächlein'; **vor:** vogtländisch *Forner, Vorndran* 'am Anfang des Dorfes'; **in:** *Imhoff, Inderwisch* 'auf der Wiese'; **zu:** *Zumtob(e)l* 'in der Schlucht'.

Vgl. die niederländ. Familiennamen mit **Ter, Ten** (*te* 'zu' + *der/den*) und **Ver-** (*van + der*): *Ter Meulen* (Mühle), *Ten Heuvel* (Hügel), *Vermeer* (See).

Beim **Adel** hat sich *von (zu, auf)* in Österreich seit dem 16. Jh., allgemeiner seit dem 17. Jh., zum speziellen Adelsprädikat gewandelt. Beim Briefadel hat es dann den Sinn einer Ortsangabe ganz verloren: *von Weber, von Goethe.*

3. Bildungen mit *-mann* sind häufiger und verbreiteter als bei den Herkunftsnamen:

Suder-, Ost- (Öst-, Ester-), Wester-, Nordmann 'der im Süden, Osten . . . wohnt', *Anger-, Busch-, Bult-* (niederdt. 'Hügel'), *Linde-, Teichmann.*

4. Wohnstättennamen erscheinen oft mit häufigen Berufsnamen kombiniert:

Torbeck 'der Bäcker am Stadttor'; *Boden-, Eckenweber; Bach-, Brokschmid.*

Lautentwicklungen machen die Herkunft dieser Namen oft **undurchsichtig:** *Backes* 'Backhaus', *Duffes* 'Taubenhaus', *Fiebig(er), Fiebich* 'Viehweg', *Immisch* 'Im Esch (Saatfeld)'; *Vondrach* 'Von der Ach (Bach)', *Zerkaulen* 'in der Kuhle'.

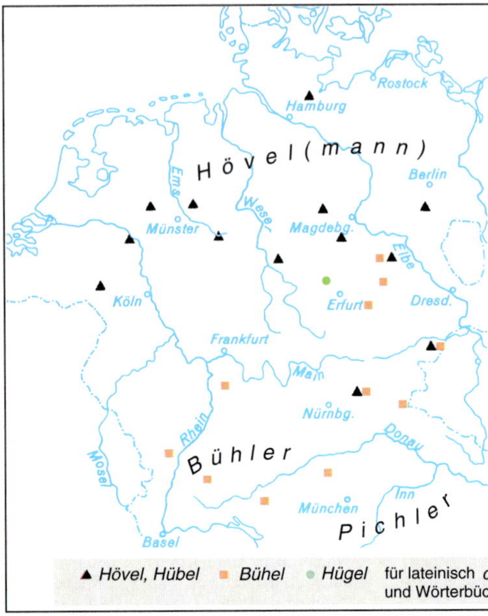

Vergleiche dazu Familiennamen wie

Hövel(er), Hövelmann, (Ten)Heuvel, Höwel, Höbel, Geisthövel, -höfel

Hübel, Hübeler, Hübler, Hibl, Hibler, Waldhubel, Gießhübler

Bühl(er), Zumbühl, Pühl, Pühlhofer, Biehl, Biehler, Bihlmann, Ambiel, Birkenbihl, Ehrlinspiel, Sandbiller, Eggenspiller, Böhler, Breitenpöhler, Oberbeul, Bücheler, Lindbüchel, Biechele, Bichl, Sonnenbichler, Pichler, Pichl, Krumbiegel, Leimbiegler, Birnbiggl, Büglmeier

A Familiennamen aus den im 14./15. Jh. gebräuchlichen Wörtern für 'Hügel'

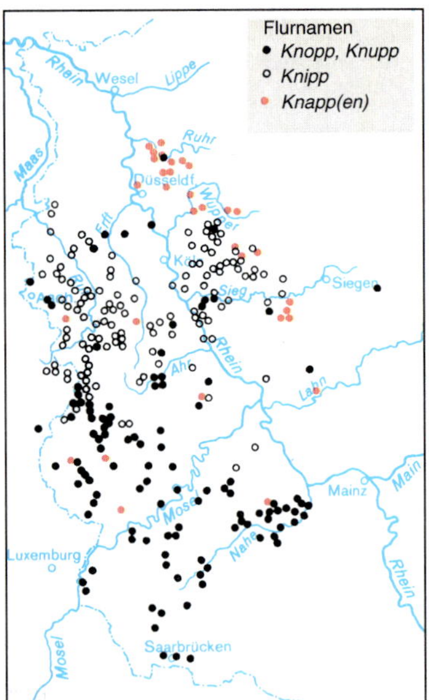

Vergleiche dazu Familiennamen wie

Van der Don(c)k	*Tembrinck*
Donk(s), Dung(s)	*Brink(s)*
Dunkmann, Dunker	*Brinkmann, Brinker*
Wesen-, Beren-,	*Kreien-* ('Krähen'),
Verhülsdon(c)k	*Stein-, Lehmbrink*
Averdunk	*Brinktrine*
Dunkhase	*Brünkschulte*
Verdang	*Brenker(mann)*

B Rheinische Flurnamen für Bodenerhebungen als Ausgangspunkt für Familiennamen

Wohnstättennamen nach der Oberflächengestalt der Landschaft
Theoretisch können sich aus den Bezeichnungen und den Namen jeder Örtlichkeit Familiennamen entwickeln (Abb. 94A).

Örtlichkeiten können aufgrund natürlicher oder zivilisatorischer Merkmale benannt sein. Entsprechend unterscheidet man **Naturnamen** wie Lindenberg, Entenmoor und **Kulturnamen** wie Stegmühle, Langzaun.

In den Wohnstättennamen spiegelt sich die **Beschaffenheit der Landschaft,** in der sie entstanden sind, wider.

Im Alpenraum sind z.B. Familiennamen reich vertreten, die mit Bergen, Felsen und Steinen zusammenhängen:

Berg(er), Kamm, Steiner, Egg(er) (zu Egg 'Spitze', Bergrücken), *Kapf* (Bergkuppe), *Balm* (Felsüberhang), *Kobel, Kofler* (Fels, Kuppe), *Stalt(n)er* (Stalten 'steiler Weg'), *Flüe(ler), Zurfluh* (Fluh 'Felswand') . . .

Hingegen entsprechen der nordniedersächs. Landschaft über 100 versch. Bezeichnungen für Sümpfe (Siek, Scharn, Hamm, Sod) oder stehende Gewässer (Lake, Pütt, Tümpel, Kolk), wozu Familiennamen entstanden sind wie

Andersick, Sieg(en)feld, Klinksie(c)k; Scharnhorst, -weber; Hambrock, -lak; Sod(e)mann, Söder, Sadewater bzw. *Lack(n)er, Lakebrink, Rinklake; Pütter, Pütmanns; Dümpelmann, Timpel; van der Kolk, Kolksma, Kolkhorst.*

Auf 37 südmecklenburg. Gemarkungen sind fast 200 Flurnamen mit Kolk zu finden.

Bodenerhebungen
Die Oberflächengestalt der Landschaft wird am sichtbarsten durch Bodenerhebungen profiliert. Die Orientierung an ihnen führte zu vielen Familiennamen mit **hoch, Höhe** oder **Berg:**

Ter Hogt, Höch(t), Hohenstock; Bergmann, niederdt. oft *Barg(emann), Uhlenbarg,* sächs. auch *-brig: Klebrig* 'Kleeberg', *Sohlbrig.*

Das Wort **Hügel** ist erst seit dem 15. Jh. bezeugt. Daher ging es kaum mehr in Familiennamen ein, um so häufiger aber die alten Wörter **Hövel, Hübel** und **Bühel, Bohl** (Abb. A).

Der ›Deutsche Wortatlas‹ (Bd. 4, 10) dokumentiert die Verbreitung von über 50 weiteren in den Dialekten lebendigen Bezeichnungen für 'Hügel', etwa rhein. **Knipp** (Abb. B), wozu Familiennamen gehören wie

Knipp(e)(r), Kniper(s) (kann aber auch Berufsname zu Kneifzange sein). Auch *Knopp, Knupp, Knorr, Knoll(e), Knüll(er), Knull* u.ä. können hierher gehören, vgl. *Knorrscheidt, Knöch(el)mann.* Sie müssen nicht immer 'kleine oder knorrige Menschen' bezeichnen, vgl. S. 145.

Knapmann, -meier dürften meist von niederdt. **Knap** 'Hügel, Abhang' stammen (Abb. B).

Donk '(künstliche) Bodenerhebung' ist im Nordwesten heimisch (Abb. C), wurde aber durch Ostsiedler auch über die Elbe gebracht.

Niederdt. **Brink** kann 'Grashügel, Anhöhe, Rain, unbebautes Land' u. a. bedeuten. Es hat zahlreiche Flurnamen und daraus Familiennamen gebildet (Abb. C).

Bremen zählte 1990 316 Telefonanschlüsse mit *Brin(c)kmann, -hege, -hoff, -hus, -kötter, -meier, -schulte, -wirth, Brink(er), Brinkema, Bringmann.*

Zu niederdt. **Bülte** 'Bodenerhebung' gehören

Tumbült, Bülter(s), Bultmann, -haupt, -hoff, -meier, Heubült.

In den Alpen häufig sind **Kogel** und **Kofel** 'Bergkopf', dazu Familiennamen wie

Kögler, Hochkogler, Steinkugler bzw. *Kof(f)ler, Köf(f)ler, Gufler, Unterkofler, Koflegger.*

Stauf 'Becher' wird öfter zur Bezeichnung von Bergen verwandt, die wie ein umgestülpter Becher aussehen; von solchen Berg- bzw. Ortsnamen leiten sich die

Hohenstaufen, Stauf(f), Stauf(f)er, Stauf(f)enberg, -biehl, Staufacher usw. ab.

Bei *Haug(er), Hauck* kann mittelhochdt. **houc** 'Hügel' hereinspielen, meist wird es aber, ebenso wie *Hügle(r),* von *Hugo* stammen.

In den südwestdt. Dialekten heißt ein Hügel heute **Buckel.** Das Wort ist im 12. Jh. aus dem Französischen als Bezeichnung des Metallbeschlags in der Mitte eines Ritterschilds entlehnt worden und wurde erst spät auch zur Bezeichnung eines krummen Rükkens oder eines Hügels verwendet, so daß Familiennamen wie *Buck(l), Bugg(le)* nicht darauf zurückgehen können, sondern auf Kurzformen des Rufnamens *Burkhart.*

Auch das Wort **Hang** ist relativ jung und daher in Familiennamen selten zu finden. Um so häufiger begegnen in diesen alte Bezeichnungen, z.B.

oberdt. **Stutz** in *Stützer, Stützel, Stutzenberg,*
westdt. **Halde** in *Abderhalden, Halter, Hald(n)er, Winterhalter,* manchmal auch *Haller,*
(süd)ostdt. **Leite** in *Bach-, Box-, Kirch-, Sonn-, Steinleit(n)er, Schön-, Hinterleutner,*
niederdt. **Knick** (auch 'Hecke') in *Knick(er), Knickmann, Knigge.*

Ebene Flächen liefern Familiennamen wie

Eb(e)ner, Breit-, Kirch-, Lindebner, Ebenreiter 'auf der ebenen Rodung', *Ebnet(er), Ebenöther,* schweiz. *Imäbnit, Zebnet; Flach(e), Flachmeyer, Flachenegger; Auf der Platten, Blattmann.*

Plat(h)e(n), Platt(n)er, Blettner können hierher gehören, aber auch den Hersteller von Plattenpanzern für die Ritterrüstung meinen.

Brunn: Ahd. brunno, eigtl. „Quelle", erst später „künstlicher Brunnen". Die Form Brunnen erst nhd.; obd., thür. Brunn, Bronn; ndfrk., ndsächs. Born (mit Umstellung des r). Vgl. die ON. Salzbrunn, Heilbronn, Paderborn. Brunn (oft ON.), Brunne, Brünn|el, lein, Bründ(e)l (meist südd. ON.; × Bründel, Anhalt, Bründeln, Peine), Bründlmayer; Kalten–, Gsund–, Weißen–, Schön|brunn, Walbrun(n) „wallender Br.". Brunn|gässer, thaler, Brun(n)huber (Brunnenberger s. Brame); Brunnenkant s. Kandel. Bronn (oft ON.), Brönnle, Ambronn, Neubronn, Bronnen|huber, meyer; Born, Bornemann, von dem Borne, von der Born, Oppenborn, s. auch Börngen, Born|wasser, müller, kamp, kessel, scheuer (schauer, schier, schewne, schein), höft (ON. Bornhöved, Holst.), fleth, gässer, gießer, müller, kann, gräber (s. u.); -born: Heidb., Salzb., Eichb., Trimb. (Flurn. bei Grevenbroich), Ollenb.; Steinb., Trichterb., Springb., Röhrb., Mittelb., Weißenb., Tiefenb., Sauerb., Rehb., Schmidtb.

Brunner (× Brunheri), Prun(n)er, Brünner (× ON. Brünn); -brunner: Laichb., Ernstb., Fuchsb., Oberb., Haselb., Kinzb. — Kaltenbrunner

Bronner: Neu–, Loch|bronner. Borner, Börner (md. × börnen „brennen"), Weidenb., Steinb. (Schönberner). Berufsn.: Brunngraber, Brun(en)meister, Bornheber („Brunnenbauer"), Borngräber (Bornschlegel s. Schlegel)

ON = Ortsnamen
x = kann auch herkommen von ....

A Familiennamen zu *Brunn* (Gottschald 1982)

B Familiennamen zu *-bach*

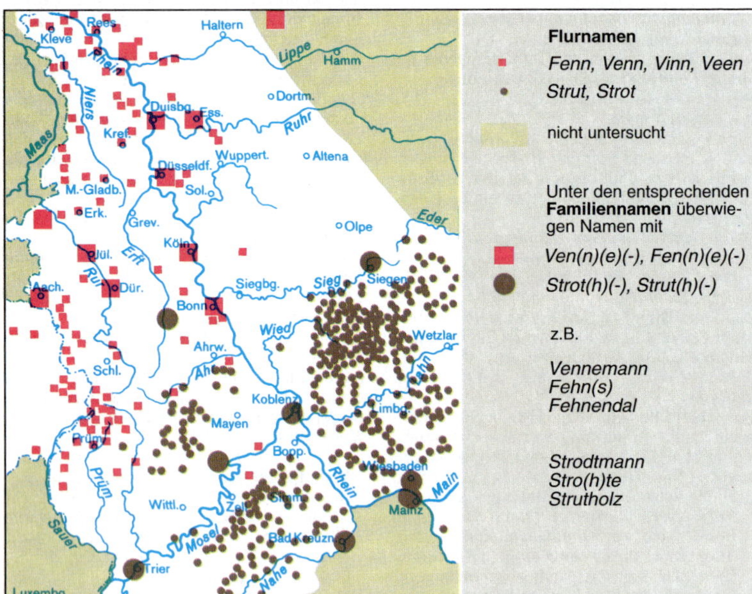

C Flur- und Familiennamen mit *Fenn* und *Strut*

Bodenvertiefungen lieferten ebenfalls zahlreiche Familiennamen, z. B. das Wort **Tal:**

T(h)al-, Dalmann (aber die niederdt. *Thälmann, Telemann* sind wie *T(h)ielemann* Nachkommen eines *Dietrich*), *Taller, Dalker, Dallmeier, Lichten-, Neudahl, Apfelthäler, Kirchtaller* usw.

Andere Bezeichnungen für enge, tiefe Täler: **Klinge** 'Schlucht mit rauschendem Bach', niederdt. auch 'Grund, Furt', vgl.

Kling(er), Klingner, Klingmann, Klin(c)k, Klinksiek, Klingenberg, -thal;

Schlucht, vgl.

Schlüchter, Schluchter, oberdt. auch *Schlufter, Schlüfter*;

oberdt. **Tobel** 'enges Tal', vgl.

Tobler, Döblin, Döbele, Hölldobler;

Klamm 'Schlucht', vgl.

Klamm(er), Klammar, Aufderklamm;

Zwinge 'Schlucht', vgl.

Zwink, Zwingli.

An einer **Grube** 'Vertiefung' wohnten die

Grub(e), Gruber(t), Grübl, Griebel, Grübner, Wildgrube(r), Ritzen-, Fuchs-, Vogl-, Anzengruber ('an der Grube des *Anzo*'), niederdt. *Grover, Grovemann, Steingröver.*

Im Niederdt. herrscht **Kuhle** vor. Dem südlichen *Lehmgrübler, Leimgruber* entsprechen die nördlichen *Lehmkühler, Lehmkuhl;* vgl.

Steinkühler, (Ander)kuhl, (Zer)kaulen, Kühle(r), Kuhl(e)-, Kull-, Kühlmann, Kuhlenkamp(f), -dahl, -henke, Culemeyer, Lehmkugel, Sandkaul(en), -küller, -käuler.

Zu **Loch** vgl. die Familiennamen *Locher(er), Lochner, Lochmüller,* wobei Überschneidungen mit Loh 'Wald' zu beachten sind.

Grund bedeutet neben 'Boden, Landbesitz' häufig auch 'Talmulde', vgl. das Lied: »In einem kühlen Grunde, da geht ein Mühlenrad«. Dort wohnten die

Grund(t)ner, Grundkötter, Grünther, Gründ(l)er, Gründgens.

Das Verhältnis *Grundmann : Grunder, Gründer* betrug um 1930 in Dresden 122 : 10, in Berlin 227 : 27, in Görlitz 19 : 37.

Zu **Delle** 'Bodenvertiefung' gehören *Dell(e), Dell(e)mann,* auch *Tell,* obwohl SCHILLER dieses mit der Charakterisierung »wär ich besonnen, hieß ich nicht der Tell« eher dem schwäb. *Dälle* 'Dummkopf' zuordnet.

Gewässer, Sümpfe

Die ausgestorbenen Wörter **A(a), Ach** für 'Bach' sind in Familiennamen wie *Vontra* 'von der Ach', *Ach(n)er, Achleitner, Mitt(e)lacher* erhalten.

Von Ach abgeleitet ist **Au(e)** 'wasserreiches Land, Insel', vgl. Familiennamen wie

Auer, Inauen, Äuler, Euler, Euwer, Oyen, Ojemann, Augart, -müller, Kron-, Krummen-, Waldauer, Haseneier, Ramseyer.

Bach erscheint niederdt. oft als **Be(c)k(e);** dem südl. *Bachmann* entspricht nördl. *Beckmann.* 1925 finden sich in Wien, München und Zürich zusammen nur 37 *Be(c)kmann,* in Hamburg allein aber 356. Vgl.

Beek(e)(n), Becks, van Beck, Beckemeier, Beekbaum, Biederbeck 'beim Bach', *Thorbecke, Schmidtverbeek, Diepen-, Düster-, Nettel-, Schlotterbeck.*

Östl. der Isar hielt sich neben *-bacher* auch eine alte Form *-beck, -böck* für den Anwohner eines Bachs: am Steinbach wohnt der *Steinbeck,* am Wiesbach der *Wiesbeck.* Daher dort die vielen Familiennamen wie

Busch-, Fisch-, Sulzbeck, Moos-, Mühl-, Haselböck neben *Haselbach(er), Eberspächer* usw. (Abb. B).

Das Wort **Quelle** wird erst im 15. Jh. gebräuchlich. Es ist zu jung, als daß es noch zahlreich in Familiennamen hätte eingehen können. Um so häufiger enthalten diese das wichtigste alte Wort für 'Quelle', nämlich **Brunn, Bronn,** nord- und westdt. **Born:**

(Kalten)brunner, Brünner, Bronner, Born-(e)mann, Bornkamp, Sauerborn (Abb. A).

Der röm. Historiker TACITUS schildert um das Jahr 100 n. Chr. das heutige Deutschland als »ein vor **Sümpfen** scheußliches Land«. In manchen Gegenden, etwa in der Probstei (bei Kiel), stellen Familiennamen nach sumpfigen Plätzen bis ins 13. Jh. die größte Gruppe der Wohnstättennamen:

Brookmann, Broocks, Finen, Kelle, Pohlemann, Rodde, Sode, Sump, Zole.

Unter den Wörtern für Sumpf findet sich im Süden am häufigsten **Moos,** vgl. die vielen bair. *Moser, Moosbrugger, Rohrmoser.*

Nach Norden zunehmend herrscht **Bruch,** niederdt. **Brook.** Dazu gehören die

Wilden-, Sauer-, Gosebruch ('Gänsetümpel'), *Bruchheuser, Uhlenbruck, Bräucker, Brauckoff, Breukelgen, Bro(o)ck, Papen-, Buddenbrook, Brock(er), Broek, Brockhaus, -hagen, Brokamp, Bröckmann, Elschen-, Hellenbroich.*

Weniger häufig zeigen sich in Familiennamen die Wörter **Pfuhl** mit

Pfuhler, Pfuller, Puhl(e)mann, Pohlschröder, Krane-, Otterpohl, Poggenpohl ('Froschtümpel')

oder **Moor** *(Upmoor, Mohrhoff, Morsch, Mörsch(ner))* oder schwäb. **Motz** 'Sumpf; Schmutz' *(Mo(t)z(h)art).*

Die regionale Verbreitung der Flurnamen **Venn** 'Sumpf' und **Strut** 'Sumpf, feuchte Niederung, Wald u. a.' entspricht der Verbreitung der Familiennamen (Abb. C)

Fenn(mann), Fehn(emann), van der Venn, Venhuis, Diepeveen bzw. *Testro(e)te, Ströder, Strudt-, Strot(h)mann, -hoff.*

Im Süden viel verbreiteter als im Norden ist **Brühl,** zunächst 'bewässerte Wiese', dann auch 'große herrschaftliche Wiese' u. ä., vgl.

Brühl(er), Brügel(mann), Breu(e)l, Breuler, Bri(e)gel, Brö(h)l(ing), Broil, Brüll-(er), Briel, Prill, Bröll(mann), Bröglhoff, Prügl(maier), Prieglhuber.

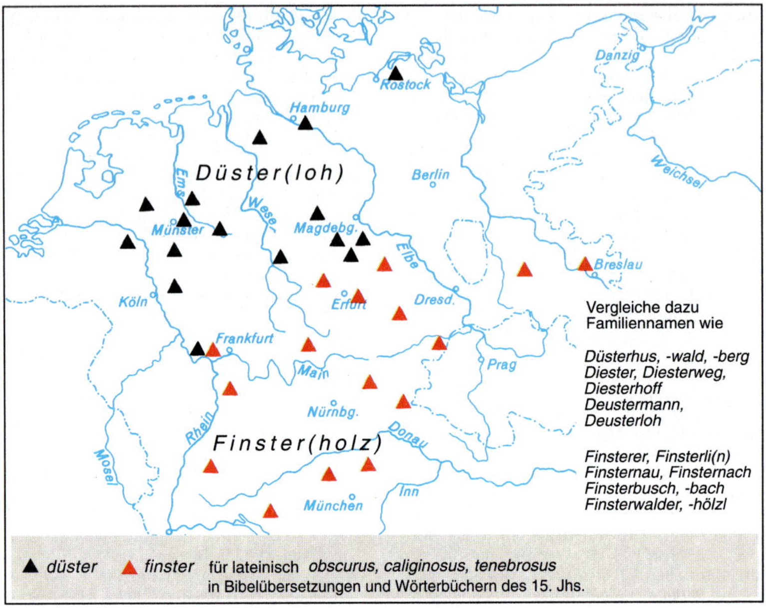

A Familiennamen nach dem düsteren Eindruck der Wohnstätte

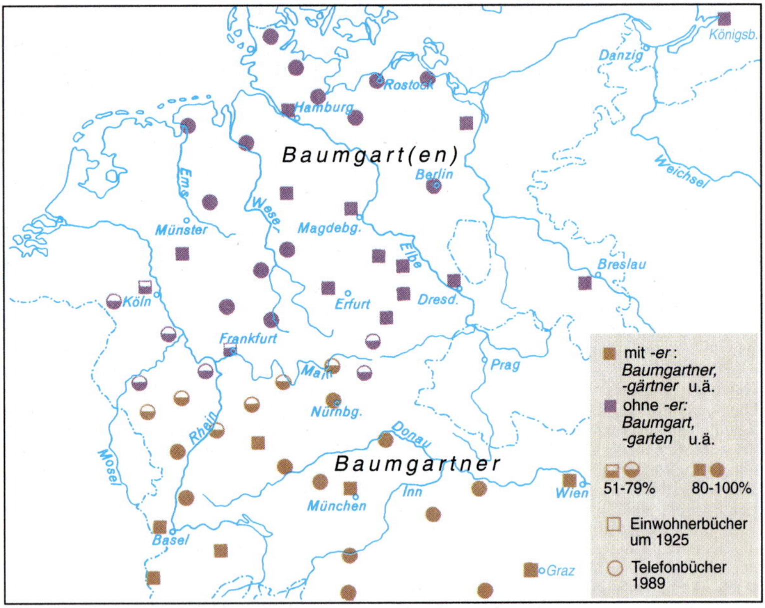

B Familiennamen in der Bedeutung 'Anwohner / Besitzer eines Obstgartens'

Lage, Form, Qualität des Geländes spiegeln sich oft im ersten Bestandteil (Bestimmungswort) zusammengesetzter Familiennamen, die **Lage** z. B. durch Angabe der **Himmelsrichtungen:**

Nord(er)mann, Nor(d)gauer; Oostenkötter, Osterbeck, -heide, -kamp, -loo; Westbrock, -kämper, -holl, Westermann, -diek, Westenhuber, -rieder; Su(n)dermann, Sudhölter, -hoff, Suerhahn, Su(h)rkamp, Sürbostel, Sauerberg, -hoff (Überschneidungen mit 'sauer' und 'gesondert' möglich).

Richtungsangaben finden sich in vielen Familiennamen mit *Über-, Ober-, Unter-, Nieder-, Mitter-:*

Mitterer, Mittermüller, Middel-, Middendorf, Mit(t)lacker, Meddelsiefen usw.

Lichtverhältnisse: Am sonnenbeschienenen Hang wohnten im (Süd)osten die *Sonnleit(n)er,* im Südwesten die *Sommer-* oder *Spiegelhalder, -halter, -holler;* auf der Gegenseite wohnten die *Winterhalder.* Das Wort dunkel tritt wenig in Familiennamen auf *(Dunkel-, Dunchlenberg),* häufiger die Worte düster und finster (Abb. A).

Form: Die Beschreibung von Örtlichkeiten als groß (früher: *michel*) oder klein (früher: *lützel, lütt*), breit oder schmal, lang oder kurz, spitz oder krumm usw. führte zu

Michelberger, Kleinkuhle, Breedveld, Schmahlstieg, Langewiesche ('Wiese'), *Lengfeld(n)er, Kurzbach, Spitzhorn, Krumrain, Krummbiegel* ('Hügel').

Bodenbeschaffenheit: *Sandhaas* gebraucht HANS SACHS als Spottname für die Nürnberger wegen des dortigen **sandigen** Bodens; vgl. *Sandmann* (= *San(n)-, Sammann*), *Sandner, Sandstra, Zantop* 'Sandhaufen', *Sankuhl, Sangkohl* 'Sandkuhle'. – **Grieß** 'Kies' findet sich in *Grieshuber, Griesehop* 'Kieshaufen', *Grisebach.* – **Lehm** in: *Lehmp(f)uhl, Lembach, Leimstätter.* – **Letten** 'Tonerde' in *Lettenbauer, -bichler, Löttenmeier.* – **Kalk** in: *Kalkreuter, Kalkhoff, Kalchtaler.* – **Lei** 'Stein, Fels, Schiefer', bes. rheinisch (vgl. die Loreley), in: *von der Leyen, Leifels, -acker, Ober-, Spitzley.*

Hierzu gehören auch Adjektive wie **rauh** in *Raufeld, Ruwisch, -mo(h)r, Rauchenegger, -steiner,* **übel** in *Üb(e)lacker, Övelacker, Yblagger* 'schlechter Acker', **dürr** in *Dürr(en)felder, Di(e)rnfellner, Dörrheide* usw.

Baum- und Buschbestand

Dialektformen von **Wald** stecken in *Reichenwallner, Odenwäller, Westerweller* und in niederdt. *Wohld(mann), Wolthoff, Wohlhage.*

Holz bezeichnete früher nicht nur das Material, sondern auch den Wald, daher die vielen Örtlichkeitsnamen auf -holz und danach Familiennamen wie *Mühlhölzl, Heidhölter, Fretthold* 'der am eingefriedeten Wald', *Oppolzer* 'der oberhalb des Waldes'.

Busch schwankt in den europ. Sprachen zwischen den Bedeutungen 'Strauch' (dazu engl. *Bush*) und 'Wald' (dazu franz. *Dubois*). Mhd. konnte es beides bedeuten; vgl.

Busch(ner), Achternbusch, Püsch-, Poschmann, Feldpusch, Büschgen(s), Beusker, Bosch, Boß, Hildbos, Boskamp.

In Familiennamen finden sich auch Wörter für 'Wald', die in der Standardsprache ausgestorben sind, insbes.:

Witu, niederdt. **Wede** 'Wald, Holz' in

Widmoser, Witschwenter, Wiebrauck, Wiethoff, Hülswitt, Steinwede, Wetekamp, Wehmüller, aber schwer zu trennen von Familiennamen mit *wide* 'Weide (Baum)' bzw. niederdt. *wede* 'Viehweide';

Lo(c)h 'Hain, Wald' in

Terloh, Van Loo, Loh(e)r, Lohoff, -hagen, Lohmann, -bach, Löhle(in), Lutterloh, Bracklo, Lindlor, Eisenloher, Schmaloer;

Hart 'Wald, Bergwald', wovon manche Höhenzüge wie der Harz, die Haardt oder der Spessart ('Spechtswald') zeugen, in:

Harder, Hardegger, Oberhardt, Harth;

Hurst, Horst 'Dickicht' in

Hurster, Horst(er)mann, Terhorst, Horstkötter, Mord-, Scharn-, Steinhorst.

Der Anlieger (Besitzer/Hüter) eines **Obstgartens** hieß im Norden *Baumgart(en),* im Süden *Baumgärtner* (Abb. B). Dazu kommen Diminutiv- und Dialektformen wie *Baumgärt(e)l* (bes. in Oberfranken), *Banngartz, Bongardt* usw.

Baumarten dienten oft zur Kennzeichnung der Wohnstätte. In Hannover wohnten 1935:

2 Familien *Birk-, Berk(e)mann* (vgl. *Birk(n)er, Pirk, Berghan, Berkenbusch);*

23 *Buch-, Bauck-, Beuk-, Bök(e)-, Bo(c)kmann* (vgl. *Büchner, Pucher, Bökenbrink, Böcker);*

28 *Eich-, Aich-, Eickmann* (vgl. *Eich-(n)er, Ineichen, Fiefe(i)ck* 'fünf Eichen', *Holnaicher* 'an der hohlen Eiche');

6 *Hüls-, Hilsmann* 'Stechpalme' (vgl. *Hülz, Hülsken, Hülshoff, Hüls(t)er, Hilsenbeck, Ophiels, Ilsenbuch);*

157 *Linde(n)mann, Linnemann.* – Unter den Formen *Linder(er)/Linde(n)/Lind(t)ner, Lindener* herrscht die letzte Gruppe fast überall, jedoch die erste im alemann.-schwäb. Raum, die zweite im Rheinland deutlich vor.

T(h)anner, Danner kann von 'die Tanne', von 'der Tann (= Wald)' und von einem Ortsnamen Tann stammen. In München und Zürich hießen 1925 217 Personen so, in Berlin und Hamburg aber nur 37; wohl ein Reflex davon, daß im Norden weniger Tannen wuchsen.

Vgl. auch die vielen Familiennamen mit *-baum(er), -bo(h)m:*

Bier-, Beer- 'Birne'; *Busch-, Busse-, Busen-* 'Buchs'; *Holler-* 'Holder'; *Kien-* 'Kiefer'; *Kries(en)-* 'Kirsche'; *Notte-* 'Nuß'; *Saal-* 'Weide'; *Weichsel-, Weißel-, Wechsel-* 'Sauerkirsche'; *Wi(e)den-* 'Weide'.

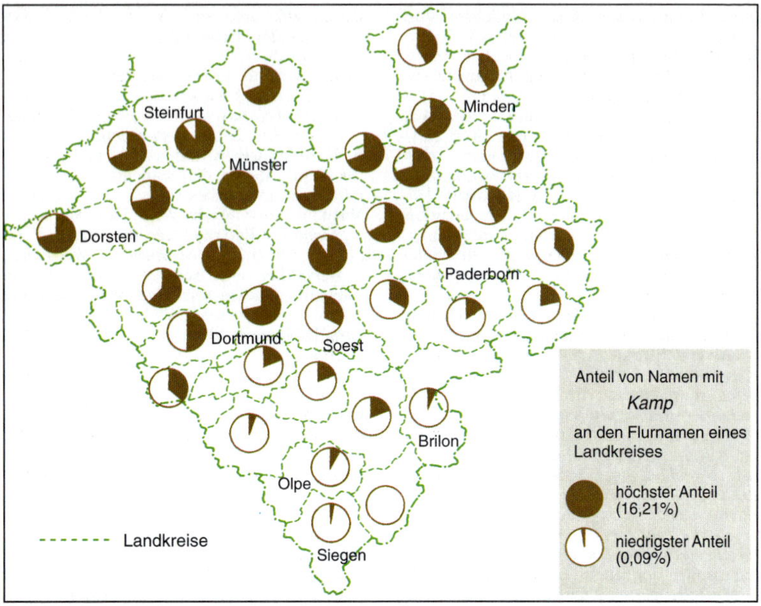

A Häufigkeit von *Kamp* in westfälischen Flurnamen

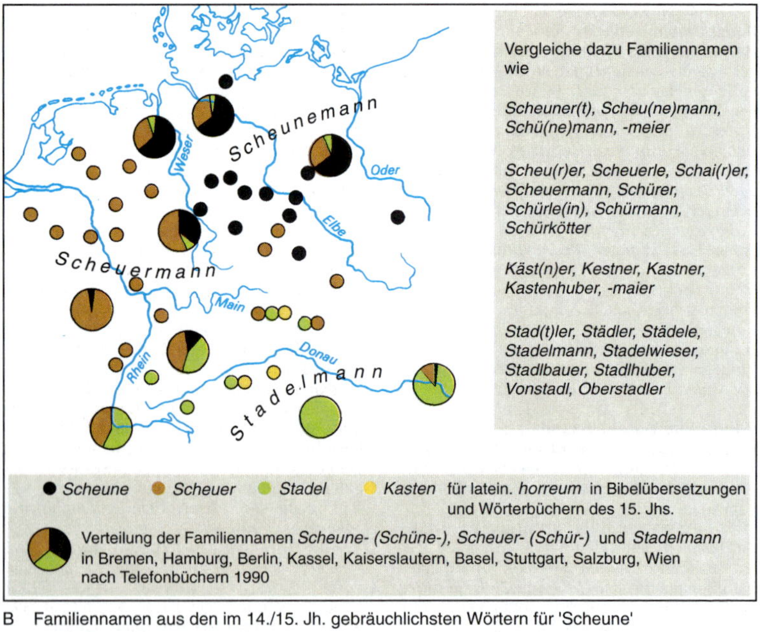

B Familiennamen aus den im 14./15. Jh. gebräuchlichsten Wörtern für 'Scheune'

Wohnstättennamen nach Äckern und Wiesen

In vielen Familiennamen sind die Wörter Acker, Weide, Heide 'unbebautes Land', Anger 'Grasland', Koppel 'eingezäunte (gemeinsame) Weide' usw. leicht zu erkennen, so bei *Koppel(mann), -kamp,* manchmal aber erst bei genauerem Hinsehen:

z. B. **Acker** in *Kiesecker* oder in schweizer. *Ächerli;* **Heide** in *Heier, Heeder, Hedtkamp, Heitepri(e)m, Heiterprehm* (Heide + Brame 'Ginster'), *Heitland;* nord- und westdt. **Driesch** 'unbebautes Land' in *Vandrisch, Trischmann, Dri(e)sch(n)er, Drießler;* **Feld** in *Fellner* (= *Feldner* 'der am Feld wohnt'), *Haber-, Niederfellner, Wolfsfehlner;* **Wiese** in *Angewisch* 'an der Wiese', *Langewiesche, Wese-, Wisch-, Wiß-, Wiskemann, Gose-* ('Gänse'), *Kre-* ('Krähe'), *Pog(g)-* ('Frosch')*wisch, Wieschköster, Wesendonk.*

Westalemann. heißt die Wiese **Matte,** daher der Ortsname Zermatt 'auf der Wiese' und das entsprechend benannte Matterhorn. Dem *Streitwieser,* der mit einer umstrittenen Wiese zu tun hat, entspricht westalemann. der *Strittmatter* (auch zum Ortsnamen Strittmatt), dem *Dörrwieser* der *Dürrenmatt.*

Das ostmitteldt. Wort **Rasen** wird erst spät allgemeiner gebräuchlich, so daß es kaum mehr Familiennamen gebildet hat, wohl aber das ältere **Wasen**: *Wa(a)s(n)er, Wäßner, Waslechner, Waßmer.*

Kamp 'eingefriedetes Landstück, Weide- oder Ackerland, auch gehegtes Waldstück' ist im Norden sehr häufig. In Hessen reichen entsprechende Flurnamen bis zur Eder. Abb. A zeigt den prozentualen Anteil des Wortes an allen in den Flurnamen eines Landkreises auftretenden Wörtern. Dabei erreicht *Kamp* im Kreis Münster den höchsten Anteil, nämlich 16,21% aller Flurnamen-Wörter, im Kreis Siegen mit 0,09% den niedrigsten, im Kreis Winterberg fehlt es.

Daraus sind Familiennamen hervorgegangen wie

Camp(e), Kampe(n), Kämpchen, Kempgen, Kempke(s), Uppenkamp, Ingenkamp, Kampling, Overkämping, friesisch *Kampstra* und Hunderte von Zusammensetzungen wie *Kamphausen, -hoff, -mann, -schnieder, -werth, Kambartel, Kam(p)-schulte, Bohnenkemper, Birken-, Boom-, Füchten-, Hillen-, Neu-, Ossen-, Röve-, Su(h)r-, Water-, Wickenkamp,* s. S. 200 f.

Durch (falsche) Verhochdeutschung entstand daraus auch *-kampf: Erlen-, Haver-, Kulen-, See-, Stein-, Wittkampf.*

Auch vereinfacht zu *Gersten-, Holz-, Koppel-, Rot(h)-, Osterkam(m).*

Im Süden häufig ist **Beunde.** Es bedeutet urspr. 'eingezäuntes, ausgesondertes Landstück' und tritt in zahlreichen Dialektformen auf: hess. Beun(d)e, Bein, Binge, südalemann. Bünd, schwäb. Baint, bayr. Point usw.. Dazu Familiennamen wie

Beune, Beind(er), Pünt(i), Pointl, Lind-, Hirschpointner, tirol. *Feichtenbeiner, Ochsenbein, Kühlbandner.*

In den Adressbüchern 1934/37 zählt man in München 73x, in Wien 38x, in Berlin, Hamburg und Köln zusammen nur 1x *Pointner, Paintner, Peintner.*

Auch was **angebaut** wird, schlägt sich in Wohnstättennamen nieder, z. B. der Anbau von Hanf *(Hanfland, Hanfeld)* oder Flachs, auch Lein oder Haar genannt:

Flas(s)kamp, -hoff, Leinfelder, -ecker, Ha(a)rland(er), -paintner, Harreuther.

Wohnstättennamen nach Zäunen, Wegen, Bauten

Wie sehr die Beachtung von **Grenzen und Zäunen** das Bewußtsein und damit das Namenbild prägte, bezeugt die Häufigkeit von Familiennamen aus **Zaun, Mark** 'Grenze, Grenzland', **Gatter, Hag** u. ä.:

Zeuner, Zampaur, Langzeiner, Ostertun 'östlicher Zaun'; *Marker, Marksteiner, Bismarck* (zum Ortsnamen Bischofsmark); *Gatterer, Gatterbauer, Kirch-, Mai-, Hochgatter(er); von der Hagen, Häg(n)i, Heydorn, Hagenbring, Hagewisch, Hamböck, Heienbrock, Wild-, Dornhack.*

Hag(en) 'Hecke, Einfriedung' tritt auch in german. Rufnamen auf wie *Heinrich* (aus: *Haganrich*), *Hagen* und daraus entstandenen Familiennamen.

Weg findet sich in *Hohlwegler, Neuweg(er), Oberwegner, Wegmann, Viebegk* 'Viehweg'.

Gasse: *Gassmann, Gäsgen, Geßl(er), Gasser(t), Windgassen, Enggesser, Kirchgässner.*

Straße: *Sträßner, Stra(e)te(r), Strät(n)er, Stra(a)t(h)mann, Niestrath, Winkelströter.*

Steig 'Anstieg, Pfad': *Staiger, Steiglehner, Kirchsteiger, Richtsteig(er), Gstaiger.*

Furt: *Furtner, Verfürth* 'von der Furt', *Fürderer, Fort(n)er, Förther, Fo(o)rtmann, Steinvorth, Westervoorde, Tomfohr.*

Die Dialektformen von **Brücke** spiegeln sich in den Ortsnamen Innsbruck – Osnabrück – Brügge genauso wie in den Familiennamen *Bruck(n)er, Pruckmoser – Brück(n)er, Bollbrück* 'Bohlenbrücke' – *Brüggemann, Brügging, Steinbrügge.*

Ebenso spiegeln sich die alten Dialektbezeichnungen für **Scheune, Kornspeicher** in Ortsnamen wie Scheuern, Schüren, Stadelhofen und entspr. Familiennamen (Abb. B). Dabei beziehen sich Namentypen wie *Scheuerle, Städele, Stadlwieser* in der Regel auf eine Wohnstätte, Namentypen wie *Stadelmeier, Scheuermeister, Kästner* aber auf die Verwaltung der Scheunen, während bei *Scheunemann, Scheuermann, Stadelmann* beides in Frage kommt und bei *Scheurer, Schürer* darüber hinaus noch evtl. Herkunft aus Orten namens Scheuern und Schüren.

Häusernamen als Ausgangspunkt für Familiennamen (Beispiele aus Freiburg i.Br.)

Manche Familiennamen beziehen sich auf **Bauten** wie die Stadtmauer oder auf das Spital, auf Türme, Stadttore usw., bei/in denen die Betreffenden wohnten oder tätig waren:

Aufdermauer, niederdt. *Muhrmann; Spitt(e)ler; Durm, Thurn, Thurnheer, T(h)urner, Thurmann, Dörner, T(h)örner; T(h)ormann, T(h)orer, Dorer, Dörle, Steindor, Torweger, Thorwirt; Kaacksteen, Kakstein* (niederdt. 'Pranger').

Familiennamen aus Häusernamen

Wie man von alters her Vieh, Holz, Bäume usw. mit einfachen Zeichen aus geraden und gewinkelten Strichen als Eigentum markiert, so wurden auch in Häuser sog. **Hausmarken** eingekerbt. An die Stelle einfacher Hausmarken traten seit dem 13. Jh. in manchen Städten bildliche Darstellungen von Pflanzen, Tieren, Gegenständen usw., sog. **Hauszeichen.** Nach solchen Hauszeichen wurden dann die Häuser auch mit **Häusernamen** benannt: Haus zur Rose, Haus zum Bären (etwas anderes sind Hausnamen, S. 177).

Häusernamen treten erstmals in Köln um 1150 auf, um 1200 in Mainz, Würzburg, Worms, Speyer, Basel, um 1250 in Aachen, Trier, Frankfurt. Dann dringen sie nach Osten und Südosten vor, aber **nicht in alle Gegenden.** In Erfurt und Regensburg treten sie ab 1260/70 auf. Während Augsburg und München noch im 14. Jh. kaum Häusernamen aufweisen, wird Wien ab 1300 zum südöstl. Zentrum dieser Mode. In Freiburg muß laut Verordnung von 1565 an jedem Haus ein Häusername angeschrieben sein. Nach Norden und Nordosten hin werden Häusernamen seltener, doch finden sie sich z. B. auch in Magdeburg und Lübeck.

Seit dem 17. Jh. benutzen städt. Verwaltungen gelegentlich auch **Hausnummern**, weil dies übersichtlicher ist. Diese lösen dann die Häusernamen immer mehr ab. In Frankfurt/M. wurden Hausnummern zur besseren Orientierung bei der Einquartierung frz. Truppen 1760 durchgesetzt, in anderen Städten im Zuge der Reformen Kaiser JOSEPHS II. usw. Häusernamen sind heute noch bes. bei **Wirtshäusern** und **Apotheken** gebräuchlich.

In Städten, in denen Häusernamen schon früh üblich waren, hat man mit ihnen gerne die **Einwohner genauer identifiziert:** *Heinz ze dem Adelar* 'Heinz (im Haus) zum Adler', *Hans Kostenplat* 'Hans (im Haus zum) Kastanienblatt'. In Mainz wurden um 1332 etwa 50%, in Köln 1392 ca. 40%, in Basel ca. 25% der urkundenden Einwohner mit dem Zusatz ihrer Häusernamen registriert.

In Urkunden aus Freiburg/Br. finden sich dafür bis 1500 folgende Beispiele, von denen manche noch als okkasioneller Zusatz (S. 59), manche als Beiname, manche schon als Familienname zu werten sind:

Pflanzen: *Gilgenblatt* 'Lilienblatt', *Magsamen* 'Mohnsamen', *Maulbaum* 'Maulbeerbaum', *Rose.*

Tiere: *Biberer* 'im Haus zum Biber', *Eichhorn, Hahn, Iltis, Lämmle, Lindwurm, Kemler* 'im Haus zum Kamel', *Löwe, Rapp* 'Rabe', *Roß, Rößle, Schneck.*

Himmelskörper, Zeitangaben: *Stern, Sonne, Mai* 'im Haus zum Maien (Maibaum)'.

Geräte u. ä.: *Geiger* 'im Haus zur Geige', *Gold, Güldenring, Heerhorn* 'Posaune', *Schaufel, Schild, Spiegel.*

Sonstiges: *Schütz; Pfalz* 'im Haus zur Pfalz'; *Agstein* 'Bernstein, Magnet'.

In der Reichsstadt Esslingen gab es dagegen, wie auch in anderen schwäb. Städten, keine Häusernamen. Also muß man, wenn hier Familiennamen auftreten wie *Molfenter, Marder, Biber, Geier* oder *Fuchs,* diese **anders deuten**.

Zwar dürften hier die *Molfenter* ihren Namen auch nach einem 'Haus zum Elefanten' bekommen haben, aber an einem anderen Ort, und dann zugezogen sein. *Marder* ist hier wahrscheinlich von *Martin* abzuleiten, *Biber* von einem gleichlautenden Fluß- oder Ortsnamen, *Geier* und *Fuchs* könnten den Charakter bzw. die Haarfarbe betreffende Übernamen sein.

So sind Familiennamen, die **eindeutig** von Häusernamen stammen, nicht leicht zu bestimmen, weil nur wenige Familien nachweisen können, daß sie aus Städten stammen, in denen schon früh Häusernamen üblich waren.

Die Wahrscheinlichkeit, daß ein Häusername zugrunde liegt, ist rel. hoch bei Familiennamen wie *Blu(h)m(e), Blühm, Blümchen, Blo(h)m; Lilie, Lilge; Ros(e), Rosenstengel, -stiel, -zweig; Drach(e); Einhorn; Greif(f), Griep; Pelikan(n), Pelkahn, Palikan; Regenbogen; Wetterhahn* u. ä..

Da die Häusernamen aber viele Motive enthalten, die auch in anderen Namengruppen auftreten, kommen bei der Herleitung entsprechender Familiennamen **ebensoviele Möglichkeiten** in Frage: bei Tieren wie *Eber, Wolf, Rabe* germ. Rufnamen, bei *Hecht, Schlei, Stör* indirekte Berufsnamen, bei *Krebs, Ochs, Frosch, Strauß, Taube* Übernamen, bei Pflanzen wie *Holderbaum, Rautenbusch, Rosenstock* generelle Wohnstättennamen, bei Gegenständen wie *Hammer, Reif(f), Panzer* indirekte Berufsnamen, bei *Klotz, Schlegel* die Gestalt betreffende Übernamen, bei *Kron(e), Kranz* Ortsnamen oder der Beruf des Kranzmachers oder ein Haarkranz, bei *Morgenstern* ein Ortsname oder ein schmeichelnder Übername, bei *Mohr, Mörike* der Rufname *Mor[hart],* eine Wohnstätte am Moor oder ein Übername nach der Hautfarbe, bei *Riese* Herkunft aus Riesa oder große Gestalt, bei *Römer* eine Rompilgerschaft usw.

Der Nadler.

Q

Quack nd., engl. ist Kf. von Quacksalber, Kurpfuscher, schreiender Salbenverkäufer, Arzneihändler, fahrender Arzt, zu engl. *quack*, mhd. quaken, ndl. *kwacken* schwatzen, prahlen.

Quark, Quarg kann ostd. mb. BN für den Käser sein; zu mhd. twark < poln. *tvarog* Weichkäse. Das Wort hat die vielen Bezeichnungen für Weichkäse immer mehr verdrängt.

Quarrier engl.: Carrier, zu *quarry* Steinbruch.

Quatzner nd.: Fischer mit dem Zugnetz, der Quatze, der Wate.

Querner, Quirner: Kerner, Körner[1] = Müller, zu engl. *quern*, nd. Quiere Handmühle, bes. Grützquiere, -mühle.

Quester: 1) Wedeler, Questenbinder, zu Quast(e), Queste Laubbüschel, Besen, Wedel, Laubschürze, mhd. quast, queste, koste, 2) Kostenbader, Badeknecht; vgl. mnd. questen mit der Badequaste im Bade peitschen, um die Hauttätigkeit zu reizen, 3) lat. *Quaestor*, frz. *questeur* Schatz-, Rentmeister, auch Untersuchungsrichter, zu lat. *quaerere* suchen, 4) Almosensammler, Bettler, Stromer, frz. *quêteur*, poln. *questarz*, zu lat. *quaerere* betteln.

Quetscher, Quetzer, zu mhd. quetschen, quetzen pressen: 1) Münzpräger, 2) Ölpresser.

Quilter, Quiltmaker engl.: Kolterer[1], zu *quilt*, lat. *culcitra* Stepp-, Bett-decke.

Quitter: 1) Quittenhändler, zu Quitte, Quittenapfel, < lat. *malum Cydonium* Apfel aus Kydonia auf Kreta, 2) städt. Rechnungsführer, Stadtschreiber, der eine Quittung ausstellt, frz. *quitter* zum Abschluß bringen; vgl. rh. quitten Pfänder einlösen.

Quit(t)schreiber, Quittner: Quitter[2].

R

Raber, Räber, Rabenbauer westd.: Rübenpflanzer; zu lat. *rapa*, frz. *rave*, engl. *rape*, ndl. *raap*, mhd. rabe, schweiz. Räbe Rübe.

Der Blatner.

Auszug aus dem Berufsnamenlexikon von Linnartz (1958)

Direkte und indirekte Berufsnamen

Um Menschen zu unterscheiden, weist man oft auch auf ihre Stellung und Aufgabe in der Gesellschaft hin. Auf diese Weise entstanden viele Bei- und Familiennamen.

In China, um ein entferntes Vergleichsbeispiel zu wählen, waren es geschickte Waffenschmiede und Steinschnitzer, die als erste Gruppe nach den Adligen mit Familiennamen, und zwar ihren Berufsbezeichnungen, geehrt wurden.

Die Familiennamen dieser Gruppe nennt man der Kürze halber **direkte Berufsnamen,** schließt dabei aber auch Namen ein, die nicht nur die Haupterwerbs-, sondern auch Nebentätigkeiten, Ämter oder sonstige Aufgaben in der Gesellschaft betreffen, z. B. *Scheidemann, Schieder* 'Schiedsrichter', *Salman* 'Treuhänder, Vormund'. Man kann auch die wirtschaftlichen und rechtlichen Bedingungen, unter denen jemand arbeitet, dazunehmen: Die *Frönder, Fro(h)mader, Fronfischer* stehen in Frondienst, die *Dreipfennig, Fünfgeld, -schilling, -schock, -scheffel, Siebenhü(h)ner, Hundertmark, -pfund* leisten entsprechende Abgaben, die *Sechzehner, Dreißiger, Vierzigmann* gehören Körperschaften von so vielen Personen an usw.

Oft wird nicht die Berufsbezeichnung selbst, sondern ein Werkzeug, Material, eine Auffälligkeit bei der Tätigkeit, in der Werkstatt usw. zur Kennzeichnung gewählt. Der Schuster im Märchen heißt Meister *Pfriem,* vgl. den Tischler *Leim,* den Maler *Klecksel.* Diese **indirekten** Berufsnamen sind ihren Entstehungsgründen nach Übernamen.

Entwicklung

In der **agrarwirtschaftlichen** Gesellschaft war die berufliche Differenzierung noch relativ gering; um so häufiger wiederholen sich Familiennamen wie *Bauer, Müller, Schmied, Schäfer.*

Die Entwicklung der **Städte** und mit ihnen des Handwerkerstandes brachte dagegen eine gewaltige Ausfaltung von Berufsbezeichnungen mit sich, im Westen etwa seit dem 13. Jh., im (Nord-) Osten etwas später.

Die **Arbeitsteilung** wurde durch die Zünfte bis ins kleinste geregelt, so daß ein Handwerker oft nur jeweils *einen* Gegenstand herstellen durfte, vgl. *Löffler* 'Löffelmacher', *Messerschmidt, Nadler, Noldenfesser* 'Nadelbüchsendrechsler'. Der *Mehlmann* verkaufte nur Mehl, der *Salzmann* Salz, der *Ep(p)ler* produzierte oder verkaufte Äpfel, der *Erb(is)ser* Erbsen. Urkunden aus Wien, Basel, Heidelberg nennen um 1300 je etwa 100–120 selbständige Berufszweige, in Frankfurt um 1440 mindestens 140.

NEUMANN 1981 vergleicht die Vielfalt der Berufsnamen in den **Landgemeinden und den Städten** des Kreises Oschatz bis zum Jahr 1600. Auf dem Land finden sich beim Textilgewerbe nur *Färber, Leineweber, Nähter* '(Pelz-)Näher', *Schneider, Weber, Ziechner (ziechen* 'Bettzeug weben'), in der Stadt dreimal mehr Bezeichnungen, z. B. noch *Leiner* 'Leinbereiter', *Wälker* 'Tuchwalker', *Wirker* 'Weber von Gebildstoffen', *Tuchmacher* usw. Beim Metallgewerbe stehen hier 6 ländliche gegen 29 städtische Berufsnamen, ähnlich in anderen Gewerbezweigen.

Viele dieser Berufe und Bezeichnungen sind **heute verschwunden,** aber in Familiennamen erhalten:

Wam(be)ser, Wammeser, Wamsler 'Wams-Schneider', *Zistler* und *Zein(d)ler* 'Korbflechter', *Netzer* 'Netzmacher, -fischer', *Nopper* 'Tuchmachergehilfe', *Maut(n)er* 'Zöllner', *M(a)user, Müser, Meuser* 'Maus-, Maulwurfsfänger' usw.

Die Vielfalt dieser Namengruppe wird dadurch vermehrt, daß dieselben Berufe **je nach Dialekt unterschiedlich** bezeichnet wurden. Der Holzsäger heißt oberdt. *Säger, Se(e)ger, Sager,* niederdt. *Brettschneider* (aber: niederdt. *Seg(h)er(s)* = Rufname *Sigiher*). Der *Schneider* heißt im Norden *Schröder, Schro(e)r(s), Schreu(d)er(s), Schreder, Schrär,* ostfälisch *Schrader,* der *Winzer* südöstlich *Weinzierl* (aus lat. *vinitor*), südwestlich oft *Rebmann,* sonst *Weingärt(n)er, Wengertsmann, Wei(n)mann,* ostfränk. auch *Häcker, Hecker, Heckel.* Nur im Norden schneiderten *Lersner, Lerschmacher* Lederhosen *(lersen),* nur im Südosten schneiderten *Pfaidler, Feidler* Hemden *(pfeit)* usw.

LINNARTZ I 1958 widmet dieser Namen-Gruppe **ein eigenes Lexikon:** ›Zehntausend Berufsnamen im Abc erklärt‹ (Abb.). Diese Gruppe stellt im dt. Sprachgebiet mit Abstand die häufigsten Namen (s. S. 67).

Hauptgruppen

Im Reichssteuerregister von 1497 werden in den 9 aus Abb. 108A ersichtlichen fränk. Städten insgesamt 3511 Haushalte erfaßt. Aus den für die Haushaltsvorstände begegnenden Berufsnamen ergibt sich ein typ. Bild damaliger Kleinstadt-Berufe. Man kann sie in folgende 10 Berufssparten einteilen (*Fischer* 8 = der Name begegnet in 8 der 9 auf Abb. 108A genannten Städte):

1. Landwirtschaftliche Berufe, Wald- und Teichwirtschaft, Urberufe: *Fischer* 8, *Bauer* u. ä. 5, *Koler* 'Holzkohlenhersteller' 4, *Vogler* 'Vogelfänger' 3, *Schäfer* 3 usw.

2. Nahrungsmittelgewerbe: *Beck* u. ä. 9, *Müller* 9, *Metzler* 5, *Fleischmann* 3, *Koch, Statkoch* 5, *Lebkuchner, Zelter* 3 usw.

3. Metallverarbeitung: *Schmied* 9, *Schlosser* 7, *Keßler* 5, *Plattner* 'Harnischmacher' 3, *Kandelgießer* 'Zinnkannengießer' 3, *Gürtler* 'Gürtelmacher' 3 usw.

4. Holzverarbeitung: *Wagner* 8, *Büttner* 8, *Schreiner* 7, *Zimmermann* 4, *Küfer* 2 usw.

Städte	Haushalte	Berufsnamen Anzahl	%	①	②	③	④	⑤	⑥	⑦	⑧	⑨	⑩
Ansbach	451	60	13	4	11	10	5	6	6	4	5	5	4
Neustadt	274	47	17	7	5	8	4	3	7	0	3	6	4
Kulmbach	298	40	13,5	1	4	9	3	3	7	1	2	1	9
Hof	790	68	9	6	9	19	4	5	5	4	6	4	6
Bayreuth	318	46	14,5	3	6	6	7	4	7	2	4	2	5
Feuchtwangen	158	27	17	7	3	3	2	2	3	1	0	3	3
Gunzenhausen	217	41	19	2	5	6	4	5	5	4	2	4	4
Crailsheim	219	38	17,5	4	1	7	3	3	4	0	3	5	8
Kitzingen	786	84	10,5	10	4	15	6	6	4	4	5	15	15
	3511	451	14,5	44	48	83	38	37	48	20	30	45	58

(Columns ①–⑩: Anzahl der Namensträger aus den Berufssparten)

Bedeutung der Ziffern ① - ⑩ siehe Textseite

A Verteilung der Berufsnamen auf Berufssparten in Kleinstädten um 1497

B Dialektgrenze zwischen *Wurstmacher, Wagenmacher* (u.ä.) und *Wurst(l)er, Wagner*

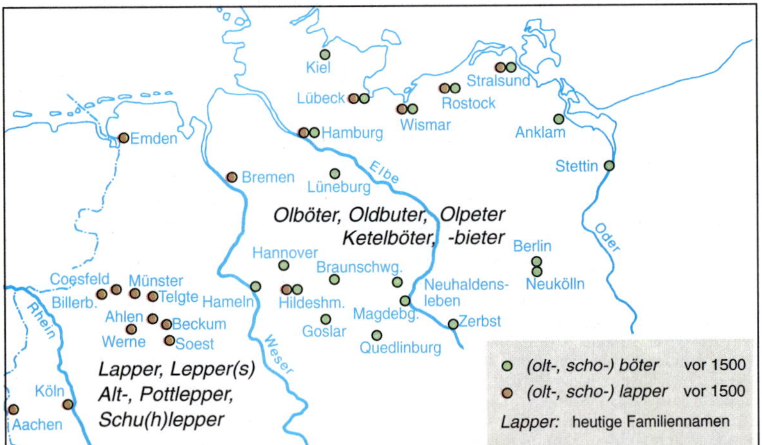

C Der Schuh- und der Kesselflicker im Niederdeutschen

5. Ledererzeugung und -verarbeitung: *Schuster* u. ä. 9, *Sattler* 6, *Lederer* 4, *Gerber* 4, *Peutler* 'Beutelmacher' 3 usw.
6. Textil- und Pelzgewerbe: *Schneider* 9, *Huter* 'Hutmacher' 7, *Kürsner* 7, *Weber* 6, *Färber* u. ä. 4, *Tuchscherer* 3 usw.
7. Bauwesen: *Maurer* 4, *Ziegler* 4, *Steinmetz* 4, *Decker, Schifferdecker* 'Schiefer-' 2, *Pflasterer* 2, *Strohschneider* (als Füllmaterial beim Bauen; zum Dachdecken) 1 usw.
8. Dienstleistungen: *Bader* 8, *Fuhrmann, Kerner* 'Kärrner' 4, *Barbier, Scherer* 3, *Schreiber* 3, *Schroter* 'Faßverlader' 3, *Arzt* 2, *Stubenwascher* 1 usw.
9. Ämter: *Schultheis* 5, *Mayr* u. ä. 3, *Kellner* 'Verwalter' 3, *Forster* 3, *Vogt* 2, *Falkner* 2, *Thurner* 'Türmer' 2, *Holzwart* 1, *Verlieser* 'Gefängniswärter' 1 usw.
10. Sonstige: *Sailer* 8, *Hafner* 6, *Maler* 6, *Kramer* 5, *Glaser* 2, *Schüssler* 2, *Pfeiffer* 2, *Bantoffelmacher, Bürstenbinder* 1 usw.

Bildungsweisen

Im Niederländischen und angrenzenden dt. Gebieten blieb bei diesen Familiennamen, wie in frz. *Leclerc(q)* 'der Geistliche, Schreiber', manchmal der **Artikel erhalten:** *De Boor* 'der Bauer', *De Gruyter* 'der Brauer'.

Die **älteste Bildungsweise** von Wörtern für tätige Menschen (nomina agentis) lautet althochdt. auf *-o: fechto, kempho* 'Fechter, Kämpfer'. Sie hat sich, mit Schwächung oder Abfall des *-o,* in Familiennamen gehalten wie *Fecht, Kempf, Freibot(t)* 'Gerichtsbote', *Bräu, Breu* 'Brauer', *Ferg, Vörg* 'Fährmann', *Scherg(e)* 'Gerichtsdiener', *Schütz(e), Schütt(e)* 'Schütze; Schützer, Flurhüter', *Leitgeb, -gäb, Leikeb* 'Mostgeber, Wirt' (zu *lit* 'Most', vgl. *Leitkauf* 'Trunk beim Handelsabschluß', *Litfaß*), *Truchseß, Drux, Trucks, Droste* 'der dem Gefolge (ahd. *truh*) vorsitzt, Vogt, Verwalter'.

Bei weitem produktiver aber ist die nach dem lat. -arius gebildete **Endung -er** (-ler, -ner), vgl. *tolonarius/Zöllner, monetarius/ Münzer*. Seit dem Mittelhochdt. ist die Endung -er besonderes Kennzeichen der nomina agentis und gelangt über diese in viele Familiennamen:

Reiter, Jäger, Sänger, Förster, Fleischer, Ai(e)rer 'Eierverkäufer', *Bes(e)mer* 'Besenbinder', *Dint(n)er, Tint(l)er* 'Tintenmacher', *Kachler, Kechler* 'Kachelbrenner', *Pech(l)er, -ner, Picher, Peker* 'Pechbrenner', *Nosterer, Nusterer* 'Paternoster- = Rosenkranzmacher'.

In einigen Familiennamen haben sich die alten Formen neben den neueren auf -er gehalten, so

Beck	neben	*Becker*
Schär, Sche(e)r	neben	*Scherer*
Schenk(e) 'Wirt'	neben	*Schenker*

Ostwestfäl. beliebt ist die **Endung -eker:** *Fätteker, Steneker, Spilleker, Höseker, Rädeker, Pötteker* 'Faßmacher, Steinmetz, Spindel-, Hosen-, Rad-, Topfmacher'.

Manche Berufsbezeichnungen wurden mit **würken,** würchte 'herstellen, Hersteller' **zusammengesetzt,** vgl. ndl. *schrijnwerker* 'Schreiner':

Steinwirker, -werker, Steenwarb(er), -wert(h) 'Steinmetz', *Preiswerk* 'Schnurmacher', *Meste-, Messwarb* 'Messerschmied', *Lichtwerk, -wark, -wert(h)* 'Kerzenzieher'.

Die Endung -werker erscheint in Familiennamen oft bis zur Unkenntlichkeit verändert:

Bekerwert 'Bechermacher', *Wollwerter* 'Wollweber', *Bartenwerper, -werfer* 'Hellebardenmacher', *Mandewirth* 'Korbflechter', *Fink(en)-, Ficke(n)-, Fiekenwirth* 'Taschenmacher', *O(h)lwärter* 'Ölmüller'.

Ca. 450 versch. Zusammensetzungen mit **-macher,** -maker, -mecher haben das ältere -werker weitgehend verdrängt, vgl. S. 125 zu *schuochwürhte/schuochmacher.* Sie sind v. a. norddt. Abb. B zeigt ihre Südgrenze in Dialektwörtern. Diese Grenze kann auch bei Familiennamen als grobe Richtlinie gelten, deutlich bei *Kistenmacher/Kist(n)er* oder *Grütz-, Gritzmacher, Görtemaker/Grütz(l)er, -ner, Kritzner* 'Hersteller von Grütze', weniger deutlich bei *Schumacher/Schuster.* Vgl. auch:

Metz(en)macher/Messer(er) 'Messerschmied', *Noldemacher/Nadler* 'Nadelmacher', *Hutmacher, Hoedemaker(s)/ Hut(t)er, Pilzmeker/Pelzer* 'Kürschner'.

Auch speziellere Verben treten in solchen Zusammensetzungen auf, z. B.:

– **hauen:** *Fleisch-, Rad-, Felgen-, Fatt-, Molden-, Schop(p)en-, Pfaden-, Pfoten-, Fett(ken)hauer, -hewer* (zu *pfate* 'Dachbalken');
– **schlagen:** *Woll(en)-, Wull-, Wohlschläger* 'der Wolle durch Schlagen lockert und reinigt', *Platen-, Kannen-, Batzen-, Ö(h)l-, Ohl(en)-, Ohligschlager, -schlegel* 'Ölmüller', *Re(e)pschläger* 'Schiffstaumacher' (= *Re(e)per*);
– **schneiden:** *Brett-, Dill-* 'Diele', *Futter-, Gsott-* 'Futter-', *Riem(en)-, Schacht-* oder *Schattschneider* 'Hersteller von Speerschäften u. ä.';
– **führen:** *Brod-, Kornführer* '-händler', *Ra(h)n(en)-* ('Baumstämme'), *Steinführer* '-fuhrmann'.

Für **Reparaturen** wurde oft das Wort *büezen, böten* 'ausbessern' verwendet (Abb. C): *Altbüßer, Albiez, Altputzer, Olböter* 'Flickschuster', vgl. *Ketelbieser, -beis(s)er* 'Kesselflicker', *Schuh-, Hosenbüßer.*

Der Flicken (vgl. *Flickenschuh, -schild* 'flick den Schuh, Schild', *Flick, Flicker* und den Schneiderübernamen *Fleck*) heißt je nach Gegend auch Lappen (Abb. C), Plack, Bletz u. ä. Dazu Familiennamen wie

Pottlepper 'Kesselflicker', *(Alt)plecker, Plack(n)er, Pletz(er), Bletzer* (auch Wohnstättennamen). Vgl. fränk. *Altreuß, -reis(er)* und, evtl. damit verwandt, *Riester(er)* 'Flickschuster'.

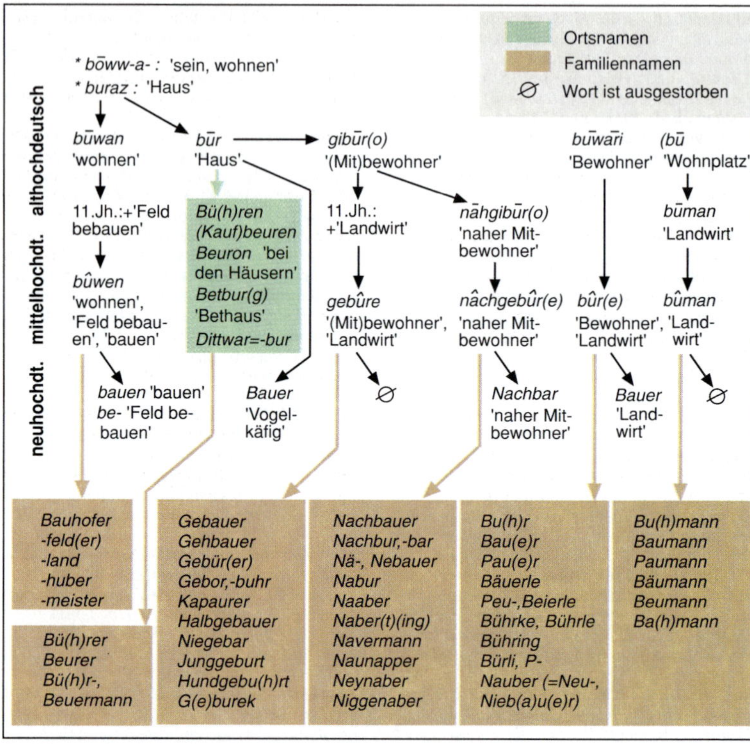

A Wortgeschichte und Namenentfaltung von *bauen*

Hagenmüller	: *Hagen*	*Dorn-*	: an Dornbüschen	*Hammer-*	: betreibt ein Hammerwerk
Gans-, Jahns-	: *Johannes*	*Eisen-*	: am Eisenberg	*Klapper-*	: betreibt ein Ölschlagwerk
Patzsch-	: slav. zu *Bartholomäus*	*Forst-*	: am / im Wald		
Siegel-	: *Sieg(fried)*	*Holz-*	: am / im Wald, evtl. mit Sägewerk		
Barth-	: der mit Bart	*Mittel-*	: zwischen 2 Mühlen		
Blei-	: der Bleigießer (o.ä.)	*Pirk-*	: im Ort Pirk		
Hasen-	: der Hase (Feigling?)	*Rod(au)-*	: im Ort Rodau		
Hof-	: der aus Hof	*Rosen-*	: am Rosenbach		
Sommer-	: der im S. (geborene o.ä.)	*Schloß-*	: beim Schloß		
Spitz-	: der Spitze (Kluge?)	*Stein-*	: am Felsen		
Weiß-	: der Weise oder Weiße	*Weiden-*	: bei den Weiden		

Unterscheidung der *Müller* durch
- Rufnamen (*Hagenmüller* – *Siegel-*)
- Beinamen, Familiennamen (*Barth-* – *Weiß-*)
- Lage der Mühle (*Dorn-* – *Weiden-*)
- Art der Mühle (*Hammer-*, *Klapper-*)

B Zusammengesetzte *Müller*-Namen im Vogtland bis 1612

Bezeichnungen des Bauern
Der ›Vocabularius Ex quo‹, das meistgebrauchte Lexikon jener Zeit, als die Familiennamen entstanden, bietet für die lat. Wörter für den Bauern folgende Übersetzungen:
- agricola: *Ackermann, Baumann*
- colonus: *Ackermann, Baumann, Hoffmann, Meier, Schnitter, Mäher* (vgl. Familiennamen *Meder, Mä(h)der, Mader)*
- rusticus: *Gebauer, Bauer*
- villicus: *Gebauer, Bauer, Meier, Dorfmann, Dörfer, Dörper, Mäher, Schaffer* 'Verwalter'.

Sie sind alle in Familiennamen erhalten geblieben, während sie als Berufsbezeichnung bis auf *Bauer* ausgestorben sind.
Die gewöhnliche Bezeichnung im Althochdt. ist *ackarman; (gi)bur(o)* bedeutete damals 'der die gleiche Wohnstatt *(bur)* hat'; erst etwa seit dem 11. Jh. verschob sich die Bedeutung von *gebûre* – in Absetzung von den zahlenmäßig wachsenden Gruppen der Ritter in der Burg und der Bürger in der Stadt – von '**Bewohner** (des Dorfes)' zu 'Bewohner **des Dorfes,** Landwirt'. Im Neuhochdt. setzte sich dann einfaches *Bauer* gegen *Gebauer, Baumann* und andere Wörter durch (Abb. A).

Hundgebu(h)rt ist entstellt aus *gebûre,* der für die Jagdhunde sorgt. *Baumeister* meint nicht nur jemanden, der mit Bauten zu tun hat, sondern öfter den Landaufseher, Oberknecht, im Gegensatz zum *Bauknecht, Ackerknecht.* Die Bedeutungen von *Bu(h)rme(i)ster* reichen je nach Gegend von 'Bürgermeister' bis zu 'Gemeindediener'.

Da der weitaus größte Bevölkerungsteil zum Bauernstand zählte, dienten viele **Beiwörter** zur Unterscheidung, z. B. durch Zugehörigkeit und Besitz *(Königs-, Kirchen-, Papen-, Eigen-, Armbauer),* durch Rufnamen, Abstammung oder Nebentätigkeit *(Marx-, Kaspar-, Schmidt-, Becken-* 'Bäcker', *Weberbauer),* durch die Wohnstätte *(Moos-, Mitter-, Eichbauer),* durch Eigenheiten *(Lang-, Feist-, Schmalz-, Gäns-, Neubauer = Neuber(t), Nuber, Nieber(t)).*

Bäuerl. Rechts- und Besitzverhältnisse
Die häufigsten weiteren Bezeichnungen der Bauern stufen diese nach ihren Rechten oder ihrem Besitz ein. Sie gehen meist von entsprechenden Liegenschaftsbezeichnungen aus. Hier sind Berufs-, Herkunfts- und Wohnstättennamen oft schwer zu trennen: der *Höfer, Hofer* kann einen Hof besitzen oder bewirtschaften, aber auch aus Hof stammen oder an einer Stätte namens Hof wohnen.
Hof: *Höf(f)ner, Hövener,* verkürzt *Hö(h)ner* 'Hofbesitzer' oder 'bei den/aus Höfen'; der *Höfler* hat einen Hof oder ein Höfle. *Hof(f)meister* ist der Oberknecht, aber auch 'Aufseher am Fürsten-, Klosterhof'. Eine Hofstatt heißt in manchen Gegenden auch Hofreite, -stelle, dazu Familiennamen wie *Hofstätter, -stetter, -reiter, -steller.* Die *Kirchhofer, Ganghofer, Lenzhoffer, Althoff* usw. sind von entsprechenden Orts- oder Örtlichkeitsnamen abgeleitet.
Hube: Das einem Vollbauern zugemessene Land von ca. 30 Morgen hieß im Süden Hube, im Norden Hufe. Danach benannt sind die *Huber, Hüb(e)ner, Hieber, -ner, -ler, Hümmer, Hufner, Hüf(f)er, -ner, -ler.*
Lehen: Ein geliehenes Gut bewirtschaftete der *Lehmann;* in der Westschweiz heißt bis heute so der Pächter. Vgl. in diesem Sinne auch:

Lechner, Lehner, Leiner, Löhmann, Lech(en)bauer, Lehmeier, Pfaffenlehner, Oberlechner, Weglöhner, Hinterlöhner.

Wittum: Schenkungen, die kirchlichen Einrichtungen 'gewidmet' wurden, nannte man Wittum (mhd. *widem),* ihre Bewirtschafter *Wittmer, Widmer, Wimmer, Wedemer, Wehmer, Wemmer, Wi(e)d(e)mann.*
Häuschen: Vom Taglöhnerhäuschen mit wenig oder keinem Feld, niederdt. *kote* 'Kate', sonst auch *selde,* stammen Namen wie:

Koth(e), Kotte(r), Köth(e), Köther(s), Köttgen, Köt(t)er, Katt(n)er, Katt-, Kathmann, Kätner, Kotthaus und (1995) 176 Namen auf *-kötter* wie *Holt-, Horst-, Vierkötter.*
Seld(n)er, Sellner, Seldmann, Söltner, Söll(n)er, Seltenhofer, Söllhuber.
Häusler, Heusler, Heißler, Hüs(s)ler und manche *Häus(s)ling, Hausner, Häußner* (letztere aber meist: 'aus Hausen').

Nahrungsmittelgewerbe
Müller. Das älteste heimische **Mahlwerkzeug** war die Hand- oder Tretmühle, die *quirne, kürne.* Dieses Wort geht auch auf die Wassermühlen über, die sich seit der Karolingerzeit verbreiten, und ist daher in Ortsnamen wie Kirnach, Kürnach, Quirnheim, Querfurt und in Familiennamen wie *Querner, Kirner, Kürner* erhalten, evtl. auch in *Kerner, Körner,* die aber auch von Kern, Karren bzw. Korn, *Cornelius* u. a. stammen können.
Das häufigste Wort für den Wassermüller aber ist aus lat. *molinarius* entlehnt. Die älteste Form ist daher *Müllner,* vgl. die Namen ital. *Molinari,* franz. *(Le) Meunier,* ungar. *Molnar,* poln. *Mielnik.* Sie wurde zu *Müller* vereinfacht, niederdt. *Möller, Moller,* im Schwäbischen und anderen oberdt. Gegenden auch *Miller.*
Die Windmühle kam erst durch die Kreuzfahrer aus Vorderasien zu uns. Auf sie weist *Windmöller,* evtl. *Bockmöller,* der aber auch ein 'Müller bei der Buche' oder 'aus Bockemühl' sein kann.
Nach Telef. 1995 gibt es in Dtl. 907 versch. **Zusammensetzungen** mit *-müller* und 212 mit *-möller.*

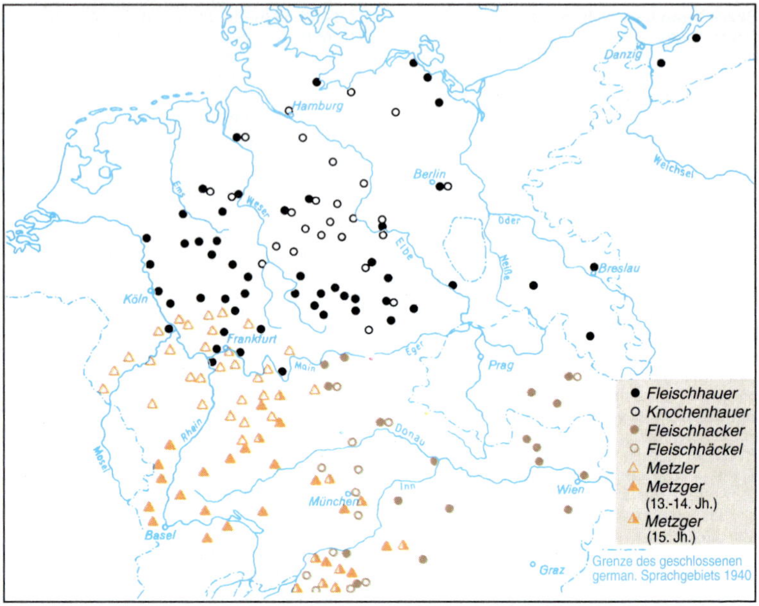

A Bezeichnungen des Fleischers im 13.-15. Jh.

B Bezeichnungen des Fleischers in den Dialekten um 1940

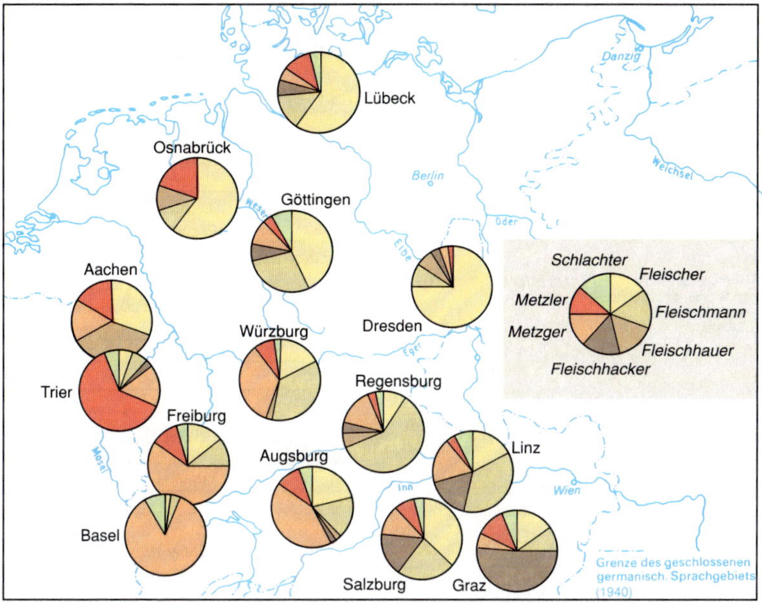

Familiennamen aus dem Fleischerhandwerk nach Telefonbüchern 1988

Fleischer

Die häufigsten spätmittelalterl. Bezeichnungen dieses Handwerks s. Abb. A.

Außer *Metzler* und *Metzger* bedürfen sie keiner Erklärung. *Metzler* entstand aus lat. *macellarius* 'Fleischhändler', *Metzger* aus mittelhochdt. *metzje, metzige* 'Fleischbank', das auch aus dem Lat. entlehnt ist.

Seit dem MA. hat sich das Bild verändert (Abb. B), vor allem in zwei Richtungen:

1. In Norddtl. breitete sich das Wort *Schlachter* aus. Es ist verwandt mit (tot)*schlagen* und unterschied im MA. als Berufsbezeichnung wohl den Hausschlachter (meist auf dem Lande) vom (städtischen) *Knochen-, Bein-* oder *Fleischhauer,* der seine Ware auf dem Markt verkaufte. Das Bremer Lassungsbuch von 1434 kennt *slahter* neben *knokenhauer.* Später ist Letzteres verdrängt worden.
2. *Fleischhauer* wurde zu *Fleischer* zusammengezogen (sog. »Klammerform«, wie Spießer aus Spießbürger). *Fleischer* ist erstmals Mitte des 14. Jh. in Magdeburg und Breslau belegt, breitet sich vom Ostmitteldt. her aus und ist heute zur offiziellen Bezeichnung dieses Handwerks geworden.

Diese Vorgänge prägten das heutige Bild bei den Familiennamen (Abb. oben).

Die klarsten Verhältnisse herrschen im Südwesten, wo *Metzger, Metzler* seit je eingebürgert waren und blieben.

Im Südosten scheinen *Fleischmann* (das den Handwerker selbst, aber auch den Fleischhändler bezeichnen kann), einheimisches *Fleischhacker,* die neue Kurzform *Fleischer* und vom Westen vordringendes *Metzger, Metzler* miteinander konkurriert zu haben.

Die übrigen Gebiete bevorzugten damals offensichtlich schon *Fleischer.* In Breslau war es bereits 1394 Familienname, in Chemnitz urkundet 1471/74 *Eraßimus Fleischawer* auch als *Erasmus Fleischer.*

Im Norden hat sich neben diesen Namen auch altes *Knochenhauer, Knakenhauer* in einigen Familiennamen halten können.

Schlachter (Abb. B) breitete sich dagegen als allgemeine Berufsbezeichnung des Fleischers zu spät aus, um noch reichlich in Familiennamen aufgenommen werden zu können.

Andere Familiennamen aus dem Fleischerhandwerk: *Fleischner, Fleißner* (Wien 1926: 87 x), *Flaischle.* – *Metzier, Metzig(er)* gehören zu *Metzger; Metzner* kann außer den Metzger auch den Hersteller oder Benutzer der *metze,* eines Getreidemaßes, meinen (*Metzger/-ler/-ner* in Berlin 1928: 93/34/147 x, Stuttgart 1929: 349/38/2 x). – *Selcher, Silcher* 'Fleischräucherer', um Wien auch für den Fleischer gebraucht. – *Sülzer, Sulzer* 'Sülzenmacher' (auch zum Ortsnamen Sulz). – *Küter, Kuttler, Köttelwesch* 'Verarbeiter der Eingeweide'. – *Wurstmacher, Worster.*

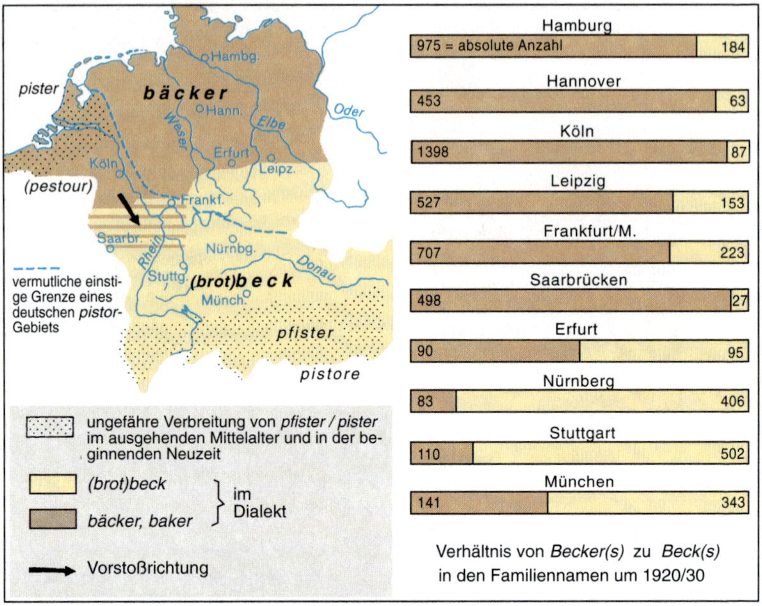

A Der Bäcker in den Dialekten und Familiennamen

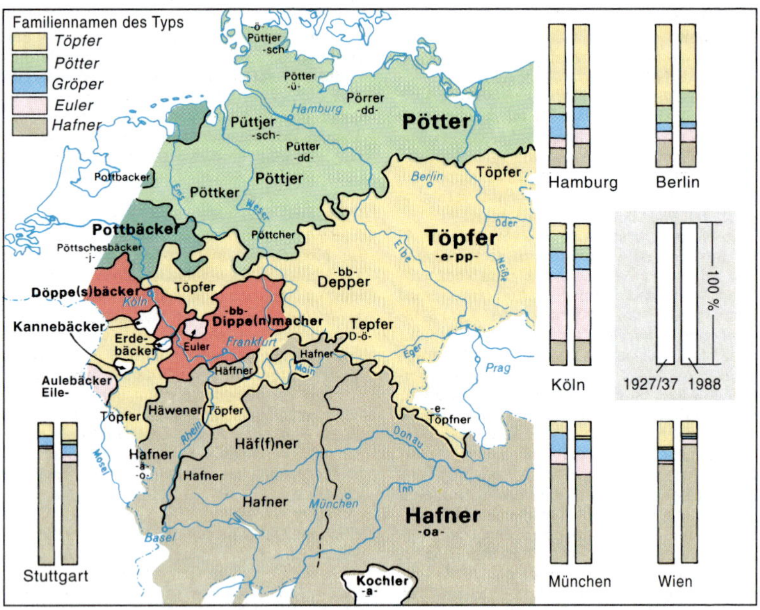

B Der Töpfer in den Dialekten und Familiennamen

Freiburg	Esslingen	Bonn	Arnsburg	Nürnberg	Regensburg
Beck	*Beck, Brotbeck*	*Beck*	*Beck*	*Peck*	*Pech*
Becker		*Becker*	*Becker*		
	Pfister	*Pister*			*Pfister*
Flader[1]		*Vladenbecker*		*Fladner, Fladenpeck*	*Fladenner*
Lepkuocher	*Zelter*[5]			*Lebkucher, Zelter*	*Lebzelter*
Schoene-brotpecke[2]			*Kuchenbecker, Zuckerbecker*		
		Wijsbecker	*Weißbecker*		*Weispech*
		Rogener[6]		*(Haus)rockner*	
			Symelere[7]	*Semler*	*Semler*
Muscheller[3]	*Mutschelbeck, Mutschler*				
Weckler[4]					
					Pritzner[8] *Chrapffen-pacher*[9] *Hornoffer*[10] *Oblater*[11]

[1] *vlade* 'dünner Kuchen' [2] Weiß-, Weizenbäcker [3] *mutschelin* 'kleines Weißbrot'
[4] *wecke* 'keilförmiges Backwerk' [5] *zelte* 'flaches Backwerk' [6] Roggenbäcker
[7] *semele, simele* 'großes Weizenbrot' [8] Bretzelbäcker [9] *krapfe* 'hakenförmiges Gebäck'
[10] *hornafe* 'Weizengebäck, in Öl gebacken' [11] Hostienbäcker

Mittelalterliche Belege für Familiennamen aus dem Bäckerhandwerk

Bäcker

Familiennamen aus diesem Handwerk sind sehr häufig. Wegen der Brandgefahr durften die Bürger keine Hausbacköfen besitzen, so daß es viele Bäcker gab.

In den Familiennamen *Pfister(li), Pfistner, Pfisterer, Pistor* hat sich das von den Römern entlehnte lat. *pistor* 'Bäcker' erhalten.

Die alte dt. Bezeichnung war *becke*. Seit dem 12. Jh. griff im Nieder- und Mitteldt. analog zu anderen Berufsbezeichnungen auf *-er* die Form *becker* um sich. Die Schreibung mit *-ä-* kam in Anlehnung an *backen* erst im 16. Jh. langsam auf und ging daher kaum in Familiennamen ein (s. S. 165). Im Niederdt. ist *Beck(e)* ein Wohnstättenname (s. S. 99).

Tonverarbeitende Gewerbe

Berufsnamen aus diesen Gewerben leiten sich v.a. aus den versch. Bezeichnungen des Produktes her, das der Töpfer herstellt.

Im Süden heißt dieses seit alters her **Hafen,** was mit *haben, heben* verwandt ist und daher eigentl. 'Behälter' bedeutet.

Davon abgeleitet sind *Haf(f)ner, Häf(f)ner, Hef(f)ner, Häfele, Hefele.*

Im Norden galt früher das Wort **Grope,** das mit *Grube* verwandt ist und dementsprechend 'ausgehöhltes Gefäß' bedeutet.

Davon abgeleitet: *Grop(p)e(r), Gropner, Gröp(p)er, Gropius, Grap(p)(n)er, Gräper.*

Dieses Wort wurde im Niederdt. seit dem 12. Jh. durch das aus dem Französischen entlehnte Modewort **Pott** verdrängt.

Davon: *Pott(er), Pötter, Pöttker, Pütjer.*

Zur gleichen Zeit wurde Grope im Westmitteldt. durch **Düppen,** im Ostmitteldt. durch **Topf** zurückgedrängt. Beide sind mit *tief* verwandt und besagen dieser Herkunft nach 'eingetieftes Gefäß'.

Davon: *Düpper, Dipper, Döp(p)ner, Töp(p)er, Töpf(n)er, Dopfer, Döpfner.*

Bis auf geringe Reste haben diese Wörter auch altes **Aul** aus lat. *olla* 'Topf' abgelöst, welches durch die röm. Keramikindustrie an Mosel und Rhein lange verbreitet war.

Davon abgeleitet sind *Aul(n)er* (auch zum Ortsnamen *Auel*), *Eul(n)er, Ollner, Ul(l)ner, Üllner, Aulmann, Eulmann.*

Um die Hersteller von Ton- und Metallgefäßen zu unterscheiden, wurde das eine oft durch **-bäcker,** das andere durch **-gießer** verdeutlicht:

Pottbecker, Pottenbakker, Aulenbäcker, Duppenbecker – Pottgüter, Grapengeter, Groppengießer, Düppengießer.

Aus der Verteilung der heutigen Familiennamen (Abb. B) läßt sich u. a. ablesen:

- daß altes *Groper,* aber auch neues *Pötter* in Norddtl. bei der Bildung der Familiennamen gegenüber *Töpfer* weniger häufig benutzt wurden;
- daß sich dagegen altes *Aul* in vielen rhein. Familiennamen schon gefestigt hatte, als die neuen Wörter üblich wurden;
- daß sich im *Hafner*-Gebiet die Stabilität der Wortgeschichte in der Stabilität der Namenwelt niederschlägt.

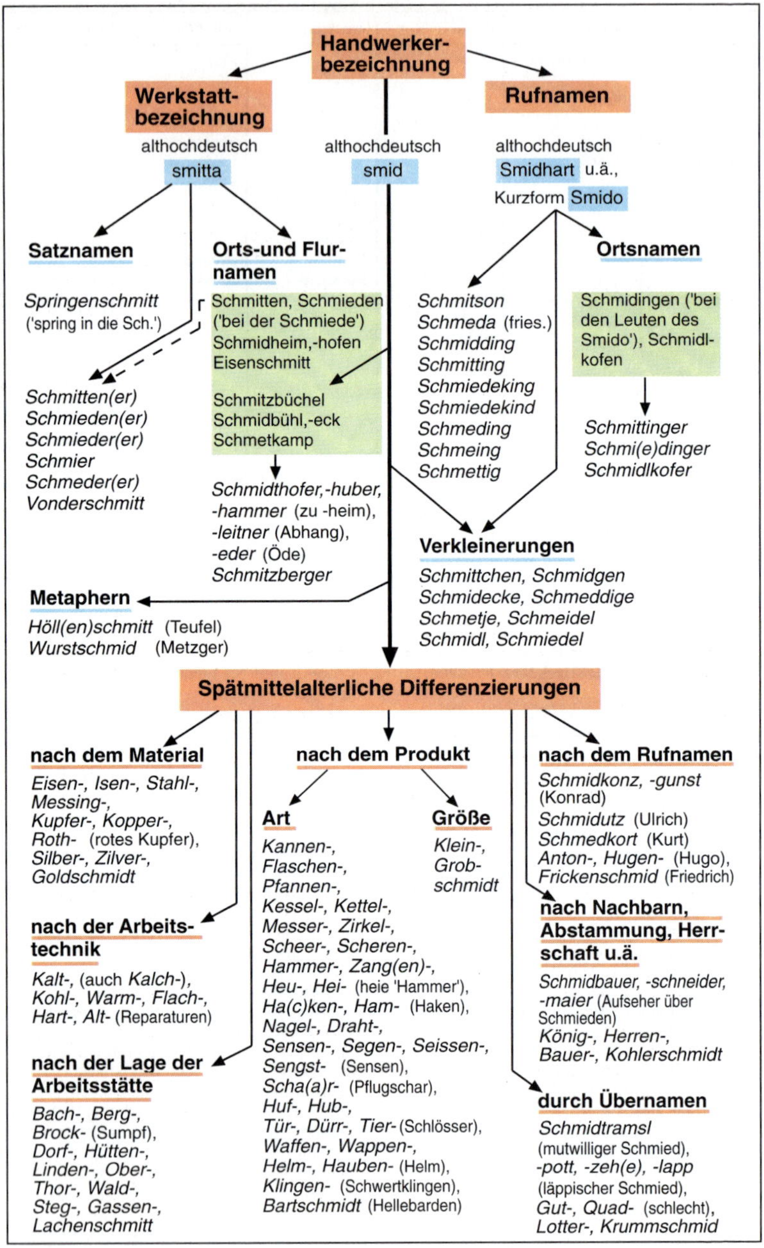

Der Schmied in Familiennamen

Europäische Familiennamen in der Bedeutung 'Schmied; Nachkomme des Schmieds'

Schmied

Das Wort Schmied bezeichnete in german. Zeit allgemein den Künstler und Bildner, auch den, der z. B. mit Holz arbeitete, schränkte sich dann aber auf die Metallverarbeitung ein, einen der wenigen auch in einer Agrargesellschaft unentbehrlichen Spezialberufe.

Schmied und Schmiede werden erst seit Ende des Mittelalters mit langem *i* ausgesprochen (neuhochdt. Dehnung). Die meisten Familiennamen bewahren die Worte in ihrer alten, **kurzen** Aussprache. So fanden sich laut Volkszählung 1970 unter den 50 häufigsten Namen der Bundesrepublik Dtl.

an 2. Stelle: 389 000 *Schmidt*
an 16. Stelle: 110 000 *Schmitz*
an 17. Stelle: 107 000 *Schmitt*
an 22. Stelle: 95 000 *Schmid,*

während *Schmied* nicht dazu zählt.

Die **Schreibweise** zeigt landschaftl. Unterschiede, vgl. Berlin : Wien (1928/26):

Schmidt	10281 :	1321
Schmid	151 :	857
Schmied	12 :	382
Schmitz	294 :	49
Schmitt	167 :	82

Im Land Baden fand sich 1938 *Schmitt* überwiegend im Norden, *Schmidt* in der Mitte, *Schmid(le)* im Süden. *Schmitz,* '(des) Schmieds (Sohn)', ist typ. rheinisch.

Mit der Ausdifferenzierung der Gewerbe in den Städten des späten Mittelalters wuchs die Vielfalt der Berufsbezeichnungen. Bis 1400 finden sich in Nürnberg allein in der Metallbranche 59 verschiedene dt. Bezeichnungen, darunter 21 **Zusammensetzungen** mit *-schmid,* während gleichzeitig in ländlichen Orten wie Ansbach oder Bayreuth nur 6 bzw. 3 davon belegt sind.

Die Häufigkeit des Berufs und der entspr. Bei- und Familiennamen zwang darüber hinaus noch zu weiteren Unterscheidungen, etwa nach der Lage der Werkstatt, dem Rufnamen des Schmieds usw.

Manche Zusammensetzungen sind mehrdeutig: *Schmitthenner* kann auf *Heinrich Schmitt* oder auf *Schmittener* zurückgehen, der *Stuck(en)schmidt* wohnte an *stucken* (niederdt. 'Baumstümpfe') oder fertigte *stükke* ('Kanonen'), *Hubschmid* kann zu Hube 'Landstück', aber auch zu Huf gehören usw.

Neben Zusammensetzungen wie *Nagel-, Messer-, Stahlschmidt* kamen auch **einfache** Bezeichnungen auf wie *Nagler (Nägler, Neiler, Nehler), Messerer, Stähler (Stahler, Stohler),* auch Übernamen wie *Nagel (Neil, Nägele), Stahl (Stählin, Stehle).*

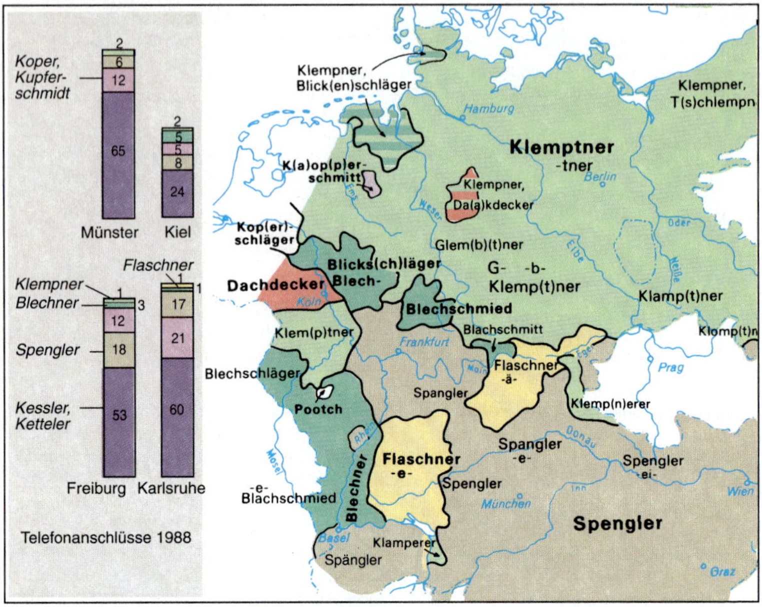

A Der Klempner in den Dialekten und Familiennamen

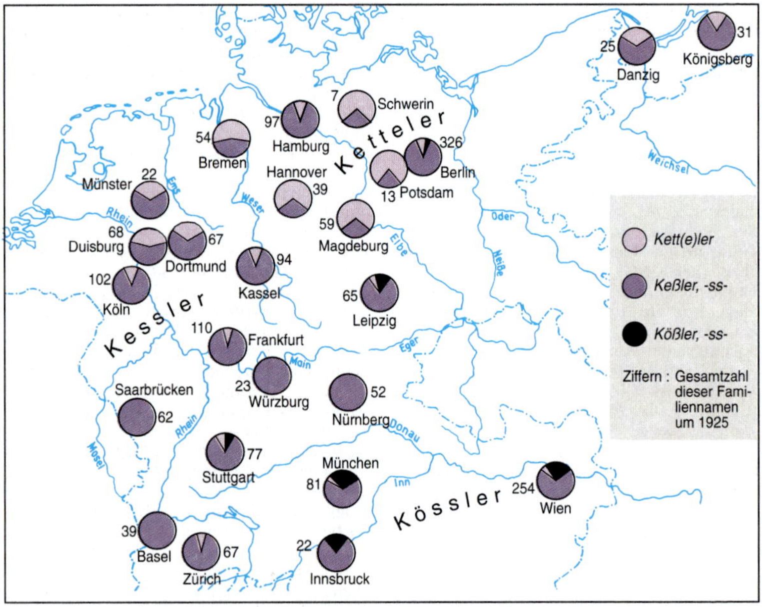

B Anzahl und Verteilung der Familiennamen *Ketteler, Keßler, Kößler*

Klempner
Für die Hersteller von **Blechgegenständen** entstanden drei Gruppen von Bezeichnungen:
1. Nach dem **Material:** *Messingschlager, Kupferschmidt, Blech-,* niederdt. *Bli(c)ks(ch)lager,* kurz *Kopper, Küpfer(le), Blecher(er), Bleker* (hier Konkurrenzen mit *Bleeker* 'Leinwandbleicher'), *Blechmann, -ner, Bli(c)ker* usw.
2. Nach der **Tätigkeit,** z. B. dem Klempern = 'Blech hämmern'. Die ältesten Formen sind hier *Klemperer* und *Klemper(t).* Daraus entsteht etwa im 17. Jh. in Anlehnung an *Flaschner, Blechner* usw. *Klemp(t)ner.* Die bayrisch-österreich. *Klampfer(er), Klampfner* gehen auf *klamp(f)e* 'Klammer' oder *klampfen* '(Blech) verklammern' zurück.
3. Nach den **Produkten** benannt sind die *Kesselmacher,* kurz *Kess(e)ler, Kößler,* niederdt. *Ket(t)ler, Ketteler* (Abb. B); süddt. ist *Ketteler,* wie *Kett(e)ner,* nicht Kessel-, sondern Kettenmacher.

Manchmal bezeichnet *Keßler* u. ä. aber auch einen, der in einem Talkessel wohnt.
Kessel-, Ketelhut, -hot, -haut ist der Träger oder Hersteller sog. Topfhelme. *Kesselring* bezieht sich wohl auf das Reparieren zersprungener Gefäße durch Umlegen eines Rings, *Ketelböter, -bieter* auf das Kesselflikken, *Kesselhak(e), Ketelhake* auf das Schmieden von Haken, mit denen die Kochkessel über den Herden aufgehängt wurden.
Nach Flaschen aus Blech ist der *Flaschner, Fläschner, Fleschner, Flöschner, Pflöschner* benannt. Holzflaschen drechselte der *Flaschendreher, -dreger, -träger,* Glasflaschen kamen erst nach dem Mittelalter häufiger in Gebrauch. Schweizerisch *Stur(t)z(n)er* kann von *stürze* 'Gefäßdeckel' kommen.
Der *Beck(en)schläger, Beggelhuber* fertigt flache Schüsseln und *beckelhuben,* d. h. bekkenförmige (Unter-)Helme, woraus das Wort Pickelhaube entstand.
Spangen für Kleidung, Rüstung usw. gaben dem *Spängler, Spengler, Spengel(in)* seinen Namen. Gürtel waren nicht nur mit Spangen, sondern oft auch mit Metallplatten und -nägeln verziert, so daß *Gürtler, Gördeler, Görtler, Gertler* den Leder-, aber auch den Metallhandwerker meinen kann.

Vergleicht man die **Verteilung** der Bezeichnungen in den heutigen Dialekten und Familiennamen, so treten starke Unterschiede zutage (Abb. A). In Karlsruhe und Freiburg, die mitten im heutigen 'Blechner'-Gebiet liegen, standen 1988 insgesamt nur 2 *Blechner* und 4 *Blechschmidt* im Telefonbuch. Solche Diskrepanzen haben vor allem drei Gründe:
1. *Klampfer, Kupfer(er), Kupferschmied* und *Ketteler/Keßler* sind in den Dialekten so gut wie ausgestorben, dagegen in den Familiennamen erhalten geblieben.
2. Umgekehrt haben sich die Wörter Klempner und Blechner erst relativ spät ausgebreitet – im 19. Jh. traten süddt. Installateur, in Südtirol Hydrauliker hinzu –, so daß sie sich kaum mehr in Namen niederschlagen konnten.
3. Die genannten Wörter bezeichneten teilw. ganz versch. Handwerkszweige. In Freiburg gehörten z. B. die Kessler und Kupferschmiede zur Schmiede-, die Spängler aber zur Krämerzunft. Noch im 17. Jh. unterschied man in Wien Flaschner, Spängler und Klampferer. Als dann die verschiedenen Zweige zu *einem* Handwerk zusammenwuchsen, setzte sich für dieses in den einzelnen Dialekten je *eine* Bezeichnung durch, während in den Familiennamen auch die anderen Bezeichnungen erhalten blieben.

Schlosser
Für den Hersteller von Schlössern u. dgl. kam im 13. Jh. in Süddtl. das Wort *Schlosser* auf (niederdt. *Schlot(t)hauer;* dies mittel- und oberdt. aber 'Schilfmäher'). Es begann von hier aus die bisher geltende Bezeichnung *Kleinschmied* zu verdrängen, die sich im Namen *Kleinschmidt* nördl. einer Linie Bonn – Erfurt – Berlin gehalten hat. Um 1563 schreibt ein Kasseler Autor: »ein Schlosser oder wie mans an villen Enden nennt, ein Kleinschmid.« Aufgrund seiner Herkunft aus Süddtl., wo Umlaute seltener sind als im Norden, hat sich in der heutigen Standardsprache Schlosser durchgesetzt, während in nord- und mitteldt. Familiennamen der Umlaut überwiegt: *Schlösser, Schlesser,* niederdt. *Schlöt(t)er, S(ch)letter.*
Schlosser:Schlösser um 1930:

Wien	**181**:10	Köln	80:**188**
Dresden	**25**:12	Düsseldorf	20: **89**
Berlin	67:**80**	Krefeld	1: **40**

Waffenhersteller
Rüstungen schmiedete
- der *Harnisch(er), Harnest, Harnischfeger, Harnischmacher,*
- der *Plattenmacher, -schlager, -nagel,* auch *Plattner, Blät(t)ner* (kann auch auf einer Platte wohnen),
- der *Sarwerk(er), -würk(er), -werter (*das alte Wort *saro* 'Rüstung' findet sich auch in germ. Rufnamen wie *Saramund),*
- der *Halsberger (halsberc* 'Hals- und Brustrüstung'; aber auch Ortsname Halsberg),
- der *Brünner (brünne* 'Brustpanzer', auch in germ. Rufnamen wie *Brunhild; Brünner* meist aber 'der an der Quelle').

Schwerter schmiedete der *Schwertfeger, Schwertfürb* (*-für, -firg*), von *fegen* bzw. *fürben* 'polieren', kurz *Schwer(d)t(ner), Schwer(d)tle.*
Barten (Streitäxte) und Hellebarden (Äxte mit langem Stiel) schmiedete der *Bartener, Bardenheuer, Bar(d)tenschlag(er), -schmidt.*

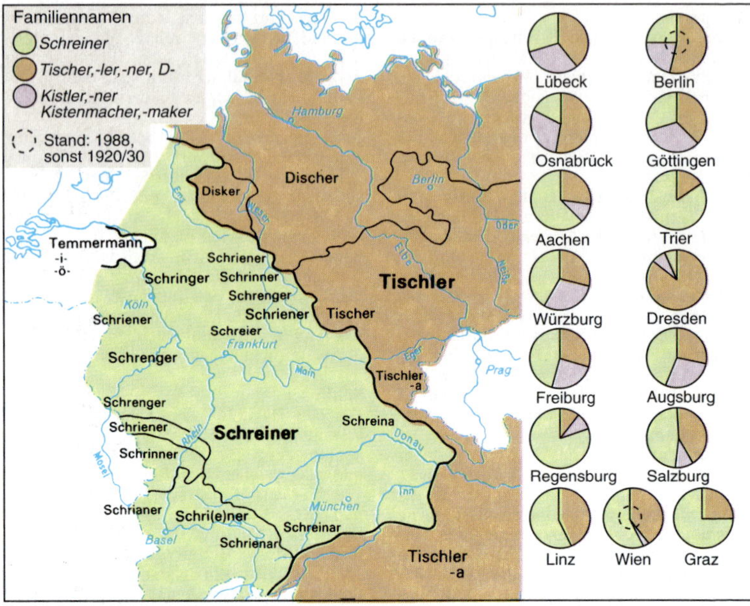

A Der Schreiner in den Dialekten und Familiennamen

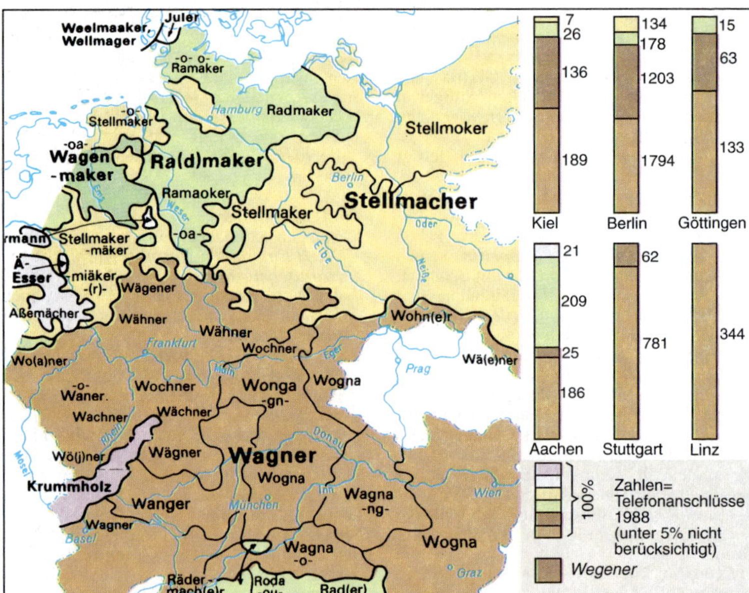

B Der Wagner in den Dialekten und Familiennamen

Schreiner

Mit dem Aufkommen einer anspruchsvolleren städt. Wohnkultur seit dem 12. Jh. bildete sich die Möbelherstellung, die urspr. zu den Aufgaben der Zimmerleute zählte (*zimbar* = 'Bauholz'), als eigener Handwerkszweig heraus. Die Bezeichnungen für diesen wurden aus wichtigen Möbelstücken abgeleitet.

Von der römischen *cista* 'Truhe, Schrank' entlehnten die Germanen das Wort **Kiste**, welches die älteste Herstellerbezeichnung liefert, den *Kistler* im Süden, den *Kistenmacher* im Norden. Seit dem späten MA. aber veränderte *Kiste* seine Bedeutung in Richtung immer unedlerer Behälter aus Holz. Daher setzten sich andere Bezeichnungen für den Möbelhersteller durch, so daß *Kistler* etwa seit dem 18. Jh. nicht mehr gebräuchlich ist.

Aus lat. *scrinium* 'runde Kapsel' wurde schon früh **Schrein** als Bezeichnung für ein kostbares kirchliches Gefäß entlehnt. Im Mittelhochdt. bezeichnet es dann auch Möbel wie Kommoden oder Truhen. Für ihre Hersteller läßt sich im Oberdt. seit dem 13. Jh. *Schreiner*, im Rheinischen *Schreinemaker* nachweisen.

Aus lat. *discus* 'Schüssel' ist bei den Germanen für kleine, auf einem Gestell angebrachte Holzplatten mit einer Vertiefung als Eßschüssel das Wort **Tisch** entstanden. Daraus abgeleitetes *Tischer* für den Möbelhersteller ist Ende 14. Jh. zuerst in Breslau belegt, *Tischler* in Wien Mitte 15. Jh.

Heute gelten in der Standardsprache *Tischler* und *Schreiner* nebeneinander. In den Dialekten ist das eine im Osten, das andere im Westen üblich.

Diese Entwicklungen spiegeln sich in den Namen. In diesen herrscht, übereinstimmend mit den heutigen Dialekten (Abb. A), im Westen *Schreiner*, im Nordosten *Tisch(l)er* vor.

Anders in Österreich: Obwohl hier im Dialekt meist Tischler gilt, überwiegt in den Familiennamen *Schreiner*. Das liegt daran, daß im Südosten die Berufsbezeichnungen Tisch(l)er und Schreiner länger als anderswo nebeneinander bestanden haben und so in Familiennamen eingehen konnten. Erst in der Neuzeit ist Schreiner aus dem österr. Dialekt weitgehend verdrängt worden.

Bei *Disch(l)er* können außerdem noch Namen aus *Diet[rich]* hereinspielen.

Fast im gesamten dt. Sprachgebiet sind in den Familiennamen auch die heute ausgestorbenen alten Bezeichnungen erhalten geblieben: *Kistler*, als Beiname schon 1209 in Zürich bezeugt, sowie *Kistner* und *Kister* (da dieses mancherorts auch auf *Küster* zurückgehen kann, wurde es in Abb. A nicht mitberücksichtigt). *Kist(en)macher* findet sich heute bei ca. 600 Personen nördl. einer Linie Köln-Frankfurt/Oder.

Auch niederdt. *Schnit(t)ker, Schnittger, Schnet(t)ger* für den Tischler ist nur noch in Familiennamen erhalten.

Wagner

Die Bezeichnungen für den Wagner wurden entweder vom Wagen selbst oder von Teilen desselben (Abb. 136 B) abgeleitet. Sie setzten sich landschaftlich unterschiedl. durch.

Wagen heißt ein Gerät, mit dem man sich/etwas be*weg*en kann. Seine Hersteller hießen im Oberdt. *Wag(e)ner*, im Mittel- und Niederdt. *Weg(e)ner* (Abb. 164 B). Die oberdt. Form schob sich in neuerer Zeit in den Dialekten weit ins Mitteldt. vor und setzte sich in der Standardsprache durch.

Oft fertigten die Bauern ihre Wagen selbst und bezogen nur die schwierigsten Teile vom Handwerker. Ein solcher Teil war das **Gestell** (mhd. *stelle*). Die Entsprechung *Stellmacher* hat sich vom Ostmitteldt. her ausgebreitet.

Noch spezieller sind die Bezeichnungen **Rad**macher, friesisch **Weel**maker (vgl. engl. *wheel*) und **Achsen**macher, der aber wohl außer Achsen auch Räder fertigte. Vom kompliziertesten Radteil, der **Felge,** stammen *Felgenhauer* und die wohl scherzhafte Berufsbezeichnung *Krummholz*.

Unter den entsprechenden **Familiennamen** fallen gegenüber *Wag(e)ner, Weg(e)ner* die Spezialbezeichnungen kaum ins Gewicht. V. a. im Nordwesten findet sich *Rademacher, Rameker(s)*, auch *Radhauer, -heuer*, kurz *Rade(c)ker*, westfäl. *Rede(c)ker*.

Histor. war das Wort auch im Süden vorhanden, vgl. *Alban Eberlin, Rhademacher zu Ulm* 1560 und *Rädermacher, Röder-* im Dialekt und in Familiennamen Tirols.

In Dtl. standen 1995 6950 Telef. *Rad(e)(r)macher(s), -maker(s)* nur 1661 Telef. *Stellmach(er)* gegenüber. Dieses Wort hat sich offensichtlich erst durchgesetzt, als die meisten Familiennamen schon fest waren.

Umgekehrt ist *Felgenhauer, -heuer*, kurz *Felg(e)ner* im Wortschatz ausgestorben, aber in Familiennamen noch erhalten. Sie fanden sich 1925 in Stuttgart 40x, in Wien 16x, in Magdeburg und Frankfurt/M. je 9x.

Das Zentrum von *Asse(n)macher, Ax(en)-, Aßhauer, -heuer*, kurz *Esser(s)* liegt im Rheinischen.

Krumbholtz, Krum(p)-, Krombholz u.ä. (Telef. Dtl. 1995: 1493x) ist histor. weithin belegt (Hamburg 1270, Freiberg 1428). Ein Zentrum dieses Familiennamens ist Thüringen/Sachsen (1925: Erfurt 11x, Leipzig 20x). Als dialektale Berufsbezeichnung hat sich das Wort jedoch nur in einem kleinen Gebiet in Südwestdtl. gehalten.

A Der Böttcher in den Dialekten und Familiennamen

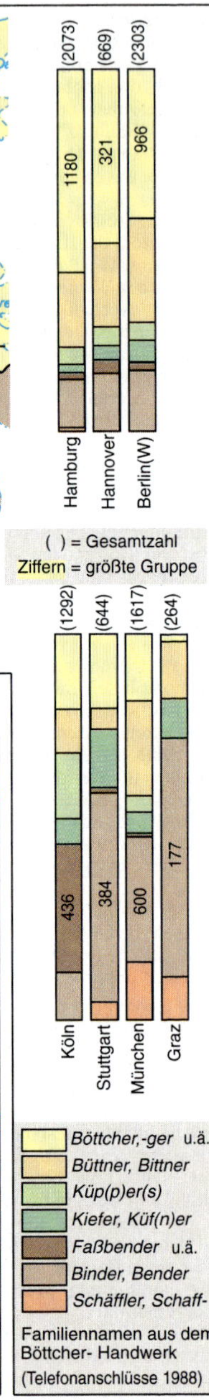

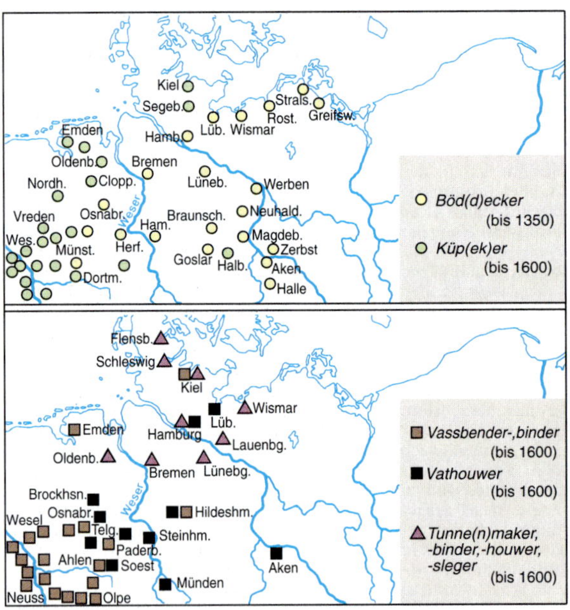

B Der Böttcher im Niederdeutschen bis 1600

Großböttcher
Der Böttcher stellt zusammengebundene Holzgefäße her (Daubengefäße). Von diesen Produkten sind die vielen Bezeichnungen des Handwerkers abgeleitet.
Das **große Daubengefäß** zum Bierbrauen, Gerben, auch zum Baden usw. hieß im Niederdt. ***bode,*** *böde(ne).* Daraus gebildetes *Bödeker* ist erstmals 1249/51 in Hamburg als Beiname bezeugt. Das niederdt. Wort breitete sich nach Südosten aus und wurde u. a. durch Vermittlung LUTHERS zum heutigen Standardwort Böttcher.

Mit Bottich hat es nichts zu tun; dieses ist ein über eine romanische Sprache letztlich aus griech. *apotheke* 'Vorratskammer, Weinkeller' ins Dt. gekommenes Lehnwort.

Der Name tritt in vielen Formen auf, von denen *Böttcher* weitaus die häufigste ist: *Bö(d)e(c)ker, Böd(d)iker, Bött(i)ger, Böttker, Bättger, Bädeker, Bättcher.*

Vom 14. Jh. an finden sich im Niederdt. auch Bildungen zu **Tonne:** *Tunnenmaker, Tonnenbinder* (Abb. B). Sie können aber die Vorherrschaft von *Böttcher* nicht beeinträchtigen.

Telef. 1995 registrieren in Dtl. nur 46 *Tonne(n)macher.*

Dagegen drang von den Niederlanden her im 14. Jh. mit *Cu(y)per,* dt. *Küper,* ein starkes Konkurrenzwort ein (vgl. engl. *cooper*). Es ist von *cupe* aus lat. *cupa* 'Faß' abgeleitet.

Familiennamen: *Küp(p)er(s), Küp(e)ker, Kuiper(s), Küp(p)enbender.*

Davon unabhängig hat sich im Süden *Küfer (Küf(f)ner)* eingebürgert, das als Name erstmals 1186 in Regensburg belegt ist. Es stammt aus lat. *cuparius* 'Böttcher' oder aus ahd. *kuofa,* nhd. **Kufe** 'Gefäß', das aus lat. *cupa* entlehnt ist. In vielen Dialekten wird *Küfer* zu *Kiefer* (sog. Entrundung).

Doch kann der Familienname *Ki(e)fer* manchmal auch 'Zänker' oder 'Nager' bedeuten, von mhd. *kife(le)n* 'keifen' bzw. 'kauen'.

Die ältesten von **Faß** abgeleiteten Namen urkunden 1135/80 zu Köln, z. B. *Richart Fazbender.* Sie beruhen auf dem Zusammenbinden der Faßdauben. Der Name ist am Niederrhein häufig, auch vereinfacht zu *Bender* (was selten auch den Besen-, Bürsten-, Rebbinder meint; s. S. 207). Im Südosten ist *Binder (Binter, Pinder, Pinter;* auch zum Ortsnamen Bind(e) möglich) die älteste Bezeichnung dieses Handwerkers.
Auch die *Faß-, Fatt-, Vathauer, -heuer, Faßmann* und *Fäss(l)er, Fass(l)er, Feßler,* westfäl. *Fätteker* meinen diesen Beruf.
Ein oberdt. Wort für ein Daubengefäß ist **Schaff,** verkleinert Scheffel, mit schöpfen verwandt. Hierzu gehören die *Schaffmacher, Schaffler, Schäffler.*

Dazu gehören auch manche *Scheffler, Schöffler,* doch kann hier auch *scheffel* 'Schöffe' und im Niederdt. *scheffener* 'Schaffner, Verwalter' hereinspielen, weshalb sie auch im Norden häufig sind; z. B. begegnet *Scheffler* im Telefonbuch Hamburg 1988 262 x.

Andernorts hießen solche Gefäße **Schedel,** dazu die Familiennamen *Schädler, Schedler, Bindschedler* im Südwesten (Abb. 190 A, B).

Kleinböttcher
Ein eigener Berufszweig stellte kleine Böttcherware her. Das waren im Norden die *Bekermaker* oder *Bekerer,* süddt. *Becherer.* Als im 16. Jh. **Becher** aus Dauben außer Gebrauch kamen, setzten sich, zuerst an der Ostseeküste, für den Kleinböttcher Bezeichnungen von **Bütte** wie *Büttenmacher, Büden-, Büttenbinder* durch.
Einfaches *Büttner (Püttner, Bittner, Pittner)* hat sich bes. im Ostmitteldt. verbreitet. Im fränkisch-alemann. Bereich gilt dafür *Kübler (Ki(e)bler)* zu **Kübel,** das wie *cupe* und *kuofa* mit lat. *cupa* verwandt ist.
Im Alemann. gilt daneben auch *Läg(e)l(er), Leg(e)ler,* zu mhd. *laegel* aus lat. *lagellum* 'Fäßchen'.

Die Dauben lieferte der *Dauben-, Daugen-, Dauenhauer, -heuer.* Mit einer speziellen Fugentechnik fertigte der *Kimker (Kemker)* sog. Kimmwerk.

Weitere Handwerkszweige fertigten Holzgefäße nicht durch Binden, sondern auf andere Weise, etwa durch Aushöhlen.
Der *Moldenhauer (Moll(en)hauer;* Hamburg 1928: 54 x) höhlte (Back-)**Mulden** aus (aus lat. *mulctra* 'Melkfaß'). Hierzu gehören auch die *Multer, Moltner, Multerer,* wenn sie diesen Namen nicht vom Wohnplatz an einer Mulde haben.
Die **Gelte,** aus lat. *galleta,* ein Schöpfgefäß, fertigten die ober- und mitteldt. *Geldenhauer, Geld(t)ner, Gellner, Giltner.* Ihr niederdt. Gegenstück sind die *Tippen-, Dippen-, Deppenhauer, Tippner.* Der *Schuffen-, Schop(p)enhauer, Schoppendreier* schnitzt **Schoppen,** d. h. Schöpftröge und -kellen. **Schüsseln** drechselten die *Schötteldreier, Schüsseldreher,* kurz *Schöttler, Schettler, Schüttler, Schüßler, Schießler.*
Hölzerne **Hohlmaße** waren der Sester (lat. *sextarius* 'Sechstel des Scheffels'), der Himten (lat. *hemina* '1/2 Sextarius'), das Malter (Getreidemenge eines Mahlganges), das Simmer (auch: 'Korb'), die Metze (zu messen) usw.

Nach ihnen heißen die *Sesterer, Sisterer, Sesterhenn, -heun* (= *Heinrich Sester),* die *Himpte-, Hempten-, Hindemacher, Hemmeter, Hempter,* die *Malterer,* die *Simmer-, Summermacher, Sim(b)erer* (auch vom Ortsnamen Simmern) und die *Metz(en)-macher* (auch 'Messermacher').

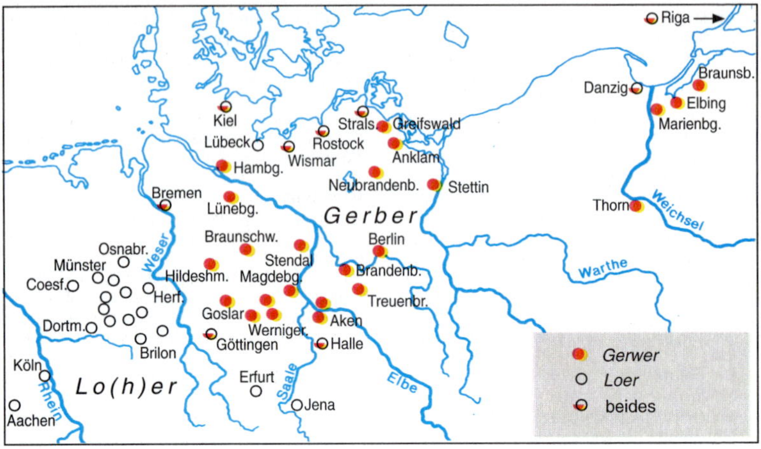

A Der Gerber im Niederdeutschen bis 1600

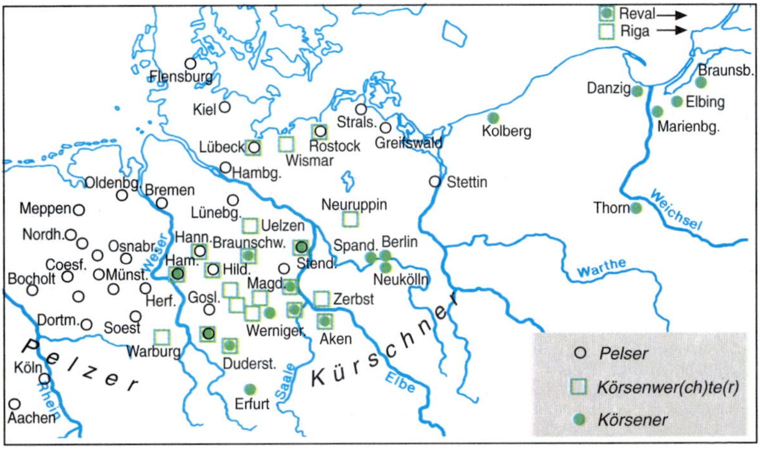

B Der Kürschner im Niederdeutschen bis 1500

	Stuttgart	Frankfurt (Main)	Kassel	Erfurt	Leipzig	Dresden	Hamburg	Berlin	Wien
Schubart(h)	-	-	-	-	12	20	29	38	2
Schubert(h), Scho-	27	-	-	-	621	914	219	1307	547
Schuchert(h), -ar(d)t, -or(d)t	4	30	37	95	30	12	32	76	-
Schuchhar(d)t	-	6	13	-	-	o	o	13	-
Schuckert, -(h)ar(d)t, Schukhardt	o	25	-	-	4	o	o	33	-

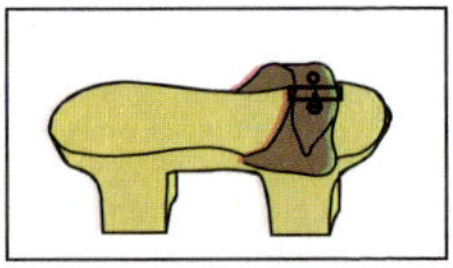

D Trippe (Überschuh)

o = nur wenige Belege
\- = keine Angaben
(nach Brechenmacher 1957)

C Verteilung der Familiennamen *Schubart*, *Schubert, Schuchart, Schuchert* u.ä. um 1930

Gerber
Das Wort gerben, ahd. *garawen,* bedeutet urspr. 'gar machen', d. h. 'fertig machen'. In mhd. Zeit engt es seine Bedeutung ein zu '*Leder* fertig machen'. Daher die Familiennamen *Ledergerb(er),* kurz *Gerber, Gärber, Garb(er), Garver, Gerb, Gerbel, Gerwer.* Einige davon können auch vom Rufnamen *Gerbert* stammen ('Speer' + 'glänzend').

Ähnlich steckt in niederdt. *Ledertauer, Tauer* das Verb *touwen* 'fertig machen'.

Zum Gerben benötigte man Lohe, eine aus Baumrinde, die der *Lo(h)scheller, -schelder* abgeschält und der *Lo(c)hstampfer, -stößer, -stöter* oder *-möller, -müller* zermahlen hat, gewonnene Beize. Dieses sog. *Lo(h)wasser,* auch *Lobwasser,* gab vielen Örtlichkeiten und über diese auch Familien den Namen.
Der Gerber selbst ist in manchen Gegenden der *Loher, Löher(meister), Lohre, Lö(h)r, Löber(mann), Loer, Loir, Lauwer* (Abb. A).

Bei einigen dieser Namen sind aber Konkurrenzen möglich, vor allem zu Loh 'Gehölz', zu Ortsnamen Lohr, Lahr usw.

Mit Lohe arbeitet aber nur der *Loh-, Schwarz-* oder *Rot(h)gerber;* andere Mittel, z. B. Alaun, für feines, weißes Leder verwendet der *Weißgerber.* Fein, auf einer Seite rot, auf der andern weiß präpariertes Wildleder hieß Lösch, daher *Rot(h)löscher, Lösch(n)er, Losch(macher).*
Mhd. *irch, erch* ist Weißleder aus Bocks- und Gemsenfell. Nach ihm sind die *Ircher, Irger, Irker,* niederdt. *Erchmeker* benannt. Ganz allgemeine Berufsbezeichnungen waren auch *Lederer, Lederle.*
Bevor es Papier gab – die erste dt. Papiermühle ist 1390 in Nürnberg bezeugt –, schrieb man auf Pergament, feine Tierhaut, so benannt nach der Stadt Pergamon in Kleinasien, wo dieser Beschreibstoff erfunden worden war. Die Hersteller heißen entsprechend *Pergamenter, Berminter, Parmenter, Bermter, Bermiter, Berminer, Permeter,* dt. *Buchfeller* (auch zum Ortsnamen Buchfeld möglich).

Kürschner
Der Kürschner unterschied sich vom Gerber dadurch, daß er durch bes. Techniken für die Erhaltung und Schönheit des Pelzes sorgte. Daher hieß er *Pelzmacher, Pel(t)zer, Belzner, Pelser,* niederdt. auch *Pilsmeker, Pilzer.*

Die süddt. *Pel(t)zer, Belz, Pelzl* können auch von *belzen* 'Zweige aufpfropfen', vom Ortsnamen Pelsen oder von Rufnamen wie *Balthasar* oder *Balduin* kommen.

Ahd./altsächs. *kursina* 'Pelzrock' ist dem Slaw. entlehnt. Die entspr. Berufsbezeichnung *Körsenwerchte* 'Pelzrockmacher' war v. a. in Ostfalen verbreitet (Abb. B). Sie wurde Ende des MA. durch das einfachere, süddt. *Kürschner* verdrängt, so daß sie nur noch in wenige Familiennamen Eingang fand, z. B. *Korsenwicht.* Häufig sind dagegen *Kürs(e)ner, Ki(e)rschner, Kirsner, Corsener, Körschner, Gurschner, Girschner.*
Feinkürschner nannte man in den norddt. Städten, wo die Verarbeitung russ., bunter (schwarz-weißer) Pelze blühte, *Buntmaker,* vgl. *Bont-, Buntmantel, -rock; Buntfoder* 'Pelzfutter'. Andernorts hießen sie *Fechner* (mhd. *vêch* 'bunt') oder *Wildwerker.*

Schuster
Als älteste germ. Bezeichnung des Schuhmachers ist um 1000 altengl. *scēwyrhta* bezeugt, dem mhd. *schuochwürhte* entspricht, 'Schuhwerker', das später durch *Schuhmacher* abgelöst wurde (*Schuch-, Schomaker, Schoemaeker(s), Schaumäker*).
Schu(h)mann (1926/28 in Wien 76x, in Berlin 1011x), Schuch-, Scho-, Schau-, Schuckmann bezeichnet ebenfalls den Schuster, aber manchmal wohl auch den Schuh*händler,* vgl. *Bier-, Salzmann* usw.
Im Oberdt. galt das aus dem Lat. übernommene *Suter* 'Schuhnäher, -flicker', vgl. die Familiennamen *Sutter, Sütterlin, Sitterle, Sauter.* Es wurde durch vorangestelltes Schuh- verdeutlicht: *Schuochsuter*, welches seit dem 13. Jh. zusammengezogen (kontrahiert) wird zu *Schuchster, Schuster,* in Familiennamen auch *Scheuzger, Schuechter, Schüst(er)l, Schiesterl, Schiestl.*
Schuster und *Schuhmacher* haben vom Südosten bzw. vom Norden ausgehend altes *schuochwürhte* als Handwerksbezeichnung verdrängt. In Familiennamen ist es aber in vielfacher Form erhalten, wobei Formen mit *-ch-* wie *Schuchert* hess.-thüring., mit *-b-* wie *Schubert* südthüring.-sächs. häufig sind:

Schuchwort, Schucht(er), Schu(c)har(d)t, -ert, Schuhardt, Schurich(t), Schurig (sächs.), *Schuhwerk, -wirk, -wirt, -wicht, -wert, Schu(b)bert, Schuba(e)rt, Schubach, Schuffert, Schurt, Schubath, -bot(h), -berg, Schob(b)er(t), Schowart(e), Schaubert, -fert, -wecker, -wach(t)er, Schauert(e), Schuckhardt, Schuckert, Schuchter, Schiechtl, Schörger, Schörk, Schork, Schorcht, Schochterus* u. a. (Abb. C).

Schuhe aus feinem Ziegen- und Schafsleder nach der Art aus Córdoba in Spanien fertigte der *Cordewener (Korduan* u. ä.). Die Kurbengasse in Straßburg war urspr. eine *Kurdewaner*gasse.
Hölzerne **Überschuhe** mit kleinen Stelzen zum Überqueren schlammiger Gassen nannte man Trippen, Klippe(ke)n, Klumpen, Knospen u. ä., daher Familiennamen wie *Trippenhauer, Trippner, Klippgen(maker), Klipper, Klomper, Klümpeker, Knöspler.*
Hölscher (Hultscher, Hül(t)scher), Kin(t)scher, Frauscher, Hentscher sind Holz-, Kinder-, Frauen-, Handschuhmacher.

Lederherstellung und -verarbeitung: *Gerber, Weisgerber, Rotgerber, Lohgerber = Löher, Riemenschneider, Riemer, Gürtler, Breiser* ("Schnürriemenmacher, Posamentier"), *Beutler, Teschner = Teschenmacher, Hammacher* (rhein.;"Sattler"), *Zeumer, Hentscher* ("Handschuhmacher"), *Lersch=Lers, Lersner* (macht *Lersen*, d.h.Lederhosen, die zugleich Strümpfe und Schuhe vertraten), *Sutter, Sauter* ("Schuhmacher"). ...

Textilgewerbe: *Weber, Wollenweber, Walker = Welker, Zaiser* (mhd. *zeisen* "zupfen"; = "Wollzupfer"), *Nopper* (reinigt das Tuch, indem er die Wollknötchen, die *Noppen*, beseitigt), 1368 *Tilke Sachse der Gewantscherer* = 1369 *T.S. der Scherer* (Breslau), *Tucher, Tuchscher, Leinweber, Hechler* (bearbeitet Flachs und Hanf mit der *Hechel*), *Färber, Schwärzer, Rodler* ("Schwarz-, Rotfärber"), *Bleicher, Schneider, Bletzer* ("Flickschneider"), *Wamser, Wamsler* ("Wamsschneider"; 1321 *Conrad der Wamseller,* Esslingen), *Schröter, Schröder* (gekürzt *Schröer*), *Schrader* ("Schneider"), *Hutmacher, Hutter, Filzer* ("Hutmacher"), *Kugler, Kögler* (mhd. *kugel* < lat. *cucula* "Kapuze, Kopfhülle"). ...

aus: BACH 1978, §246

A Familiennamen aus dem Leder- und Textilgewerbe

B Familiennamen aus dem Beruf des Händlers

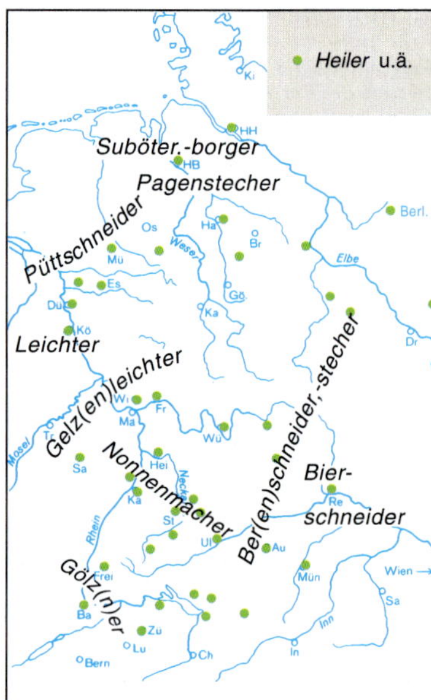

C Familiennamen aus dem Beruf des Tierkastrators

Kaufleute

Das Wort **Händler** entstand erst spät, so daß es nicht mehr zum Familiennamen werden konnte, um so häufiger dagegen zwei von den Römern entlehnte Händlerbezeichnungen:
Aus lat. *caupo* 'Schankwirt (mit Straßenverkauf)' ist ahd. *koufo* 'Händler' entlehnt, woraus Familiennamen wie *Kauf(f), Koop* entstanden sind. Durch Verkleinerung ergaben sich Namen wie *Kaufel, Keuf(el), Käufel.* Erst im Mhd. trat die Silbe *-mann* hinzu: *Kauf(f)mann, Kof-, Ko(o)pmann.*
Diese Silbe kennzeichnet auch sonst gern den Verkäufer: *Biermann, Wein-, Salz-, Schuh-, Hierse-, Mehlmann.*
Aus lat. *mango* 'Händler' wurde ahd. *mangari*, engl. *monger* entlehnt. Es lebt in zusammengesetzten Namen weiter wie *Essigmenger, Flachsmenge, Pferdemenges, Mengwein, Mengehaber* ('verkauf den Hafer').

Auch einfaches *Manger, Menger, Mengel, Meng(e)ler* bedeutet oft 'Händler', doch spielen hier auch Familiennamen aus den Rufnamen *Magnus, Manegold, Meingos* und dem Ortsnamen Mengen herein.

Kram war urspr. die Plane, die der **reisende Händler** über seinen Wagen spannte. Später wurde mit diesem Wort auch seine Ware bezeichnet und er selbst als (Klein-)*Krämer,* im Gegensatz zum (Groß-)*Kaufmann. Krämer* ist in vielen Dialektvarianten (Abb. S. 156) zum häufigsten Familiennamen aus dem Händlerberuf geworden.
Auch schweizer. *Hodel, Hodler* 'Fuhrmann, fahrender Händler' leitet sich von der Wagenplane, dem *hodel,* ab.
Nach dem Wort *hucke* 'Traglast', dann auch 'Verkaufsladen', sind die *Hucker, Hückler, Hoke, Hock(e), Hokk(n)er, Höck(n)er* und manche *Heck(n)er* benannt.
Auch niederdt. *Haack(e), Hak(e)* bedeutet meist 'Kleinhändler', vgl. *Käsehage, Bierhaake, Greshake* ('Kohlen-'), während es im Hochdt. eher von 'Haken' abgeleitet ist.
Winkelhake ist der Inhaber eines Winkelladens, was auch für einige niederdt. *Win(c)kler, Winkelmann* gelten mag, die aber i. d. R. eine Wohnstätte im Winkel bezeichnen.
Für (wertlose) **Ware** sind noch heute Worte geläufig wie Tand (aus lat. *tantum* 'soviel'?), Krempel (aus ital. *comprare* 'kaufen'), Trödel. Auch sie haben Familiennamen geliefert:

Tandler, Tändler, Dendler; Gremp(p), Grempe, Grempler, -ner, Krembel; Trödel, Dreut(e)ler.

Dem alten Wort *phragen* '**Markt,** Handel' entstammen die bair. Familiennamen

Pfragner, Pfrog(n)er, Pfranger, Pfrenger, Fragner, Pfretschner, Pfrötschner, Fretsch(n)er, Fratzsch(n)er, Frötscher.

Wieweit *Kuderer, Kauderer* den Erzeuger oder Verkäufer von Werg (= *kuder*) meint oder den Händler überhaupt (*kuten* 'tauschen'), ist schwer zu entscheiden.

Tierkastratoren

Dies war ein wichtiger Beruf, denn Schweinezucht war ein zentraler Faktor mittelalterl. Ökonomie, auch in den Städten:

»in den Laubwaldungen nährten sich Tausende von Schweinen, deren Grunzen beim Eintrieb jeden Abend die Straßen der Stadt erfüllte. Bei dieser Freizügigkeit der Schweine und bei dem hohen Bedarf an geräuchertem Speck hatte das Inzisieren einen viel weiteren Umfang als heute«. (BRECHENMACHER 1937, 38)

Kastriert wurden alle Schweine, die zur Mast, nicht zur Zucht vorgesehen waren.
Im Südwesten hieß ein verschnittenes weibliches Schwein *nunne,* daher die Namen *Nunner, Nonner, Nunnen-, Nonnenmacher.*
Das verschnittene männliche Schwein hieß dagegen *ber,* woraus sich Namen wie *Bär-, Be(e)r-, Bernschneider* ableiten, bair. oft *Bierschneider,* schwäb. auch *Bersauter* (*suter* 'Schneider, Näher').
Eine Variante dazu sind die *Be(e)r(en)-* und *Bär(en)stecher.* Niederdt. *Pagenstecher* meint dagegen den Pferdekastrator. *Mo(h)r(en)stecher* kann sich teils auf *mōre* 'Pferd', teils auf *mōre* 'Schwein' beziehen. Auch *Bockstecher* ist bezeugt. In vielen Fällen wird daher auch der einfache Familienname *Stecher, Stäker, Stecker* auf diese Tätigkeit zurückgehen; er kann natürlich aber auch auf andere Berufe hinweisen, z. B. den Fechter, den Metzger, den Torfstecher.
In niederdt. Gegenden heißt ein Ferkel auch Putt, der Kastrator ist der *Putt-, Pütt-, Pützschneider.* Niederdt. *Soböter* setzt sich aus 'Sau' und 'stechen' zusammen; in *Suborger* steckt Barg 'verschnittenes Schwein'.
Zu Galze 'verschnittenes Schwein' ist noch heute in der Schweiz die Berufsbezeichnung *Galzer* (Familiennamen *Gelzer, Gölzer*) gebräuchlich. Sie wurde in anderen Gegenden mit dem Wort lichten 'kastrieren' verdeutlicht, daher die Familiennamen *Gelz(en)leichter, -leuchter, -leiker, Goltzenlichter.* Oft findet sich, ähnlich wie im Falle *Stecher,* nur einfaches *Leichter, Leuchter.*
Seit dem 15. Jh. ist im Oberdt. *heilen* auch in der Spezialbedeutung 'kastrieren' bezeugt. Es ist in Familiennamen wie *Heiler, Hailer, Hoyler* eingegangen. In Freiburg urkundet 1417 ein »Clewinus . . . dictus *Nunnenmacher* de Sultz alias *Heyler*«.

Der Name begegnet auch im Mittel- und Niederdt., hier wohl auch in der Bedeutung 'Arzt'. Dagegen geht der Familiennamen *Heil(e)mann* meist auf einen alten Rufnamen *Heilmann* zurück.

Tschech. *skopec* 'Hammel' hängt mit *scopiti* 'kastrieren' zusammen. Es können ostdt. Namen wie *Schöps(er), Schebs* zugrundeliegen.

Friedrich der Große befahl einem Oberst *Schöps,* diesen Namen abzulegen, weil er ihm unehrenhaft vorkam.

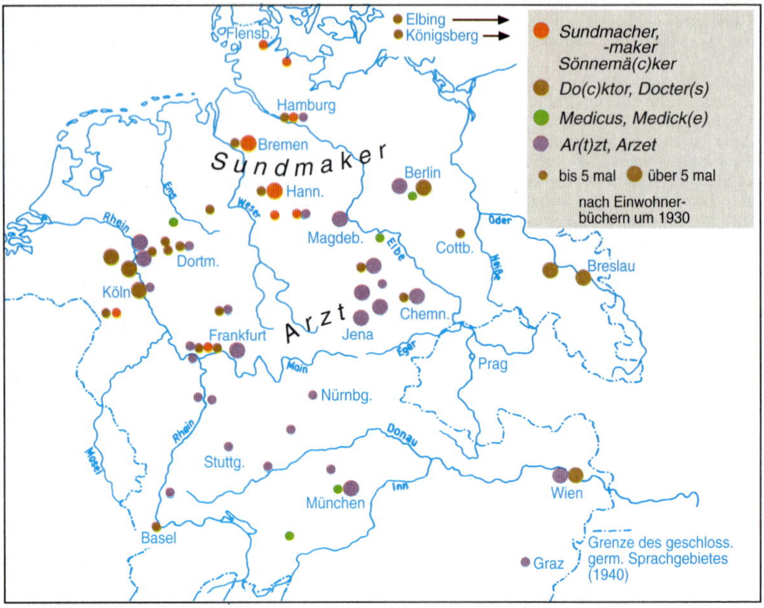

A Verbreitungszentren einiger Familiennamen aus dem Arztberuf

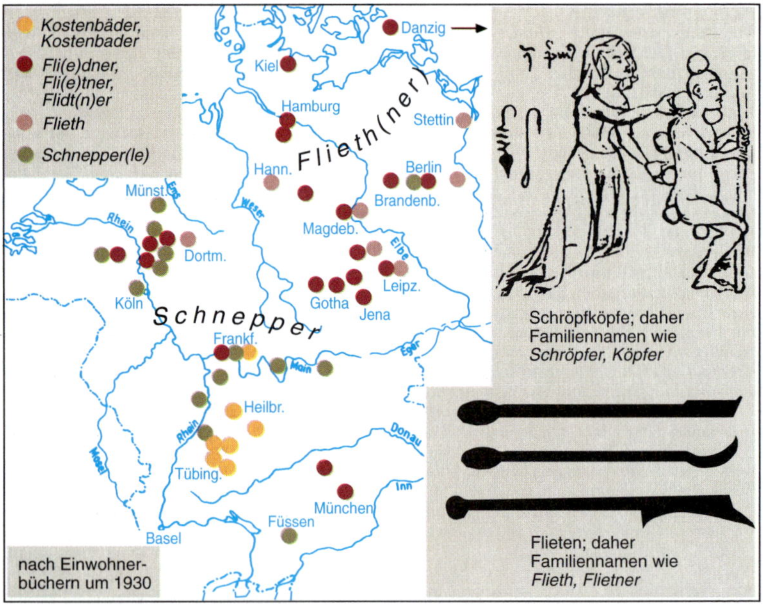

B Verbreitungszentren einiger Familiennamen aus dem Baderberuf

Ärzte

Die älteste dt. Bezeichnung für den Arzt ist ahd. **lāchi,** mhd. *lāchenaere.* Da der germ. *lāchi* auch magische Heilpraktiken übte, geriet das Wort im Laufe des MA. in Verruf und erhielt immer mehr die Bedeutung 'Zauberer, Beschwörer'. Daher wurde es als Berufsbezeichnung für den Arzt untragbar und starb im Dt. aus, während es in schwed. *läkare* oder altertümlich-engl. *leech* 'Arzt' noch erhalten ist.

Der Familienname *Lachner,* vielleicht auch *Lachmann,* könnte in einigen Fällen auf dieses Wort zurückgehen, wird aber meist 'der aus Lachen' (z. B. bei Memmingen) oder 'an der Lache' bedeuten.

Die Verdrängung von *lāchi* wurde dadurch beschleunigt, daß am karoling. Hofe mit der hochentwickelten antiken Medizin auch das griech.-lat. Wort für den Leibarzt am Herrscherhof, *archiater,* übernommen wurde, aus dem sich das dt. Wort **Arzt** entwickelt hat.

Diese Berufsbezeichnung verbreitete sich zunächst in den gelehrten Schichten, setzte sich später aber allgemein durch und nahm immer mehr die Bedeutung des ungelehrten Heilpraktikers an. Daher begegnet *Arzt* als Beiname im 13. Jh. fast durchweg bei einfachen Leuten, z. B. bei Bauern in Schwaben und im Elsaß, die in der dörflichen Gemeinschaft unschädliche Schwitz- und Kräuterkuren durchführten und Salben mischten.

Im Niederdt. ist *Arzt* als Familienname selten (Abb. A). Dafür finden sich dort *Sundmacher, -mäker* ('Gesundmacher'; Telef. Dtl. 1995: 176 x). Ihr Zentrum ist Hannover.

Die **studierten Heilkundigen** bevorzugten lat. Berufsbezeichnungen wie *Medicus, Physicus, Chirurgus.* Aus ersterem haben sich bis heute Familiennamen wie *Medick(e)* erhalten (vgl. die *Medici* in Florenz).

Seit dem 15. Jh. tritt häufiger der Titel *Doctor* als volkstümliche Bezeichnung des gelehrten Arztes hinzu. Obwohl dies relativ spät geschah, haben sich daraus noch Familiennamen entwickelt.

Aus heilkundlichen **Spezialisten**bezeichnungen entstanden Familiennamen wie *Kindervat(t)er, Kindsvater* für den Geburtshelfer (aber auch für den Taufpaten), *Steinschneider* für den Blasensteinoperateur, *Zahnbrecher, Zahneis(s)en, Reisenzahn* für den Dentisten.

Bader

Die meisten Menschen konnten sich in Krankheitsfällen aber nicht an die (wenigen) gelehrten Ärzte wenden, sondern an handwerksmäßig ausgebildete Heilkundige, die Bader.

Die Einrichtung von Badestuben hat sich im späten MA. sehr verbreitet, bes. seit häufiges und heißes Baden als Vorbeugungsmittel gegen den vom Orient eingeschleppten Aussatz empfohlen wurde.

Daher die häufigen *Ba(a)der,* in Wien 1926: 138 x, München 1929: 246 x, Stuttgart 1929: 131 x, Köln 1927: 44 x, Berlin 1928: 213 x, Hamburg 1928: 37 x.

Seltener findet sich auch *Bäder, Beder, Bad(er)mann,* bayr.-österr. *Pader, Ehbadner* ('Badegehilfe').

Diese Namen bezeichnen den Betreuer der Badestube; aber auch deren Besitzer lieferten häufige Familiennamen: *Badstuber, -stübener, -stober, -stöver,* manchmal entstellt zu *Bach-, Bardstübener, Bartstieber, Bortstiber, Pottstüber,* oft auch nur *Stuber,* niederdt. *Stover, Stöwer.*

In Berlin wohnten 1928 44 *Stüber*, 40 *Stüb(e)ner,* 23 *Stieber,* 10 *Stuber,* 8 *Stiebler,* 6 *Stübler,* 4 *Stiebner,* 31 *Stöwer,* 25 *Stöb(e)ner,* 19 *Stober,* 4 *Stöver.*

Manchmal können auch andere Stuben gemeint sein, im Südwesten z. B. das Wirtshaus.

Zur Massage benutzte Laubbüschel hießen *questen* oder *kosten.* Dieses Gerät tragen die ca. 200 schwäb. *Kost(en)bade(r)* in ihrem Namen.

Zu den Heilpraktiken des Baders gehörte z. B. das **Aderlassen.** Darauf beruhen Familiennamen wie

Lasser, Lässer, Lesser, Lausser, Löser, Laßner, Läßmann, Lass(er)mann, niederdt. *Lattmann,* (auch zu *lat* 'Moor' oder *latte* 'Latte'), *Later(mann).*

Das Aderlaß-Messer (Abb. B) hieß *vliedeme* nach lat. *flebotomum.* Nach diesem Gerät sind die *Fliedner* (aber auch nach Flieden bei Fulda), *Flieth* oder *Fliethmann* benannt.

Im 15. Jh. kommt ein Gerät auf, dessen Messer nach Anritzen der Ader zurückschnappt, der Schnepper. Wieweit es noch für Familiennamen fruchtbar wurde, ist fraglich.

Die *Schnepper* sind eher 'Schwätzer' (mhd. *snepper*) oder stammen aus Schneppe(n) im Rheinland.

Eine andere Methode der Blutentziehung war das **Schröpfen** oder **Stuchen**; daher Familiennamen wie

Schröpf(l)er, Schrepf(er), Schräpfer, Schrep(p)el, Schröp(p)el, Schräpler; Stucher, Stüger, Stuger.

Auch nach dem dafür benutzten Gerät, dem Schröpfkopf (Abb. B), wurde der Bader benannt: *Kopfer, Köpf(l)er, Kopper, Köpp(l)er, Kupper.*

Der Schröpfkopf hieß auch *vintuse,* lat. *ventosa.* Von da können die *Windaus* benannt sein, während *Findeis(en)* eher Übername von Schmieden ('finde Eisen') oder Gerbern (nach dem Finneisen) ist.

Der Bader schnitt auch die **Haare.** Später entstand daraus ein eigenes Gewerbe, die Scherer, die aber auch noch Heilbehandlungen vornahmen. Die Namen *Scher(r)er, Schär(er), Sche(e)r(er)* meinen meist diesen Beruf, vgl. *Sche(e)rbarth,* oft aber auch den Tuchscherer (Tuchsche(e)r(er) Telef. 1995: 361 x).

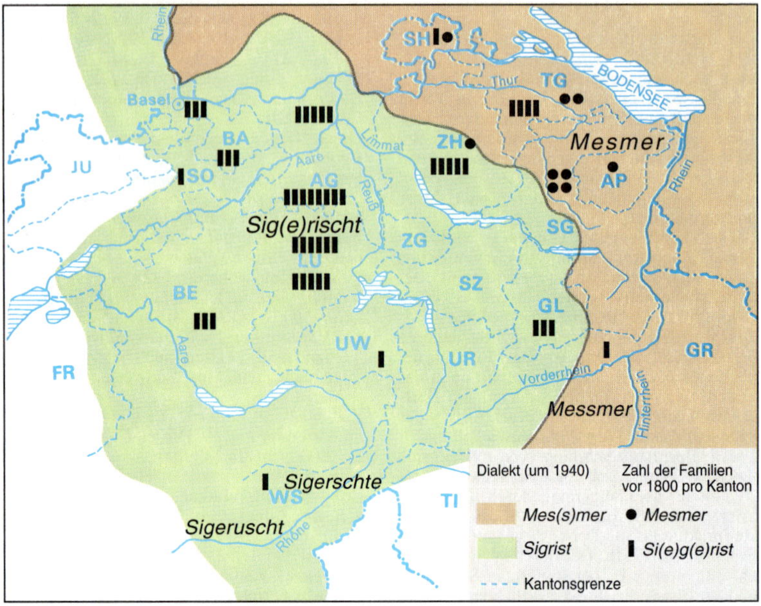

A Der Kirchendiener in den Dialekten und Familiennamen der Schweiz

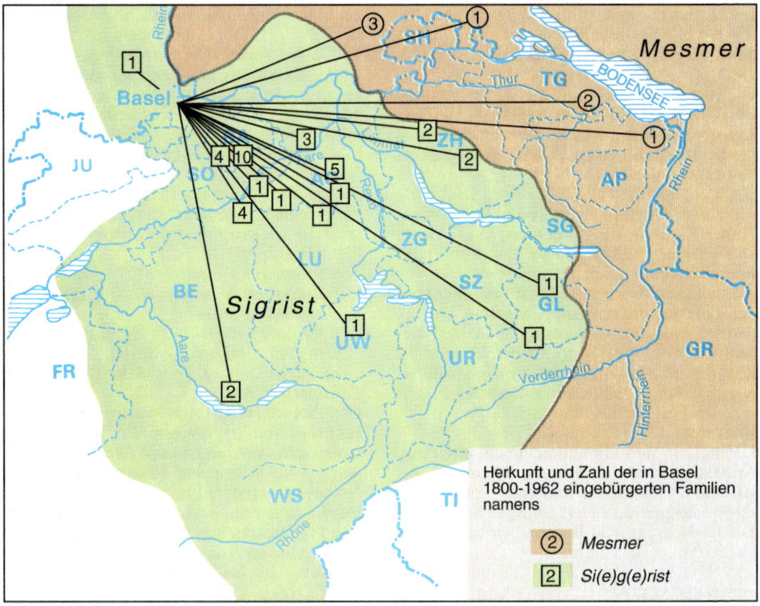

B Herkunft von Basler Familien namens *Si(e)grist* und *Mesmer*

C Bezeichnungen des Vormunds im 15.Jh.

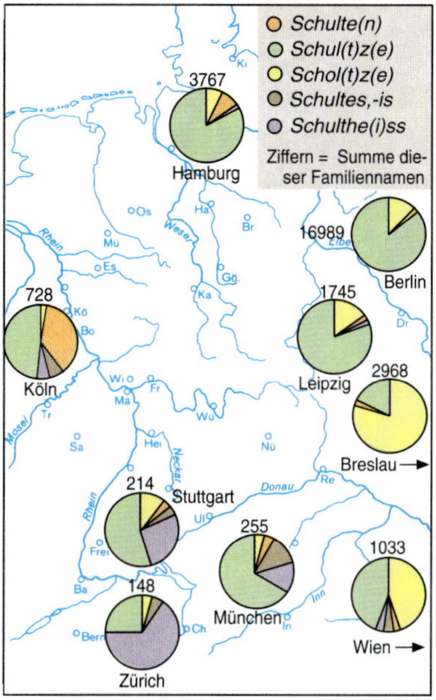

D Der Schultheiß in Familiennamen um 1930

Küster
Mittellat. *custor* 'Hüter (der Kirche)' wurde dt. *Kuster,* seit dem 13. Jh. in Angleichung an Wörter wie Gärtner, Schüler, Töpfer auch mit Umlaut *Küster*. Das urspr. vorwiegend mitteldt. Wort hat sich seit der Reformation als Wort der Standardsprache durchgesetzt.

Es tritt 1926/28 in Hamburg 75 x, in Berlin 335 x, in Wien 11 x als Name auf.

Anderer Herkunft ist niederdt. *Koster (Coster, Köster)*. Es stammt aus lat. *costurarius* 'Aufseher der Kammer, wo die kirchlichen Gewänder aufbewahrt sind'.
Lat. *sacrista* 'Diener des Heiligtums' lieferte frz. *sacristain* und dt. *Sigrist,* das am Oberrhein und in der Schweiz gilt (Abb. A).
Die übrigen oberdt. Dialekte gebrauchen *Mesner, Mössner, Mes(s)mer, Möẞmer*, aus lat. *mansionarius* 'Hüter des (Gottes)hauses'. Wohl in Anspielung auf die heilige Messe wird es oft mit -ss- geschrieben.
In Ostfalen gilt *Opper-, Opfermann,* rhein. *Offermann,* in Thüringen und Südhessen v. a. *Kirch(n)er*. Letzteres kann z. T. auch vom Ortsnamen Kirch(en) stammen.
In diese Gruppe gehören auch die *Glöckner, Glock(n)er, Glöckler, Klöckner.*

Der Vormund
hieß mhd. *muntbor,* d.h. einer, der den Schutz *(munt)* des Unmündigen ausübt. Daraus entstanden Namen wie *Momber(s), Momper, Mommer(s), Mummer(s)*.
Pfleger bezeichnet allgemein einen Verwalter, schwäb. auch speziell den Vormund; ebenso im Südalem. und am Niederrhein das Wort *Vogt* (aus lat. *(ad)vocatus* 'Stellvertreter'). *Gerhab* bedeutet, daß jemand sein Mündel auf dem Schoß *(ger)* hält.
Träger (Trager, Treger) meint oft den Lehensträger, im Schwäb. auch den Vormund.

Natürlich kann dieser Familienname auch Lastenträger, Wasserträger *(Brunnträger)*, Dreher (*Draier, Dreiger, Dreger* 'Drechsler') oder träge Menschen meinen.

Der Schultheiß
ist urspr. ein Verwalter, der jemanden *heißen* kann, seinem Grundherrn Verpflichtungen *(schuld)* abzuleisten, woraus sich dann viele Funktionen in Rechtsprechung, Ortsverwaltung usw. entwickelten. In norddt. Dialekten wurde das Wort zu *Schult(e), Schuldt, Scholt(e), Schulz(e),* ostdt. *Scholz(e)* verkürzt. *Schulz(e)* breitete sich seit dem 15. Jh. als vorherrschende Namenform aus. Im Süden hat sich altes *Schult(h)e(i)s(s)* teilweise noch gehalten (Abb. D).

Weitere Formen: *Schülting, Scholtis,* slaw. *Scholt(k)a, Schulzki, Schultke, Schult(k)a* und ca. 180 Komposita mit *-schulz(e), -schulte.*

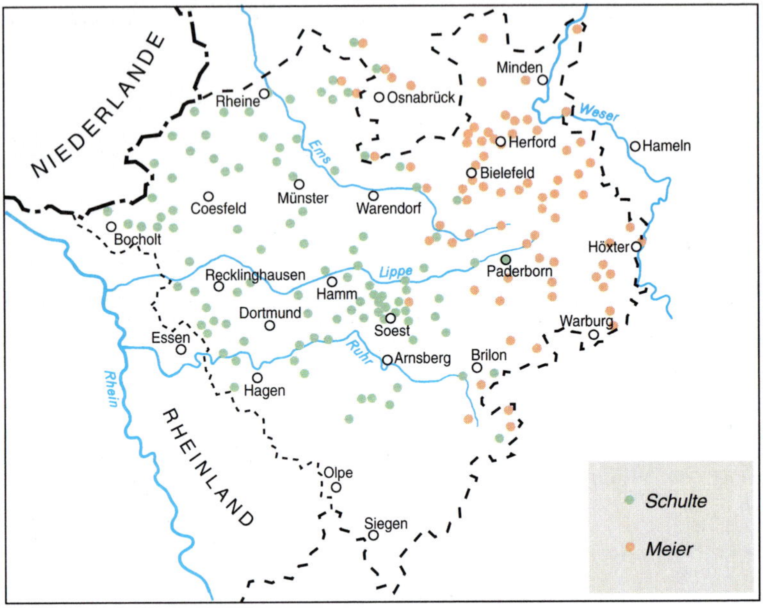

A Bezeichnungen für die Besitzer besonderer Höfe in Westfalen

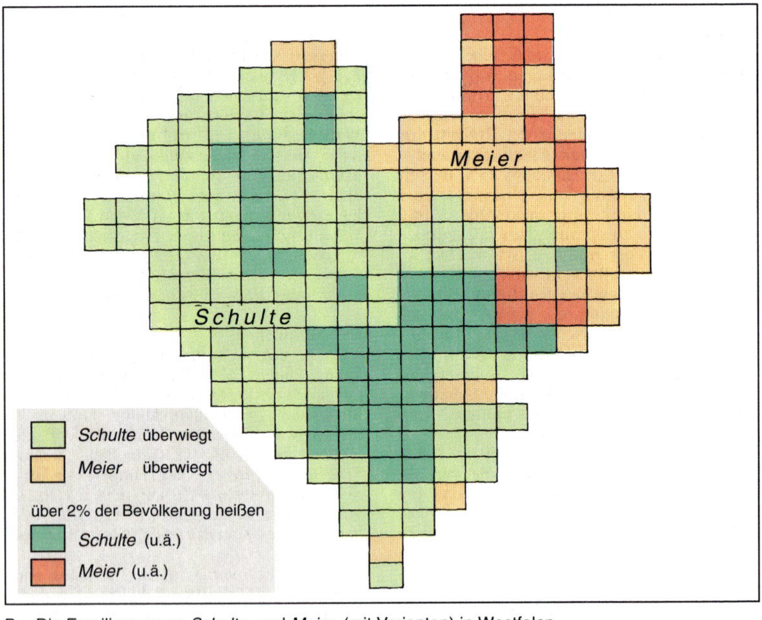

B Die Familiennamen *Schulte* und *Meier* (mit Varianten) in Westfalen

Meier und Schulte

Meier kommt, wie frz. *maire* 'Bürgermeister', von lat. *maior (domus)* 'der Größere (in einer Dienerschaft)'. Es bezeichnete dann im früheren MA. den herrschaftl. Verwalter des Fronhofes, den *maior villicus*, der die Dienste der Hintersassen überwachte und ihre Abgaben an den Herrn abführte; später, als sich das Fronhofsystem auflöste, auch die Pächter kleinerer Höfe nach Meierrecht.

Die Häufigkeit des Familiennamens, bes. in Westfalen und in Süddtl., ist eine Folge der Ausweitung der Bezeichnung Meier auf immer breitere bäuerliche Schichten.

Dies wiederum brachte 7161 versch. **Zusammensetzungen** mit *-meier* (und Varianten; Telef. Dtl. 1995) hervor: mit Rufnamen *(Klaus-, Gerds-)*, mit Örtlichkeiten (*Straßen-, Anger-, Weser-, Kreit-* 'Gereut'), mit Geländearten *(Sand-, Geest-, Marsch-)*, mit Gebäuden *(Häusel-, Spieker-, Stadel-)*, mit Erzeugnissen (*Gersten-, Hirse-, Fesen-* 'Dinkel'), mit Tieren *(Hasen-, Gaiß-)*, mit Zugehörigkeits- und Pflichtangaben *(Kirch-, Münch-, Zins-)*, mit Eigenschaften *(Schwarz-, Neu-)* usw.

Manchmal wird es verkürzt zu *-mar/-mer: Stromer = Strohmeier, Zellm(ei)er* usw.

Umgekehrt können *Dittmeier, Kretschmeier* u.a. falsche Schreibungen für den Rufnamen *Dietmar* bzw. den slaw. Namen *Kretschmer* 'Dorfwirt' sein.

Die jüdischen *Mei(e)r* sind von hebr. *mejr* 'glänzend, erleuchtend' abgeleitet.

Die Bezeichnung Meier für den *villicus* war nicht überall gebräuchlich. In Westfalen z.B. hieß er nur im Osten Meier, im übrigen Westfalen aber Schulte. Als sich später andere Formen der Grundbesitzverwaltung durchsetzten, blieben den Höfen der *villici* einige bes. Aufgaben, ihr Prestige und die Bezeichnung ihrer Besitzer als Meier oder Schulte erhalten. Abb. A zeigt, wo Besitzer von Höfen mit bes. Prestige nach Umfragen von 1933 als Meier bzw. Schulte bezeichnet wurden.

Solche Höfe tragen in Westfalen oft **Doppelnamen**, in denen mit der ehemaligen Amtsbezeichnung noch der eigentliche Hofname oder andere Bezeichnungen verbunden sind: *Schulte Berlinghoff, Schulte Döring, Schulte tom Lo, Meier zu Alderdissen, Meier zu dem Hoberg*. Diese Schulten- bzw. Meierhofnamen wurden als feste, vererbbare Familiennamen angenommen, bes. als im 18./19. Jh. durch preußische Verordnungen die bis dahin übliche Sitte unterbunden wurde, bei einem Wechsel des Hofes auch den Familiennamen zu wechseln.

Doppelnamen wie *Schulte Bösensell* sind vor allem im Münsterland und der Soester Börde häufig, Doppelnamen wie *Meier zu Eißen* im Ravensbergischen und in Lippe.

MÜLLER 1979 hat Westfalen in 212 Planquadrate eingeteilt, jedem Quadrat ein Material von mindestens 1000 Telefonbucheinträgen zugeordnet und für jedes Quadrat den ‰-Anteil der *Schult(e), Schul(t)z(e), Schulten, Scholten* und der *Meier, Meyer, Maier, Mayer* an den Telefonbucheinträgen errechnet (Abb. B, vereinfacht).

Die Grenzen zwischen *Schulte* und *Meier* verlaufen in Abb. A und B ungefähr gleich.

Von den versch. Formen des Typs *Schulte* herrscht auf dem größten Teil des westfäl. Gebiets, dem Dialekt entsprechend, *Schul**t**(e)* vor.

In drei Räumen aber ist *Schul(**t**)**z*** die häufigste Form: im Ruhrgebiet und im westfäl. Nordosten, was sich durch Zustrom auswärtiger Siedler erklärt, und ganz im Süden, wo auch die Dialektform *Schulz* heißt.

Im westfäl. Nordwesten dagegen dominiert *Schul(t)**ze***. Dies erklärt sich aus der Tendenz, niederdt. Familiennamen dem hochdt. Sprachstand anzupassen, was dann bes. unter preuß. Einfluß im Oberstift Münster und einigen angrenzenden Gebieten gefördert wurde.

*Schul**ten*** und *Schol**ten*** treten nur am äußersten Westrand als Ausläufer des niederländ.-niederrhein. *Schulten/Scholten*-Gebietes merklich in Erscheinung.

Weitere Verwalternamen

- *Hof(f)mann*, niederdt. *Havemann, Hafemann* hieß der Meier, d.h. der Bewirtschafter von Herrengütern, bes. im west- und ostmitteldt. Sprachgebiet. Der Name kann aber auch einen zum Hof gehörigen Bauern oder einen Höfling meinen.
- *Vogt, Voo(g)t, Voi(g)t, Vagt, Vau(g)t, Faut(h), Feut(h), Vö(c)kt, Vögtle, Voetz* 'Statthalter', sodann einfach 'Verwalter'; z.B. sammelt der *Hünervogt* die Zinshühner ein, der *Holtzvogt* beaufsichtigt den Wald oder die Flößerei usw.
- *Probst, Proßt, Pröstl, Pra(h)st, Kornprobst, -brust* 'kirchlicher, manchmal weltlicher Aufseher, Verwalter'.
- *Graf*, norddt. *Greve* (Abb. S. 164 A), urspr. hoher königlicher Verwalter, dann Adelstitel, bezeichnet im späteren MA. im Mittel- und Niederdt. auch den Dorfschulzen und andere Ämter mit Gerichtsbefugnissen, vgl. *Dieckgräf(e)* ('Deich-'), *Wald-, Zent-, Salzgraf* usw.
- *Schaff(n)er, Scheffner* kommt von *schaffen*, das auch 'befehlen' bedeutete, und bezeichnet einen Verwalter.
- *Schlüter, Schlüer, Schlieter* ist der obrigkeitliche 'Schließer' von Vorrats- oder Kirchenräumen; auch Torhüter.
- Der *Kastner, Kästner, Kestner* (zu [Korn]-kasten), der *Kell(n)er, Kellermann* und der *Scheuner(t), Scheune-, Stadel-, Scheuer-, Schürmann* (Abb. S. 102 B) verwalten diverse Einkünfte und Vorräte.

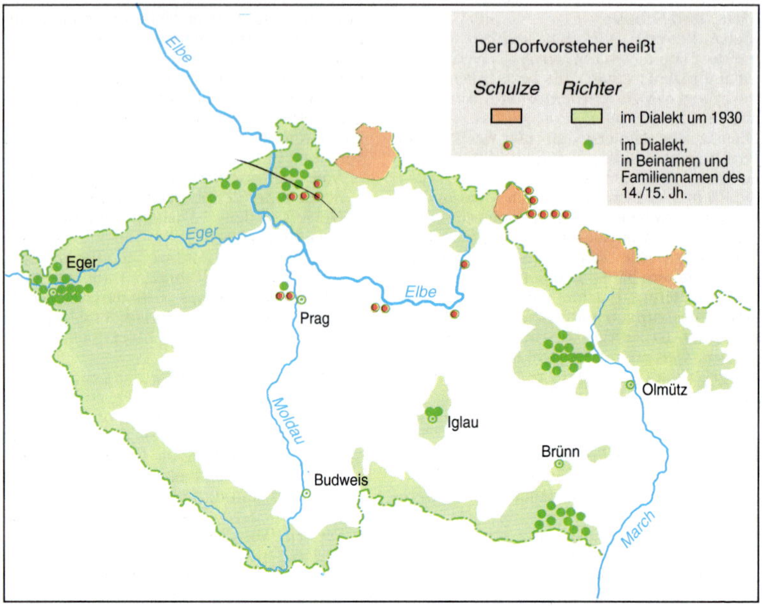

A *Richter* und *Schulze* im Sudetendeutschen

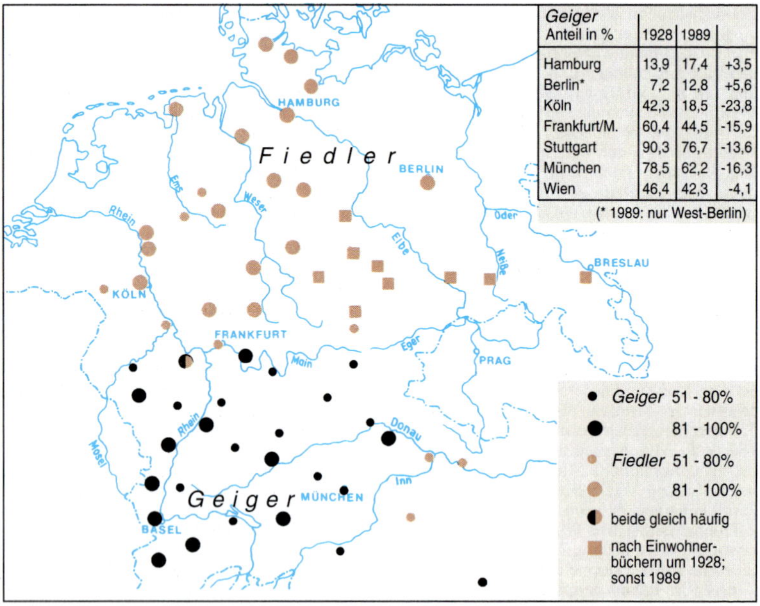

Geiger Anteil in %	1928	1989	
Hamburg	13,9	17,4	+3,5
Berlin*	7,2	12,8	+5,6
Köln	42,3	18,5	-23,8
Frankfurt/M.	60,4	44,5	-15,9
Stuttgart	90,3	76,7	-13,6
München	78,5	62,2	-16,3
Wien	46,4	42,3	-4,1

(* 1989: nur West-Berlin)

B Verbreitung der Familiennamen *Geiger* und *Fiedler* (mit Varianten)

– Die *Richter* nahmen sehr verschiedene Ämter in den mittelalterl. Verwaltungs- und Rechtsprechungsgefügen wahr, vgl. Familiennamen wie *Burrichter, Holtrichter, Hof(f)richter, Hofmarksrichter, Landrichter* usw.

Im Osten ist der Name bes. häufig (1928 in Berlin 3872 x, Chemnitz 1651 x, Wien 782 x), denn in Teilen Böhmens, Mährens, Schlesiens, der Lausitz und Sachsens bezeichnete *Richter* auch den Dorfschulzen, der in der Siedlungsgeschichte u.a. als Lokator eine bes. Rolle spielte und dessen Amt erblich war (Abb. A).

Unterhaltungsgewerbe

Auf **Spielleute** lassen sich Namen zurückführen wie *Spiel-, Spill-, Spel(l)mann(s), Spiehl, Speel(er);* oberdt. auch *Leichmann, Laicher, Leicher* zu *leich* 'Gesang'.

Vielfach wurden sie genauer nach ihren Instrumenten benannt:

Nach **Blasinstrumenten** heißen die vielen *Pfeifer* (Abb. S. 162 A; aus lat. *pipa* 'Hirtenflöte'). Seltener sind die nach dem erst im 13. Jh. aus dem Französischen entlehnten Wort Flöte benannten *Flötner, Flöt(h)er, Fleuter,* dann die *Schwegler, Schwegel(e), Schwägler, Schwögler* zu *swegel* '(Quer)-pfeife', die *Schallmai(e)r, Schalmyer,* die *Bomhart* zu *bumhart,* einer Art Fagott, die *Blatterspiel* 'Dudelsackpfeifer', die *Posauner, Bas(s)uner, Prasun, Brassaun,* die *Hornblas(er), Gellhorn,* die *Trump(p), Drum, Trümpy, Trümp(l)er, Trommer, Dromper(t)* zu *trumbe* 'Trompete, auch Laute, Trommel'.

Schlaginstrumente waren Bunge, Pauke, Tambur, Sumber 'kleine Trommel', Zimbel, Tschinelle und Schelle.

Dazu: *Bunger(s), Büngner, -el(er); Pauker(t), Baucker, Peucker(t), Baiker(t); Tambor; Sum(m)er(er), Süm(m)er(er); Schimbehl; Schineller; Schellenschläger, Scheller, Schöller* (letzteres niederdt. auch zu *Schöttler,* S. 123, oder Schule).

Saiteninstrumente waren Leier, Laute, Harfe, Rotte 'kleine Harfe'.

Dazu: *Leirmann, Leier(er), Lyrer; Lautner, Lautenschlager; Härpfner, Her(p)fer, Harper, Herper; Rottenschlager, Rotter.*

Wie immer sind aber Konkurrenzen zu beachten: zu Rufnamen wie *Rother,* zu Ortsnamen wie Peucke/Breslau, Flöthe/Goslar, Fleuth/Aachen, zu niederdt. 'Flößer', zu *leier* 'Tresterwein', vgl. *Leierzapf* usw.

Fiedler und Geiger. Genauere Untersuchungen solcher Namen können sprach- und kulturgeschichtlich sehr aufschlußreich sein. Das zeigt das Beispiel *Fiedler* (niederdt. *Fed(d)eler, Vedeler*) und *Geiger* (Schweiz: *Giger*; Telefonbuch Zürich 1989 156 *-i-*, 20 *-y-*, 2 *-ie-*, 86 *-ei-*, 9 *Fiedler*).

Lat. *vitulari* heißt 'frohlocken'. Wahrscheinlich ist daraus die Bezeichnung *vitula* für ein Zupf- und Streichinstrument gebildet worden, welche dann als *viola* in die roman., als Fiedel in die germ. Sprachen einging.

Seit dem 12. Jh. ist das Wort *gîge,* heute Geige, bezeugt, welches vielleicht scherzhaft-lautmalend ein 'gieksendes' Instrument beschreibt.

Die klare geograph. Verteilung der betr. Familiennamen (Abb. B) zeigt an, von welchem Raum das Wort Geige ausging, und daß zur Entstehungszeit der Familiennamen beide Wörter noch nicht zu wertender oder techn. Unterscheidung dienten. Vielmehr wurden dieselben Spieler und Instrumente vom Volksmund im Süden und Norden je anders bezeichnet.

Verglichen mit 1928 haben die *Fiedler* gegenüber den *Geigern* in den Abb. B genannten Städten mit Ausnahme von Hamburg und Berlin zugenommen, wohl durch die Flüchtlingsströme aus dem Osten. Das Verhältnis in Wien hat sich dagegen relativ gering verschoben.

Geiger : Fiedler nach Telefonbüchern 1989 in Wien 158:215, Linz 11:34; Hamburg 75:356, Essen 29:129.

Gaukler. Das Possenreißen der Unterhaltungskünstler heißt mhd. *goukeln, gogelen* oder *trüllen.* Entspr. Familiennamen:

Gaugel(e), Geukler, Geikler, Gaugengigel; Gö(g)g(e)l, Göckelmann, Gogler, Gockel(er), Göckerle (auch zu Rufnamen mit *Gott-*); *Trüller, Triller, D-* (auch zu *trillen* 'drehen, drechseln').

Auf den Gaukler und sein Lotterleben kann sich *Lotter(er), Lötterle* beziehen, aber auch von *Lothar* stammen.

Schimpfen bedeutete urspr. 'Spaß machen', und Namen wie *Schimpf(le), Schimp(ke), Schimper* beziehen sich auf einen entspr. Beruf oder Charakter; ebenso *Schnurr(er), Schnorr(er).*

Bezeichnungen für **Akrobaten** führten zu

Springer, Spranger, Sprenger(t) (auch zu Ortsnamen Spring(e), Sprang 'Quelle'), sodann zu *Gumbel-, Gompelmann, Gumpel, Kümperlin* und *Gamp(p)er, -ler, Gämperle, Gamber(l), Gemperlein, Gempeler, Gimper(lein)* von *gumpen, gampe(l)n* 'springen, scherzen', vgl. engl. *jump* (auch zu Rufnamen *Gampert* u. a.).

Fechtkünstler hießen *Fecht(er)* (im äußersten Süden auch = 'Eichmeister'. – *Fechtmann* 'der an der Fechte; aus Vechta') und nach der Verteidigungstechnik auch *Schirmer, Schürmer, Schermer, Schirmmeister* (aber *Schirrmeister* 'Verwalter des Geschirrs, der Geräte').

Dazu gehören auch viele *Kämpfer, Kampf(l), Kempf(f)(le), Kömpf, Kemp(e);* aber die niederdt. *Kämper, Campe* usw. zu Kamp, S. 103.

Der Bütner.

Ich bin ein Bütner / vnd mach stoltz/
Auß Förhen / Tennen / Eichen Holtz/
Badwañ/Schmaltzkübl/scheffel vñ geltn/
Die Bütten vnd Weinfässer / weltn/
Bier Fässer machn / bichen vnd binden/
Waschzübr thut man bey mir finden/
Auch mach ich Lägl / Fässer vnd Stübch/
Gen Franckfurt / Leipzig vnd Lübig.

aus Jost Ammans >Ständebuch< 1568;
Verse von Hans Sachs

A Produkte als Ausgangspunkt indirekter Berufsnamen des Küfers

B Wagenteile als Ausgangspunkt indirekter Berufsnamen des Wagners

Indirekte Berufsnamen sind durch Benennung von Personen nach berufstyp. Werkzeugen, Produkten usw. entstanden. So kann *Kohl* z. B. für den Kohlbauern (mhd. *der* kôl 'Kohl') oder für den Köhler (mhd. *daz* kol 'Kohle') stehen.

PETERSEN 1944 belegt für zwei Kürschner die Beinamen *Harm* 'Hermelin' und *Voszal* 'Fuchsschwanz', für einen Hafner *Häfele,* für einen Fischer *Schupp.*

Um 1300 urkunden in Hamburg jeweils dieselben Personen als *Voghelere* 'Vogelfänger' und *Voghel, Valkenere* 'Falkner' und *Valke.*
Diese indirekten Berufsnamen bilden eine Gruppe zwischen den Berufs- und den Übernamen, da sie sich zwar auf den Beruf beziehen, aber in metonymischer Weise (S. 189). Bei Namen nach Werkzeugen *(Hammer)* oder Produkten *(Kesselring)* kann es sich auch um Häusernamen handeln.

Bei der Gesellentaufe, wo Handwerker ihren »Schliff« als Gesellen bekamen, gab man ihnen sog. **Schleifnamen**: *Hufnagel, Fleckeisen* 'sprödes Eisen', *Schafflützel* '(ich) arbeite wenig'. Sie sind nicht immer berufsbezogen; der Schuster HANS SACHS trug z. B. den Schleifnamen *Rosengart.* Der Einfluß von Schleifnamen auf die Entstehung von Familiennamen darf aber nicht zu hoch veranschlagt werden.

Die wichtigsten Anknüpfungspunkte für indirekte Berufsnamen sind:

1. **Das Arbeitsmaterial.** *Stah(e)l, Eisen, Kupfer, Küpferle, Kopper(s), Kupper* für den Schmied; *Zwirn(lein), Seidenfaden* für den Schneider; *Läpple* für den Flickschuster; *Hebel* 'Sauerteig' für den Bäcker.
2. **Der Arbeitsvorgang** schlägt sich bes. in Satznamen nieder, so *Stobemehl, Steufmehl* '(ich) wirble Mehl auf' für den Müller, *Zerrleder* für den Schuster, *Ziegenbalg* '(ich) ziehe den Blasebalg', *Dingeldein* '(ich) dengle den Degen' für den Waffenschmied; *Pink(e)pank* ahmt das Geräusch der Hammerschläge des Schmiedes nach.

   In diese Gruppe gehören auch *Stich, Faulstich* für den Schneider; *Staub, Stäubel, Steib(le), Stoiber, Stoof, Mehlstäubl* für den Müller; *Flamm, Gleim* und *Gluns, Gluntz* 'Funken' und *Fun(c)k(e)* für den Schmied (auch für den Temperamentvollen). *Span(n)an* und *Span(n)aus,* niederdt. *Span(n)uth* sind Fuhrmannsnamen; sie beziehen sich auf das An- und Ausspannen der Zugtiere.
3. **Die Arbeitskleidung.** *Mehlhose* für den Müller; *Lohkittel* für den Gerber.
4. **Werkzeug und Werkteile.** Für den Böttcher eintreten können z. B. *Faß-, Binder-* und *Kiefernagel,* sodann *Benthake* und *Triebel, Treibel,* womit das *Bandholz* oder der *Reif(f)* um die Dauben gespannt wird, daher auch *Treibenreif.* Vgl. *Fugger* 'Schere zum Schafscheren'; *Schöll-, Schellhorn* für den Türmer (vgl. das Volkslied 'Ich schell das Horn im Jammerton . . .'); *Maltersack, Kornrumpf* 'Korntrichter' für den Müller; *Hammer* für den Schmied; *Krönel-, Letz-, Feineisen* für den Steinmetzen, den Bader, den Weißgerber; *Kneip(p), Kniep, Knief, Knef* 'Schustermesser' (vgl. engl. *knife*) für den Schuster, *Tischbein* für den Schreiner.
5. **Das Produkt und die Ware.** Von den Abb. A von Hans Sachs erwähnten Böttcherprodukten sind als Familiennamen nachweisbar: *Kübel(e), Scheffel, Büttgen, Zuber, Lägel, Faß, Stübig.*

   Für den **Bäcker**: *Schmal-, Klein-, Rückbrot* ('Roggenbrot'), *Sauerbrot; Laible, Leibl* 'Brotlaib'; *Spitzweg* 'Weck in spitzer Form', *Wegge, Weck(lein), Wegbrot; Semmel, Sämmel, Simmel* (dies auch zu *Simon*); *Bretz(e)l, Bretzgen; Kuch, Kiechl(e), Koke(n), Kauke* 'Kuchen'; *Pfan(n)zelt* 'Lebkuchen', *Pfannkuch.*

Händler werden oft nach ihren Waren benannt: *Pfeffer(le), Pep(p)er, Kanehl* ('Zimt'), *Kimmel, Kimmich* ('Kümmel') für den Gewürzhändler; *Schmal(t)z, Schmolt* und *Salz, Sälzle* für den Fett- bzw. Salzhändler; *Schlegelmilch* 'Buttermilch' für jemand, der mit Milchwirtschaft zu tun hat.
Unter den **landwirtschaftlichen** Produkten gibt z. B. der Hafer, oberdt. Haber, zu vielen indirekten Berufsnamen Anlaß:
Für den Bauern *Haberkern, -korn, -saat, -stroh, -stuppel* ('Stoppel'), *Resch-* ('trocken') und *Frischhaber* im Gegensatz zum *Old(e)-* ('alt'), *Firn-* ('vorjährig') und *Faulhaber;* der *Habermas* muß seinem Herrn ein Maß Hafer zinsen.
Habermalz, -bier steht für den Brauer, *Habersack* wohl für den Fuhrmann, *Habermehl* für den Müller, *Haber, Häberle(in), Habermann* für den Hersteller/Verkäufer der unentbehrlichen Hafergrütze.
So konnte sich durch (a) direkte und (b) indirekte Benennung aus jedem Beruf ein erstaunlich **breites Spektrum an Familiennamen** entwickeln. Für den **Wirt** z. B.:
(a): *Wirt(h), Wirz, Thor-, Jungwirt,* niederdt. *Krüger, Kröger, Krogmann,* im Osten aus dem Slaw. entlehnt *Kret(z)schmar, -mer, -mann, Kaczmarek;* ferner *Schenk(e), Schenker, Bierwirth, -werth, Weingeb(er), -schenk, -zapf,* verspottet *Sauer-, Leierzapf* ('Tresterwein'), nach südöstl. *lit* 'Obstwein' auch *Leitgeb(er), Leihgeb.*
(b): *Bieräugel, -eye, -ögel* und *Tschaupp* nach dem Ausstecken *(öugen)* eines Schankzeichens *(schaup), Litfaß, Met(h)fessel, Mädefessel* 'Most- bzw. Metfaß', *Krug* (niederdt. für den Wirt, sonst für den Töpfer), *Zapf, Zapp(e), Buntenloch* nach dem Spundloch bzw. Zapfen, *Kühlewein, Kieltrunk.*

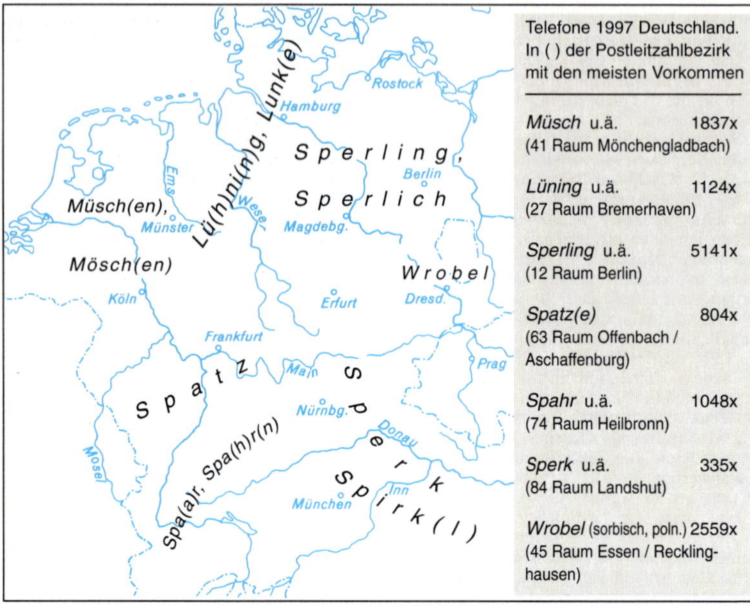

A Herkunftsbereiche und Häufigkeit von Familiennamen in der Bedeutung 'Sperling'

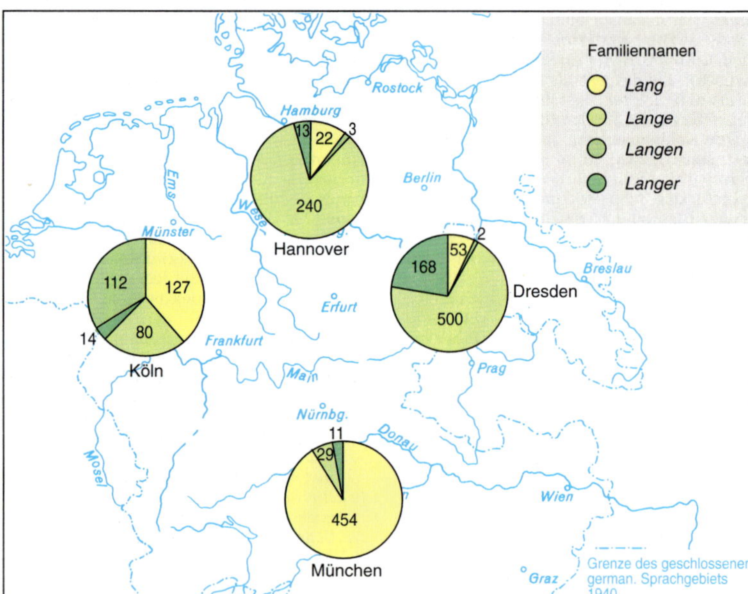

B Formen des Familiennamens *Lange* um 1930

Familiennamen aus Übernamen

Der Begriff »Übername« wird unterschiedlich verwendet: im weitesten Sinne synonym mit Beiname, d. h. für alle über den eigentl. Personennamen hinaus vorhandenen, die Person charakterisierenden Namen; in weitem Sinne für alle Beinamen außer denen, die aus Rufnamen gewonnen sind; in engem Sinne, so auch hier, für jene Beinamen, die nicht zu den Patronymika, Herkunfts-, Wohnstätten- oder Berufsnamen gehören (S. 63, Gruppen 1–4), sondern aus körperlichen, geistigen, charakterlichen Merkmalen eines Menschen, aus Ereignissen seiner Lebensgeschichte u. ä. gewonnen sind.

Bildungsweisen

Die Bildung von Übernamen erfolgt durch:
1. **Direkte** Benennung des Sachverhalts: *Greulich (Greil, Graul, Gruhl)* 'schrecklich'; *Wanschap, Wahnschaff(e)* 'mißgestaltet'.
2. **Metaphorische** Benennung: *Spatz, Spar, Sperl, Lüning* usw. 'Sperling' für einen kleinen, mageren oder flinken Menschen (Abb. A); *Storm* 'aufbrausend wie ein Sturm'.
3. **Metonymische** Benennung, d. h. durch Gegenstände, Personen, Redewendungen, Ereignisse usw., die in irgendeiner realen Beziehung zum Benannten stehen: *Sonntag* 'der am Sonntag geboren ist', *Herzog* 'der im Dienst des Herzogs steht', *Halbfaß* 'der ein halbes Faß voll Getreide, Linsen o. ä. zinsen muß'.

Nur in der Gruppe der Übernamen konnten auch **aus Sätzen** (*Hau(en)schild* '(ich) zerhaue den Schild', S. 152 f.) und **aus Adjektiven** Familiennamen entstehen.
Aus »der klein(e) Hans« wurde *Klein(e)-hans,* wobei sich in Urkunden öfter für dieselbe Person neben *Kleinhans* oder *Langemertin* auch *Hans Kleine* oder *Mertin Lange* findet. Auch der Typ »Hans der Kleine« ist belegt, woraus dann ebenfalls *Hans Kleine* wird. In süd- und westdt. Dialekten fällt das *-e* meist weg (Apokope, S. 161): *Hans Klein.*
Aus »Fritz der Sohn des Kleinen« erklärt sich der im Rheinischen häufige patronym. Typ *Kleinen, Langen, Jungen* (Abb. B).
Im Ostmitteldt. häufen sich Formen mit *-er*: *Kleiner, Grosser, Beschorner* 'der Kahlgeschorene'. Dieses *-er* kann als starke Flexion, wohl unter Einfluß des Vokativs (vgl. »Hör mal, Kleiner!«), oder als patronymisches Suffix gedeutet werden.

Gruppen

Ihrer Bedeutung nach ordnet BACH 1978 die Übernamen in folgende Gruppen:
1. Körperliche Eigenschaften, Körperteile *(Jung, Knie);* **2.** Eigenschaften des Geistes und Charakters (*Wrede* 'grimmig'); **3.** Tiere, Körperteile von Tieren *(Stier; Pagenstert* 'Pferdeschwanz'); **4.** Pflanzen, ihre Teile und Früchte *(Pilz, Holzapfel);* **5.** Gegenstände *(Korb, Korff, Stiefel);* **6.** Gestirne, Naturerscheinungen *(Stern, Schnee);* **7.** Jahres- und Tageszeiten, Monate und Wochentage, Festtage (*Herbst; Hornung* 'Februar'); **8.** Kirchliches *(Weihrauch, Teufel);* **9.** Geld und Geldeswert *(Schilling, Pfund);* **10.** Besitz *(Armmann, Nothaft);* **11.** Gelegentliche oder gewohnheitsmäßige Handlungen (*Tanz; Quenzer* 'Kartenspieler'); **12.** Abstammung, Verwandtschaft u. ä. (*Trautvetter* 'lieber Vaterbruder', *Stiefvater*); **13.** Weltliche und geistliche Würdenträger *(Fürst, Probst);* **14.** Reihenfolge *(Zwölfer);* **15.** Vorstellungen des Volksglaubens *(Neidnagel).*

Motivation

Warum jemand einen Übernamen aus welcher Gruppe erhielt, ist in Gruppen wie Nr. 1, 2 oder 11 oft eindeutig zu beantworten; bei den meisten Gruppen aber kommen jeweils viele Möglichkeiten in Frage.

Fuchs – einer der 50 häufigsten dt. Familiennamen – kann jemand benannt worden sein, weil er rote Haare hatte; weil er schlau war; weil er einen Fuchspelz trug oder solche herstellte; weil er einen Fuchs schoß oder verfehlte . . . Was letztlich im Einzelfall den Anlaß zu solchen Namen gab, liegt längst im dunkeln.

Viele Übernamen spiegeln ästhetische oder moralische **Normvorstellungen** der namengebenden Gemeinschaft wider, indem sie Menschen kennzeichnen, die man als zu groß oder zu klein, zu hochfahrend oder zu geschwätzig empfand.
So reflektieren Übernamen eine Art »sozialer Kontrolle«. Daher sind in ihnen **negative Bewertungen** häufig: *Wunderlich* für den Sonderbaren oder Launischen; *Klump(e)* für den Dicken oder Groben; *Hahn* für den Angeber oder Streitsüchtigen.
Doch werden durchaus auch positive Normabweichungen benannt: *Frühauf, Morgenschweiß, -roth* für den Frühaufsteher; *Schön(e), Schönemann, Schönherr.*
Übernamen können so auch gruppenintegrierende, ja kosende Funktion haben: *Schatz, Schätzle, Liebermann, Her(t)z* (dies meist aber Kurzform vom Rufnamen *Hart[wig]*).
Viele Übernamen dürften urspr. auch nur **relativ** gemeint gewesen sein, um z. B. einen älteren Hans von einem jüngeren Hans zu unterscheiden, wobei der *Alt* nicht bes. alt, der *Jung* nicht bes. jung zu sein brauchte.

Grundsätzlich ist zu beachten, daß viele Wörter heute eine **andere**, meist eingeschränktere **Bedeutung** haben als zu der Zeit, als die Familiennamen entstanden. *Bös(e)* bedeutete damals auch 'von niederem Stand' oder 'schwach'. Der Familienname *Star(c)k(e)* kann auch 'schlimm' bedeuten, *Klug(e)* auch 'zierlich', 'tapfer' oder 'listig', *Freund(t), Fründ* auch 'der Verwandte'.

Holzschnitt von
Hans Weiditz (1521)

Anzahl einiger Familiennamen, die sich auf besondere Körpergröße und -gestalt beziehen, in Bayern (B) und Hessen (H) nach Telefonanschlüssen 1995. In Klammern = ‰ der betreffenden Bevölkerung.

	Lang(e)(r)	*Kur(t)z(e)(r)*
B:	38209 (3,24)	6305 (0,54)
H:	19393 (3,51)	3265 (0,59)
	Groß(e)(r), -ss-	*Klein(e)(r)*
B:	11715 (1,02)	16968 (1,44)
H:	8187 (1,48)	15232 (2,76)
	Feißt(e)(r), -ai-	*Mager*
B:	708 (0,06)	913 (0,07)
H:	409 (0,07)	744 (0,13)
	Fett(e), V-	*Schma(h)l(e)(r)*
B:	263 (0,02)	476 (0,04)
H:	568 (0,10)	521 (0,09)
	Dick(e)(r)	*Dürr(e)(r), -ö-, -i-*
B:	1974 (0,17)	5575 (0,47)
H:	1022 (0,18)	5140 (0,93)

A Abweichungen vom Normalen als Ausgangspunkt von Übernamen

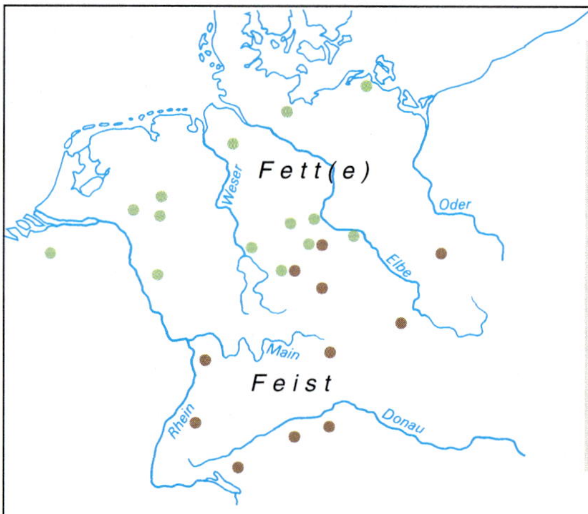

Vergleiche dazu Familiennamen wie

Fett, Fette,
Vett, Vette,
Fettback, -köt(h)er,
Vettscholder,
Fetcasper,
Forn(e)fett

Feiß(t), Feist,
Veist, Feist(e)l,
Faiß(t), Faistle,
Faistl, Feest,
Faistripp,
Feisthammel,
Fornfeist

● *fett* ● *feist*

für lateinisch *pinguis* u.ä. in Bibelübersetzungen und Wörterbüchern des 15. Jh.

B Familiennamen aus im 14./15. Jh. gebräuchlichen Wörtern für 'dick'

Übernamen nach körperl. Merkmalen
Wenn man einen Menschen beschreibt, wird man in der Regel erst den Gesamteindruck, dann sicher bald die Haare schildern, dann weitere Merkmale, meist von oben nach unten. Diese spontane **Art, Menschen zu beschreiben,** hat sich auch in den Familiennamen niedergeschlagen.
Namen, die den körperlichen Gesamteindruck wiedergeben, sind unter den Übernamen am häufigsten, gefolgt von der Gruppe der Übernamen nach den Haaren.

1995 rangierten in Dtl. *Klein* an 15., *Lange/Lang* an 25. bzw. 47., *Schwarz* an 19., *Krause/Kraus/Kruse* an 28./73./120. Stelle der häufigsten Namen (s. S. 198).

Körpergröße
Eindeutig sind *Lang(e), Kur(t)z(e),* niederdt. *Korte* (aber *Kort(h)* meist von *Konrad*). *Wenig(er)* heißt 'klein, schwach', dagegen kann *Kleiner(t), Kleinke,* niederdt. *Kleen, Klehn* auch 'fein, zart' bedeuten und *Gro(o)ß(e), Grosser(t),* niederdt. *Grot(h)e* auch 'dick; vornehm'.
Zusammensetzungen wie *Großhans* bzw. *Kleinhempel* dürften oft, wie *Alt* bzw. *Jung* einen Älteren von einem Jüngeren unterschieden haben.

Das alte Wortpaar *michel* 'groß' und *lützel* 'klein' schlug sich eindeutig nur in *Lützelmann, Lüttjohann* u. ä. nieder. *Lütt-ge(ns), Lütje* u. ä. kommen wohl meist von Rufnamen wie *Lud[olf], Michel* u. ä. von *Michael.*

Körperumfang, Körperform
Der auffällig Schlanke heißt *Schma(h)le, Schmeling* oder *Mager, Mägerl(ein), Megerle,* am häufigsten *Dürr(e), Dörr(e).*

Wieweit niederdt. hager und oberdt. rahn 'dünn' in *Ha(a)ger, Rahn(er)* stecken, ist wegen Überschneidungen mit Wohnstättennamen aus Hag bzw. Patronymen aus *Ragin-* schwer zu sagen. *Dünn(e)* ist als Familienname selten (Telef. 1995: 150 x).

Für den Dicken sind im Norden *Fett(e),* im Süden *Feiß(t)* gebräuchlich (Abb. B). *Vornfett* und *Fornfeist* tragen vorne dicke Bäuche. Auch *Grob(e)* bezieht sich oft auf die Körperfülle.

Dick bedeutete auch 'dicht, häufig', so daß entsprechende Familiennamen oft Wohnstättennamen zu 'Dickicht' sind. Sie können auch von 'Deich' oder von Kurzformen von *Dietrich* stammen.

Die Körperform wird oft mit **Metaphern** umschrieben. Beispiele aus Tirol:
Für dürre Menschen *Grill* 'Grille', *Maringgele* 'Heuschrecke', *Stingl* 'Stange', *Pein-*(Bohnen-), *Hanfstingl, Schaub, Schäuble* 'Strohbund'; für Dicke oder Unförmige *Tschugg* 'Klotz', *Brigl* und *Knittel* 'Prügel, plumper Mensch', *Kolb, Kölble* 'Keule', *Trem(b)* 'Dreschflegel', *Schroll* 'Klumpen', *Stoll* und *Storf* 'Knollen' usw.

Haare
Haarfarbe. Eindeutig sind *Grau(e), Grau-, Grave-, Gra(h)-, Gro(h)mann, Grah(e), Grag(e), Groh(e), Graa, Greue, Greuling, Greubel, Krau(e)(l), Kreul, Grauschopf, Gra-, Grolock.* Auch niederdt. *Gries(e)-(haar)* meint den Grauhaarigen; daraus hat sich das Wort Greis entwickelt.
Bei den einfachen *Weiß(er), Wiss, Wyss, Witt(e)* bzw. *Schwarz(e), Schward(t), Schwarte(n), Schwerting* ist vielleicht manchmal die Hautfarbe gemeint; eindeutig sind aber *Weißhaar, -haupt, -happel, -schädel, Weischedel, Wittkopp, Schimmel(haupt), Schwarzkopf.*
Dagegen dürften *Braun(e), Bräunle, Bru(h)n* meist vom Rufnamen *Bruno* stammen, der seinerseits 'braun; glänzend' bedeutet.
Wie *Rothaar, Rodekopp* können auch *Roth(e),* niederdt. *Ro(h)de* den Rothaarigen meinen, doch spielen hier viele Örtlichkeitsnamen in der Bedeutung 'Rodung' herein. Meist nannte man Rothaarige jedoch *Fuchs.*

In Italien ist *Rossi* 'der Rot(blond)e' der häufigste Familienname überhaupt.

Gehlkopf, Gehl-, Gel(l)-, Geelha(a)r, Gehler und *Fla(ch)shaar* meinen den Blonden.
Haarform. Der Lockige wird selten *Lock(e), Löckle, Weiss-, Ma(h)r-, Morlock* ('mit zottigen Locken') bezeichnet, häufiger mit dem ausgestorbenen mhd. Wort *reit: Reithaar, Reidhar, Reid(t), Reid(e), Rait(h), Raidle(in)* (Überschneidungen mit 'Reute' möglich). Auch *Krull, Krüll, Kroll, Crull* heißt 'lockig' (*Kroll* im Osten aber oft zu slaw. 'König').
Am häufigsten ist der Typ *Kraushaar, Krausmann, Kraus(s)(e), Kräußle, Kreisel, Kr(a)uspe, Kruse.*
Den viel seltener benannten Gegensatz bilden die *Glatthaar* und *Schlichthärle, -hörle, -krull,* wohl auch viele *Schlicht(e)* und *Schlecht(e),* die aber auch von einem geraden Wesen oder einer ebenen Örtlichkeit kommen können.
GOETHE wurde in Leipzig »der Frankfurter Strubbelpeter« genannt, H. HOFFMANN schuf 1845 das Kinderbuch vom Struwwelpeter. Dasselbe Wort tragen die *Straub(e), Sträuble, Straibl, Strübi, Striebel, Str(e)ubel(t), Strobel, Ströbele, Strub(e)* in ihren Namen. Bei niederdt. *Struve, Struwe, Strufe, Strüwing* spielt auch *struf* 'streng, unfreundlich' herein.
Haarmenge. Starker Haarwuchs kennzeichnet den *Rau(h), Rauch, Ruh(e)* (s. S. 161). Auffälliges Haar trug der *Breit-* und *Großschopf,* wohl auch der *Schöpflin.*
Für den Kahlen stehen vor allem *Glatz(e)(l), Glätzle* und *Kahl(e)(mann),* slaw. *Gohlke, Jolka, Golla(sch). Kahler(t)* kann auch vom Ortsnamen Kahla oder von niederdt. 'Köhler' kommen.
Mit spärlichem Haar wurde man als *Siebenhaar* verspottet (Telef. Dtl. 1995: 502 x).

Kopf = Gefäß				*Kopf* = Kopf			
Rudolf	*zem Chopfe ad cifum*	Hausname 'Zum Becher'	1289 Basel	–	*Glatkopf*	'Kahlkopf'	1290 Basel
Heinrich	*Glasecoph*	'Glasbecher'	13.Jh. Andernach	*Radolf*	*Calecop*	'Kahlkopf'	1325 Lübeck
Tilmann	*Hulzincop*	'Holzbecher'	1298 Trier	*C.*	*Swartzkopf*	'Schwarzkopf'	1328 Nürnberg
Dietrich	*Lericoph*	'Leerbecher'	1241 Worms	*Konrad*	*Wederkop*	'Widderkopf'	1249 Hamburg
Heinrich	*Vullekop*	'Vollbecher'	1226 Namedy	*Rotmundis*	*Cregenkop*	'Krähenkopf'	1258 Hamburg
Friedrich	*der Muoskopf*	'Breischüssel'	1276 Dieburg	*Otto*	*Grillenkopf*	(vgl. Grillen im Kopf haben)	1321 Nürnberg

A Namen mit *-kopf* in der alten Bedeutung 'Becher' und der neuen Bedeutung 'Kopf'

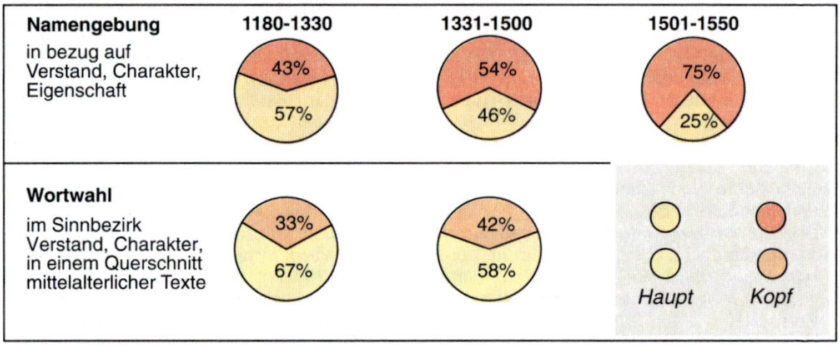

B Verhältnis von *Haupt* und *Kopf* in Wortschatz und Namen 1180-1550

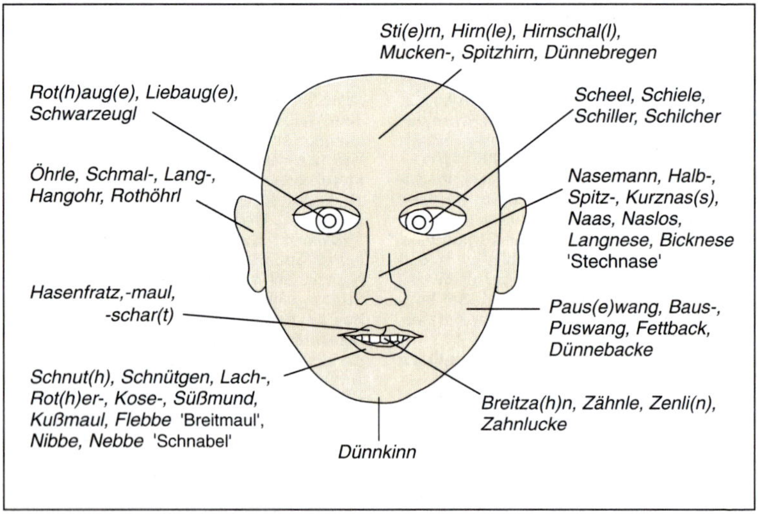

C Einige Familiennamen nach Teilen des Kopfes

Übernamen mit *Haupt* und *Kopf*

Das übliche Wort für den Kopf war urspr. Haupt, während Kopf 'Becher, (Trink)gefäß' bedeutet hat.

Die alte Bedeutung von Kopf hat sich noch in Schröpfkopf 'Gefäß zur Blutentnahme' und dem dazugehörigen Familiennamen *Köpfer* erhalten, auch in Häusernamen wie »Zum goldenen Kopf« und in Familiennamen wie *Stein-, Weinkopf, Maserkopf* 'Holzbecher', *Kopfmacher, Kopfdreher* 'Becherdrechsler'.

Seit dem 12. Jh. entwickelte sich Kopf 'Becher' zur Metapher für das Haupt: »jemanden den Becher einschlagen« bedeutete 'den Kopf einschlagen'. Diese zunächst noch wie heutiges Birne oder Rübe abschätzige Metapher setzte sich in der Alltagssprache immer mehr durch und wurde seit Ende des MA. zur normalen Bezeichnung des Kopfes. Gleichzeitig verlor sie die urspr. Bedeutung 'Becher'.

Das Wort Haupt wurde dadurch zurückgedrängt und nur noch in gehobener Sprache verwendet.

Für die Familiennamen hatten diese Prozesse zur Folge:

1. Sowohl Haupt als auch Kopf sind in Familiennamen eingegangen. *Weißhäupt(l), Witthöft* neben *Weißkopf, Wittkop(p)* 'der Weißhaarige'.

 Das Verhältnis *Weißhaupt : Weißkopf* betrug 1926 in Wien und München 66:32 bzw. 32:16.

2. Haupt trägt in vielen Familiennamen noch nicht die »erhabene« Bedeutung wie heute. Der Familienname *Muckenhaupt* heißt: 'er hat ein Haupt wie eine Fliege' oder 'er hat Fliegen im Haupt', was man heute so nicht mehr formulieren kann.

 Vgl. *Dreyhaupt* 'Drehkopf', *Wegehaupt* 'Wackelkopf', *Breit-, Dünn-, Ku-, Ko-* ('Kuh'), *Todten-, Düwels-* ('Teufels-'), *Mocken-* ('Klumpen'), *Schweins-, Wollen-* ('wolliges Haar')*haupt, -höf(f)t.*

3. Kopf trägt in zusammengesetzten Familiennamen teils noch die alte, teils schon die neue Bedeutung. Vgl. *Glaskopf* für den Hersteller von Glasgefäßen neben *Kahlkopf, Trendekop* 'Rundkopf' (Abb. A).

4. Einfaches *Kopf, Köpfel,* mittel- und niederdt. *Kopp* kann auf einen Becher, einen Kopf oder einen kopfartigen Berg zurückgehen.

 Die meisten *Kopp,* vor allem aber die *Koppel, Köpple, Köp(p)(ch)en, Köp(p)ke(n)* stammen jedoch vom Rufnamen *Jakob.*

Das Wort Kopf verdrängte die Bezeichnung Haupt in der **Namengebung schneller** als im Wortschatz des gleichzeitigen Schrifttums (Abb. B). Während man noch »ein Haupt voller Witz . . .« schrieb, nannte man die Leute schon *Heinrich Witzkopf.* Die Namengebung spiegelt die neue Verwendung von Kopf im alltäglichen mündlichen Verkehr, wogegen die Schriftsprache länger am herkömmlichen Sprachgebrauch festhielt.

Übernamen nach Teilen des Kopfes

Wie im Krankenhausjargon Patienten als »der Blinddarm« oder »die Kniescheibe« bezeichnet werden können, so steht oft auch in der Übernamengebung ein auffälliger Körperteil für die ganze Person.

 Das Telefonbuch München 1990 zählt 37 *Hirn,* 14 *Ohr, Öhrle(in), Ohrwaschel,* 35 *Mund(t),* 129 *Zahn,* 371 *Bart(h)* (zu diesem s. aber S. 155).

Der Bart lieferte zahlreiche Namen: *Breitbart, Bunte-, Flachs-, Distel-, Hack-* ('stachlig'), *Häs(s)el- (Hössel-, Hessel-* 'haselnußbraun'), *Wacker-, Zitterbart(h).*

 Eisenbart, bekannt durch den im Volkslied verspotteten berühmten Chirurgen Dr. *Joh. Andr. Eyssenbarth* (1661–1727), wird weniger vom Barte im Sinne von 'eisenharter Mensch' als vom Rufnamen *Isanbert* abgeleitet sein.

Augen. Schwäb. *Feinäugle, -aigle* meint wohl den Verschmitzten, bair. *Plenagl* den Triefäugigen oder Zwinkerer, alemann. *Tröndle, Trönli(n)* den Tränenden oder Weinerlichen.

Wie verbreitet das **Schielen** war, bezeugen die zahlreichen *Scheel, Schael(e), Scheelke* (vgl. »scheel ansehen«), alemann. *Schelb(le), Schelp,* bair. *Schelch, Schölch* 'der Schielende'. Dasselbe bedeuten *Sche(e)ler* (soweit es nicht den Rindenschäler meint) und die meisten *Schill(e), Schiller, Schilli.*

Nase und Ohren. *Bicknase* hat eine spitze, *Nashak(en)* eine gebogene Nase. *Hasenohr, Hasenöhrl* kann den Feinhörigen wie den Langohrigen meinen. Verbrechen wurden manchmal durch Abschneiden von Ohren bestraft: *Ohrlos.*

Mund. *Rabbel-, Schlatermund* beziehen sich nicht auf die Mundform, sondern auf die Geschwätzigkeit; so wohl auch *Schnab(e)l, Schnappel, Schneble,* was aber auch Gefräßigkeit (vgl. *Sperrschnabel*) oder einen Häusernamen meinen kann (vgl. *Kronschnabel* 'Kranich-').

Kibbenibbe ist der 'Keifschnabel', *Schmer-* und *Schmi(e)rmaul* bedeuten 'Lächelmund', *Schmutzmaul* dasselbe (mhd. *smutzen* 'lächeln') oder, wie *Kußmaul,* einen wie zum Küssen gespitzten Mund.

 Im Osten kann *Kußmaul* wie *Kosma(h)l(e), Kosmehl, Kusmähly* aus tschech. *kosmaly* 'Strubbelkopf' entstanden sein.

Das nördl. Wort **Lippe,** dem im Süden zur Entstehungszeit der Familiennamen das Wort Lefze entsprach, und das **Kinn** gaben kaum Familiennamen her.

 Lipp(l), Lippke, Lips sind in der Regel von *Philipp* abgeleitet, *Lippelt, Lippert* von *Leupold, Liebhard* u.a., *Lippmann, Lippe* von Orts- und Flußnamen.

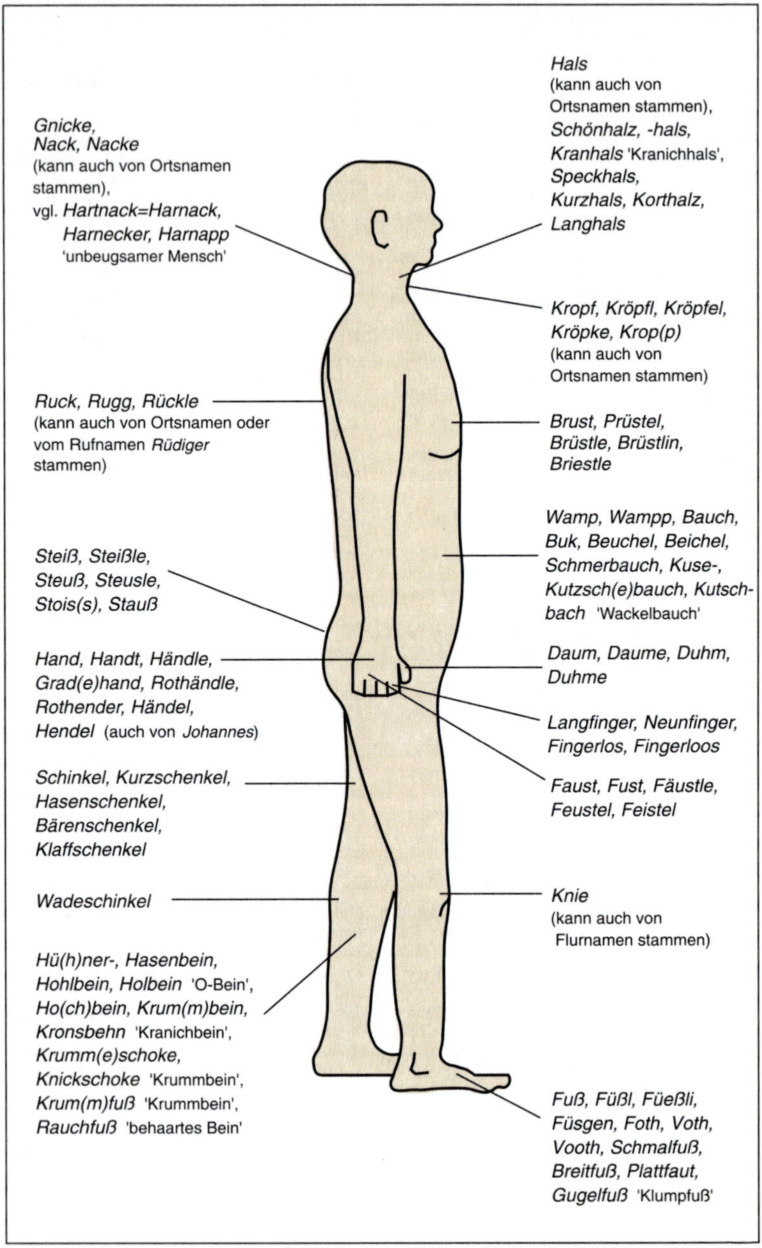

Familiennamen nach Körperteilen

Übernamen nach sonstigen Körperteilen
Fast alle Körperteile spiegeln sich in Familiennamen, sogar der **Penis**. Die im MA. für diesen gebräuchlichen Wörter *zumpf, unker, visel, zers* können Anlaß gewesen sein für Namen wie *Zump(e), Zumpf, Zümpfel; Unker(t); Visel, Fissel, Fies(e)l(er);* aber *Zersch, Zerres* kommt wohl meist vom Rufnamen *Nazarius*. Dazu kommen Metaphern wie *Wackernagel* 'tüchtiger Penis', ähnlich zu deuten vielleicht auch *Stülp-, Recknagel*.

Bein und Fuß
seien hier als weitere Beispiele herausgegriffen. **Bein** bedeutete urspr. 'Knochen', wie noch heute aus Wörtern wie Nasenbein oder ausbeinen, aus Redewendungen wie »durch Mark und Bein« oder aus Namen wie *Beinhauer, Beenhacker* hervorgeht.
Daneben nahm es die Spezialbedeutung 'Bein' an, die sich in Familiennamen zeigt wie *Hasen-, Hol-* ('nach außen gebogen'), *Strack-* ('gerade'), *Korte-* ('kurz'), *Langbein* oder *-behn, Kaege-, Kegenbein* 'Schleppfuß'; *Schiefelbein* kommt aber vom Ort Schivelbein/Pommern.
Fuß konnte sich nicht nur auf den Fuß, sondern auf das ganze Bein beziehen. Noch heute reicht in manchen süd- und westdt. Dialekten der Fuß bis zum Hüftgelenk. Das zeigt sich in Familiennamen wie *Rauchfuß* 'behaartes Bein', *Hinke-, Krum(m)-, Kuh-, Wockenfuß* ('Spindelbein'), *Ziegenfuß. Gehl-* ('gelb'), *Seidenfuß* beziehen sich auf die Beinkleidung.
Dagegen ist die engere Bedeutung 'Fuß' in vielen Familiennamen mit der Bedeutung 'Klumpfuß' zu fassen: *Gugel-, Kla(h)n-, Kaul-, Stoll-, Poll-, Klom-, Dal-, Dollfuß.*

Zu letzterem vgl. den Bericht im Steinbacher Wallfahrtsbuch 1736 von der Heilung einer Frau, die »einen Tollfuß so groß wie ein gemeiner Rührkübel« hatte.

Auf den **Gang** beziehen sich *Schleicher, Schlie(c)ker, Schreit(t)er, Leis(e)-, Liese-, Lüsegang, Leis(e)bein, -tritt; Stolterfoth, Stoltefaut(h)* 'Stolperer', *Stampfuß; Stelzer, Stilz, Stülz* 'Stelzfuß'; *Schie(c)k, Schick(e), Schieke* 'der Schiefe', nach dem Gang oder der Gestalt.

Linkshänder
Namen wie *Link(e), Linck(e), Linncke* bezeichnen den Linkshänder, aber auch einen linkischen Menschen.

Dasselbe gilt für *Lynk(er), Glink,* auch *Lenk(e), Lenck(e),* sofern nicht 'der Gelenkige' oder ein Ortsname wie Lenke zugrunde liegt.

Andere Wörter für 'links' in den dt. Dialekten sind:
Bairisch tenk. Dazu die Familiennamen *Teng(g), Tenk, Deng(g), Denk.*

In südmährischen Urkunden des 14./15. Jh. findet sich nur der Familienname *Tenk,* in nordböhmischen dagegen nur *Link(e).*

Außerhalb des Bairischen geht *Teng, Denk(e)* auf die Rufnamen *Antonius* bzw. *Dank[wart]* zurück.
Fränkisch und niederrheinisch lurz, lörz, lorz, lurk. Dazu gehören Namen wie *Lörsch, Lörzel, Lörtscher, Lörtzer, Lurtsch, Lur(t)z, Lurk.*

Lor(t)z kommt aber meist von *Lorenz.*

Niederdt. lucht. Eindeutig ist *Luchterhand(t),* während *Lucht(er), Luchtmann, Lugt, Lochte* auch Übernamen zu lucht 'Luft' oder Wohnstättennamen ('der an/auf der Lichtung' etc.) sein können.

Verstümmelungen und Krankheiten
führten zu Namen wie *Einbein, Schramm(e)* (auch Wohnstättenname), *Schrimp(e), Schrimpf, Schrempf* 'der mit der Wunde', *Brennfleck* 'der Gebrandmarkte', *Kurfeß, -fiß, -fuß, Gurfay* 'der mit der Mundfäule', *Gneist* und *Knatz, Gnaß(kopf)* 'der mit dem Grind', *Blaterer* 'der mit den Pusteln', *Zipperle(n)* 'der Gichtkranke' (oder zum Rufnamen *Cyprian*).

»Knorriger« Wuchs und Charakter
Die Grundbedeutung einer indogerm. Wortwurzel, die im Dt. als *Kn-* erscheint, war 'verdickter Gegenstand'. Daraus entwickelten sich Wörter wie Knauf, Knödel, Knolle, Knospe, Knorpel, Knirps, Knüppel usw.
Von dieser Grundbedeutung her können sich auch viele Übernamen, die mit *Kn-* beginnen, sowohl auf körperlich wie auf charakterlich 'knorrige, knollige, knotige Menschen' beziehen.
In diese Gruppe gehören

Knau(b)er, Knaur, Knu(h)r, Knürle(in), Knauf, Knäufel, Knaup(p), Knup(p)e, alemann. *Knaus, Knäusle, Kn(a)ust, Kneißle, Kneist, Knüsli* (*Knaus* u. ä. auch zu mhd. *knûz* 'keck' oder zu 'knauserig'), *Kneitel, Knaut(h), Knepf, Knetzel, Knötzel, Knob(b)e, Knubbe, Knibbe, Knobel, Knode(l), Knot(h)(e), Knötlein, Knoder(er), Knoll(e), Knöf(f)el, Knor(r), Knorre(n), Knor(t)z, Knörzer, Knosp, Knöspel, Knotz(e), Knötzel, Knö(h)r, Knörig . . .*

In LESSINGS ›Nathan der Weise‹ ist der Charakter dieser Übernamen angesprochen:

»Nur muß der eine nicht
den andern mäkeln,
Nur muß der *Knorr* den *Knubben*
hübsch vertragen.«

Knoche(n) kann knochigen, aber auch knorrigen Körperbau oder groben Charakter meinen. Dazu gehören auch *Knöckel, Knockl, Kno(c)ke, Kna(a)k(e), Hartknoch.*

Wertung	Ort	Name	Wertung	Ort	Name	Wertung	Ort	Name
negativ	A,L,F,R:	*Un(g)ruh(e)*	negativ	A:	*Ungelenk*	positiv	F:	*Unangst*
negativ	L,F,R:	*Unfried*	positiv	A:	*Unschuld*	negativ	F:	*Ungereit* 9)
negativ	L,F,R:	*Unseld,-ö-* 1)	positiv	A:	*Unverzagt*	positiv	F.	*Unmüßig*
negativ	F,R:	*Unglaub(e)*	negativ	L:	*Unbehaun* 4)	negativ	F:	*Unrecht* 10)
negativ	F,R:	*Unf(er)richt* 2)	negativ	L:	*Unmack* 5)	negativ	F.	*Untraut* 11)
positiv	F,R:	*Unverdorben*	neutral(?)	L:	*Unteutsch* 6)	negativ	F:	*Untucht* 12)
negativ	L,F:	*Unrein*	negativ	L:	*Unthan* 7)	positiv	F:	*Unverfehrt* 13)
negativ	R:	*Unrath* 3)	positiv	L:	*Unverhau* 8)	negativ	F:	*Unzeitig* 14)

1) Unglück (aber auch Unschlitt) 2) unordentlich 3) Not 4) ungehobelt 5) ungemächlich, unbequem 6) undeutsch 7) ungeschlacht 8) unverletzt 9) unfähig 10) falsch, mißraten 11) unlieb 12) ungesittet 13) unerschrocken 14) unreif, unpassend

= negativ = positiv = neutral(?)

A: Aachen L: Lübeck F: Freiburg R: Regensburg

A Charakterisierende Familiennamen mit *Un-* aus Telefonbüchern 1992

Geschickter Umgang

Wucherpfennig	vermehren
Wockenpennig	wuchern
Winnepfennig	gewinnen

Ungeschickter Umgang

Schimmelpfennig	verschimmeln lassen
Sulzepfennig	einsalzen

Sparsamkeit, Geiz

Wehrenpfennig	verteidigen
Zippenpfennig	sparen
Wriefpfennig	reiben
Küssenpfennig, Kistenpfennig	küssen

Verschwendung

Zehrenpfennig, Zärpfennig, Zährenpfennig	verprassen
Schmeltzpfennig	schmelzen lassen

statt *pfennig* findet sich auch *-fennig,- penning,-pfenning, -penn, -pfeng*

B Umgang mit Geld in Familiennamen auf *-pfennig*

Übernamen nach der Wesensart

Die Einschätzung der Mitmenschen nach der Art ihres Wesens zeichnet sich in der Namengebung in vielen Gegensatzpaaren ab wie *Demuth* gegenüber *Ho(ch)mut* oder *Klug(e), Klauck(e), Klugermann* gegenüber *Dumm, Thumb(shirn)*. Vgl. die folgenden positiven (+) und negativen (-) Gruppen:

+ *Gut(h), Gude, Gutt* (auch Rufname *Guoto*), *Guderian* 'guter Johann', *Gutberlet(t)* 'guter Berthold'; *Biedermann, Bittermann, Biderb* zu mhd. *biderbe* 'tüchtig';

– *Bös(e), Böshenz, -nickel* zu mhd. *boese* 'schwach, schlecht'; *Arg; Quade, Qua(a)dt, Quadejacob* zu niederdt. *quat* 'böse'; *Uebel(e); Wirs(ch)i(n)g, Firsching, We(h)rsig* zu mhd. *wirsic* 'schlimm'.

+ *Redlich, Ehrlich* (= 'angesehen'), *Ehrba(h)r, -sam* (*Ehrle, Ehreke* u. ä. aber vom Rufnamen *Ehr[hart]*);

– *Schädlich, Scha(a)d(e), Schädle* 'Schädiger'; *Quand(t)* 'Schelm, Windbeutel' (auch Ortsname); *Macheleid, Machaledt* '(ich) füge Leid zu'.

+ *Wohlzogen, Wollzonn* 'gut erzogen'; *Wolgrott* 'wohlgeraten'; *Hübsch(er); Höflich; Fein(e), Fie(h)n*;

– *Unbehauen, Unart, Unertl* 'von schlechter Art'; *Grob(e), Grove* 'unfein, dick'.

+ *Fröhlich(er); Freud(e), Freudigmann; Bli(e)de* zu mhd. *blide* 'froh'; *Ohnesorg, An(e)sorg(e)* 'sorg(en)los', *Sorgenfrey; Wo(h)lgemut(h)* und gleichbedeutendes *Wollmut* in Berlin 1930 132x:7x, Wien 14x:99x; *Lo(h)se* zu mhd. lôs 'frei, froh, frech'; *Frisch(e)* (soweit nicht von *Friedrich*);

– *Traurig; Sorg(e)* (auch Ortsname!), *Sörgel, Kumber-, Kummernuß 'Kümmernis'; Kummer, Kümmerle, -ling* (aber auch zu Rufnamen wie *Kunemar*).

+ *Süß, Süßl(en), Süeß, Sieß, Süßmann, Suß(e), Sußmann, Söth(e), Seutemann*;

– *Sauer* 'böse, unangenehm', *Sauermann, Suhr* (auch Ortsname, vgl. S. 101); *Unsoete* 'unsüß'.

Um 1930 gab es in Braunschweig, Hannover und Magdeburg insgesamt 152 *Sauer, Suhr,* aber nur 14 *Süß(e), Soete, Seute*.

+ *Wacker* 'tüchtig' (auch Rufname), *Waggerl, Wecker(lin); Fromm* 'tapfer, tüchtig' (auch Rufname *Fromm[hold]*), *Frommann,* niederdt. *Frahm(ke); Fröchtenich(t)* 'fürchte nicht'; *Schnell(e)* 'behende, tapfer'; *Spiet(h)* 'flink'; *Frech* 'kühn'; *Keck, Köck, Kech(t)* 'unerschrocken, tüchtig';

– *Träg, Trag(e)* (auch Rufname *Drag[bert]*); *Faul(l), Faulmann, Fuhljahn; Gemächlich, Gmach(l), Gmelch, Gme(h)lin* 'bequem'; *Lat(h)wesen* 'laß es sein', *Lategahn* 'laß es gehen'; *Lasch, Laß, Lässig* (zu mhd. *laz* 'träge'; auch Ortsname).

+ *Früh(e), Frü(h)auf(f), Frühinsfeld; Morgenrot;* metaphorisch *Ameis, Emeis, O(h)mes* 'Ameise';

– *Späth(e), Spath, Speth* (niederdt. auch 'Spieß'), *Spätauf; Schlaf(fer), Schläfer;* metaphorisch *Schneck(e), Schnick* 'Schnecke'.

Aggressivität wird durch viele Namen reflektiert: *Zorn, Zürni, Zürn(er), Zörndlein; Zank(el), Zänkel, Zenker; Streit, Streidel* (auch vom Rufnamen *Strid[bert]*); *Krieg, Krick* (zu mhd. *kriege* 'widerstrebend, zänkisch'; aber *Kriegel* meist 'Krüglein'); *Gleichauf, Gäch(auf), Gach* 'jähzornig'; *Wrede, Wree* zu mnd. *wrēt* 'grausam, zornig, stark'; *Grell(ert)* und *Greiner* und *Wru(u)ck* und *Kre(e)ter, Kreiter, Krieter* 'Zänker'; der *Zuck-, Zugschwert* zieht schnell sein Schwert; der *Teuf(f)el, Teifel, Deufel, Deubel, Deibel, Düwel, Düvel* kann auch ein bes. tüchtiger 'Teufelskerl' sein.

Doch kann *Teufel* etc. auch aus einer entspr. Rolle in einem Theaterspiel oder aus einem Häusernamen abgeleitet sein.

Ungestüm sind die *Stü(h)m(er), Sturm, Storm, Störm(er), Ungewitter, Rohwed(d)er, Schwind(t)* (mhd. *swinde* 'heftig, stark, schnell'; auch zum Rufnamen *Swind[bert]*).

Eine »friedfertige« Gegengruppe ist nicht so deutlich auszumachen. *Mild(e), Fried(e), Vreede* u. ä. stammen meistens von Rufnamen wie *Mild[brecht], Fried[rich]. Sanft(e), Senft(li)* kann den Bequemen wie den Freundlichen bezeichnen. Immerhin gibt es wesentlich mehr *Freund(t), Freundel, Fründ(t)* als *Feind(t), Feindl, Find(t).*

Ihr Verhältnis war 1930 in Hannover 14:5, in Magdeburg 18:9; Telef. Dtl. 1995 7166:1069. Doch vgl. S. 139.

Das Sprachverhalten

führte zu fränk. *Geud(n)er, Geut(h)ner, Geidel,* alemann. *Broger,* schwäb. *Schaller, Scheller,* niederdt. *Bra(a)sch(e),* die alle lautes Reden oder Prahlen bezeichnen. Auch *Bröller, Göhler(t), Rall(e), Rausch(er), Reuschel* beziehen sich auf den Lauten und Großtuer. Hinzu treten die *Krey(h)er, Kreger* 'Kräher, Kreischer', *Keif(f)er, Kibbenibbe* 'Keifschnabel' etc.

Was oberdt. der *Schwätzer* ist, ist niederdt. der *Kolz(er)* oder *Schnack.* Dasselbe bedeuten *Kal(l)hardt, Kallert* und *Klapper(t).*

Auch *Breitsprecher,* bis heute ein Spitzname für die Mecklenburger, findet sich in Telef. Dtl. 1995 382x, v. a. in Mecklenburg.

Stottern heißt mit der Zunge an*stoten* (anstoßen); das Wort taucht erst im 15. Jh. im Niederdt. auf. Daher ist es in Namen selten. In Soest urkundet 1503 ein *Stotterjohann.* Häufiger finden sich die älteren Wörter stammeln, niederdt. stammern, z. B. in *Stammler, Stäm(m)ler, Stem(m)ler, Sta(h)mer, Stammer(johann).* Dasselbe bedeuten *Statz(ger), Doder(er), Duderer.*

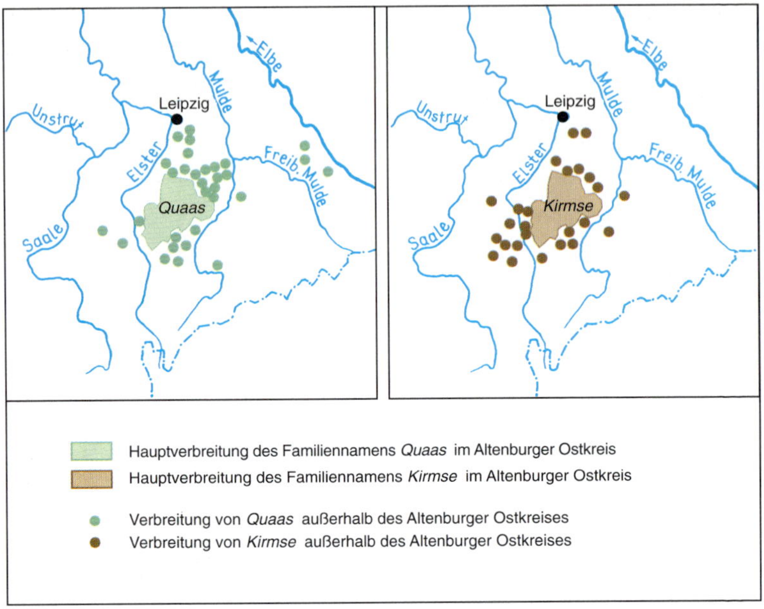

A Zwei Familiennamen in der Bedeutung 'Fresser' zwischen Saale und Elbe um 1920/30

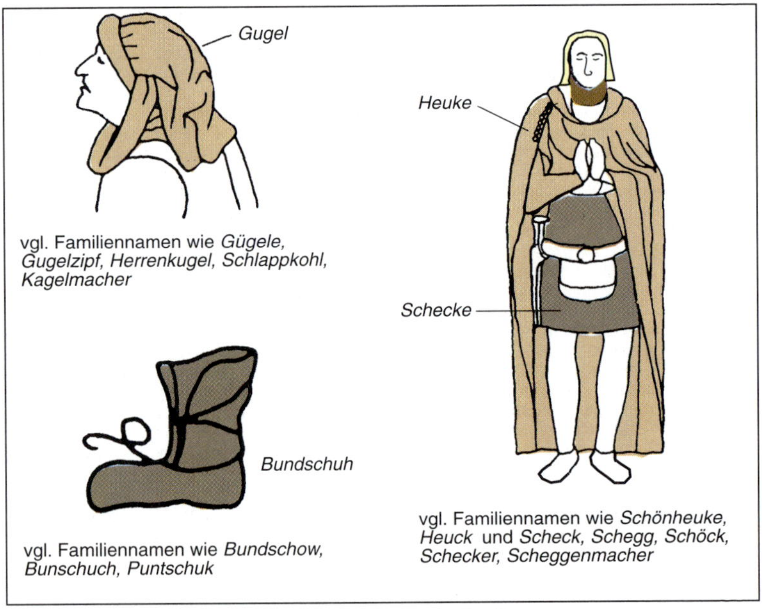

B Kleidungsstücke des 14./15. Jh. als Ausgangspunkt für Familiennamen

Vom **Essen** leiten sich Namen ab wie
Brod-, Brei(n)esser, Gnugesser ('Vielesser'), *Essigerne* (= *Essegerne*), *Esskuchen.*

Das Wort **fressen** ist aus ver-essen entstanden und bedeutete urspr. 'aufessen'. In der Zeit, als die Familiennamen aufkamen, wurde es aber schon abschätzig gebraucht. In diesem Sinne führte es zu Namen wie
Fraas, Frohs, Fresse(r), Bol(l)fras(s) 'Gebäckfresser', niederdt. *Freter, Fretwurst* 'Friß die Wurst', *Fretup* 'Friß auf'. Im Alemann. schlug sich die Eß- und Trinklust in den Namen *Fräs(s)le, Fres(s)le* und *Tränkle, Trenkle* für den Fresser bzw. Säufer nieder.

Vom **Trinken** leiten sich Namen ab wie
Trinkl, Trunk, Morgendrunk (für einen, der schon am Morgen Alkohol trinkt), *Drinkut(h)* 'Trink aus', *Sauf(f),* niederdt. *Süper.*
Aber *Säuferle(in)* stammt meist vom Rufnamen Siegfried.

'Herunterschlingen' heißt mhd. *slinden.* In mitteldt. Dialekten wurde daraus *schlingen*, was sich durch M. LUTHERS Wirkung als dt. Standardwort durchsetzte. Beide Formen finden sich in Namen:
Schlund(t), Schlink, Schlunk (auch Wohnstättennamen), *Schlindwein.*

Mhd. *slicken, slucken* führte zu *Schlicksbier, Schlicksupp, Schluckebier, Schluck, Schlück(er).*
Dazu auch die südl. *Schlick,* während die nördl. *Schlick(e)* eher Wohnstättennamen zu Schlick 'Schlamm, Sumpf' sind.

Mhd. **slamp** heißt 'Gelage'. Davon sind die Verben schlemmen und schlampampen 'schmatzen, schlürfen' abgeleitet und die Namen *Schlamp(er), Schlimper, Schlemp(er), Schlemm(lein), Schlemmer* (aber auch von Ortsnamen wie Schlema/Erzgeb.), *Schlömer.*

Von **lecken** und dem davon im 15. Jh. mit expressivem *s(ch)-* abgeleiteten **schlecken** stammen die *Leck(l)er, Licker, Lick(e)fett, Leckenpart* 'leck den Bart', *Schlecker, Schlecking.* Auch die *Schmeck(erl)* sind Genießer.

Quaas, Quase, Quass ist Übername zu sorb. *kwas* 'Sauerteig, Säure', das in der Bedeutung 'Schlemmerei' ins Deutsche entlehnt wurde (Abb. A). *Kirmse* 'Kirchweihfest' könnte einer deswegen genannt worden sein, weil er sich bei diesen Gelegenheiten durch Essen und Trinken hervortat. Der *Imbscher, Imser* nimmt gern einen Imbiß.

Als **Metaphern** für den Unersättlichen stehen *Brot-, Brodbauch, -hag(e)* ('Brotstier'), *-sack, -schelm, -wolf, -wurm* oder *Bierfreund, -dümpfel* (*-dimpfl, -tümp(f)el* 'Bierstrudel, -tümpel'), *-hals, -mordt, -sack, -schwale, Mord(e)sbier, Schmeckebier.*

Wie heute manche Völker nach ihren **Eßgewohnheiten** als *Spaghettis, Goudas* oder *Krauts* verspottet werden, so sind auch Familiennamen entstanden wie *Butter-, Bodderbrod(t), Truckenbrod(t)* ('trockenes B. '), *Kohlmus, Kappes-* ('Kohl-'), *Weckesser* ('Semmelesser'), *Grieshaber* (Brei aus Hafergries, Schmalz und Eiern).

Bei Familiennamen wie *Brotkorb, Weißbrod, Knoblauch, -lech, -lich, Schlegel-, Schleemilch* 'Buttermilch', *Gumpost* 'Sauerkraut' usw. bleibt offen, ob sie einst einen Produzenten, einen Händler oder einen Konsumenten bezeichnet haben.

Kleidung

gab Anlaß zu Familiennamen wie *Heu(c)k(e)* 'Mantel mit Kragen', *Scheck(e)* 'Leibrock' (Abb. B), *Lutherbüse* 'Schlotterhose', *Armleder* 'mit Lederärmeln', *Schaub(e)* (*Tschop:* 'Juppe mit weiten Ärmeln'), *Klinker-, Kling(en)fuß* 'mit Glöckchen an den Beinkleidern', *Seidenschwanz* 'in Seide daherschwänzelnd', *Siedentop(f)* 'mit Seidenbändern im Zopf, Haar' (auch: 'mit seidenem Haar'?), *Blau(rock), Rothärmel, Grienörbl* 'Grünärmel', *Hackenschuh* 'Schnabelschuh', *Bund-* ('Schnür-'), *Spitzschuh.*

Oft sind diese Namen schwer durchschaubar, wie Beispiele mit dem Wort **Hose** zeigen: *Korthase, -haus* 'Kurzhose', *Kniese* 'Kniehose', *Leinhoß, Linnos* 'Leinenhose', *Trillhaas* 'Drillichhose'.

Hut bedeutet in Familiennamen teils 'Helm', so in *Eisenhut, Kessel-, Ketelhut* 'kesselförmiger Helm', teils 'Hut', etwa in *Filthaut* 'Filzhut', *Hoch-, Rot-, Schönhut, Gelhoet, Spitzhü(t)t(e)l.*

Die **Gugel** (Abb. B), aus lat. *cuculla* 'Kapuze', findet sich in vielen Familiennamen: *Gugel,* niederdt. *Kogel, Kagel; Lein(e)-, Linne(n)kugel* 'Leinenkapuze', *Riefkogel* 'gestreifte K.', *Stippekohl* 'gesteppte K.', *Blakogel* 'Blau-', *Rotkegel.*

Der vornehme **Tappert**, ein mantelartiges Überkleid, wurde auf der Kölner Synode 1281 für Mönche verboten; aber die Vorfahren der *Tabbert, Tappert* haben ihn getragen (auch Rufname *Dagobert* möglich).

Die **Maue**, ein bes. im 14. Jh. modischer Prunkärmel, stand bei den *Mau(e), Mauf(f), Rotmaue* Pate.

Mhd. **schranze** bezeichnete die modischen Schlitze in den Gewändern. Daher das Wort Hofschranzen und die Namen *Schran(t)z, Schränzel.*

Nach einem Schmuckgürtel mit Schellen ist die **Düsing**-Tracht benannt, die Herzog Albrecht von Mecklenburg 1362 auch nach Schweden exportierte. Von ihr zeugen die Namen *Düsing, Dusing.*

In manchen Fällen, bes. bei einfachen Bezeichnungen wie *Kittel, Mant(e)l, Mentele, Stiefel(e), Schuh (Schoe, Schuck, Schuch, Schug, Schüle, Schiele, Schichtl), Finger(lin)* 'Fingerring' können die Träger gemeint sein, wohl öfter aber die Hersteller (S. 137).

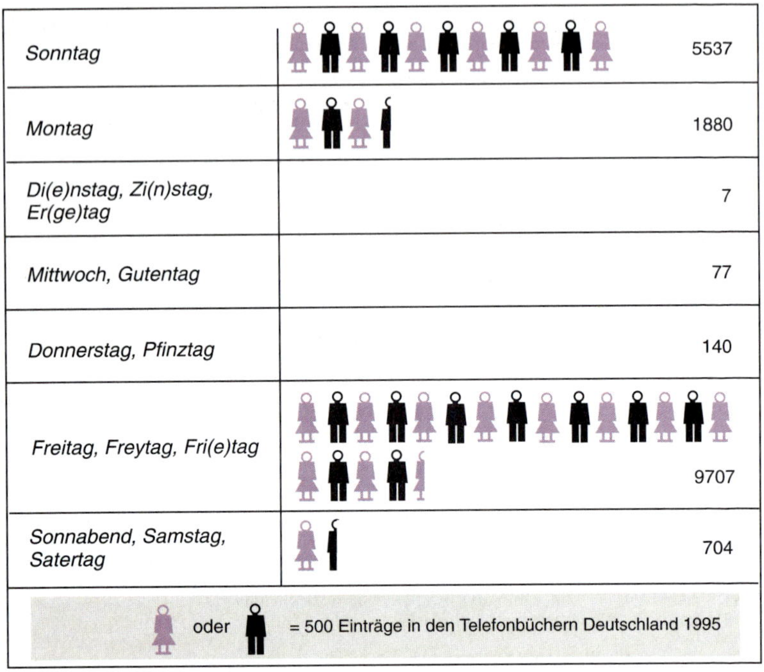

A Wochentage in Familiennamen

B Der Samstag in Familiennamen

C Der Pate in Familiennamen

Geburtsumstände und Termine

Findelkinder wurden *Fintl, Funden, Findlin(g), Fündeling* genannt, oft aber auch nach Fundort, -zeit oder -umständen. Belegt sind in diesem Sinne Fälle wie *Ufer, Birkenbusch; Juni(us); Korb, Unbekannt.*

Uneheliche Kinder können *Bankert, Horning, Rauschart, Kögel, Kegel* heißen, vgl. »mit Kind und Kegel«, auch *Bey-, Beischlag* (was auch Wohnstättenname sein kann) oder *Liebeskind.*

Zwillinge heißen *Dwilling, Zwilling(er);* zu *Zwingli* s. S. 99.

Der **Geburtstag** gab, falls er als Glücks- oder bes. heiliger Tag galt, Anlaß für Rufnamen wie *Pascal/Noël, Natalie, Natascha* 'an Ostern/Weihnachten geboren'. So wird auch in Namen wie *Wei(h)nacht, Gut(h)jahr* 'Neujahrstag', *Heiligtag, (Hilgendach)* 'Allerheiligen', *Sonntag, Freitag* dieses Motiv vorherrschen. In *Freitag* kann auch der altdt. Rufname *Frithudag* stecken.

Südl. *Ostertag* entspricht nördl. einer Linie Bonn-Berlin *Pa(a)sche(n)(dag), Pa(h)sedach,* weil hier früher dieses Fest wie noch im Niederländ. *paschen* hieß.

Bei *Montag, Sonnabend, Pfingst(en), Pfingsttag* werden **Termine** von Abgaben und Arbeitsleistungen oder Assoziationen an Brauchtum im Vordergrund stehen, vgl. Namen wie *Suntagsknecht, Maitanz.*

Faßnacht, bairisch *Faschang, -ing,* niederdt. *Fast(el)abend* könnten auch, wie *Kirm(e)s, Kerm(e)s* Übernamen für ausgelassene, *Für- und Feyerabend(t), -tag* für träge Menschen sein.

Bei Jahreszeiten und Monaten sind die konkreten Anlässe noch dunkler. Ein Ritter unterschied 1295 seine Söhne nach dem Geburtstermin mit den Beinamen *Mai* und *Herbst.* Letzteres wird häufig einen Zinstermin oder einen Winzer meinen.

Auch sind Konkurrenzen zu beachten: bei *Winter* mit Orts- und Rufnamen *(Winither),* bei *Lenz, Jenner, Hornung, Merz* mit den Rufnamen *Lorenz, Januarius, Horn[ulf], Martin,* bei *May* mit Häusernamen »zum Meien« (= 'Kranz'), vgl. *Maikranz, Maienzweig.*

Dienst- und Verwandtschaftsbeziehungen

Von **Leistungsverpflichtungen** zeugen nicht nur Abgabetermine, sondern auch Abgabenangaben: *Fünfgeld, Siebenhü(h)ner, -käs, -mark, Sevenpenning, Schilli(n)g(er), Halbscheffel.*

Aber *Hundertmark, -pfund* sind eher Übernamen für den Reichen.

Auch Übernamen wie *Kaiser, König, Fürst, Herzog (Herzig, Hartoch), Graf, Bischof (Biskup), Ab(b)t* werden großenteils **Beziehungen** zu einem entsprechenden Herrn als Höriger, Lehensträger usw. ansprechen, vgl. Zusammensetzungen wie *Königslehner, Papenbur* ('Klosterbauer').

Doch haben noch viele andere Anlässe zu solchen Familiennamen geführt: Ähnlichkeit im Äußeren oder Spott über entsprechende Verhaltensweisen; uneheliche Abkunft; Übertragung der Titel auf verschiedene gesellschaftliche Funktionen (Deichgraf; Waldpapst) und Volksbräuche (Schützen-, Mai-, Pfeiferkönig); Rollen im Schauspiel; Häusernamen (vgl. Mohrenkönig) und Örtlichkeitsnamen (Ortsnamen Bischof, First).

Je kleiner eine Gemeinde, um so größer ist noch heute der Stellenwert **verwandtschaftlicher Bindungen** bei der Einordnung und beim Klatsch über Personen. Das war früher nicht anders und spiegelt sich in entsprechenden Familiennamen wider.

Man konnte mit solchen Übernamen den *Ahn(e), Ehni, Altvater,* den *Vater* und den *Sohn, Söhnke, Kind(t)* (dies auch Übernamen für Kindliche) voneinander unterscheiden, aber auch bestimmte Bindungen hervorheben, etwa die Mutterbeziehung mit *Modersohn* (unehelich?), nahe Verwandtschaft (oder Liebschaft) mit *Buhl(e).* Als *Bruder, Broder* kann man auch einen sonstwie Vertrauten ansprechen; überhaupt dürften sich viele solcher Familiennamen aus vertraulicher Anrede entwickelt haben.

Mutter wird aber oft den *Salz-* oder *Kornmutter(er)* 'Kornmesser' meinen.

Nef(f)(e), Neef(e)(n), Näf(f), Nefflin, Ne(e)be, Ne(e)ve sind so häufig, weil das Wort im MA. 'Enkel', 'Vetter', 'Onkel' und 'Neffe' bedeuten konnte. *Vetter, Vedder* bezeichnete urspr. den Vater-, *Oheim* den Mutterbruder *(Öhm(e), Öhmke, Ohm, Ehe(i)m),* Base die Vater-, Muhme die Mutterschwester *(Mühmel, Mohme).*

Heiratsverwandtschaft. *Bräutigam, Brüd(i)gam* meint wohl meist den Neuvermählten. Der Schwiegervater hieß urspr. *Schweh(e)r (Schwe(e)r, Schwär, Schwör),* die Schwiegermutter *Schwieger,* der Sohn der Schwiegereltern *Schwager (Schwegerl(e), Lüttschwager),* der Schwiegersohn *Eidam (Eidem)* und *Tochtermann,* die Schwiegertochter *Schnur.*

Ende des MA. bezeichneten viele der genannten Wörter aber schon andere Verwandtschaftsbeziehungen, *Schwager* etwa auch den Schwiegervater, *Vetter* den Brudersohn oder Vetter, *Muhme* versch. weibl. Verwandte.

Die **Patenschaft** stand, nicht zuletzt als möglicher Vaterersatz, hoch im Kurs. Alle Wörter für den Paten (Abb. C) sind als Familiennamen nachweisbar. Sie sind alle vom Wort Vater abgeleitet, am deutlichsten *Gevatter* 'Mit-vater'. Oberdt. Gottvater 'Vater in Gott' wird zu *Götte,* kindersprachl. zu *Tote* u. ä. vereinfacht.

häufige formale Typen von Satznamen

zweigliedrige

mit einfachen Verben und

mit zusammengesetzten Verben

Substantiv

ohne Artikel

Böteführ, Beuteführ 'zünde + Feuer'
Bütepage,-fisch 'tausche + Pferd,Fisch'
Dempwolff 'würge + Wolf'
Dienegott
Dreidanz 'drehe+Tanz'
Fegbeutel, -beitel 'fege, plündere + Geldbeutel'
Hab(e)dank, -recht
Kiesewetter, -wein 'prüfe + Wetter; Wein'
Rühmkorf, Reinschüssel, Ruhmschöttel, Rümekasten 'räume aus + Korb; Schüssel usw.'
Schickedanz, Lobe-, Preisedanz 'ordne; preise + Tanz'

mit Artikel

Blasenbrey 'blase den Brei'
Preisenschuh 'schnüre den Schuh'
Flickenschild 'bessere den Schild aus'
Vollenhals, Füllegrabe, Füllskrügel 'fülle den Hals; Graben; das Krüglein'
Hatenbur, Hass(d)enteufel, -pflug 'hasse den Bauer usw.'
Rüben-, Riefenstahl 'kerbe/biege den Stahl'
Spannenkrebs 'spanne die Wurfmaschine'
Triebs-, Trübswasser 'trübe das Wasser'
Wegenstein 'schwinge den Stein'
Zickendraht 'ziehe den Draht'

Adverb

Bleibtreu
Vorwohl 'fahre, gehabe dich gut'
Grotegut, Grotewohl(t), Grotwahl, Gratwohl '(es) gerate wohl'
Huthwohl 'paß gut auf'
Lebefromm, -gern
Schlagdot
Schweis(s)guth 'verschweiß gut'
Drinkgern 'trinke gern'
Thugutt, Thusbaß 'tu (es) gut, besser'
Hablützel, Hebelitz 'besitz wenig'
Habfest 'halte fest'
Rotgut 'rate gut'
Rehquate, Redequat 'rede übel'

Pronomen

Däumich 'drück mich, schieb mich'
Jachmich 'jag mich'
Seinmich 'segne mich'
Nährdich
Zaudig, Tsaudich 'beeile dich'
Lupfdich 'erheb dich (zur Arbeit)'

Verneinung

Fruchnit, Frücht(e)-nicht 'fürchte nicht(s)'
Haveneth, Habnicht 'habe nichts'
Henkenit 'häng nicht(s) (zum Verkauf aus)'
Lachnitt, Trurnicht, Swigenicht, Daunicht 'lache, traure, schweige, tu nicht(s)'

dreigliedrige

ohne Pronomen

Bellut 'herausläuten'
Fahrfort, Rückfort
Fliegauf, Fleuchaus 'fliegen, nicht seßhaft sein'
Greifzu, Griepan 'zu-, angreifen'
Hupfauf, Hüppop 'aufhüpfen'
Horuf 'aufhören'
Kehrein 'einkehren'
Klaubauf 'aufheben'
Knienieder
Liesaus 'verlesen'
Rührup 'aufrühren'
Schabarum '(gründlich) herumschaben'
Schenkein
Schlickauf 'aufessen'
Spanan 'anspannen'
Springup 'aufspringen'
Steigoff 'aufsteigen'
Wakup 'aufwachen'

mit Pronomen

Thudi(ch)um 'sei rührig'
Thußnit, Tumernicht 'tu es / mir nicht(s)'
Südekum, Siticum 'sieh dich um', auch Ortsname

mit Präposition

Fahrentholz 'fahr in den Wald'
Griepentrog 'greif in die Schüssel'
Hoffengott 'hoffe auf Gott'
Rinninsland, Rindsland 'renne ins Land'
Schlaginhauf '...in den Haufen (der Gegner)'
Spring(ins)feld, -klee
Spring(in)sgut 'komm zu Vermögen'

Typen von Familiennamen, die aus Sätzen entstanden sind

Satznamen
Aufgrund ihrer Bildungsweise sind als bes. Gruppe hier Familiennamen zu behandeln, die **aus Sätzen** zusammengerückt sind.
Bekannte Träger solcher Namen sind der Seeräuber *Klaus Störtebeker* ('stürze, leere den Becher'), der Gründer landwirtschaftl. Kreditgenossenschaften *Friedrich Wilhelm Raiffeisen* ('versehe Eisen mit Riefen = Rillen'), *Peter Stuyvesant/Steuve-, Stövesand* ('wirble den Sand auf', Übername für einen Reiter) oder *Shakespeare* ('schüttle, schwinge den Speer').
Als urspr. Sätze sind diese Namen alle **mit Verben** gebildet. Meist liegt der Imperativ zugrunde (*Drinkut* 'trink aus'), manchmal vielleicht die Ichform ('ich trinke aus').
Auch Namen wie *Frühinsfeld, Früh-, Gleichauf, Gehauf* 'jäh auf' kann man dazu rechnen, weil bei ihnen Verben zu ergänzen sind: 'früh/jäh aufstehen/-brausen' usw.
Da die Satznamen Verben enthalten, also Tätigkeiten und Verhaltensweisen beschreiben, gehören sie **bedeutungsmäßig** entweder zur Gruppe der indirekten Berufsnamen (*Schwinghammer, Schwingshackl, Schwingenschlög(e)l* 'schwing den Hammer, das Beil, den Schlegel') oder zu den Übernamen; so wurden Streitsüchtige benannt als *Heb(en)streit, -krieg,* niederdt. *Makeprang* 'fang Streit an'.
Die **ältesten** Satznamen sind bereits vor 1150 in Köln nachweisbar: *Brechseif* ('brich die Seife'), *Scuceverchen* ('schütze, hege die Schweine'). Sie erleben dann im 14./15. Jh. ihre Blütezeit. Dichter geben sich Beinamen wie *Rumsland* 'räume, verlaß das Land' oder *Suchensinn* 'erarbeite Bedeutungsvolles'.

> In der satirischen Dichtung 'Der Ring' von H. Wittenwiler um 1410 versammeln sich zur Beratung einer Hochzeit »*Engelmar Fahrindiekuh, ... Hafenschleck* und *Nagenfleck, Schlingdenspeck* und *Ofensteck, ... Jütze Scheißindieblumen* und *Elsbeth Vollehose*.«

Später nimmt die Anzahl der Satznamen wieder ab, aber Bahlow 1982 hat immerhin 800 niederdt. Belege gesammelt.
Herkunft. Die dt. Satznamen können spontan entstanden, aber auch durch das Französische angeregt sein, wo sie früher als im Dt. auftreten. Parallele Satznamen lassen sich in beiden Sprachen nachweisen, vgl.:

Schür(e)brand = Boutefeu
Schlagenhaufen = Taptas
Trinkwin, -wasser = Boi(s)vin, Boileau
Fegebeutel = Videbourse
Jagetswin = Chasseporc

Nach ihrer **Bildungsweise** können die Satznamen auch noch nach anderen und feineren Kriterien geordnet werden als in der nebenstehenden Abb.
Die älteste und häufigste Gruppe ist der Typ *Kliebschedel* (klieben = 'spalten', also 'spalte' + 'Schädel') ohne Artikel, die zweitstärkste *Kliebenschedel* 'spalte *den* Schädel', die drittstärkste *Saufaus/Suputh* 'trink aus'; die anderen sind zahlenmäßig von geringem Gewicht.

> Selten begegnen noch andere Typen, in denen z. B. die in der Abb. aufgeführten Glieder umgekehrt sind: neben *Gripto* 'greif zu' auch *Zugreif,* neben *Kommerein* 'komm herein' auch *Widerkum* 'komm zurück', neben *Beißenhirz/Beisenherz* 'jage den Hirsch', *Bietendübel* 'beiß den Teufel' auch *Deubelbeiß, Eisen-, Kern-, Stein-, Mannbeiß,* neben *Schlagentweith* 'schlag in das Weite' auch *Weitschieß, Wohlschieß* 'schieß weit, gut', neben *Lebsanft* auch *Sanftleb*. Hier ist oft schwer zu entscheiden, ob die zweiten Glieder wirklich Verben oder evtl. Substantive sind; im letzteren Fall wären es keine Satznamen, vgl. die verschiedenen Formen wie *Wohlleb, -lebe, -leben, -leber.*

Satznamen-Beispiele für einzelne Berufe
Metzger: *Drückenstier; Würgeferl* 'würg das Ferkel'; *Tötenochs, -stier, Tötskalb; Sengsbratel; Brennswürstel; Stingswürstel* 'riech das Würstchen'; *Machewurst.*
Käser: *Prüfenkäs, Bohrinkäs* (vgl. *Käsbohrer, Keß-*), prüft die Käselaibe durch Anbohren auf ihren Reifegrad; *Dörrenkäs; Zettenquark* 'streu den Q.'; *Hebenschotten, Kühlenschotten* (oberdt. Schotten 'Quark').
Wirt: *Sparnwein; Trübenwein; Panschenwein; Holebier, Brengebier, -beer* 'bring B.'; *Schengber* 'schenk B. aus'; *Hütsbier* 'hüte das B.'; *Lerschüssel; Füllkrug, Füll(e)krus* 'füll den Krug'; *Fullengast* 'sättige den G.'; *Ehrengast* 'ehre den G.'; *Fegengast* 'wirf den G. hinaus'; *Nagengast,* 'quäle den G.'; *Lade(n)gast* 'lade den G. ein'; *Schrecke(n)gast* 'erschrecke, vertreibe den G. '.
Küfer: *Scheibenboden* 'drehe den Faßboden'; *Schlagen-, Setzen-, Treibenreif* 'schlage, setze, treibe den Faßreifen'.

Echonamen
Redewendungen, die jemand öfter im Munde führt, können, quasi als Echo der Zuhörer, zu seinem Übernamen und später zum Familiennamen werden. So ist der Familienname *B(e)igott* (Telef. Dtl. 1995: 88 x) wohl ein Echo darauf, daß jemand seine Ansichten oft »bei Gott!« bekräftigte.

> In Gerhart Hauptmanns ›Biberpelz‹ wird der Amtsdiener nach dem Anfang seines Lieblingslieds auch *Morjenrot* genannt.

So erklären sich auch die Namen *Gotterbarm, Lategan, Latwesen* 'laß es gehen/sein', *Machenschein* 'es mag geschehen', vielleicht auch alemann. *Hättich, Hettich* 'hätte ich ...' (aber auch Rufname *Hattich*).

> Histor. belegt sind *Michdorst* 'mich dürstet', *Wyduwylt* 'wie du willst', *Dieweilichleb.*

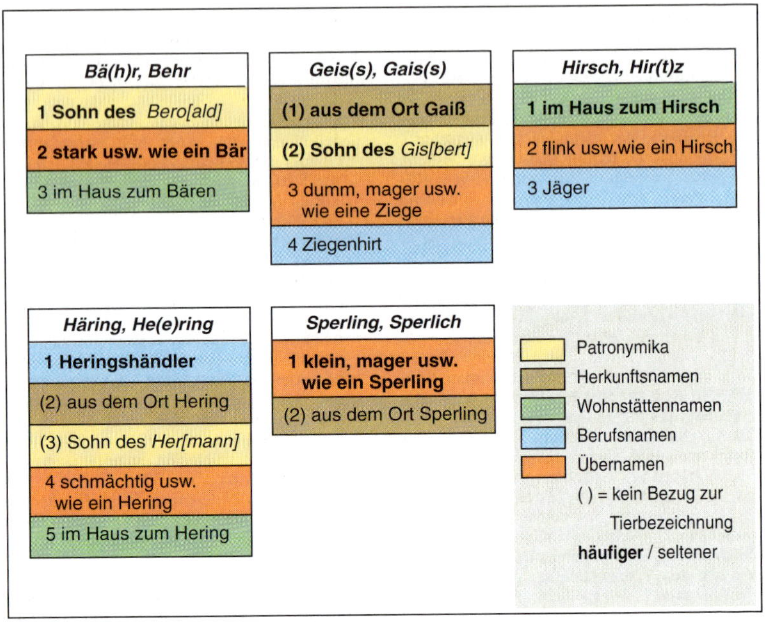

A Motivationsmöglichkeiten von Familiennamen mit Tieren

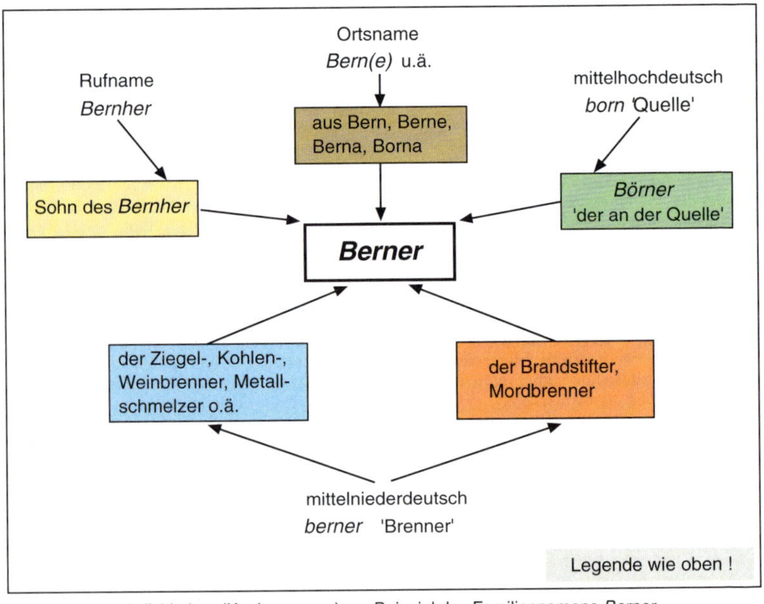

B Deutungsmöglichkeiten (Konkurrenzen) am Beispiel des Familiennamens *Berner*

Motivationsvielfalt

Gleiche Namen können aus sehr unterschiedl. Gründen entstanden (**motiviert**) sein. Eindrücklich kann das am Beispiel der Namen mit Tieren verdeutlicht werden.

In den Familiennamen fehlt kaum ein Tier, weder *Löwe (Löb(e), Leu, Lau(e))* noch *Lamm (Lämmel, Lemgen),* weder *Habicht (Häbich, Hebich)* noch *Maus (Mu(u)s, Meus(e)l),* weder *Schnecke (Schnegg, Schnick(e), Schnück)* noch *Gans (Goos, Gaus, Gante).* Am häufigsten sind *Fuchs* und *Hase* (*Fux, Voß, Vöske, Vössing; Haas, Häßlin, Schellhas* 'schreckhafter H.').

Solche Namen müssen zunächst gar nicht immer mit Tieren zu tun haben. *Huhn* wird z. B. oft auf Rufnamen wie *Hun[precht]* zurückgehen, *Hund(t)* auf das Wort und den Rufnamen *Hunto* 'Hauptmann, Ortsvorsteher', *Lämmle, Lamp(e), Lemb(c)ke* auf den Rufnamen *Lambert,* nicht auf das Lamm.

Auch bei Orts- und Örtlichkeitsnamen wie *Hahn, Haan* (S. 93), *Krebs, Sperling, Lüning* und entsprechenden **Herkunftsnamen** ist jeweils genau zu prüfen, ob sie letztlich Tier- oder andere Wörter enthalten.

Wenn der Name tatsächlich eine Tierbezeichnung enthält, wird es sich sehr oft um einen **Übernamen** handeln; man vgl. die vielen Tiere im heutigen Schimpfwörterrepertoire: Gans, Esel, Rindvieh . . .!

Sie beziehen sich teils auf körperliche Merkmale, so *K(a)ulbars(ch)* 'Kugelbarsch' für den Runden, *Storch, Stor(c)k* für den Langbeinigen, teils auf charakterliche: *Quadflieg* 'böse Fliege', *Hummel, Hommel* für den Brummigen, *Fink(e)* für den Fröhlichen, *Hahn* für den Stolzen oder Rauflustigen, *Bock, Böcklin* für den Störrischen. Teils ist beides möglich: *Mück(e)* für den Kleinen oder Lästigen, *Stier, Steer* für den Massigen oder Hartnäckigen, *Kreft* 'Krebs' für den Rothäutigen oder Krebsartigen (Langsamen u. ä.), *Krähe, Krah, Krei, Krey* für den Schwarzhaarigen oder Lauten, *Würmelin(g)* für den Kleinen oder Langsamen.

Germ. Rufnamen enthalten häufig Tiere:
Wolfgang, Eberhart, S. 27. Daraus entstanden **Patronymika** wie *Wölfle, Wulf, Wülfling, Wöffke(ns), Ulff; Eber(le), Ever(ke), Ewers, Epp(en), Eppl(e)* . . . Hierher gehören die meisten *Aar, Ahr* 'Adler', viele *Ra(a)b(e), Falk(e)* usw.

Häuser trugen oft Namen von Tieren, wie man noch gut an den Gasthausnamen sieht. Daher sind viele *Hirsch, Wurm, Worm* ('Lindwurm, Drache'), *Schwan, Ochs* als **Wohnstättennamen** zu deuten.

Auch indirekte **Berufsnamen** wurden von Tieren gewonnen: *Butt, Buth, Dorsch, Hecht, Heeckt, Karpf, Karpp, Schlei, Schlie(he), Stint* etwa für den Fischer oder Fischhändler, *Sperber* für den Jäger, *Schwein* für den *Schwineköper* 'Schweinehändler'.

Bedeutungskonkurrenzen

Fast für alle Familiennamen bieten die Namenlexika nicht nur eine, sondern **versch. Deutungen** an. Denn in einem heutigen Familiennamen kann Vieles zusammentreffen:

- Namen und Appellative (*Hagen:* Rufname; Ortsname; Dialektwort für 'Stier');
- urspr. verschieden lautende Wörter (*Wiedemann: wîde* 'Weide', *widem* 'kirchliches Grundstück');
- gleichlautende Wörter mit verschiedenen Bedeutungen (*Mohr:* 'Mohr' und 'Moor').

So stammt z. B. der Familienname *Stö(h)r, Störr* aus mhd. *störe* 'Stör' oder *störr* 'struppig' oder *ster* 'Schafbock' oder *sterre* 'Stern' oder *stör* 'Gewerbeausübung im Hause des Bestellers' oder mnd. *stör* 'störrisch' und kann entsprechend Vieles bedeuten, vom Fischhändler über den mit struppigem Haar bis zum Widerspenstigen. Man nennt dies **Bedeutungskreuzungen** oder **Bedeutungskonkurrenzen** (Abb. B).

Eine **Entscheidung** unter den vielen Möglichkeiten wird im Einzelfall um so sicherer,

1. je weiter man die **histor. Schreibung** des Familiennamens zurückverfolgen kann.

Schrieb sich von zwei Familien *Hammer* die eine auch früher stets *Ham(m)er,* die andere aber *Hadmer,* wird die eine einen Schmied, die andere einen *Hadumar* zum Ahnen haben. Bei *Speth* lassen sich über alte Schreibungen wie *Späth, Specht* oder *Speith* 'Spieß' jeweils entspr. Bedeutungen erschließen;

2. je genauer man den **Herkunftsraum** der Familie bestimmen kann und die dortige Geographie sowie Kultur- und Sprachgeschichte kennt.

Bei einer pommerschen Familie *Barth* liegt Benennung nach dem Ort Barth/Pommern nahe, woanders aber nach einem Bartträger oder *Bartholomäus.*

Ein *Höpfner, Höppner, Hopp(e)* kann dort, wo niemals Hopfen wuchs, kein Hopfenbauer, sondern nur ein Hopfenhändler gewesen sein.

In Gegenden, wo der Kohl Kabes hieß, wird *Kohl* nicht den Kohlbauern, sondern den Köhler meinen, und im Südosten, dem Kultgebiet des hl. *Koloman,* kann auch dieser Rufname dahinterstehen.

To(d)t wird im Süden oft auf das nur dort heimische Wort Dote 'Pate' zurückgehen (Abb. 150 C), im Norden eher auf die nur dort heimische Lallform *Todo* für *Diet[rich]* (auch Übername 'leichenblaß').

Wo Herkunftsnamen mit *-mann* üblich sind (Abb. 86A), wird *Soltmann* einen aus dem Ort Solt meinen, woanders aber den Salzhändler.

Karp kann nur nördlich der Dialektgrenze von *p* gegen *pf* (Abb. 162A) den Karpfenhändler meinen, südlich davon wird es eher vom Rufnamen *Polykarp* abgeleitet sein.

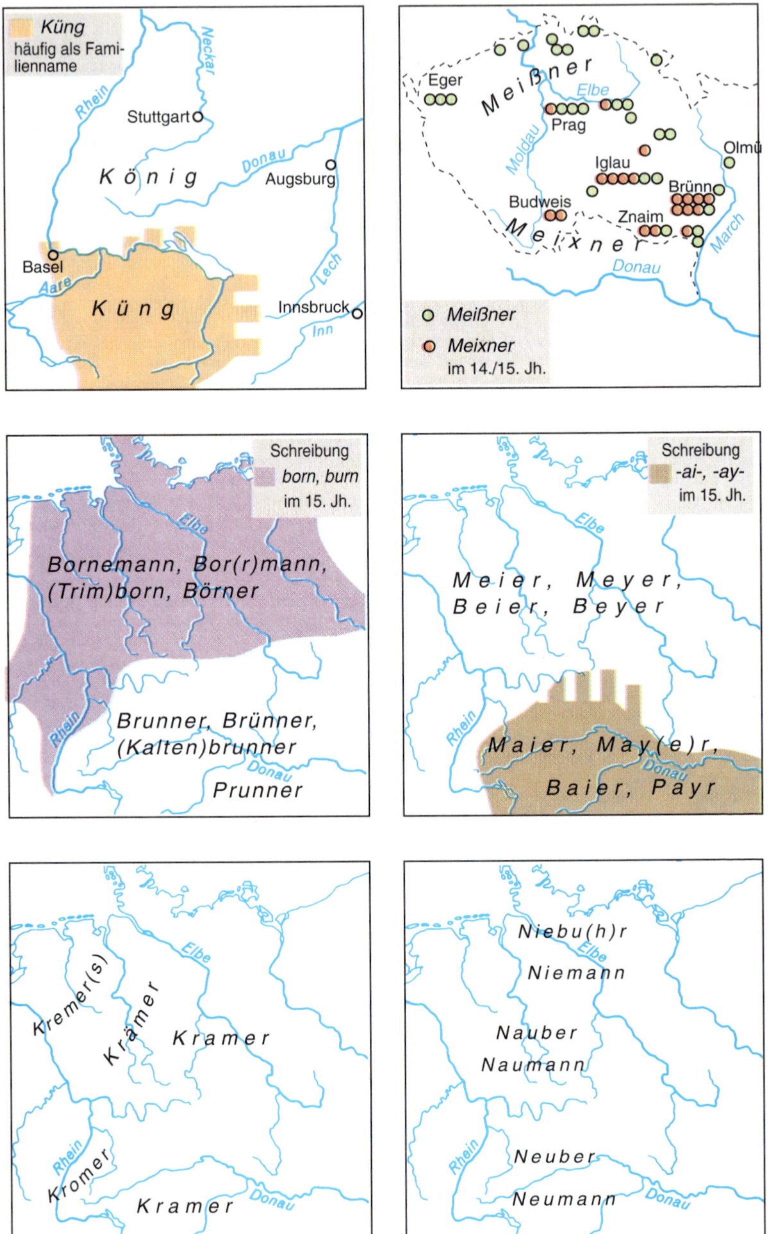

Laut-und Schreibvarianten einiger Familiennamen

Lautliche Vielfalt der Familiennamen

Durch dialektale Unterschiede im Raum, durch sprachl. Entwicklungen im Laufe der Zeit und durch Fixierung in wechselnden Schreibkonventionen erscheinen Familiennamen, die sich vom selben Wort herleiten, in einer Fülle lautl. und orthograph. Varianten. Nur ganz wenige von ihnen können in den folgenden Kapiteln mit einigen Beispielen erläutert werden.

Senkung von u/ü zu o/ö. Die Nonne hieß mhd. *nunne*. Seit dem 12. Jh. wurde, vom Westmitteldt. ausgehend, *u* bzw. *ü* vor Nasal in vielen Wörtern zu *o* bzw. *ö* gesenkt. Dies führte in Familiennamen zum Nebeneinander von *Nunnenmacher/Nonnenmacher, Sundergeld/Sondergeld* 'ohne Geld', *Summerer/Sommerer* 'Knecht für den Sommer', *Münch, Münk/Mönch, Mönk* usw.

Im Falle *König* war *-ö-* im 15. Jh. nördlich des Mains schon die Regel. Luther schrieb anfangs noch manchmal Künig, ab 1529 nur noch König, das sich im 17. Jh. so allgemein durchsetzte, daß es heute auch in Familiennamen fast ausschließliche Schreibung ist. Nur im Südalemann. hielt sich die alte Form in der einsilbigen Variante *Küng* bis heute. Entsprechend betragen die Namen *Küng* gegenüber *König* in der Ostschweiz noch ca. 65%, in Zürich und Basel je um 55%.

Schreibung ss/chs. Urkunden des 14./15. Jh. zeigen für den Herkunftsnamen 'aus Meißen' in Böhmen und Mähren eine deutliche Abgrenzung der bair. Schreibung *Meichsner, Meixner* gegenüber gewöhnlichem *Meis(s)ner*. Diese Varianten sind bis heute erhalten geblieben.

Schreibung ei/ai. Schriftstücke aus dem späten MA. weisen eine klare landschaftl. Verteilung der Schreibungen für mhd. *ei* auf, der sich Familiennamen wie *Meier/Maier, Beier/Baier, Feist/Faist* usw. einfügen.

Diese Schreibunterschiede sind letztlich durch Ausspracheunterschiede veranlaßt, haben sich dann aber oft weitgehend unabhängig von der Aussprache als Schreibmoden ausgebreitet.

Für *i* und *y*, etwa in *Meier/Meyer*, ist eine räumliche Verteilung nicht so deutlich ersichtlich; *y* überwiegt, s. Abb. S. 66 A.

Weil die *ei-* und *ai*-Schreibungen zufällig je in verschiedenen Konfessionsräumen vorherrschen, kann man die Redewendung hören: »Schreiben Sie sich katholisch *(Maier)* oder evangelisch *(Meier)*?«

Synkope von -e-. In *Mayr* findet sich die bes. fürs Bairische typ. Synkope des unbetonten *e*, vgl. *Baur, Pertl* (Rufname *Bert-*), *Mein(d)l* (Rufname *Mein-*), *Meisl* 'Mäuschen', *Winklhofer*.

r-Metathese. Ein *r* kann im selben Wort/Namen mancherorts hinter, mancherorts vor den Vokal treten: *Fürchtenicht* neben *Früchtenicht, Termöhlen* neben *Tremöhlen* 'zur (an der) Mühle'. Vgl. Namenpaare wie

[Al]ber(h)t/[Al]brecht, Rupert/Ruprecht; Christ(en)/Kirst(en), Kerst(en), Karst(en); -dorf, -dorp/-drof(f), -trop.

Aus histor. Ortsnamen läßt sich rekonstruieren, wie die urspr. westniederdt. Form *born* für Brunnen (vgl. engl. *bourne*) zwischen 1150/1400 weit nach Süden drang, dann aber wieder zurückgedrängt worden ist, heute etwa auf die Linie Hunsrück – Thüringer Wald. Der Vorgang hat in vielen Familiennamen seine Spuren hinterlassen (Abb.).

Umlaut. In vielen Namen, etwa bei *Kramer/Krämer*, existieren Formen ohne und mit Umlaut nebeneinander (S. 165). Erstere sind vor allem im Süden beheimatet, treten aber auch sonst auf. Umlautloses *Kramer* wurde mancherorts, z. B. am Oberrhein, zu *Kromer* »verdumpft«. Umgelautetes *Krämer* entwickelte die Variante *Krömer*. Im Rheinischen tritt der Umlaut sehr oft als *-e-* auf. Das Kölner Telefonbuch 1990 verzeichnet in diesem Familiennamen:

710 x *-ä-*	335 x *-a-*	16 x *-ö-*
391 x *-e-*		1 x *-o-*

Von diesen 1455 Einträgen beginnen 110 mit *C-*. In 17 findet sich *-h-* als Längezeichen.

Nie-, Nau-, Neu-. In den Varianten des Wortes **neu** grenzen sich der nieder-, mittel- und oberdt. Sprachraum geradezu musterhaft voneinander ab. Zwar hat sich in den meisten Orts- und Familiennamen die Standardform *Neu-* durchgesetzt, aber die alten Dialektformen sind daneben noch reichlich vorhanden, vgl. Ortsnamen (und zugehörige Familiennamen) wie niederdt. *Nie(n)dorf, Niehof(f), Nie(n)h(a)us, Niehues* und mitteldt. *Nauroth, Nawrath* 'neue Rodung', *Nau(e)ndorf, Nauheim(er), Nauhof, Naumburg.*

Telefonanschlüsse *Neu- : Nau- : Niemann* 'Zugezogener, in eine Gemeinschaft neu Eingetretener' 1990 (fett: über 25% *Nie-, Nau-*):

	Neumann	*Naumann*	*Niemann*
Lübeck	287	29	**108**
Bremen	410	52	**120**
Osnabrück	126	18	**103**
Berlin (W)	3146	344	204
Köln	565	83	61
Kassel	65	**40**	16
Leipzig	152	**126**	10
Dresden	140	**82**	4
Stuttgart	256	32	12
Wien	503	17	6

Vgl. für den neu siedelnden Bauern *Niebuhr, Nieber* bzw. *Nauber, Nauper(t)* bzw. *Neu(ge)bauer, Neuber(t), Neubarth;* oder niederdt. *Niemöller, Niemeyer, Niehenke* ('der neue Heinrich'), mitteldt. *Naunapper* 'neuer Nachbar' u. a.

Naujo(c)k(s) ist litauisch-ostpreuß. 'der Neuling'.

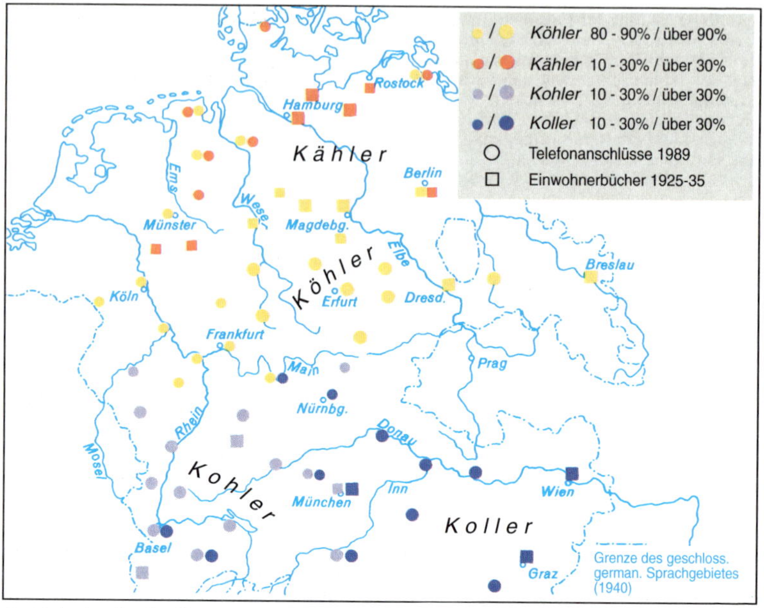

A Varianten des Familiennamens *Köhler*

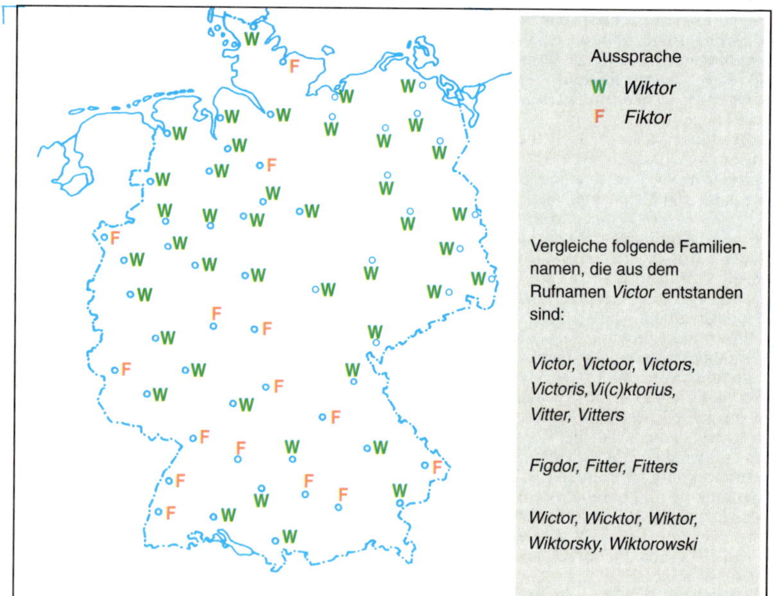

B Heutige Aussprachevarianten des Namens *Viktor*

Lautgeographie von *Köhler*
Zum Variantenreichtum von *Köhler* tragen drei Lautentwicklungen bei, die sich, da dieser Name sehr häufig ist, gut in ihrer regionalen Reichweite erfassen lassen (Abb. A). Die Telefonbücher von 1998 zählten in Köln 419, in Nürnberg 478, in Zürich 528 einschlägige Anschlüsse.
1. Ursprüngliches *koler* wurde in mhd. Zeit durch **Umlaut** zu *köler*. Der Umlaut setzte sich aber nur nördl. des Mains durch, während der Süden an altem *koler* festhielt.
2. Etwa im 16. Jh. trat niederdt., mit Zentrum in Mecklenburg, ein **Wandel von ö zu ä** ein.
Er erfaßte auch viele Familiennamen.
So trat hier neben *Köhler* die Form *Köhler;* neben *Möhl(mann), Möhlenbrock* ('Mühl-') traten *Mähl(mann), Mählenbrock, Tormählen;* neben *Gödeke* (zu *Gott[fried]*) trat *Gädeke, Gäthke,* neben *Bödeker Bädeker,* neben *Döbeler* ('Würfelspieler, -drechsler') *Däbel(er),* neben *Böckler* ('der mit einem Buckel (= Schild) Bewaffnete') *Bäckler.*
Eine der markantesten Romanfiguren des mecklenburg. Schriftstellers FRITZ REUTER (1810–1874) ist »Entspekter *Bräsig*«, was aus *Bröseke* ('der kleine *Ambrosius*') entstanden ist.
3. Der Vokal war ursprünglich kurz. Seit dem 12. Jh. verbreitete sich aber, wohl vom Westmitteldt. ausgehend, die **»neuhochdt. Vokaldehnung«**. Das heißt, daß in mehrsilbigen Wörtern der Vokal der betonten Silbe lang wird, wenn er am Ende der Silbe steht.
So wurden mhd. *videler* zu *Fiedler, rabe* zu *Ra(a)be, hase* zu *Ha(a)se, köler* zu *Köhler* und *koler* zu *Kohler.*
Die Dehnung setzte sich aber nicht überall gleichmäßig durch. Vor allem das Südalemannische hat sich nicht angeschlossen, was z. B. in den vielen *Koller* in Zürich und Basel deutlich zum Ausdruck kommt.
Anders im Bairischen. Diese Region hat sich nämlich der nhd. Dehnung im allgemeinen angeschlossen. Damit stellen die dortigen *Koller* eine bemerkenswerte Ausnahme von der Dehnungsregel dar.
Vielleicht ist sie durch alte Schreibungen des Familiennamens mit *-ll-* veranlaßt. Alle *Koller* als Übernamen zu mhd. *koller* 'Halsbekleidung' zu deuten, verbietet ihr massenhaftes Auftreten.
Länge und Kürze lassen sich oft nebeneinander in Namen beobachten, wenn auch ihre landschaftl. Verbreitung nicht so deutlich faßbar ist wie im Falle *Kohler/Koller.*
Beispiele: *Fehsenmeyer/Fessenmaier* (*vese:* Getreideart), *Hafner/Haffner, Hofmann/Hoffmann, Kies(s)ling/Kißling 'Kiesel, unzugänglicher Mensch'* (auch Ortsname), *König/Könnig, Schmied/Schmidt, Schnabel/Schnappel, Wiesmann/Wissmann.*

Lautmerkmale einer Namen-Landschaft
Nützlich für die Namenkunde sind Listen, welche die Lautmerkmale einer Region zusammenstellen. Für niederdt. Namen sind z.B. typisch:
– Wandel von *er* zu *ar: Werneke* (= kleiner *Werner*) zu *Warnke; Berthold* zu *Barthold, Bartelt; Hermann(s)* zu *Harm(s); Behr* ('Bär' oder Rufname *Bero*) zu *Baar, Bahr; Hervest* 'Herbst' zu *Harf(e)st; Ker(c)k* zu *Kar(c)k* 'Kirche'; *Herzog* zu *Hartoch; Herder* zu *Harder(s); Herwig, Herbig* (Rufname 'Heer' + 'Kampf') zu *Harwig, Harbig; Erb(e)* zu *Arf(f)* . . .
– Wandel von *aw, uw* zu *ag, ug: Grawe* 'der Graue' zu *Grage; Pawel* (= *Paul*) zu *Pagel; Klawes* (= *Klaus*) zu *Klages; Suwel* 'Schusterahle' zu *Sugel; Ruwe* zu *Ruge* (Abb. 160D); *Bruwer* 'Brauer' zu *Bruger* . . .
– Ausfall von *d* zwischen zwei Vokalen und Kontraktion derselben: *Wedekind* (= *Widukind*) zu *Wehkind; Wedemeyer* zu *Wehmeyer; Dedeke* (= kleiner *Dietrich*) zu *Deeke; Gödeke (Gott[fried])* zu *Göcke; Lüdeke, Lüdemann (Lud[wig])* zu *Lücke, Lühmann; Rodewold* (Ortsname 'gerodeter Wald' oder germ. Rufname *Hrodowald*) zu *Ro(h)wold, Rowohlt* . . .
– Schwund von *r* vor *st* und *sch: Marschmann* 'auf der Marsch' zu *Maschmann; Karsch* ('munter') zu *Kasch;* vgl. *Ka(r)sten, Ke(r)sten, Ho(r)stmann, Bo(r)stelmann* ('aus Borstel'), *D(r)öscher* 'Drescher' . . .
– ostfälisch wird *-ing(e)* oft zu *-ie, -y: Hölting* 'am Gehölz' zu *Hölty; Döring* 'der Thüringer' zu *Dörrie; Sü(h)ri(n)g* 'saurer Mensch, Sauerampfer' zu *Sü(h)rie; Ge(h)ring (Ger[hard])* zu *Gerie(s)* . . .

Unterschiede in der Aussprache
Namen mit gleicher Schreibung werden manchmal landschaftlich unterschiedlich ausgesprochen, selbst wenn sich die Sprecher bemühen, »schriftdt.« zu reden.
Abb. B registriert als Beispiel die heutige Aussprache des Namens *Viktor* durch schriftdt. sprechende Personen in Dtl.
Für die Aussprache von *V-* gilt heute die Regel: bei dt. Wörtern Aussprache als *F-* (Vater, von), bei Fremdwörtern Aussprache als *W-* (Ventil, vulgär).
Doch wird diese Regel nicht immer realisiert. Unsicherheiten entstehen vor allem, wenn man Wörter nicht ohne weiteres als deutsche bzw. als Fremdwörter einordnen kann (z. B. Viper). Dies ist gerade auch bei lange eingebürgerten Fremdnamen der Fall.
Im Süden neigt man bei Ruf- und Familiennamen wie *Veronika, Viktor, Vinzenz* zur Aussprache mit *F-*. Auch der Münchener Komiker Karl *Valentin* wollte seinen Namen mit *F-* ausgesprochen haben. Als ein Norddeutscher ihn einmal bat: »Bitte ein Autogramm, Herr Walentin!« antwortete er daher: »Sagen's zu Ihrem Vater auch Water?«

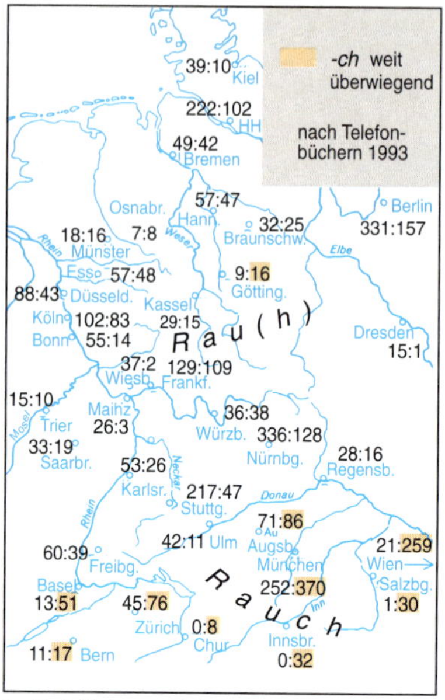

A Verhältnis von *Ruh, Rau(h)* zu *Ruch, Rauch*

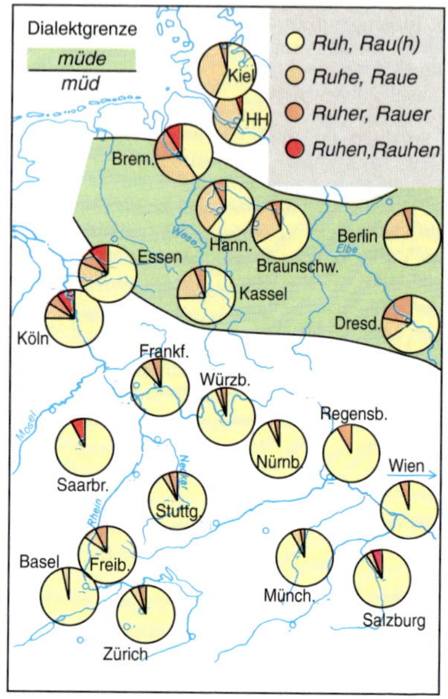

B Endungen im Familiennamen *Ruh-, Rau-*

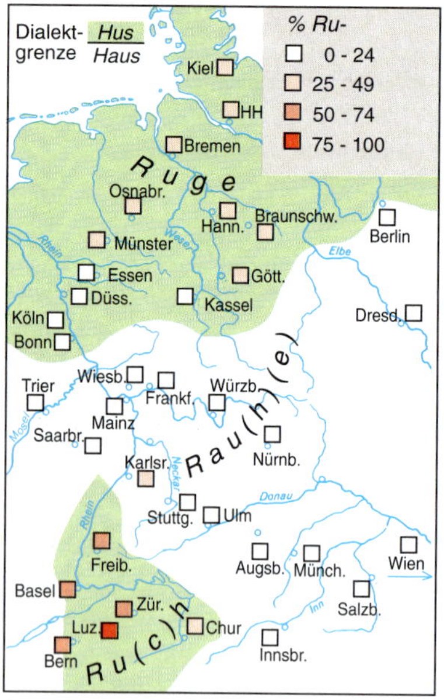

C Anteil der Varianten mit *-u-* im Familiennamen *Ruh, Rau(h)*

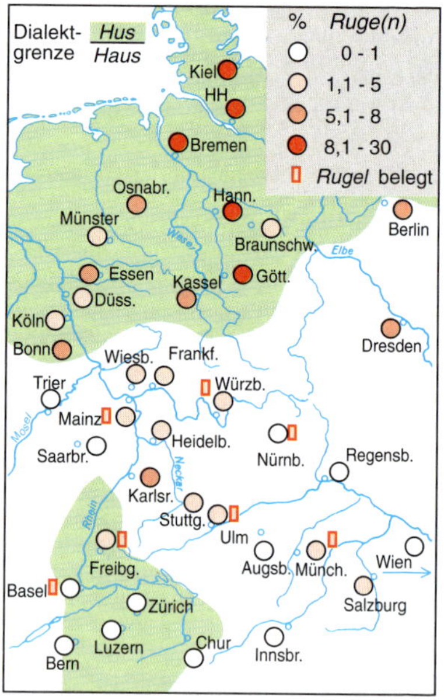

D Anteil von *Ruge* unter den Varianten des Familiennamens *Ruh, Rau(h)*

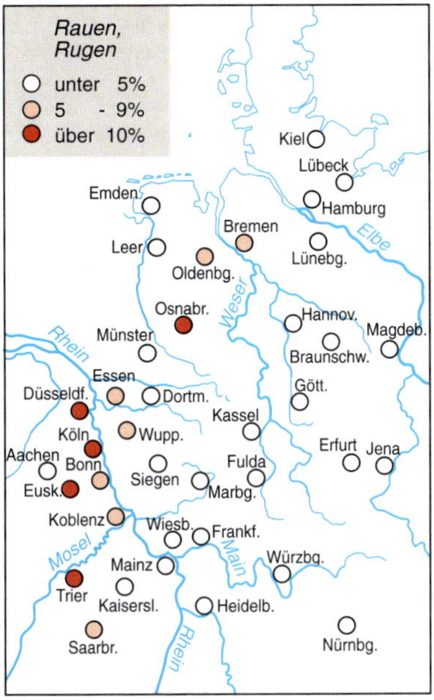

A Anteil der Varianten mit *-en* im Nordwesten

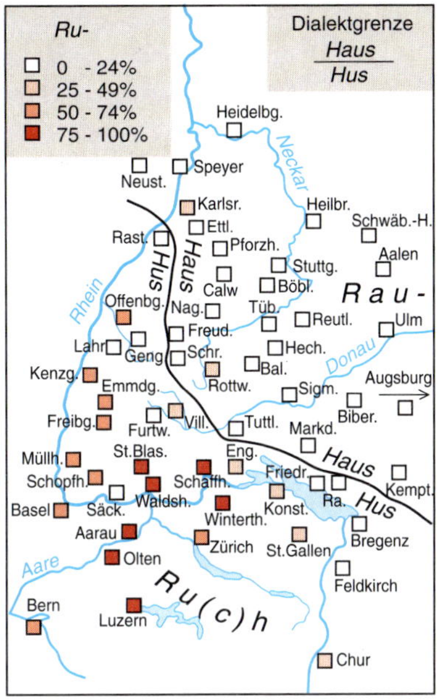

B Anteil der Varianten mit *-u-* im Südwesten

Variantengeographie am Beispiel *Ruh, Rau*
Einen stark behaarten Menschen nannte man im Mittelhochdt. *rûch* 'rauh, haarig'.

In Konstanz werden z. B. 1265 *Rudolf der ruhe* und *Rudolf der slechte* unterschieden ('der haarige und der glatte').

Dieses Wort hat sich zu *rauh* entwickelt; früher gab es daneben auch die Form *rauch.*

»Esau ist rauch und Jakob ist glatt«, beschrieb LUTHER die bibl. Zwillinge.

Die alte Form ist nur noch in seltenen Wörtern wie Rauchwerk 'Pelz' und in Familiennamen erhalten.

Im Niederdt. sind die Dialektformen *ruuch, rug(e)* verbreitet, vgl. »mit'n ruge Snuut (= unrasiert) rumlopen.«

Diese Entwicklungen haben ihre Spuren in den heutigen Familiennamen hinterlassen: Einer mit struppigem Kopf heißt *Ruhkopf, Rauchhaupt, Rauhöft;* einer mit behaarten Beinen *Rauhbein, Rauchfuß, Ruhfuß, Ruhfaut;* einer mit wildem Bart *Rugebart, Rauchmaul, Ruhback;* einer mit pelzverbrämtem Hut *Rauhut;* Leute in/aus rauhen oder wildbewachsenen Gegenden *Ruchholz, Ruhberg, Ru(h)land(t), Raukamp, Rauhbusch, Rauchhaus, -holz, -wald, Rauchecker, Ruchenbach* usw.

Häufiger als solche Zusammensetzungen begegnen die einfachen Familiennamen *Ruh(e), Ruch, Ruge, Rau(h), Raue(n), Rauch* 'der Haarige', manchmal wohl auch 'der Rauhe, Grobe'.

Jahrhunderte wurde *rauh* in den verschiedenen Dialekten teils mit, teils ohne *-ch* am Ende ausgesprochen. Daher sind Namen mit und ohne *-ch* im ganzen dt. Sprachgebiet reichlich erhalten. Heute gilt *-ch* am konsequentesten noch in den südlichsten Dialekten, z. B. schweizerdt. *ruuch,* weswegen hier die Formen *Ruch, Rauch* bes. häufig sind.

Rauch kann aber auch von 'Rauch' kommen, etwa als Übername eines Schmieds.

Formen mit *-u-* konzentrieren sich auf Gegenden, in deren Dialekten mittelhochdt. *û* bis heute nicht zu *au* geworden ist (Diphthongierung, s. S. 167).

Ruge tritt, dem Dialekt entsprechend (S. 159), häufig im Niederdt. auf (Telefonbuch 1993 Hamburg 173x), aber auch anderswo (München 18x). Doch außerhalb des Niederdt. ist es als Kurzform von Rufnamen wie *Ruotger* zu deuten, weil daneben auch *Rugel* begegnet (Abb. D), was nur eine Verkleinerungsform von *Ruge* aus *Ruotger* sein kann.

Die normale Endung des Namens war *-e: Kuno (der) Raue*. In den südlicheren Dialekten begann auslautendes *-e* aber schon seit dem 12. Jh. wegzufallen, weswegen hier fast ausschließlich apokopierte Formen wie *Ruh, Rau(h), -ch* herrschen.

Zu den Endungen *-er* und *-en* s. S. 138 f.

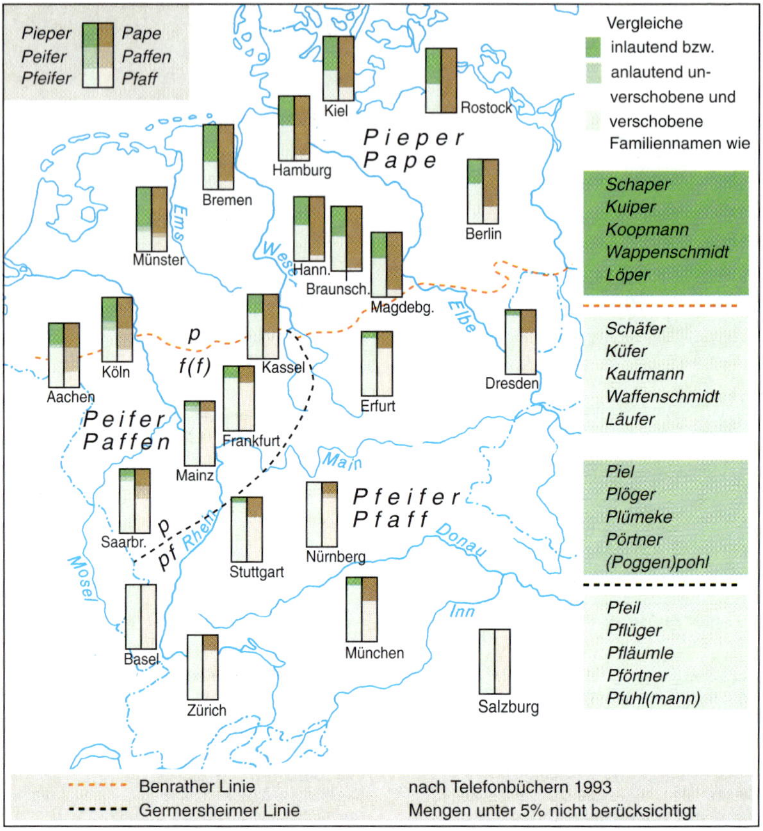

A Auswirkungen der althochdeutschen Lautverschiebung in den Familiennamen *Pieper, Pape* (und Varianten)

		Osnabrück	Oldenburg	Kassel	Kiel	Lübeck	Rostock
nördlich	*Grot(h)(-)*	125 = 39%	157 = 64%	58 = 16%	264 = 51%	279 = 61%	26 = 43%
	Groß(-)	198 = 61%	89 = 36%	311 = 84%	256 = 49%	180 = 39%	35 = 57%
südlich	*Grot(h)(-)*	197 = 50%	17 = 5%	19 = 13%	48 = 10%	8 = 9%	7 = 10%
	Groß(-)	195 = 50%	302 = 95%	128 = 87%	457 = 90%	84 = 91%	62 = 90%
		Aachen	Saarbrücken	Koblenz	Nürnberg	Bayreuth	Passau

nach Telefonbüchern 1993

B *Gross(e)* und *Gro(o)t(h)(e)* in Städten nördlich und südlich der >Benrather Linie< um 1993

Die althochdeutsche Lautverschiebung
Im 6.–8. Jh. n. Chr. wurden einige germ. Dialekte von einer Konsonantenveränderung erfaßt, durch die sie sich markant als eigene Sprachgruppe von den übrigen germ. Dialekten abzusetzen begannen. Diese neue Sprachgruppe nennt man »deutsch«, und mit dieser **Lautverschiebung** begann die älteste dt. Sprachstufe, das Althochdeutsche.
Die althochdt. Lautverschiebung betrifft vor allem die germ. *p, t, k* (**Tenuesverschiebung).** So erscheinen heute

1 germ. *p-*, vgl. engl. **p**ound, als *pf-:* **Pf**und;
2 germ. *-p(-)*, vgl. engl. o**p**en, slee**p**, als *-(f)f(-):* o**ff**en, schla**f**en;
3 germ. *t-*, vgl. engl. **t**o, als *z-:* **z**u;
4 germ. *-t(-)*, vgl. engl. wa**t**er, wha**t**, als *-(s)s(-):* Wa**ss**er, wa**s**;
5 germ. *k-*, vgl. engl. **c**old, als *kch-:* südalemann. **kch**alt;
6 germ. *-k(-)*, vgl. engl. ma**k**e, boo**k** als *-ch(-):* ma**ch**en, Bu**ch**;
7 Regeln 2, 4, 6 gelten v.a. nach Vokal. Nach Konsonant und in Gemination 1,3,5.

Die Lautverschiebungsergebnisse gehen alle außer 5 in die dt. Standardsprache ein. In den Dialekten sind sie aber unterschiedl. weit verbreitet. Die Nordgrenze von 2, 3, 4, 6 überquert bei Benrath den Rhein. Diese sog. **Benrather Linie** markiert die Grenze zwischen den hochdt. und den niederdt. Dialekten. Letztere haben **keine Lautverschiebung.** Die Nordgrenze von 1 überquert den Rhein bei Germersheim und heißt daher **Germersheimer Linie** (Abb. A).

Namen ohne/mit Tenuesverschiebung
Diese Lage spiegelt sich in den Familiennamen. Beispiele:
Für 1: *Pannenschmied/Pfannenschmied; Plo(o)g/Pflug;* Abb. A.
Für 2: *Schleper/Schläfer; Schip(p)mann/Schiffmann;* Abb. A.
Für 3: *Tang(e)/Zang(e); Teg(e)ler/Zieg(e)ler; Timmermann/Zimmer-; Töll(n)er, Tollgreve/Zöllner; Teg(e)tmeier, Techt-/Zeche(n)tmaier, Zehnt-* 'der den Zehnten eintreibt'.
Für 4: *Groth(e), Groot/Groß(e); Schlotter, Schlot(t)hauer/Schlosser; Kofoth/Kuhfuß; Ketteler/Keßler* s. Abb. S. 118 B.
Für 6: *Eyck(hoff)/Eich(hoff); Bockhol(d)t/Buchholz; Di(e)ckmann/Deichmann; Schomaker/Schu(h)macher; Bro(o)ckmöller/Bruchfelder; Kerkhoff/Kirchhoff.*
Für 7: *Stümpke/Stümpfle* 'gedrungener Mensch'; *Schimp(ke)/Schimpf(le)* 'Spaßmacher'; *Kno(o)pp/Knopf; Stolt(e)/Stolz(e)* 'hochtrabend, stattlich'; *Schmoldt/Schmalz.*
Zwischen der Benrather und der Germersheimer Linie sind typ. westmitteldt. Formen wie *Peffer(korn)* ('Gewürzhändler'), *Peif(f)er(s)* ('Spielmann') und *Paff(en), Päffgen* ('Geistlicher, Studierter') heimisch. Telefonanschlüsse Köln 1993:

Pi(e)per:Peif(f)er:Pfeif(f)er = 123:**71**:208
Pape(n):Pa(e)ff-:Pfaff- = 120:**85**: 44

Verhochdeutschung niederdt. Namen
Seit im 16. Jh. das Hochdt. als Schriftsprache auch in Niederdtl. eingeführt wurde, wurden dort viele niederdt. Namen verhochdeutscht, d.h., daß in ihnen u.a. auch die Lautverschiebung eingeführt wurde: *Ko(c)k* zu *Koch, Schütt(e)* zu *Schütz(e).* Von den 54% *Groß(e)* in den 6 Städten nördl. der Benrather Linie in Abb. B dürften nur ca. 15% aus dem Süden zugewandert, der Rest verhochdeutscht sein.

Dieser Trend war von Wort zu Wort und auch regional verschieden stark. *Schwar(d)t(e)* wurde z.B. viel öfter zu *Schwar(t)z(e)* als *Witt(e)* zu *Weiß(e), Ko(c)k* viel öfter zu *Koch* als *Schäper, Schaper* zu *Schäfer.*

Niederdt. *Pi(e)per* wurde zu durchschnittl. 53% zu *Pfeif(f)er* verhochdeutscht, *Pape(n)* dagegen kaum (Abb. A), weil *Pfaffe* seit der Reformation zum Schimpfwort geworden war und niemand sich mit dieser Namensform belasten wollte.

Der Name *Pape(n)* ist im Norden ungleich häufiger als der entspr. Name *Pfaff* im Süden: Hamburg 536 *Pa(a)p(e), Paep(c)ke* etc., München nur 124 *Pfaff, Pfaff(e)l, Pfäffle* etc. Daher fallen die eingewanderten *Pape* im Süden auf Abb. A prozentual stärker ins Gewicht als die eingewanderten *Pieper.*

Manchmal schießt die Bemühung um Verhochdeutschung über das Ziel hinaus und greift auch auf ungeeignete Fälle über. So wurde niederdt. *Kamp* (S. 103), das es hochdt. gar nicht gibt, oft falsch – **hyperkorrekt** – zu *Kampf* verschoben:

Kampfmeyer, Haverkampf, Kuhlen-, Stein-, Wasserkampf. Ebenso »unsinnig« etwa *Kopfmann* aus *Kopmann* 'Kaufmann'; *Dürrkopf* (s. S. 167).

Medienverschiebung
Im Oberdt. wurden teilweise auch germ. *b, d, g* zu althochdt. *p, t, k* verschoben (Medienverschiebung). Aber nur das *t* ist in einigen Wörtern auch standardsprachlich geworden, vgl. engl. **d**ay, **d**oor mit dt. **T**ag, **T**or. Vom Standarddt. abweichende Familiennamen mit *d* erklären sich daher aus in ihnen **unterbliebener** Medienverschiebung: *Da(h)l(mann)* 'der im Tal', *Düwel* 'Teufel', *Duwe, Düwecke* 'Taube'.
Dagegen erklären sich vom Standard abweichende südöstl. Namen mit *p* aus der hier **vollzogenen** Medienverschiebung: *Pusch* 'am Busch', *Plan(c)k* 'der Blanke, Hellhaarige, -häutige', *Pertl* (Rufname *Bert-*), *Prechtl* (Rufname *-brecht*), *Pauer, Praun.*

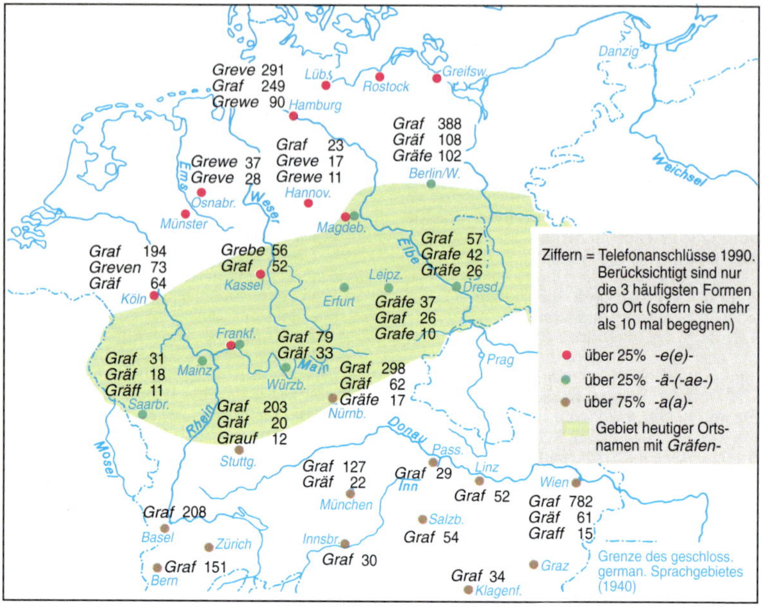

A Varianten des Familiennamens *Graf*

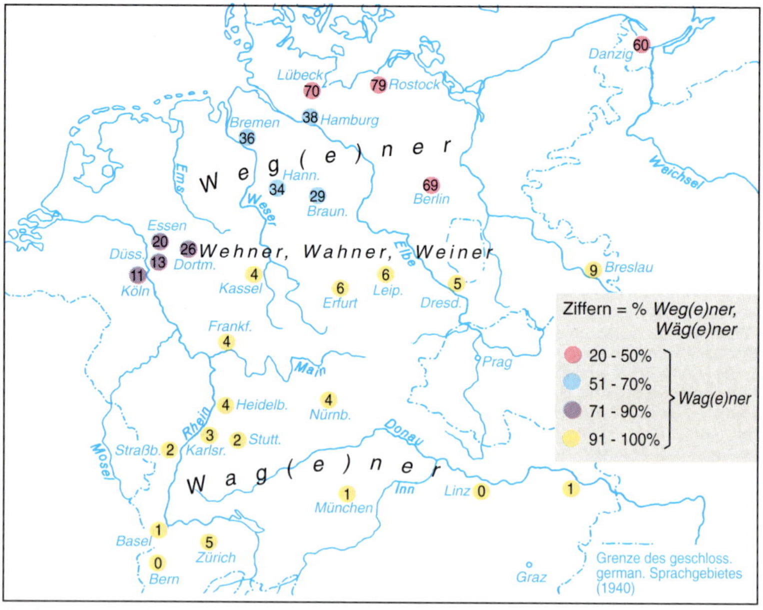

B Varianten des Familiennamens *Wagner* (nach Einwohnerbüchern 1920/30)

Der Umlaut ist dadurch entstanden, daß ein in einem Wort ehemals vorhandenes *i* oder *j* auf ein vorausgehendes *a, o, u, au* so abfärbte, daß dieses zu *ä* (oder *e*), *ö, ü, äu (eu)* wurde. Wann der Umlaut aufkam, ist schwer zu sagen, denn zunächst standen gar keine Schriftzeichen außer *e* zur Verfügung, um die neuen Laute auch zu schreiben. Die Zeichen *ä, ö, ü, äu* bzw. ihre Vorgänger (*aͤ, ú* usw.) haben sich erst seit dem 12. Jh. entwickelt, und seitdem sind viele Wörter mit Umlaut schriftlich bezeugt.

Die Umlaute haben sich aber nicht in allen Dialekten gleichmäßig durchgesetzt. Der Norden ist aufs Ganze gesehen umlautfreundlicher als der Süden. Das zeigt sich auch in den Familiennamen.

Das in **Graf** – ahd. *gravio* – urspr. vorhandene *i* hat im Niederdt. Umlaut bis zu *e* bewirkt *(Greve, Grewe),* im Mitteldt. bis zu *ä (Gräfe),* im Oberdt. ist kein Umlaut eingetreten (Abb. A).

Die vielen *Graf* im Norden sind durch Verhochdeutschung (S. 163) zu erklären.

Das Bild deckt sich mit dem der Ortsnamen. In Mecklenburg liegen z.B. mindestens 5 Orte mit Greven-, in Thüringen 10 mit Gräfen-.

Typ. hessisch ist *Grebe,* typ. schwäb. *Grauf.*

Schwäb. wird *ā* öfter zu *au,* vgl. *Maug, Mauk* neben *Ma(a)g* 'Verwandter'; *Lauser* neben *Lasser* 'Aderlasser'; *Aubrecht* Abb. S. 30 A.

Berufsnamen auf -er. Bei Berufsbezeichnungen auf *-er,* ahd. *-ari,* hat sich die Standardsprache teils für, teils gegen den Umlaut entschieden: der Glöckner, aber der Schlosser. In entspr. Namen existiert beides nebeneinander, wobei die Umlauthäufigkeit von Süden nach Norden zunimmt, bes. deutlich z.B. im Falle *Wag(e)ner* bzw. *Wäg(e)ner, Weg(e)ner* 'Wagenbauer, Fuhrmann' (Abb. B).

Kontraktionen führen v.a. im Mitteldt., zu *Wehner, Waehner, Weiner, Wahner.* Viele finden sich in Dresden (16%), Frankfurt/M. (11%), Essen (11%), Berlin (9%), dagegen in Hamburg, Bremen, Hannover nur 2%, in Karlsruhe, Stuttgart, München 1%. Daher fallen in Wien die 14% *Weiner, Weyner* auf; hier spielt sicher u.a. slawisch *viniař* 'Winzer' herein.

Andere Beispiele:

Brauer/Bräuer, Breuer; Forster/Förster; Glock(n)er/Glöck(n)er; Hacker/Häcker, Hecker 'Holzhacker; Weinbauer'; *Hader/Häder* 'Lumpensammler; Streitsüchtiger'; *Hauer/Häuer, Heuer* 'Holz-, Erzhauer; Mäher'; *Kammerer/Kämmerer, Kemmerer* 'Schatzmeister'; *Maurer/Mäurer, Meurer; Ofner/Öfner* 'Ofensetzer; aus/am Ofen'; *Salzer/Sälzer, Selzer* 'Salzsieder, -verkäufer; Einpökler'; *Schul(l)er/Schül(l)er* 'Student; junger Geistlicher'; *Wachter/Wächter.*

Für den Vogelfänger ist überall *Vog(e)ler* häufiger als *Vög(e)ler* (1925: Berlin 216:6, Hamburg 88:4, Dortmund 18:9, Frankfurt/M. 22:16), möglicherweise, weil die umgelautete Form schon früh in obszönem Sinne gebraucht wurde.

Herkunfts- und Wohnstättennamen auf -er. Auch hier wechseln *Bruckner/Brückner, Brunner/Brünner, Hager/Häger* ›aus, am Hag‹, *Hofer/Höfer, Moser/Möser. Baumgartner* überwiegt südl. der Donau, *Baumgärtner* in der Pfalz und im Ostfränkischen. Vgl. *Besler* 'aus Basel', *Kep(p)ler* 'an der Kapelle, aus Kappel', *Steinhäuser, Hergenröder.* Hier ist der Umlaut je nach Wörtern ungleich verteilt; selten findet er sich z.B. bei *-bach* (*Steinbacher*:*Steinbächer* 32:645 Telef. 1995), häufiger bei *-dorf* (*Hundsdörfer*:*Hundsdorfer* 175:85).

Familiennamen aus Rufnamen. Im Falle *Martin* herrscht im Rheinischen und in Belgien *e,* im Niederdt. und in den Niederlanden *a* vor. Telefonanschlüsse 1966:

	Ma(a)rtens	*M(a)e(e)rtens*
Aachen	0	**50**
Krefeld	4	**32**
Düsseldorf	11	**82**
Köln	15	**91**
Bremen	**69**	20
Hamburg	**548**	101
Oldenburg	**22**	1
Hannover	23	28

Rufnamen-**Suffixe**, z.B. ahd. *-ilo* (S. 21), lösen teilweise Umlaut aus: *Wälzel, Welzel* neben *Walzel* (aus *Walt[her]*), *Bückel, Bick(e)l, Bückle* neben *Buckl(e)* (aus *Burg[hart]*).

Auch wenn kein *i, j* vorhanden war, konnte Umlaut eintreten, um einen Rufnamen kosend zu färben (**hypokoristischer** Umlaut):

Enders/Anders (Andreas), Jöst/Jost (Jodocus), Köb(es)/Kob(es) (Jacobus), Märx, Merx/Marx (Markus).

In der **Schreibung der Umlaute** von *a* und *au* zeigen sich regionale Unterschiede. Der Umlaut von Haus wird in Familiennamen südl. der Donau in ca. 80% *Häusler, Nörtershäuser* geschrieben, während die *Heusler* usw. in Trier, Köln und Kassel ca. 75% erreichen. In Hannover, Bremen, Hamburg halten sich *äu* und *eu* etwa die Waage.

Bränd(e)l(e), -ae- (aus [*Hilde*]*brand*) zählte 1998 gegenüber *Brend(e)l(e)* in Baden-Württemberg und Bayern 39,7%, in Ländern nördl. davon nur 2,9–9,3%, während bei Bäcker überall die urspr. Schreibung mit *-e-* zu ca. 95% vorherrscht, sicher auch zur Unterscheidung des Namens vom Beruf.

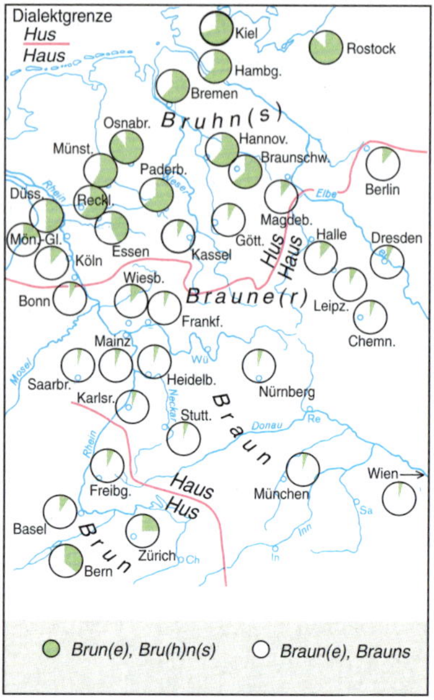

A *Brun* und *Braun* (mit Varianten) um 1920/30

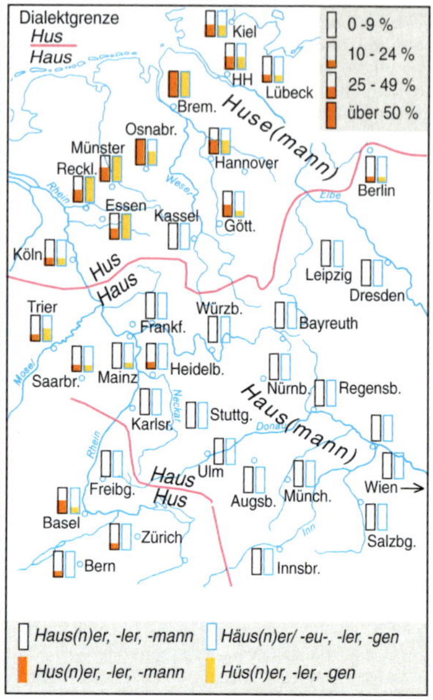

B *Hus-* und *Haus-*, *Hüs-* und *Häus-/Heus-* in Familiennamen um 1990

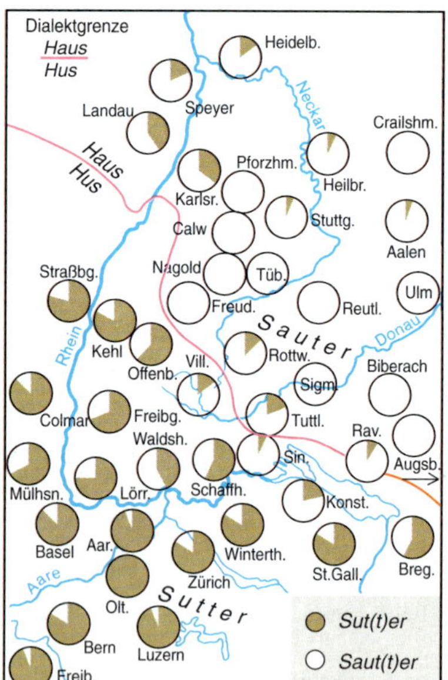

C *Suter* und *Sauter* im Südwesten (1990)

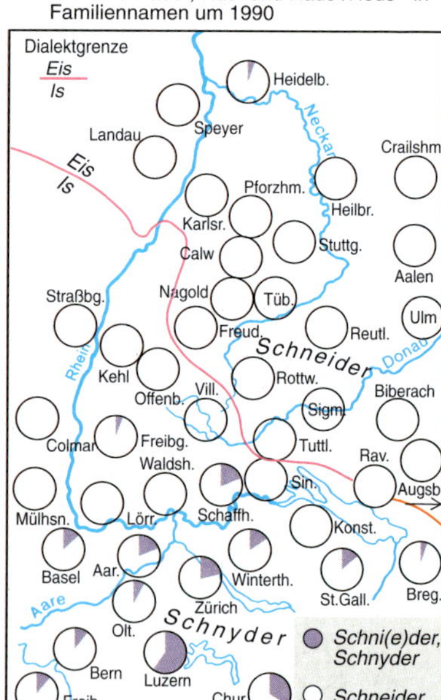

D *Schnider* u. *Schneider* im Südwesten (1990)

Die neuhochdt. Diphthongierung
war eine der einschneidendsten Vokalveränderungen zwischen dem MA. und der Neuzeit. Die mhd. langen Einlaute (Monophthonge) *î, û* und *iu* (langes *ü*) wurden zu den Zwielauten (Diphthongen) *ei, au* und *eu/äu: wîn* wurde zu Wein, *hûs* zu Haus, *hiute* zu heute bzw. Häute.
Diese Diphthongierung wird erstmals in Kärntner Urkunden des 12. Jh. schriftlich bezeugt. Später erfaßt sie immer mehr Dialekte und wird schließlich in die dt. Standardsprache übernommen.
Nur zwei Dialektgebiete hat die Diphthongierung nicht erfaßt, das Niederdeutsche und den westl. und südl. Teil des Alemannischen.

Familiennamen ohne/mit Diphthongierung
Viele heutige Namen spiegeln diesen Prozeß, indem sie in den genannten zwei Gebieten die alten Monophthonge teilweise bewahrt haben, während sich in den anderen Gebieten durchweg die neuen Diphthonge durchgesetzt haben. Beispiele:

i(e) neben ei (gerundet *eu*)
Friemann/Freimann 'nicht leibeigener Knecht; Scharfrichter'.
Gi(e)sler/Geissler, Geis(e)ler Rufname *Giselher* oder mhd. *gîseler* 'Bürge, Geisel' (*Geissler* auch 'Peitschenmacher').
Iseke, Isele, Ise(n)mann/Eisel(e), Eisenmann Rufname ahd. *Isan[hart]* oder Übername eines Schmieds/Eisenhändlers.
Richard(t), Ri(e)chert, Rickert/Reich(h)ard(t), Reichert.
Richelt/Reichel(t) Rufname *Richwald.*
Sieber(t), Siebeck(e), Siebke/Seibert, Seubert Rufname *Siegbert.*
Sievers, Siefert, Siewert/Seifried, Seif(f)ert(h), Seifarth, Seyfart(h), Seidel Rufname *Siegfried,* mhd. *Sîvrit.*
Wi(e)chert, Wiegert/Weichhardt, Weichert Rufname *Wighart.*
Wippert/Weiprecht, Weibert, Weip(p)ert Rufname *Wigbert.*

u neben au
Buck, Schmerbuch/Bauch, Schmerbauch '(Fett-)Bauch' (*Buck* auch Kurzform von *Burkhart*).
Bu(h)r, Bu(h)mann/Bauer, Baumann.
Bu(h)rmeister, Burmeester/Bauermeister 'Vorsteher einer Dorfgemeinde'.
Du(h)me/Daum(e) 'mit auffälligem Daumen' oder 'kleiner Dicker'.
Dusen(d)schön/Tausen(d)schön 'Prunksüchtiger? Eingebildeter?'.
Fu(h)lbo(h)m/Faulbaum Wohnstätte an einem Faulbaum.
Fust, Hardevust/Faust, Hartfaust 'einer, dessen Faust zu fürchten ist'.
Muder(er)/Mauder(er) 'Griesgram'.
Musolf(f)/Mausolf(f) 'Betrüger'.
Su(h)rbier/Sauerbier 'Brauer des (bes. haltbaren) Sauerbieres'.
Uchter/Auchter alemann. 'Nachthirte'.
Usländer/Ausländer.
Utermöhlen/Austermühle 'aus der Mühle'.

ü neben eu, äu (entrundet *ei*)
Bürli, Bührke/Bäuerlein, Beuerle.
Drüding, Drüen, Trütken/Treuting, Treuth, Treutl(e)in Rufname *Trut[win].*
Dürko(o)p/T(h)euerkauf(f) 'Händler, bei dem man teuer kauft'.
Düve(c)ke/Täuble; Täubler, Täubner, Teubner Übername 'Täubchen'; 'Taubenhändler' (*-ner* auch zum Ortsnamen Deuben).
Düwel, Düvel/Deubel, Deibel, Teufel.
Fründ(t)/Freund(t), Freundl 'Freund, Geliebter, Verwandter'.
Lüthold, Lüthi/Leuthold, Leithold, Leitelt Rufname ahd. *Liutwalt.*
Rü(h)mkorf(f), Rü(h)mland/Reumschüssel 'Räume den Korb, das Land . . .'.
Rüt(t)e(l)mann/Reut(h)emann Wohnstätte mhd. *riute* 'Rodung'.
Stüdle/Stäudle, Steudel Wohnstätte mhd. *stûde* 'Busch'.

Durchführungsgrad der Diphthongierung
Auch in den Regionen, in denen mundartl. bis heute die alten Monophthonge gesprochen werden, wurden die Familiennamen unter dem Einfluß der Schriftsprache teilweise diphthongiert. Dabei verhielten sich die betr. Regionen, das Niederdt. und das Alemannische, unterschiedlich.
Bei *Hus-/Haus-* und *Brun-/Braun-* z.B. bewahrt der Norden mehr Monophthonge als der Südwesten (Abb. A, B), bei *Ruh/Rau* dagegen ist es umgekehrt (Abb. 160C). Die Gründe dafür sind noch zu erforschen.
Innerhalb derselben Region hat sich die Diphthongierung jeweils von Fall zu Fall verschieden stark durchgesetzt.
Wörter, die nur noch in Familiennamen fortleben, sonst aber ausgestorben sind, z.B. *Suter* 'Schuster', haben die Monophthonge häufiger bewahrt als solche, die bis heute im normalen Wortschatz erhalten sind wie *Schneider* oder *Braun* (Abb. C, D).
Doch verhalten sich in der Schweiz auch z.B. die Namen *Geiger* und *Schneider* sehr unterschiedlich (Telefonanschlüsse 1993):

	Geiger	*Schneider*
	-ei- : *-y-, -i(e)-*	*-ei-* : *-y-, -i(e)-*
Basel	62 : 79 (56,0%)	440 : 83 (15,8%)
Zürich	86 : 178 (67,4%)	682 : 184 (20,9%)
Bern	19 : 73 (79,3%)	425 : 51 (10,7%)

Der Grund dafür dürfte in der unterschiedlichen Gebrauchsfrequenz der betr. Wörter in der Standardsprache liegen.

Rang in der Namenflucht	Rang im Namenvorkommen		jüdische Vergleichsgruppe Anzahl	‰	nichtjüdische Vergleichsgruppe Anzahl	‰
1.	3.	*Cohn / Kohn* 214(+35)	182	17,13	26	0,09
2.	1.	*Lev(w)y* 131(+14)	318	29,94	34	0,11
3.	28.	*Moses* 78(+1)	44	4,14	1	0,003
4.	190.-211.	*Itzig* 45(+9)	9	0,85	-	-
5.	16.	*Salomo(n)* 36(+3)	65	6,12	45	0,15
6.	414.-578.	*Schmu(h)l* 30(+1)	4	0,38	5	0,02
7.-8.	56.	*Abraham* 28(+14)	27	2,54	50	0,16
7.-8.	94.-104.	*Isaac(k)* 28(+6)	18	1,69	3	0,009
9.	13.	*Hirsch* 18(+14)	71	6,68	100	0,33
10.	50.	*Israel* 17(+3)	30	2,82	8	0,03
11.	25.	*Rosenbaum* 16(+32)	50	4,71	20	0,07
12.-13.	52.	*Cohen* 14	29	2,71	2	0,007
12.-13.	88.-93.	*Lev(w)ysohn* 14	19	1,78	2	0,007
14.	8.	*Rosenthal* 13	97	9,13	66	0,22
15.	28.-29.	*Jacobsohn* 12	38	3,58	12	0,04
16.-17.	286.-346.	*Abrahamsohn* 11	6	0,56	-	-
16.-17.	47.	*Goldstein* 11(+11)	31	2,97	7	0,02
18.-20.	156.-173.	*Löwy/i* 10(+26)	11	1,04	4	0,01
18.-20.	105.-108.	*Davidsohn* 10(+7)	17	1,60	1	0,03
18.-20.	48.-51.	*Friedländer* 10	30	2,82	24	0,08
21.-23.	-	*Itzigsohn* 9	-	-	-	-
21.-23.	21.	*Simon* 9(+1)	60	5,65	198	0,65
21.-23.	45.	*Nathan* 9	32	3,01	6	0,02
24.-26.	237.-285.	*Silberstein* 8(+3)	7	0,66	3	0,009
24.-26.	10.	*Hey(i)mann* 8(+1)	78	7,34	4	0,01
24.-26.	-	*Todtenkopf* 8	-	-	-	-
27.-29.	85.-87.	*David* 7	20	1,88	33	0,11
27.-29.	125.-131.	*Samuel* 7(+2)	14	1,32	2	0,007
27.-29.	2.	*Meyer* 7(+1)	202	19,02	1080	3,54
30.-38.	39.-42.	*Joseph* 6(+4)	33	3,11	29	0,1
30.-38.	42.	*Cahn* 6	140	13,18	13	0,04
30.-38.	9.	*Goldschmidt* 6	84	7,91	35	0,11
30.-38.	46.	*Aron* 6(+6)	31	0,28	-	-
30.-38.	132.-144.	*Benjamin* 6	13	1,22	4	0,01
30.-38.	45.	*Herz* 6(+1)	38	3,58	29	0,1
30.-38.	18.	*Katz* 6	60	5,65	19	0,06

Ziffern hinter den Namen = Anzahl der Änderungsanträge

+ in Klammern = dasselbe, bei Ableitungen vom betreffenden Familiennamen, z.B. *Schmulewitz*

Häufigkeit von Änderungsanträgen jüdischer Familiennamen 1840-1932

Die **Juden** führten als Beinamen seit alters gern den Rufnamen des Vaters: *Aaron ben* ('Sohn des') *Ascher.*
Familiennamen finden sich erst in Angleichung an entsprechende Entwicklungen z.B. der deutschsprachigen Umgebung, einige schon im 15. Jh., in Heidelberg um 1722 schon bei sehr vielen Familien. Aber insgesamt setzen sie sich erst infolge der Emanzipationsgesetze im 19. Jh. durch: Mit der Zuerkennung bisher vorenthaltener Rechte wurde u.a. die Pflicht zur Angleichung an das übliche Namensystem verbunden (Abb. 62C).

Abschätzige Namen
Es ist verbreitete Ansicht, daß bei der Durchführung solcher Erlasse den Juden für Bestechungsgeld »schöne« Namen wie *Blumenberg,* sonst aber scheußliche wie *Stiefelschaft* gegeben wurden **(Ekelnamen).**
Entsprechende Vorkommnisse gab es in Westgalizien, wo die Juden 1805 ihre Familiennamen vom Kreisamt oder einem Commissär »zu empfangen« hatten. Sie wurden aber oft zu Unrecht verallgemeinert und sind andernorts nicht nachweisbar.
Sicher u.a. von diesem westgalizischen Trauma ausgehend, nehmen solche Ekelnamen in **Witzen,** auch als Teil jüd. Selbstironie, großen Raum ein; und sie sind durch antisemit. Polemik stark im Bewußtsein verbreitet.
In Wirklichkeit aber finden sich von 67 solchen Namen aus jüd. Witzen unter ca. 45000 Familiennamen im jüd. Adreßbuch von Berlin 1929 nur die 8 Fälle *Buttermilch, Grobtuch, Leichentritt, Pergamenter, Bleifuß, Goldbaum, Nachtlicht, Wasserstrom,* insgesamt 30×, die 4 letztgenannten Fälle auch bei Nichtjuden. Von 54 Ekelnamen aus antisemit. Publikationen 1928ff. finden sich lediglich *Baumblatt* und *Kanarienvogel* **nur** im jüd. Adreßbuch, *Pinkel, Schuft, Mogel, Knoblauch* u.a. dagegen sehr viel häufiger bei Nichtjuden.

Namenwahl im 19. Jh.
Bei der Festlegung der Namen in der Emanzipationszeit behielten die Juden entweder schon früher angenommene Familiennamen bei, oder sie machten den Vaternamen bzw. an diesen anklingende oder übersetzte Namen zum Familiennamen *(Moses → Mos(n)er; Aron → Arnheim, Arend; Chaim → Heimann; Baruch → Selig-[mann]);* oder sie bildeten neue Familiennamen. In Preußen wurde ihnen 1812 empfohlen, landesübliche Namen anzunehmen, damit »ungewiß bleibe, ob jemand Jude sey oder nicht«. (Wilhelm von Humboldt)
So ergaben sich für jüd. Namen im dt.-sprachigen Raum folgende **Besonderheiten:**
1. Bei Familiennamen aus Rufnamen fallen diejenigen auf, die sonst in der Bevölkerung unüblich sind: *Levi(son), Mendel(sohn)* (zu *Emanuel*), *Sarason, Ascher, Itzig* (zu *Isaak*).
2. Namen nach Orten und Ländern wurden gern im Nordosten, in Hessen, Franken, Kurpfalz und Baden gewählt: *Berliner, Camminer, Oppenheim(er), Geisenheim, Englisch, Schlesinger, Fränkel.* In Baden stellten sie im 19. Jh. fast 50% der jüd. Namen.
3. Bes. Bedeutung kommt den Häusernamen zu, v.a. in Frankfurt/M., wo sie 11% der jüd. Familiennamen ausmachen: *Bär, Nußbaum, Rindskopf, Rothschild, Stern.* Die Nachkommen eines *Männle Bacharach* nannten sich z.B. nach ihren Häusern *Drach, Knoblauch* und *Lindwurm.*
4. Unter den Namen nach Beruf und Stand treten *Coh(e)n, Kohn, Cahn* 'Priester', *Katz* (z.T. aus Kahenzedek 'rechter Priester'), *Sänger, Singer* hervor.
5. Den Übernamen, die einem in der Regel andere anhängen, entsprechen hier oft selbstgewählte Phantasienamen. Sie fallen auf, weil sich in ihnen – ähnlich wie z.B. in schwed. Familiennamen – der damalige poetische Zeitgeschmack spiegelt: *Morgenthau, Sternberg, Lindenfels, Rubin-, Goldstein, Karfunkel, Tugendreich, Redlich, Kraft, Glück, Rosenduft, Mandelbaum, Lilienfeld, Blumenthal.*
Familiennamen mit Tieren sind häufig, wohl auch im Anschluß an den Erzvater Jakob, der sterbend seine Söhne Juda, Naftali und Benjamin mit Löwe, Hirsch und Wolf verglich.

Namenmarkierung
Durch derartige Eigenheiten erscheinen bestimmte Familiennamen als jüdisch markiert. Sie wurden oft zur Diffamierung ihrer Träger mißbraucht, so daß viele der Betroffenen den Familiennamen änderten.
Bering (1988, 1992) untersuchte, ausgehend von den 1517 jüd. **Namens-Änderungsanträgen** in Preußen von 1840–67 und 1900–32, den Grad, in dem eine solche Markierung empfunden und ihr daher zu entgehen versucht wurde (Fluchtnamen). Die nebenstehende Tabelle bringt Namen, bei denen je in mindestens 6 Fällen Änderung beantragt wurde. Als Vergleichsgruppen werden die Liste der 10623 jüd. Gefallenen von 1914–18 und das »judenfreie« Berliner Telefonbuch von 1941 mit 305000 Anschlüssen herangezogen.
Es zeigt sich, daß viele dieser Namen auch bei Nichtjuden begegnen, so daß deren Einschätzung als typ. jüd. auf einem Vorurteil beruht. Ferner, daß die Rangfolge der Fluchtnamen weit von der der tatsächlichen Vorkommenshäufigkeit (nach der Gefallenenliste) abweicht. Der Belastungsgrad ist also nicht durch die statist. Häufigkeit veranlaßt, sondern durch allmähliche antisemit. Aufladung bestimmter Namen.

Statur, Körperteile:	*Maly* (klein); *Broda* (Bart); *Bruch* (Bauch); *Hlawa* (Kopf); *Hubaleck, Hubatsch* (Mund); *Kutschera* (Locke); *Nossek* (Nase).
Haar-, Hautfarbe:	*Behlke, Belka, Bellach, Bial(l)as, Bialek* (weiß); *Czarnek, Czerny, Czornak, Tschorn, Tschernick, Tscharnke* (schwarz).
Verhaltensweisen:	*Bigalke* (herumlaufen); *Bomba* (schaukeln, bummeln); *Czaja* (schleichen, lauern); *Kop(p)atz, -tsch* (hacken, graben); *Pospischil* (eilen, hasten); *Switala, Schwitalla* (dämmern).
Charakter, geistige Eigenschaften:	*Chytry, Hytry, Hytrek* (schlau); *Mudra(ck)* (weise); *Plachy* (scheu); *S(ch)miale(k)* (kühn); *Utes(ch)eny* (getröstet); *Wessely* (froh).
Tiere:	*Baran* (Schafbock); *Jelen, Jelinek* (Hirsch); *Kokoschke* (Huhn); *Kokot(t)* (Hahn); *Kotzur(ek)* (Kater); *Linn* (Schleie); *Mucha* (Fliege); *Raak* (Krebs); *Robel* (Sperling); *Sroka* (Elster); *Ziesch(e)* (Zeisig).
Pflanzen, Früchte:	*Groch(e)* (Erbse); *Hruschka* (Birne); *Jagode, Jagoda* (Beere); *Kalina* (Schneeball u.ä.); *Slama, Sloma* (Stroh); *Sock* (Linse).
Gegenstände:	*Duda* (Dudelsack); *Kapitza* (Kapuze, Kutte); *Kosch(e), Koschak, Koschka, Koschek* (Korb); *Kosuch* (Schafspelz).
Lebensmittel:	*Buchta* (Gebäckart); *Mucke* (Mehl); *Piefke* (Bier); *Smetana* (Sahne).

in Klammern = Bedeutung des Wortes, das dem Familiennamen zugrunde liegt

A Häufige slawische Familiennamen aus Übernamen

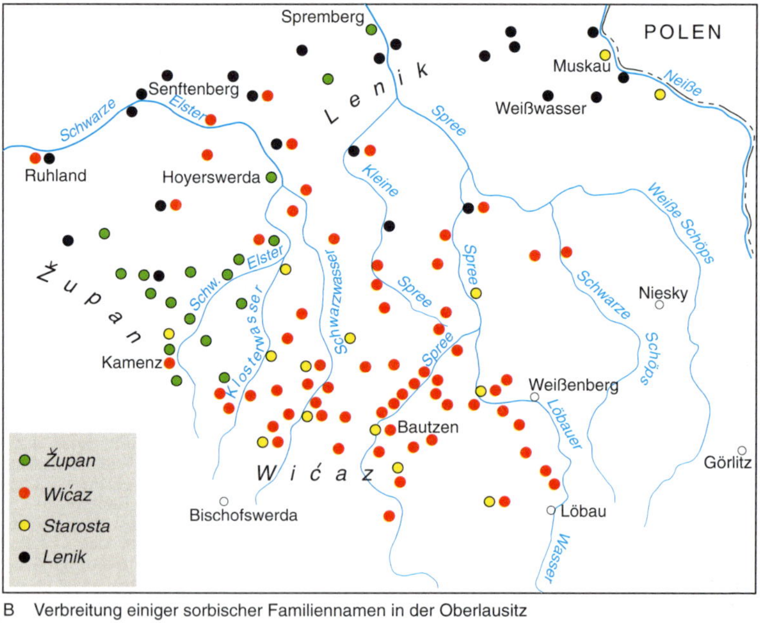

B Verbreitung einiger sorbischer Familiennamen in der Oberlausitz

Fremdsprachliche Familiennamen können zunächst aus nichtdt. Rufnamen *(Bartholomä, Valentin)* oder Ortsnamen (*Bölkow, Lüderitz, Esterházy, Flatschacher* [aus Blačach] stammen, auch aus alten Lehnwörtern, etwa *Suter* oder *Pfister* (Abb. S. 114 A).

Humanistennamen

Durch die Hochschätzung der klass. Sprachen im Humanismus kam von Italien her im 15. Jh. in gebildeten Kreisen die Mode auf, seinen Namen zu **latinisieren** oder zu **gräzisieren.** Dies geschah v.a.

1. durch lautl. Umformung und Anfügen fremder Endungen: *Deetz* (aus Rufnamen *Dietrich)* → *Decius, Diebel* (aus Rufnamen *Diebolt)* → *Dibelius, Froben* (aus Rufnamen *Frowin)* → *Frobenius, Heinrichs* → *Henrici, Käskorb* → *Cascorbi, Koppernig* (aus dem Ort Köpperning/Schlesien) → *Kopernikus, Krämer* → *Cremerius, Kruse* → *Crusius, Kurt, Kurz* → *Curtius, Matthes* → *Mathesius, Michels* → *Michaelis, Müller* → *Mylius, Nolte(n)* (aus Rufnamen *Arnold)* → *Noltenius.*

2. durch Übersetzung: *Bauer* → *Agricola, Beck(er)* → *Pistor(ius), Faßbinder* → *Viëtor, Fischer* → *Piscator(ius), Fuchs* → *Vulpius, Müller* → *Molitor, Schmidt* → *Faber, Schneider* → *Sartor(ius), Schulze* → *Praetorius, Schwarzert* → *Melanchthon, Weber* → *Textor.*

Manchmal waltete dabei große Phantasie, z. B. wurde *Hüssgen* 'Häuschen' als 'Haus-Schein' gedeutet und mit *Oekolampadius* übersetzt. Viele dieser Humanistennamen konnten sich zwar im Alltag nicht durchsetzen, doch blieb eine ganze Reihe erhalten.

Slawische Familiennamen

Die meisten fremden Familiennamen sind slawischen Ursprungs. Das erklärt sich zunächst aus der Vermengung deutscher Siedler mit slawischen Völkern östlich von Elbe und Saale und in Teilen Frankens, Bayerns und Österreichs, sodann mit Einwanderung aus osteurop. Gebieten. Der Vielvölkerstaat Österreich zur Zeit der habsburg. Monarchie hat v. a. in der Hauptstadt ein entsprechendes Namenbild hinterlassen. Ca. 15 000, d. h. etwa ein Viertel der Wiener Familiennamen, sind tschechisch.

> Georg Kreislers ›Telefonbuchpolka‹ schwelgt in einer Namensorgie aus dem Wiener Telefonbuch: »alle meine Freund stehn drin, und zwar auf Seite *V-:*
>
> *Vondrak, Vortel, Vyplaschil, Vojtek, Vozek, Vymlatil, Viora, Vrabl, Vrtilek, Vikolasch, Vrazek, Vyhnalek, Vreca, Vrba, Vykotil, Vrablicz, Vuzem, Vyskocil, Vocheletschka, Vukelic, Vratschko, Vukasinovic . . .*«

Das Familiennamenbuch von NAUMANN 1994 enthält ungefähr 15% slaw. Namen.

Viele dieser Namen erscheinen in der Schreibweise mehr oder weniger eingedeutscht: poln. *Gąsior* 'Gänserich' → *Gans(ch)or, Gons(ch)ior; Wójcik* (S. 205) → *Foitzik, Woyzeck, Weutschek* (usw., insges. 52 Varianten!).

Bes. vielfältig treten Patronymika auf, vgl. zu *Johannes: Hanke, Haschke, Han(u)sch(ke), Janosch, Janitzki, Janke, Jänicke, Jaschke, Jeschke, Jäntsch* usw.

Abb. B zeigt nach Quellen des 14.–18. Jh. die Verbreitung einiger der ca. 8000 sorbischen Namen – *Schuppan* 'Vorstand der Bienenzüchter; Gauvorsteher', *Starosta, Starosse* 'Dorfältester, -vorsteher', *Wit(z)schas* 'Besitzer eines Lehnguts, Lehmann', *Lehnick, Lehnig(k)* (dasselbe) – in der Oberlausitz. Deutlich zeichnen sich darin alte sorbische Dialektgrenzen ab.

Nach Westen sind slaw. Familiennamen vor allem durch den Zuzug zehntausender Bergarbeiter seit dem 19. Jh. ins Ruhrgebiet (vgl. S. 175, 204), dann nach 1945 durch die Flüchtlinge gelangt.

Andere fremdländische Familiennamen

Die Flüchtlinge brachten auch viele Namen aus **baltischen** Sprachen wie *Endruweit* (zu *Andreas*), *Josupeit* (zu *Josef*), *Jankuhn* (zu *Johannes*) ins allgemeine Namenbild ein.

Da die pommersche Ostseeküste 1648 – 1815 unter schwed. Herrschaft stand, sind dort einige schwed. Namen zu finden.

Am West- und Südrand des deutschen Sprachgebiets finden sich der Bevölkerungsmischung entsprechend auch niederländ., franz., rätoromanische und ital. Namen. Im Binnenland gehen **franz.** Familiennamen vor allem auf die etwa 30 000 Hugenottenfamilien zurück, die 1685 nach der Aufhebung des Edikts von Nantes, das ihnen Religionsfreiheit gestattet hatte, ihre Heimat verließen und vor allem in Brandenburg, Hessen, der Pfalz, Württemberg und Hamburg Zuflucht fanden: *Aubin, Chamisso, Fouqué, Laroche, Linnier, Savigny.*

> Theodor *Fontane* schrieb, bei der Aussprache seines Namens käme »alles« vor: meist *Vónnthan,* aber auch *Fontané.*

Italienische Namen kamen zunächst mit Künstlern, Handwerkern, Bauleuten und polit. Verfolgten ins Landesinnere: *Brentano, Carossa, Pestalozzi, Sarotti.* Ende 19. Jh. mit Eisenbahn- und Straßenbaufachleuten, seit den 50er Jahren des 20. Jh. mit vielen ausländ. Arbeitnehmern.

Der Zuzug von Arbeitnehmern auch aus anderen Ländern und das Zusammenwachsen Europas trägt zu weiterer Internationalisierung des Namenbildes bei.

> So konnte JASTROW 1985 einen Abriß über **türkische** Familiennamen aufgrund von ca. 2000 Einträgen aus dem Nürnberger Telefonbuch skizzieren.

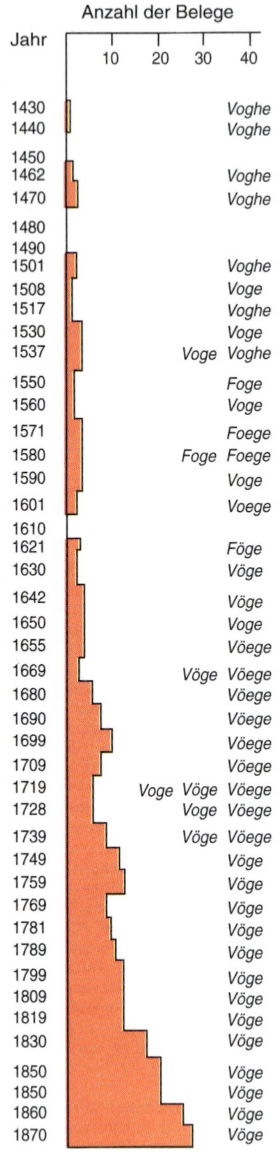

B Schreibtendenzen von Rufnamen auf *-wig* in deutschen Urkunden des 13. Jh.

C Namenschreibung als Differenzierungsmöglichkeit

Stoltenberch	1389 - 1642
Stoltenbergh	1450 - 1650
Stoltenberg	1470 bis heute
Stoltenbarch	1501 - 1590
Stholtenberch	1537
Stoltenbarg	1590 - 1819

A Schreibweisen der Familiennamen *Vöge* und *Stoltenberg* in der Probstei

Unterschiedliche Schreibweisen von Namen

Unfestigkeit der Schreibung
Bis Anfang des 20. Jh. gab es für die Schreibung von Namen keine festen Regeln.
Der berühmte Architekt und Goldschmied *Peter Flötner* ('Flötenspieler'), gest. 1546 in Nürnberg, urkundet als *Flöttner, Flöter, Flettner, Flätner, Flaitner, Flaiter, Flotner, Flattner und Flatner!* So konnte sich auch aus *Watsacker* 'Halter von Pferden, die einen Watsack (Ledersack) tragen' bzw. 'Bewohner eines entsprechenden Hofes' über *Waadsecher, Waytsacker* usw. heutiges *Wei(t)zsäcker* entwickeln.
Diese Freiheit wurde auch dazu genutzt, Namen dem Schreibsystem **fremdsprachiger Umgebungen** anzupassen. So schreiben sich die *Bür(c)kel, -le* im Elsaß ausnahmslos mit *-u-* (250 Telefonanschlüsse). Ein in die USA ausgewanderter *Pfannenstiel* wird dort zum *Fanestill, Schlesinger* zu *Slazenger, Schwob* 'Schwabe' zu *Swope, Ochs* zu *Oakes.* Im Polnischen erscheint *Schreiber* als *Szraiber, Schuhmann* als *Szuman,* im Ungarischen *List* als *Liszt.*
Jahrhundertelang spiegeln sich in der Schreibweise mehr oder weniger geglückte Versuche, die **Aussprache abzubilden.**
Dabei formten sich **regionale Schreibgewohnheiten** aus (Abb. B; im Norden sind im 13. Jh. noch kaum dt. Urkunden vorhanden). Diese konnten sich ihrerseits im Zuge **zeitgebundener Schreibmoden** ändern.
Der zeitliche Wechsel des Schreibgebrauchs in einzelnen Regionen läßt sich durch Belegreihen wie auf Abb. A, z. B. für den Namen *Vöge* 'der Kleine, Geschickte' in der Probstei, dokumentieren.
Die Unfestigkeit der Schreibung kann bei der Identifikation **histor.** Personen, vgl. o. *Peter Flötner,* sehr hinderlich sein.
Andererseits hat die histor. Bandbreite der Schreibungen zur Vervielfältigung der Namenvarianten beigetragen und ist daher zur besseren Identifizierung **heutiger** Personen dienlich geworden, weil sie erlaubt, gleichklingende Namen wenigstens schriftlich auseinanderzuhalten. Nicht ohne Grund muß man oft fragen: »Wie *schreiben* Sie sich? *Schulze* oder *Schultze*?«
In manchen Fällen hilft die Vielfalt auch, Namen von Appellativen zu trennen (*Schmitt* von der *Schmied*) oder auch Vornamen von Familiennamen (*Bernd* von *Berndt, Erhard* von *Ehrhardt*).

Festlegung der Namenschreibung
Erst das Bürgerliche Gesetzbuch, das am 1. 1. 1900 in Kraft trat, brachte Bestimmungen zur Festlegung der Namensschreibung. Seitdem ist eine Änderung nur auf dem Rechtswege möglich und sei es auch nur der Übergang von *Karlheinz* zu *Karl-Heinz.* Da *ß* nicht groß geschrieben werden kann, wird der Wechsel *ß/ss (Voß/Voss, VOSS)* toleriert.
Nicht lange nachdem einige europ. Länder vereinbart hatten, daß *Käthe Müller* im Ausland nicht zu *Kaethe Mueller* umgeschrieben werden dürfe, erging allerdings ein Verwaltungsgerichtsurteil, daß sogar innerhalb der dt. Personalausweise derselbe Name verschieden geschrieben werden dürfe: im Namenfeld des Ausweises *Käthe Müller,* im maschinenlesbaren Teil aber *Kaethe Mueller.*
Für Familiennamen ist die Schreibung in den **Personenstandsurkunden** der letzten Jahrzehnte maßgeblich. Dabei können Probleme entstehen. Das alte Zeichen ß wurde nämlich von Standesbeamten nicht selten falsch zu *hs* statt zu *ß* umgesetzt, so daß Familien als *Grohs(gart), Weihs, Beihsel* statt *Groß(gart), Weiß, Beißel* urkunden, was mehrere jurist. Verfahren zur Korrektur der Namenschreibung und zu deren Kosten nach sich zog.

Wahl der Vornamen-Schreibung
Bei der Vergabe von Vornamen können die Eltern unter üblichen Schreibvarianten wählen: *Karl/Carl, Reiner/Rainer, Mike/ Maik.*
Burk(h)ard(t), -t, Burghard(t), -t bietet allein 9 Varianten! In Flintbeck blieben 1972 – 1984 von 8 Varianten, *Katharina* und *Kathrin* jeweils mit K/C und t/th zu schreiben, nur *Katarina* und *Cathrin* ungenutzt.
Von zu **ausgefallenen** Schreibungen wie *Bur**ck**ha**rdt**, He**ll**mu**th**, Cars**th**en, S**y**bille* wird allerdings im Standesamt abgeraten, weil sie im täglichen Leben nur Schwierigkeiten bereiten.
Generell wird Anpassung an die heutigen **Rechtschreibregeln** empfohlen; z. B. ist bei deutschen und lang eingebürgerten fremden Vornamen *k* vor *c* zu bevorzugen *(**K**urt, Eri**k**a; **K**laus, Ja**k**ob),* bei Endungen wie *-hild, -old, -wald, -ward d* vor *t (Gunhil**d**, Reinhol**d**),* ferner *i* vor *y (Alo**i**s, **I**vonne, S**i**lvia).*
Wo sich in den letzten Jahrzehnten die **Orthographie änderte,** zogen die Vornamen allmählich nach. Der ›Duden‹ bemerkt in der 13. Auflage 1948, daß sich in Fremdwörtern wie Photographie, Telephon immer mehr die Schreibung mit *f* durchsetze; dagegen sei in Namen wie *Stephan(ie), Joseph* noch *ph* üblich, jedoch in Österreich und der Schweiz schon häufig *f.* Inzwischen hat sich *f* auch in Dtl. durchgesetzt, z. B. in *Sofie,* aber noch nicht in *Philipp* oder *Christoph(er).*
Ähnlich schwindet das *th* aus *Günther, Walther, Matthias, Theo, Thomas, Kathrin, Therese,* aber noch nicht aus *Lothar, Roswitha, Dorothea, Katharina.*
Fremde Vornamen sind in der fremden Schreibweise zu schreiben; von Eindeutschungen wie *Brain* für engl. *Brian, Kiara* für ital. *Chiara, Monic* für frz. *Monique* wird abgeraten.

akzeptiert	*Aiwara*	*Lucky*	*Shantala*
	Alpha	*(Franz) Leonardo da Vinci*	*Silesia*
	(Annechien) ten Doornkaat	*(Mara) Korinda*	*Skrollan*
	Aranya (Marko)	*Merlin*	*Tamy*
	(Bastian) Samandu	*Momo*	*Taiga*
	Bavaria	*Oleander*	*Timpe*
	(Cajus) Katte	*Pepsi-Carola*	*Wannek*
	Cortina	*(Philipp) Pumuckl*	*Winnetou*
	Jedida	*Ranjo*	*Zeta*
	Lanikan	*Sarelle*	in Klammern = zusätzliche Vornamen
abgelehnt	*Agfa*	*Moewe*	*Verleihnix*
	Beauregard	*Moon*	*Weronic*
	Belewi	*Münnerer*	*Windsbraut*
	Domino	*Omo*	*Wolangsche*
	Galadriel	*Peterso(h)n*	*Woodstock*
	Gott	*Schnucki*	*Mayor* (Schweiz)
	Grammophon	*Schröder*	*Wiesengrund* (Schweiz)
	Hemmingway	*Sputnik*	
	Jazz	*Stompie*	*Bierstübl* (Österreich)
	Mc Donald	*Störenfried*	*Ho Chi Minh* (Österreich)

A Einige1970-1990 gerichtlich akzeptierte bzw. abgelehnte Vornamen

um 1800:	Nach dem >Gemeinen Recht< führt die Frau in der Regel den Namen des Mannes, ist aber dazu nicht verpflichtet.
1900:	Das BGB bestimmt: »Die Frau erhält den Familiennamen des Mannes«.
1953:	Die Frau erhält das Recht, ihren Geburtsnamen hinter den des Mannes (mit Bindestrich) hinzuzufügen (in der Schweiz schon seit 1830 praktiziert).
1965:	In der DDR können Ehegatten als Ehenamen den Geburtsnamen des Mannes oder der Frau bestimmen.
1976:	Ähnliche Regelung in der BRD. Der Ehepartner, der auf seinen Namen verzichtet, kann diesen als »Begleitnamen« dem Ehenamen (mit Bindestrich) voranstellen. Treffen die Gatten keine Bestimmung, wird der Geburtsname des Mannes zum Ehenamen.
1991:	Das Bundesverfassungsgericht erklärt den letztgenannten Punkt als mit dem Grundsatz der Gleichberechtigung nicht vereinbar.
1994:	Ehepartner sind nicht mehr verpflichtet, einen gemeinsamen Ehenamen zu führen. Jeder Partner kann seinen Geburtsnamen behalten. Die Kinder erhalten in diesem Fall den Namen des Vaters oder der Mutter. Können die Eltern sich darüber nicht einigen, überträgt das Vormundschaftsgericht das Bestimmungsrecht einem Elternteil. Eheleute können auch den Geburtsnamen des Mannes oder der Frau als gemeinsamen Ehenamen bestimmen. Ein aus beiden Geburtsnamen zusammengesetzter Doppelname kann nicht als gemeinsamer Ehename gewählt werden. Die Person, deren Name nicht Ehename wird, kann ihren Geburtsnamen oder zur Zeit der Eheschließung geführten Namen vor oder hinter ihrem Ehenamen zufügen, falls der Ehename nicht schon aus mehreren Namen (wie *Müller-Schulte)* besteht.

B Ehenamengesetzgebung in Deutschland 1800-1993

Vornamenrecht
Die Freiheit der Eltern bei der Wahl der Vornamen ihrer Kinder ist in England und den USA fast uneingeschränkt, selbst Vornamen wie *Whisky* oder *Rachitis* sind zulässig. In Minnesota wurde allerdings die Zahlenreihe *1069* als Name nicht erlaubt, *Ten Sixty Nine* wäre aber möglich. Der kürzeste Vorname in den USA heißt *Y.* In Dtl. gelten dagegen **Einschränkungen,** die sich aus der Wahrung des Kindeswohls und der Funktion von Vornamen ergeben.
Eine vielzitierte Entscheidung des Bundesgerichtshofs legt fest, daß »die Namengebung die allgemeine Sitte und Ordnung nicht verletzen darf«, wozu gehört, »daß nicht willkürliche oder ganz ungebräuchliche oder zur Kennzeichnung ihrer Träger ungeeignete Bezeichnungen genommen werden.« Das wirkt sich v. a. in folgenden Punkten aus:
1. Die **Unterscheidungsfunktion** wird beeinträchtigt, wenn Geschwister denselben Vornamen bekommen; wenn eindeutige Familiennamen, z. B. *Schröder, Puschkin, Hemingway* als Vornamen gewählt werden; wenn die Zahl der Vornamen vier (Schweiz: sechs; Österreich: keine Richtzahl) überschreitet.

In Aersele/Belgien wurde 1923 sogar eine Steuer auf zu viele Vornamen erhoben!

2. Das **Kindeswohl** kann verletzt werden,
a) wenn der Name sprachl. **untauglich** ist, etwa bei willkürlichen Lautkombinationen *(Jama),* Ausrufen *(Hallo),* Titeln *(Doktor),* Ausspracheschwierigkeiten *(Chandra-Gupta);*
b) wenn der Name **anstößig** ist, z. B. durch Pietätsverletzung *(Christus; Jesus* ist seit 1998 erlaubt*),* durch Bezug auf belastende Umstände *(Pillula, Gin)* oder Träger *(Kain, Judas, Satan, Rasputin),* durch Albernheit *(Schneewittchen, Schnucki, Pepsi-Cola).*

In der Schweiz wird auch bei Namenabkürzungen und -verstümmelungen sowie Dialektformen rel. restriktiv verfahren *(Gido* statt *Guido; Gaby, Romy, Vreneli).*

c) wenn der Name **problematisch** ist, wie z. B. Tier- und Pflanzenbezeichnungen sowie geograph. Namen. *Moewe* wurde abgelehnt, *Oleander, Taiga, Colmar* aber akzeptiert.
3. Punkt 1 und 2 sind berührt, wenn ein Vorname das **Geschlecht** nicht eindeutig bzw. falsch anzeigt (geschlechtsneutrale bzw. -widrige Vornamen).
Letztere sind unzulässig, mit Ausnahme von *Maria* als Beivorname bei Jungen.
Geschlechtsneutrale Namen wie *Ange, Carol, Chris, Heike, Kai, Kim, Micha, Toni* sind in Deutschland und der Schweiz (nicht in Österreich) nur zusammen mit einem weiteren, geschlechtseindeutigen Vornamen zulässig.

Besondere Probleme bereiten ausländ. Vornamen, z.B. sind die ital. männl. Namen *Andrea* und *Nicola* im Deutschen geschlechtsirreführend. Dennoch wurde *Nicola* als männl. zugelassen. Dagegen ist der frz. Zwittername *Dominique* in Dtl. für Jungen nur in der Form *Dominik* zulässig. **Beratungsstellen** s. S. 15.

Können sich Eltern **nicht** auf einen Namen für ihr Kind **einigen,** weist in Deutschland, Österreich und Spanien das Gericht gegebenenfalls einem Elternteil die alleinige Entscheidungsbefugnis zu. In Luxemburg kann das Gericht selbst zur Entscheidung angerufen werden. In Griechenland hat das Gericht, in den Niederlanden und der Türkei der Vater den Stichentscheid. In der Schweiz setzt der Zivilstandsbeamte eine Frist unter Androhung, nach Ablauf selbst einen Namen einzutragen.

Vgl. den Überblick über das Vornamenrecht in 16 Ländern in ›Internat. Handbuch der Vornamen‹ 1986.

Namensänderung
betrifft vor allem den Familiennamen bei Stiefkindern und bei Adoptionen. Bei letzteren kann in Ausnahmefällen auch der Vorname geändert werden. Vornamenänderung ist auch bei Geschlechtsumwandlung angebracht.
Auch ein einzelner Buchstabe darf nur geändert werden, wenn ein **wichtiger Grund** vorliegt. Als Gründe für eine Änderung des Familiennamens werden hauptsächlich anerkannt:
- falsche Schreibweise in Personenstandsregistern: *Fahsbinder* geändert in *Faßbinder* (zu *-hs-/-ß-* S. 173);
- anstößige oder lächerliche Namen: *Kliebenschädel* geändert zu *Kliby, Fick* zu *Frick;*
- ausländische Namen, wenn durch komplizierte Aussprache oder Schreibung die Gefahr einer wesentlichen persönlichen oder wirtschaftlichen Beeinträchtigung besteht: *Haeyn* zu *Heine, Matyaszczek* zu *Mathias.* Zwischen 1880 und 1935 wurden im Ruhrgebiet ca. 30 000 Gesuche zur Änderung polnischer oder litauischer Namen genehmigt;
- Annahme von Künstlernamen;
- Legitimation unehelich geborener Kinder. Dies war früher der weitaus häufigste Grund, da man den »Makel unehelicher Geburt« damit verbergen wollte.

Der Namenwechsel bei **Eheschließung** nimmt eine Sonderstellung ein. Er ist aus dem Brauch erwachsen, nach dem Aufkommen der Familiennamen Frauen im allgemeinen nach dem Familiennamen ihrer Väter, bei Ehefrauen ihrer Männer, als die *Meiersche* oder die *Müllerin* zu bezeichnen.
Zur Entwicklung rechtl. Regelungen im Rahmen der Gleichberechtigung vgl. die nebenstehenden Daten (Abb. B).

Pseudonym		Bürgerlicher Name
Peter Alexander	(Entertainer)	Peter Alexander Neumayer
Roy Black	(Schlagersänger)	Gerd Höllerich
Theodor Brackenheim	(Journalist)	Theodor Heuss
Doris Day	(Filmschauspielerin)	Doris Kappelhoff
Jeremias Gotthelf	(Schriftsteller)	Albert Bitzius
Friedensreich Hundertwasser	(Maler)	Friedrich Stowasser
Udo Jürgens	(Sänger)	Udo Jürgen Bockelmann
Lisl Karlstadt	(Volksschauspielerin)	Elisabeth Wellano
Klaus Kinski	(Filmschauspieler)	Claus Gunther Nakszynski
Stephan Hermlin	(Schriftsteller)	Rudolf Leder
Loriot	(Cartoonist)	Vicco von Bülow
Momos	(Fernsehkritiker)	Walter Jens
Jacques Offenbach	(Komponist)	Jacob Eberst
Joachim Ringelnatz	(Schriftsteller)	Hans Bötticher
Romy Schneider	(Filmschauspielerin)	Rosemarie Albach-Retty
Anna Seghers	(Schriftstellerin)	Netty Radványi, geb. Reiling
Karl Valentin	(Volksschauspieler)	Valentin Ludwig Fey

Beispiele bekannter Pseudonyme

Namenwechsel sind bei der **Heirat,** aber auch bei anderen Änderungen des Lebensstandes in vielen Kulturen üblich. Bei manchen Indianerstämmen wurde bei jedem neuen Lebensabschnitt der Name geändert.

In **religiösen Zusammenhängen** findet sich Namenwechsel bes. häufig. In der Bibel werden *Abram* zu *Abraham* ('Vater der Menge'), *Jakob* zu *Israel* ('Gottesstreiter') umbenannt, der Rufname *Simon* wird durch den Beinamen *Kephas* bzw. *Petrus* ('der Fels') ersetzt, *Saul(us)* ('der Erbetene') bevorzugt nach seiner Bekehrung seinen röm. Namen *Paulus* ('der Kleine').

Als 532 ein gewisser *Mercurius* Papst wurde, wollte er sein Amt nicht mit diesem heidnischen Götternamen antreten und nannte sich *Johannes II.* Seit 1012 wählte sich außer Hadrian VI. und Marcellus II. jeder Papst einen neuen Namen.

Beispiele für die Annahme eines neuen Namens beim **Eintritt in einen Orden** kennt man seit dem 6. Jh., aber erst Ende 15. Jh. läßt sich der Namenwechsel hier allgemein dokumentieren. Der bürgerl. Name wird wie die weltl. Kleidung als Zeichen der Selbstentäußerung und des Eintritts in eine neue Lebensform abgelegt.

Martin Luther trug den Klosternamen *Augustin, Abraham a Sancta Clara* hieß von Hause aus *Ulrich Megerle*.

Nebennamen werden neben dem amtlich festgelegten »bürgerlichen Namen« von vielen Menschen in bestimmten Situationen verwendet, z. B. innerhalb eines Vereins.

Sie unterscheiden sich von Beinamen vor allem dadurch, daß ihre Verleihung alle Mitglieder der betreffenden Vereinigung betrifft, meist nach gewissen Zeremonien verläuft und die Namenauswahl bestimmten Einschränkungen unterliegt. Hierzu zählen z. B. die **Schleifnamen** bei der Gesellentaufe oder die **Biernamen** der Studentenverbindungen.

Das Wort **hänseln** bedeutete urspr. 'jemanden in eine Hanse, d. h. eine Zunft oder einen Bund aufnehmen'. In den Sprachgesellschaften des 17. Jh. erhielt man bei der Hänselung Namen wie *der Bekrönte, der Wohlgeratene*. Die heutige Bedeutung des Wortes hat sich aufgrund scherzhafter Prozeduren entwickelt, die der Neuling bei der Aufnahme in manche Bünde über sich ergehen lassen mußte.

Die Grenze zu den Beinamen ist fließend bei den markigen Landsknechtenamen wie *Schlagenhauf* '(ich) schlage den (Heer)-haufen', *Weitstich* oder bei Räuber- und Ganovennamen.

Der 1803 hingerichtete Räuber JOHANN BÜCHLER nannte sich *Durchdenwald,* andere gaben ihm den Beinamen *Schinderhannes,* weil er von Beruf Abdecker war.

In Dörfern gelten oft sog. **Hausnamen.** Sie schließen teils an die Rufnamen der Vorfahren *(Simonandresenfranz),* teils an Gewerbe *(Schustersepp),* meist aber an den Hof *(Waldhofbauer)* an. Der Familienname ist daneben oft so gut wie unbekannt.
BERTSCHE hat 1905 das komplette **Übernamen-Bild** einer Kleinstadt untersucht (Möhringen/Baden). 1120 der 1200 Einwohner trugen einen Übernamen, der auch in ihrer Anwesenheit gebraucht wurde, ca. 800 trugen daneben (oder nur) einen kränkenden **Schimpfnamen,** der nur in ihrer Abwesenheit verwendet wurde. Die hohe Zahl an Schimpfnamen war aus einem uralten Zwist zweier Parteien im Ort erwachsen.

Pseudonyme
wählt man sich selbst, im Unterschied zu Bei-, Kose- oder Spitznamen, die man von anderen bekommt. Das Wort bedeutet 'falscher Name'. Zweck ist das Verbergen der bürgerlichen Identität, oft aus polit. Gründen (so nahm *Ernst Karl Frahm* 1933 im Kampf gegen den Nationalsozialismus das Pseudonym *Willy Brandt* an); oder um als Künstler bzw. Schriftsteller (vgl. engl. *pen-name* 'Schreibfeder-Name') aus familiären Rücksichten seinen bürgerlichen Namen nicht zu belasten oder umgekehrt von diesem, weil er wenig zugkräftig erscheint, nicht belastet zu werden. In diesem Sinn benannten sich Frauen nicht selten mit männlichen Pseudonymen: *Aurore Dudevant* mit *George Sand, Ricarda Huch* mit *Hugo Richard.*
Kurt Tucholsky publizierte in der ›Weltbühne‹ als *Ignaz Wrobel, Peter Panther, Theobald Tiger, Kaspar Hauser,* weil er es nicht liebte, wenn immer derselbe Name unter den Artikeln zu lesen war.
Den **Rekord** hält wohl der frz. Philosoph *Voltaire,* der dieses Pseudonym durch Umstellung der Buchstaben (**Anagramm;** vgl. *Paul An(ts)c(h)el* → *P. Celan*) seines Namens *Arouet l(e) j(eune)* bildete, daneben aber noch ca. 160 weitere Pseudonyme benutzte.
Um Urheberrechte zu sichern, können Literaten, Komponisten usw. ihre Pseudonyme seit 1901 **amtlich schützen** und in eine Urheberrolle eintragen lassen, was seit 1965 im Bundesanzeiger veröffentlicht wird.
Als Vorgänger der Pseudonyme haben die **Künstlernamen** eine bis ins MA. zurückreichende Tradition: *Meister Singauf* 'beginne zu singen', *Frauenehr, Frauenlob.*
Im 19. Jh. legten sich Schauspieler und Musiker gerne ital. Namen zu, z. B. der Sänger *Stiegeler* den Namen *Stighelli.* Im Show-Gewerbe sind engl. Pseudonyme beliebt.
Über tausend Beispiele und eine Liste von **Pseudonymenlexika** bei BARTHEL 1986.
In kriminalistischem oder konspirativem Kontext wird ein zur Vertuschung der Identität angenommener Name als **Deckname** bezeichnet.

Kosenamen
Im täglichen Umgang werden die offiziellen Namen oft durch inoffizielle ersetzt. Sie entstehen aus dem Bedürfnis, persönlichere Beziehungen zum Namensträger auszudrükken, positive wie negative, und die Gruppenzugehörigkeit zu kennzeichnen.
Das beginnt in der Familie. Für das Neugeborene ließen wir »drei Namen ins Register eintragen. Den meines Vaters, den ihres Vaters und den meines Großvaters. Von den drei Namen wurde nie einer verwendet. Am Ende der ersten Woche hieß das Kind *Fipps.* Ich weiß nicht, wie es dazu kam . . .«. (I. BACHMANN, ›Alles‹)
Elterliche Kosenamen für 1300 Kinder hat FRANK 1975 im Ruhrgebiet erhoben. Für 34% der Kinder wurden Kosenamen angegeben, bei Arbeitern für jedes 4te, bei Eltern mit Abitur für jedes 2te Kind.
77% der Kosenamen stammen vom Vornamen, von dem entsprechend der Kindersprache oft eine Silbe zum Kern des Kosenamens wird: *Rü (Rüdiger), Dagi (Dagmar), Hartchen (Hartmut), Ginchen (Regina).* 23% stammen von anderen Wörtern. *Bubi, Jüngel, Kerlchen, Männlein* sind meist Einzelkindern und Erstgeborenen vorbehalten. *Mausi, Häschen* und andere Tiere betreffen fast nur Mädchen.
Kosenamen von **Liebespaaren** hat LEISI 1980 unter strikter Anonymität bei Zürcher Student(inn)en gesammelt.
In der Namenbildung herrschen dabei, wie zu erwarten war, landesübliche **Verkleinerungen** vor: *Luftballönli, Mannli.*
Gewonnen werden die Namen häufig aus dem Tierreich, wobei auffällt, daß gerade sonst **verabscheute Tiere** als Liebesnamen gewählt werden: Maus, Frosch, Wurm, Laus, Käfer, Schnecke. In ähnliche Richtung weisen umfunktionierte Schimpfwörter: *Biest(li), Viech, Aasgeier, Lumpli, Hexli, Dubeli* ('Idiötchen').
Neben **erotischen Körperteilen** (*Füdeli* 'Hintern') spendet vor allem der uralte erot. Metaphernbereich »Süßes« Namen: *Cremeschnittli, Schläckstengeli, Honey, Sugar.*
Die vielen **Spontanschöpfungen,** die sich nicht aus anderen Wörtern herleiten lassen, wie *Schä, Fui, Gloger,* kann man als Versuche deuten, das »völlig Einmalige« des Partners durch eine ebenso einmalige Namenbildung auszudrücken.
Liebende benennen sich jeweils mit einer **Vielzahl** von Kosenamen – in gewissem Sinne den Hundert Namen Allahs vergleichbar –, die immer neue Aspekte am Partner entdecken: *Zwerg* und *Riese, Watschelente* und *Bär, Engel* und *Teufel.*

Ableitungen vom Namen (30,2%; bei Schülerspitznamen 63,4%)		
a) bloßer Gebrauch des Rufnamens	*Max*	5=1,5%
b) Rufnamen-Variation ohne Nebensinn	*Krischen:* statt *Christian*	15=4,5%
c) Rufnamen-Variation mit Anspielung auf den Namenträger	*Horssstel: Horst* hat einen Sprachfehler	4=1,2%
d) Familiennamen-Variation ohne Nebensinn	*Mikki:* statt *Mirbach*	37=11,4%
e) Familiennamen-Variation mit Nebensinn, ohne Anspielung auf den Namenträger	*Zwieback:* statt *Zwiebeck*	8=2,4%
f) Familiennamen-Variation mit Anspielung		
- auf Verhalten	*Poltermann: Molter-* (cholerisch)	9=2,8%
- auf Äußeres	*Drehbein: Dreher* (beinamputiert)	8=2,4%
- auf Unterrichtsfach	*Soif: Durst* (Französischlehrer)	9=2,8%
g) Variation von Ruf- und Familiennamen	*H* ^{3}*:* statt *Hans Hugo Henscher*	4=1,2%
Äußeres (28,3%; bei Schülerspitznamen 14%)		
a) Statur	*Bauchi:* ist dick	85=26,1%
b) Kleidung	*Schimmel:* trägt weißen Kittel	7=2,2%
Verhalten (21,9%; bei Schülerspitznamen 6,2%)		
a) Redewendungen	*Herzerl:* redet Schüler so an	13=4,0%
b) Haltung gegenüber den Schülern	*Papi:* ist gütig; *Schinder:* ist streng	40=12,3%
c) auffällige Tätigkeiten	*Putzer:* putzt seine Physikgeräte	7=2,2%
d) Hobbys, Gewohnheiten	*Theke:* trinkt gern	11=3,4%
Lebensumstände (10,1%)		
a) bestimmte Ereignisse	*Fips:* bekam einmal einen Schwanz ans Jackett gehängt	13=4,0%
b) Unterrichtsfach	*Preisegöttchen:* Religionslehrer	15=4,6%
c) Herkunft	*Zenzi:* kommt aus Bayern	5=1,5%
unklar (9,5%)		
a) Schimpfnamen	*Lale:* Dummkopf (?)	4=1,2%
b) seit Schülergenerationen tradierte Namen	*Ixe, Ozi:* Entstehungsgrund nicht mehr bekannt	11=3,4%
c) häufige Namen ohne individuellen Bezug	*Männe*	16=4,9%
	untersucht wurden 326 Lehrerspitznamen	

A Typen von Lehrerspitznamen

Der Lehrer erschien den Schülern durch seinen Spitznamen

lächerlich	72 =26,1%	vertrauter	79 =28,6%
weniger bedrohlich	45 =16,3%	als einer der Ihrigen	17 =6,2%
kleiner	12 =4,3%	unverändert	42 =15,2%
distanzierter	9 =3,3%	Zahl der Urteile	276 =100%

B Urteile von Schülern über die Wirkung von Lehrerspitznamen

Schultyp	Klassen- anzahl	Klassen- spanne	Jungen Anzahl	Jungen mit Spitzn.	Mädchen Anzahl	Mädchen mit Spitzn.	Spitznamen insgesamt
Grundschule	6	2–6	102	87 = 85%	105	79 = 75%	166 = 80%
Hauptschule	7	7–10	99	72 = 73%	89	56 = 63%	128 = 68%
Realschule	5	7–10	79	52 = 66%	56	36 = 64%	88 = 65%
Gymnasium	7	8–13	106	86 = 81%	64	39 = 70%	125 = 73%
Mädchenschule	7	7–13	–	–	170	107 = 63%	107 = 63%
(Erziehungs-) Heimschule B.	3	–	27	20 = 74%	–	–	20 = 74%
(Erziehungs-) Heimschule K.	2	7–9	20	14 = 70%	–	–	14 = 70%
(Hilfs-) Heimschule T.	2	7–9	19	13 = 68%	–	–	13 = 68%
	39	2–13	452	344 = 74%	484	317 = 67%	661 = 70%

Anzahl der Spitznamen bei Berliner Schülern (1971)

Schülerspitznamen
In Kindergruppen werden die meisten Spitznamen geprägt. KIENER/NITSCHKE haben 1971 von 936 8–15jährigen Schülern aus 39 Berliner Klassen versch. Schulgattungen die Spitznamen und den Beliebtheitsgrad durch Fragebogen mit folgenden Fragen erhoben: neben wem die Schüler sitzen möchten, neben wem nicht, welche Spitznamen die Mitschüler und die Befragten selbst tragen und warum sie diese tragen. Statistische Analysen der Antworten ergaben u.a.:
Spitznamen-Träger sind 70% aller Schüler. Die durch den Beliebtheitstest ermittelten 39 »Stars« werden deutlich häufiger mit Spitznamen belegt, die ebenso ermittelten 38 Außenseiter aber nicht.
In der Grundschule gibt es die meisten, in der Mädchenschule die wenigsten Spitznamen. Die Häufigkeit der Spitznamen-Vergabe nimmt mit zunehmendem Alter ab. Beides dürfte mit einem nach Geschlecht und Alter unterschiedl. Bedürfnis nach Gruppenintegration zusammenhängen.
Der beliebteste **Spitznamentyp,** bes. bei Sechs- bis Zwölfjährigen, ist mit 51% die schlichte Variation des Ruf-/Familiennamens (357/199 Fälle): *Bille* für *Sibille, Palle* für *Palluscheck, Tomi* für *Thomas*. Mit Abstand folgen die Anspielungen auf körperl. Merkmale (14%) – ein sehr großer Schüler heißt ironisch *Mausi* – und die Assoziationen zum offiziellen Namen (12%): *Bäumchen* statt *Kiefer*. Diese werden entsprechend der intellektuellen Entwicklung bei höheren Klassen häufiger. 6% beziehen sich auf Verhalten – *Mucky* für ein launisches Mädchen –, der Rest auf Ereignisse, Hobbys u.a.
Abwertend sind nach dem Urteil der Schüler nur knapp 10% der Spitznamen; diese treffen erwartungsgemäß vor allem unbeliebte Schüler. (Erziehungs-)Heimschüler geben sich zahlenmäßig nicht mehr, aber aggressivere Spitznamen als Normalschüler. Mädchenklassen sind deutlich weniger aggressiv; nur 7 von 107 Mädchen trugen als negativ eingestufte Spitznamen.
Wenn man mit den Autoren dieser Umfrage alle Namen, welche die Schüler als Spitznamen angeben, also auch die harmlosen Namenveränderungen, als Spitznamen definiert, dann werden durch sie unter Schülern rel. wenige Spitzen ausgeteilt. Vielmehr dienen solche Namen v.a. der Förderung der Gruppenintimität.

Lehrerspitznamen
sammelten KIENER/DUSKE 1972 durch Befragung von 350 Studenten der TU Berlin.
Die **Häufigkeit** der Vergabe nimmt mit der Größe der Städte ab, aus denen die Befragten stammen, weil die Beziehungsgefüge lockerer werden. Die Autoren errechnen bei Städten bis 20000 Einwohner einen Schätzwert von Spitznamen für 59% der Lehrer, bei 50–100000 Einwohnern für 42%, darüber nur noch 35%.
Die **Typen** der 326 gesammelten Lehrerspitznamen (Abb. A) gruppieren sich völlig anders als bei den Schülerspitznamen. Bei den Lehrern betreffen doppelt soviele das Äußere (28%), über dreimal soviele das Verhalten (22%), bes. den Schülern gegenüber.
Als **abwertend** eingestuft wurden 45%, also viermal mehr als bei den Schülerspitznamen (neutral 16%, wohlwollend 39%). Die Antwort auf die Frage, wie Lehrerspitznamen auf Schüler wirken (Abb. B), lassen für etwa die Hälfte der Fälle eine gewisse Aggressivität bes. zur Abwehr von Autoritätsdruck erschließen, für etwa ein Drittel den Versuch, den Lehrer in die Gemeinschaft einzubeziehen, der Rest ist neutral.
Sie sind also »nicht bloß als puerile Albernheit« anzusehen, sondern als »ein soziales Regulativ im Lehrer-Schüler-Verhältnis«.

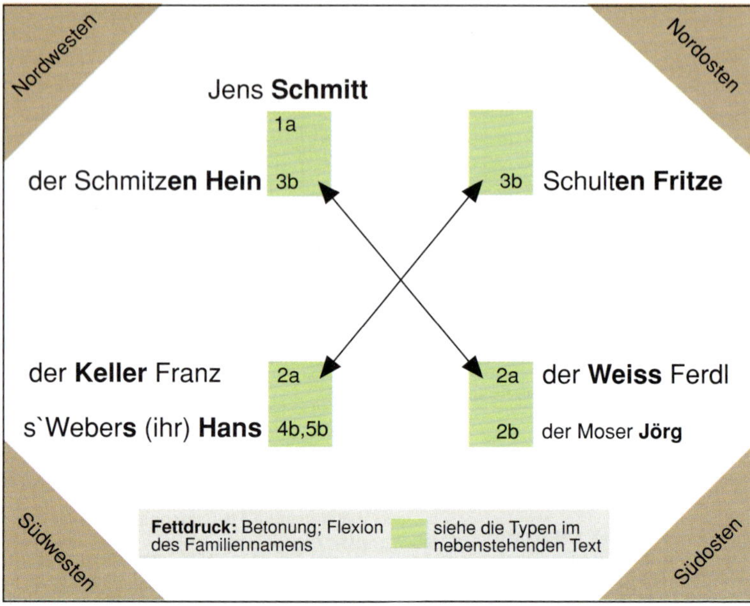

A Kombination und Betonung von Vor- und Familiennamen in der Umgangssprache

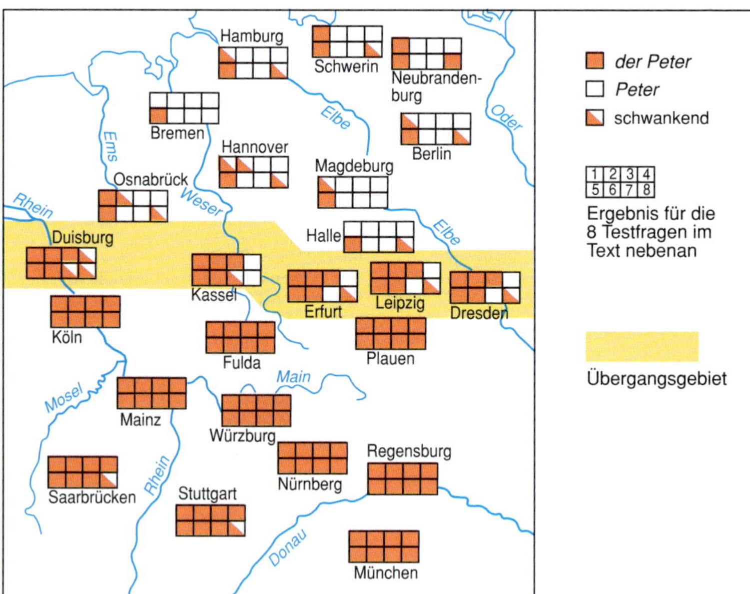

B Gebrauch des Vornamens mit und ohne Artikel

Necknamen für Völker, Ortsbewohner etc.

Spitznamen werden auch **kollektiv** verwendet, um neckend Menschen als Angehörige bestimmter Völker, Stämme, Orte, Konfessionen (*Kreuzköpp* 'Katholiken', *Blooköpp* 'Protestanten') usw. zu kennzeichnen.

Bei Völkern werden sie gerne von dort **typ. Personennamen** abgeleitet. *Yankee* ist eine Verkleinerungsform zu *Jan* und war urspr. ein Neckname für niederländische Siedler in den USA. Wie in *Yankee,* so steckt auch in *Schangel* für Franzosen oder *Iwan* für Russen der häufigste aller europ. Rufnamen, *Johannes.*

Vgl. auch *Schängel* für die Koblenzer, *Jupp (Josef)* für die Aachener, *Tünnes (Antonius)* für die Kölner, *Heiner* für die Darmstädter, *Boppi (Jakob)* für die Basler.

Piefke (Spitzname zu slaw. 'Bier') ist aus einer Witzfigur des Berliner Satirikers GLASSBRENNER (1810–1876) vor allem über militärischen Sprachgebrauch zum österreich. Necknamen für Preußen und dann für Deutsche überhaupt geworden.

Im engeren Kreise beziehen sich kollektive Necknamen oft auf die **Lage der Orte:** *Sandhasen* (Mainz u. ö.), *Rheinschnaken* (Ludwigshafen/Rh.); oder auf **Dialektmerkmale:** Die Speyrer heißen *Ischl,* die Helmstedter *Questlin,* die Vorarlberger *Gsiberger,* weil sie *isch* für ich bzw. *Queste* für Weste bzw. *gsi* für gewesen sagen.

Viele Necknamen gehen auf **Schildbürgerstreiche** zurück, die man den Nachbarn anhängte. Die Salzburger heißen *Stierwäscher,* weil sie einen schwarzen Stier mit einem Zentner Seife weiß waschen wollten. Die Stralsunder heißen *Hans Katt,* weil sie eine Katze jagten, die sie für einen Fuchs hielten. Am oberen Neckar sind *Mondfänger* und *Mondstupfer* häufig, die angeblich den Mond einfangen wollten, um damit den Schweinestall zu beleuchten, und ihn mit einem Misthaken herunterzustupfen versuchten. In Bayerisch-Schwaben gibt es viele *Nebelfasser* und *Nebelstupfer,* die den Nebel in Fässer packen oder mit Stangen wegschieben wollten.

Im Rheinland knüpfen Necknamen dagegen gern an **reale Eigenheiten** an, etwa an Eßgewohnheiten *(Breiesser, Erbsenfladen, Faustkäse),* an Speisegeräte *(Kochdüppen, Schnapskännchen),* an Kleidung *(Manschettenbauern, Haarficken),* an Gewerbe *(Pottbäcker, Kappesbauern),* auch an Religiöses *(Bibelkicker, Rochusbrüder).*

Die Bauern, die noch im 19. Jh. kaum hygienische Einrichtungen hatten, brachten ihre Ansichten über die Städter und ihre Aborte mit Necknamen wie *Tonnenschisser* oder *Büttenseicher* zum Ausdruck.

Umgangssprachlicher Gebrauch des bürgerlichen Namens

Der offizielle Name wird im tägl. Leben in vielen Varianten verwendet; mal nur der Vorname, mal nur der Familienname, jeweils mit Du oder mit Sie kombinierbar, mal Vor- + Familienname, mal Familien- + Vorname, und alles jeweils in dialektalen oder individuellen Abwandlungen.

Die Kombination von Vor- und Familiennamen kennt umgangssprachl. folgende Typen (Fettdruck = Betonung):

1 a (der) Karl **Schmidt**	1 b –
2 a (der) **Schmidt** Karl	2 b (der) Schmidt **Karl**
3 a (der) **Schmidts (Schmidte[n])** Karl	3 b (der) Schmidts (Schmidte[n]) **Karl**
4 a –	4 b ('s) Schmidts (Schmidte[n]) **Karl**
5 a –	5 b ('s) Schmidts (Schmidte[n]) ihr **Karl**
6 a Karl von **Schmidt**	6 b –

Sie können zur **sachlichen** Unterscheidung dienen. In Doernten bei Goslar benutzt(e) man z. B. für Erwachsene den Typ 1 a, für Kinder aber den Typ 4 b.

Manchmal sind die Typen nach **sprachlichen** Regeln verteilt. An der unteren Lahn ist z. B. 2 a nur bei Familiennamen auf *-er* üblich (der *Pfeifer Louis*), sonst aber 3 b *(Flaths Albert).*

Bekannt sind die **räuml.** Unterschiede. Abb. A zeigt grob die Haupttendenzen an. Im einzelnen gelten viele Ausnahmen.

Der im Südosten herrschende Typ 2 a setzt sich u.a. im Ungarischen fort, wo grundsätzlich der Familienname vor dem Vornamen genannt wird. In Tirol und Kärnten überwiegt 2 b; 3 a ist u. a. in Oberhessen und Westsachsen bezeugt, 6 a in Aachen und den Niederlanden.

Die Verwendung des Artikels bei Vornamen ist aus Abb. B ersichtlich. Sie beruht auf einem Test, bei dem relativ standardnah sprechende Personen 8 Sätze bilden sollten:

1. Gib das mal *P(eter).*
2. Kennst Du *P.*?
3. (aufs Foto zeigend): Das ist *P.*
4. (am Telefon): Hallo, Tante, hier ist *P.*
5. (zum Lehrer): *P.* hat mich geschlagen.
6. Sieh mal, dort kommt *P.*
7. (beim Vorstellen): Das ist *P.*
8. (Lehrer zur Klasse): *P.* hat sehr gut vorgelesen.

Der Süden hat außer in Satz 8 immer Artikel *(der Peter),* die Mitte vermeidet ihn manchmal bei Selbstnennung (Satz 4), Vorstellung (7) und in Lehrersprache (8), der Norden setzt ihn immer bei Anklage (5), manchmal in (8) und bei *dem* (1) und *den* (2).

In Magdeburg, Halle und Leipzig sagen die Älteren in 1 und 2 auch *Petern.*

Hanswurst
(nach RÖHRICH 1992)

Zappelphilipp
(nach Heinrich HOFFMANN, Der Struwwelpeter 1845)

A Schimpfwörter aus Namen

	Quelle:	Betroffener:
Namen ersetzen ein Glied eines Kompositums:		
das *Pinter*gründige	Spiegel 3 / 1968	*Harold Pinter,* Dramatiker
eine *Haydn*-Arbeit	Hörzu 5 / 1977	*Josef Haydn,* Komponist
Boggs -Sprünge	Esslinger Ztg.11.7.77	*Phil Boggs,* Kunstspringer
Namen werden in Redewendungen eingefügt:		
Blumen statt *Krenze*	mehrfach 1989	*Egon Krenz,* DDR-Staatsratsvorsitzender
über Stock und *Steiner* stolpern	Stern 3.1.1974	*F. Steiner,* MdB
Namen und Appellative werden zusammengezogen:		
*Felix-Wankel*mut	Hörzu 9 / 1977	*Felix Wankel,* Erfinder
Neu*rosen-Dahl*	mehrfach	*Heide Rosendahl,* Leichtathletin
*ionesco*misch	Spiegel 34 / 1967	*Eugene Ionesco,* Dramatiker
Namen werden einem Appellativ angeglichen:		
*Kohl*portage	Spiegel 52 / 1970	*Helmut Kohl,* Politiker
aufge*katzt*	Südwest-Presse 3.11.73	*Hans Katzer,* Politiker

B Journalistische Namenspiele

Mißdeutungen. Namen, deren Sinn dunkel ist, reizen zu phantasievoller Deutung (**Volksetymologie,** s. S. 41).

Der biblische *Jonas* heißt nach pfälzischer Etymologie so, weil er nach seinem Sturz ins Meer 'jo (= ja) naß' war.

Anlaß dazu gaben früher nicht selten die Versuche, dialektale Namen aufzuschreiben. Da konnte *Quirin* zu *Kehrein* werden, *Servatius* zu *Zierfaß, Pankraz* zu *Baumkratz, Isenbert* zu *Eisenbart, Wallraff* (germ. Rufname 'Waltender'/'Welscher' + 'Rabe') zu *Wohlrabe* usw.

Auch heute laufen beim Hören und Auffassen von Namen oft volksetymolog. Prozesse ab. Aus ihnen sind manche **Familienwappen, Patrozinien** von Heiligen sowie **Worterklärungen** erwachsen:

- *von Apen* (Familienname aus Ortsnamen): im Wappen ein Affe.
- *Corvey* (Familienname aus Ortsnamen): im Wappen ein Korb mit Eiern.
- *Blasius:* Patron der Hornbläser.
- *Lambert:* Helfer gegen Lahmheit.
- *Augustin:* Helfer gegen Augenleiden.
- *Hupe:* soll von einem *Robert Hupp* erfunden worden sein, stammt aber von einem lautmalenden Wort für eine Weidenpfeife.

Manchmal werden Namen **nicht als solche erkannt** und geben Anlaß zu peinlichen Irrtümern oder Anekdoten. Der Empfänger eines amtlichen Schreibens beschwerte sich, weil am Schluß desselben stand: *Besserdich.* Es war aber der (schon 1402 bezeugte) Name des Sachbearbeiters (Telef. 1995: 28 x). Als bei einer Verhandlung die Richterin eine Frau nach ihrem Mädchennamen fragte, sagte diese: *Wasgehtsdichan!* Keine Beleidigung, sondern ein alter Familienname (›Der Sprachdienst‹ 27, 1983, 104).

Namenspiele. Mit Namen zu spielen, ist man von Kind auf geneigt und gewohnt, in Form von Reimereien (»*Hendrik* arre warre *Wendrik*«) und Hunderten von **Neckversen:**

- *Kätt (Katharina), Schlabett,* freß de Grumpern (Kartoffeln) ohne Fett!
- *Fritze,* schitt in de mütze . . .
- *Hennig,* Tweipennig, Kartuffelzalat.

Der Spieltrieb dauert bei den Erwachsenen fort. Um drei Schüler namens *Kahn* zu unterscheiden, soll ein Lehrer den mit großen Ohren *Orkan,* den temperamentvollen *Vulkan,* den aus der kinderreichen Familie aber *Vatikan* genannt haben.

Weil der Name »ein Stück des Seins und der Seele« ist (THOMAS MANN), wirken Namenspiele als Mittel der **Polemik** bes. verletzend.

MARTIN LUTHER zog den Titel und den Namen seines Gegners Dr. *Eck* zu *Dreck* zusammen, der revanchierte sich mit *Luder.* (*Luther* schrieb sich erst seit 1517 bewußt mit *th,* in Anlehnung an griech. *Eleutherios* 'der Freie'.)

Namenwitze schließen gern an die Häufigkeit bestimmter Namen oder an das Verhältnis Name/Appellativ an.

»Endlich habe ich einen Sohn, der meinen Namen vor dem Aussterben bewahren wird.« – »Wie heißen Sie denn?« – »*Müller.*« Oder:
Der Standesbeamte: »Wollen Sie Ihr Kind wirklich *Claire* nennen, Frau *Grube?*«

Scherz- und Schimpfwörter aus Personennamen

»Inflationäre« Namen verlieren ihren Unterscheidungswert und können dadurch zu Appellativen werden. Aus *Elisabeth* wird eine »dumme Liese«, aus *Hans* wird ein »blöder Hansel«, Hanswurst ist als Schelte des unbeholfenen, »wurstförmigen« Dicken seit 1519 belegt (Abb. A).

Solche Bezeichnungen sind meist abwertend, im Extremfall Schimpfwörter, vor allem bezüglich mangelnder Intelligenz, niedrigen sozialen Standes und übertriebener Sexualität.

Bezeichnend für Letzteres ist, daß *Hans, Michel* und *Otto* in manchen Dialekten den Penis bezeichnen.

So wurde (vielleicht) der Kosename *Metze (Mechthild)* zur Bezeichnung für '(Bauern)-mädchen', später für 'Dirne'. FREI 1981 führt unter den ca. 2000 schweizerdeutschen Scherz- und Schimpfbezeichnungen für die Frau nicht wenige auf, die aus Namen entstanden sind: Chue*babe* (Kuh-*Barbara*), Schmutz-*Urscheli (Ursula).*

Meist treten solche Wörter als **Zusammensetzungen** oder mit **Adjektiven** auf:

- *Friedrich:* Quassel-, Schmöker-, Versicherungs-, Zeitungs-, Zigarren*fritze.*
- *Johannes:* Große *Hansen;* Dummer*jan*; Fasel-, Knapp-, Prahl-, Schmal*hans.*
- *Nikolaus:* Bös-, Filz-, Gift-, Schwein*nickel* (evtl. Einfluß auf Schweinigel). Auch die Metallbezeichnung Nickel geht auf ein entsprechendes Schimpfwort der Bergleute für wertloses Metall zurück.
- *Peter:* Heule-, Miese-, Wackel*peter.*
- Mädchen: Bummel*liese*, Heul-, Tran*suse*, Lach*kätter (Katharina),* dumme *Grete.*
- *Berger:* Drücke-, Schlau*berger.*
- *Huber:* Kraft-, Gschaftl-, Schwindel-, Sinn-, Turn-, Wort*huber.*
- *Meier:* Angst-, Bieder-, Heul-, Kraft-, Schlau-, Vereins*meier.* In Niedersachsen und Ostfalen sind entsprechende Bildungen schon im 16. Jh bezeugt.
- Suffixe: Grob*ian*, Blöd*ian* Mischbildungen mit lat. *-ianus,* wohl auch in Anlehnung an Namen wie *Sebastian, Damian, Cyprian.* Rauf-, Trunken-, Witz*bold* in Anlehnung an Namen wie *Sigibald (Sibold), Diebold.*

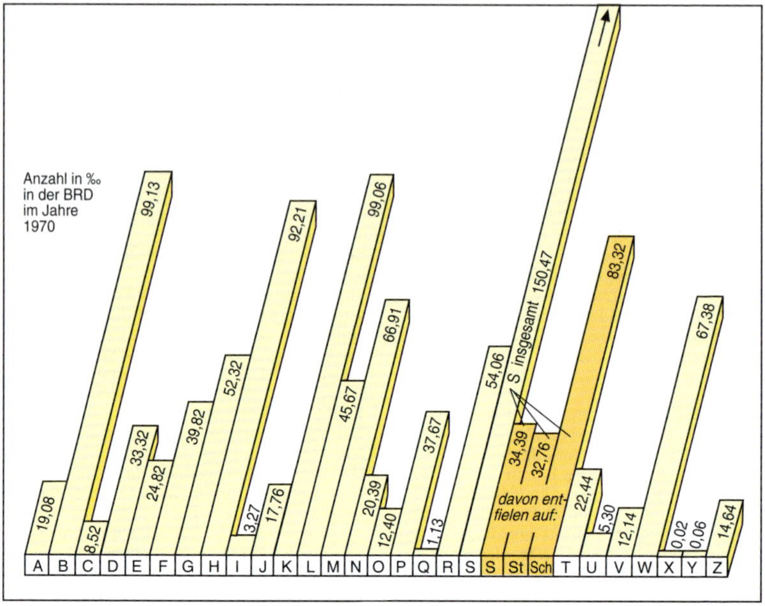

A Häufigkeit der Anfangsbuchstaben deutscher Familiennamen

B Bindestrich-Kombination von Gewerbe und Familiennamen

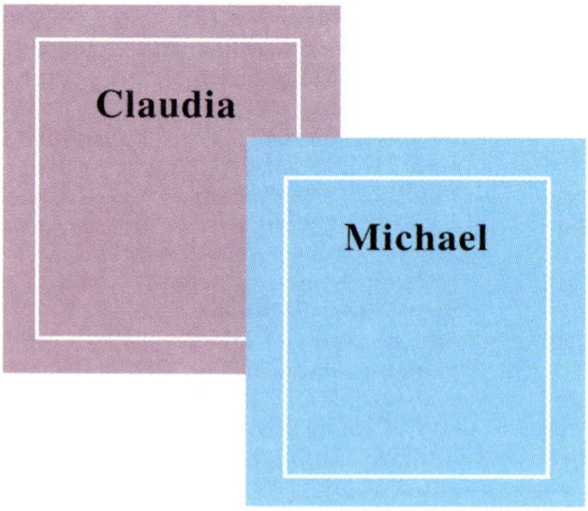

name-books stoßen in eine Marktlücke.

Das Bedürfnis, alles über den eigenen Namen zu wissen, ist sehr groß.

name-books haben einen riesengroßen Markt.

Jeden Namen aus dieser Buchreihe tragen hunderttausende Menschen in Deutschland. Und Geschenkanlässe gibt es jeden Tag.

(aus einem Verlagsprospekt)

C Vermarktung von Vornamen

Alphabetische Registrierung

Zur Disposition von Karteien, Sortierarbeiten usw. ist es nicht uninteressant zu wissen, wie sich die Anfangsbuchstaben der Familiennamen mengenmäßig verteilen. Hochrechnungen erbrachten für die Staatsbürger der BRD 1970 das Ergebnis Abb. A.

Nimmt man die ersten zwei Buchstaben, sind die häufigsten der Reihe nach *Sc(h)-*, *Be-*, *Ha-*, *He-* und *Ma-*. Nur diese Kombinationen erreichen jeweils über 2‰.

Auch **regionale Unterschiede** wurden registriert. Hamburg hat prozentual dreimal soviele Familiennamen mit *C-* (1,39%; typ.: *Ca(r)stens, Claasen, Cohrs*) und *Q-* (0,18%; typ.: *Quack, Quade, Quast*) wie München (0,49 bzw. 0,04%), München aber mehr mit *S-* (16,01/14,14%).

Die **alphabetische Anordnung** von Familiennamen mit Umlaut ist in deutschsprachigen Ländern **nicht einheitlich.** *König* wird z. B. in Telefonbüchern der BRD unter *Koe-* eingereiht, in der Schweiz ohne Rücksicht auf den Umlaut unter *Ko-*, in Österreich am Ende des betr. Vokals, d. h. hinter allen Namen mit *Ko-* folgen alle mit *Koe-*.

Auch bei der **Katalogisierung** verfuhren viele Bibliotheken lange Zeit uneinheitlich. Einige »normierten« die Vornamen und sortierten *Schmidt, **C**arl* unter *Schmidt, **K**arl* ein, *Schmidt, Gerhar**d*** unter *Schmidt, Gerhar**t*** usw.

Wirtschaft und Namen

sind im Alltag oft schon dadurch verbunden, daß das **Gewerbe** mit Bindestrich an den Familiennamen angebunden erscheint (Abb. B):

Auto-*Schulze*, *Zapf*-Umzüge.

Mundartlich wird beides nicht selten wie ein einziges Wort ausgesprochen, wobei der Familienname vorne (*Búck*schuster) oder hinten stehen kann (Gläser*fuchs*). Bei der Verteilung dieser Varianten spielen regionale Gewohnheiten, aber auch funktionale Aspekte eine Rolle, je nachdem man einen Käse*stähle* von einem Teppich*stähle* unterscheiden will oder einen *Meyer*bäcker von einem *Schulze*bäcker.

In vielen Bereichen des Wortschatzes finden sich Ausdrücke, die aus Namen abgeleitet sind **(deonymische Wörter).**

Von *Caesar* stammen Kaiser und Zar, rhein. *Tünnes* wird für den Kopf verwendet, mauscheln kommt von jidd. *Mausche (Moses),* einem Übernamen der Handelsjuden usw.

Besonders häufig sind die Namen von **Erfindern** auf ihre Erfindungen übergegangen und zu Begriffen geworden: Zeppelin, Baedeker, Vertiko (nach einem Berliner Tischler *Vertikow*), röntgen, einwecken.

So dienen Familiennamen als zunehmend beliebte Elemente im Wortschatz von **Fachsprachen,** weil sie mühelos zur Bezeichnung neuer Entdeckungen und zugleich zur Ehrung der Entdecker beitragen können: *Otto-, Diesel-, Wankel*motor, *Glauber*salz, *Doppler*effekt. Im Schachspiel sind ca. 600 Bezeichnungen wie *Schäfer*-Zug oder *Döry*-Verteidigung üblich.

Von hier aus ist der Schritt nicht weit, **Produkte** mit dem Herstellernamen zu benennen oder zu verschmelzen: Opel, Koellnflocken, Nescafé (Familienname *Nestlé* + Café), Haribo (***Ha**ns **Ri**egel*, **Bo**nn).

Zur Unterscheidung einzelner **Produkttypen** wird dagegen weniger auf Familiennamen, als auf Vornamen zurückgegriffen. Schuhe heißen *James,* Blusen *Corinna* oder *Claudine,* Sakkos *Nicki* oder *Fred,* Kartoffeln *Sieglinde, Saskia, Maritta.*

Die Produktnamen richten sich nach den Vornamenmoden, so bei den Frauenzeitschriften: ›*Brigitte*‹ seit 1957, ›*Petra*‹ (1964), dann ›*Nicole*‹, ›*Nadine*‹, zuletzt ›*Lisa*‹ (1994) und ›*Laura*‹ (1995; vgl. Abb. S. 56).

Benennungen wie »Porzellan-Set *Lola*«, »T-Shirt *Eike*« **dienen** zur Differenzierung des Warenangebots, zur Individualisierung der Produkte. Namen sind einprägsamer als Bestellnummern. Darüber hinaus wecken sie durch Wohlklang, Modernität etc. anreizende Assoziationen bei den entsprechenden Zielgruppen. Ihre Wirkung kann mit Methoden getestet werden, wie sie u. S. 195 beschrieben sind.

Vornamen werden bevorzugt, um ein persönliches Ich-Du-Verhältnis zur Ware zu fördern.

Wenn **Familiennamen** verwendet werden, so nur in Anknüpfung an bekannte Personen, um ein bestimmtes Flair aus ihrer Umgebung zu vermitteln: Gläser-Serie *Mozart* . . .

Vermarktung von Namen

Auch Namen als solche kann man vermarkten. Unter dem Slogan »das ganz persönliche Geschenk« brachte der Franz Schneider Verlag 1983 54 ›name-books‹ zu häufigen **Vornamen** der letzten 25 Jahre heraus. Sie behandeln jeweils Herkunft und Bedeutung des Namens, Spitz- und Kosenamen, gleichnamige Berühmtheiten usw.

Familiennamen werden in den letzten Jahren systematisch von Habert's Family Heritage vermarktet. In persönlichen Anschreiben werden ›Das *Born* Familien Weltbuch‹, ›Das *Klose* Familien Weltbuch‹ usw. als individuelle Bücher auf der Grundlage intensiver Nachforschungen angepriesen und sind entsprechend teuer. Sie enthalten aber alle fast denselben allgemeinen Text zur dt. Geschichte, zur Wappenkunde etc., sodann Adressenlisten mit den betreffenden Familiennamen aus Adreß- und Telefonbüchern verschiedener Länder.

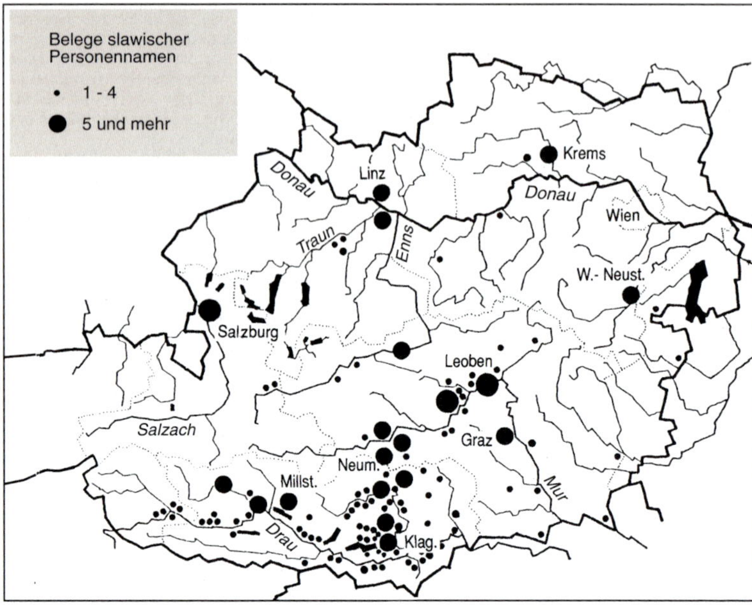

A Verteilung slawischer Personennamen im 8.-14. Jh. in Österreich

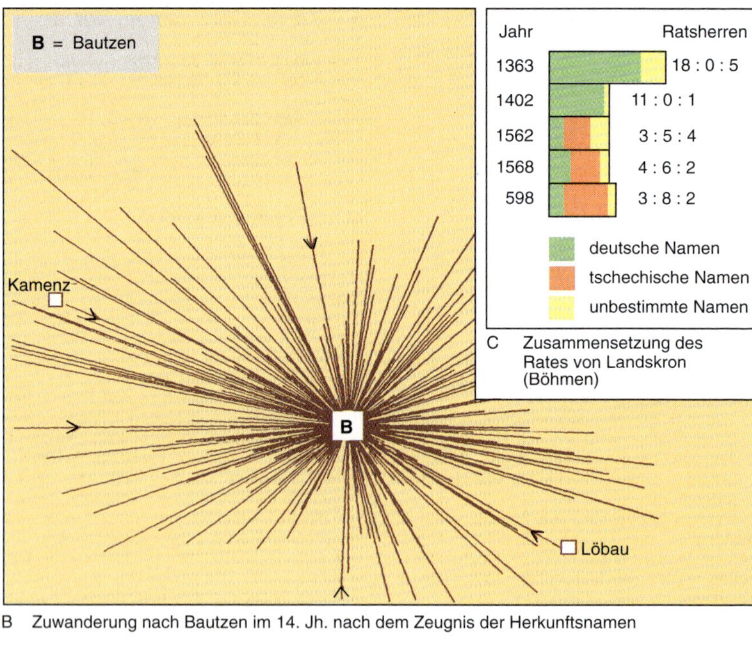

C Zusammensetzung des Rates von Landskron (Böhmen)

B Zuwanderung nach Bautzen im 14. Jh. nach dem Zeugnis der Herkunftsnamen

Dem Historiker bieten die Namen für die »dunkle« Zeit zwischen Antike und Frühmittelalter Anhaltspunkte zur Erforschung der **Besiedlungsgeschichte.**

Mit span. Ortsnamen aus got. Rufnamen (Rodrid aus *Roderich* etc.) kann man z.B. westgot. Siedlungsräume in Spanien abgrenzen. Oder aus Rufnamen von Siedlern sind Wege, Reichweite und Konzentration z.B. west- und südslaw. Besiedlung in Österreich rekonstruierbar (Abb. A).

Wege und Ausgangsbereiche hochmittelalterlichen **Landesausbaus** lassen sich mit Herkunftsnamen ermitteln (Abb. S. 88 B). Auch versch. **ethnische Bevölkerungsanteile** gehen aus Namen hervor. Abb. C belegt z.B. die ethnische Umstrukturierung des Rates der Stadt Landskron/Böhmen vom 14. zum 16. Jh.

Zur Geschichte von **Dynastien und Herrschaftsbereichen** trägt u.a. die Beobachtung von Leitnamen bei. Für die Agilolfinger, das älteste Herzogsgeschlecht der Baiern, ließ sich aufgrund der Übernahme bestimmter Leitnamen die Herkunft von den Langobarden sichern.

Eine Reihe von Örtlichkeitsnamen im Neckargau enthält das Element *Plien-* (Plieningen, Pliensau), was dortige Siedlungsaktivitäten durch das Geschlecht der *Pleonungen* zwischen 650 und 750 bezeugt.

Namensänderungen in Herrscherfamilien, etwa *Wenzel* zu *Karl IV.*, offenbaren bestimmte **politische Konzepte** oder kulturelle Orientierungen.

Für die **Migrationsforschung** sind Namen unentbehrlich.

Emigration auf weite Distanz kann ermittelt werden, wenn regional typ. Namen in Kolonien auf dem Balkan, in Übersee usw. auftauchen. Wenn sich *Zerbes, Zerwes* als Vor- und Familienname in 27 siebenbürgischen Ortschaften findet, liegt Herkunft der Betreffenden aus dem Kultgebiet des heiligen Servatius nahe (Abb. S. 54 A).

Histor. **Immigration** kann man z.B. anhand der slaw. Namen in Berlin rekonstruieren. Sie sind bis Mitte 18. Jh. überwiegend sorbisch und poln., kaum elbslaw. oder tschech. Ihre Träger sind v.a. Knechte, Soldaten, Handwerker. Erst nach 1750 beginnt die tschech. Einwanderung.

Bei der Migration auf kurze Distanz spiegeln die Herkunftsnamen den **Einzugsbereich** mittelalterl. Städte (Abb. B; S. 84, Abb. A).

Aus Herkunftsnamen in spätmittelalterl. Quellen läßt sich z.B. ermitteln, daß die Holsteiner und Dithmarscher im 14. Jh. vorwiegend nach Hamburg zogen, wo sie 48% der Herkunftsnamen stellen, während sie in Lübeck nur 17%, in Rostock nur 5,5% ausmachen.

Umgekehrt läßt sich der **Auszugsbereich** aus einzelnen Orten abstecken, indem man die Verbreitung der auf sie bezüglichen Herkunftsnamen kartiert (Abb. S. 84 B).

Festigkeit bzw. Schwund von Familiennamen geben über Jahrhunderte hinweg Auskunft zur **Bevölkerungsstabilität.** In Cavertiz bei Oschatz sind z.B. von 20 im Jahre 1571 bezeugten Familiennamen 1630 nur noch 2 übrig, was auf geringe »Ortsfestigkeit« der Einwohner schließen läßt.

Das 14bändige ›Nederlands repertorium van Familienamen‹ erweist sich als schier unerschöpfliche Quelle zur Bevölkerungsgeschichte **(Demographie).**

Die Berufsnamen gewähren Einblicke in die Entwicklung städtischer **Infrastrukturen** und in die **Geschichte der Berufe.**

Die älteste Bezeichnung für den Schneider war *Näher.* Als im 13. Jh. mit der Verfeinerung der Mode der kunstvolle Zuschnitt wichtig wurde, traten entsprechende Bezeichnungen in den Vordergrund: süddt. *Schneider* und norddt. *Schröder* (von *schroten* 'schneiden'; Abb. S. 207). Die alte Bezeichnung wurde geringwertiger und blieb den Frauen, vgl. heute *die* Näherin, kaum *der* Näher. Diesen Prozeß spiegeln die wenigen Namen *Näher, Nät(h)er, Neh(e)r* und die vielen *Schröder* und *Schneider,* die sich, als die Namen fest wurden, für den männl. Beruf durchgesetzt hatten.

Familiennamen aus Heiligennamen geben dem Kirchenhistoriker und dem Volkskundler Anhaltspunkte zur **Patrozinien- und Kultforschung** (Abb. S. 42 und S. 82 B).

Ruf- und Übernamen sind Quellen für die **Mentalitätsforschung.** Die Gedanken- und Gefühlswelt bestimmter Völker und Epochen spiegelt sich in german. Rufnamen ebenso wie in Vornamen des 18. Jh. (S. 47) oder auch darin, welche Familiennamen die Juden im 19. Jh. (S. 169) oder die Türken unter Kemal Atatürk wählten (*Yılmaz* 'furchtlos', *Kaya* 'Fels', *Özdemir* 'echt Eisen', *Çelik* 'Stahl', *Utku* 'Sieg'; s.a. S. 205).

Quantitative Analysen der Rufnamenvergabe können Aufschlüsse über die **öffentliche Meinung** in vordemoskop. Zeit erbringen:

In der Pfarrei St. Peter zu München sank die Vergabe des bayer. Königsnamens *Ludwig* im Jahr 1849 von vorher durchschnittlich 8% aller Jungennamen auf die Hälfte ab, was als Reaktion auf die 48er-Revolution, die Lola-Montez-Affäre und die Abdankung Ludwigs I. zu werten ist. Der Vorname *Otto,* den ebenda 1841-1865 durchschnittlich 2,4% der Jungen erhielten, fiel 1866 auf 1,5% zurück, in der Schicht des Bildungs- und Beamtenbürgertums sogar auf fast 0%, zweifellos eine Reaktion gegen den Preußen Otto von Bismarck anläßlich des Krieges von 1866. Der Wiederanstieg von *Otto* auf 5% spiegelt sodann die zunehmende »Reichsbegeisterung« der Münchener nach 1871 .

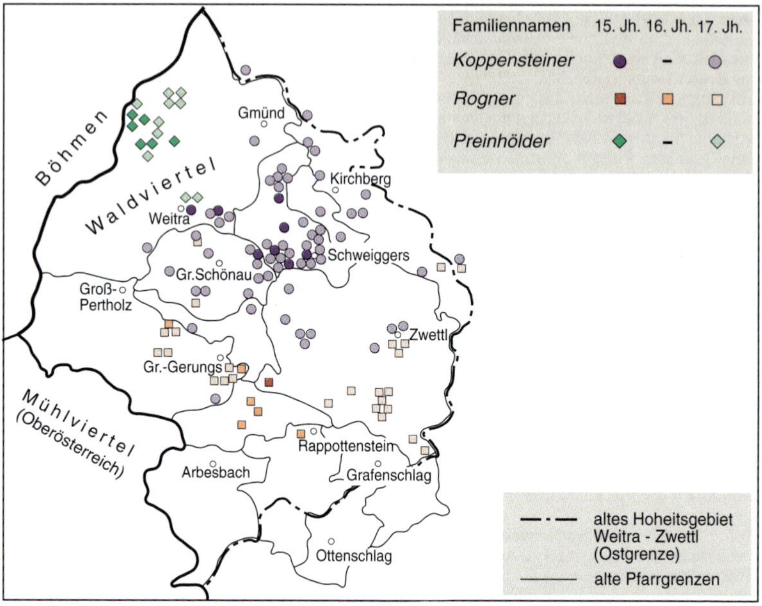

A Sippennester im Gebiet um Weitra und Zwettl (Niederösterreich)

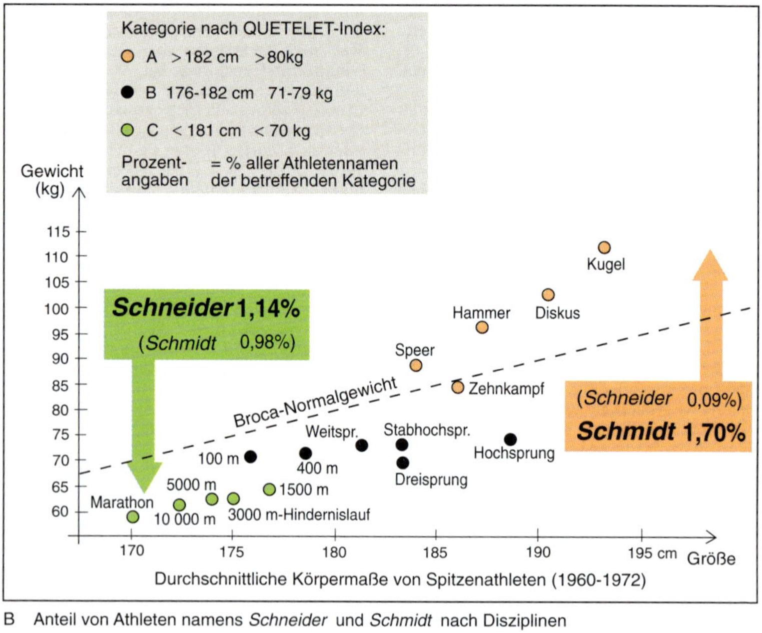

B Anteil von Athleten namens *Schneider* und *Schmidt* nach Disziplinen

Genealogie

Familienforschung (Genealogie) stützt sich weitgehend auf Kirchenbücher, die in der Regel aber erst seit der Zeit nach dem Dreißigjährigen Krieg erhalten sind. Nur selten lassen sich **schriftliche Quellen** zur Familiengeschichte finden, die weiter zurückführen.

Diese Lücke kann die Namenkunde wenigstens insofern füllen, als der Familienname je nach seiner Bedeutung Auskunft gibt über den Beruf oder die Wohnstätte oder die Herkunft oder eine körperliche oder geistige Eigenschaft des **Ahnherrn,** von dem der Familienname ausging.

Vor allem aber läßt sich oft mit sprachgeograph. Merkmalen der **Entstehungsraum** des betreffenden Namens eingrenzen.

Mit Hilfe der EDV wird sich auch immer genauer herausfinden lassen, inwieweit und wo sich Familiennamen zu sog. **Sippennestern** verdichten, welche den Ausgangsraum der betreffenden Sippe anzeigen.

Abb. A zeigt, wie z.B. der Name *Koppensteiner* im 15. Jh. noch ganz um Schweiggers und Weitra konzentriert war. Im 18. Jh. fand er sich in 35 Orten rundum, und 1936 war er mit über 2000 Trägern in ganz Niederösterreich verstreut. Vgl. Abb. S. 148 A.

Humangenetik

In einer Untersuchung (1980) wurden Größe und Gewicht von je 110 Männern namens *Schmidt* und *Schneider* verglichen. Die *Schmidt* waren im Durchschnitt 2,4 kg schwerer und 0,7 cm größer als die *Schneider*. Um die Körpermasse zu ermitteln, wurde Gewicht durch Größe dividiert. Mit dem Durchschnitt 0,436 erwiesen sich die *Schmidt* als **erheblich stämmiger** als die *Schneider* (0,420).

Der Grund für diese signifikanten Unterschiede liegt darin, daß in histor. Zeiten unterschiedl. **köperliche Eignung** für die betreffenden Berufe, aus denen dann die Familiennamen hervorgingen, erforderlich war. Bes. die schwere Arbeit des Schmiedes setzte einen kräftigen Körperbau voraus, wogegen für das Schneiderhandwerk, man denke nur an die Märchenfigur des Tapferen Schneiderleins, auch schmächtigere Menschen geeignet waren.

Daß solche Körperbaudifferenzen bis heute überdauert haben, d.h. ca. 20 Generationen nach dem Festwerden der Familiennamen, läßt sich aus dem Zusammenwirken von biologischen **Erbgesetzen** und **gesellschaftlichen Gesetzen** erklären, darunter vor allem der sog. »sozialen Homogamie«, d.h. daß Ehen innerhalb derselben Berufskreise geschlossen wurden.

Aufgrund solcher Beobachtungen stellte Bäumler 1984 die Hypothese auf, daß sich bei **Sportlern** in jenen Leichtathletikdisziplinen, deren körperliches Anforderungsprofil nach Größe, Gewicht und Stämmigkeit mehr dem des histor. Schmiedeberufs entspricht, verhältnismäßig mehr Spitzensportler namens *Schmidt* finden müßten; analog bei *Schneider*.

Gemessen am BROCA-Normalgewicht (= kg/(cm – 100)) und dem »Zentimetergewicht« (QUETELET-Index) der Sportler lassen sich die Leichtathletikdisziplinen in eine schwere (A), mittlere (B) und leichte Kategorie (C) einteilen.

Diesen Kategorien wurden nun aus den Männer-Bestenlisten der BRD die Familiennamen von 6099 Spitzensportlern zugeordnet:

Disziplinen	Athleten	*Schmidt*	*Schneider*
A schwer	2117	36 (1,70%)	2 (0,09%)
B mittel	2754	34 (1,23%)	6 (0,22%)
C leicht	1228	12 (0,98%)	14 (1,14%)
Gesamt	6099	82 (1,34%)	22 (0,36%)
Anteil an der Gesamtbevölkerung:		(1,20%)	(0,40%)

Es ergab sich in der Tat, daß die *Schmidt* von der leichten zur schweren Kategorie hochsignifikant zu-, die *Schneider* aber abnehmen (Abb. B).

Auch gemessen an der **Gesamtbevölkerung** liegt der %-Anteil von *Schmidt* unter den Sportlern der Kategorie A und von *Schneider* in der Kategorie C deutlich über dem Durchschnitt.

So läßt sich mit Familiennamen beweisen, wie sich Sozialstrukturen (Berufsfindungsmechanismen; Heiratskreise) über Jahrhunderte hinweg auf den Genpool auswirken.

Aus der **Häufigkeit gleicher** Familiennamen – natürlich nicht vom Typus *Müller* oder *Schulze* – sowie aus der Häufigkeit der Heirat gleichnamiger Partner läßt sich statist. zuverlässig der **Verwandtschaftskoeffizient** (**Inzuchtkoeffizient**) errechnen. Er gestattet, die genetische Identität der Menschen in einem Ort oder einer sozialen Schicht sowohl heute als auch in histor. Zeiten zu messen.

Weiss 1974 konnte so z.B. für verschiedene Dörfer einen kontinuierlichen Anstieg des Verwandtschaftskoeffizienten seit 1600 nachweisen, der Anfang des 19. Jh. seinen Höhepunkt erreicht und danach wieder etwas absinkt. Nach einer Entfernung von etwa 40 km vom Ort erreicht der Koeffizient den Wert 0, d.h., daß seit 500 Jahren kaum Heiraten über diesen Radius hinaus geschlossen wurden. Der Koeffizient ist in wirtschaftl. unselbständigen Schichten wesentlich höher als in sozial besser gestellten.

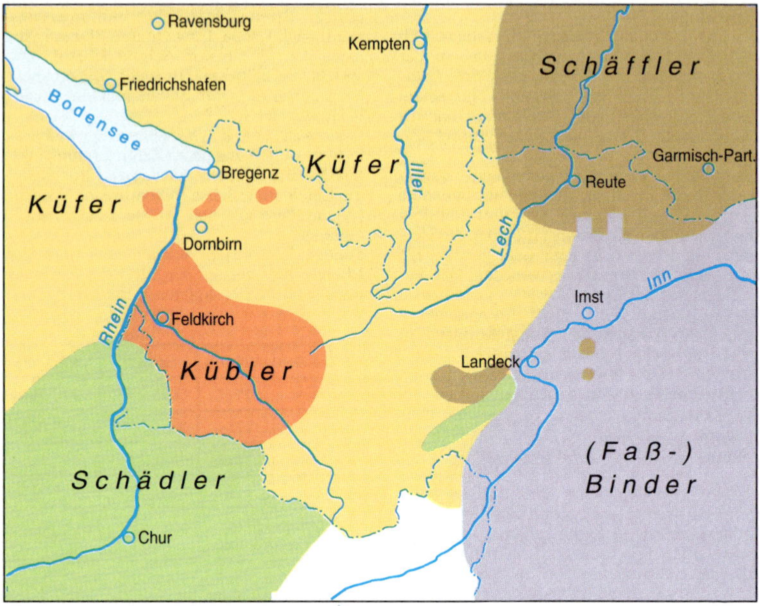

A Der Küfer in heutigen Dialekten zwischen Schweiz und Tirol

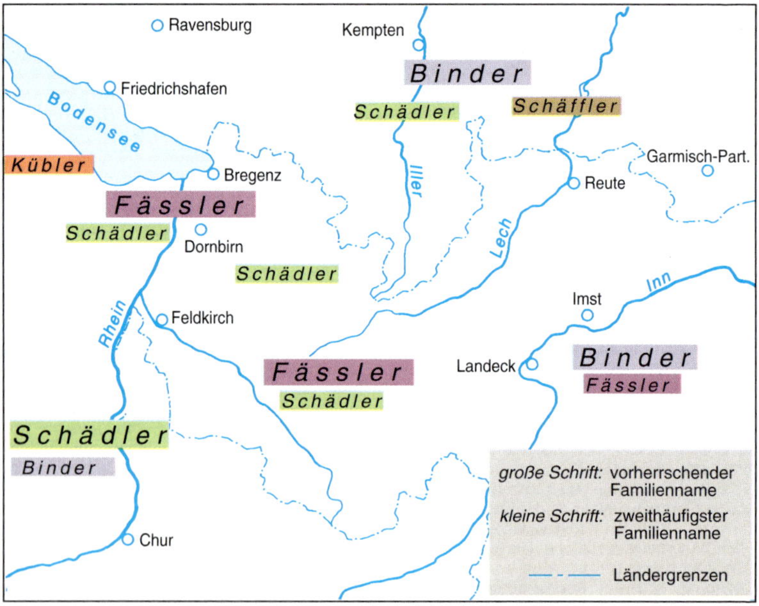

B Der Küfer in heutigen Familiennamen zwischen Schweiz und Tirol

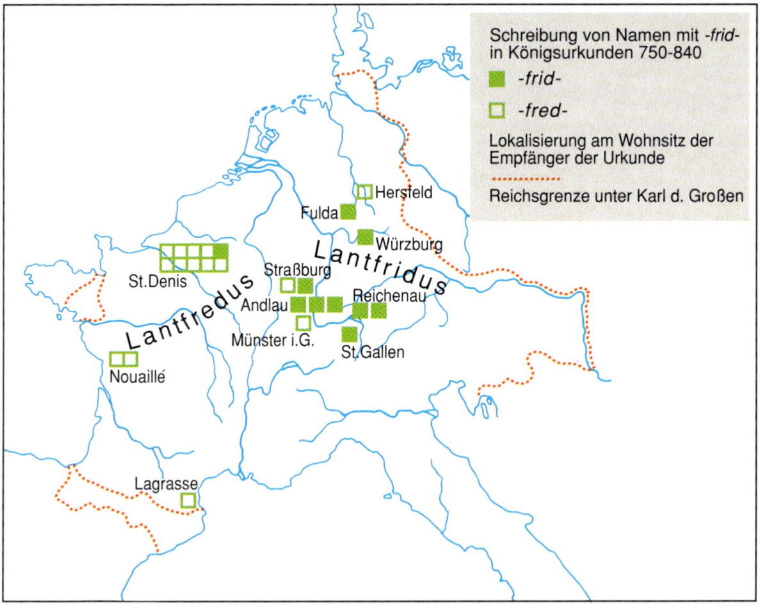

Lautgeschichtliche Auswertung von Rufnamen in karolingischen Königsurkunden

Lautgeschichte
Namen sind die **ältesten Zeugnisse** des Dt. und seiner Vorstufen (Abb. 16 A). In ihnen sind Spuren auch längst untergegangener germ. Sprachen (Burgundisch, Langobardisch, Vandalisch) überliefert.
In karoling. Königsurkunden, die den ostfränkischen Reichsteil betreffen, werden germ. Namen anders geschrieben als im Westen (Abb. o.). Hier kann man z. B. roman.-merowingische Einflüsse beobachten.
Mit den Namenlisten der Verbrüderungsbücher (S. 17) lassen sich Konturen **ahd.** Lautgeographie genauer als mit anderen Quellen abstecken, etwa die Ausdehnung der Medienverschiebung (*Purkhart* für *Burghard, Cotfrit* für *Gotfrid, Cunthilt* für *Gundhild*).

Wortgeschichte
In Familiennamen haben sich Sprachzustände des späten MA. quasi »eingefroren« erhalten, während sich die Sprache sonst seither stark verändert hat.
So bezeugen Namen viele seit dem MA. **untergegangene Wörter:** *Freiß, Freis(s)ler* 'Wüterich', *Zi(e)chner* 'Bettzeugweber'.
Andererseits läßt sich aus Namen der Stand der Verbreitung **neuer Wörter** im späten MA. erschließen, z. B. daß das Wort Geige(r) im 13./14. Jh. nördl. des Mains noch nicht gebräuchlich war (Abb. 134 B).

Bes. aufschlußreich ist es, die Verbreitung einzelner Wörter in heutigen Dialekten und Familiennamen zu vergleichen. Geht man davon aus, daß die Namen die Lage in den Dialekten des späten MA. widergeben, lassen sich aus dem Vergleich **sprachliche Verschiebungen** in den letzten Jh.en ablesen.
Wenn heute in allen südwestdt. Dialekten der Hahn Gockel(er), Gickel u. ä. heißt, die entsprechenden Familiennamen aber auch hier überall *Hahn,* ist das kaum anders zu erklären, als daß im MA., als die Familiennamen fest wurden, im Dialekt auch hier noch überall Hahn galt und erst später durch Gockel usw. abgelöst wurde. (Zum Namen *Gockel* s. S. 135)
Der Hersteller von Fässern wird im Dialektgebiet auf Abb. A weithin Küfer genannt. Unter den betr. häufigen Namen tritt dieses Wort aber nirgends auf, dafür massenhaft z. B. *Fässler,* was in den heutigen Dialekten nicht mehr existiert (Abb. B). Offensichtl. ist Küfer also erst in jüngerer Zeit vom Norden her eingedrungen, hat Fässler abgelöst und Binder nach Südosten sowie Schädler nach Graubünden zurückgedrängt.
Kübler muß sich im 15.–19. Jh. von Westen nach Vorarlberg verlagert haben. Einzig Schäffler hat sich über Jh.e hinweg im gleichen Gebiet gehalten.

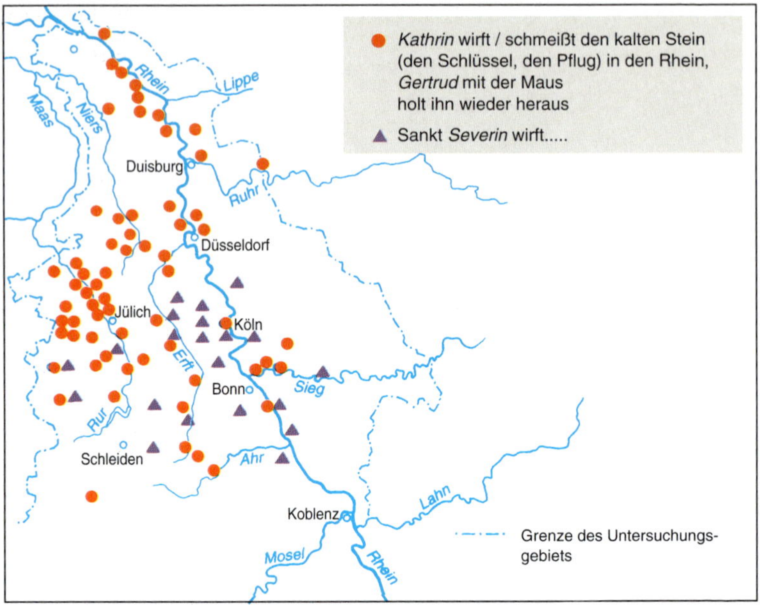

A *Katharina, Gertrud, Severin* in volkstümlichen Redensarten des Rheinlands

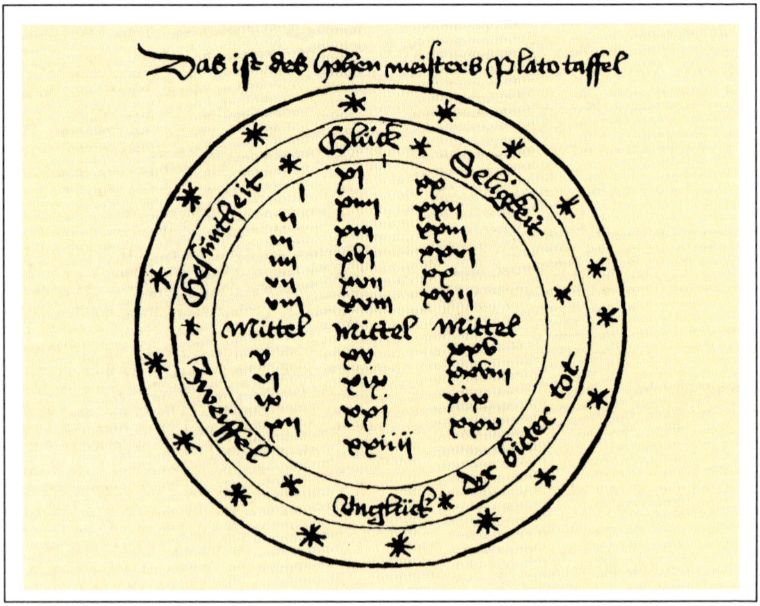

B Scheibe für das Wahrsagen aus Namen von Johannes Hartlieb (um 1438)

Redensarten

Die **Volkskunde** hat mit Namen z. B. bei der Erforschung von Redensarten zu tun. KÜPPER 1987 bringt allein unter *Otto* 35 Beispiele aus der heutigen **Umgangssprache,** von »flotter Otto« ('Durchfall') bis »Otto Normalverbraucher« (nach dem Film ›Berliner Ballade‹, 1948).

Dahinter stehen teils inflationäre (S. 183), teils lokal- oder gruppentypische (»zur *Minna* machen«; Dienstmädchenname, aus *Wilhelmine*), teils histor. Namen (»ungläubiger *Thomas*«).

Die (einst) größte Gruppe von Redensarten beruht auf Patrozinien und Gedenktagen von **Heiligen.** So schließt der »deutsche *Michel*« als Verkörperung des Deutschen, erstmals 1541 bezeugt, aber sicher älter, an den Erzengel Michael als Patron dieses Volkes an.

Da die Kalendertage jahrhundertelang weniger gezählt als nach Heiligennamen datiert wurden, gingen diese über Brauchtum und **Bauernregeln** in viele Redensarten ein.

So markieren z. B. Redensarten mit *Katharina* (Fest: 25.XI.) und *Gertrud* (17.III.) Beginn und Ende des Winters; um Köln herum wurde dabei *Kathrin* durch den Lokalheiligen *Severin* (23.X.) verdrängt (Abb. A).

Brauchtum

In den Bereich der Fest- und Brauchtumsforschung fällt der **Namenstag,** in manchen Gegenden mehr gefeiert als der Geburtstag. Das geht auf gegenreformator. Bestrebungen zurück, sich im Gegensatz zu den Protestanten regelmäßig und festlich einer innigen Verbindung mit seinem heiligen Namenspatron zu vergewissern (S. 47).

Traditionen und **Moden** der Namenwahl sind volkskundl. aufschlußreich. Wenn die Enkel z. B. die Namen der Großeltern erhalten, beruht das auf der Vorstellung, daß diese in den Enkeln wieder aufleben.

Man beachte, daß das Wort Enkel *(eniklin)* nichts anderes als 'kleiner Ahn (Großvater)' bedeutet! Daher durften mancherorts deren Namen nur vergeben werden, wenn die Großeltern tot waren.

Volksliteratur und Volksglaube

Je älter die Aufzeichnungen von **Märchen** sind, desto weniger Namen enthalten diese. In den 164 Grimmschen Märchen von 1812 tragen nur 41 männliche und 22 weibliche Figuren Namen; in 1083 von 1900-1930 in Schleswig-Holstein aufgenommenen Märchen 664 männliche und 149 weibliche Figuren. *Hans* ist jeweils mit Abstand am häufigsten (9x bzw. 294x), weiblich bei den Grimms *Grete* (4x), in Schleswig-Holstein *Elke* (10x). Auf *Hans* folgt hier *Fritz* (89x). Diese Namen bezeichnen keine Individuen, sondern den Menschen schlechthin.

Hausgeister werden zu ca. 40% ganz allgemein als Kobold, Stubengeist usw. bezeichnet, zu ca. 50% nach dem Erscheinungsbild (Weiblein, Kellermännchen, Däumling, Klopfer). Nur ca. 10% tragen Namen anderer Dämonen oder menschliche Rufnamen, aber auch diese bezeichnen eher einen Typus als ein Individuum: Stiefel*hannes*, in Schleswig-Holstein *Nis (Nikolaus),* in Pommern *Michel* oder *Chimeke (Joachim).*

Namenmagie

geht auf den uralten Glauben zurück, daß der Name das Wesen des Benannten »erfaßt« und man seiner durch genaue Nennung des Namens habhaft werden kann.

Dadurch kann man ein Wesen, wie das *Rumpelstilzchen,* **entmachten;** und man kann es **herbeirufen:** »Wird der Teufel/Wolf genannt, kommt er gerannt.« Auch Tote soll man nicht mit Namen rufen, um ihre Ruhe nicht zu stören.

Diese Vorstellungen wirk(t)en sich auch im Alltag aus. Dreimaliges **Rufen** mit Namen zwingt den Gerufenen auch in der Ferne, an den Rufenden zu denken. Auch Prügeln auf Entfernung tut weh, wenn man auf irgendetwas einschlägt und dabei den Namen des Gemeinten ausspricht.

Manche Krankheit läßt sich angeblich **heilen,** wenn man den Namen des Patienten auf einen Zettel schreibt und diesen in den Rauchfang hängt oder verpflöckt.

Der Anfangsbuchstabe des/der künftigen Geliebten kann daraus gelesen werden, was für einen Kringel die Schale eines Apfels bildet, die man an Silvester hinter sich wirft **(Namenorakel).**

Namenlosigkeit und Verschweigen des Namens sind bes. bei Neugeborenen von Belang. Hatte der Vater dem Kind bei den Germanen noch keinen Namen gegeben, wurde eine Tötung des Kindes kaum geahndet. Sterben Kinder, die noch keinen Namen erhalten haben, müssen sie herumirren.

Bevor ein Kind getauft ist, muß sein Name **verschwiegen** werden, um es vor bösen Zugriffen zu schützen. Dafür erhält es manchmal **Ekelnamen** wie *Wuzerl* ('Schweinchen'), die Böses fernhalten.

Wahrsagen mit Namen **(Namenmantik)** war im MA. weit verbreitet. JOHANNES HARTLIEB, Leibarzt des Herzogs in München, hat darüber 1438 ein Lehrbuch verfaßt. Damit konnte man u. a. bei Zweikämpfen günstige/ungünstige Kampfzeiten bestimmen.

Dazu sind die Buchstaben des Namens in bestimmte Zahlen umzusetzen: $H = 6 + A = 3 + N = 12 + S = 20$ gibt *Hans* = 41. Das wird nach festen Regeln mit der Zahl des Stichtages, des Mondlaufs usw. verrechnet. Kommt dann z.B. 19 (XIX) heraus, prophezeit die Scheibe Abb. 8 an diesem Tag den »bitteren Tod«.

	Felix Behrendt	*Uwe Hasselhorst*	*Franz Joseph Ipfelkofer*	*Egon Judassohn*	*Wenzel Panofsky*
Brauereibesitzer	3%	3%	**72%**	10%	11%
Oberleutnant	4%	**78%**	4%	2%	12%
Schachmeister	25%	4%	0%	30%	**41%**
Notar	30%	11%	9%	**44%**	5%
Portier	**37%**	5%	16%	15%	28%

A Rollentest zur Zuordnung von Personennamen und Berufen

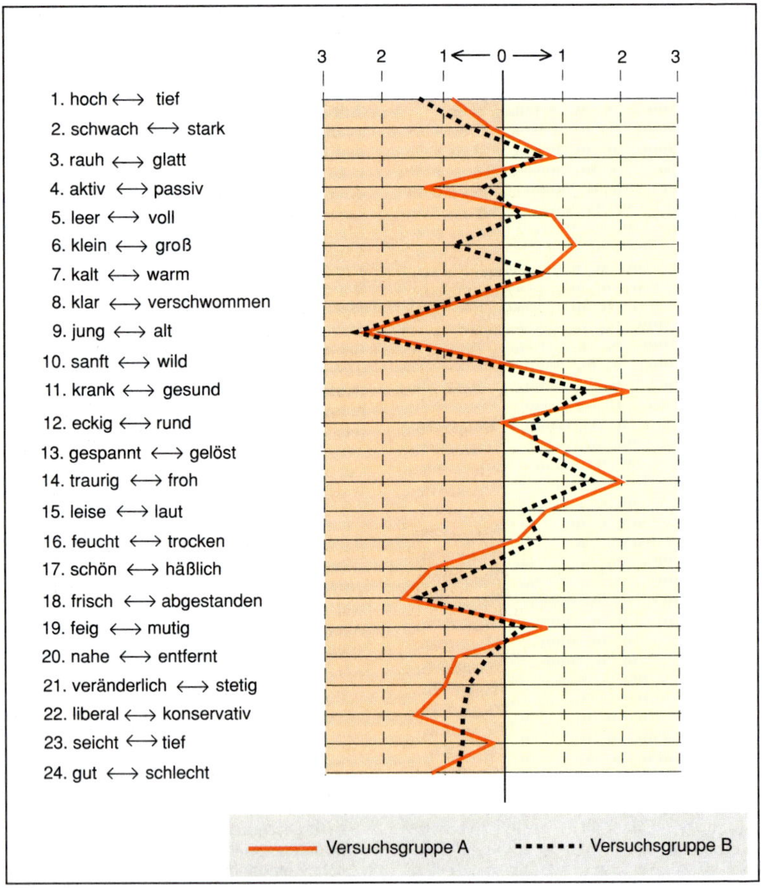

B Polaritätsprofil des Namens *Ulli Schöps*

Entwicklungspsychologie
Entwicklungspsychologisch spielt die Verwendung und Einschätzung des **eigenen** Namens eine große Rolle.
Das Kind bezeichnet sich, bevor es mit etwa 3 Jahren »ich« sagen lernt, mit Namen: »*Eli* will raus«. Namenvarianten fördern sein **Rollenbewußtsein:** »Liebe *Eli*«, aber »*Elisabeth,* sei endlich still!«.
Zu den Versuchen zur Findung von **Selbstkonzepten** in der Vorpubertät zählen das Rückwärtslesen seines Namens und das Einüben einer Unterschrift. Diese kann beim Vornamen emotional anders ausgeprägt sein als beim Familiennamen.
Psychische **Förderung** oder **Belastung** durch den eigenen Namen ist vielfach bezeugt. Mit seinem Namen rechtfertigt der Maler Anselm *Feuerbach* das »Feuer in meinen Adern«, während Franz *Grillparzer* seinen Namen so widerlich fand, daß er das in seinen Tagebüchern mit der noch schlimmeren Selbstbenennung *Fixlmüllner* kompensierte.

> »Jeder von uns war in seinem vielsagenden Namen eingeschlossen und konnte nicht mehr heraus.« (TH. BERNHARD)

Bei Trägern exzentrischer Vornamen sind **neurotische Störungen** nachweislich häufiger, wobei sich wohl neben den Namen auch die Veranlagung der Eltern auswirkt, die ihre Kinder entsprechend benannt haben.
Der Identifikation mit seinem Namen entspricht die große Empfindlichkeit, wenn jemand mit diesem Namen unachtsam (etwa »Herr *Jespen*« statt *Jepsen*) oder aggressiv umgeht.

> »Der Eigenname eines Menschen ist ... wie ... die Haut selbst ihm über und über angewachsen, an der man nicht schaben und schinden darf, ohne ihn selbst zu verletzen.« (GOETHE)

Kommunikations- und Sozialpsychologie
Hier spielt vor allem die Einschätzung von Namen **anderer** Personen eine Rolle. Hört man von einem Unbekannten auch nur den Namen, entsteht unwillkürlich schon ein gewisses Bild von ihm, hervorgerufen durch den Klangwert des Namens, durch Assoziationen mit ähnlichen Namen, gleichnamigen Personen usw.
Mit Tests läßt sich feststellen, wieweit solche Vorstellungen (**Physiognomie** von Namen) nicht nur subjektiv sind, sondern bei mehreren Personen übereinstimmen.
Der **Rollentest** ermittelt, wieweit die Physiognomie eines Namens und das Image einer Rolle sich decken.
Ein Beispiel gibt Abb. A. Hier waren 5 Namen fünf Berufen zuzuordnen. 72% der Versuchspersonen stuften *Franz Joseph Ipfelkofer* als Brauereibesitzer ein. Das erklärt sich aus von Klängen wie *Ipfel-* und Namen wie *Franz Joseph, -kofer* hervorgerufenen Assoziationsketten »bayrisch → Bier → Brauerei«. Beim Oberleutnant kam die Zuordnungsrate von 78% durch die Eindrücke »rasselnd, zackig → preußisch → Militär« zustande. Eine Schachmeisterschaft traute man beiden am wenigsten zu.
Ein **Polaritätsprofil** kann die einzelnen Wirkungsaspekte eines Namens ermitteln. Die Versuchspersonen tragen auf einer Skala ein, ob sie einen Namen eher »häßlich« oder »schön« empfinden usw. Die angeführten Gegensätze sollen repräsentativ das Universum aller denkbaren Polaritäten abdecken.
Für *Ulli Schöps* ergaben sich bei 2 Versuchsgruppen sehr ähnliche Werte (Abb. B). Im einzelnen kann nun die Einstufung dieses Namens z. B. als »jung, frisch, froh« auf die Wirkung der Kurzform mit *-i,* die drollige Konsonantenkombination *-ps* (wie in Mops, hops) usw. zurückgeführt werden.

> Das Namenprofil wird sodann in sog. Affinitätsanalysen mit Profilen verglichen, die zu anderen Vorstellungen, etwa »Intelligenz«, erstellt werden. Dabei zeigt *Ulli Schöps* z. B. Affinität zu »Gesundheit«, aber nicht zu »Würde«.

Die **angewandte Psychologie** benutzt solche Tests vor allem zur Ermittlung der Werbewirksamkeit von Warennamen, für die nicht selten auch auf Personennamen zurückgegriffen wird (S. 185).

Lern- und Gedächtnispsychologie
Viele Menschen klagen über ein schlechtes Namengedächtnis. Daß Namen besondere Merk- und Erinnerungsprobleme bereiten, ist durch Versuche nachgewiesen.
Gründe dafür liegen zunächst bei der **Beschaffenheit** der Namen. Sie treten in unübersehbarer Menge und großem Variantenreichtum auf, oft mit ungewöhnlicher Lautkombination und ohne Stütze im sonstigen Wortschatz. In mancher Hinsicht verhalten sie sich wie Vokabeln einer Fremdsprache.
Die eigentlichen Probleme liegen aber bei der **Verknüpfung** von Name und Person (Assoziationsbildung), da der Bezug beider beliebig ist.
Begegnet man einem Bekannten, verläuft das Wiedererkennen zuerst über visuelle Eindrücke; danach stellen sich sonstige Informationen ein (Beruf etc.), *zuletzt* der Name.
Bei Versuchen, in denen zu vorgelegten Gesichtsfotografien Namen und Personeninformationen erinnert werden sollten, stellten sich sehr häufig nur die Informationen ein; der umgekehrte Fall, daß nur der Name erinnert wurde, kam so gut wie nie vor.
Solche Beobachtungen führen zu der Annahme, daß Namen gedächtnismäßig **anders gespeichert** sind als sonstige Wörter und erst über die Aktivierung anderer Wiedererkennungselemente zugänglich werden.

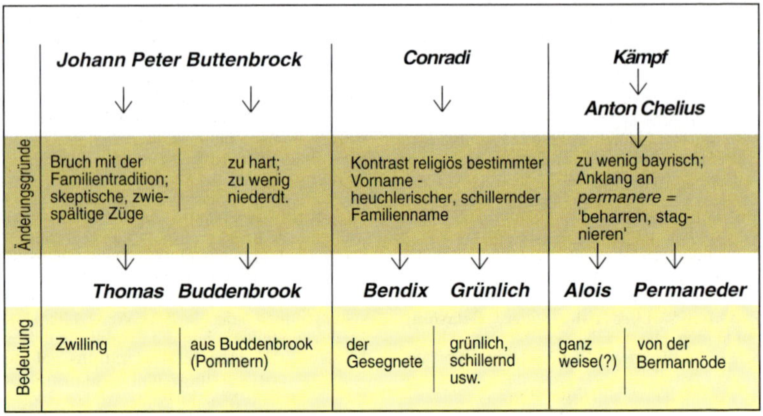

A Entwürfe und Endfassung von Namen in Thomas Manns >Buddenbrooks<

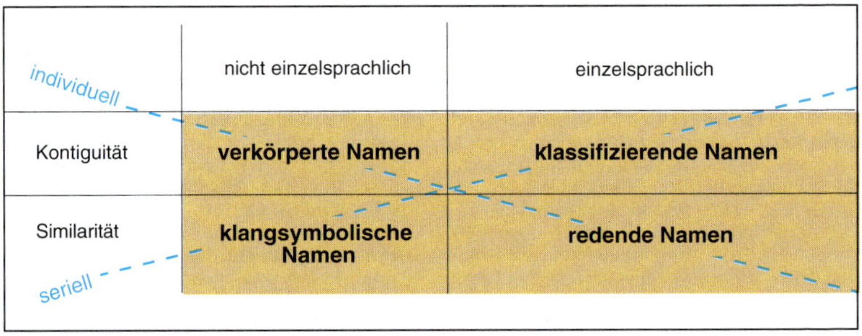

B Typen literarischer Namen

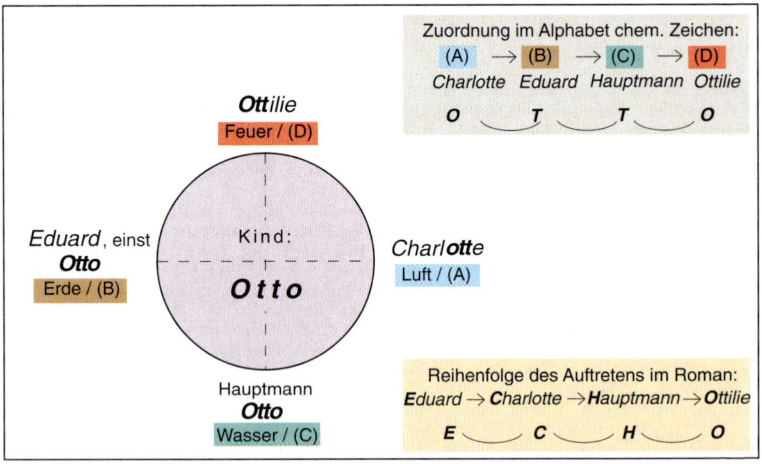

C Beziehungen von Namen, Buchstaben, Naturgesetzen in Goethes >Wahlverwandtschaften<

In der **Literatur** dienen Namen – anders als im Leben – nicht nur vorwiegend zur Bezeichnung von Individuen; hier wird vielmehr das Phänomen der Namen-**Bedeutsamkeit** poetisch genutzt.

Das **Ringen der Autoren** um Namen zeigt sich in ständigen Umbenennungen bei der Arbeit an den Werken, etwa bei TH. MANN (Abb. A), den INGEBORG BACHMANN als »Namen-Zauberer« bewunderte; aber auch in direkten Äußerungen.

GOTTFRIED KELLER fand durch Suchen auf der Landkarte endlich den Namen für seinen letzten Romanhelden *Salander:* »Da ... stieß ich auf [den Ortsnamen] Saland: Getroffen, das gibt einen famosen Namen, sagte ich außer mir vor Freude!«

Auch Unbewußtes spielt mit. FRANZ KAFKA bemerkt zum ›Urteil‹:

> »Georg hat so viel Buchstaben wie Franz, ›Bendemann‹ besteht aus Bende und Mann, Bende hat so viel Buchstaben wie Kafka, und auch die zwei Vokale stehn an gleicher Stelle, ›Mann‹ soll wohl aus Mitleid diesen armen ›Bende‹ für seine Kämpfe stärken ... das sind natürlich lauter Dinge, die ich erst später herausgefunden habe.«

Das literar. **Nameninventar** kann in der Realität eine wirkliche *(Galileo Galilei)* oder mögliche *(Oskar Matzerath)* Entsprechung haben oder keins von beiden *(Piffpaff)*.

Authentische Namen können fiktionalen Entwürfen realitätsnahen Anschein verschaffen, fiktionale Namen können reale Hintergründe verschleiern, etwa Mijnheer *Peperkorn* in TH. MANNS ›Zauberberg‹ die Gestalt GERHART HAUPTMANNS.

Eine erste **Einteilung der literarischen Namen** gab ARISTOTELES, der »beliebige/erdichtete Namen« in der Komödie (*Philumene* 'die Geliebte') von »überlieferten/bekannten Namen« der Tragödie unterscheidet *(Ödipus, Xerxes)*.

Aufgrund der Motive für die Namenwahl kann man weiter unterteilen in Namen,

– die auf eine bestimmte Person anspielen. Sie sind dann durch einen schon real *(David)* oder fiktional *(Ulysses)* existierenden Träger dieses Namens mit seinen Eigenschaften »**verkörpert«**;

– die ein bestimmtes Milieu evozieren, z.B. ihre Träger als Adlige *(Don Juan)* oder Domestiken *(Johann)*, als Muslime, als Franzosen usw. »**klassifizieren«**;

– deren **Klang Symbolwert** hat und in dieser Richtung suggestiv wirkt, etwa durch Lautmalerei, vgl. den prahlerischen Soldaten *Daradiridatumtarides* bei A. GRYPHIUS;

– die durch deutlichen Bezug zum Allgemeinwortschatz »**reden**«, z.B. *Meister, Wurm, Wehmeier, Feuermaul.*

Diese Gruppen wurden von BIRUS in ein System geordnet (Abb. B): Die horizontalen Achsen verbinden jeweils die Namentypen, deren Bedeutsamkeit nach zwei in der Psychologie als *Kontiguitäts-* bzw. *Similaritätsassoziation* unterschiedenen Assoziationstypen zustande kommt.

Die vertikalen Achsen verbinden links die Typen, wo die Bedeutsamkeit in verschiedenen Sprachen zur Geltung kommt, rechts, wo dies jeweils nur in *einer* Sprache möglich ist.

Diagonal verbunden sind einerseits die Fälle, die als solche, individuell, den Namenträger charakterisieren, andererseits diejenigen, deren Bedeutungsfärbung sich erst im Zusammenhang mit einer Serie von Namen einer Dichtung oder in Abhebung von anderen Namentypen entfaltet.

In der Praxis überschneiden sich diese Typen oft: *Klöterjahn* in TH. MANNS ›Tristan‹ wirkt klassifizierend als »norddeutsch« und »bürgerlich« und zugleich klangsymbolisch als »ordinär«.

Da sich in der Namenwelt wie in einem Mikrokosmos der Gehalt eines Werkes verdichten kann, gewinnt ihre Analyse für den Literaturwissenschaftler Stütz-, ja manchmal **Schlüsselfunktion für die Interpretation.**

GOETHE führt die vier Hauptfiguren der ›Wahlverwandtschaften‹ in solcher Reihenfolge in den Roman ein, daß ihre Initialen ECHO ergeben (Abb. B). Alle sind in ihren Namen mit dem Kind *Otto* verbunden, das »in doppeltem Ehbruch« zwar von *Eduard* (der früher *Otto* hieß) und Charl*otte* gezeugt ist, aber *Ottilie* und dem Hauptmann (namens *Otto*) ähnlich sieht. Sie weisen sich selbst im Gespräch die chemischen Zeichen A, B, C, D zu; sowohl die Paar-Konstellationen AB-CD wie AC-BD sind durch *OT-TO* gedeckt. *Charlotte* ist Eduards »A und O«, aber der Hauptmann wird gegen Schluß immer öfter **Major** genannt ...

Auch der **Rezeptionsforschung** können Namen dienen. So gewährt die Vergabe von Namen wie *Parzival* oder *Sigune* aus dem ›Parzival‹ WOLFRAMS VON ESCHENBACH Aufschluß darüber, in welchen Kreisen das Werk im MA. verbreitet und beliebt war.

In einigen frühmittelalterl. Adelsfamilien pflegte man Namen aus den germ. Heldensagen, so auch aus der Nibelungensage, zu führen. Daraus läßt sich ein spezifisches, z.B. genealogisches Interesse dieser Familien an bestimmten Sagen und ihrer Weitergabe als sog. Haustradition erschließen.

Der im ›Nibelungenlied‹ genannte Pilgrim, 971–991 Bischof von Passau, stammte aus einem solchen Familienverband mit nibelungischen Namen, könnte daher die Sage nach Passau gebracht und dort eine Tradition angeregt haben, aus der 200 Jahre später das ›Nibelungenlied‹ hervorging.

		Anzahl	‰			Anzahl	‰			Anzahl	‰
1	*Müller, -ue-*	269984	9,5	51	*Vogel*	25987	0,9	101	*Jansen*	16143	0,6
2	*Schmidt*	194884	6,9	52	*Friedrich*	25986	0,9	102	*Götz, -oe-*	16136	0,6
3	*Schneider*	114849	4,0	53	*Günther, -ue-*	25955	0,9	103	*Hübner, -ue-*	16113	0,6
4	*Fischer*	99241	3,5	54	*Schubert*	25713	0,9	104	*Beyer*	15943	0,6
5	*Meyer*	92902	3,3	55	*Roth*	25694	0,9	105	*Kramer*	15476	0,5
6	*Weber*	85504	3,0	56	*Berger*	25569	0,9	106	*Peter*	15357	0,5
7	*Schulz*	78173	2,7	57	*Frank*	25350	0,9	107	*Arnold*	15355	0,5
8	*Wagner*	77518	2,7	58	*Beck*	24936	0,9	108	*Voigt*	15341	0,5
9	*Becker*	76665	2,7	59	*Winkler*	24832	0,9	109	*Franz*	15291	0,5
10	*Hoffmann*	72809	2,6	60	*Jäger, -ae-*	23515	0,8	110	*Lindner*	15053	0,5
11	*Schäfer, -ae-*	66539	2,3	61	*Baumann*	23081	0,8	111	*Petersen*	15025	0,5
12	*Koch*	60727	2,1	62	*Krämer, -ae-*	23028	0,8	112	*Wenzel*	14847	0,5
13	*Bauer*	59505	2,1	63	*Lorenz*	22871	0,8	113	*Nagel*	14614	0,5
14	*Schröder, -oe-*	57307	2,0	64	*Böhm, -oe-*	22791	0,8	114	*Seifert*	14561	0,5
15	*Klein*	56872	2,0	65	*Albrecht*	22080	0,8	115	*Bock*	14532	0,5
16	*Richter*	56094	2,0	66	*Simon*	21988	0,8	116	*Paul*	14394	0,5
17	*Wolf*	50258	1,8	67	*Ludwig*	21834	0,8	117	*Barth*	14367	0,5
18	*Neumann*	48628	1,7	68	*Schumacher*	21520	0,8	118	*Kern*	14234	0,5
19	*Schwarz*	45442	1,6	69	*Franke*	21470	0,8	119	*Mohr*	14131	0,5
20	*Schmitz*	44012	1,5	70	*Schuster*	21256	0,7	120	*Kruse*	14109	0,5
21	*Krüger, -ue-*	43855	1,5	71	*Winter*	21024	0,7	121	*Förster, -oe-*	14102	0,5
22	*Braun*	43163	1,5	72	*Schulte*	20922	0,7	122	*Riedel*	13976	0,5
23	*Zimmermann*	42638	1,5	73	*Kraus*	20726	0,7	123	*Wilhelm*	13940	0,5
24	*Schmitt*	41739	1,5	74	*Stein*	20669	0,7	124	*Lenz*	13934	0,5
25	*Lange*	41189	1,4	75	*Vogt*	20642	0,7	125	*Ott*	13912	0,5
26	*Hartmann*	41168	1,4	76	*Otto*	20585	0,7	126	*Grimm*	13854	0,5
27	*Hofmann*	40742	1,4	77	*Martin*	20531	0,7	127	*Langer*	13783	0,5
28	*Krause*	40063	1,4	78	*Groß*	20405	0,7	128	*Hermann*	13751	0,5
29	*Werner*	39245	1,4	79	*Sommer*	19546	0,7	129	*Ritter*	13729	0,5
30	*Meier*	38898	1,4	80	*Brandt*	19450	0,7	130	*Thiel*	13717	0,5
31	*Schmid*	37039	1,3	81	*Haas*	18823	0,7	131	*Berg*	13604	0,5
32	*Schulze*	36712	1,3	82	*Heinrich*	18401	0,6	132	*Haase*	13541	0,5
33	*Lehmann*	35416	1,2	83	*Schreiber*	18355	0,6	133	*Hoppe*	13357	0,5
34	*Köhler, -oe-*	34386	1,2	84	*Seidel*	18268	0,6	134	*Zimmer*	13175	0,5
35	*Maier*	34222	1,2	85	*Graf*	17798	0,6	135	*Kaufmann*	13078	0,5
36	*Herrmann*	34115	1,2	86	*Kuhn*	17408	0,6	136	*Marx*	12982	0,5
37	*König, -oe-*	33907	1,2	87	*Dietrich*	17407	0,6	137	*Jahn*	12938	0,5
38	*Mayer*	33885	1,2	88	*Engel*	17392	0,6	138	*Arndt*	12929	0,5
39	*Walter*	33502	1,2	89	*Pohl*	17358	0,6	139	*Fritz*	12895	0,5
40	*Peters*	32193	1,1	90	*Busch*	17269	0,6	140	*Lutz*	12778	0,4
41	*Möller, -oe-*	32183	1,1	91	*Ziegler*	17260	0,6				
42	*Huber*	31860	1,1	92	*Kühn, -ue-*	17223	0,6				
43	*Kaiser*	31600	1,1	93	*Hansen*	16938	0,6				
44	*Fuchs*	31548	1,1	94	*Horn*	16801	0,6				
45	*Scholz*	30688	1,1	95	*Wolff*	16800	0,6				
46	*Weiß*	29834	1,0	96	*Bergmann*	16682	0,6				
47	*Lang*	29768	1,0	97	*Sauer*	16633	0,6				
48	*Jung*	28629	1,0	98	*Thomas*	16467	0,6				
49	*Hahn*	27422	1,0	99	*Ernst*	16402	0,6				
50	*Keller*	26068	0,9	100	*Pfeiffer*	16374	0,6				

Patronymika
Herkunftsnamen
Wohnstättennamen
Berufsnamen (auch indirekte)
Übernamen

Anzahl = Telefonanschlüsse 1995

‰ = ‰ der Telefonanschlüsse

Die häufigsten Familiennamen in Deutschland 1995

Vog(e)l-			
-au(er)	19	*-sandt*	6
-bach(er), -beck	317	*-sang, -zang*	2406
-bein	86	*-sa(e)nger, -ä-*	85
-(s)berg(er)	311	*-sdorf(er)*	11
-bruch '-sumpf'	46	*-singer*	20
-busch	49	*-skamp*	32
-ei, -ey '-au(e)'	304	*-stätter*	5
-fänger	68	*-steller* '-fänger'	22
-(s)g(e)sang	765	*-tanz*	33
-haupt	15	*-waid, -weid(er),-ey-*	41
-heim(er)	37	*-wedde* '-wald'	5
-hofer, -höfer	17	*-wiesche* '-wiese'	39
-huber(t)	132		
-lehner	7	Herkunfts- / Wohnstättennamen	
-mann '-fänger'	544		
-(s)mai(e)r, -ei-,-ey-	121		
-pohl '-pfuhl'	162	Berufsnamen	
-poth '-pfütze'	93	Übernamen	
-reiter, -reut(h)er	47	Zahl = Telef. 1995	
-rieder	58	Tabelle enthält alle Namen mit > 5 Telef.	
-sam(m)er '-heim'	32		

-vog(e)l			
Bein(t)-, Point-	47	*Nest-* 'flügge'	59
Blote- 'bloß, arm'	93	*Noth-* 'arm'	56
Brach(t)-	117	*Pas-, Paß-*	19
Brat-	25	*Pu-* 'Wiedehopf'	115
Brei-, Brey- 'Sumpf-'	143	*Scha(a)r-* 'Zug-'	30
Eis-, Eys-	45	*Schon-* 'schön'	31
Frei- 'ungebunden' -	67	*Schrai-, -ei-,-ey-*	194
Gran-	14	*Schreib-*	18
Gra(u)-	201	*See-*	16
Grün- 'Raub-'?	68	*Sing-*	43
Haid(e)-, Hayd-	34	*Spiel-* 'Geliebter'	565
Haupt- 'besonders'	327	*Wald-* 'sorglos'	505
Henne-	23	*Wit(t)-* 'Schmetterling'	29
Hirsch- 'Hirse-'	137	*Zeit-* 'flügge'	149
Jung-	18	*Zier-* 'hübsch'	140
Kinds- 'Wachtel'	28		
Kirch-	20	Tabelle enthält alle Namen mit > 10 Telefonanschlüssen	
Klein-	20		
Kran(a)wet-	44		
Laub-	15		
Nast- 'Nest-' ?	123		

Mit *Vogel-, -vogel* zusammengesetzte Namen in Deutschland 1995

Telefonverzeichnisse bieten eine namenkundliche **Datenbasis ersten Ranges.**
Sie wird in diesem Atlas erstmals umfassend für Dtl. genutzt.
Für die Datenbank wurden aus den Telef. von 1995 insgesamt 28 448 352 Vorkommen von 959 621 je versch. geschriebenen Namen übernommen. Durch Einträge von Firmen, Vereinen, Behörden usw., aber auch durch Mehrfacheinträge und Fehler in den Telef. verbleiben gewisse Unsicherheiten im Datenmaterial, die aber bei Untersuchungen häufig vorkommender Namen statist. wenig ins Gewicht fallen.
Pro Telef. sind durchschnittl. **ca. 2,8 Träger** des betr. Namens zu veranschlagen:
12778 Telef. *Lutz* x 2,8 = ca. 45635 *Lutz*.

Namenhäufigkeit
Die Datenbank lieferte für S. 198 eine gegenüber Abb. 66A von 1970 aktuellere und umfassendere Häufigkeitsliste.
Es werden außer *ä/ae, ö/oe, ü/ue* alle versch. Schreibweisen getrennt gezählt.
Unterschiede zu 1970 ergeben sich v. a. daraus, daß jetzt die neuen Bundesländer einbezogen sind. Damit rücken Namen in der Statistik nach oben, die östl. der Elbe typisch sind: *Schulz* von Platz 10 auf 7, *Richter* von 29 auf 16, *Krüger* von 33 auf 21; typ. west- oder süddt. Namen fallen zurück: *Schmitz* von 16 auf 20, *Huber* von 26 auf 42.

Namenkomposition
Auf der Basis der Telef. lassen sich mühelos komplette Felder von Namen-Zusammensetzungen erfassen. Es gibt z. B. in Dtl.
195 / 159 Komposita mit *Eisen- / -eisen,*
15 / 253 Komposita mit *Kopf- / -kopf,*
85 Komposita mit *Linden-,*
302 Komposita mit *-macher.*
Mit *Vog(e)l-* sind 101 versch. Familiennamen zusammengesetzt, meist Herkunfts- oder Wohnstättennamen, mit *-vog(e)l* 90, und zwar meist Übernamen (Abb.).
Einige dieser Fälle **beleuchten sich** gegenseitig: *Schreibvogel* ist z. B. eine Variante zu *Schreivogel* 'lärmender Vogel, Krähe', *Vogelhubert* zu *Vogelhuber. Bein-, Beint-* und *Pointvog(e)l* gibt es nur im Raum München; es sind drei Varianten eines Wohnstättennamens; sie gehen urspr. auf Beunde 'eingezäuntes Landstück' zurück (S. 103).
Manche dieser Namen sind als Metaphern entstanden *(Blote-, Haupt-, Spiel-, Waldvogel),* andere beziehen sich auf wirkliche Vögel, deren Identifizierung (*Henne-* 'Habicht'?) oder deren Motivation als Übernamen nicht immer eindeutig ist (*Kranawetvogel* = 'Wacholderdrossel': sangesfreudiger Mensch? Vogelhändler?).
Eisvogel bezeichnet den Listigen.
Vogelei kann auch vom Rufnamen *Folkleih* kommen.

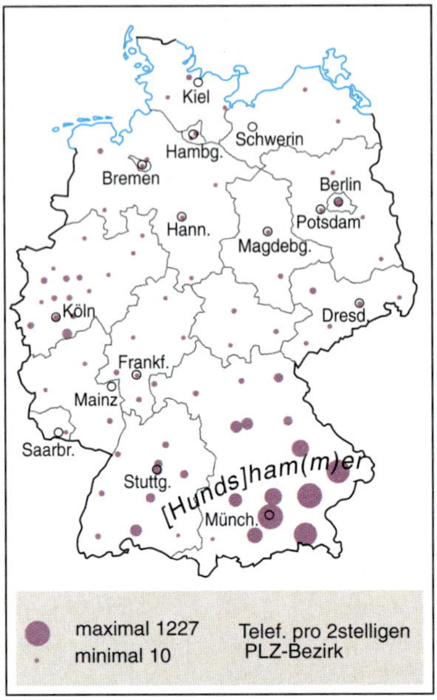

A Familiennamen auf *-ham(m)er*

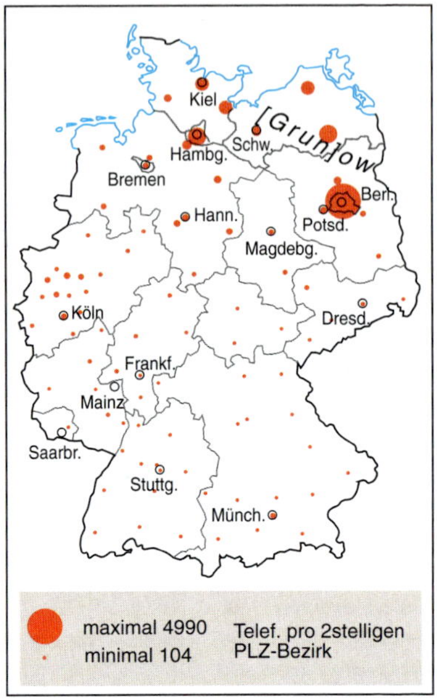

B Familiennamen auf *-ow*

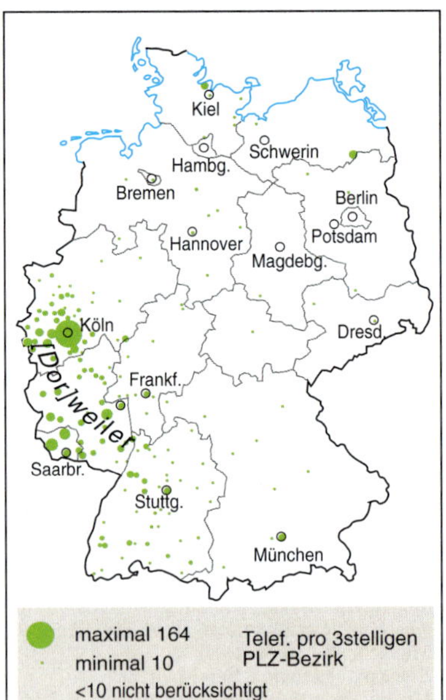

C Familiennamen auf *-weiler*

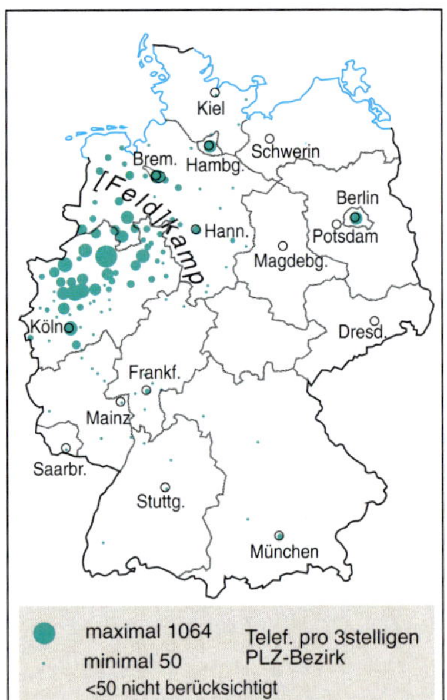

D Familiennamen auf *-kamp, -camp*

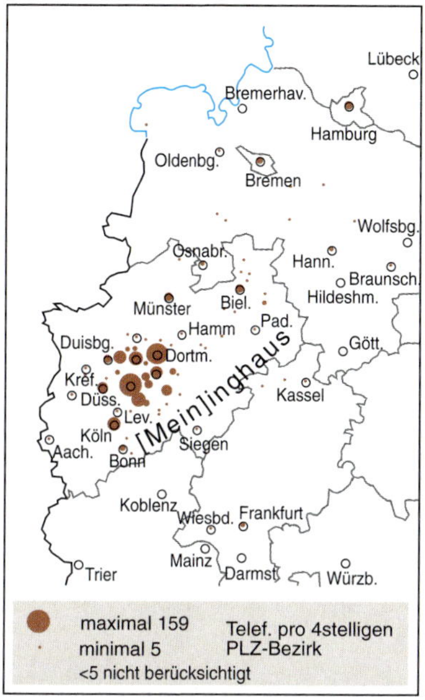

E Familiennamen auf *-ingh(a)us(en)*

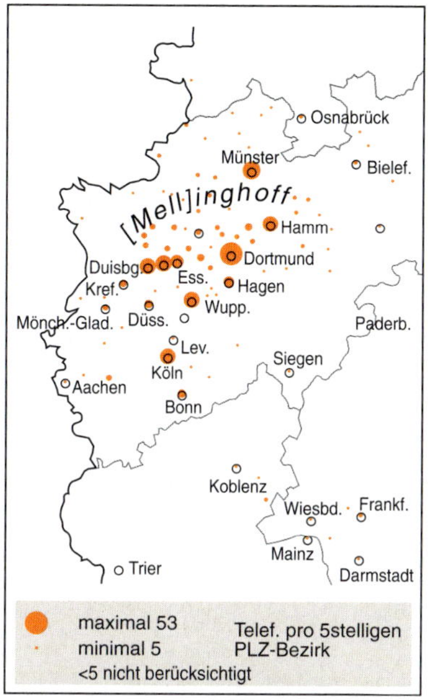

F Familiennamen auf *-inghof(f)(en)*

Die Telef. ermöglichen es, einzelne **Namentypen und ihre Verbreitung** komplett zu erfassen.
Die Abb. zeigen die Verbreitung solcher Typen am Beispiel von Herkunfts- bzw. Wohnstättennamen.
Als **Verbreitungsraster** liegen in Abb. A und B zweistellige, in Abb. C und D dreistellige, in Abb. E vier- und in Abb. F fünfstellige Postleitzahlbezirke zugrunde.

Abb. A beruht auf 600 versch. Herkunftsnamen auf ***-ham(m)er*** (S. 91 f.) mit insgesamt 18 723 Telef. (0,06% aller dt. Telef.). Am häufigsten:
Alt- 360 *Au(e)r(n)-* 519 *Berg-* 424 *Brog-* 315 *Grieß-, Gries-* 519 *Kapf-* 333 *Lang-* 1232 *Thalham(m)er* 543.
Keine Herkunftsnamen, sondern Schmiede-Übernamen sind Komposita wie *Faul-* (118), *Kling-, Klink-* (1164), *Schell-, Schöll-* ('klingen'; 566), *Schwinghammer* (470).
Abb. B beruht auf 6328 versch. Familiennamen auf ***-ow*** mit insgesamt 105 488 Telef. (0,37% aller dt. Telef.).
Die enorme Zahl versch. Namen auf *-ow* kommt v. a. durch **Fremdnamen** wie *Alexandrow* (S. 73) zustande, die aber pro Name jeweils nur selten auftreten (*Achmatow* 2 x, *Gorbatschow* 5 x etc.); **Herkunftsnamen** auf *-ow* (S. 93) heben sich davon durch jeweils massenhaftes Vorkommen deutlich ab und bestimmen dadurch das Kartenbild:
Bülow 1718 *Burow* 962 *Grabow* 1172 *Karow* 688 *Stre(h)low* 1698 *Sydow* 1172 *Tornow* 931 *Zastrow* 904.
Abb. C beruht auf 396 versch. Familiennamen auf ***-weiler*** (S. 91) mit insgesamt 8659 Telef. (0,03%). Am häufigsten:
A(h)r- 485 *Ant-* 216 *Det(t)-* 189 *Esch-* 749 *Gatz-* 201 *Man(n)-* 194 *Scheid(t)-* 286 *Trierweiler* 280.
Abb. D beruht auf 1275 versch. Familiennamen auf ***-kamp,*** *-camp* (S. 103) mit 44 953 Telef. (0,18%). Am häufigsten:
Bo(h)ne(n)- 643 *Feld-* 751 *Hafer-, -v-* 1440 *Heid(t)-, -t-* 1393 *Holt-, Holz(en)-* 1635 *Ost(er)-* 740 *Steinkamp* 1190.
In Dtl. gibt es 435 versch. Familiennamen auf ***-ingh(a)us(en)*** (S. 91) mit 11 379 Telef. (0,04%), konzentriert im Gebiet zwischen Köln und Hannover (Abb. E). Am häufigsten:
Bell- 364 *Borl-* 184 *Brün-* 256 *Dörp-* 226 *Eb(b)-* 699 *Ell-* 538 *Pöpp-* 185 *Rein-* 293 *Rittingh(a)us(en)* 315.
In Dtl. gibt es 203 versch. Familiennamen auf ***-inghof(f)(en), -v-*** (S. 90) mit 4620 Telef. (0,02%), meist *-inghoff*, konzentriert im Gebiet zwischen Köln und Münster (Abb. F). Am häufigsten:
Benn- 500 *Berl-* 314 *Höf-* 136 *Mönn-* 194 *Rens-* 121 *Vi(e)t(t)inghof(f)(en)* 282.

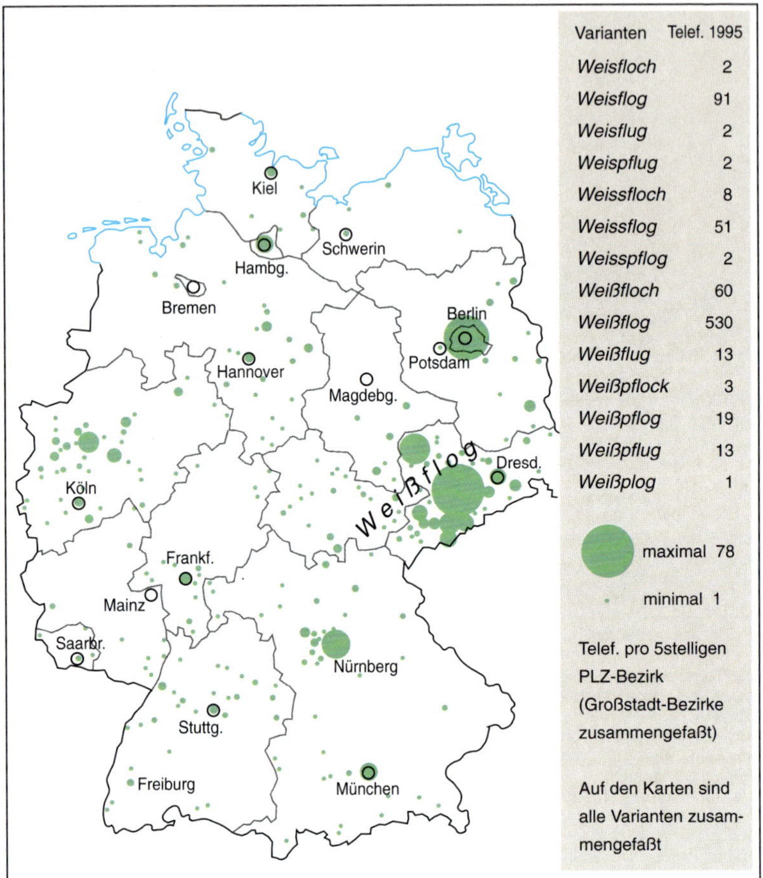

A Varianten und Verbreitung von *Weißflog* in Deutschland

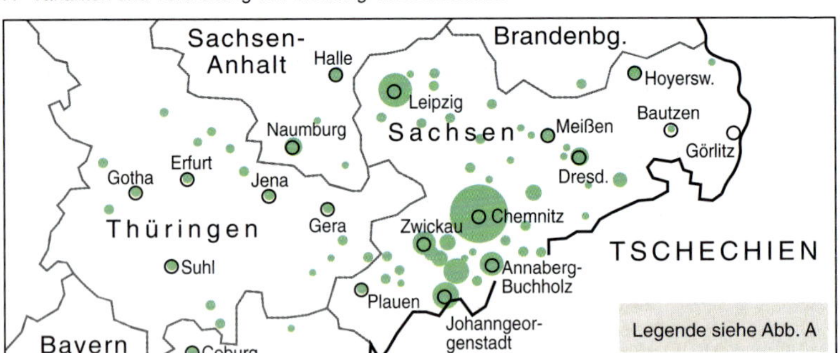

B Verbreitung von *Weißflog* in Thüringen und Sachsen

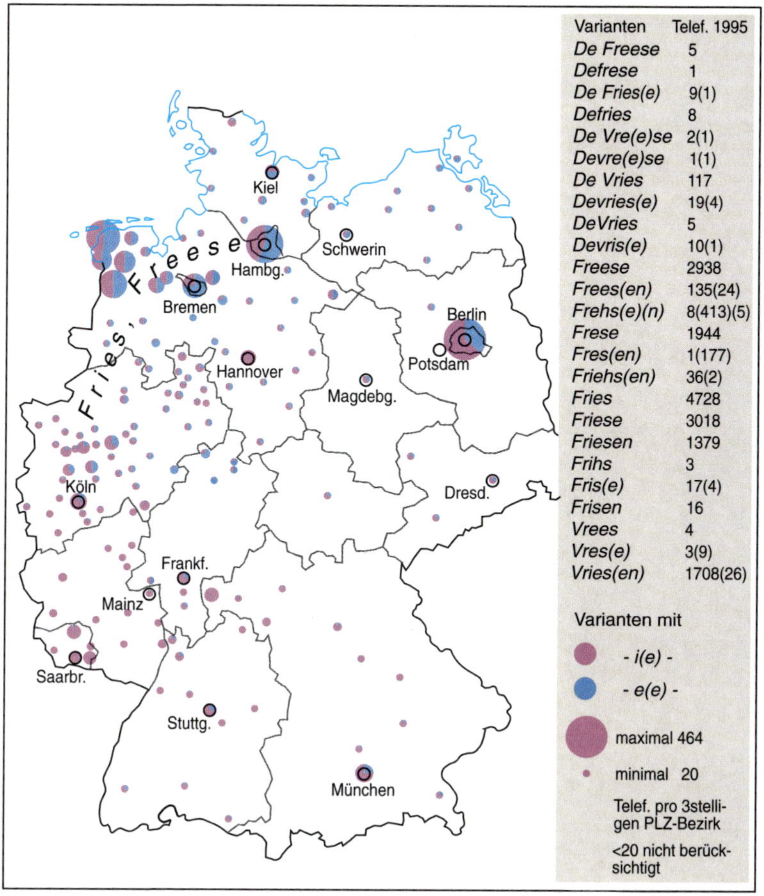

Varianten und Verbreitung von *Fries* in Deutschland

Mit den Telef. kann die **Verbreitung jedes Namens und all seiner Varianten** bis auf fünfstellige Postleitzahl-Bezirke genau festgestellt werden. Zwei Beispiele:
Weißflog 'weiße Flocke, Flaum' ist ein indirekter Berufsname für den Weber oder Tuchscherer, der die Wollflocken aus frischgewebtem Tuch kämmt.
Der urspr. erzgebirgische Name tritt 797 x in 14 Varianten auf. Abb. A stellt seine Gesamtverbreitung dar. Man erkennt die Emigrationsbahnen in die Städte Chemnitz, Leipzig, Berlin, Nürnberg, Essen und in Regionen wie das südl. Niedersachsen, kaum aber z. B. nach Sachsen-Anhalt.
Fries kann Herkunftsname 'der Friese', Patronym 'Nachkomme des *Friso*', im Süden auch Berufsname zu mhd. *vriese* 'Dammbauer' sein.
Verbreitungszentrum des Namens ist Ostfriesland (Abb. oben). Im betreff. Postleitzahlbezirk 26 trugen 1998 0,42% der Bevölkerung diesen Namen. Hier ist er überwiegend als Herkunftsname aufzufassen, u. a. als selbstbewußte Reaktion auf das Dekret NAPOLEONS von 1811, das den Friesen Familiennamen vorschrieb.

Das Verhältnis niederdt. Formen mit *-e(e)-* zu hochdt. mit *-i(e)-* beträgt 5661:10937.

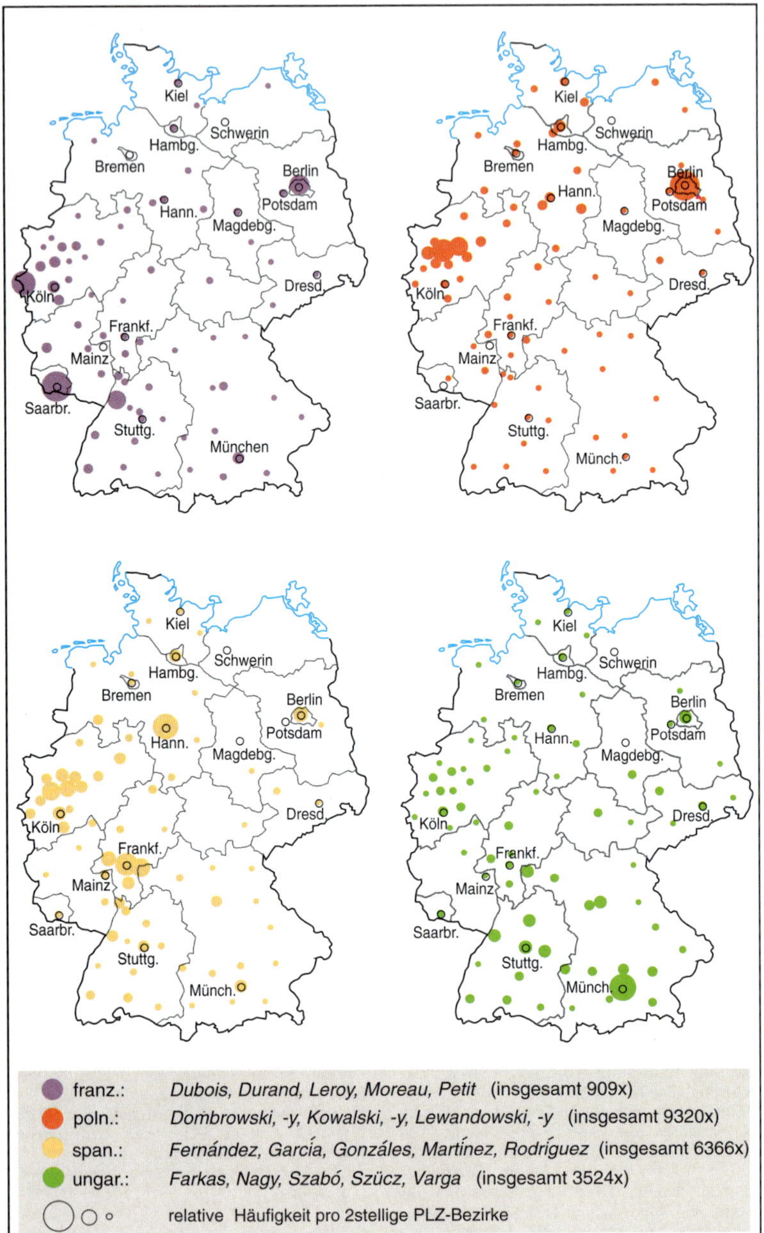

Verbreitung häufiger ausländischer Familiennamen in Deutschland

DÄNEMARK (1982): 1. *Jensen* (Johannes) 368631 2. *Nielsen* (Nikolaus) 349126 3. *Hansen* 297937 4. *Pedersen* 203426 5. *Andersen* (Andreas) 188359 6. *Christensen* 159943 7. *Larsen* (Lorenz) 148214 8. *Sørensen* 139111 9. *Petersen* 130236 10. *Rasmussen* (Erasmus) 117355

NIEDERLANDE (Telef. 1993): 1. *De Jong* 36989/**67** 2. *Jansen* 32934 3. *De Vries* 31868/**141** 4. *Van de(n) Berg* 25329/**92** 5. *Bakker* 'Bäcker' 24578/**505** 6. *Van Dijk* 'am Deich' 23887/**7** 7. *Janssen* 23834 8. *Visser* 'Fischer' 22271/**624** 9. *Smit* 19053/**505** 10. *De Boer* 'Bauer' 16705/**52**

BELGIEN (1987): 1. *Peeters* 33170 2. *Janssens* 32054 3. *Maes* (Thomas) 25173/**273** 4. *Jacobs* 20046 5. *Mertens* 18750 6. *Willems* 18360 7. *Claes* (Nikolaus) 16639/**348** 8. *Goossens* (Gos[win]) 16029/**143** 9. *Wouters* (Walter) 15823/**123** 10. *De Smet* 'Schmied' 14625/**20**

FRANKREICH (1973): 1. *Martin* 167600 2. *Bernard* 98160/**1519** 3. *Durand* (lat. Rufname *Durandus*) 77720/**147** 4. *Dubois* 76810/**298** 5. *Petit* 'klein' 75760/**235** 6. *Thomas* 71340 7. *Robert* 70830 8. *Moreau* 'dunkelhäutig, -haarig' 69980/ **115** 9. *Richard* 69950 10. *Michel* 69570

ITALIEN (Telef. 1995): 1. *Rossi* 86892/**489** 2. *Russo* 'rothaarig' 56822/**907** 3. *Ferrari* 49321/**222** 4. *Esposito* 38814/**455** 5. *Bianchi* 'weiß' 35660/**145** 6. *Romano* 'Römer' (auch lat. Rufname *Romanus*) 32812/**428** 7. *Colombo* (lat. Rufname *Columbus*) 32232/**92** 8. *Bruno* 'braun, dunkel' 28730 9. *Ricci* 'lockig' 27633/**136** 10. *Marino* (Rufname *Marinus*; auch Ortsname) 26322/**424**

POLEN (1993): 1. *Nowak* 'Neuansiedler' 220217/**15305** 2. *Kowalski* 131940/**3936** 3. *Wiśniewski* 'aus Wiśniew(o)' 104418/**3685** 4. *Dąbrowski, Dom-* 'aus Dąbrowa' 92945/**3477** 5. *Lewandowski* 'aus Lewandow(ka)' oder 'Lavendel' 89366/**2356** 6. *Wójcik* 'Dorfschulze' 88932/**1341** 7. *Kamiński* 'aus Kamień' oder 'Stein' 87935/**4854** 8. *Kowalczyk* 87690/**1258** 9. *Zieliński* 'aus Zielin(a), Zieliniek' oder zu 'grün, Kraut' 85988/**2299** 10. *Szymański* 'aus Szymany' (oder Rufname *Simon*) 84527/**1392**

TSCHECHIEN und SLOWAKEI (1990): 1. *Novák* 79951 2. *Novotný* 'Neuling' 54600/**1658** 3. *Svoboda* 'Frei(bauer)' 53139/**2179** 4. *Dvořák* 'Hofbauer' 46768/**1319** 5. *Černý* 39154/**1281** 6. *Kučera* 36024/**1214** 7. *Procházka* 'Spaziergang' 35253/**940** 8. *Kováč* 'Schmied' 32011/**1030** 9. *Horváth* 'Kroate' 31317/**1877** 10. *Veselý* 28834/**838**

UNGARN (% der Namen 1995): 1. *Tót(h)* 'Slowake' 3,1/**1200** 2. *Nagy* 'groß' 2,8/**1125** 3. *Kovács (-ts)* 'Schmied' 2,8 4. *Horvát(h)* 2,7 5. *Szabó* 'Schneider' 2,6/**1029** 6. *Varga* 'Schuster' 1,8/**815** 7. *Molnár* 'Müller' 1,7/**694** 8. *Kis(s)* 'klein' 1,6/**1155** 9. *Farkas* 'Wolf' 0,9/**454** 10. *Szűcs* 'Kürschner' 0,9/**101**

Zahlen vor/ = Zahl der Namenträger, in den Niederlanden u. Italien Telef., in Ungarn % d. Einwohner.
Fette Zahlen nach / = Telef. in Dtl., aber nur, wenn der Name rel. eindeutig aus der betr. Sprache stammt.
Namen wie *De Smet* u. *Desmet* sind getrennt gezählt.
Bedeutungen, wo nicht angegeben, siehe Register.

Die 10 häufigsten Familiennamen in Nachbarländern des deutschen Sprachgebiets

Die **Verbreitung ausländischer Familiennamen** im heutigen Dtl. ist noch kaum untersucht.

Die **Rangfolge** der häufigsten Namen der Nachbarländer spiegelt sich z. T. auch in Dtl. wider, z. B. bei den ungar. Namen (Abb. oben; bei slaw. Namen sind hier die wichtigsten dt. Schreibweisen, z. B. *Wisch-, Wisn(i)ewski, -y,* addiert.)

Die häufigsten Namen in **Luxemburg** (1981): 1. *Schmit* 3617, 2. *Weber* 2582, 3. *Müller* 2486, 4. *Wagner* 2360, 5. *Hoffmann* 2285, 6. *Thill* 1906, 7. *Schmitz* 1430, 8. *Schroeder* 1387, 9. *Klein* 1301, 10. *Reuter* 1237.

Abweichungen von der Häufigkeitsregel sind aufschlußreich; z. B. ist das Verhältnis *Rossi* : *Russo* in Dtl. umgekehrt wie in Italien. *Rossi* ist v. a. nord-, *Russo* südital. (wie *Esposito, Romano, Marino*), und aus Süditalien kamen die meisten Gastarbeiter.

Die Abb. S. 204 weist die **unterschiedliche Konzentration** fremder Namen in Dtl. auf. In solchen Bildern spiegeln sich nachbarschaftl. Bezüge, histor. Einwanderungswellen (S. 171) usw.:

Ital. Namen finden sich v. a. in Baden-Württemberg. Die weitverbreiteten **amerikanisch-engl.** Namen *Brown, Harris, Johnson, Smith* finden sich, durch US-Truppen bedingt, am häufigsten im PLZ-Bezirk 66/67 (Kaiserslautern).

Häufige **türkische** Namen in Dtl.:

Yılmaz (S. 187) 4078, *Kaya* 'Fels' 2523, *Sahin* 'Falke' 2440, *Demir* 'Eisen' 2237, *Çelik* 'Stahl' 2230, *Aydin* 'hell' 2212, *Yıldirim* 'Blitz' 2114, *Özdemir* (S. 187) 2100, *Aslan* 'Löwe' 1134, *Çetin* 'hart' 1083.

Mit Ausnahme von *Aslan* begegnen alle je am häufigsten in den PLZ-Bezirken 45/47 (Moers/Duisburg/Mülheim/Essen/Gelsenkirchen/Recklinghausen). Weitere Zentren sind Köln, Berlin, Offenbach/Hanau.

Auch die **Suche nach fremden Suffixen** ist ergiebig. Sie fördert z. B. 3363 versch. **türkische** Namen auf *-oğlu* (S. 72; insgesamt 10804 Telef.) oder 1390 versch. **griech.** Namen auf *-op(o)ulos* zutage (S. 72; insgesamt 5448 Telef.).

Bei letzteren sind am häufigsten *Papadop(o)ulos* 1198 und *Sidirop(o)ulos* 207.

Die **lat.** Endung *-ius* tragen 1838 versch. Familiennamen in Dtl. Häufiger treten Patronymika auf: *Cornelius* 1635, *Blasius* 731, *Gregorius* 375. Jeweils seltener, insgesamt aber in unerwarteter Menge, finden sich latinisierte Humanistennamen (S. 171):

Bockius 126, *Bülowius* 5, *Cochius* 38, *Drexelius* 113, *Düvelius* 4, *Gudowius* 28, *Hofius* 123, *Monheimius* 40, *Schmitzius* 5, *Schuppius* 7, *Zip(p)elius* 77 usw.

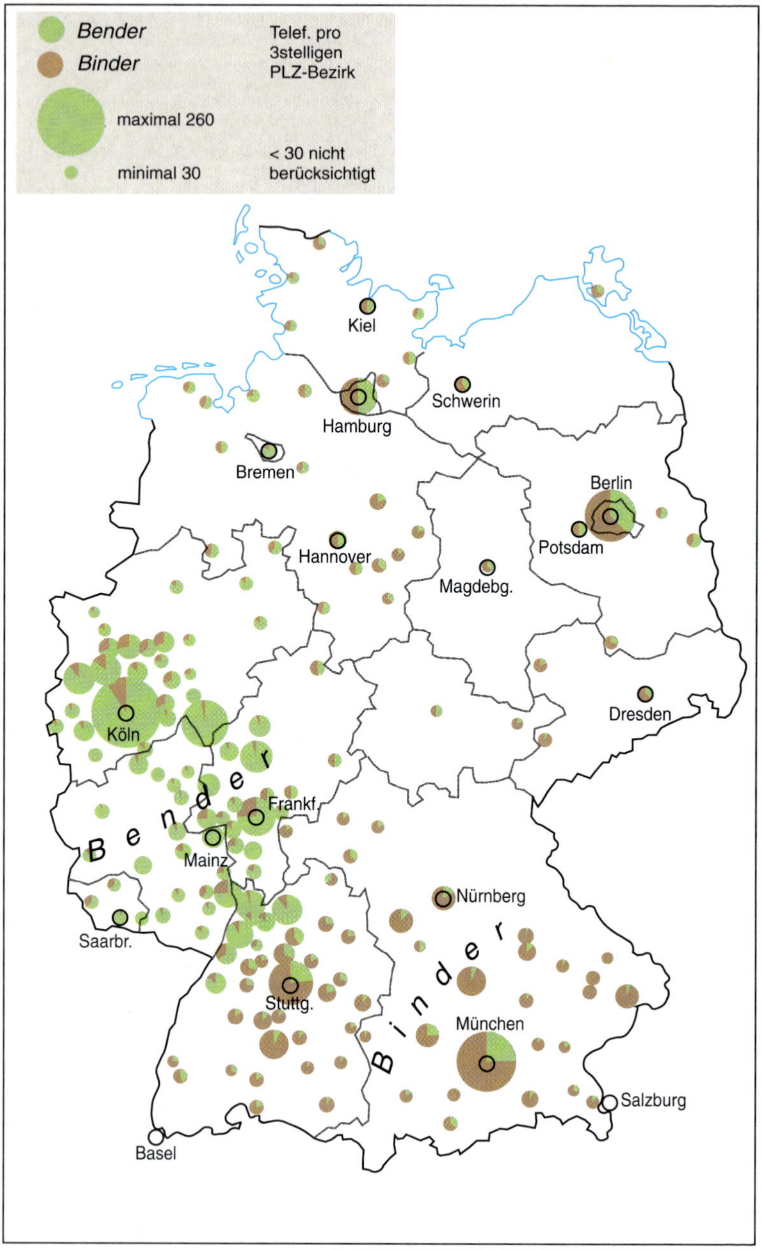

Verbreitung der Namenvarianten *Binder* und *Bender*

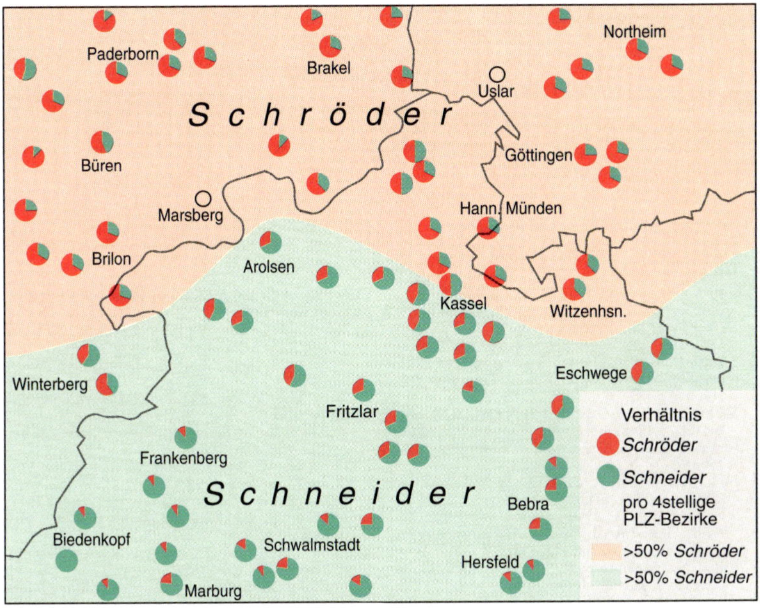

Die Grenze zwischen *Schneider* und *Schröder* bei Kassel

Die Telef. eröffnen der namenkundlichen **Variantenforschung** neue Wege. Im folgenden je ein Beispiel aus der Laut- und aus der Wortgeographie bzw. -geschichte.

Lautvarianz. Die Senkung von *i* zu *e* ist heute ein Kennzeichen des niederrhein. und vor Nasal auch des schwäb. Dialekts (*benden, Kend* für *binden, Kind*).

Der Blick auf entspr. Namenvarianten am Beispiel von *Binder/Bender* (Abb.) ist nun histor. sehr aufschlußreich. Die Senkung war offensichtlich, als die Familiennamen entstanden, im Unterschied zu den heutigen Dialekten nicht nur am Nieder-, sondern auch am ganzen Mittelrhein üblich, aber noch nicht im Schwäbischen.

Binder bedeutet 'Küfer'. Das geht aus entsprechenden Komposita hervor, die überwiegend diesen Beruf betreffen:

Faß-, Fas(s)-, Vasbender 2836, *-binder* 238; *Büden-, Büttenbender* 537, *Bittenbinder* 98; *Bodenbender* 'Faßboden? Bütte?' 147, *-binder* 62; *Kand(e)lbinder* 'Holzkannen-' 279; *Küp(p)enbender* (S. 127) 120.

Entspr. Zusammensetzungen aus anderen Berufen sind dagegen selten:

Buch-, Boekbinder 207, *-bender* 72; *Stro(h)bender* 18; *Bezem-, Biesenbinder* 'Besen-' 13.

Typisch nordwestl. Komposita wie *Bütten-, Küppenbender* treten nur mit *-e-*, südöstliche wie *Kandelbinder* nur mit *-i-* auf.

Die Abb. basiert auf 10922 *Bender* (+ 158 *-s*), 9427 *Binder* (+ 2 *-s*), 551 *Pint(h)er,* 87 *Pinder* und den oben genannten Komposita, soweit sie den Küfer betreffen.

Wortvarianz. Mit dem Berufsnamen *Schneider* konkurriert im Norden *Schröder* (S. 187). Die große Häufigkeit beider Namen ermöglicht es, die Bereiche, in denen der eine oder der andere vorherrscht, räumlich klar voneinander abzugrenzen.

Die auf der obigen Abb. erkennbare Grenze setzt sich nach Westen fort über Finnentrop – Bochum – Bocholt und an der Westgrenze Dtl.s von Straelen über Krefeld – Mönchengladbach – Düren – Schleiden bis Prüm/Eifel (*Schröder* überwiegt auch in **Belgien** und **Luxemburg**), nach Osten über Eschwege – Dingelstädt – Gotha – Erfurt –Leipzig – Jüterbog – Frankfurt/Oder.

Diese Ermittlungen basieren auf 116197 *Schneider(s),* 47441 *Schröder(s), -oe-,* 11273 *Schrö(d)ter(s), -oe-,* 8553 *Schra(e)der(s), -ä-,* 5465 *Schrör(s), -öe-, -oe(e)-,* 147 *Schrae(e)r(s), -äe-* in Dtl.

Schröder, Schröter kann im Süden manchmal auch 'Münzmeister' und 'Transporteur von Bier- und Weinfässern' bedeuten.

Literaturverzeichnis

Angeführt ist, abgesehen von Lexika und Namenbüchern, nur die diesem Atlas zugrundeliegende Literatur. Einige Titel zu speziellen Fragen s. im Abbildungsverzeichnis. Weitere Literatur s. in den Bibliographien bei Gottschald/Schützeichel 1982 (unten Nr. 57), Eichler/Hilty 1995/96 (Nr. 5) und laufend in den Zeitschriften ›Beiträge zur Namenforschung‹ (Nr. 3), ›Blätter zur oberdt. Namenforschung‹, ›Namenkundliche Informationen‹ und ›Österreichische Namenforschung‹.

Handbücher, Sammelwerke, Einführungen

1 Bach, A.: Dt. Namenkunde, Bd. I, 1, 2: Die dt. Personennamen. Heidelberg [3]1978. Bd. II, 1, 2: Die dt. Ortsnamen. Ebd. [2]1981

2 Bauer, G.: Deutsche Namenkunde. Berlin [2]1998

3 Beiträge zur Namenforschung 1–16 (1949–1965); Neue Folge 1 ff. (1966 ff.)

4 Debus, F./Seibicke, W. (Hg.): Reader zur Namenkunde I: Namentheorie. II: Anthroponymie. Hildesheim/Zürich 1989/93 (Germ. Linguistik 98–100; 115–118)

5 Eichler, E./Hilty, G./Löffler, H./Steger, H./Zgusta, L. (Hg.): Namenforschung. Ein internationales Handbuch zur Onomastik. Berlin/New York 1995/96

6 Fleischer, W.: Die dt. Personennamen. Geschichte, Bildung und Bedeutung. Berlin [2]1968

7 Frank, R./Koß, G.: Reader zur Namenkunde IV: Namenkunde in der Schule. Hildesheim/Zürich 1994 (Germ. Linguistik 121–123)

8 Koß, G.: Namenforschung. Eine Einführung in die Onomastik. Tübingen 1990

9 Schützeichel, R./Wendehorst, A. (Hg.): Erlanger Familiennamen-Colloquium. Neustadt/Aisch 1985

10 Schützeichel, R./Zender, M. (Hg.): Namenforschung. Festschrift für A. Bach zum 75. Geb. Heidelberg 1965

11 Schwarz, E.: Dt. Namenforschung. I: Ruf- und Familiennamen. Göttingen 1949

12 Seibicke, W.: Die Personennamen im Dt. Berlin/New York 1982

13 Steger, H. (Hg.): Probleme der Namenforschung im deutschsprachigen Raum. Darmstadt 1977

Deutsche Vornamenlexika

14 Drosdowski, G.: Duden, Lexikon der Vornamen. Herkunft, Bedeutung und Gebrauch von mehreren tausend Vornamen. Mannheim [2]1974

14a Kohlheim, R./Kohlheim, V.: Titel wie Nr. 14. [3]1998

15 Mackensen, L.: Das große Buch der Vornamen. Herkunft, Ableitungen, Koseformen, Verbreitung, berühmte Namenträger, Gedenktage. München [7]1990

16 Merkle, E./Merkle, L.: Vornamen in Bayern von Alois bis Zenzi. München 1981

17 Naumann, H./Schlimpert, G./Schultheiss, J.: Vornamenbuch. Leipzig 1988

18 Raveling, I.: Die ostfriesischen Vornamen. Herkunft, Bedeutung und Verbreitung. Aurich [3]1985

19 Reclams Namenbuch. Dt. und fremde Vornamen nach Herkunft und Bedeutung erklärt. Hg. von F. Debus. Stuttgart 1987

20 Seibicke, W.: Historisches dt. Vornamenbuch. Berlin/New York 1996 ff.

21 Seibicke, W.: Vornamen. Frankfurt/M. [2]1991

22 Vornamen in der Schweiz. Hg. vom Schweizerischen Verband der Zivilstandsbeamten. O. O. [13]1986 [auch frz., it., rätoroman. Namen]

23 Wasserzieher, E.: Hans und Grete. 2500 Vornamen im ABC erklärt. Berlin [19]1979

24 Weitershaus, F. W.: Das neue Lexikon der Vornamen. 8000 Vornamen, Herkunft, Bedeutung. München 1992

Internationale und fremdsprachliche Vornamenlexika und -repertorien

25 Allén, St./Wåhlín, St.: Förnamnsboken. Stockholm [2]1995

26 Aysan, A./Tuncay, S.: Türk adları sözlüğü. Ankara 1987

27 Barbé, J.-M.: Nouveau dictionnaire des prénoms. Paris 1994

28 Bas i Vidal, J.: Diccionario de los nombres de persona. Barcelona 1988

29 Brown, M.: The new book of first names. London/Moorebank [3]1990

30 Coghlan, R.: Irish Christian Names. London 1987

31 De Felice, E.: Dizionario dei nomi italiani. Mailand 1992

32 Fick, A./Bechtel, F.: Die griechischen Personennamen. Göttingen [2]1894

33 Hanks, P./Hodges, F.: A Dictionary of First Names. Oxford/New York 1990

34 Ilčev, St.: Rečnik na ličnite i familni imena u bălgarite. Sofia 1969

35 Internationales Handbuch der Vornamen. Hg. von der Gesellschaft für dt. Sprache und dem Bundesverband der Standesbeamten, bearb. von O. Nüssler. Frankfurt/M. 1986

36 Keber, J.: Leksikon imen. Izvor imen na Slovenskem. Celje 1988

37 Knappová, M.: Jak se bude jmenovat? Prag [3]1996

38 Ladó, J.: Magyar utónévkönyv. Budapest 1982

39 Pálsson, H.: Íslensk Mannanöfn. Reykjavik 1960

40 Pedersen, B. H./Weise, L.: Danske Fornavne. København 1990

41 Petrovskij, N. A.: Slovaŕ russkih ličnyh imen. Moskau [3]1984

42 Rymut, W. K.: Słownik imion Współcześnie w Polsce ŭżywanych. Krakau 1995

43 Schimmel, A.: Von Ali bis Zara. Namen und Namengebung in der islamischen Welt. München 1993

44 Spectrum voornamenboek, samengesteld door J. van der Schaar, D. Gerritzen, J. B. Berns. Utrecht [21]1994

45 Stemshaug, O.: Norsk Personnamnleksikon. Oslo [2]1995

46 Tuan, L.: El gran libro de los nombres en 5 idiomas. Barcelona 1994

47 Vilkuna, K./Huitu, M./Mikkonen, P.: Uusi suomalainen nimikirja. Helsinki 1988 [enthält auch finnische Familiennamen]

48 Withycombe, E.G.: The Oxford Dictionary of English Christian Names. Oxford 1985

Deutsche Familiennamenlexika und -repertorien

49 Bahlow, H.: Mecklenburgisches Namenbüchlein. Rostock 1932

50 Bahlow, H.: Schlesisches Namenbuch. Kitzingen 1953

51 Bahlow, H.: Dt. Namenlexikon. Familiennamen und Vornamen nach Ursprung und Sinn erklärt. Frankfurt/M. 1967 u. ö.

52 Bahlow, H.: Niederdt. Namenbuch. Walluf 1972

53 Bahlow, H.: Mittelhochdt. Namenbuch nach schlesischen Quellen. Neustadt/Aisch 1975

54 Brechenmacher, J.K.: Etymologisches Wörterbuch der dt. Familiennamen. Limburg/L. 1957–63

55 Familiennamenbuch der Schweiz. Zürich [3]1989 [auch frz., it., rätoromanische Familiennamen]

56 Finsterwalder, K.: Tiroler Familiennamenkunde. Sprach- und Kulturgeschichte von Personen-, Familien- und Hofnamen; mit einem Namenlexikon. Innsbruck 1990

57 Gottschald, M.: Dt. Namenkunde. 5., verb. Aufl. mit einer Einführung in die Familiennamenkunde von R. Schützeichel. Berlin 1982

57 a Geographie der Luxemburger Familiennamen. Hg. von der sprachwiss. Sektion des Großherzoglichen Instituts von Luxemburg. Luxemburg 1989

58 Heintze, A./Cascorbi, P.: Die dt. Familiennamen geschichtl., geographisch, sprachl. Halle/Berlin [7]1933

59 Hornung, M.: Lexikon österreichischer Familiennamen. Wien 1989

60 Huber, Konrad: Die Personennamen Graubündens. Mit Ausblicken auf Nachbargebiete. Bern 1986 (Rätisches Namenbuch Bd. III)

61 Linnartz, K.: Unsere Familiennamen. Bd. I: Zehntausend Berufsnamen im Abc erklärt. Bd. II: Aus dt. und fremden Vornamen im Abc erkärt. Bonn [3]1958

62 Loy, K.: Bayerisches Zunamenbuch. [Manuskript ca. 1965, 7 Bd. mit ca. 63 000 Familiennamen. Exemplare in der Staatsbibliothek München und den Universitätsbibl. Erlangen und Würzburg]

63 Loy, K.: Familiennamen in West-, Süd-, Nord-, Ostoberbayern. In: Heimatpfleger des Bezirks Oberbayern. Volkstüml. Veröffentlichungen. Schongau 4 (1956), 7 (1957), 8 (1958), 9 (1959)

64 Naumann, H.: Das große Buch der Familiennamen. Alter, Herkunft, Bedeutung. Niedernhausen/Ts. 1994

65 Nied, E.: Fränkische Familiennamen urkundl. gesammelt und sprachl. gedeutet. Heidelberg 1933

66 Nied, E.: Südwestdt. Familiennamen mit Tausenden von sippengeschichtl. Nachweisungen. Freiburg/Br. 1938

67 Oettli, P.: Deutschschweizerische Geschlechtsnamen. Erlenbach 1935

68 Schwarz, E.: Sudetendt. Familiennamen aus vorhussitischer Zeit. Köln/Graz 1957

69 Schwarz, E.: Sudetendt. Familiennamen des 15. und 16. Jh. München 1973

70 Socin, A.: Mittelhochdt. Namenbuch. Nach oberrheinischen Quellen des 12. und 13. Jh. Basel 1903 (Reprint Hildesheim 1966) [enthält auch Rufnamen]

70 a Wenzel, W.: Lausitzer Familiennamen slawischen Ursprungs. Bautzen 1999

71 Zoder, R.: Familiennamen in Ostfalen. Hildesheim 1968

Kleinregionale und lokale Namenbücher

72 Arend, M.: Die Personennamen des Friedberger Urkundenbuches 1216–1410. Bottrop 1934

73 Arneth, K.: Die Familiennamen des ehemal. Hochstifts Bamberg. In: Jahrbuch für fränkische Landesforschung 16 (1956), S. 143–454

74 Ausserer, E.: Die hochmittelalterl. Personennamen-Gebung in Bozen. Diss. masch. Innsbruck 1989

75 Bahlow, H.: Liegnitzer Namenbuch. Familiennamen, ged. aus den Quellen des MA. Lorch 1975

76 Baumgartner, X.: Namengebung im mittelalterl. Zürich [1000–1254]. Arbon 1983

77 Berger, F./Etter, O. R.: Die Familiennamen der Reichsstadt Esslingen im MA. Stuttgart 1961

78 Bickel, H.: Beinamen und Familiennamen des 12. bis 16. Jhs. im Bonner Raum. Bonn 1978

79 Carstens, C.: Beiträge zur Geschichte der bremischen Familiennamen. Marburg 1906

80 Diehl, I.: Die Wormser Familiennamen bis zum Jahr 1500. Diss. masch. Mainz 1950

81 Dziuba, B.: Familiennamen nach Freiburger Quellen des 12.–15. Jh. Freiburg 1966

82 Ebeling, R.A.: Familiennamen im Landkreis Leer um 1940. Teil I: Namenverzeichnis. Teil II: Namenlandschaft. Aurich 1979/84

83 Eitler, E.: Münchner Familiennamen im 14. Jh. Diss. masch. München 1956

83 a Ernst-Zyma, G.: Familiennamen aus Österreich. Gesammelt, belegt und erläutert anhand ihres Vorkommens in Münchisthal und Wolkersdorf im Weinviertel, Niederösterreich, 3 Bde. Wien 1995

84 Feigl, H.: Die ältesten Linzer Familiennamen. In: Histor. Jahrbuch der Stadt Linz 1965 (1966), S. 1–41

85 Grünert, H.: Die altenburgischen Personennamen. Tübingen 1958

86 Hagström, St.: Kölner Beinamen des 12. und 13. Jh. 2 Bde. Uppsala 1949/80

87 Hahn, W. von: Darmstädter Familiennamen bis Ende 16. Jh. Gießen 1939

88 Hellfritzsch, V.: Familiennamenbuch des sächsischen Vogtlandes. Berlin 1992

89 Jansen, E.: Die Bei- und Familiennamen nach dem Beruf in der Aachener Überlieferung des 13. und 14. Jh. Bonn 1940

90 Jeanblanc, H.: Untersuchung einer westfälisch-märkischen Namenlandschaft. Diss. Bochum 1980

91 Keintzel-Schön, F.: Die siebenbürgisch-sächsischen Familiennamen. Köln/Wien 1976

91a Kewitz, B.: Coesfelder Beinamen und Familiennamen vom 14. bis 16. Jh. Heidelberg 1999

92 Klumpp, H.: Beutelsbacher Namenbuch. Die Vor- und Familiennamen 1380 bis 1700. Stuttgart 1938

93 Knauss, O.: Die Entstehung der Grünberger Familiennamen. Gießen 1940

94 Kohlheim, R.: Regensburger Beinamen des 12. bis 14. Jh. aus Berufs-, Amts- und Standesbezeichnungen. Hamburg 1990

95 Lerch, F.: Die Gießener Familiennamen bis zum Beginn des 17. Jh. Diss. masch. Marburg 1948

96 Mahnken, G.: Die Hamburger niederdt. Personennamen des 13. Jh. Dortmund 1925

97 Mollay, K.: Középkori soproni családnevek [Ödenburger Familiennamen im MA.]. Budapest 1938

98 Müller, Erhard: Personennamen auf dem Eichsfeld. Heilgenstadt 1988

99 Müller, Kurt: Barther Familiennamen im Spätmittelalter. Greifswald 1934

100 Mulch, R.: Arnsburger Personennamen [13.–16. Jh.]. Darmstadt/Marburg 1974

101 Neumann, I.: Obersächsische Familiennamen. I: Die bäuerlichen Familiennamen des Landkreises Oschatz. II: Die Familiennamen der Stadtbewohner in den Kreisen Oschatz, Riesa und Grossenhain bis 1600. Berlin 1970/81

102 Nüske, H.: Die Greifswalder Familiennamen des 13. und 14. Jh. (1250–1400). Greifswald 1929

103 Reichert, H.: Die dt. Familiennamen nach Breslauer Quellen des 13. und 14. Jh. Breslau 1908

104 Reimpell, A.: Die Lübecker Personennamen bis zur Mitte des 14. Jh. Lübeck 1929

105 Rieckmann, G.: Die Personennamen der Kirchspiele Hanstedt, Pattensen und Ramelsloh im Landkreise Harburg, mit Berücksichtigung der Hofnamen. Diss. masch. Hamburg 1954
106 Rösel, H.: Die Familiennamen von Rettendorf. Münster/Hamburg 1995
107 Sauer, R.: Die Bei- und Familiennamengebung in der Stadt Ravensburg im 14. und 15. Jh. Diss. masch. Tübingen 1956
108 Schäfer, G.: Ansbacher Namenbuch ... Diss. masch. Erlangen 1952
109 Scharf, W.: Personennamen nach Braunschweiger Quellen des 14. Jh. Diss. masch. Freiburg/Br. 1960
110 Scheffler-Erhard, Ch.: Alt-Nürnberger Namenbuch. Nürnberg 1959
111 Schobinger, V./Egli, A./Kläui, H.: Zürcher Familiennamen. Zürich 1994
112 Schöffl, St.A.: Die Limburger Familiennamen von 1200–1500. Frankfurt/Berlin 1993
113 Solluntsch, M.: Bei- und Familiennamen der Stadt Leipzig von den Anfängen bis 1500. Diss. Leipzig 1991
114 Studerus, G.: Die alten dt. Familiennamen von Freiburg im Üchtland. Sursee 1926
115 Surläuli, K.: Zur Geschichte der dt. Personennamen nach Badener Quellen des 13., 14. und 15. Jh. Aarau 1928
116 Trupp, H.: Die Personennamen des Gladbacher Urkundenbuches bis zum Jahre 1600. Essen 1936
117 Wenners, P.: Die Probsteier Familiennamen vom 14. bis 19. Jh. Mit einem Überblick über die Vornamen. Neumünster 1988
118 Ziller, L.: Die Salzburger Familiennamen. Salzburg 1986

Internationale und fremdsprachliche Familiennamenlexika und -repertorien
119 Adjarian, H.: Hayoć anjnanunneri bar̄aran. Eriwan 1942–62 [armenische Namen]
120 Álvarez-Altmann, G./Woods, R.: Spanish Surnames in the Southwestern United States. Boston 1978
121 Bogdan, F.: Dictionary of Ukrainian Surnames in Canada. Winnipeg 1974
122 Constantinescu, N. A.: Dicţionar onomastic romînesc. Bukarest 1963 [auch Vornamen]
123 Cottle, B.: The Penguin Dictionary of Surnames. Harmondsworth ²1978
124 Debrabandere, F.: Verklarend woordenboek van de familienamen in België en Noord-Frankrijk. Brüssel 1993 [flämische/niederländ., frz., dt. Namen]
125 De Breffny, B.: Irish Family Names, Arms, Origins and Locations. Dublin 1982 u. ö.
126 De Felice, E.: Dizionario dei cognomi italiani. Mailand ⁴1986
127 Guggenheimer, H.W./Guggenheimer, E.H.: Etymologisches Lexikon der jüdischen Familiennamen. München 1996
128 Hanks, P./Hodges, F.: A Dictionary of Surnames. Oxford/New York 1988 [international]
128 a Herbillon, J./Germain, J.: Dictionnaire des noms de famille en Belgique romane et dans les régions limitrophes. Brüssel 1995
129 Iordan, I.: Dicţionar al numelor de familie româneşti. Bukarest 1983
130 Jastrow, O.: Die Familiennamen der Türkischen Republik. In: Nr. 9, S. 101–119
131 Kaganoff, B. C.: A Dictionary of Jewish Names and their History. New York 1977
132 MacLysaght, E.: The Surnames of Ireland. Dublin 1978
133 Leite de Vasconcellos, J.: Antroponimia portuguesa. Lissabon 1928
133 a Moldanová, D.: Naše příjmení. Prag 1983
134 Moll, F. de Borija y Casanuevas: Els llinatges catalans. Mallorca 1982
135 Morlet, M.-Th.: Dictionnaire étymologique des noms de famille. Paris 1991
136 Nederlands Repertorium van Familienamen ... Onder redactie van P. J. Meertens en H. Buitenhuis, 15 Bde. Assen/Amsterdam 1963–88
137 Neumann, J.: Tschechische Familiennamen in Wien. Wien ³1977
138 Nikonov, V. A.: Slovar' russkich familij. Moskau 1993
139 Putanec, V./Šimunović, P. u. a.: Leksik Prezimena Socijalističke Republike Hrvatske. Zagreb 1976
140 Reaney, P.: A Dictionary of English Surnames. London/New York ³1991
141 Rymut, W. K.: Słownik nazwisk współcześnie w Polsce używanych. Krakau 1992–94
142 Smith, E.C.: New Dictionary of American Family Names. New York ²1973
143 Unbegaun, B.O.: Russian Surnames. Oxford 1972
– Vilkuna [finnische Familiennamen] s. Nr. 47
144 Wenzel, W.: Studien zu sorbischen Personennamen. I: Systemat. Darstellung. II: Historisch-etymolog. Wörterbuch. III: Namenatlas u. Beiträge zur Siedlungsgesch. Bautzen 1987/94
145 Zamora, J.: Hugenottische Familiennamen im Deutschen. Heidelberg 1992

Ortsverzeichnisse
146 Jacot, A.: Schweizerisches Ortslexikon. Luzern ²²1969
147 Müllers Großes Deutsches Ortsbuch. Vollständiges Gemeindelexikon. Wuppertal ²⁵1994
148 Ortsverzeichnis von Österreich. Hg. vom Österreichischen Statistischen Zentralamt. Wien 1965
149 Schützeichel, R.: Bibliographie der Ortsnamenbücher des deutschen Sprachgebietes in Mitteleuropa. Heidelberg 1988

Namentheorie
150 Hansack, E.: Bedeutung, Begriff, Name. Regensburg 1990
151 Laur, W.: Der Name. Beiträge zur allg. Namenkunde und ihrer Grundlegung. Heidelberg 1989
152 Sonderegger, St.: Die Bedeutsamkeit der Namen. In: Zs. für Literaturwiss. und Linguistik 17 (1987) H. 67, S. 11–23
153 Willems, K.: Eigenname und Bedeutung. Ein Beitrag zur Theorie des *nomen proprium*. Heidelberg 1996
154 Witkowski, T.: Grundbegriffe der Namenkunde. Berlin 1964
155 Wolf, U. (Hg.): Eigennamen. Dokumentation einer Kontroverse. Frankfurt/M. 1993

Rufnamen/Vornamen
156 Bergmann, R.: Die Trierer Namenliste des Diptychons Barberini im Musée du Louvre. In: Nr. 10, S. 38–48
157 Bosshart, L.: Motive der Vornamengebung im Kanton Schaffhausen von 1960 bis 1970, Freiburg/Ü. 1972
158 Debus, F.: Soziale Veränderungen und Sprachwandel. Moden im Gebrauch von Personennamen. In: Sprachwandel und Sprachgeschichtsschreibung. Jahrbuch des IdS 1976 (1977), S. 167–204
159 Debus, F.: Zur Pragmatik von Namengebung und Namengebrauch. In: Nr. 3, N.F. 20 (1985), S. 305–343
160 Duschek, W.: Die Vornamenwelt im Brixener Raum im MA. In: Der Schlern 57 (1983), S. 422–432

161 Förstemann, E.: Altdt. Namenbuch. Bd. I: Personennamen. Bonn ²1901
162 Frank, R.: Zur Frage einer schichtenspezifischen Personennamengebung. Namenkundl. Sammlung, Analyse und Motivuntersuchung über den Kreis und die Stadt Segeberg. Neumünster 1977
163 Geuenich, D.: Die Personennamen der Klostergemeinschaft von Fulda im frühen MA. München 1976
164 Gleitze, B.: Beiträge zur Geschichte der kulturellen Integration Dtls. In: Jahrbuch der Albertus-Univ. zu Königsberg/Pr. 13 (1963), S. 130–151
165 Goetz, H.-W.: Zur Namengebung in der alamannischen Grundbesitzerschicht der Karolingerzeit. In: Zs. für die Geschichte des Oberrheins 133 (1985), S. 1–41
166 Hartig, J.: Die münsterländischen Rufnamen im späten MA. Köln/Graz 1967
167 Hartig, J.: Nordische Rufnamen im Dt. In: Studia Anthroponymica Scandinavica 6 (1988), S. 131–155
168 Heeroma, K./Miedema, H. T. J.: Perspectief der doopboeken. Proeve van een historische voornamengeografie van Groningen en aangrenzende gebieden. Assen 1972
169 Kleinöder, R.: Konfessionelle Namengebung in der Oberpfalz von der Reformation bis zur Gegenwart. Wien 1996
170 Kleinteich, B.: Vornamen in der DDR 1960–1990. Berlin 1992
171 Kohlheim. V.: Regensburger Rufnamen des 13. und 14. Jh. Wiesbaden 1977
172 Littger, K.W.: Studien zum Auftreten der Heiligennamen im Rheinland. Münster 1975
173 Lukas, R. F. W.: Die Vornamengebung in Schwalmstadt/Ziegenhain und Gießen von 1945–1975. Frankfurt/M. 1981
174 Masser, A.: Tradition und Wandel. Studien zur Rufnamengebung in Südtirol. Heidelberg 1992
175 Mitterauer, M.: Ahnen und Heilige. Namengebung in der europ. Geschichte. München 1993
176 Müller, Gunter: Studien zu den theriophoren Personennamen der Germanen. Köln/Wien 1970
177 Nied, E.: Heiligenverehrung und Namengebung. Freiburg/Br. 1924
178 Reichert, H.: Lexikon der altgermanischen Namen. Wien 1987
179 Schlaug, W.: Studien zu den altsächsischen Personennamen des 11. und 12. Jh. Lund 1955
180 Schlaug, W.: Die altsächsischen Personennamen vor dem Jahre 1000. Lund 1962
181 Schmid, K./Geuenich, D./Wollasch, J.: Auf dem Weg zu einem neuen Personennamenbuch des MA. In: Onoma 21 (1977), S. 355–383
182 Schramm, G.: Namenschatz und Dichtersprache. Studien zu den zweigliedrigen Personennamen der Germanen. Göttingen 1957
183 Shin, K.S.: Schichtenspezifische Faktoren der Vornamengebung. Empirische Untersuchungen der 1961 und 1976 in Heidelberg vergebenen Vornamen. Frankfurt/Bern 1980
184 Siebs, B.E.: Die Personennamen der Germanen. Schaan 1970 (Reprint 1983)
185 Simon, M.: Vornamen wozu? Taufe, Patenwahl und Namengebung in Westfalen vom 17.–20. Jh. Münster 1989
185 a Wolffsohn, M./Brechenmacher, Th.: Die Deutschen und ihre Vornamen. München/Zürich 1999
186 Zander-Lüllwitz, B.: Vornamen in Flintbeck 1977–1984. In: Nr. 3, N.F. 21 (1986), S. 95–149
187 Zender, M.: Räume und Schichten mittelalterl. Heiligenverehrung in ihrer Bedeutung für die Volkskunde. Düsseldorf ²1973

Familiennamen

188 Bahlow, H.: Metronymika. Frauennamen des MA.s als Familiennamen. In: Zs. für dt. Altertum 108 (1979), S. 448–466
189 Bahlow, H.: Störtebeker und Konsorten. 800 niederdeutsche Satznamen. Hamburg 1982
190 Bellmann, M.: Zur Deutung und Verbreitung des Familiennamens Bellmann und seiner Varianten. In: Nr. 3, N.F. 7 (1972), S. 147–158
191 Bering, D.: Der Name als Stigma. Antisemitismus im dt. Alltag 1812–1933, Stuttgart 1988
192 Bering, D.: Kampf um Namen. Bernhard Weiß gegen Joseph Goebbels. Stuttgart 1991
193 Brechenmacher, J.K.: Der heilkundliche Beruf im Spiegel dt. Sippennamen. Görlitz 1937
194 Debus, F.: Zur Entstehung der dt. Familiennamen. Die hessische Kleinstadt Biedenkopf als Beispiel. In: Debus, F./Puchner, K. (Hg.): Name und Geschichte. H. Kaufmann zum 80. Geburtstag. München 1978, S. 31–54
195 Dibelius, H.: Dtl.s häufigste Familiennamen. In: Zs. für Namenforschung 17 (1941), S. 67–73
196 Dittmaier, H.: Die Herkunfts- und Wohnplatznamen im westdt. Sprachraum. In: Rheinische Vierteljahrsblätter 17 (1952), S. 399–426
197 Dittmaier, H.: Ursprung und Geschichte der dt. Satznamen. In: Rheinisches Jahrbuch für Volkskunde 7 (1956), S. 7–94
198 Gómez de Silva, G.: The linguistics of the personal name. In: Onoma 17 (1972/73), S. 92–136
199 Grohne, E.: Die Hausnamen und Hauszeichen, ihre Geschichte, Verbreitung und Einwirkung auf die Bildung der Familiennamen und Gassennamen. Göttingen 1912
200 Hellfritzsch, V.: Vogtländische Personennamen. Untersuchungen am Material der Kreise Plauen und Oelsnitz. Berlin 1969
201 Hoffrichter, K.: Echonamen. Heidelberg 1992
202 Holmberg, M.Å.: Studien zu den niederdt. Handwerkerbezeichnungen des MA. Leder- und Holzhandwerker. Lund 1950
203 König, W.: dtv-Atlas zur dt. Sprache. München ¹¹1996
204 Kunze, K.: Projekt eines Familiennamenatlas der Bundesrepublik Dtl. Illustrationsbeispiel: Namen aus mhd. rûch. In: Nr. 3, N.F. 25 (1990), S. 1–15; 26 (1991), S. 24
204 a Kunze, K.: *Pape* und *Pfeifer.* Zur Lautverschiebung in Familiennamen. In: Schnyder, A. u. a. (Hg.): Festschrift für K. E. Geith zum 65. Geb. Göppingen 1998, S. 307–316
205 Laur, W.: Patronymika und Familiennamen in Schleswig-Holstein. In: Nr. 3, N.F. 18 (1983), S. 22–35
206 Müller, G.: Schulte und Meier in Westfalen [1979]. In: Nr. 4, Bd. II, S. 351–372
207 Nölle-Hornkamp, I.: Mittelalterl. Handwerk im Spiegel oberdt. Personennamen. Frankfurt/Berlin 1992
208 Petersen, P.: Mittelbare Berufsnamen unter den dt. Familiennamen. Gießen 1944
209 Ricker, L.: Zur landschaftlichen Synonymik der dt. Handwerkernamen. Diss. Freiburg/Br. 1917
210 Tschirch, F.: Namenjagd durch 7 Adressbücher. Statistisches zur Landschaftsgebundenheit dt. Familiennamen. In: Simon, W. u. a. (Hg.): Festgabe für U. Pretzel, Berlin 1963, S. 398–410
211 Vroonen, E.: Les noms des personnes dans le monde. Anthroponymie universelle comparée. Brüssel 1967
212 Witte, U.: Herkunft und Ausbreitung niederdt. Böttcherbezeichnungen vor 1600. In: Schmidt-Wiegand, R. (Hg.): Text- und Sachbezug in der Rechtssprachgeographie. München 1985, S. 123–145

213 Weitershaus, F.W.: Von Watsack zu Weizsäcker. Die Wandlungen eines Familiennamens. In: Der Sprachdienst 33 (1989), S. 84–87
214 Wendehorst, A./Rechter, G.: Berufsbezeichnungen als Grundlage von Familiennamen in Franken. In: Nr. 9, S. 1–17
215 Wenzel, W.: Schichten sorbischer Personennamen in arealer Sicht. In: Eichler, E. (Hg.): Probleme der älteren Namenschichten. Heidelberg 1991, S. 211–222
215 a Wenzel, W.: Studien zu sorbischen Personennamen. Bautzen 1987–1994
216 Zender, M.: Severinus-Frings-Sörensen. Zur Geschichte und Verbreitung des Personennamens Frings. In: Rheinische Vierteljahrsblätter 50 (1986), S. XXI–XLVII

Personennamengebrauch im Alltag

217 Andrjuschichina, M.: Bummelfritze – Bummelliese. Ein produktives Wortbildungsmodell der Gegenwartssprache [1967]. In: Nr. 4, Bd. II, S. 527–532
218 Barthel, M.: Lexikon der Pseudonyme. Über 1000 Künstler-, Tarn- und Decknamen. Wien ²1989
219 Bertsche, K.: Die volkstümlichen Personennamen einer oberbadischen Stadt. Diss. Freiburg/Br. 1905
220 Földes, C.: Anthroponyme als Strukturkomponenten dt. Phraseologismen. In: Zs. für germanist. Linguistik 15/1 (1988), S. 1–19
221 Frank, R.: Kosenamenbildung und Kosenamengebungstendenzen im Ruhrgebiet [1975]. In: Nr. 4, Bd. II, S. 471–490
222 Frei, L.: Die Frau. Scherz-, Schimpf- und Spottnamen. Frauenfeld/Stuttgart 1981
223 Kany, W.: Inoffizielle Personennamen. Tübingen 1992
224 Kiener, F./Nitschke, H.: Untersuchungen über Schülerspitznamen [1971]. In: Nr. 4, Bd. II, S. 419–430
225 Kiener, F./Duske, M.: Untersuchungen über Lehrerspitznamen [1972]. In: Nr. 4, Bd. II, S. 431–442
226 Küpper, H.: Pons-Wörterbuch der dt. Umgangssprache. Stuttgart 1987
227 Leisi, E.: Aspekte der Namengebung bei Liebespaaren [1980]. In: Nr. 4, Bd. II, S. 491–500
228 Lötscher, A.: Von Ajax bis Xerox: ein Lexikon der Produktnamen. Zürich 1987
229 Mally, A. K.: »Piefke«. Herkunft und Rolle eines österreichischen Spitznamens für den Preußen, den Nord- und den Reichsdt. In: Muttersprache 84 (1974), S. 257–286
230 Moser, H.: Schwäbischer Volkshumor. Die Necknamen der Städte und Dörfer in Württemberg und Hohenzollern, im bayerischen Schwaben und in Teilen Badens. Stuttgart ²1981
231 Müller, Ewald: Vornamen als appellativische Personenbezeichnungen. Helsinki 1929
232 Seutter, K.: Eigennamen und Recht, Tübingen 1996
233 Zender, M.: Neckereien von Ort zu Ort. In: Besch, W. u. a. (Hg.): Studien zur dt. Literatur und Sprache des MA. Festschrift für H. Moser zum 65. Geb. Berlin 1974, S. 389–407

Personennamenauswertung in der Wissenschaft

234 Bäumler, G.: Unterschiede im Auftreten der Familiennamen 'Schmied' und 'Schneider' bei Spitzensportlern der Leichtathletik: Ein Beitrag zur epidemologischen Humangenetik. In: Psychologische Beiträge 26 (1984), S. 552–560
235 Birus, H.: Vorschlag zu einer Typologie literarischer Namen. In: Debus, F./Pütz, H. (Hg.): Namen in literarischen Texten des MA.s. Neumünster 1989, S. 17–41
236 Eis, G.: Vom Zauber der Namen. Berlin 1970
237 Frank, R.: Das Image von Rufnamen. In: Nr. 4, Bd. II, S. 277–294
237 a Geuenich, D./Haubrichs, W./Jarnut, J. (Hg.): Nomen et gens. Zur historischen Aussagekraft frühmittelalterlicher Personennamen. Berlin/New York 1997
238 Gutschmidt, K.: Bemerkungen zum Gegenstand und zu den Aufgaben der poetischen (literarischen) Onomastik. In: Nr. 4, Bd. I, S. 425–430
238 a Härtel, R. (Hg.): Personennamen und Identität. Namengebung und Namengebrauch als Anzeiger individueller Bestimmung und gruppenbezogener Zuordnung. Akten der Akademie Friesach ›Stadt und Kultur im Mittelalter‹ Friesach 1995. Graz 1997
239 Hartmann, T.: Untersuchung der konnotativen Bedeutung von Personennamen. Ein ... Beitrag zur Psychoonomastik ... Neumünster 1984
240 Hubrich-Messow, G.: Personennamen in schleswig-holsteinischen Volksmärchen. Neumünster 1981
241 Jachnow, H.: Die slawischen Personennamen in Berlin bis zur tschechischen Einwanderung im 18. Jh. Wiesbaden 1970
242 Jänichen, H.: Der Neckargau und die Pleonungen. In: Zs. für Württembergische Landesgeschichte 17 (1958), S. 219–240
243 Krien, R.: Namenphysiognomik. Untersuchungen zur sprachlichen Expressivität am Beispiel von Personennamen ... des Dt. Tübingen 1973
244 Kronsteiner, O.: Die alpenslawischen Personennamen. Wien 1975
245 Kunze, K.: Wortgeschichte aus Telefonbüchern. In: Bremer, E./Hildebrandt, R. (Hg.): Stand und Aufgaben der dt. Dialektlexikographie. Berlin/New York 1996, S. 37–47
246 Menke, H.: Das Namengut der frühen karolingischen Königsurkunden. Ein Beitrag zur Erforschung des Althochdt. Heidelberg 1980
247 Piel, J. M./Kremer, D.: Hispano-gotisches Namenbuch. Der Niederschlag des Westgotischen in den alten und heutigen Personen- und Ortsnamen der Iberischen Halbinsel. Heidelberg 1976
248 Pongratz, W.: Die ältesten Waldviertler Familiennamen. Krems a.D. ²1986
249 Rajek, E.M.: The Study of Names in Literature. A Bibliography. New York 1978, Supplement München 1981
250 Schwanke, M.: Namen und Namengebung bei Goethe. Heidelberg 1992
251 Thoma, G.: Namensänderungen in Herrscherfamilien des mittelalterl. Europa. Kallmünz 1985
252 Tiefenbach, H.: Xanten-Essen-Köln. Untersuchungen zur Nordgrenze des Althochdt. an niederrheinischen Personennamen des 9.–11. Jh. Göttingen 1984
253 Weiss, V.: Die Verwendung von Familiennamen-Häufigkeiten zur Schätzung der genetischen Verwandtschaft. Ein Beitrag zur Populationsgenetik des Vogtlandes. In: Ethnographisch-Archäologische Zeitschrift 15 (1974), S. 433–451
254 Wippich, W.: Namengedächtnis und Namenlernen. In: Nr. 5, Bd. 1, S. 489–493
255 Wolffsohn, M./Brechenmacher, Th.: Vornamen als demoskopischer Indikator, München 1785–1876. In: Zs. für bayerische Landesgeschichte 55 (1992), S. 543–573

Abbildungsnachweis

Alle Abbildungen wurden für diesen dtv-Atlas erstmals oder neu gezeichnet. Im folgenden werden die Vorlagen, Teilvorlagen und Datenquellen nachgewiesen. Die halbfetten Zahlen beziehen sich auf die Seiten der Abbildungen, die Zahlen nach Doppelpunkt auf die Nummern der Titel im Literaturverzeichnis.
12: 32;14;18. **16A:** Prou, M.: Catalogue des monnaies ... mérovingiennes. Paris 1892; Das Verbrüderungsbuch von St. Peter in Salzburg, Faksimile. Graz 1974; unten links: Arntz, H./Zeiss, H.: Die einheimischen Runendenkmäler des Festlandes. Leipzig 1939; rechts: Fingerlin, G., in: Archäologische Ausgrabungen in Baden-Württemberg 1981. Stuttgart 1981. **16B:** Boesch, B,: Kleine Schriften zur Namenforschung. Heidelberg 1981. **18B:** 163. **22A:** Kleiber, W./Kunze, K./Löffler, H.: Histor. Südwestdt. Sprachatlas, Bern/München 1979. **22B:** 163. **24A,B:** Schützeichel, R. in: 57. **26A** links: Roth, H. (Hg.): Zum Problem der Deutung frühmittelalterl. Bildinhalte. Sigmaringen 1986; rechts: Wilson, D. M. (Hg.): Kulturen im Norden. München 1980. **26B:** 64. **28B** oben: 109; unten: Zoder, R.: Magdeburger Familiennamen. Diss. Leipzig 1921. **30A:** wie 22A. **30B:** Knitl, E., in: Festschrift F. Sommer zum 80. Geb. Wiesbaden 1955. **32A:** 163. **32C:** 172. **36A:** 168. **36B:** 203; Baur, G. W., in: Friebertshäuser, H. (Hg.): Lexikographie der Dialekte. Tübingen 1986. **40A:** 11. **40B:** 203. **40C:** 171. **42:** Zender, M.: Die Verehrung des hl. Quirinus, Neuß 1957; Senger, B.: Liutger, Leben und Werk. Münster 1984; Gottschalk, J.: St. Hedwig. Köln/Graz 1964; Duft, J.: St. Otmar in Kult und Kunst. St. Gallen 1966; Hauthaler, W.: Die dem hl.Rupert gewidmeten Kirchen ... Salzburg 1885. **44A:** 73;166. **44B:** Kleiber, W., in: Festschrift S. Grosse zum 60. Geb. Göppingen 1984. **46B** links: Rosenkranz, H., in: Wissenschaftl. Zs. der K.-Marx-Universität Leipzig. Gesellschaftl. und sprachwiss. Reihe 14 (1965); rechts: Richardsen, P. N., in: 3, N.F. 12 (1977). **48A,C:** Becke, B.: Volkskundl. Untersuchungen zu Wesen und Wandel der dt. Vornamengebung. Als Manuskript [1947] vervielfältigt. Bayreuth 1972 (Exemplar im Dt. Seminar der Universität Freiburg/Br.). **48B:** 1. **50,51:** 164. **52A:** Seibicke, W., in: Debus, F./Puchner, K. (Hg.): Name und Geschichte. Festschrift H. Kaufmann. München 1978. **52B:** Khull-Kholwald, F.: Gebt den Kindern dt. Namen! Leipzig [3]1939. **52C:** 158. **52D:** 173. **54A:** 185. **54B:** 21. **54C:** 159. **56,57:** 21; Seibicke, W., in: Der Sprachdienst 22 ff. (1978 ff.). **58B:** 76;103. **58C:** Wilhelm, F.: Corpus der altdt. Originalurkunden. Lahr 1932 ff. **60A** links: 76; rechts: 2. **60B:** 76. **60C:** 1;6. **64** oben links: 78; rechts: 203; Mitte links: 78;81;200;11; rechts: 109; unten links: 101; Mitte: 100; rechts: wie 16B. **66A:** 12. **66B:** 195. **68:** 2. **70A:** 79;77. **70B:** 54. **70C:** Tiefenbach, H., in: Zs. für Dialektologie und Linguistik 54 (1987). **70D:** 203. **74A:** Voitl, A., in: 9. **74B:** 109;78. **74C:** 79;78. **74D:** 57 a. **76A:** 61. **76B:** 57;58. **77:** 188. **78A:** 11. **78B:** Heeroma, K., in: 3, N.F. 3 (1968); Ebeling, R. A., in: Flecht op e' koai. Stúdzjes oanbean Prof. W. J. Buma ta syn 60.j. Groningen 1970. **80 f.:** 177. **82A:** 210. **82B,83C:** 216. **84A:** 1, **84B:** 101. **86A:** 11. **86B,C:** 196. **87:** 101. **88B:** Langenbeck, F., in: 10. **90A,B:** 1, Bd. II. **92A,B,C:** 1, Bd. II; Debus, F./Schmitz, H. G., in: Besch, W. u. a.(Hg.): Sprachgeschichte. Ein Handbuch ... Berlin/New York 1984/85. **94A:** Gemarkungsplan der Gemeinde Horn/Bodensee, um 1880. **94B:** 211;128. **96A:** Ising, G.: Zur Wortgeographie spätmittelalterl. Schriftdialekte. Berlin 1968. **96B,C:** Dittmaier, H.: Rheinische Flurnamen. Bonn 1963. **98A:** 57. **98B:** Laabs, K. M.: Die Familiennamen auf -beck, -bacher, -bach in Bayern. Manuskript. Murnau 1989. Vom Verfasser freundlicherweise hier zur Verfügung gestellt. **98C:** wie 96B; Ramge, H.: Hessischer Flurnamenatlas. Darmstadt 1987. **100A:** wie 96A. **100B:** 54. **102A:** Müller, Gunter, in: Niederdt. Wort 24 (1984). **102B:** wie 96A. **104:** Aufnahmen von L. Kunze. **106:** 61; Holzschnitte: Amman, J.: Das Ständebuch. 133 Holzschnitte ..., hg. von H. Lemmer. Frankfurt/M. [10]1988. **108A:** 214. **108B:** Schönfeldt, A.: Räuml. und histor. Bezeichnungsschichten in der dt. Synonymik des Schlächters und Fleischers. Diss. Marburg 1965. **108C:** 202. **110B:** 200. **112A,B:** 203. **114A:** 54; Müller, Ernst E.: Wortgeschichte und Sprachgegensatz im Alemannischen. Bern/München 1960. **114B:** 203. **115:** 81;77;78;100;110;94. **117:** Karte für Italien: De Felice, E.: I cognomi italiani. Rilevamenti quantitativi ... Bologna 1980; Karte für Frankreich: Dauzat, A.: Les noms de famille de France. Paris 1977. **118A:** 203. **118B:** 54. **120A,B,122A:** 203. **122B:** 212. **124A,B:** 202. **124C:** 54. **126A:** 1. **126C,128A,B:** 193. **130A,B:** 55; Sprachatlas der dt. Schweiz, hg. von R. Hotzenköcherle u. a., Bern 1962 ff. **131C:** Steer, G.; in: Ruh, K. (Hg.): Überlieferungsgeschichtliche Prosaforschung. Tübingen 1985; Künssberg,E.von: Rechtssprachgeographie. Heidelberg 1926. **131D:** 54. **132A,B:** 206. **134A:** 68. **134B:** 245. **136A:** wie 106. **136B:** 208. **138A:** wie 96A. **138B:** 1. **140A:** Meuche, H./Neumeister, I. (Hg.): Flugblätter der Reformation und des Bauernkriegs aus der Sammlung des Schloßmuseums Gotha. Leipzig 1976. **140B:** wie 96A. **142A,B:** Augst, G.: Haupt und Kopf. Gießen 1970. **148A:** 85. **148B:** Kühnel, H.: Bildwörterbuch der Kleidung und Rüstung. Stuttgart 1992. **150B,C:** 203. **156** oben rechts: 68; Mitte rechts und links: Besch, W.: Sprachlandschaften und Sprachausgleich im 15. Jh. Bern/München 1967. **158A:** 54. **158B:** Unpublizierte Karte von Werner König für die BRD 1980, freundlicherweise hier zur Verfügung gestellt. Für die neuen Bundesländer Umfrage des Verfassers 1998. **160,161:** 204. **162A:** 204 a. **164A:** 147. **164B,166A:** 54. **168:** 192. **170B:** 215. **172A:** 117. **174A:** 8. **176:** 218. **178,179:** 224;225. **180A:** 1. **180B:** Bellmann, G.: Pronomen und Korrektur. Zur Pragmalinguistik der persönlichen Referenzform. Berlin/New York 1990. **182A:** Röhrich, L.: Das große Lexikon der sprichwörtl. Redensarten. Freiburg/Basel 1992. **182B:** Bebermeyer, R., in: Der Sprachspiegel 35 (1979). **184A:** 12. **186A:** 244. **186B:** Walther, H., in: Fischer, R./Eichler, E. (Hg.): Onomastica Slavogermanica I. Berlin 1965. **186C:** 68. **188A:** 248. **188B:** 234. **190A,B:** 245. **191C:** 247. **192A:** 186. **192B:** Schmitt, Wolfram: Hans Hartliebs mantische Schriften. Diss. Heidelberg 1962. **194A:** 236. **194B:** 243. **196A:** Scherrer, P./Wysling, A.: Quellenkritische Studien zum Werk Th. Manns. Bern/München 1967; Tyroff, S.: Namen bei Th. Mann. Bern/Frankfurt 1975. **196B:** 235. **196C:** 251. **205:** Caffarelli, E., in: Rivista Italiana di Onomastica 4, 1998, 281–303; Knappová, M., Příjmení v současné češtině, 1992; Kremer, D., in: Nr. 5, Bd. II, 1263–1275; Skowronek, K., in: Antroponimia słowiańska. Prace onomastyczne 35, 1996, 291–299; Niederlande: Auskunft von Ann Marynissen.

Sachregister

abgelehnte Vornamen 174
Adelsnamen 87, 95
Affinitätsanalyse 195
alphabetische Registrierung 63, 184, 185
alttestamentl. Namen 33, 45
Anagramm 177
Anfangsbetonung 34, 35
Anfangsbuchstaben 29, 184
Anthroponyme 10
Antisemitismus 169
Apokope 139, 161
Apostel 33, 47
Appellativ(namen) 11, 37, 183, 185
Artikel 11, 87, 109, 180, 181
Assoziationsbildung 195, 197
Athletennamen 188, 189
Ausfall von *d* 159
Ausfall von *e* s. Apokope, Synkope
Ausfall von *r* 159
Aussprache 158, 159, 171
Ausspracheschwierigkeiten 175
Auszugsgebiete 84, 85

baltische Namen 73, 171
Bauernregeln 193
Bedeutsamkeit 11, 197
Bedeutung, Fremdnamen 38, 39
–, germ. Namen 24, 25
Bedeutungskonkurrenz s. Konkurrenzen
Bedeutungskreuzungen s. Konkurrenzen
Bedeutungslosigkeit 11
Bedeutungsvielfalt 154, 155
Begleitnamen 174
Beinamen 10, 11, 58, 59, 60
Benrather Linie 162, 163
Beratungsstellen für Namen 15
Berufsgeschichte 187
Berufsnamen 63, 65, 67, 106–137, 154
–, indirekte s. indirekte B.
Betonung, Fremdnamen 34, 35
–, Gesamtname 180
Bevölkerungsmobilität 85
Bevölkerungsstabilität 187
Bevölkerungsumschichtung 115
biblische Namen 33, 45, 53
Biernamen 176
Bildungsweise, Berufsnamen 68, 108, 109
–, Familiennamen 68, 71
–, germ. Rufnamen 18–23
–, Herkunftsnamen 68, 86, 87
–, Patronymika 68, 72, 73, 78, 79
–, Satznamen 152, 153
–, Übernamen 68, 138, 139
–, Wohnstättennamen 68, 94, 95
Bindestrich, Ehenamen 174
–, Firmennamen 184
–, Vornamen 52, 53
Binnenwanderung 85

chinesische Namen 67
Christianisierung 32, 33
christian names 41

dänische Namen 19, 33, 53, 67, 94, 117, 205
Decknamen 177
Dehnung, nhd, 117, 159
deonymische Wörter 185
Dialektwörterbücher 36, 37
Dichtung s. literarische N.
Diminutiva, Diminutivsuffixe 20, 21, 37, 70, 71, 73, 79
Diphthongierung 23, 29, 31, 37, 82, 161, 166, 167
dithematische Namen 19
Doppelkonsonanz 159
Doppelnamen 133, 174
Dreinamen-System 59, 73

Echonamen 153
Ehenamen 174, 175
Eigenart der Namen 11
Eindeutschung 34–37, 81, 171
Einnamigkeit 10, 53, 59
Einteilung der Namen 10, 11, 63, 197
Einzugsgebiete 84, 85
Ekelnamen 169, 193
Emanzipationsgesetze 169
Emigration 187, 203
englische Namen 22, 45, 48, 49, 53, 67, 72–75, 94, 117, 205
Enkelnamen 193
Entrundung 93, 123, 167
Entstehung der Familiennamen 58–63
Erbnamen 33
Ergonyme 10
Eßgewohnheiten 149, 181
Ethnonyme 10
Etymologie 24–27, 38, 39, 41
Expositio-Etymologie 41

Fachsprachen 185
Familienforschung 189
Familiennamenlexika s. Lexika
Fehldeutungen 41
Flexion 180
Fluchtnamen 169
Flurnamen(typen) 94–103
französische Namen 28, 35, 48, 49, 53, 67, 72, 73, 94, 111, 117, 171, 204, 205
Frauenzeitschriften 185
Fremdnamen 32–57, 67, 171, 204, 205 – s. a. einzelne Sprachen

Gattungsnamen 11
Geburtsnamen 174
Gedächtnis 195
Gegenreformation 44–47, 193
Gemination 29
»genannt« 59, 62, 95
Genealogie 189
Genesis 39
Genetik 189
Genitiv 69, 70, 73, 79
Gentilnamen 38
Germersheimer Linie 162, 163
Gesamtname 10, 49, 61
Geschichtswissenschaft 186, 187
geschlechtsneutrale Namen 175

Geschlechtsspezifik 19
geschlechtswidrige Namen 175
Geschmacksnamen 55
Gesellentaufe 137
Gleitlaut 89
Glückwünsche 39
Götternamen 27
Gräzisierung 171
griechische Namen 27, 35, 38, 48, 49, 72, 94, 117, 205
Gynäkonymika 77

Hänselung 176
Häufigkeit, Anfangsbuchst. 184
–, Familiennamen 66, 67, 74, 198, 199, 205
–, Namenglieder 18
–, Vornamen 44, 45, 50, 51, 53, 56, 57
Häusernamen 95, 104, 105, 147, 169
Hausmarken 105
Hausnamen 10, 105, 177
Hausnummern 105
Haustradition 197
Hauszeichen 105
hebräische Namen 27, 39
Heiligennamen, -verehrung 33, 40–47, 51, 54, 82, 193
Herkunftsnamen 63, 65, 67, 84–93, 154, 186
Hofnamen 62, 88, 95, 132
Homogamie 189
Hugenotten 171
Humangenetik 189
Humanisten(namen) 49, 171, 205
hyperkorrekte Formen 163
hypokoristischer Umlaut 165

Identifikation mit dem Namen 195
Immigration 187
indirekte Berufsnamen 107, 136, 137, 155
Internationalisierung 43
Inzuchtkoeffizient 189
italienische Namen 22, 28, 48, 49, 67, 72, 73, 94, 111, 117, 171, 205

japanische Namen 67
jüdische Namen 27, 39, 62, 168, 169

Kalender 193
Kindersprache 21, 177
Kindeswohl 175
Kirchenbücher 189
kirchliche Verordnungen 47
Klammerform 113
Klangsymbolik 196
klassifizierende Namen 196, 197
Klosternamen 176, 197
kollektive Übernamen 181
Kollektivnamen 10
Kombination, Gesamtname 180, 181
Konkurrenzen 79, 87, 135, 151, 154, 155
Kontiguitätsassoziation 197
Kontraktion 37, 125, 159, 165

Koseformen, -suffixe 21, 22, 29
Kosenamen 177
Kreuzungen s. Konkurrenzen
Kultforschung 187
Kulturnamen 97
Künstlernamen 177
Kurzformen 20, 21, 28, 29, 47, 53, 55, 75

Lallnamen, -formen 21, 155
Länge der Namen 37, 47, 52
lateinische Namen 22, 35, 38, 39, 48, 49, 171, 205
Latinisierung 79, 171, 205
Lautgeographie 191, 207
Lautgeschichte 191, 207
Lautmalerei 137, 197
Lautverschiebung 21, 162, 163
Legenda aurea 41
Leitnamen 31, 33, 49, 187
Lexika, Familiennamen 13, 14, 15
–, Vornamen 12, 13, 46, 47, 52
Liebesnamen 177
literarische Namen 65, 196, 197
Literaturwissenschaft 196, 197

Magie 193
Märchen, Figurennamen 189, 193
Markierung 169
Medienverschiebung 163, 191
Mehrnamigkeit, Vornamen 48, 49, 53
–, Vor- und Familiennamen 10, 59-62
Mentalitätsforschung 187
Metaphern, Metaphorik 25, 27, 139, 145, 147, 149, 199
Metathese von *r* 89, 157
Metonymie 137, 139
Metronymika 63, 77
Migrationsforschung 187
Mißdeutung 183
Moden s. Namenmoden
Modenamen 31, 52, 56
Monogramme 63
Monothematische Namen 19
Motivation der Namenwahl 43, 47, 54-57, 193, 197
Motivationsvielfalt 154, 155
Motivierung germ. Rufnamen 25

Nachbenennung 31, 41, 43, 47, 49, 52, 55, 61
Namenberatung 15
Namenbücher 12, 46, 52
Namenentfaltung 110
Namenflucht 168
Namengedächtnis 195
Namenkombination 180, 181
Namenkomposition 199
Namenlänge 37, 47, 52
Namenlexika s. Lexika
Namenlosigkeit 193
Namenmagie 193
Namenmantik 193
Namenmoden 31, 53, 56, 57
Namenorakel 193
Namenpatron 193
Namenphysiognomie 195
Namenpsychologie 194, 195
Namenrecht 174
Namensänderung, -wechsel 62, 63, 169, 175, 176, 187
Namenscherze 183
Namenschöpfung 47, 57
Namenspiele 182, 183
Namenstag 47, 193
Namensteuer 175
Namenswechsel s. Namensänderung
Namenwahl s. Motivation
Namenwitze 183
Namenzusätze 58, 59
Nationalbewußtsein 53
Nationalheilige 43
Nationalsozialismus 53
Naturnamen 97
Nebennamen 176
Necknamen 181
Neckverse 183
Neuschöpfungen 47
neutestamentl. Namen 33
Nibelungenlied 58
niederländische Namen 22, 36, 67, 72, 94, 117, 205
Nomina agentis 109
Nummer und Name 11, 105

okkasionelle Zusätze 58, 59
Onomastica (sacra) 41, 46
Ordensnamen 10
Orthographie 11, 117, 173, 175
Ortsnamen(typen) 17, 88-93

Papstnamen 176
Paten(schaft) 47, 49, 151
Patronate, Patrozinien 41, 43, 45, 77, 183, 193
Patronymika 23, 63, 65, 67, 72-83, 154
Patrozinienforschung 187
Personalausweis 173
Personenstandsurkunde 173
Phänonyme 10
Phantasienamen 169
Physiognomie von Namen 195
Pietismus 33
Polaritätsprofil 194, 195
Polemik 183
polnische Namen 35, 72, 94, 111, 117, 204, 205
Postleitzahlen-Bezirke 201–207
Präpositionen 70, 87, 95
Praxonyme 10
Primärbildungen 25
Produktnamen 185
Proprium 11
Pseudonyme 10, 176, 177
Psychologie 194, 195
Purismus 13

redende Namen 196, 197
Redensarten, Redewendungen 31, 45, 153, 192, 193
Reformation 33, 44-47, 131
Reime in Namen 19, 55
Rezeptionsforschung 197
Rodungsnamen 92, 93
Rokoko 49
Rollentest 194, 195
Rückwärtslesen von Namen 195
Rufnamen
–, biblische 33, 35, 45–47, 53
–, christliche 33, 38–47, 75
–, fremde s. einzelne Sprachen
–, german. 16–31, 44–47, 53
Rufnamenkonzentration 31, 45, 57
Rufnamensuffixe 20, 22, 37
Rundung 167
Runeninschriften 16, 17
russische Namen 28, 53, 72, 94, 117

Satznamen 152, 153
Schäferpoesie 49
Schimpfnamen, -wörter 37, 177, 182, 183
Schleifnamen 137, 176
Schreiblandschaften 156, 157
Schreibweise 156-167, 172, 191
Schriftsprache 143, 159
Schwund s. Ausfall
Sekundärbildungen 25, 29
Senkung von *i* zu *e* 207
Senkung von *u* zu *o* 29, 157
Siedlungsgeschichte 187
Similaritätsassoziation 197
Sippennester 188, 189
skandinav. Namen 48, 49, 53, 67, 94, 117
slawische Namen 28, 49, 53, 67, 72, 73, 94, 117, 168, 170, 171, 186, 204, 205
sorbische Namen 170, 171
spanische Namen 28, 29, 35, 48, 49, 67, 72, 117, 204
Spitznamen 55, 147, 178, 179
Sportlernamen 188, 189
Spottnamen 101, 181
Stabilität von Familiennamen 85
Stammesnamen 64, 89
Standardsprache 119, 121, 123, 131, 149, 163, 165, 167
Ständebuch 136
Standesamt 62
Suffixe, Familiennamen 68-73, 78, 79, 109
–, fremde 205
–, Rufnamen 20, 21, 22, 37
Symbolwert 197
Synkope 157

Taufe 33, 47
Taufpaten s. Paten(schaft)
Telefonbücher 199–207
Theophore Namen 27, 39
Theriophore Namen 27, 154, 155
Toponyme 10
Traditionsnamen 55
tschechische Namen 28, 94, 117, 170, 171, 205
türkische Namen 72, 117, 171, 187, 205

Übernamen 10, 11, 63, 65, 67, 138-154
Übernamen, kollektive 181
Übersetzbarkeit 11
umgangssprachl. Namengebrauch 181, 193
Umlaut 89, 119, 131, 157, 159, 164, 165
ungarische Namen 35, 67, 72, 94, 204, 205
Unterscheidungsfunktion 175
Unterschrift 195

Variantenforschung 207
Vaternamen s. Patronymika
Verbreitungsraster 201
Verbrüderungsbücher 16, 17, 191
Verdumpfung von *a* zu *o* 31

Verhochdeutschung 103, 133, 163
Verkleinerungssuffixe s. Diminutivsuffixe
verkörperte Namen 196, 197
Verschleifung 29
Verschweigen des Namens 193
Verwaltung 61, 185
Verwandtschaftsanzeige durch Rufnamen 29
Verwandtschaftskoeffizient 189
Völkernamen 89
Völkerwanderung 25, 29
Volksetymologie 39, 41, 183
Volksglaube 193
Volkskunde 192, 193
Vollformen 22, 47
Vornamen-Gefüge 49
Vornamenlexika s. Lexika

Warennamen 185, 195
Wahrsagen 192, 195
Wandel von *a* zu *au* 165
Wandel von *aw*, *uw* zu *ag*, *ug* 159
Wandel von *er* zu *ar* 159
Wandel von *ö* zu *ä* 159
Wappen 183
Witze 169, 183
Wohlklang 52
Wohnstättennamen 63, 65, 67, 94-103, 154
Wortgeschichte 191, 207

Zugehörigkeitssuffixe 21
Zusammensetzung von Vornamen 49, 53
Zweigliedrigkeit germ. Rufnamen 19
Zweinamigkeit 58-62

Personenregister

Verfasser namenkundlicher Literatur sind nicht aufgenommen

Alexander, Peter 176
Abraham a S. Clara 176
Albrecht von Mecklenburg 149
Ambrosius, Bischof von Mailand 33
Amman, Jost 136
Aristoteles 197
Atatürk, Kemal 187

Bachmann, Ingeborg 177, 197
Becket, Thomas 43
Bernhard, Thomas 195
Bismarck, Otto von 187
Black, Roy 176
Brandt, Willy 177
Brentano, Clemens von 197
Büchler, Johann 176

Caesarius von Heisterbach 43
Celan, Paul 177

Day, Doris 176
Dolz, Johann Chr. 53
Dürer, Albrecht 63

Edward der Bekenner 43
Einhard, Biograph Karls d. Gr. 33
Eisenbart, Dr. 143
Eschenbach, Wolfram von 197

Fabritius, Hans 63
Fahrenheit, Daniel 45
Feuerbach, Anselm 195
Fielding, Henry 49
Fischart, Johann 43, 47
Flötner, Peter 173
Flotow, Friedrich von 49
Fontane, Theodor 55, 93, 171
Franck, Sebastian 147
Franklin, Benjamin 45
Freytag, Gustav 169
Friedrich II., preuß. König 51

Gellert, Christian F. 49
Glaßbrenner, Adolf 181
Goethe, Johann W. von 141, 195, 196, 197
Gotthelf, Jeremias 176
Grillparzer, Franz 195
Grimm, Jacob 17
Gryphius, Andreas 197

Hartlieb, Johannes 192, 193
Hauptmann, Gerhart 153, 197
Heinrich II., engl. König 31
Hermlin, Stephan 176
Heuss, Theodor 176
Hoffmann, Heinrich 141, 182
Huch, Ricarda 177
Humboldt, Wilhelm von 169
Hundertwasser, Friedensreich 176

Jacobus a Voragine 41
Jean Paul 53
Jens, Walter 176
Jürgens, Udo 176

Kafka, Franz 197
Kant, Immanuel 45
Karl der Große 33
Karl IV., Kaiser 187
Karlstadt, Lisl 176
Keller, Gottfried 49, 197
Kinski, Klaus 176
Klopstock, Friedrich G. 51, 197
Kreisler, Georg 171

Leibniz, Gottfried W. 49
Lessing, Gotthold E. 45, 155
Lincoln, Abraham 45
Louis XIV., franz. König 49
Ludwig I., bayr. König 187
Luise, preuß. Königin 51
Luther, Martin 45, 47, 123, 149, 157, 161, 176, 183

Macpherson, James 49
Mann, Thomas 183, 196, 197
Moltke, Helmuth von 12
Montez, Lola 187

Napoleon I. 49, 203
Newton, Isaak 45

Offenbach, Jacques 176

Philipp I., hess. Landgraf 47
Pilgrim, Bischof von Passau 197
Pufendorf, Samuel von 45

Reuter, Fritz 159
Ringelnatz, Joachim 176
Romberg, Andreas 49
Rousseau, Henri 49

Sachs, Hans 101, 137
Sand, George 177
Schiller, Friedrich 99
Schinderhannes 176
Schneider, Romy 176
Seghers, Anna 176
Seuse, Heinrich 77
Shakespeare, William 49
Smith, Adam 45
Stephan II., Papst 33
Swift, Jonathan 53

Tacitus, Publius C. 17, 99

Valentin, Karl 159, 176
Voltaire 177

Weiditz, Hans 140
Wernher der Gartenaere 31
Wessel, Horst 53
Wittenwiler, Heinrich 64, 65, 153
Witzel, Georg 46, 47
Wolfram von Eschenbach 197

Register der Namen und wichtiger Namenglieder

Aar 155
Ab(b)t 151
Abderhalden 95, 97
Abel 39, 41
Abele 77
Aberle, -li(n) 30, 31
Abraham 32, 39, 45, 168
Abrecht 30
Abstreiter 93
Achilles 48
Achleitner 99
Ach(n)er 99
Achter- 95
Achternbusch 101
Ackerknecht, -mann 111
Ackesmann 71
Adal-, Adel- 18, 20, 21, 24, 26, 31
Adalber(a)(h)t 29, 30, 43
Adam 39, 45, 47
Adela, -e 20, 21
Adelheid 21, 31, 44, 45, 49, 77
Adenauer 89
Adike 82
Adler 155
Adolf 29, 52, 53, 82
Adrian 38
Aegidius 34, 43, 79
Ähle 23
Ärni 22
Ässer 120
Aeuler 99
Agatha, -e 38, 77
Ag(e)then 77
Agil- 26
Agnes 35, 41, 44, 45, 47, 77
Agneter 77
Agricola 171
Agstein 105
Ahn(e) 151
Ahr 155
Ahrweiler 201
Aichele 23
Aichinger 62
Aichmann 101
Ai(e)rer 109
Alb- 27
Albanus 38
Alber(h)t 29, 44, 60, 79, 157
Alberich 27
Albertine 49
Albertsma 79
Albiez 109
Alboin 27
Albrecht 29, 30, 31, 41, 62, 79, 82, 157, 198
-ald 18, 19, 29
Aleit, Aleyt 21, 45
Aleke(n) 45, 77
Aleth(e) 21
Alex(ander) 34, 38, 52, 53, 54, 57, 77
Alexandra 35, 56
Alexi(u)s 48, 79
Alf 21
Alfons(o) 28, 47, 48
Alfred 27, 48
Alheid, -t 45, 77
Alice 49
Alisch(er) 77
Alke(n) 21, 45, 77
Allermann 71, 87
Allgaier 63
Alma 48, 49
Almut 19, 77
Alois(ius) 47, 173, 196
Alphart 27
Alprecher 82
Alsch(n)er 77
Alsleben 91
Alt 139, 141
Altbüßer 109
Altham(m)er 201
Althaus 63, 91
Althenn 69
Althoff 111
Altlepper 108
Altmann 71
Altplecker 109
Altreis(er), -reuß 109
Altvater 151
Alvarez 29
Alvensleben 91
Alwine 49
Amadeus 47
Amalaberg, -frid 29
Amanda, -us 39
Ambronn 98
Ambrosius 22, 34, 37, 38, 159
Ameis 147
Amelung 75
Amend(t) 95
Amke 21
Amlage 91
Amrain, -rein 69, 94, 95
Amrei 49
Amundsen 72
Anastasia, -us 38, 47
Anders(ch) 34, 165
Andersen 73, 205
Andersick 97
André 53, 73
Andrea 56, 175
Andreae 72, 79
Andreas 34, 37, 38, 43, 46, 47, 52, 53, 54, 57, 69, 71, 73, 79, 165, 171
Andresen 79
Andromache 38
Andy 175
An(e)sorg(e) 147
Angelika 38
Angenet(er) 77
Angermann 71, 95
Angermeier 133
Angewisch 103
Anna, -e 36, 37, 39, 44, 45, 49, 51, 53, 55, 56, 57
Annechien 36
An(ne)ke 36
Annette 48
Anni 22
Ans- 27
Anstin 37
Ant(h)es 34
An(t)je 36, 53
Antoinette 48, 49
Anton(ius), -ia 34, 35, 38, 145, 181, 196
Antweiler 201
Anz 22
Anzengruber 99
Apollinaris 35
Apollonia, -us 27, 35
Appell 35
Arenz 22
Arf(f) 159
Arg 147
Aristides 48
Armgard 27
Armleder 149
Armmann 139
Arn(d)ing 79
Arndt 198
Arnholz 79
Arnim 62, 91
Arnold(er), -t 20, 22, 28, 44, 79, 171, 198
Arntz 22
Aron 168
Arthur 48
Ar(t)z(e)t 109, 128, 129
Arweiler 201
Asam 34
Ascher 39, 169
Aslan 205
Asmus(sen) 34, 82
Assemacher, -maker 108, 120, 121
Aßhauer, -heuer 121
Athanasius 38
Aubarth 23
Auberle, -li(n) 23, 30, 31
Aubin 171
Aubrecht 30, 165
Auchter 167
Aude 23
Auer 99
Auerbach 87
Auer(n)ham(m)er 201
Aufdermauer 105
Aufmolk 95
Aufmorde 95
Augart 99
Au(g)st 75
Augst(e)(in) 34, 75
August(in)e 49, 51
Augustin(us) 34, 75, 183
August(us) 39, 49, 51
Auleb 91
Aule(n)bäcker 114, 115
Aul(n)(er) 115
Aurelia, -us 38
Aur(n)ham(m)er 201
Ausländer 167
Aust(e)in 34
Austen 75
Austermühle 69, 167
Auth 23
Ax(en)macher 121
Axtmann 71
Aydin 205

Ba(a)der 109, 129
Baar 159
Baasch 34
Babendererde 95

Babette 48
Bach 63
Bacharach 169
Bachem 91
-bach(er) 86, 98, 99, 165
Bachleitner 97
Bachmann 62, 99
Backes 95
Bader 109, 129
Bad(er)mann 129
Badstuber, -stöver 129
Bächle 71
Bäck(er) 11, 114, 165
Bäckler 159
Bädeker 123, 159
Bähny 20
Bä(h)r 154, 169, 177
Bährend 20
Bä(h)r(en)stecher, -schneider 127
Bärbel(i) 37
Bättcher, -ger 123
Bäuerle(in) 110, 167
Bäumann 110
Ba(h)mann 110
Bahr 159
Baier, Beyer 85, 88, 89, 110, 156, 157, 198
Baiker(t) 135
Bakker 205
Bald-, -bald 18, 19, 21, 24, 26, 29, 62
Bald(e)win, Balduin 22, 28, 31, 62, 71, 73, 82, 125
Baldung 21
Baldzuhn 73
Balm 97
Balmer 23
Balthasar 22, 69, 73, 75, 125
Baltr(us)at(is) 73
Balz 22
Balzer 75
Bangemann 71
Bankert 151
Bankroth 34
Bantle 35
Baran 170
Baranowski 73
Barbara 37, 38, 44, 55
Bardenheuer 119
Bar(d)tenschlag(er) 119
Barg(emann) 97
Barlach 62
Bartel 159
Bartener 119
Bartenwerfer 109
Bart(h) 76, 143, 155, 198
Bart(h)el- , Bart(h)ol- 76
Bartholomäus 22, 37, 71, 74, 76, 110, 155, 171
Bartsch 37, 76
Bartz 22
Baruch 169
Basch 34
Basedow 93
Bas(s)uner 135
Bast(ein) 34
Bastian 79
Batzenschlager 109
Bau- 110
Bauch 144, 167
Baucker 135
Baudissin 85
Bau(e)r(-) 66, 107, 110, 111, 116, 157, 167, 171, 198
Baumann 110, 111, 167, 198
Baumga(e)rt(n)er, -en, -el 100, 101, 165
Baumkratz 183
Bauswang 142
Bayer s. Baier
Beata, -us, -rix 39
Becherer 123
-beck 98, 99
Beck(e) 99, 107, 109, 115, 198
Beckenbauer 111
Beck(en)schläger 119
Becker(s) 11, 63, 66, 109, 114, 115, 165, 171, 198
Be(c)kmann 71, 99
Beder 129
Beek(e)(n) 99
Beerbaum(er), -bo(h)m 101
Be(e)rschneider, -stecher 127
Beethoven 63, 87
Beggelhuber 119
Beha, Beheim 63, 89
Behlke 170
Behn(ing), -ke 20, 79
Behr 154, 159
Beichel 144
Beier(le) s. Baier
Beierwaltes 69
Beind(er) 103
Beinhauer 113, 145
Beischlag 151
Beißel 173
Bekerer, -maker 123
Belka 170
Bellach 170
Bellinghaus(en) 91, 201
Bel(l)mann 71, 82, 83
Belz(ner) 125
Bender 122, 123, 206, 207
Bendix 34, 75, 196
Benedikt(us), -a 22, 33, 34, 37, 39, 75
Beneke 20
Benink 72
Benjamin 39, 45, 55, 57, 168
Benn(e), -o 20, 62
Bennigsen 91
Benning 79
Benninghoff 201
Bensen 79
Bentzien, Benthien 93
Benz 20, 22, 37
Beppo 20, 21
Berchem 91
Berend 20
Ber(en)schneider, -stecher 126
Berg(er) 63, 86, 87, 95, 97, 183, 198
Bergham(m)er 201
Bergmann 97, 198
Bergsträßer 85
Ber(h)t- , -ber(a)(h)t 18, 19, 24, 26, 29, 30, 31, 32, 157, 163
Ber(h)thild 19
Ber(h)thold 21, 22, 29, 30, 37, 44, 159
Ber(h)tram 19, 24
Berit 53
Berliner 169
Berlinghoff 201
Berman, -men 43
Bermin(t)er 125
Bern- , -bern 20, 24, 79
Bernard 205
Bernd(t) 20, 53, 173
Berneke, -nel 20
Berner 154
Bernhard 20, 21, 22, 28, 37, 41, 44, 62, 79, 82
Bernher 154
Bernicke 20
Berning 20, 21, 79
Bernmann 71
Bernreiter 93
Berold, Bero(ald) 79, 154, 159
Ber(r)es 43
Berschneider, -stecher 126
Bertel(s)mann 71
Bert(h)- , -bert s. Ber(h)t-
Beschorner 139
Bes(e)mer 109
Besler 85, 165
Besserdich 183
Bethge 77
Bettina, Betty 22, 49
Betz 20
Beuchel 144
Beuerle 167
Beu(er)mann 110
Beurer, -beurer 91, 110
Beutler 126
Beyer s. Baier
Beyschlag 151
Bialek, Bial(l)as 170
Bianchi 205
Biberer 105
Bibi 21, 37
Bickl 165
Bicknase, -nese 143
Biderb 147
Bidner 122
Biechele 96
Biederbeck 99
Biedermann 71, 147
Biehl(er) 96
Bien(n)er 122
Bierbaum(er), -bo(h)m 101
Bierdümpfel, -freund 149
Bierhaake 127
Bierhals, -holz 79, 149
Biermann 71, 125, 127
Biermord 149
Bigalke 170
Bigott 153
Bihlmann 96
Binder, Binter 122, 123, 190, 206, 207
Bindschedler 123
Birgit 53
Birkenbeul, -bihl 96
Birkmann, -(n)er 71, 101
Birt(h)e 53
Bischof(s) 69, 151
Bismarck 103
Bittenbinder 207
Bittermann 147
Bittner 122, 123
Bitz(er) 94
Björn 53
Bläsi 22
Blät(t)ner 119
Blankenburg 89
Blasius 22, 37, 39, 183, 205
Blaterer 145
Blatterspiel 135
Blattmann 71, 97
Blau(rock) 149
Blech(n)er, -mann, -schlager 118, 119

Bleckwedel 91
Bleibtreu 152
Bleicher 126
Bleichrod(t) 93
Bleifuß 169
Bleker 119
Blettner 97
Bletzer 109, 126
Bli(c)ker, -(en)schläger 117, 118, 119
Bli(e)de 147
Blo(h)m 105
Blotevogel 199
Blu(h)m(e), Blüm(chen) 105
Blumenberg, -thal 169
Bob 21
Bock(ius) 155, 198, 205
Bock(h)art 76
Bockhol(d)t 163
Bo(c)kmann 101
Bockmöller 111
Bockstecher 127
Bodderbrod(t) 149
Bodelschwingh 87
Bodenbender 207
Bodenweber 95
Bodmer 62
-böck 98, 99
Böcker 101
Böckler 159
Böcklin 155
Böckmann 71
Böd(d)e(c)ker 122
Böhler 94, 96
Böhm 63, 198
Boekbinder 207
Bök(e)mann, -brink 101
Böker 122
Bölkow 171
Böll 62
Bönsch 87
Börchers 76
Börker 122
Börner 98, 154, 156
Börries 43
Bös(e) 139, 147
Böttcher, -ger, -ker 122, 123
Bo(h)l(er) 94
Bohls 82
Bo(h)ne(n)kamp 201
Bohnes 34
-bold 19, 183
Bolkart 76
Boll(er) 94
Bollmann 71
Bomba 170
Bonaventura 43
Bongardt, -ts 69, 101
Bonifatius, -faz 22, 34, 39, 41, 43
Boomkamp 103
Borcher(t)(s), Borcherding 76
Borch(h)ard 28, 76
Borer 94
Borges 43
Boris 53
Borlinghaus(en) 201
Born(-), -born 98, 156, 185
Bor(r)mann 156
Borstel(l)(-), -bo(r)stel 91, 92, 159
Bosch 101
Bosse(ke) 28
Bosselmann 91
Bossert, -hard 76
Bos(t) 94
Bostel(-), -bostel s. Borstel
Botzenhardt 76
Boven- 91, 95
Boxleit(n)er 97
Bra(a)sch(e) 147
Brabants 69
Brabender 85
Brachmann 71
-bra(c)ht 18, 24, 29
Brachtvogel 199
Brändle 165
Bräsig 159
Bräucker 99
Bräu(er) 109, 165
Bräuning 23
Bräunle 141
Bräutigam 151
Brand, -brand 18, 20, 21, 198
Brandstätter 89
Brauer 165
Braun(e), -ns 23, 66, 141, 166, 167, 198
Braunschweig 91
Brecht, -brecht 18, 29, 62, 157, 163
Brei(n)esser 149, 181
Breindel 23
Breiser 126
Breitenreiter 93
Breitfuß 144
Breithaupt, -höf(f)t 143
Breit(n)er 94
Breitschopf 141
Breitsprache, -sprecher 147
Breivogel 199
Brendle 165
Brengebier 153
Brenker(mann) 96
Brenner 95
Brennfleck 145
Brentano 171
Brettschneider 107, 109
Bretz(e)l, -gen 137
Breu 109
Breu(e)l 99
Breuer 165
Breukelaar 91
Breukelgen 99
Breuler 99
Bri(e)gel, Briel 99
Briegleb 91
Briestle 144
Brigitte 21, 53
Brin(c)k-, -brink 96, 97
Bringefriede 57
Bringmann 71, 97
Brings 83
Brinkmann 71, 96
Britta 53
Broch 62
Brock(er), Bro(o)(c)k- 99
Brockhaus 91, 99
Broda 170
Broder 151
Brod(t)- 149
Bröckmann 99
Brö(h)l(ing) 99
Broek 99
Bröller 147
Bröll(mann) 99
Brönnle 98
Bröseke 159
Brösel 37
Broger 147
Brogham(m)er 201
Brokamp 99
Brokemann 71
Bronn(en)-, -bronn(er) 98, 99
Brose, Brosi(g) 22, 34
Brot- 149
Brotbeck 114, 115
Brotführer 109
Brown(e) 67, 205
Bruch 170
Bruchhard(t) 76
Bruchheuser 99
Bruchsieb 91
Bruder 151
Brückmann, Brügge- 71, 103
Bru(e)ck(n)er 103, 165
Brügel(mann) 99
Brügging 103
Brühl(er), Brüll(er) 99
Bründel(n) 98
Brüning 79
Brünner 98, 99, 119, 156, 165
Brün(n)inghaus(en), -hoff 201
Brüstle, -lin 144
Bruger 159
Bruggink 79
Bru(h)n(s) 21, 23, 141, 166, 167
Brunhild 119
Bruning 21
Brun(n)dobler 97
Brunn(en)- 98
Brunner, -brunner 98, 156, 165
Bruno 17, 23 , 141, 205
Brust 144
Bruwer 159
Buchbinder 207
Buchfeller 125
Buchholz 163
Buchmann 101
Buchta 170
Buck 167
Bucka(r)dt 76
Buck(l) 97, 165
Buddenbrook 99, 196
Bücheler 96
Büchner 101
Bückel 165
Bücker 76
Büdenbinder, -macher 123, 207
Bühl(er) 85, 96
Bü(h)re(n), -bü(h)rer 91, 110
Bü(h)rer, -ing 79, 91, 110
Bührke, -le, -mann 110, 167
Bülow(ius) 93, 201, 205
Bülter(s) 97
Büngel(er), -ner 135
Bür(c)kel, -le 173
Bürker(t) 76, 122
Bürli 110, 167
Bürmann 91, 110
Büschgen(s) 101
Büsching 79
-büttel 91, 92
Büttenbinder, -macher 123, 207
Büttgen 137
Büttner 107, 122, 123
Bugg(le) 97
Buhl(e) 151
Bu(h)mann 110, 167
Bu(h)r 110, 167
Bu(h)rme(i)ster 111, 167
Bulthaupt, -hoff 97
Bultmann 71, 95, 97
Bun(d)schuh 148, 149

Bunger(s) 135
Bunt- 125
Burchard(s) 28, 76
Burchert 76
Bur(c)khard(t), Burg- 22, 71, 76, 97, 167, 173, 191
Burg-, -burg 18, 24, 76, 165
Burmeester 167
Burow 201
Burrichter 135
Busch 37, 101
Buschbaum 101
Buschbeck 99
Buschke 37
Buschmann 71, 95
Busch(ner) 101
Busenbaum(er), -bo(h)m 101
Bussmann 71
Butenandt, -diek 95
Butenschön 69
Buth, Butt 155
Butterbrod(t) 149
Buttermilch 169
Buttmann 71
Butz 22
Butzmann 71
Buxtehude 63

Caecilia 22, 35, 38, 77
Caetanus 38
Cahn 168, 169
Camminer 169
Camp(e) 103, 135, 163, 200, 201
Carl s. Karl
Caroline, -lyn 50, 51, 53
Carossa 171
Ca(r)stens 185
Cascorbi 171
Casimir 48
Caspar(i) 46, 79
Celan 177
Çelik 205
Černý 170, 205
Çetin 205
Chaim 169
Chamisso 171
Charlotte 48, 49, 197
-chen 21, 70
Chris 175
Christel 35
Christ(en) 46, 157
Christhild 33
Christian 32, 33, 46, 47, 49, 51, 53, 54, 57, 71
Christi(a)na, -e 21, 25, 33, 35, 37, 44, 45, 53, 56
Christlieb 47
Christmann 71
Christoph(orus), -offel 34, 37, 38, 54, 173
Chytry 170
Cilie(n) 77
Cla(a)s(s)(en)(-) 75, 79, 80, 185
Clab(e)s 81
Claes(-) 80
Claire 48
Clara, -us 39, 43
Clark(e) 67
Classing 80
Claudia, -us 38, 48, 56
Claus, Claus(s)- 46, 80
Clav-, Claw- 81
Cle(e)s(s) 80
Clemens 39
Clementia 43
Clew- 81
Clewli(n) 37
Clo(o)s(s)- 81
Cochius 205
Cöl(l)n(er) 85, 87
Coh(e)n 168, 169
Cohrs 185
Col(l)as- 80
Colombo 205
Columba 38
Conrad(i) 28, 46, 47, 196
Constantia, -us, -inus 39
Conzelmann 20
Cord, -t 20, 28
Cordewener 125
Cordula 39
Cornelia, -us 34, 37, 38, 48, 111
Cremerius 171
Crescentia 35, 39
Crull 141
Crusius 171
Cu(y)per 123
Cyprian(us) 38, 47, 145
Cyriak(us) 38
Czaja 170
Czarne(c)ki 170
Czerny 170, 205
Czornak 170

Däbel(er) 159
D(a)ebri(t)z 84
Dagmar 19, 177
Dagobert 149
Da(h)l(mann) 163
Dahme 69
Daisy 48
Daldrop 89
Dalker 99
Dall(en)fuß 145
Dallmeier 99
Dalmann 99
Damian 43, 183
Daniel 27, 32, 33, 45, 53, 57, 69
Daniela 56
Danielis 79
Danner 101
Dau(b)enhauer, -heuer 123
Daubert 72, 73
Daum(e) 144, 167
David 33, 39, 45, 57, 73–75, 168
Debber 114
Deb(e)ri(t)z 84
De Boer, De Boor 109, 205
Debora 39
Debus 34
Decius 171
Decker(s) 69, 109
De(d)eke 159
Deetz 171
Degen- 26
De Gruyter 109
Dehmel 62
Deibel 147, 167
Deichmann 163
Deichsel 136
Deis 35
Deisel 136
De Jong 205
Delitzsch 93
Dell(e), -mann 99
Demir(ci) 117, 205
Dempwolff 152
Demuth 147
Dendler 127
Deng(g), Denk(e) 145
Denninghof(f) 201
Dennis 57
Depper 114
Désirée 53
De Smet 67, 117, 205
Det(t)weiler 201
Deubel, Deufel 147, 167
Deustermann 100
Deutschmann 71
De Vries 67, 203, 205
Deweri(t)z 84
Dewitz 93
Dibelius 171
Dick(e)(r) 140, 141
Dicks 34
Diderik 28
Diebel, Diebolt 171
Die(c)kgräf(e) 133
Di(e)ckmann 163
Diem(e) 21
Dienegott 152
Di(e)nstag 150
Diepenseif(fen) 91
Diester- 100
Dietbald 28
Dietburg 77
Dieter 53
Dietmar 59, 133
Dietrich 20, 22, 28, 44, 45, 60, 71, 82, 99, 121, 141, 155, 159, 171, 198
Dietsche, Dietz 21, 22
Dilger 77
Dillschneider 109
Dingeldein 137
Dinge(ni)s 34
Dinklage 91
Din(n)s(e) 34
Dint(n)er 109
Dionysios, -us 27, 34
Dippe(n)hauer, -macher 114, 123
Dirr(e)(r) 140
Disch(l)er 120, 121
Dittmeier 133
Dix 34
Doberi(t)z 84
Do(c)ktor, Docter(s) 128, 129
Dodel 150
Doder(er) 62, 147
Döbele, Döblin 62, 99
Döhring 89
Döpf(n)er 114, 115
Döp(p)ner 115
Dörfer 111
Döring 159
Dörle, Dörner 105
Dörper 111
Dörpinghaus(en) 91, 201
Dörr(e)(r) 63, 140, 141
Dörrie 159
Dold(e) 21
Dolf 20
Dollfuß 145
Dománski 73
Dombrowski 204, 205
Domini(c)k(us) 34, 38, 39, 82, 175
Domnick 34
Don(c)k(s), -don(c)k 96

Donnerstag 150
Dora 35
Dorer 63, 105
Dorfmann 111
Dorfner 89
Doris 49
Dornhack 103
Dornseif(fen) 91
Dorothea 35, 37, 38, 49, 51, 173
-dorp 157
Dorsch 155
Dott 150
Drach(e) 105, 169
Drag- 62, 147
Draier 131
Drees 34
Dreesmann 71
Dreger 131
Dreidanz 152
Dreipfennig 107
Dreiser 79
Dreißiger 107
Dreut(e)ler 127
Drewes 34
Drewitz 93
Drexelius 205
Dreyhaupt 143
Drieschmann 71
Dri(e)sch(n)er 103
Drießler 103
Driller 135
Drink- 149, 152, 153
D(r)öscher 159
-drof(f) 157
Droste 62, 109
Drude(n), -eken 45, 77
Drüding 167
Drüen, Drüner 77, 167
Drux 109
Dubo(i)s 94, 101, 204, 205
Dučk(a) 89
Duda 170
Duder(er) 147
Dümpelmann 97
Dünn(e), Dünn- 141, 142, 144, 145
Dünnhaupt 143
Düpper, Düppen- 115
Düring 89
Dürko(o)p 167
Dürrenmatt 62, 103
Dürr(e)(r) 140, 142
Dürscheid(t) 93
Du(e)sing 149
Düster- 99, 100
Dützmann 71
Düve(c)ke 167
Düvel, Düwel 147, 163, 167
Düvelius 205
Duffes 95
Du(h)m(e) 144, 167
Dumm 147
Dung(s) 96
Dunk(er), Dunk- 96
Durand(us) 204, 205
Durinc 89
Dusen(d)schön 167
Dutschke 89
Duwe 163
Dvořák 205

Eb(b)inghaus 91, 201
Ebeling 79
Eb(e)ner, Eben- 97
Eber(-), Eberle 26, 79, 105, 155
Eberhart, -d 19, 44, 53, 71, 79, 155
Ebert 47
Ebnet(er) 97
Ech(erer), Echle 23
Eck(el) 23
Eck(e)ler 79
Eckenschwiller 91
Ecke(r)s, Eckert 23
Eddelbüttel 91
Eddy 22
Edelkofer 90
Edgar 48, 49
Edith 48
Edmund 48, 49
Eduard, Edward 28, 43, 49, 51, 55, 73, 197
Edwin 48
Edzard 23
Egel 23
Eggebrecht 23
Egg(er), Egg- 23, 97
Egid 34
Egin- 21, 28
Egle 23
Eglof 75
Eherdt 23
Ehlgen 23
Ehmke 75
Ehr- 26
Ehrba(h)r 147
Ehreke 147
Ehrengast 153
Ehrenreif 153
Ehrentr(a)ud 27
Ehre(r)t 29
Ehrhard(t) 29, 41, 147, 173
Ehrle, Ehrlich 147
Ehrsam 147
Eiber 23
Eichbauer 69, 111
Eichborn 98
Eichendorff 62
Eichert 23
Eichhof 163
Eichhorn 105
Eichmann 71, 101
Eich(n)er 101
Ei(c)ke 21, 23
Eickmann 101
Eidam, Eidem 151
Eif(f)ler 85
Eigels, Eigert 23
Eilburg 77
Eil(e)ke(n) 23, 77
Einhorn 105
Eisel(e) 167
Eisen(-), -eisen 137, 199
Eisenbart 47, 143
Eisenhut 149
Eisenloher 101
Eisenmann 167
Eisenring 136
Eitner 77
Ekkehard 79
Ekker 95
El-, -el 27
Eleonora 35, 48
Elfriede, Elftraud 27
Elias 27, 33
Eligius 39, 43
Elisabeth 27, 32, 35, 43, 44, 45, 49, 51, 55, 77, 183
Elise 49
Elke 21, 193
Ellen 48
Ellen- 32
Ellinghaus(en) 201
Elsa, -e 35, 45, 53, 77
Elsässer 88
Elschenbroich 99
Els(e)n(er) 77
Elvira 29, 49
Emanuel 169
Emeis 147
Emil 38, 48, 49, 53
Emilia, -e 38, 51
Emma 27, 53
Emmert, -rath 27
Enderli(n), -le(in) 37, 46
Enders 165
Endruweit 171
Engel(-) 20, 30, 71, 198
Enger(s) 27
Enggesser 103
Enz 22
Ephraim 45
Epp(en), Epple 155
Epping 79
Eppinghofer 90
Ep(p)ler 107
Eras(mus) 34, 38, 82
Erat, Eret 29
Erb(e) 159
Erchmeker 125
Erdmann 47
Erdmut(h)(e) 19
Erhard s. Ehrhard
Eric 56, 57
Erkenzweig 91
Erlenkampf 103
Erman- 24
Erm(e)ke 27
E(r)mrich, -traud 27
Erne, -i 22
Ern(e)stine 49
Ernst 19, 20, 28
Erxleben 91
Eschenberg 89
Eschenburg 89
Eschenröder 87
Eschweiler 201
Esposito 67, 205
Esser(s) 120, 121
Essigmenger 127
Esterházy 171
Estermann 71, 95
Estges 34
Esther 45
Eugen(es) 38
Eulalia 38
Eul(n)er 99, 114, 115
Euphemia 38
Euphrosyne 38
Eusebius 38
Euskirchen 85
Eustachius 34, 37
Euwer 89, 99
Eva 39, 41, 53
Everding 79
Ever(ke) 155
Evermann 71
Ewers 155
Exler 23
Eyring 23

Fa(a)(t)z 22, 34
Faber 117, 171
Fabian 38
Fähle 89
Färber 107, 109
Fäss(l)er 123, 190, 191
Fätteker 109, 123
Fätz 34
Fäustle 144
Fahl 89
Fais(s)t(e)(r) 140, 157
Faiß(t), -le 140, 157
Falk(e) 155
Falkner 109
Fallersleben 91
Faltermann 71
Fanny 48, 49
Farkas 204, 205
Faschang, -ing 151
Faß 137
Faßbender, -binder 122, 171, 175, 207
Faßhauer, -heuer 123
Fass(l)er, -mann 123
Faßnacht 151
Fatthauer, -heuer 109, 123
Faulbaum 167
Faulhaber 137
Faulham(m)er 201
Faul(l), -mann 147
Faulstich 137
Faust 144, 167
Faustus 39
Faut(h) 133
Fechner 125
Fecht(er), -mann 109, 135
Fed(d)eler 135
Fedden 82
Feg- 152, 153
Fehling 89
Fe(h)merling 87
Fehn(emann), Fehn- 98, 99
Fehsenmeyer 159
Fei 35, 77
Feichtenbeiner 103
Feidler 107
Feinäugle 143
Feind(t), Feindl 147
Feineisen 137
Feis(s)t(-), Feiß(t) 140, 141, 144, 157
Feldkamp 201
Feldner 103
Feldpusch 101
Felg(e)ner 121
Felgenhauer 109, 121
Felicitas 39
Felix 39, 53, 56, 57
Fellner 103
Fen(n)e 44, 45, 98
Fenn(mann) 99
Ferdinand 48, 49
Ferg 109
Fernández, -o 28, 67, 72, 204
Ferrari 67, 117, 205
Ferrer(i), -o 67, 117
Fes(s)enmaier 133, 159
Feßler 123
Fett(e)(-) 140, 141, 142
Fett(ken)hauer 109
Feuchtwanger 62
Feustel 144
Feut(h) 133
Feyerabend(t), -tag 151
Fia 35
Fick 175
Ficke(n)wirth 109
Fidelis 39
Fiebich, -ig(er) 95
Fiedler 134, 135, 159
Fies(e)l(er) 145
Fige(ner) 77
Filb 34
Filthaut 149
Filzer 126
Findeis(en) 129
Findlin(g), Fintl 151
Find(t) 147
Finen 99
Finger(lin) 144, 149
Fink(e) 155
Fink(en)wirth 109
Finster- 100
Firnhaber 137
Firsching 147
Fischart 62
Fischbeck 99
Fischer 66, 67, 107, 171, 198
Fischhaber 89
Fissel 145
Flach(e)(-) 97
Fla(ch)shaar 141
Flad(n)er, Fladen- 115
Fläschner 118, 119
Flaischle 113
Flamm 137
Flaschner, Flaschen- 118, 119
Flas(s)hoff, -kamp 103
Flat(t)ner 173
Flebbe 142
Fleck 109
Fleckeisen 137
Fleischer, -ner 109, 113
Fleischhacker, -häckel 112, 113
Fleischhauer 109, 112, 113
Fleischmann 71, 107, 113
Flemisch 87
Fleschner 118, 119
Flettner 85, 173
Fleuchaus 152
Fleuter 135
Flickenschild 109, 152
Flick(er) 109
Fli(e)d(t)(n)er 128, 129
Fliegauf 152
Flieth(mann), -ner 128, 129
Flöt(h)er, -ner 135, 173
Flore(ntinus) 39, 43
Florian(us) 39, 43, 54, 57
Floßmann 71
Flüe(ler) 97
Fockena 72, 78, 79
Föge 172
Förster 109, 165, 198
Förther 103
Fötkenhauer 109
Foi(t)zik 171
Folk- 21, 24, 26
Fontane 62, 171
Fo(o)rtmann 103
Forchhammer 90
Fornfeist, Fornfett 69, 140, 141
Forner 95
Forster 109, 165
Fort(n)er 103
Fortunatus 39
Foth 144
Fouqué 171
Fraas 149
Fränkel 169
Fräs(s)le 149
Fragner 127
Frahm(ke) 63, 147
Frank(e), -o 19, 198
Fran(n)ek 43
Franz(iscus) 43, 47, 75, 82, 195, 198
Franziska 35, 49, 53, 56
Fratzsch(n)er 127
Frauscher 125
Frech 147
-fred 18, 24, 191
Frede(r)king 78
Frees(e)(n) 89, 203
Frehs(e) 203
Freibot(t) 109
Freimann 167
Freimut 19
Freiß, Freis(s)ler 191
Freitag 150, 151
Frenske, Frenzel 43
Frese(n) 203
Fres(s)le, Fresse(r) 149
Freter, Fret- 149
Fretsch(n)er 127
Fretthold 101
Freud(e), -mann 147
Freund(t), -(e)l 139, 147, 167
Freytag 150
Frick(e) 28, 175
-frid 18, 24, 26, 191
Frieda 53
Fried(e), -mann 21, 62, 147
Friederike 49, 53
Friedländer 168
Friedrich(s) 23, 28, 31, 44, 45, 50, 51, 62, 63, 74, 78, 82, 147, 183, 198
Fries(e)(n) 89, 203
Frin(g)s 82, 83
Frisch(e) 62, 147
Frischhaber 137
Fritsch(e), -i 21, 22
Fritz(e) 21, 28, 73, 183, 193, 198
Fritz(l)er 78
Froben(ius) 171
Froberg(er) 84
Fröhlich(er) 147
Frönder 107
Frötscher 127
Fro(h)mader 107
Fro(h)mut 19, 47
Frohs 149
Fromm 147
Frommann 71, 147
Frommelt 75
Frommhard, -herz 79
Frommhold 29, 147
Frosch 105
Froschauer 89
Frowin 171
Frücht(e)nich(t) 152, 157
Frü(h)auf(f) 139, 147, 153
Früh(e) 147
Frühinsfeld 147, 153
Fründ(t) 139, 147, 167
Fuchs 66, 105, 139, 141, 155, 171, 198
Fü(e)ßli, Füsgen 144
Füll- 152, 153
Fünfgeld, -schock 107, 151
Fürchtegott 47, 49
Fürderer 103

Fürst 139, 151
Fugger 137
Fu(h)lbo(h)m 167
Fuhrmann 71, 109
Fulder 85
Fun(c)k(e) 137
Furtmann 71
Furtner 103
Furtwängler 87
Fust 144, 167
Futterschneider 109

Ga(a)lke, -tje 12
Gabriel 27, 45
Gach 147
Gaddert 12
Gäch(auf) 147
Gädeke 159
Gämperle 135
Gärber 125
Gäthke 159
Gaid-, Gail- 12
Gais(s) 154
Gaj 94
Gallus 43
Galzer 127
Gamp(p)er(t), Gamb- 135
Ganghofer 111
Gang(w)olf 28
Gans 155
Gante 155
Garben, Garbrands 23
Garb(er) 125
García 67, 204
-gar(d) 18
Gareis 76
Garfs, Garke 23
Garr 76
Gaschitz 84
Gasser(t) 67, 103
Gassmann 103
Gatt 82
Gatter- 103
Gatzweiler 201
Gaugel(e) 135
Gaus 155
Gay(c)k 94
Gebauer 110, 111
Gebür(er) 110
Gebu(h)r(ek) 110
Ge(e)d-, Ge(e)l- 12
Geelha(a)r 141
Geers 23
Geestmeier 133
Gehauf 153
Gehbauer 110
Gehlen 77
Gehler 141
Gehlhaar, -kopf 141
Gehlhaus 80
Gehr(et), -ke, -tz 23
Ge(h)ring 159
Ge(h)rmann 71
Geidel 147
Geier 105
Geiger 105, 134, 135, 167, 191
Geikler 135
Geiler 62
Geis(s) 154
Geißlauf 75
Geis(s)ler, -ner 23, 167
Geldenhauer 123
Geld(t)ner, Gellner 123
Gellermann 71
Gel(l)ha(a)r 141
Gellhorn 135
Gelz(er), Gelzen- 124, 127
Gemächlich 147
Gempeler, Gemperlein 135
... genannt ... 59, 62, 95
Gensch 75
Georg 38, 43, 44, 47, 49, 76
Ger-, -ger 18, 20, 26
Gerb(el) 125
Gerber(t) 109, 124, 125, 126
Gerblich 23
Gerbrand 29
Gereon 38
Gerhab 131
Gerhard, -t 21, 22, 31, 44, 45, 60, 159
Gerhaus 44, 45
Gerhild 29
Gerie(s) 159
Geri(tzer) 22, 23
Gerke 21
Gerlach 75
Gerlich, -ling 23
Germann 71
Germar 20
Gerndt, Gernentz 75
Gernot 29
Gerriets 23
Gersch 23
Gerstenmeier 133
Gert, Gerta 20, 21
Gertrud 20, 29, 31, 41, 44, 45, 53, 77, 192, 193
Ger(t)z 23
Gerwer 124, 125
Gerwig 19
Gerwolf 75
G(e)schwandtner 93
Geschwend(er) 93
Gese(n) 45, 77
Geßl(er) 23, 103
Geud(n)er 147
Geukler 135
Geupert 75
Geut(h)ner 147
Gevatter 150, 151
Gewehr 85
Gian- 72, 73
Gi(e)ger 135, 167
Gielens 23
Gierig 23
Gierke, Gierth 23
Gie(r)sch 23
Giese(brecht), Giesgen 23
Giese(c)ke 23
Gi(e)sler 23, 167
Gießhübler 96
Gilgenblatt 105
Gillessen 79
Gilli 34
Giltner 123
Gimper(lein) 135
Girl, Girthig 23
Girschner 125
Gis(al)- 24, 26, 154
Giselher 29, 167
Gisselmann 23
Gisy 23
Gla(a)b- 81
Gla(a)s- 80
Gläsel, Gläss 80
Glaser 109
Glatkopf 142
Glatthaar 141
Glatz(e)(l) 141
Glau- 80
Glaubrecht 47
Glee(s) 80, 81
Gleichauf 147, 153
Gleim 62, 137
Gleiser 79, 80
Gletzer 85
Glink 145
Glo- 81
Glock(n)er 131, 165
Glöckler, -(n)er 131, 165
Glück 169
Gluns, Gluntz 137
Gmach(l) 147
Gme(h)lin 147
Gneisenau 89
Gneist 145
Gnicke 144
Gockel(er) 135, 191
Göcke 159
Göckelmann, Göckerle 135
Go(e)deke 79, 159
Go(e)dl 150
Gög(g)(e)l 135
Göhler(t) 147
Göhring 23
Gölz(n)er 126, 127
Görbing 23
Gördeler 119
Gördes, Görl 23
Görlach 23
Görlitz 93
Görtler 119
Görtz 23
Goethe 62
Gött(e) 150, 151
Götz 22, 198
Gogler 135
Gohlke 141
Go(h)re(s) 76
Gold 105
Goldbaum, -stein 169
Goldschmidt 116, 168
Golla(sch), -s 80, 141
Gombert, -brich 31
Gompelmann 135
Gompf 75
Gondrom 31
Gons(ch)ior 171
González 204
Goos 155
Goossens 205
Gormsen 74
Gornell 34
Gor(r)- 76
Gosebruch, -wisch 99, 103
Gossenbrot 149
Gossler 91
Gothart 27
Gothild 27
Gotlind 27
Got(t)- 22, 24, 26, 27, 135, 159, 174
Gotterbarm 153
Got(t)fri(e)d 27, 32, 53, 62, 82, 150, 191
Gotthelf, -hold 47
Gottlieb 47, 50, 51, 82
Gottschalk 24, 33
Gottsched 62

Gotwalt 33
Graa 141
Grabow(ski) 93, 201
Gräger 76
Gräper 115
Graf(f), Gräf(-) 133, 151, 164, 165, 198
Grag(e) 141, 159
Grah(e), -mann 141
Grap(p)(n)er 115
Grass 62
Gratwohl 152
Grau(e) 141
Grauf 164, 165
Graul 139
Graumann, -schopf 71, 141
Gra(u)vogel 199
Grebe 164, 165
Greeger(s), Greg- 76
Gregor(ius) 38, 205
Greif(f) 105
Greil 139
Greinauer 89
Greiner 147
Greis 76
Greiter 93
Greith 37
Grel(k)a 76
Grell(ert) 147
Gremp(p)(e), -ler, -ner 126, 127
Greshake 127
Grete(ke) 35, 37, 45, 183, 193
Greulich 139
Greve(n), Grew- 133, 164, 165
Griebel 99
Grieger 76
Griep 105
Gries(e)(haar) 141
Grieshaber 149
Grieshuber 101
Gries(s)ham(m)er 201
Griet(e), Grieth 35, 37
Grig- 76
Grill 141
Grillparzer 62, 195
Grimm, -grim(m) 24, 32, 198
Grisebach 101
Gritzmacher 109
Grob(e) 141, 147
Groch(e) 170
Grög- 76
Groen 74
Gröpel 23
Gröp(p)er 114, 115
Groh(e), -mann 141
Grohs 173
Grol(l)mus 75
Gro(o)ß(e) 140, 141, 162, 163, 198
Gro(o)t(h)(e) 141, 162, 163
Gropius 115
Gropp 23
Groppengießer 115
Grop(p)e(r), -ner 115
Grosser(t) 139, 141
Großpietsch 69
Grotewohl(t) 152
Grove(r), -mann 99, 147
Grub(e), Gruber(t) 99, 115
Grübner, Grübl 99
Grüger 76
Gründgens 99
Gründ(l)er 99
Grün(er), -grün(er) 74, 92, 93
Grünlich 196
Grünther 99
Grüttgen 23
Grütz(e)macher 109
Grützemann 71
Grütz(l)er, -ner 109
Gruhl 139
Grunau 89
Grundmann 99
Grund(t)(n)er 99
Gryphius 62
Grze- 76
Gstaiger 103
Gude 45, 147
Guderian 75, 147
Gudowius 205
Gu(e)gel(-) 144, 148, 149
Güldenring 105
Günther 25, 75, 173, 198
Gürlich 23
Gürtler 107, 119, 126
Gufler 97
Gugelfuß 145
Guhr 76
Guido 28, 29, 45, 48, 175
Gumpel 135
Gumpfer 75
Gumpost 149
Gumprecht 31, 75
Gund(-), -gund(e) 18, 22, 24, 31
Gundel 21
Gundolf 17, 21, 29
Gunther 29
Guntram 31
Gunz(o) 21, 22
Gurfay 145
Gurschner 125
Gustav 48, 49, 53, 55
Guta 45
Gutberlet(t) 147
Gutentag 150
Gut(h), Gutt 147
Gut(h)jahr 151
Gutzkow 93
Guy 28
Gyger 135, 167
Gysing 23

Haabe 23
Haack(e) 126, 127
Ha(a)ger 141
Ha(a)rland(er) 103
Ha(a)s(e) 155, 159, 198
Hab(e)dank 152
Habel(t), Habert 23
Haber(-) 137
Habermann 71, 137
Habicht 155
Hablützel, Habnicht 152
Habrichter 23
Hackbart(h) 143
Hackenschmidt 116
Hacker 165
Hadel 23
Hader 165
Hadmer 155
Hadrian(us) 38
Had(u)-, -had 23, 24, 26, 79, 155
Hadubrant 29, 79
Hadumod, -wich 19, 77
Häberle(in) 23, 71, 137
Häbich 155
Häbrich 23
Häcker 107, 165
Häder 165
Hädicke 23
Häf(f)ner, Häfele 114, 115, 137
Häger 165
Häg(n)i 103
Hämisch 34
Hämmerlein 71
Händel, -dle 144
Hänggi, Hänig 75
Häni(sch) 75
Häring 154
Härtling 62
Häs(s)elbart(h) 143
Hässig 23
Häßlin 155
Hättich 153
Häuer 165
Häus(n)er, -ler 111, 165, 166
Häus(s)ling, -ner 111
Hafemann 133
Haferkamp 103, 163, 201
Haf(f)ner 109, 115, 159
Hage- 103
Hagen 26, 103, 155
-hagen 93
Hagenstede 89
Hager 165
Ha(h)mann 71, 75
Hahn 105, 139, 155, 191, 198
Hahnemann 75
Hahnen 69
Hailer 127
Hájek 94
Hak(e) 127
Halbfaß 139
Hald(n)er, Halter 97
Hallensleben 91
Haller 97
Hals 144
Halsberger 119
Hambrock 97
Hamburger 85, 87
Hamelmann 71
Hamlak 97
Hammacher 126
Ham(m)ann 71, 75
Ham(m)er 63, 105, 137, 155
-ham(m)(er) 90, 91, 200, 201
Han(d)ke, Handtke 62, 75, 171
Handl 82
Hand(t) 144
Hanfland, -feld 103
Hangohr 142
Hanig 75
Hanna(h) 56
Hannelore 53
Hannemann 71, 75
Hannert 75
Hannjost 49
Hans, Hannes 34, 35, 43, 45, 46, 77, 183, 193
Hansch(e) 75, 171
Hansen 79, 198, 205
Hanser 69
Hansjörg, -jürgen 49, 53
Hantschke 75
Han(u)sch(ke) 171
Hapke, Happ- 23
Happle, Happmann 23
Harald 19
Harbig 159
Hardegger 101

Harder(s) 85, 101, 159
-hard(t) 18, 20, 24, 26, 62, 79
Harf(e)st 159
Harm(s) 159
Harnack, Harnapp 144
Harnecker 144
Harnest 119
Harnisch(-) 119
Harper 135
Harriet 48
Harris 205
Harry 22, 48
Harsdörffer 62
-hart s. -hard(t)
Harth 101
Harting 79
Hartmann 62, 66, 69, 75, 79, 198
Hartmut(e) 19, 49
Hartnack 144
Hartoch 151, 159
Hartwig 19, 139
Harwig 159
Haschke 171
Hase 155, 159
Haselrieder 93
Haseneier 89, 99
Hasenfratz, -maul, -schart 142
Hasenöhrl, -ohr 143
Hass(d)enpflug, -teufel 152
Hasse 23
Hatenbur 152
Hatje, Hatte 23
Hattich 153
Hattler, Hattung 23
Hatz(ig), -mann 22, 23
Haubl, Haul 23
Haubrichs 23
Hauck 97
Hauckel 23
Hauer 165
Haufe 23
Haug(er) 23, 82, 97
Hauke 21
-haupt 143
Hauptmann 62
Hauptvogel 199
Hausmann 71, 166
Haus(n)er, -ler 111, 166
Havemann 133
Haverkamp(f) 103, 163, 201
Havermann 71
Hebbel 23, 62
Hebel 63, 137
Heb(en)krieg, -streit 153
Heberling, Hebert 23
Hebich 155
Hebing, Hebold 23
Hechler 126
Hecht 105, 155
Heckel 107
Hecker 107, 165
Hedd- 23
Hedel, Hedke 23
Hedtkamp 103
Hedwig(er) 19, 21, 41, 42, 44, 77
Heeckt 155
Heeder 103
Heegstra 79, 87
Heerhorn 105
He(e)ring 154
Heesche 77
Hefele, Hefner 115
Heidecke 28
Heidemann 71
Heidemarie, Heidi 53
Heidenrich 28, 62
Heid(t)kamp, -kämper 87, 201
Heier 103
Heike, -o 21, 53, 79, 175
Heileke 77
Heiler, -(e)mann 126, 127
Heiligtag 151
Heilwig 19, 77
Heimann 168, 169
Heimberger, -bürger 85
-heim(er) 86, 87, 90
Heinemann 71, 75
He(i)nkelman 21
Hein(le) 21, 22, 73
Heinrich 21, 22, 28, 31, 37, 41, 44, 45, 47, 62, 75, 103, 198
Heinrichs 171
Hein(t)z(e) 21, 22, 46, 53, 75
Heißenbüttel 91
Heißler 111
Heitepri(e)m 103
Heitkamp 201
Heitland 103
Hektor 48, 49
Helck 23
Heldmann 23
Helena 32, 38
Helga 28, 48
Helgi 28
Helken, Helkert 23
Hell(ings) 23
Hellmers 23
Hellwig 75
Helm-, -helm 12, 18, 24, 26
Helmholz 79
Helmke, -le 21
Helmold 79
Helmut, Hell- 12, 19, 21, 53, 173
-hem(er) 90
Hempter 123
Hendel 144
Henn(e) 34, 75
Henne(c)ke, Henke 21, 37
Henni(n)g 37, 183
Henri, -y 28, 73, 74
Henrici 79, 171
Henriette 48, 49
Hensel(ein), Hens(l)i 37, 75
Hen(t)schel 37
Hentscher 125, 126
Hen(t)sch(ke) 37
Heppermann 23
Hepprich, Hepting 23
Herbig 159
Herbst 139, 151
Herchenröder, Hergen- 93, 165
Herder 159
Herdinck 79
Her(i)- , -heri 16, 18, 19, 24, 25, 26, 28
Hering 154
Herkerad 93
Herkom(m)er 91
Herlikoffer 90
Hermann(s) 31, 44, 45, 51, 60, 66, 67, 69, 73, 75, 79, 154, 159
Hermeler, -ling 79
Hermine 49
Herper, Her(p)fer 135
Herrad(e) 19
Herrmann s. Hermann
Hertling 79
Her(t)z 139, 168
Herwig 159
Herzog, -zig 139, 151, 159
Heß, Hesse 89
Hessel 23
Hesselbart(h) 143
Hetsch(ing) 23
Hettich 23, 153
Hettlage 91
Hetz(ler) 22, 23
Heubült 97
Heu(c)k(e)(n) 23, 148, 149
Heu(en)schild 139
Heuer 165
Heus(l)er, -ner 111, 165, 166
Heuvel 96
Hewel, Hevelke 23
Heyler 127
Heymann 168
Heyse 62
Hias(l) 35
Hibl(er) 96
Hickel, Hickertz 23
Hidde 23
Hiddings 82
Hieb(l)er, -ner 111
Hiebsch 23
Hiegel 23
Hielbig 23
Hiepel 23
Hieronymus 37, 38, 75
Hiersemann 127
Hilarius 39
Hilbe(rns), -brans 23
Hilcke 77
Hild(e)-, -hild(e) 12, 18, 20, 23, 26, 32, 44, 173
Hildebrand, -t 21, 29, 47, 82, 165
Hildegard 53
Hildegund 44, 77
Hildesheimer 62
Hildger 29
Hildl 23
Hildmann 23
Hildrun 27
Hilgendach 151
Hilke 21, 23
Hill(e)mann 23
Hillenbrand 23
Hillenkamp(s) 69, 103
Hille(n), -ken, Hiller 23, 77
Hillig, -ing 23
Hillmer(ing) 23
Hillsch, Hilse 23
Hilsenbeck, -mann 101
Hilti 23
Hiltrud 29
Hilz(mann) 23
Himptemacher 123
Hin(t)z(e) 31, 45, 75
Hipp(e), -ke, -mann 23
Hirn(-) 142, 143
Hirsch, Hir(t)z 154, 155, 168, 169
Hirschleber 91
Hirschvogel 199
Hirsemeier 133
Hischert, Hischke 23
Hitsch 23
Hitzel, Hitzig 23
Hjalmar 48
Hlawa 170
Hobben(s) 73, 79
Hobbert, Hobbje 23
Hobrack 23
Hochbein 144

Hochhut 149
Hochkogler 97
Ho(ch)mut 147
Hock(e) 127
Hod(e)l(er) 126, 127
Höbel 96
Höch(t) 97
Höcklin 23
Höck(n)er 126, 127
Höfer 111, 165
Höffding 79
Höf(f)ner, Höfler 111
Höfinghoff 201
Höflich 147
Hö(h)ner 85, 111
Hölck 23
Hölderlin 62, 71
Höllgartner 23
Hölscher 125
Hölting, Hölty 79, 159
Höpfner, Höppner 155
Höseker 109
Höss 89
Hößl 23
Hövel(er), -mann 96
Hövels 69
Höwel 96
Hofer 111, 165
Hof(f)mann 66, 67, 71, 111, 133, 159, 198, 205
Hof(f)richter 135
Hofius 205
Hofrat(h) 93
Hofreiter 111
Hofstätter, Hofsteller 111
Hoge 23
Hohlbein 144, 145
Hohlwegler 103
Hoik(e) 148
Hoke 127
Holbein 144, 145
Hollerbaum(er) 101
Holt(er) 94
Holth(a)us 91
Holtkamp 201
Holtkötter 111
Holtmann 71
Holtwich, -wick 91
Holzapfel 139
Holz(en)kamp 201
Holzer 94, 95
Holzmann 71
Holzwart 109
Hommel 155
Honheißer 91
Hopp(e) 23, 155, 198
Hoppermann 23
Horatschek 171
Horn 95, 198
Hornblas(er) 135
Horneyer 89
Horning 151
Hornung 139, 151
Horst 52, 53
Horst(er)mann 71, 101
Horstkötter 111
Horvát(h) 205
Hotz 23
Hovemann 71
Hoyler 127
Hruschka 170
Hubaleck, Hubatsch 170
Huber, -ler, -ner 66, 70, 111, 183, 198, 199
Hubert 22, 23
Hubrich(t) 23
Hubschmid 117
Huch(el) 23, 62
Hucke 23
Hucker 127
Hüb(e)l(er), Hübner 70, 96, 111, 198
Hübsch(er) 147
Hücklein 23
Hückler 127
Hüf(f)er, -ler, -ner 111
Huege, Hügli 23
Hüggelmann 23
Hügle(r) 97
Hü(h)nerbein 144
Hühnervogt 133
Hülgert 23
Hüls(-), Hülshoff 101
Hül(t)scher 125
Hülz 101
Hümmer 111
Hüpper 23
Hüs(s)gen 166, 171
Hüs(s)(l)er, Hüsner 111, 166
Hüttig 85, 90
Huffert 23
Hufnagel 137
Hufner 111
Hug(e), -i 21, 22, 23, 24, 26, 62, 79
Huggler 23
Hugl(e) 23
Hugo 21, 82, 97
Huhn 155
Hultscher 125
Humbert 28, 79
Hummel 155
Humperdinck 79
Hundertmark, -pfund 107, 151
Hundeshagen 93
Hundgebu(h)rt 110, 111
Hundham(m)er 91
Hundsdörfer 165
Hund(t) 155
Huntemann 71
Huppke, Hupprich 23
Hurster 101
Husch 23
Hus(e)mann 71, 166, 167
-husen 79
Hus(l)er, -ner 166
Hutschenreuter 93
Hut(t)er, Hutmacher 109, 126
Hutz(el) 22, 23
Hytrek, Hytry 170

-i(e)n 92
Ignatius, Ignaz 34, 47
Igor 28
Ilke, Ille, Illig 23
Iltis 105
Iltz 23
Imbscher 149
Imhölsen 95
Imhoff 95
Immanuel 45
Immisch 95
Imser 149
Inderwisch 95
Ineichen 101
Ing(e)- 27
Ing(e)borg 27, 48
-ing(en), -inger 21, 73, 79, 82, 87, 90, 91, 159
Ingerl(e) 27
-ingh(a)us(en) 92, 201
-inghof(f)(en) 90, 201
Ingrid 48
Ingvar 28
Ingwald 27
Innocentius 39
-inski, -insky 73
Ippich 23
Ircher 125
Irenäus 38
Irene 38
Irger, Irker 125
Irma 27
Irmel 44
Irm(en), Irmer(t) 27
Irm(in)gard 21
Irm(i)sch(er) 27
Isaak 39, 45, 168, 169
Isabel(la) 48, 49, 56
Iseke, Isele 167
Ise(n)mann 167
Isidor 38, 47
Ismael 39
Israel 168, 176
Itta 21
-itz 92, 93
Itzig 168, 169
-ius 205

Jabb- 12
Jablonski 93
Jachmich 152
Jack(es) 34, 43
Jacob(us) s. Jakob
Jacques 43
Jäckle, -i 37
Jäger 109, 198
Jähn 75
Jänichen, -cke 75
Jäntsch 171
Järchel 23
Jagoda, -de 170
Jahn 34, 75, 198
Jahreis(s) 76
Jakob(s) 32, 34, 37, 39, 43, 45, 46, 49, 62, 67, 82, 143, 165, 173, 176, 181, 205
Jakob(e)a 49
Jakubowski 72
Jan 43, 55, 57
Jan(c)ke, Jan(d)tke 47, 75, 171
Jan(in)a, -e 56
Janitzki 171
Jankuhn 72, 171
Janna 56
Janneke, Jantje 47
Janning 79
Janos(ch) 43, 171
Jans(s)en(s) 66, 67, 198, 205
Jantz 75
Januschek 73
Jaschke 171
Jauss 82
Jean 43, 48
Jebbe 12
Jehn 75
Jehring 23
Jelen 170

Jelinek 170
Jelke, Jelte 12
Jener 85
Jenn(ek) 75
Jenner 151
Jennifer 53, 56
Jenning(er) 75, 79
Jenny 48
Jensen 67
Jen(t)sch 75
Jentz(en) 75
Jeschke 171
Jessica 53, 56
Jesus 175
Joachim 27, 55, 193
Jochen 53
Jodokus 49, 82, 165
Joel 39
Jörg 46, 53, 54
Jöst 165
Johanna 47
Johann(es) 27, 32, 34, 35, 37, 43, 45, 49, 60, 62, 67, 69, 71, 73, 75, 79, 81, 82, 110, 171, 181, 183, 197
John 34, 35, 43, 74, 75
Johnson, Jones 67, 205
Jolka 141
Jonas 39, 45, 183
Jonathan 45
Jonikeit 72
Jo(o)s 46, 82
Joris(sen) 76
Josef, Joseph 21, 27, 39, 168, 171, 173, 181
Josefa 21
Josephine 49
Jos(t) 46, 165
Josua 39
Josupeit 171
Judith 33, 39
Jürgen 53, 54, 55
Jüttner 77
Juler 120
Julia, Julie 38, 53, 56
Juliana 38
Julius 38, 48, 49
Jung(en) 66, 139, 141, 198
Junggeburt 110
Jungwirt 137
Juni(us) 151
Jupp 181
Just(in)us 39
Jutta, Jutten 44, 77, 79

Kaack 67
Kaacksteen 105
Kachler 109, 114
Kaczmarek 137
Käfer 122
Kägebein 145
Kähler 158, 159
Kämmerer 165
Kämpf 196
Kämp(f)er 135
Käsbohrer 153
Käst(n)er 62, 102, 103, 133
Käthe 35, 173
Kätner 111
Kätt 183
Käufel 127
Kafka 62
Kagel(macher) 148, 149
Kahl(e)(mann), Kahlert 141
Kai 53, 175
Kain 39, 175
Kaindl 20
Kainz 20, 82
Kaiser 66, 151, 198
Kajetan 38
Kakstein 105
Kalchtaler 101
Kalina 170
Kalkhoff, -reut(er) 93, 101
Kallert, Kallhardt 147
Kaltenbrunner 98, 99, 156
Kalweit, Kalwis 117
Kaminski 205
Kamm 97
Kammerer 165
Kamp-, -kamp(f) 103, 200, 201
Kamp(e)(n) 103, 135, 163
Kampf(l)(-) 135, 163
Kam(p)schulte 69, 103
Kand(e)lbinder 207
Kandelgießer 107
Kannebecker 114
Kannenschlager 109
Kapf 97
Kapfham(m)er 201
Kapitza 170
Kapp 63
Kar(c)k 159
Karen, Karin(a) 53
Karl 19, 20, 31, 32, 51, 173, 187
Karlheinz 53, 173
Karlmann 69
Karow(ski) 93, 201
Karp(f), Karpp 155
Karsch 159
Karstadt 89
Ka(r)sten 33, 157, 159
Kasch 159
Kasten- 102
Kastner s. Kästner
Katharina 35, 37, 38, 43, 44, 45, 47, 53, 56, 69, 77, 173, 183, 192, 193
Kathmann 111
Kathreiner 77
Kat(h)rin 53, 56, 173, 193
Katja 53, 56
Katte 174
Katt(n)er, Kattmann 111
Katz 168, 169
Kauderer 126, 127
Kauf(f), Kaufel 127
Kauf(f)mann 71, 127, 162, 198
Kaulbars(ch) 155
Kaupert 75
Kaya 187, 205
Kech(t) 147
Keck 147
Kefer 122
Kegel 151
Kegenbein 145
Kehre(i)n 43, 152, 183
Kehr(le) 23
Keif(f)er 122, 147
Kelle 99
Kellermann 133
Kell(n)er 62, 66, 109, 133, 198
Kemker 123
Kemke(s) 103
Kemler 105
Kemmerer 165
Kemp(e) 135
Kempf(f)(le) 109, 135
Kempgen 103
Kenngott 77
Kep(p)ler 165
Ker(c)k 159
Kerff 23
Kerkhoff 69, 163
Kerm(e)s 151
Kern 198
Kerner 109, 111
Kerpfennig 146
Kersten, Kerstin 33, 35, 56, 157, 159
Kessel- 116, 119, 149
Keßler 107, 118, 119, 163
Kestner s. Kästner
Ketel- 108, 109, 119, 149
Kett(e)ler 118, 119, 163
Kett(e)ner 119
Ketter(er) 69, 77
Keuf(el) 127
Kevin 53
Ki(e)bler 123
Kiechl(e) 137
Ki(e)fer 122, 123, 179
Kieltrunk 137
Kienbaum(er), -bohm 101
Kien(e)(le) 20
Kienzle(r) 20, 79
Kierschner 125
Kiese 23
Kiesewein, -wetter 152
Kiesinger 23
Kies(s)ling, Kieslich 23, 159
Kilian, Kilius 43
Kill(e), Killy 43
Kim 67, 175
Kimker 123
Kimmel, Kimmich 137
Kindervat(t)er 129
Kind(t) 151
Kintscher 125
Kinz(e) 20
Kirchgässner 103
Kirchhahn 93
Kirchheim(er) 91
Kirchhofer, -hoff 95, 111, 163
Kirchleitner 97
Kirchmeier 69, 133
Kirch(n)er 131
Kirchschläger 93
Kirm(e)s(e) 148, 149, 151
Kirner 111
Kirs(ch)ner 125
Kirst(en) 33, 157
Kis(s) 205
Kissel 23
Kißling 159
Kistenmacher, -maker 109, 120, 121
Kist(l)er, -ner 109, 120, 121
Kittel 149
Kla(a)s(s)- 80
Klabe(s) 81
Kla(e)s 81
Kläs(ing) 81
Kläss- 80
Kläus- 80
Kläuser 79
Klaf(f)- 81
Klag(e)(s) 81, 159
Klail(e)(r) 81
Klais(s) 80
Klamm(er) 99
Klampfer(er), -ner 119

Klapper(t) 147
Klap(p)s(ing) 81
Klas 81
Klas(s)en 81
Klaßmann 81
Klauck(e) 147
Klau(k)e, Klaule 81
Klaumann 81
Klaus 53, 75, 81, 159, 173
Klauser 81
Klausmann 71, 81
Klausmeier 133
Klaus(s)- 80
Klaw(e)(s) 81, 159
Klebrig 89, 97
Klebsch 87
Klee 81
Kle(e)b- 81
Kle(e)fisch 87
Kleen 141
Klees(e) 80
Klehn 141
Klei(e) 81
Klein(e)hans 139
Klein(e)(r)(t), Kleinen 66, 139, 140, 141, 198
Kleinke 141
Kleinschmidt 116, 119
Kleiser 79
Kleis(s)- 80
Klemper(er), Klemp(t)ner 118, 119
Kles(s)- 80
Klew- 81
Kley(le) 81
Kliebenschädel 153, 175
Klin(c)k 99
Klingenberg, -thal 99
Kling(en)fuß 149
Klinghammer, Klink- 201
Klingmann 99
Kling(n)(er) 99
Klinksie(c)k 97, 99
Klipper, -pgen 125
Klöckner 131
Kloe(s), Klös(el) 81
Klo(h)mann 81
Klomper 125
Klo(o)s(s)- 81
Klosel, Kloske 81
Kloßmann 71
Klostermann 71
Klotz 105
Klug(e) 139, 147
Klug(er)mann 71, 147
Klump(e) 139
Klumpfuß 145
Klus(s)- 81
Kna(a)k(e) 145
Knäufel 145
Knäusle 145
Knakenhauer 113
Knapmann, -meier 97
Knatz 145
Knau(b)er 145
Knauf, Knaup(p) 145
Knaur 145
Knaus(t), Knaut(h) 145
Knef 137
Kneip(p) 137
Kneißle, Kneist 145
Kneitel 145
Knepf 145
Knetzel 145
Knick(er), Knickmann 97
Knie 139, 144
Knief, Kniep 137
Kniese 149
Knigge 97
Knip(p)(e)(r)(s) 97
Knittel 141
Knobel 145
Knoblauch, -lich 149, 169
Knoche(n) 145
Knochenhauer 112, 113
Kno(c)ke 145
Knode(l), Knoder(er) 145
Knöch(el)mann 97
Knö(h)r, Knörig 145
Knörzer 145
Knötzel 145
Knoll(e) 97, 145
Kno(o)p(p), Knopf 97, 163
Knor(r)(e) 97, 145
Knor(t)z 145
Knot(h)e 145
Knotz(e) 145
Knüll(er) 97
Knürle(in), Knu(h)r 145
Knull 97
Knup(p)e 97, 145
Knut 48
Koal(l) 171
Kob(es) 34, 165
Kobylka 73
Koch 66, 67, 107, 163, 198
Kochendörfer 89
Ko(c)k 67, 163
Köb(es) 165
Köck 147
Köf(f)ler 97
Kögel, Kögler 97, 126, 151
Köhler 66, 158, 159, 198
Köhn(e), Kö(h)nke 20
Kölble 141
Kölliker 91
Kölling, Köll(i)sch 85, 87
Köl(l)n(er) 85, 87
Kömpf 135
König(s), -er 66, 69, 151, 156, 157, 159, 185, 198
Könnike 20
Köpfel, Köpf(l)er 128, 129, 143
Köp(p)(ch)en 143
Koep(pen) 34, 62, 82
Köp(p)ke(n), Köpple 143
Köpp(l)er 129
Körner 111
Körschner 125
Körsen- 124, 125
Kößler 118, 119
Köster 131
Köstering 79
Köth(e)(r)(s) 111
Köttelwesch 113
Köt(t)er, -kötter, Köttgen 111
Kof(f)ler 97
Kofoth 163
Kogel 149
Kohaupt 143
Kohl 137, 155
Kohler 158, 159
Kohlhaas, -haus 80, 81
Kohn(ke), -mann 20, 168, 169
Koke(n) 137
Kokoschka 170
Kokot(t) 170
Kolb 141
Kolksma, Kolk- 97
Koller 158, 159
Kollwitz 93
Kolz(er) 147
Konrad 22, 28, 31, 44, 45, 60, 69, 71, 75, 79, 82, 141
Konstanze 39
Konz 20, 22
Koock 67, 163
Ko(o)pmann 71, 127, 162
Kopernikus 171
Kopf(-), -kopf 143, 199
Kopfer 129
Kopfermann 71
Kopfmann 163
Kopp 34, 143
Kop(p)atz, -tsch 170
Koppel(-) 103, 143
Koppensteiner 188, 189
Kop(p)er(-) 71, 118, 119, 129, 137
Koppermann 71
Korb 139, 151
Korff 139
Kornbrust, -probst 133
Kornführer 109
Kornmutter(er) 151
Kornrumpf 137
Korte(n) 69, 141
Kort(h) 141
Korthaus 149
Kosch(e), Koschak, -ka 170
Kosma(h)l(e) 143
Kosmas 43
Kost(en)bade(r) 128, 129
Koster 131
Kosuch 170
Koth(e) 111
Kotte(r), Kotthaus 111
Kot(t)witz 93
Kotz 22
Kotz(d)e 111
Kotzur(ek) 170
Kovač(-) 67, 117, 204, 205
Koval(-), Kowal(-) 67, 117, 204, 205
Kowal(d) 171
Kowalski 67, 204, 205
Kra(a)tz 22, 34
Kräger 76
Krähe 155
Krämer 109, 127, 156, 157, 171, 198
Kräußle 141
Kraft 20, 169
Krah 155
Kraiger 76
Krainer 82
Krainz 43
Kramer s. Krämer
Kran(a)wetvog(e)l 199
Kranz 105
Kraubs 23
Kr(a)use(n) 66, 69, 141, 171, 198
Kraushaar, -mann 141
Kr(a)uspe 141
Krauthahn 91, 93
Krebs 105, 155
Kre(e)ter 147
Kreft 155
Kregel, Kreger 76, 147
Krei 155
Kreichel 76
Kreienbrink 96
Krein(er), -s 43
Kreisel 141

Kreiter 147
Kreith(er) 93
Kreitmeier 133
Krembel 127
Kremer(s) s. Krämer
Kreszenz 35, 39
Kretz 34
Kret(z)schmar, -mer, -mann 133, 137
Krewisch 103
Krey 155
Krey(h)er 147
Krichel 76
Krieg(el) 76, 147
Krie(ge)r 76
Krien(s) 43
Kries(en)baum(er) 101
Krieter 147
Krines, Krings 43
Krischmann 71
Krist- s. Christ-
Kritzner 109
Kröger, Krögel 76, 137
Krömer 157
Kröneleisen 137
Kröpelin 85
Kröpf(e)l, Kröpke 144
Krogmann 137
Kroll 141
Kromer 156, 157
Kronau(er) 89, 99
Kron(e) 95, 105
Kronsbehn, -schnabel 143, 144
Krop(f) 144
Krubert 23
Krüger 66, 76, 137, 198, 199
Krüll, Krull 141
Krug 137
Krum(m)bein, -fuß 144, 145
Krummholt, -holz 120, 121, 136
Krupp 23
Kruse s. Krause
Kruth, Kruttge 23
Kučera s. Kutschera
Kuch 137
Kuderer 126, 127
Küb(b)er 122
Kübel(e) 137
Kübler 123, 190
Küf(n)er 107, 122, 123, 162
Kühlbandner 103
Kühle(r) 99
Kühlewein 137
Kühlmann 99
Kühn(e)(l) 20, 198
Kümmerle, -ling 147
Kümperlin 135
Küng 156, 157
Kün(i)scher 77
Künstle 20
Künzel(in), Künzich 20
Künzler 79
Küp(ek)er 122, 123
Küpfer(le) 119, 137
Küp(p)enbender 207
Küpper(s) 122, 123
Kürner 111
Kürschner, Kürs(e)ner 109, 124, 125
Küspert 23
Küssenpfennig 146
Küster 121, 131
Küter 113
Kugler 126
Kuhhaupt 143
Kuhfuß 145, 163
Kuhl(e)mann 71, 99
Ku(h)lenkamp(f) 99, 103, 163
Ku(h)nen(s) 79
Kuhn(le) 20, 21, 198
Kuiper(s) 123, 162
Kullmann 71, 99
Kumbernuß 147
Kummer 147
Kune(mann) 20
Kunigunde 21, 41, 44, 45, 77
Kunke(l), -mann 20
Kuno 20, 79
Kunz(e) 20, 22, 31, 45, 75, 79
Kunzmann 20
Kuon(i) 18, 20, 21, 22, 26
Kupfer(er) 119, 137
Kupferschmidt 116, 118, 119
Kupper 122, 129, 137
Kurfeß, Kurfiß 145
Kurt 20, 69, 171, 173
Kur(t)z(e)(r) 140, 141
Kury 43
Kurzschenkel 144
Kusebauch 144
Kußmaul 142, 143
Kuster 131
Kut(z)schba(u)ch 144
Kutschera 170, 205
Kuttler 113

La(a)b(e)s 81
Lachmann, Lachner 129
Lachnitt 152
Lack(n)er 97
Läg(e)l(er) 123, 137
Lämmer(t) 43
Lämmle, -el 43, 105, 155
Läpple 137
-la(e)r 91, 92
Lässer 129
Lässi(n)g 80, 147
Läufer 162
Lafrenz 34
-lage 91, 92
Lages 81
Laible 137
Laicher 135
Laile 81
Lais 80
Lakebrink 97
Lambert, -brecht 22, 41, 43, 44, 155, 183
Lamm 155
Lammen, -in 22
Lammer(t) 43
Lamp(e)(l) 43, 155
Lamprecht s. Lambert
Landfrid 19, 22
Landolf 19, 21, 22
Landolin 21
Landrichter 135
Langässer 62
Langbein, -behn 145
Langenscheidt 93
Lang(e)(r), Langen 66, 67, 138, 139, 140, 141, 198
Langewiesche 101, 103
Langfuß, -hals 144
Langham(m)er 201
Langnese 142
Langohr 142
Lan(t)z(e), Lanzo 21, 22, 43
Lapper 108
Laris(s)a 12
Lars(en) 12, 205
Lasch, Laß 147
Lasker 85
Lass(e)(n), Lasske, -mann 80
Lass(n)er, -mann 129, 165
Latega(h)n 147, 153
Later(mann), Lattmann 129
Lat(h)wesen 147, 153
Lau(e) 155
Lauks 37
Laul(e) 81
Laumann 71
Laura 48, 56, 57, 185
Laurentius 12, 22, 34, 38
Laus(e)(n), Lausmann 80
Laus(s)er 80, 129, 165
Lautenschlager, Lautner 135
Laux 37
Lea 39, 45
Lebefromm, -gern, -sanft 152, 153
-leben, -leb(er) 91, 92
Leberecht 47
Lebkuch(n)er 107, 115
Lebzelter 115
Lech(en)bauer 111
Lechner 111
Leck(l)er 149
Leclerc(q) 109
Lederer 109, 125
Ledergerb(er), Lederle 125
-lef 18
Lefèvre 117
Leg(e)ler 123
Lehmann 71, 111, 198
Lehmeier 111
Lehmkühler, Lehm- 99, 101
Lehner 111
Lehnick, -nig(k) 171
Leibl 137
Leibnitz 93
Leichentritt 169
Leicher, Leichmann 135
Lei(ch)se(n)ring 136
Leichter 126, 127
Leier(er), -zapf 135, 137
Leifels 101
Leifheit 77
Leihgeb, -keb 109, 137
Leikart 77
Leimgruber 99
Leimstätter 101
Leinecker 103
Lein(e)kugel 149
Leinemann 71, 87
Leiner 107, 111
Lein(e)weber 107, 126
Leinfelder 103
Leis 80
Leis(e)gang, -tritt 145
Leisner 136
Leissler 80
Leitelt 167
Leitgeb(er) 109, 137
Leithold 167
Leiting 79
Lembach 101
Lemb(c)ke, Lemgen 155
Lena 35, 56, 57
Len(c)k(e) 145
Lenik 170
Lenneps 69

Lenz 151, 198
Leo 38
Leonhard 41, 43
Leonora 48
Lepper(s) 108
Leps 34
Leroy 204
Lers(ch), Lersner, Lerschmacher 107, 126
Lertz 22
Lesniak, Leskov 94
Lessel, Lessle, -mann 80
Lesser 129
Lessi(n)g 62, 80, 81
Lettenbauer, -bichler 101
Letzeisen 137
Leu 155
Leuchart(er), Leuck- 77
Leuchs- 136
Leuchter 127
Leus(er) 80
Leuthold 167
Leutwein 29
Leux 136
Levermann 71
Levi(son) 168, 169
Levy(-), Lewy(-) 168, 169
Lewandowski 204, 205
Lexer 79
Liborius 43
Lichtwark, -wert(h) 109
Lick(e)fett 149
Licker 43, 149
-lieb 18, 26
Liebaug(e) 142
Liebermann 71, 139
Liebert 23
Liebeskind 151
Liebhard 23, 79, 143
Liebherz 79
Liebing 79
Liebrecht 47, 79
Li(e)sa, -e 35, 56, 57, 183, 185
Lieselotte 49
Liessem 91
Lietzmann 71
Lilge, Lilie 105
Lilienfeld 169
Lilje 63
Linck(e) 145
-lind(e) 18
Lind(e)(n)(er) 101, 198, 199
Lindenfels 169
Linde(n)mann 95, 101
Linder(er) 101
Lind(t)ner 101
Lindwurm 105, 169
Link(e) 145
Linn 170
Linnemann 101
Linne(n)kugel 149
Lipp(e), -elt, -ert 143
Lippke, Lippl 143
Lippmann 71, 87, 143
Lip(p)(s) 34, 143
Lisa s. Liesa
Lisbeth 35
Lis(z)t 173
Litfaß 109, 137
Littger(s) 43
Liut- 26, 31, 42
Liutger 43, 71, 79
Liutwin 29
Livia 38, 48
Lobedanz 152
Lobwasser 125
Locher(er) 99
Lo(c)hmüller 99, 125
Lochner 99
Lo(c)hstößer, -stöter 125
Lochte 145
Lock(e) 141
Löb(b)e 155
Löber(mann) 125
Löffler 107
Löher(meister) 125, 126
Löhle(in) 101
Löhmann 111
Löns 62
Löper 162
Loer, Lö(h)r 124, 125
Lörsch, Lörtscher 145
Lörtzer, -el 79, 145
Lösch(n)er 125
Lös(e)l, Lösgen 81
Löser 129
Löwe 105, 155, 169
Lohbach 101
Lohbühler 94
Loh(e)r 101, 124, 125
Lohgerber 125, 126
Lohkittel 137
Lohmann 71, 94, 101
Lo(h)se, Lo(o)s(e) 81, 147
Lo(h)wasser 125
Lommer(t) 43
Lona, -i 35
Loo 101
Loren(t)z(en) 34, 38, 79, 145, 151, 198
Lorscheid(er) 93
Lor(t)z 34, 145
Lortzing 79
Lothar 18, 22, 135, 173
Lotte 53
Lotter(er) 135
Lotz 22
Louis 48
L(o)uise 21, 49, 50, 51
Lowick 91
Lubbe 82
Lucht(er), Luchterhan(d) 145
Luchtermann 145
Lucia 39
Lucker 43
Luckhart 77
Lucretia 38, 48
Ludger(a), Ludo 49, 79
Ludmilla 48
Ludwig 19, 22, 31, 159, 187, 198
Lücke 159
Lu(e)cke(rt) 77
Lück(g)er, Lücking 43, 79
Lüdde(c)ke(n)(s) 43
Lüd(e)(c)ke(r) 43, 159
Lüdeking 79
Lüdemann 71, 159
Lüderitz 171
Lüer(s) 43
Lühmann 159
Lü(h)ning 138, 139
Lühr(mann) 43
Lüns(e) 136
Lütger(ing) 43
Lüthens 79
Lüthi 167
Lüthold 167
Lütje 141
Lüttge(ns) 141
Lüttmann 71
Lützelmann 141
Lützow 93
Lugt 145
Luise s. Louise
Lukas 37, 53
Lunk 138
Lurk 145
Lurtsch, Lurtz 145
Lutgard 77
Lutger s. Liutger
Luther 183
Lutherbüse 149
Lutz 21, 22, 198, 199
Lux 37
Lydia 38
Lynk(er) 145

Ma(a)g 165
Ma(a)rtens 165
Ma(a)s(sen) 35
M(a)c 72, 73
Macheleid 147
-macher, -maker 108, 199
Mackensen 79
Mader 111
Madlener 77
Madsen 73
Mädefessel 137
Mä(h)der, Mäher 111
Mähl(mann) 159
Märklin 71
Maertens 165
Märx 165
Maes 205
Mäske, Mäßle 35
Magan- 26
Magda(lena) 35, 39, 45
Mager 140, 141
Magnani, -o 117
Magnus 39, 127
Mahlmann 71
Ma(h)rlock 141
Mai 105, 151
Maienzweig 151
Maier u.ä. 62, 66, 67, 85, 109, 111, 132, 133, 156, 157, 168, 183, 198
Maik 53, 173
Maikranz, -tanz 151
Makeprang 153
Makschütz, Macšice 171
Maler 109
Malterer 123
Malvine 49
Mandelbaum 169
Manderscheid(t) 93
Man(e)gold 22, 127
Manger 127
-man(n) 18, 20, 21, 26, 32, 69, 70, 73, 79, 86, 87, 95, 127, 155
Man(n)weiler 201
Mant(e)l 149
Manz 22
Marcellus 39
Marco 53
Marder 105
Marga(ret)(h)(a), -e 21, 35, 37, 38, 44, 45, 49
Margot 21, 48, 49
-mar(i) 18, 20, 24, 26, 133

Maria, Marie 35, 39, 47, 49, 51, 53, 55, 56, 175
Marina 38
Marino, -nus 205
Marius 38, 49
Mark 53
Marks 37
Marksteiner 103
Markus 37, 52, 53, 54, 57, 165
Markwart 71, 75
Marschmann 71, 159
Martha 39
Martin 34, 37, 39, 43, 45, 46, 49, 54, 56, 57, 67, 151, 165, 198, 205
Martina 55
Martínez 204
Marx 37, 165, 198
Maschmann 71, 159
Maser 35
Maserkopf 143
Massmann 35
Mathesius 171
Mathilde 41, 55
Mat(t)ern(us) 34
Matthä(us) 22, 33, 34, 39, 73
Matt(h)es, -is 34, 35, 171
Mat(t)(h)ias 22, 35, 39, 54, 57, 79, 173, 175
Matz(e), -ke 22, 35, 71
Maud 48
Mauder(er) 167
Mau(e) 149
Mauf(f) 149
Maug, Mauk 165
Maulbaum 105
Maurer 109, 165
Maur(iti)us 38
Maus 155
Mauser 107
Mausolf(f) 167
Maute 23
Maut(n)er 107
Mauz 23
Max 49, 53, 56, 57
Maximilian 38, 49, 56, 57
Maximiliane 38
May 105, 151
May(e)r s. Maier
Mebel, Mebes, -bus 76
Mechthild 21, 31, 41, 44, 45, 77, 183
Meckel 77
Meder 111
Medick(e), Medicus, -ci 129
Mees 76
Meesters 69
Megerle 141, 176
Mehlhose 63, 137
Mehlmann 71, 107, 127
Meichsner 157
Meiensohn 63
Mei(e)r s. Maier
Meik 53
Meimbert 82
Mein(d)l 157
Meingos 127
Meisl 157
Meis(s)ner 156, 157
Meiwes 76
Meixner 156, 157
Melanchthon 171
Melanie 38, 56
Mellinghof(f) 201
Memleb 91
Memme 82
Mendel(sohn) 169
Menger, Meng(e)le(r) 127
Meng(e)(s) 126
Menghin 82
Mengwein 127
Mens(ch)ing 82
Mentele 149
Mers(ch)mann 71
Mertens 165, 205
Merx 165
Merz 151
Merzicher 87
Messer(er) 109, 117
Messerschmidt 107, 117
Messing 35
Messingschlager 119
Mes(s)mer 130, 131
Mes(s)ner 130, 131
Met(h)fessel 137
Mette, Mettke 77
Mettig 90
Metz 47, 77
Metze 21, 45, 183
Metzen(er) 77
Metz(en)macher 109, 123
Me(t)zger 112, 113
Metzler, Metzner 107, 113
Meub 76
Meunier 111
Meurer 165
Meus(e)l 155
Meuser 107
Mew(e)s 76
Mey(e)r s. Maier
Micha 175
Mich(a)el 27, 44, 53, 54, 57, 141, 183, 193, 205
Michaela 56
Michaelis 72, 79, 171
Michal- 72, 73
Michelberger 101
Michèle, Michelle 53, 56
Mickan 81
Mickli(s)ch 81
Middeldorf, Middendorf 101
Mieb(e)(s) 76
Mied(reich) 23
Mieg 34
Mielnik 111
Mies(ges) 76
Miewes 76
Migge(s) 34
Mike 53, 173
Miklas(ch), Mik(u)sch 81
Mild(e) 147
Miller 111
Minig, Minkus 34
Minna 193
Mirjam 39
Mitt(e)lacher 99
Mitterer 101
Mittermüller 101
Mit(t)lacker 101
Mittwoch 150
Mobes, -bis, -bus 76
Mockenhaupt 143
Modeke 77
Modersohn 151
Modra(ch) 170
Möbes, Möb(i)us 76
Mödig 90
Mödl 23
Möhl(mann) 159
Möller 66, 111, 198
Mönch, Mönk 157
Mönninghof(f) 201
Mörike 105
Mörsch(ner) 99
Möschen 138
Möser 165
Mößmer, -ner 131
Möw(e)s 76
Mohr 105, 155, 198
Mo(h)r(en)stecher 127
Moldenhauer 109, 123
Molfenter 105
Molinari 111
Molitor 171
Moll(en)hauer 123
Moller, Molnar 111, 205
Molly 48
Moltner 123
Momber(s), Momper 131
Mommer(s) 131
Monheimius 205
Monic(a) 39, 173
Montag 150, 151
Moormann 71
Moosbauer 111
Moosböck, -brugger 99
Mordhorst 101
Moreau 204, 205
Morgenrot(h) 139, 147
Morgenschweiß 139
Morgenstern 105
Morgenthau 169
Moritz 38
Morlock 141
Morsch 99
Mos(e)ler 85
Moser, -ner 99, 165, 169
Moses 168, 169, 185
Mottig 23
Motz, Mozart 99
Mucha 170
Mucke 170
Muckenhaupt, -hirn 142, 143
Mudra(ck) 170
Mudrich 23
Mück(e) 155
Mückschütz 171
Mühlensiepen 91
Mühling 23
Mühlmann 71
Mühmel 151
Müller 66, 67, 107, 110, 111, 171, 173, 198, 205
Müllner 111
Münch 157
Münchmeier 133
Münk 34, 157
Münstermann 71
Münzer 109
Müsch(e) 138
Müser 107
Muhme 151
Muhrmann 105
Multer(er) 123
Mummer(s)(t) 131
Mund(t), -mund 18, 26, 143
Murner 85
Musolf(f) 167
Mutert, Muth 23
Mutschler 115
Mutter 151
Mutz 23

Mu(u)s 155
Mylius 171

Naaber 110
Naas 142
Naatz 34
Nabe, Nabholz 136
Naber(t)(ing) 110
Nachb(a)uer 110
Nack(e) 144
Nadine 53, 56
Nadja 53
Nadler 107, 109
Näf(f) 151
Nägele, Nägler 71, 117
Nährdich 152
Näh(t)er 107, 187
Nagel(schmidt), Nagler 117, 198
Nagy 67, 204, 205
-nand 18, 26
Nanz 22
Narjes 35
Nas- 142, 143
Nastvogel 199
Natalia, -ie 39, 151
Natascha 12, 151
Natorp 85, 89
Nau- 156
Nauber, Nauper(t) 110, 156, 157
Nau(e)ndorf 157
Naujo(c)k(s) 157
Naumann 71, 156, 157
Nauroth 157
Nawrath 157
Nebbe 142
Neckermann 71, 87
Ne(e)be 151
Ne(e)f(e)(n), Ne(e)ve 151
Neher 187
Nehl 34
Nehler 117
Neil(er) 117
Nell(es) 34
Nemetz 89
Nese(n), Neske 35, 77
Nettelbeck 85, 99
Netzer 107
Neuber(t), -barth 110, 111, 156, 157
Neu(ge)bauer 111, 157
Neumann 66, 71, 156, 157, 198
Neumeier 133
Neuneier 85
Neurauter, -reuter 93
Neuweg(er) 103
Nibbe 142
Nichol(s) 80
Nic(k)(-) 80, 81
-nickel 80, 183
Nicolai 81
Nicole 53, 56, 57, 80, 185
Nie- 156, 157
Nieber(t) 111, 157
Niebu(h)r 110, 156, 157
Nieh(a)us, Niehof(f) 91, 157
Niehenke 157
Niel(s), Nielsen 34, 67, 73, 205
Niemann 71, 156, 157
Niemeyer, -möller 157
Niem(i)etz 89
Nies 34
Niestrath 103
Niethammer 85
Nig(g)(-) 80, 81
Ni(g)gel, -li 81
Nik(e)l- 80, 81
Niklas 57, 81
Niko(-) 38, 75, 80, 81
Nikolaus 37, 43, 44, 45, 62, 69, 73, 75, 79, 80, 81, 183, 193
Nina 56
Nisse 34
Nitsch(k)(e) 37, 62, 80
Nitz 37, 80, 81
Nobel, Nobert 23
Nock 23
Nöbbe, Nöbel, Nöbrich 23
Nödgen 23
Noël 151
Nölting 79
Noëmi 39
Nörtershäuser 165
Nötger 85
Nöt(h)e(l) 23
Nötting 79
Nold(e) 20
Nolde(n)macher, -fresser 107, 109
Nolte(n)(ius) 171
Nolting 79
Nonnenmacher 127, 157
Nonner 127
Nopp(er) 23, 107, 126
Nora 35
Norbert 24
Nord(er)mann 101
Nordmann 95
Nor(r)es 35
Nossek 170
Nosterer 109
Nostiz 93
Noth 23
Nothaft 139
Nothvogel 199
Noting 23, 79
Nottebaum(er), -bo(h)m 101
Novák, Nowak 67, 205
Novotný 205
Nube(r) 23, 111
Nürnberg(er) 85, 87
Nunne(n)macher 126, 127, 157
Nußbaum 169
Nusterer 109

Oberle, -lin 23, 30, 31
Oberley 101
Oberndorfer 89
Obert(h) 31
Oberwegner 103
Obrecht, Obricht 23, 30
Obst 59
Ochs 105, 155, 173
Ochsenbein 103
Octavia, -us 38
Odo 23
Öd(d)e(l) 23
Öfner 165
Öhlgart 77
Öhlke 23
Ö(h)lschlager 109
Öhmchen 23
Öhm(e), -ke 151
Öhrle(in) 143
Oekolampadius 171
Öst(er)reich(er) 88, 89
Östrick 91
Ötker 23
Oettel 23
Ötzmann 23
Övelacker 101
Özdemir 187, 205
Offermann 131
Ofner 165
-oğlu 72, 205
Ohde 23
Oheim 151
Ohlendorp 89
Ohl(en)schlager, Ohlig- 109
O(h)lwärter 109
Ohm 151
O(h)mes 147
O(h)nemus 75
Ohnesorg 147
Ohr 143
Ohrdruf 89
Ohrlos 143
Ojemann 99
Olaf 48
Olbert 31
Olbrecht, Olbricht 30, 31
Olbrisch 31
-old, -olt 18, 19, 20, 29, 79, 173
Ol(d)boter, -böter 108, 109
Oleander 174, 175
Oleg 28
-olf 18, 20, 29, 32
Olga 28, 48
Oliver 53
Olivia 38
-olt s. -old
Olz 22
Opel 23, 31
Opetz 31
Opfermann 71, 131
Opgeno(o)rt 95
Ophils, -hüls 95, 101
-op(o)ulos 72, 205
Opp 23
Oppelt 31
Oppenheim(er) 85, 169
Oppermann 71, 131
Op(p)itz 23, 31
Ort(h)win 71
Ortmann 71
Ortrun 27
Ortscheid 136
Oskar 49
Ossenkamp 103
Osterbeck 101
Ost(er)kamp, -kam(m) 101, 103, 201
Ostertag 151
Ostmann 95
Othling 23
Otmar, Othmer 21, 23, 42, 43
Ott(e)(n) 21, 23, 43, 72, 74, 79, 198
Ottensen 91
Otterpohl 99
Ottilie 77, 197
Ottmann 23
Otto 21, 28, 31, 32, 43, 44, 73, 183, 187, 193, 197, 198
Overader, -äder 87, 93
Overbeck 95
Overmann 95
-ow 93, 200, 201
Oyen 99

Paap(e)(n) 163
Pa(a)sche(n)(dag) 151

Pader 129
Pa(e)ff(gen) 163
Paep(c)ke 163
Pa(e)th(e) 150
Paff(en) 163
Paffrath 85
Pagel 159
Pagenstecher 126, 127
Pagenstert 139
Paintner 103
Palmer 23
Pamela 48
Pancratius, -kratz 22, 34, 38, 183
Pantaleon 35, 43
Pantle(n) 35, 63
Panzer 105
Papadop(o)ulos 205
Pape(n) 162, 163
Papenb(a)uer 111, 151
Pascal 53, 151
Patrick 53, 57
Patrizia 39
Pau(e)r, -mann 110, 163
Pauker(t) 135
Pauline 49
Paulsen 72
Paul(us) 33, 39, 45, 46, 47, 53, 56, 57, 159, 176, 198
P(a)us(e)wang 142
Pawel 159
Pech(l)er, -ner 109
Pedersen 205
Peeter(s) s. Peter
Peif(f)er 163
Peintner 103
Peker 109
Pel(i)kan(n) 105
Pelser, Pel(t)zer 109, 124, 125
Penz 82
Pepi(ta) 21, 22
Pep(p)er(korn) 137, 197
Perez 72
Pergamenter 125, 169
Perkin(s) 73
Pertl 157, 163
Peter 37, 43, 44, 45, 46, 52, 54, 55, 69, 71, 82, 183, 198
Peters(en) 66, 67, 72, 79, 82, 198, 205
Peterso(h)n 63
Petit 204, 205
Petr- 72, 73
Petra 53, 56, 185
Petri 72, 79
Petrus s. Peter
Petsch 37
Petter 150
Petz 37
Peucker(t) 135
Peutler 109
Pfadenhauer 109
Pfaff(en), Pfaff(e)l 162, 163
Pfaffrat(h) 93
Pfaidler 107
Pfalz 105
Pfannkuch 137
Pfan(n)zelt 137
Pfeffer(le), -korn 137, 163
Pfeif(f)er 109, 135, 162, 163, 198
-pfen(nin)g 146
Pferd(e)menges 69, 127
Pfetter(ich) 150
Pfingst(en), -tag 151
Pfister(er), Pfistner 69, 114, 115, 171
Pflasterer 109
Pfleger 131
Pfotenhauer 109
Pfrätschner 126
Pfragner 126, 127
Pfranger, Pfrenger 127
Pfretschner 127
Pfuhler, Pfuller 99
Philippine 49
Philipps(en) 72, 73
Philipp(us) 33, 34, 38, 53, 54, 57, 69, 143, 173
Philumene 197
Pia 39
Picher 109
Pichl(er) 67, 96
Piefke 170, 181
Piel 162
Pi(e)per 162, 163
Pietsch(mann) 71
Pilgrim 32
Pilz(er), -meker 109, 125, 139
Pinder 123, 207
Pink(e)pank 137
Pint(h)er 123, 207
Pirk 101
Pirmin, Pir(r)mann 43
Piscator(ius) 171
Pister, Pistor(ius) 114, 115, 171
Pittner 123
Plachy 170
Plack(n)er 109
Plan(c)k 163
Plat(h)e(n) 97
Plattenmacher, -nagel 119
Plat(t)enschlager 109, 119
Platt(n)er 97, 107, 119
Plattfaut 144
Plecker 109
Plenagl 143
Pletz(er) 109
Plöger 162
Plönnies 35
Plo(o)g 163
Podlesny 94
Po(e)chert, -kert 76
Pölz 22
Pöppinghaus(en) 201
Pörtner 162
Pötter, Pött(e)ker 109, 114, 115
Poggenpohl 99, 162
Pog(g)wisch 103
Pohl(e)(mann) 71, 99, 198
Pointner, Pointl 103
Pollmer 23
Pongratz 34
Porger 76
Posauner 135
Poschmann 101
Pospischil 170
Pottbecker 115, 181
Pott(er), Pottgüter 115
Pottlepper 108, 109
Potz 22
Praetorius 171
Pra(h)st 133
Pramerer 85
Praun 163
Prechtl 163
Preinhölder 188
Preise(n)danz 152
Preiswerk 109
Preuß, Preusch 87, 88
Prill 99
Prittwitz 93
Probst 133, 139
Procházka 205
Prock, Procopius 35
Pröstl, Proßt 133
Prügel(maier) 99
Prüßmann 71, 88
Prüstel 144
Prun(n)er 98, 156
Pucher 101
Pünt(i) 103
Püschmann 101
Pütjer 115
Pütmanns, Pütter 97
Püttner 123
Püttschneider, Pütz- 126, 127
Puhl(e)mann 99
Pumuckel 57, 174
Purkhart 191
Pusch 101, 163
Puttmann 71
Puvogel 199

Qua(a)dt 147
Quaas 148, 149
Quack 106, 185
Quade 147, 185
Quadflieg 155
Quand(t) 147
Quark 106
Quase, Quass 149
Quast 185
Quatzner 106
Quentin 63
Quenzer 139
Quer(en), Quernes 43
Querner, Quirner 111
Quester 106
Quetscher 106
Quilter 106
Quirin(us), Quirein 42, 43, 82, 183
Quitt(n)er 106

Ra(a)b(e) 62, 105, 155, 159
Raak 170
Raban 26, 62
Raber, Räber 106
Rachel 39
Rade(c)ker 121
Radeisen 136
Rad(er), -macher 108, 120, 121
Radhauer, -heuer 109, 121
Radolf 28, 29
Rädeker 109
Räutel, Räu(t)zel 23
Rahn(en)führer 109
Rahn(er) 141
Raidle(in) 141
Raiffeisen 153
Rait(h) 141
Rall(e) 147
Rameker(s) 121
Rampold 82
Ramseyer 99
Raoul 28, 29
Raphael 27
Rapp 105
Rasmus(sen) 34, 205
Rat-, -rat 16, 18, 20, 24, 26
Rathenau 89

Raub 23
Rauch 141, 160, 161, 167
Rauchenegger 101
Rau(ch)fuß 144, 145, 161
Rauchhaupt, -maul 161
Rau(e)(n) 141, 160, 161, 167
Raufeld 101
Rauh s. Rau(e)(n)
Rauhbichler, -moser 161
Rauhut, -höft 161
Rauls 23
Raupert 23
Rauschart 151
Rausch(er) 147
Rautenbusch 105
Rauter 93
Rebekka 39, 45
Rebmann 107
Recknagel 145
Rede(c)ker 121
Redlich 147, 169
Reemts(e)ma 72, 78
Re(e)per, -schläger 109
Regina 39, 177
Rehak, -ek 76
Reichel(t) 167
Reich(h)ard(t), Reichert 29, 167
Reichwein 29
Reid(t)(e), -ha(a)r 141
Reif(en)rat(h) 93
Reif(f) 105, 137
Reimann 27
Reimer(s) 27
Reimund 45
Reinald 29
Reineke 21
Reineking 79
Rein(er)(s) 27, 94, 173
Reinhard, -t, -z 21, 25, 27, 79, 81
Reinhold 22, 27, 28, 29, 53, 173
Reinich 21
Reininghaus(en) 201
Reinken(s) 73
Rei(n)mar, -mund 27
Reintjen(s) 73
Reinz 22
Reis(ch) 34
Reismann 71
Reiter 109
Reithaar 141
Rembrandt 27
Remig(ius), Remmes 34
Renata, -e 39
Rensinghof(f) 201
Renz 22, 34
Reschhaber 137
Reuding 23
Reupke 23
Reuschel 147
Reut(h)er, Reutner 93, 94, 205
Rheinsch 87
Ria 35
Ribbentrop 89
Ricci 205
Rich-, -rich 18, 19, 24, 62
Richard 29, 62, 71, 73, 74, 167, 205
Richelt, Richert 167
Richter 66, 134, 135, 198, 199
Richtsteig(er) 103
Richwald 167
Rickert 167
Riechert 167
Ried(er), -(e)l 23, 82, 94, 95, 198
Riefenstahl 152
Riefkogel 149
Riehl 23
Riemann 71
Riem(en)schneider 109, 126
Riemer 126
Rieple 23
Ries(e)(n) 34, 69, 105
Riester(er) 109
Rietsch(e) 22, 23
Riha 76
Rilke 62
Rindskopf 169
Rinklake 97
Rinser 62
Rin(tel)mann 71
Ripp 23
Rita 35
Ritschel 23
Ritter 198
Rittinghaus(en) 201
Robel 138, 170
Robert 21, 23, 48, 54, 55, 56, 57, 73, 205
Roberts 72, 73
Rod 23
Rodde 99
Rodekopp 141
Roderich, -rik 19, 28, 187
Rodewold 159
Rodmann 93
Rodríguez 67, 204
Röben, Röber 23
Röd(d)er 93
Rödling 23
Röhl, Ro(e)len 22, 23
Rölleke 23
Rölling 79
Römer 85
Römhild 87
Röpke, Röpskes 23
Rößle 105
Röthe 23
Rog(e)ner 115, 188
Roger 28
Ro(h)de 93, 141
Rohl(o)f(f)(s) 23
Rohrmoser 99
Rohwed(d)er 147
Rohwold 159
Roland 19, 22, 28, 79
Rolf, Roleff 21, 23, 79
Rolfink 79
Rolligmann 23
Rolves, -vinck 79
Romano, -us 205
Romy 175
Roof 23
Rosa(lia) 39, 48
Ros(e) 105
Rosenbaum, -duft 168, 169
Rosenham(m)er 91
Rosenstengel, -stiel 105
Rosenthal 168
Rosenzweig 105
Rosing 23
Roß 105
Roßbrig 89
Rossi 67, 141, 205
Rotgut 152
Rothändle 144
Rot(h)ärmel 149
Rot(h)(e) 23, 141, 198
Rother 135
Rot(h)ermund 142
Rot(h)gerber 125, 126
Rot(h)lauf 23
Rothschild 169
Rothut 149
Rothweiler 91
Rotter, Rottenschlager 135
Rottler 23
Rovers 23
Rowohlt 159
Rube 23
Ruben 39
Rubinstein 169
Ruch(e) 141, 160, 161
Ruchholz 161
Ruck 144
Rudde, Rudek 23
Rudel 23
Rud(e)lof(f) 23
Rudolf 20, 21, 22, 23, 25, 60, 61, 62, 79, 82
Rübel 23
Rückbrot 137
Rückle 144
Rüdiger 28, 144
Rüffel 23
Ruegg 23
Rühl(ing) 23, 79
Rü(h)mkorf(f) 62, 152, 167
Rüsch 22
Rüt(t)e(l)mann 167
Rüttner 94
Ruge(l), Rugen 23, 159, 160, 161
Rugg 144
Ruh 141, 160, 161, 167
Ru(h)back, -berg 161
Ruhde 23
Ruhe s. Ruh
Ruhfaut, -fuß 161
Ru(h)land 161
Ru(h)lmann 23
Rumo(h)r 101
Runge 136
Ruof 23
Ruoz 22
Rupert, Ruprecht 23, 36, 43, 157
Rupke 23
Rupp 23
Ruß 22, 23
Russo 205
Ruth 39
Rutsch, Rutz(e) 22, 23
Ruwe 159
Ruwisch 101

Saalbaum(er), -bo(h)m 101
Sabina, -e 38, 48, 53, 56
Sabrina 53, 56
Sacher 34
Sachs 62, 89
Sadewater 97
Sälzer 165
Sänger 109, 169
Säuferle(in) 149
Sager 107
Sahin 205
Sailer 109
Sal(a)mann 32, 107
Salome 39, 45
Salomo(n) 32, 39, 168
Salz(er) 137, 165
Salzgraf 133

Salzmann 107, 125, 127
Salzmutter(er) 151
Sammann 101
Sam(uel) 27, 33, 45, 168
Sander, Sanner 34
Sandhaas 101, 181
Sandkaul(en), -küller 99
San(d)mann 101
Sandner 101
Sandra 35, 56
Sanft(e) 147
Sanftleb 153
Sangkohl, Sankuhl 101
Sanner 34
Sara(h) 39, 55, 56
Sarges 34
Sartor(ius) 171
Sarwerk(er), -würk(er) 119
Sascha 53
Saß, Sasse 89
Sater(s)tag 150
Sattler 109
Sauer 147, 198
Sauerberg, -hoff 101
Sauerbier 167
Sauerbruch 99
Sauermann 87, 147
Sauf(f) 149
Saut(t)er 125, 126, 166
Sax(e) 89
Scha(a)d(e) 147
Scha(a)rschmidt 116
Schachel 49
Schachtschneider 109
Schadow 93
Schädle, -lich 147
Schädler 123, 190
Schäfer 66, 107, 162, 163, 198
Scha(e)ffler 122, 123, 190
Schael(e) 143
Schäper 163
Schär(er) 109, 129
Schätzle 139
Schäuble 141
Schäufelein 71
Schaffler 123
Schaffmacher 123
Schaff(n)er 111, 133
Schai(r)er 102
-schalk 24, 26
Schaller 147
Schallmai(e)r 135
Schan(en) 74
Schani 49
Schaper 162, 163
Scharnhorst 87, 97, 101
Schatolla 131
Schattschneider 109
Schatz 139
Schaub(e) 141, 149
Schaubert 125
Schauert(e) 125
Schaufert 125
Schaumann 125
Schauwecker 125
Schebs 127
Scheck(e)(r) 148, 149
Schedler 123
Scheel 142, 143
Sche(e)ler, Scheelke 143
Scheer(er), -bart 109, 126, 129
Scheffel, Scheffler 123, 137
Scheffner 133
Schegg(enmacher) 148
Scheidemann 107
-scheid(t) 92, 93
Scheid(t)weiler 201
Schelb(le), Schelch 143
Scheller 135, 147
Schellhammer 201
Schellhas 155
Schellhorn 137
Schelp 143
Schelzel 131
Schenk(e)(r) 109, 137
Scherer 109, 126, 129
Scherg(e) 109
Schermer 135
Scherrer s. Scherer
Schettler 123
Scheuer(le), -mann 71, 102, 103, 133
Scheunemann 71, 102, 103, 133
Scheuner(t) 102, 133
Scheurer 102, 103
Schickedanz 152
Schick(e), Schie(c)k(e) 145
Schi(e)chtl 125, 149
Schieder 107
Schiefelbein 145
Schiele 142, 149
Schießler 123
Schiest(er)l 125
Schifferdecker 109
Schilcher 142
Schild 105
Schill(e)(r), Schilli 142, 143
Schilli(n)g(er) 139, 151
Schimmel(haupt) 141
Schimmelpfen(ni)g 146
Schimper 135
Schimpf(le), -pke 135, 163
Schineller 135
Schinkel 144
Schip(p)mann 163
Schirm(er), -meister 135
Schirrmeister 135
Schlachter 113
Schläfer, Schlaf(f)er 147, 163
Schlagenhauf(en) 153, 176
Schlagenreif 153
-schlag(er) 92, 93, 109
Schlamp(er) 149
Schlatter 165
Schlecht(e) 141
Schleck(er), -ing 149
Schlegel 62, 105
Schlegelmilch, Schleemilch 137, 149
Schlei 105, 155
Schleicher 145
Schlemm(er), -lein 149
Schlemp(er) 149
Schleper 163
Schlesinger 169, 173
Schlicht(e), -härle 141
Schlick(e)(-) 149
Schliechter 99
Schlie(c)ker 145
Schlie(he) 155
Schlieter 133
Schlimper 149
Schlindwein 149
Schlink 149
Schlösser, Schlosser 107, 119, 163
Schlöt(t)er, Schlotter 119, 163
Schlotterbe(c)k 99
Schlot(t)hauer 119, 163
Schluchter 99
Schluck 149
Schluckebier 149
Schlüchter 99
Schlüer 133
Schlüfter, Schluft(-) 99
Schlüter 133
Schlund(t), Schlunk 149
Schma(h)le 141
Schmahlstieg 101
Schmalfuß 144
Schmal(t)z 137, 163
Schmeck(erl) 149
Schmeda, -der, -ding 116
Schmeddige 116
Schmeidel 116
Schmeling 79, 141
Schmetje, Schmettig 116
Schmiale(k) 170
Schmid(d)ing(er) 116
Schmidlin, Schmidtke 71, 116
Schmid(t), -schmid(t) 66, 67, 69, 85, 107, 116, 117, 159, 171, 172, 173, 181, 188, 189, 198, 205
Schmied s. Schmidt
Schmied(e)l, -le 71, 116
Schmi(e)rmaul 143
Schmit(t) s. Schmidt
Schmittener, -henner 116, 117
Schmitz 66, 67, 69, 117, 198, 199, 205
Schmitzius 205
Schmol(d)t 137, 163
Schmu(h)l 168
Schnab(e)l 143, 159
Schnack 147
Schnappel 143, 159
Schneble 143
Schneck(e), Schnegg 105, 147, 155
Schnee(mann) 71, 139
Schneider 66, 67, 107, 109, 126, 166, 167, 171, 187, 188, 189, 198, 207
Schnell(e) 147
Schnepper(le) 128, 129
Schnet(t)ger 121
Schnick(e) 147, 155
Schni(e)der 166, 167
Schnitter 111
Schnittger, -ker 121
Schnorr(er) 135
Schnütgen 142
Schnur 151
Schnurr(er) 135
Schnyder 166, 167
Schob(b)er(t)(h) 124, 125
Schoe, Schöck 148, 149
Schöffler 123
Schölch 143
Schöller 135
Schöllhammer 201
Schöllhorn 137
Schöltgen 131
Schoemaeker(s) 125
Schön(e)(mann) 71, 139
Schönherr 139
Schöpflin 141
Schöps(er) 127, 195
Schörger, Schörk 125
Schöttler 123, 135
Scholt(e)(n) 67, 131, 133
Scholt(k)a 131
Schol(t)z(e) 66, 67, 131, 198
Schomaker 125, 163

Schomann 125
Schop(p)enhauer 109, 123
Schorcht, Schork 125
Schorsch 49
Schrader 107, 126, 207
Schränzel 149
Schrär, Schraer(s) 107, 207
Schramm(e) 145
Schran(t)z 149
Schreckengast 153
Schreiber 109, 173, 198
Schrei(b)vogel 199
Schreier 76, 120
Schreinemaker 121
Schreiner 107, 120, 121
Schreit(t)er 145
Schrempf 145
Schrepf(er), Schrep(p)el 129
Schreu(d)er(s) 107
Schrimp(e), Schrimpf 145
Schröder(s) 66, 69, 107, 126, 175, 187, 198, 205, 207
Schröer(s) 69, 107, 126, 207
Schröpf(l)er, Schröp(p)el 128, 129
Schröter s. Schröder
Schroll 141
Schubart(h), -bert(h) 124, 125, 198
Schuch 149
Schuchar(d)t, -ert 124, 125
Schuch(s)ter 125
Schuck(h)ar(d)t, -ert 124, 125
Schuck(mann) 125, 149
Schü(h)le 149
Schül(l)er 165
Schülting 131
Schü(ne)mann 71, 102
Schür(e)brand 153
Schürer 102, 103
Schürmann 71, 102, 133
Schüsseldreher 123
Schüssler 109, 123
Schüst(er)l 125
Schütt(e) 109, 163
Schüttler 123
Schütz(e) 105, 109, 163
Schuffenhauer 123
Schuh 149
Schu(h)büßer, -lepper 108, 109
Schu(h)macher 109, 125, 163, 198
Schu(h)mann 71, 125, 127, 173
Schu(h)werk, -wirt 125
Schul(l)er 165
Schult(e)(n) 66, 67, 131, 132, 133, 198
Schult(h)e(i)ss 109, 131
Schultke 131
Schul(t)z(e) 66, 67, 131, 133, 134, 171, 173, 198, 199
Schulzki 131
Schuppan 171
Schupp(ius) 137, 205
Schur(i)ch(t), Schurig 125
Schuster 109, 125, 198
Schwab(e) 88, 89, 165, 173
Schwägler 135
Schwär 151
Schwärzer 126
Schwätzer 76, 147
Schwager 151
Schwan 155
Schwander, -schwand(er) 92, 93
Schwanhäuser 91
Schwanner 93
Schwar(d)t(e) 141, 163
Schwarting 79
Schwar(t)z(e)(r) 66, 141, 163, 198
Schwarzgerber 125
Schwarzkopf 141, 142
Schwaub 89, 165
Schwe(e)r 151
Schwegel(e), Schwegler 135
Schwegerl(e) 151
Schweh(e)r 151
Schweibold 75
Schweiggl 82
Schwein 155
Schweis(s)guth 152
Schwei(t)zer 88
Schwend(e)(n)er, -ler 92, 93
-schwend(er) 92, 93
Schwendimann 93
Schwer(d)t(le), -ner 119
Schwertfeger, -fürb 119
Schwerting 141
Schwiebelt 75
Schwieger 151
Schwind(t) 147
Schwineköper 155
Schwing- 153, 201
Schwitalla 170
Schwob s. Schwab
Schwögler 135
Schwör 151
Sebald 43
Sebastian 34, 37, 38, 53, 54, 55, 79, 183
Seebaß 34
Seeger 107
Segenschmidt 116
Seg(h)er(s) 107
Seibert 167
Seidel 167, 198
Seidenfaden 137
Seidenfuß, -schwanz 145, 149
Seif(f)arth, -ert(h) 167, 198
Seifried 167
Seitz 22
Selcher 113
Seld(n)er, -mann 111
Selig(mann) 169
Sellner 111
Selzer 165
Semmel(mann) 71, 137
Sem(m)ler 115
-sen 72, 73, 78, 79, 91
Senft(li) 147
Sen(t)z 34
Seppler 79
Servatius 54, 55, 183
Sester(er), -henn 123
Setzenreif 153
Seubert 167
Seuren 83
Seute(mann) 147
Sevenpenning 151
Severens, Sev(e)riens 83
Severin 39, 82, 83, 192, 193
Severing, Sewren 83
Seyfart(h) 167
Sibold 183
Sibylle 38
Sidirop(o)ulos 205
Sieb(e)(ck)(e) 21, 167
Siebenhaar 141
Siebenhü(h)ner 107, 151
Siebenkäs, -mark 151
Sieber(t), Siebke 21, 167
Siebring 83
Siedentop(f) 149
Sieferling 79
Siefert 167
Sieg 110
Si(e)gbert 21, 167
Sieg(en)feld 97
Si(e)g(e)rist 130
Siegfried 19, 22, 24, 28, 29, 47, 79, 110, 149, 167
Siep(er)mann 91
Sieß 147
Sieß(en)büttel 91
Sieveking 79
Siever(d)ing 79
Sievers, Siewert 167
Siffrin 82, 83
Sigfrit s. Siegfried
Sigrid 48
Sigrist s. Si(e)g(e)rist
Silberschmidt 116
Silberstein 168
Silcher 63, 113
Silja 35
Silke 35, 53, 56
Silvest(er) 34, 38
Silvia 38, 173
Sim(b)erer 123
Simmel 137
Simmermacher 123
Simon 33, 43, 46, 47, 137, 168, 176
Simone 56
Simonis 79
Singer 169
Sitterle 125
-ski, -sky 72, 73, 93
Slama, Sloma 170
Smed(h) 117
Smetana 170
Smialek 170
Smit(h) 67, 75, 205
Sobot(t)a, -ke 150
Sock 170
Sod(e)(mann) 97, 99
Söder 97
Söffke 77
Söhnke 151
Söll(n)er, Söltner 111
Sören(sen) 72, 83, 205
Sörgel 147
Soet(h)(e) 147
Soffen, -ner 77
Sofie s. Sophia
So(h)lbrig 89, 97
Sohn 31, 151
Soltmann 155
Soltwedel 85, 91
Sommer(er) 31, 157, 198
Sonja 48
Sonke 31
Sonnabend 150, 151
Sonne 29, 105
Sonnhild, -hold 29, 31
Sonnleit(n)er 97, 101
Sonntag 139, 150, 151
Sophia, Sofie 35, 38, 53, 77, 173
Sorg(e), Sorgenfrey 147
Spa(a)r 138, 139
Spängler 118, 119
Spät(h)(e), Spät(h)auf 147, 155
Spaich 136
Span(n)an, -aus, -uth 137
Spar(r) 138, 139

Spat(h) s. Spät(h)
Spatz(e) 138, 139
Specht 155
Specking 79
Speckhals, -mann 71, 144
Speel(er) 135
Speich 136
Speith 155
Spel(l)mann(s) 135
Spengel, Spengler 118, 119
Sperber 155
Sper(c)k 138
Sperlich, -ling 138, 139, 154, 155
Speth 147, 155
Spiegel 105
Spiegelhalder, -halter 101
Spie(h)l(mann) 135
Spielvogel 199
Spiet(h) 147
Spilleker 109
Spillmann(s) 135
Spitt(e)ler 105
Spitzhü(t)t(e)l, Spitzschuh 149
Spitzley 101
Spitzweg 137
Spranger 135
Sprenger(t) 135
Springenschmidt 116
Springer, Spring- 135, 152
Sroka 170
Stachel, Stach(es) 34, 37
Stackmann 71
Stad(e)l(er), Stadelmann 102, 103, 133
Stähler, Stählin 117
Stäker 127
Stäm(m)ler 147
Stäubel 137
Stäudle 167
Stagg 34
Stah(e)l(er) 117, 137
Stahmann 71
Sta(h)mer 147
Staiger 103
Stalt(n)er 97
Stammer(johann) 69, 147
Stammler 147
Star(c)k(e) 139
Starosse, Starosta 170, 171
Statz(ger) 147
Staub 137
Stauf(f)enberg, -biehl 97
Stauf(f)(er) 97
Stauß 144
Stavenhagen 93
Stecher, Stecker 127
Steding 87
Steenwarb(er), -wert(h) 109
Steer 155
Stefan 33, 35, 38, 41, 43, 53, 54, 57, 73, 173
Stefanie 53, 56, 173
Steffen 53
Steger, Stegmann 95
Stehle 117
Steib(le) 137
Steiglehner 103
Stein 26, 198
Steinbeck 99
Steinbrügge 103
Steiner 97
Steinbacher, -bächer 165
Steinführer109
Steinhäger, -hagen 87, 93
Steinhorst 101
Steinkamp(f) 163, 201
Steinkühler 99
Steinkugler 97
Steinleitner 97
Steinschneider 129
Steinseiffer, -sieper 91
Steinwedel 91
Steinwerker, -wirker 109
Steiß(le) 144
Stella 39
Stellmach(er) 108, 120, 121
Stelzer 145
Stem(m)ler 147
Steneker 109
Stentrup 89
Stenzel 43
Stephan(ie) s. Stefan(ie)
Stepp(ut)at 72
Stern 105, 139, 169
Steudel 167
Steufmehl 137
Steuvesand 153
Steven 35, 53
Stich 137
Stieb(l)er, -ner 129
Stiefel(e) 139, 149
Stiefvater 139
Stier 139, 155
Stifter 62
Stilz 145
Stingl 141
Stinnes 34
Stint 155
Stirn 142
Stober, Stöb(e)ner 129
Stö(h)r 155
Stölting 79
Stör(mann) 71, 105
Störm(er) 147
Störr 155
Störtebeker 153
Stöver, -wer 129
Stövesand 153
Stoff(el) 34
Stohler 117
Stoiber 137
Stoll 141
Stollfuß 145
Stolt(e) 163
Stoltefaut(h), -foth 145
Stoltenberg 172
Stolz(e) 163
Stoof 137
Storch, Stor(c)k 155
Storf 141
Storm 62, 139, 147
-stra 79, 87
Stra(a)t(h)mann 103
Strackerjan 69
Sträßner 103
Stra(e)te(r), Strät(n)er 103
Sträuble, Straibl 141
Straßburger 87, 89
Straub(e) 59, 141
Strauß 105
Stre(h)low 201
Streidel 147
Streit 147
Streitwieser 103
Streubel(t) 141
Striebel 141
Strittmatter 103
Strobel, Ströbel(e) 59, 141
Ströder 99
Stro(h)bender 207
Strohmeier 133
Strohschneider 109
Stromer 133
Strot(h)(e), -mann 98, 99
Strub(e)(l)(t) 59, 141
Strudtmann 99
Strüwing 141
Strufe 141
Strut(h)- 98
Struve, Struwe 59, 141
Stuber 129
Stucher 129
Stuck(en)schmidt 117
Stüb(e)(n)er, Stübler 129
Stübig 137
Stüdle 167
Stüger 129
Stü(h)m(er) 147
Stülpnagel 145
Stülz 145
Stümpfle, -pke 163
Stützel, -tzer 97
Stuger 129
Sturm 147
Stur(t)z(n)er 119
Stuyvesant 153
Suböter, -borger 126, 127
Sudermann 62, 71, 95, 101
Sudhoff 101
Südekum 152
Sü(h)rie, -ri(n)g 159
Sülzer 113
Süm(m)er(er) 135
Süß(e), -mann 147
Süßmund 142
Sütterlin 125
Sugel 159
Suhr 147
Su(h)rbier 167
Su(h)rkamp 101, 103
Sulzbeck 99
Sulzer 113
Sum(m)er(er), Summermacher 123, 135, 157
Sundergeld 157
Sundermann s. Suder-
Sundmacher, -mä(c)ker 128, 129
Sunhart, Sunke 31
Suntrop, -trup 89
Susann(a), -e 35, 39
Suse, Susi 35, 183
Suß- s. Süß-
Sut(t)er(er) 69, 125, 126, 166, 167, 171
Suttrup 89
Suwel 159
Sven 53, 57
Svoboda 205
Swaantje 21
Switala 170
Sydow 201
Szabó 204, 205
Szücs 204, 205
Szymański 205

Tabbert 149
Tändler 127
Täuble(r), -ner 167
Taller 99
Tandler 126, 127

Tang(e) 163
Tangermann 71
Tanja 53, 56
Tanner 101
Tanz 139
Tappert 149
Taube 105
Tauenzien 93
Tauer 125
Tausen(d)schön 167
Techtmaier 163
Tecklenbörg 89
Teg(e)ler 163
Teg(e)tmeier 163
Teichmann 71, 95
Telemann 99
Tell 99
Tempostel 91
Ten . . . 95
Teng(g) 145
Tenheuvel 95, 96
Tenk 145
Ter . . . 95
Terloh 101
Termöhlen, -meulen 95, 157
Teschner, -enmacher 126
Teubner 167
Teuerkauf(f) 167
Teuf(f)el 139, 147, 167, 177
Textor 171
Thalham(m)er 201
T(h)almann, Thälmann 99
Thamsen 75
Thanner 101
Thea 35
Thees 34
Thekla 38
Theo- 38, 173
Theodor 38, 49
Theres(i)a, -e 35, 37, 38, 47, 173
T(h)ern 34
Theuerkauf(f) 167
Thewes 34
Thidemann 31
Thiele(mann) 99, 198
Thiem(e) 21
Thies(s)(er) 35, 79
Thile, -o, Thill 28, 205
Thimo(theus) 38, 47
T(h)innes s. Tünnes
Thót(h) 205
Thöne 34
T(h)örner 105
Thomä 79
Thomas 35, 41, 43, 53, 54, 57, 62, 73, 74, 173, 179, 193, 196, 198, 205
Thomel 37
Thommen 72, 73
Thorbecke 99
Thorer 105
Thorhild, -leif 27
Thormann 105
Thorsten 27
Thorwald 27
Thorwirt 105, 137
Threes 37
Thu- 152
Thüring 89
Thurn 105
Thurner, -heer 105, 109
Tibbeke 77
Tilg(n)er 77
Till(mann), Tiel(e)- 43, 71, 99
Timmermann 120, 163
Timo- s. Thimo-
Timpel 97
Tinsch 34
Tint(l)er 109
Tippner, Tippenhauer 123
Tischbein 137
Tisch(l)er, -ner 120, 121
Tobias 39, 53, 57
Tobler 99
To(d)t 155
Todtenhaupt, -höf(f)t 143
Todtenkopf 168
Töll(n)er 163
Töpf(n)er 114, 115
Töp(p)er 115
Toernes 34
Töt(t)el 150
Tollgreve 163
Tom 56, 57
Tomfohr 103
Toni 34, 175
Tonne(n)binder, -macher 123
Torbeck 95
Torer, Tormann 105
Tormählen 159
Tornow 201
Tote 151
Träg(e), Trag(e) 147
Träger, Trager 131
Tränkle 71, 149
Trakl 62
-tr(a)ud 18, 20, 26
Traugott 47
Traurig 147
Traut 45
Trautvetter 139
Trautwein 29, 75
Treger 131
Treibel 137
Treibenreif 137, 153
Trem(b) 141
Trenkle 71, 149
Trenk(l)er 94
Treut(h), Treuting 167
Treutl(e)in 167
Triebel 137
Trierweiler 280
Triller 135
Trillhaas 149
Trine 35, 183
Trinkl, Trink- 149, 153
Trippner, -enhauer 125
Trischmann 103
Tröndle, Trönli(n) 143
Trommer 135
-trop 157
Truchseß, Trucks 109
Truckenbrod(t) 149
Trübswasser 152
Trüller 135
Trümp(l)er, Trümpy 135
Trütken 167
Trump(p) 135
Trunk 149
Trutwin 29, 75, 167
Tscharnke 170
Tschaupp 137
Tschernik 170
Tschorn 170
Tucher 126
Tuchscher(er) 109, 126, 129
Tünnes 34, 35, 181, 185
Tumbült 97
Tunne(n)- 122
Turner, -he(e)r 105, 109

Uchter 167
Üb(e)lacker 101
Uebel(e) 23, 147
Ufer 151
Uffelmann 71
Uhland 62
Uhlenbarg, -brig 89, 97
Ulbert, -brecht, -brich(t) 31
Ulf(f) 155
Ullmann 69
Ullwer 31
Ulrich 17, 22, 24, 41, 42, 43, 44, 46, 69, 75
Ulrike 49
Umar, Ummen 23
Unart 147
Unbehau(e)n 146, 147
Unbekannt 151
Unertl 147
Unf(e)richt 146
Unfried 146
Ungereit 146
Unger(mann) 63, 71, 85
Ungewitter 147
Unker(t) 145
Unmüßig 146
Unrath, -recht, -rein 146
Unruh(e) 146
Unschuld, -seld 146
Unter- 101
Unthan, -traut, -tucht 146
Unverdorben 146
Unverfehrt, Unverhau 146
Upmoor 99
Uppenkamp 103
Urban(us) 38, 43
Ursula 38, 183
Usländer 167
Uta, Ute 53
Utes(ch)eny 170
Utz 22

Vagt s. Vogt
Valentin(us) 39, 41, 159, 171
Valeska 48
van . . . 87, 95
van de(n) Berg 205
van Dijk 205
Vandrisch 103
Vanessa 53, 56
Varga 204, 205
Vass- s. Fass-
Vat- s. Fat-
Vater 151
Vau(g)t s. Vogt
Vedder 151
Vedeler 135
Ve(e)n(n)(e), -mann 98, 99
Veit(lein) 37, 39
Venhuis 99
Ver- 77, 95
Verena 39
Verheyen 69, 95
Verlieser 109
Vermeer(en) 69, 95
Vermetten 77
Vernaleken 77
Veronica 38, 159

Verschuren 69
Vertikow 185
Ves(s)elý 170, 205
Vester 34
Vett(e) s. Fett(e)
Vetter 151
Victor(i)(s), Vik- 39, 158, 159
Viebegk 103
Vierkötter 111
Vierzigmann 107
Vi(e)t(t)inghof(f) 201
Viëtor 171
Villiger 85
Vincent(ius), Vinzenz 22, 34, 39, 159
Vinn 98
Virchow 93
Virginia 38
Vischering 79
Visser 205
Vitter(s) 158
Vö(c)kt s. Vogt
Vöge 172, 173
Vögele 71
Vög(e)ler 165
Vögtle 133
Vörg 109
Vöske 155
Vössing 79, 155
Voetz 133
Vog(e)l-, -vog(e)l 199
Vog(e)ler 107, 137, 165, 198, 199
Vogt, Voi(g)t 109, 131, 133, 198
Volkam(m)er 91
Volker 28
Volkmann, -mar 71
Vollmann 71
Voltaire 177
von . . . 87, 95
Vondrach 95
Vontra 99
Voo(g)t s. Vogt
Vo(o)th 144
Vormund 131
Vornfeist, Vornfett 140, 141
Vorthmann 71
Vorwohl 152
Voß 155, 173
Vreede 147
Vre(e)s(e) 203
Vricke s. Frick(e)
Vries 67, 89, 203
Vrines 83

Wa(a)s(n)er 103
Wachter 165
Wackenroder 62
Wacker 76, 147
Wackernagel 145
Wächter 165
Wäg(e)ner, Wä(h)ner 120, 164, 165
Wälke 89
Wälsch 89
Wälti 22
Wälzel 165
Wäßner 103
Waffenschmidt 116, 162
Wag(e)ner 63, 66, 107, 108, 120, 121, 164, 165, 198, 205
Wagenmacher 108, 120
Waggerl 147
Wahl(e)(n)(s) 89
Wa(h)ner s. Wag(e)ner
Wahnschaff(e) 139
Waigel 23
Walburg(er) 77
Walch 89
-(w)ald, -(w)alt 16, 18, 19, 24, 26, 29, 173
Waldgraf 133
Wald(n)er 94
Waldvogel 199
Walech, Walich 89
Walker 126
Wallraff 183
Walser 62
Walt(h)er 22, 25, 28, 44, 66, 79, 82, 165, 173, 198
Walt- s. -wald
Wal(t)z(er) 22, 79
Walzel 165
Wam(be)ser, Wamsler 107, 126
Wamp(p) 144
Wanschap 139
Wappenschmidt 116, 162
-ward, -wart 18, 24, 26, 173
Warmholz 79
Warning 79
Warnke 159
Warring 79
Wasgehtsdichan 183
Waslechner 103
Wasserkamp(f) 163
Waßmer 103
Wastler 79
Waterkamp 103
Weber 66, 107, 109, 126, 171, 198, 205
Wechselbaum(er), -bo(h)m 101
Wecker(lin) 147
Weckesser 149
Weck(lein) 137
Weckler 115
Weddig 85
Wedekind 62, 159
-wedel 91, 92
Wede(mann) 94
Wedemer 111
Wedemeyer 159
Wegbrot, Wegge 137
Weg(e)haupt 143
Weg(e)ner 120, 121, 164, 165
Weglöhner 111
Wegmann 103
Wehde(mann) 94
Wehkind 159
Wehmeier 159, 197
Wehmer 111
Wehmüller 101
Wehner s. Weg(e)ner
Wehrhahn 93
We(h)rsig 147
Weibert 167
Weichert, -hardt 167
Weichselbaum(er), -bo(h)m 101
Weigele 23
Weigmann 71
Weigrecht 23
Wei(h)nacht 151
Weihrauch 139
Weihs 173
Weil(er), -weiler 91, 92, 200, 201
Weimann 71, 107
Weimert 23
Weiner 164, 165
Weingärt(n)er, -gartner 94, 107
Weingeb(er) 137
Weinheber 62
Weinmann 71, 107, 127
Weinschenk, -zapf 137
Weinzierl 107
Weip(p)ert, -precht 167
Weirich 23
Weischedel 141
Weißbrod 149
Weißelbaum(er), -bo(h)m 101
Weiß(e)(r) 66, 141, 163, 173, 198
Weißflog 202, 203
Weißgerber, Weis- 125, 126
Weißhaar 141
Weißhäupt(l), -haupt 141, 143
Weißkopf 143
Weisslock 141
Weißmann 71
Weißp(f)log, -p(f)lug 202
Wei(t)zsäcker 173
Welker 126
Welsch(er) 89
Welte 22
Weltz 22
Weltzien 93
Welzel 165
Wemmer 111
Wend(t)(e) 89
Wenig(er) 141
Wenz 22
Wenzel 43, 48, 79, 187, 198
Wenzler 72, 79
Werfel 62
Werneke 159
Werner 22, 28, 66, 79, 159, 198
Wern(s)ing 79
Wernz 22
Werthmann 71
Wesemann 103
Wesendonk 96, 103
Wessely 170, 205
Wessing 79
Westbrock 101
Westenrieder 93, 101
Westermann 71, 95, 101
Westervoorde 103
Westerweller 101
Westkämper 101
Westphal 88, 89
Wetekamp 101
Wetterhahn 105
Wetti 37
Wetzler 91
Weutschek 171
Wićaz 170
Wichmann, Wiech- 71
Wick 23
Wickram 23
Wicküler 87
Widmann 94
Widmer 111
Widukind 21, 62, 159
Wiebelt, -boldt 23
Wiebke 21, 23
Wiechens 23
Wi(e)chert 62, 167
Wi(e)d(e)mann 111, 155
Wi(e)denbaum(er) 101
Wi(e)gand 19, 20
Wiegel(e), -mann 23
Wiegert 167
Wiegleb 91
Wieland 62
Wiemer 23

Wierich 23
Wiesbeck 99
Wieschköster 103
Wiesmann 159
-wig 18, 26, 172
Wigant, Wigand 19, 20
Wigbert, -hart 167
Wigel, Wigge 23
Wigram, -rich 23
Wildenbruch 99
Wildenhahn, -hayn 93
Wildgrube(r) 99
Wildhaber 89
Wildhack 103
Wilhelm 21, 28, 31, 45, 49, 79, 198
Wilhelmine 48, 49, 51, 193
Wilke 21
Wilking 79
Willems 205
Willi 22, 53
William(s) 67, 74, 75
Willibald 21, 183
Willink 79
Wilsdruff, -trupp 89
Wimmer 111
Win(c)kler 127
Windaus 129
Wind(el) 89
Windgassen 103
Windisch(mann) 89
Windmöller 111
Windus 91
Winkelhake 127
Winkelmann 71, 127
Winkler 126, 198
Winsche 89
Winter(er) 69, 151, 198
Winterhager 87, 93
Winterhalder, -halter 97, 101
Winterschweig 91
Wintgen(s), Wintsch(e) 89
Wintz 34
Winzer 107
Wippel 23
Wippert 167
Wirker 107
Wirs(ch)i(n)g 147
Wirt(h) 137
Wir(t)z 69, 137
Wischmann 103
Wis(ch)n(i)ewski 205
Wiss 141
Wißmann 103, 159
Witt(e) 141, 163
Witt(e)mer 94, 111
Witthöft 143
Wittkop(p) 141, 143
Wittlage 91
Wit(t)vogel 199
Witzleb 91
Wit(z)schas 171
Wobbe(ke)(n) 77
Wockenfuß 145
Wöhlken 82
Wölfel, -le 155
Wohld(mann) 101
Wo(h)lgemut(h) 147
Wohlhage 101
Wohlleb(e)(n), -ber 153
Wohlrabe 183
Wohlschieß 153
Wohlschläger 109
Wo(h)lzogen 147
Wójcik, Woitschek 171, 205
Wolf-, -wolf 18, 19, 20, 24, 47, 66, 105, 169
Wolfgang 28, 41, 53, 155
Wolgrott 147
Wollenhaupt 143
Woll(en)schläger 109
Wollenweber 126
Wollmut 147
Wolper 77
Wolthoff 101
Wondrich 31
Worm 155
Worster 113
Wouters 205
Woyze(c)k 171
Wrede, Wree 139, 147
Wrobel 138
Wru(u)ck 147
Wucherpfennig 146
Wülfling 155
Wülfrat(h) 93
Wünsch(er) 89
Würmelin(g) 155
Wulf 155
Wullschläger 109
Wunderlich 139
Wuppermann 71, 87
Wurm 155, 197
Wurst(l)er, -macher 108, 113
Wyss 141

Yblagger 101
Yilmaz 187, 205
Yildirim 205
Yvonne 53, 56

Zacharias 34, 39, 43
Zäch 34
Zänkel, -er 147
Zahn, Zähnle 142, 143
Zahnbrecher, -eis(s)en 129
Zaiser 126
Zang(e) 163
Zank(el), -er 147
Zantop 101
Zapf, Zapp(e) 137
Zastrow 201
Zeche(n)tmaier 163
Zedlitz 93
Ze(h)ntgraf 133
Zehntmaier 163
Zein(d)ler 107
Zeitvogel 199
Zellm(ei)er 133
Zelter 107, 115
Zenker 147
Zenli(n) 142
Zentes 34
Zenz 22
Zeppelin 93
Zerbes 187
Zerkaulen 95, 99
Zerres 145
Zerrleder 137
Zerwes 187
Zettenquark 153
Zeumer 126
Zeuner 103
Zickendraht 152
Zi(e)chner 107, 191
Zieg(e)ler 163
Ziegenbalg 137
Ziegenhahn 93
Ziegler 109, 198
Zi(e)linski 205
Zierfaß 183
Ziervogel 199
Ziesch(e) 170
Zilg(n)(er) 77
Zimmer(mann) 66, 117, 163, 198
Zinsmeier 133
Zip(p)elius 205
Zipperle(n) 145
Zischg 43, 82
Ziska 35, 47
Zistler 107
Zöllner 109, 163
Zörn(d)lein 71, 147
Zole 99
Zollikofer 91
Zorn 147
Zried 94
Zuber 137
Zuckschwerd(t) 69, 147
Zürn(er), Zürni 147
Zugreif 153
Zugschwert 69, 147
Zumbühl 96
Zump(f)(e)(l) 145
Zumtobel 95
Župan 170
Zurfluh 97
Zwilling(er) 151
Zwingli 99, 151
Zwink 99
Zwirn(lein) 137
Zwölfer 139